明德并购重组前沿丛书

并购的艺术

合并、收购和买断指南（第五版）

亚历山德拉·里德·拉杰科斯（Alexandra Reed Lajoux）
资本专家服务有限公司（Capital Expert Services, LLC） 著

孟凡帅 蔡小花 译

The Art of M&A

A Merger, Acquisition, and Buyout Guide（Fifth Edition）

上海财经大学出版社
SHANGHAI UNIVERSITY OF FINANCE & ECONOMICS PRESS

上海学术·经济学出版中心

图书在版编目(CIP)数据

并购的艺术:合并、收购和买断指南:第五版/(美)亚历山德拉·里德·拉杰科斯(Alexandra Reed Lajoux),美国资本专家服务有限公司著;孟凡帅,蔡小花译.—上海:上海财经大学出版社,2023.11
(明德并购重组前沿丛书)
书名原文:The Art of M&A:A Merger, Acquisition, and Buyout Guide(Fifth Edition)
ISBN 978-7-5642-4087-5/F·4087

Ⅰ.①并… Ⅱ.①亚…②美…③孟…④蔡… Ⅲ.①企业兼并-指南 Ⅳ.①F271.4-62

中国版本图书馆CIP数据核字(2022)第212931号

□ 责任编辑　石兴凤
□ 封面设计　贺加贝

并购的艺术
——合并、收购和买断指南
(第五版)

亚历山德拉·里德·拉杰科斯
(Alexandra Reed Lajoux)
资本专家服务有限公司　　著
(Capital Expert Services,LLC)

孟凡帅　蔡小花　　译

上海财经大学出版社出版发行
(上海市中山北一路369号　邮编200083)
网　　址:http//www.sufep.com
电子邮箱:webmaster @ sufep.com
全国新华书店经销
上海华业装潢印刷厂有限公司印刷装订
2023年11月第1版　2023年11月第1次印刷

787mm×1092mm　1/16　45印张(插页:2)　879千字
定价:238.00元

Alexandra Reed Lajoux and Capital Expert Services，LLC

The Art of M&A：A Merger，Acquisition，and Buyout Guide，Fifth Edition

ISBN 9781260121780

Copyright © 2019，2007，1999，1995，1989 by Alexandra Reed Lajoux and Capital Expert Services，LLC.

All Rights reserved. No part of this publication may be reproduced or transmitted in any form or by any means，electronic or mechanical，including without limitation photocopying，recording，taping，or any database，information or retrieval system，without the prior written permission of the publisher.

This authorized Chinese translation edition is published by Shanghai University of Finance & Economics Press in arrangement with McGraw-Hill Education (Singapore) Pte. Ltd. This edition is authorized for sale in the People's Republic of China only，excluding Hong Kong，Macao SAR and Taiwan.

Translation Copyright © 2023 by McGraw-Hill Education (Singapore) Pte. Ltd and Shanghai University of Finance & Economics Press.

版权所有。未经出版人事先书面许可，对本出版物的任何部分不得以任何方式或途径复制或传播，包括但不限于复印、录制、录音，或通过任何数据库、信息或可检索的系统。

本中文简体字翻译版由麦格劳—希尔(亚洲)教育出版公司授权上海财经大学出版社出版。此版本经授权仅限在中华人民共和国境内(不包括香港特别行政区、澳门特别行政区和台湾)销售。

翻译版版权© 2023 由麦格劳—希尔(亚洲)教育出版公司与上海财经大学出版社所有。

本书封面贴有 McGraw-Hill Education 公司防伪标签，无标签者不得销售。

上海市版权局著作权合同登记号：09-2023-0856 号

献给 Capital Expert Services，LLC 战略咨询委员会的成员：

卡洛斯·C. 坎贝尔（Carlos C. Campbell），前美国商务部助理部长

查尔斯·M. 埃尔森（Charles M. Elson）教授，埃德加·S. 伍拉德教授（Edgar S. Woolard），特拉华大学

瑞斯亚·克拉克·金（Reatha Clark King）博士，General Mills 基金会前主席

格雷戈里·E. 刘（Gregory E. Lau），RSR Partners 董事总经理

约翰·F. 奥尔森（John F. Olson）律师，American College of Governance Counsel

E. 诺曼·韦西（E. Norman Veasey），特拉华州最高法院退休首席法官

纪念斯坦利·福斯特·里德（Stanley Foster Reed，1917—2007）

总 序

并购重组（merger，acquisition，restructuring，以下简称 MAR），来自西方英语世界，也是商学院一门金融、财务和战略方向的必修课程。因为属于外来词汇，汉语词库中并无精确词语完全对应这一概念，所以借鉴西方典籍了解 MAR，就是一个必然途径，也是一个捷径。引进翻译西方的并购重组书籍，有助于更多的读者了解当代西方的并购重组理论与实践经验。

外来的和尚会念经。从唐玄奘为学佛法，取经西天之日起，我国就有了取经的传统。当年历经千难万险，方才能取回真经。而今独守书斋，即可纵览天下典籍，不亦幸哉快哉！

翻译过程，实乃人生之辛苦事，对于专业书籍来说，除了至关重要的遣词用语需要中英文转换、领会原文的专业本意以外，还要能够精确理解涉及的理论专业名词和背景，否则，绝无翻译成功之可能。本套丛书由上海财经大学金融学院的专业教师牵头，指导部分研究生进行了初稿翻译，之后由教师校阅修改并最终定稿。

这套书目前共 7 本。

第一本《铁血并购》，作者是美国弗吉尼亚大学达顿商学院的罗伯特·布鲁纳教授，他是学界和业界均有影响力的学者。达顿商学院的并购案例教学举世闻名，众多世界名校的 MAR 课程均采用达顿商学院的教学案例。这是一本作为商学院教科书的案例集，系统总结了 20 世纪 90 年代至 21 世纪第一个 10 年的美国重大并购失败案例。

第二本《重大转折——并购失败中的教训》，作者是麦肯锡顾问公司并购咨询委员会成员罗伯特·斯坦凡诺斯基，他曾在美国通用电气（GE）公司多个下属机构担任 CEO，以及担任过瑞士银行 UBS 投行部的财务总监。该书聚焦于 2008 年全球金融危机爆发以来，英美国家发生的重大并购失败案例分析，特别是有多个银行、证券等金融机构的并购案，从全流程中总结了"并购准备—执行—整合"的经验教训。

第三本《兼并、收购和重组：文本和案例》（原书第 2 版），由两位印度教授克里希纳穆提和纳什瓦纳特合著，这是一本发展中国家学者编写的 MAR 教材，案例多取材于印度企业。因此若读者欲了解印度企业的并购重组，则本书提供了大量有益的信息。

第四本《欧洲私募股权和风险投资：市场、技术和交易》（原书第 2 版），作者是意大利博洛科尼大学商学院的两位教授斯特凡诺·卡塞利和朱莉亚·内格里，他们基于欧洲的实践，对私募股权和风险投资市场做了分析，其中讨论了 PE/VC 对并购、杠杆收购、转型重组等的参与，书中涉猎了私募债、PE 二级市场交易、公私合营项目 PPP、私募股权管理公司上市、众筹等新话题，该书覆盖了 PE/VC 的业务流程各领域，是了解行业前沿的好作品。

第五、第六本均为《并购的艺术》系列著作。《并购的艺术》诞生于 1989 年，是较早的一本"收购兼并买断指南"，目的是向社会和业界解释并购及重组交易的全过程。该系列丛书的独辟蹊径之处在于：应用苏格拉底式刨根问底的方法，提出一系列连珠炮式的问题，然后进行解答。通过这个过程，以模拟"思辨式思考"的创新探索过程，作者认为"没有愚蠢的问题，也没有人会因为提问题而变成傻瓜，除非他停止提问"。该系列丛书的策划者是亚历山德拉·里德·拉杰科斯，她是从事并购重组的咨询顾问，之后她的一些合作者及其女儿也参加进来。这套书对金融实务界的影响颇大，成为整个并购重组行业的一束火炬，照亮了行业前进的道路（我国的华夏出版社 1998 年引进翻译过当时的这套丛书）。2016 年《并购的艺术》新系列出版以来，反映了并购重组实践中的新进展。第五本《并购的艺术：公司估值指南》，介绍了估值中常用的现金流折现和可比公司法等，更分析了估值前沿的一些问题，如或有补偿、税务和法律对估值的影响等，给出了估值模型举例分析。第六本《并购的艺术：合并、收购和买断指南》是经典的系列开篇之作的第 5 个版本，出版于 2019 年，作者是亚历山德拉·里德·拉杰科斯及其创办的资本专家服务有限公司，这是一本百科全书式的指南，厚达 1 200 多页，自 1989 年以来更新了 5 版，在全球并购重组业内享有重要影响力。该书对美国并购重组的现实特别是有关法律问题做了最新的展示和分析。既然叫指南，就是如何操作之意，一本在手，可以大致了解并购重组的全貌。

第七本《跨境并购》揭开了跨国并购的神秘面纱，内容包括从初步协议和尽职调查，到评估、结构、融资和最终完成交易的全过程。它从理论和实证的角度研究了跨国并购的动机和效率。作者巧妙地确定了跨国并购所面临的障碍，重点介绍了并购前的控制法律和法规特别是美国、欧盟和中东的法律和法规。本书还考虑到了监管改革包括放松合并管制和其他关键改革建议的影响。经济、法律、投行等专业人员将获得克服与跨境交易相关的独特障碍的实际理解，政策制定者也会发现书中提供的信息和标准是评估和设计政策的有用工具。

"明德并购重组前沿丛书"的命名和诞生，与武飞先生的义举有着关键关系。"明德"一词，出自《礼记·大学》，所谓"大学之道，在明明德"。采用此名，则为武飞先生的建议。武飞先生，是上海道得投资合伙企业的创始合伙人。作为 20 世纪

90年代上海财经大学的本科毕业生,曾留校短暂工作了一段时间,终于被时代的经济大潮所吸引,就此成为我国经济改革开放事业中的弄潮儿。二十多年来,他在并购重组领域积累了丰富的经验,同时也积累了一些财富。由于他割舍不断与母校的谆谆情感,于是自2017年始,武飞先生决定捐助母校的教育事业。他出资捐赠上海财经大学,用于教学科研、大学生领导力培养、楼宇建设等,其中一项就是捐助用于并购重组的科学研究,包括出版"明德并购重组前沿丛书"。

说来事巧,我们曾于1998年国泰君安证券公司组建后的首届并购部中相识。彼时,武飞先生刚从大学跃入业界,李曜先生则在证券公司兼职工作。两人的办公桌就隔着一米宽的走道。每天清晨,武飞必泡上一壶绿茶,李曜则在浏览当天的报纸和财经信息,二人交流观点、畅谈资本市场。人生奇妙,二十年后,李曜从事着公司金融、并购重组的教学科研,武飞从事着并购重组的业务实践;李曜成为大学教授和知名学者,武飞成为著名的金融投资家和母校校董。在不同的人生轨道上漫游了一圈之后,又有了交汇的一刻。光阴荏苒,因缘不断,一切由于资本市场并购重组的事业。

我们致敬我国资本市场并购重组事业的发展,相信这一块业务必能获得更大的蓬勃发展空间。希望读者不用"言必称希腊",采取"拿来主义"的态度即可,打开"明德并购重组前沿丛书",开卷有益,从中获得指引和指南。成功经验的圭臬是什么?失败教训的覆辙有哪些?从而趋利避害,走向成功。

武　飞　上海道得投资有限合伙企业创始人、
　　　　上海财经大学校董
李　曜　上海财经大学金融学教授
　　　　2021年6月30日

目 录

序言 ··· 1

前言 ··· 1

致谢 ··· 1

第一章　并购入门 ·· 1
    引言 ··· 1
    目标 ··· 5
    关键术语 ··· 5
    关于本书的问答形式 ·· 7
    结论 ··· 8

第二章　战略 ··· 9
    引言 ··· 9
    战略规划 ··· 10
    并购在战略规划中的作用 ··· 12
    并购的替代方案 ·· 13
    SWOT 分析 ··· 15
    战略披露 ··· 19
    战略层级 ··· 22
    并购战略的四种类型 ·· 23
    搜索过程 ··· 31
    经纪人和掮客 ··· 39
    银行家 ·· 44
    初始监管制度和法律法规考量 ··· 46
    结论 ··· 53

第三章 估值和建模 ... 70

- 引言 ... 70
- 估值基础 ... 72
- 选择估值方法 ... 74
- 可比公司和可比交易 ... 75
- 比较一家公司与其他公司 ... 77
- 可比交易分析 ... 89
- 现金流量贴现分析 ... 97
- 预测自由现金流 ... 103
- 计算贴现率 ... 108
- 计算终值 ... 115
- 进行敏感性分析 ... 120
- 《国际评估准则》框架 ... 121
- 结论 ... 122

第四章 融资和再融资 ... 124

- 引言 ... 124
- 融资概述 ... 125
- 融资工具：权益型、债务型与混合型 ... 125
- 融资来源 ... 127
- 高杠杆交易 ... 131
- 借款最少化 ... 134
- 确定债务融资结构 ... 138
- 优先债务 ... 140
- 售后回租 ... 141
- 保留债务和租赁义务的利弊 ... 143
- 卖方回购融资 ... 146
- 认股权证 ... 148
- 卖方的营运资本债务 ... 149
- 银行账簿和承诺书 ... 150
- 优先贷款协议中的其他主要问题 ... 153
- 高收益（又称"垃圾"）债券 ... 164
- 过桥贷款 ... 168
- 股权投资基金 ... 169
- 登记权 ... 171
- 债权人之间的问题 ... 176

从属地位问题	178
债权人间协议	184
欺诈性转让和其他诉讼问题	186
再融资问题	189
结论	190

第五章 交易结构化：总论、税务和会计考虑 … 202

引言	202
总论	203
资产并购交易结构化	203
股票并购交易结构化	207
兼并交易结构化	208
一般会计考虑	212
出于会计目的分配交易价格	213
会计处理与税务处理之间的差异	214
税务考虑	216
基本税务概念和定义	218
基本税务结构：应税交易	221
基本税务结构：递延纳税交易	227
实体选择	235
收购债务融资结构的税务后果	241
管理层收购税基	244
收购后的税务问题	249
其他税务问题	250
结论	252
交易关系图	252

第六章 尽职调查 … 269

引言	269
入门指南	270
尽职调查时长	276
尽职调查水平	277
证券法与尽职调查	278
警示红旗	281
与卖方的关系	282

尽职调查地点 283
资产评估 285
诉讼分析 285
新出现的法律问题 293
交割后的尽职调查 294
结论 296

第七章　谈判收购协议和意向书 332

引言 332
意向书 333
收购协议 335
协议的组成部分 340
介绍性材料 340
陈述和保证 341
约定事项 348
交割条件 349
赔偿条款部分 352
从附属集团收购 362
涉及上市公司的交易 362
管理层收购的谈判和记录 363
雇用协议 366
股东协议 368
结论 371

第八章　交割 449

引言 449
交割的基本条件 449
计划交割 452
预交割 453
交割 457
电汇 459
交割后 461
文件分发 461
收尾 462
结论 462

第九章　合并后的整合和资产剥离 ······ 473

引言 ······ 473
整合的基本概念 ······ 474
合并后计划 ······ 475
整合计划的沟通 ······ 477
合并后公司名称 ······ 478
文化整合 ······ 483
使命、政策、道德准则和愿景陈述整合 ······ 486
关键资源、流程和职责整合 ······ 488
资源整合 ······ 489
流程整合 ······ 497
签字人级别要求样本 ······ 504
关键职责整合 ······ 504
对员工的承诺 ······ 511
合并后的补偿：一个复杂的问题 ······ 514
对薪酬计划的整合：一个战略性概述 ······ 519
对福利计划的整合 ······ 521
合并后的一些一般性技术考虑 ······ 523
资产剥离 ······ 526
结论 ······ 532

第十章　上市公司并购中的特殊问题 ······ 572

引言 ······ 572
总论 ······ 573
代理投票 ······ 576
《多德-弗兰克法案》《萨班斯-奥克斯利法案》与并购 ······ 577
注意义务和忠诚义务 ······ 578
董事回应非邀约投标书的责任 ······ 579
并购的形式 ······ 587
要约收购基本信息 ······ 588
代理权征集 ······ 596
私有化 ······ 597
并购披露事项 ······ 598
内幕交易 ······ 599
用债务为分两步走的公共交易融资 ······ 603

反收购 ········· 604
　　与反收购有关的州法律 ········· 612
　　结论 ········· 614

第十一章　协商重组、破产和清算 ········· 619
　　引言 ········· 619
　　总论 ········· 620
　　协商重组 ········· 622
　　破产 ········· 624
　　州级破产程序 ········· 634
　　投资机会：有结构地收购陷入困境的公司 ········· 634
　　有组织地进行收购以将破产带来的风险降到最低 ········· 637
　　为出现亏损的公司提供融资选择 ········· 641
　　出现亏损的公司的会计/税务问题 ········· 642
　　清算 ········· 644
　　结论 ········· 645
　　资不抵债公司进行重组和协商重组所采用的各种交易结构的示范图表 ········· 645

第十二章　全球交易：构建成功之路 ········· 654
　　引言 ········· 654
　　非税入境：关于外国在美投资的问题 ········· 655
　　非税出境：涉及美国境外资产的收购 ········· 659
　　影响美国收购外国公司/资产的美国和外国法律 ········· 661
　　外汇 ········· 664
　　其他全球现状 ········· 666
　　对外交易融资 ········· 668
　　外国资产担保权益 ········· 673
　　国际化杠杆收购 ········· 673
　　关于国际税务和披露方面的考虑 ········· 674
　　入境收购中的税务方面应注意事项 ········· 679
　　出境收购中的注意事项 ········· 681
　　结论 ········· 684

附件　具有里程碑意义的并购法律案件 ········· 693

序　言

大约20年前,我有幸在弗吉尼亚州(Virginia)雷斯顿市(Reston)的一家小餐馆里见到了亚历山德拉·里德·拉杰科斯(Alexandra Reed Lajoux)。那时我刚刚创办了一家小型创业咨询公司,专门从事并购整合业务,一个朋友向我谈起最近由麦格劳-希尔公司(McGraw-Hill)出版的《并购的艺术》。他是作者的朋友,正是他鼓励我安排一次午餐与亚历山德拉见面。正如她的朋友们所了解的那样,亚历科斯(Alex)*(——译者注,下同)和我谈了两个小时——没有谈那么多关于兼并和收购的财务问题,就连一般的生意也没有多谈。我们讨论了音乐、戏剧、教育甚至政治。我被这位充满活力的女士迷住了,她已经成为全球最杰出和最有影响力的商人之一,然而她却对许多除商业外的其他领域都有深刻的认识和见解。

亚历科斯告诉我,她从小到大从未梦想过从商。演艺和语言(尤其是法语)才是她关注的重点——不过时间并不长。1965年,亚历科斯的父亲斯坦利·福斯特·里德(Stanley Foster Reed)创办了《并购》杂志,还撬动他十几岁的女儿来当暑期实习生。亚历科斯很快对她那时正阅读的复杂内容兴趣盎然,她父亲创办的杂志上讨论的话题也吸引着她去研究调查。没过多久,她就成了该杂志的编辑,而且与一些一般并购和商业领域的大人物相谈甚欢。她和她父亲曾在洛约拉大学(Loyola University)同一个高等工商管理硕士班学习——目的却各有不同。她拥有很多学位,但想学习商业知识;她父亲具备丰富的商业知识,但由于处于大萧条时期,未曾上过大学,因此需要一个学位。他们两人共获学位与知识,之后一起出版了很多著作。

你即将读到的这本书是30年前里德与莱恩 & 埃德森律师事务所(Lane & Edson, PC)合作出版的第一版。亚历科斯成为项目经理,她在这项载入史册的作品上所付出的努力使她因并购研究和写作而声名鹊起。她将继续与人合著接下来的第四版《并购的艺术》。这本书上千页的篇幅被一些人称为"巨著"。2007年,H.彼得·内斯沃德(H. Peter Nesvold)加入她的第四版巨著创作,由此组成3人创作团,她的父亲也是其中的一员,但在书籍出版那年与世长辞了。

十多年后出版的这一版本,转回到历史车轮的起点。曾经她的父亲与一家律师事

---

* 亚历山德拉·里德·拉杰科斯的简称。

务所合作完成出版了第一版。就像她的父亲一样,亚历科斯也与许多隶属于资本专家服务有限公司(Capital Expert Services,LLC,又称CapEx)的商业专家全力协作。资本专家服务有限公司是一家成立于特拉华州(Delaware)的诉讼支持咨询公司,其分支机构遍布全球。(在此充分披露信息:亚历科斯是资本专家服务有限公司的所有者之一,而我是可接受任务的专家之一。)

早在资本专家服务有限公司建立之前,这本"巨著"就借鉴了一大批专家前辈的智慧成果。资本专家服务有限公司并购专家这个群体开始组建于20年前,亚历科斯曾在全国公司董事协会研究全国法律和会计问题,并最终被任命为首席知识官。通过在该协会工作,亚历科斯结识了一系列合著者。在他们的帮助下,1998年,亚历科斯开始将最初的"巨著"中的每一章剥离出来,出版成一系列书籍,重点关注并购生命周期从战略到整合的各个环节。

亚历山德拉系列丛书的合著者都劳苦功高。合著者包括:合著战略部分的战略顾问肯·史密斯(Ken Smith),交易融资部分的已故金融学教授J.弗雷德·韦斯顿(J. Fred Weston)、尽职调查部分的公司治理学教授查尔斯·埃尔森(Charles Elson)和银行并购部分的投资银行家丹尼斯·罗伯茨(Dennis Roberts)。彼得·内斯沃德合著了本书的第四版,并与拉杰科斯合作出版了关于估值[与伊丽莎白·布鲁姆·内斯沃德(Eliza Beth Bloomer Nesvold)以及拉杰科斯合著]、架构并购(与拉杰科斯合著)和危困企业并购[与安纳珀斯奇(Anapolsky)和拉杰科斯合著]的书籍。

在这些合著者以及专家评审者的帮助下,这套丛书获得了傲人的成绩:

- 9个不同的专题著作,其中几个专题著作已被译成外文;
- 总共15本书,包括增订版;
- 这本原版的"巨著"在市场上卖出5万多册,被1 000多家图书馆藏书,拥有无数的读者;
- 通过购买和图书馆使用,从业人员手中有超过30 000册衍生书。

随着《并购的艺术》读者群的壮大,麦格劳-希尔公司本身也在经历着并购的变迁。2013年,阿波罗全球管理有限公司(Apollo Global Management LLC)以25亿美元收购了麦格劳-希尔公司的教育部门,成立了麦格劳-希尔教育公司(McGraw-Hill Education)。2019年,该公司宣布有意与专业教育领域的领军企业圣智(Cengage)合并。

就个人而言,自从我们第一次见面以来,亚历科斯·拉杰科斯一直激励着我。当我的商业生涯在并购领域开疆展土时,亚历科斯为我加油鼓劲。我成立了并购领导力委员会(M&A Leadership Council),通过在全国各地创建并提供高管培训研讨会和讲习班回馈并购界。一些最好的专业服务公司如德豪国际会计师事务所(BDO)、韦莱韬悦(Willis Towers Watson)以及并购合作伙伴公司(M&A Partners),献出它们的时间、才干和专业知识来帮助委员会,为我们的企业校友改善并购成果。截至本文撰写,本委员会的企业校友已超过3 000人。

2015年,亚历科斯成为另一个组织的创始成员,为并购界添上了浓墨重彩的一笔。并购准则委员会(Board of M&A Standards,BMAS)为企业和咨询专业人员监督经授权认证的并购专家项目,拉杰科斯的系列丛书也成为这一授权认证项目的不可或缺的一部分。亚历科斯作为荣誉退休的委员会成员继续她的协会工作,并在本书中突出了并购标准委员会成员的参与。

我很荣幸为我朋友的杰作撰写前言。只要有机会,我就会努力效仿亚历山德拉·里德·拉杰科斯的"回馈"精神。我们都感谢她无私的奉献,其中许多贡献已远播兼并和收购领域之外。但今天我们要赞赏并为这项伟大事业鼓掌,正是这项事业向我们所有人介绍了并购的"艺术"——我敢说,还有并购的"科学"。

请享受阅读本书的乐趣。

吉姆·杰弗里斯(Jim Jeffries),联合创始人
并购领导力委员会和并购准则委员会
2019年5月

前　言

没有愚蠢的问题，也没有人会变成傻瓜，直到他停止提问。

——查尔斯·普罗特乌斯·史丹梅智

（Charles Proteus Steinmetz，1865—1923）

过去的十年对兼并和收购行业来说简直就是在坐过山车。在飙升至2007年危机前峰值之后的几年，全球交易活动出现了下滑——特别是在以美元计算的情况下，即使当时美国股市已从危机低点反弹。随着首席执行官信心的增强以及经济反弹逐渐扩散到世界其他地区，并购交易的需求逐步有所改善。2018年，并购交易尤其是大型并购交易出现了强劲增长。这一年，宣布的并购交易有48 000宗（比前一年减少7%），但交易价值超过4万亿美元（比前一年增加19%）。

虽然并购的数量和价值每年都会起起落落，但图1强调了过去30年的总体趋势是不断向前发展的——这反映了经济现实，即并购将成为公司金融领域的一个永久的固定项目。①

是什么推动了最近并购整合活动的复苏？过去十年，交易发生了怎样的变化？例如，金融科技（fintech）的创新如何影响并购过程。

《并购的艺术——合并、收购和买断指南》第五版，试图为交易人在这个新环境中可能遇到的本书所列问题以及其他1 000个问题提供准确、实用且最新的答案——交易人包括投资银行家、律师、会计师、财务顾问、董事会成员、经理和企业主，以及并购过程中的其他组成部分所涉及的人员。如它的前四版一样，第五版是以其标志性的问答形式组织的，从一般问题过渡到每个专题领域的具体问题。30多年的读者反馈高票支持这种独特的格式，因其既作为一种用户友好的方式来传达材料给初学者，又不牺牲博学的行业专业人员所重视的深入研究。30年后《并购的艺术》的独特问答形式仍然广受欢迎，证明了我们的创始作者斯坦利·福斯特·里德的远见卓识。

你当下亟待解决的问题是什么？它可能很基础、很简单，如"什么是合并？"或者晦

---

① 有关并购趋势和近况的详细报告，请参见汤森路透（Thomson Reuters）"并购排行榜"报告，https://financial.thomsonreuters.com/en/products/data-analytics/company-data/investment-banking-league-tables.html. See also http://dmi.thomsonreuters.com/content/Fiiles/4Q2018_MNA_Financial。

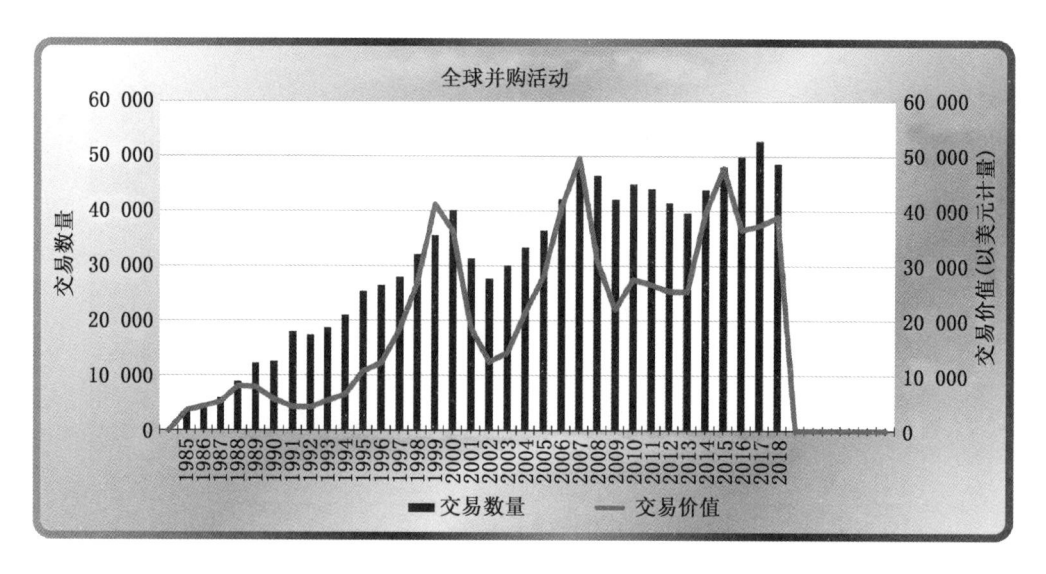

资料来源：合并，收购和联盟研究所(IMAA)，2019年。

图1　全球并购活动

涩难解，比如"在第338条收购之后，购买者必须保留被收购公司作为子公司吗？"。无论你想知道什么，都很可能在这里找到答案——或者至少是一个有用的参考源。

第五版在苏格拉底式刨根问底对话的基础上反映了行业专业人士和企业成员研究方式的必然变化，也向新的方向迈出了一步——包含更多的图表、案例研究以及对基于网络和其他电子资源的参考——同时也对引言中的智慧表示敬意："没有愚蠢的问题，也没有人会变成傻瓜，直到他停止提问。"

致　谢

大约 30 年前，由于当时创刊作家、连续创业者斯坦利·福斯特·里德（Stanley Foster Reed）和莱恩 & 埃德森律师事务所共同努力，并购艺术第一次出现在人们的视野中。这一新的版本仍然保留了莱恩 & 埃德森律师事务所和其他早期版本中引用的许多其他专家的许多永恒的专业知识。以下着重向为第五版本做出贡献的各方致谢。

资本专家服务有限公司

该智库和咨询机构成立于 2016 年，致力于帮助律师事务所和其他专业服务公司在普通领域之外找到最合格的专家证人或咨询专家。资本专家服务有限公司由本版特别顾问约翰·霍塔（John Hotta）和主要作者亚历山德拉·里德·拉杰科斯共同拥有。为第五版提供咨询服务并在下文中列名的大多数专家都是这个专家网络的一部分。本书由资本专家服务有限公司战略咨询委员会提供。欲知更多信息请访问 capitalexpertservices.com。

并购准则委员会

此外，我们还荣幸地邀请到并购准则委员会（BMAS）成员中的专家，他们都是制定并购教育标准的主管和顾问。欲知更多信息，请参阅 www.mastandards.com。亚历山德拉·里德·拉杰科斯最近已从董事会退休，现任荣誉退休会员。理事会现任成员对本版的特别贡献将在尾注中注明：

吉姆·杰弗里斯（Jim Jeffries），并购准则委员会创始人。吉姆是并购领导力委员会的联合创始人。并购领导力委员会是一个全球组织，在过去的十年里为并购界提供最佳实践培训。吉姆花了 25 年时间在改善业绩、私募股权和并购方面领导咨询公司，为《财富》1000 强 C 级高管提供并购交易估值方面的建议。这些并购交易的估值范围从小型利基公司到 200 亿美元以上的跨国公司。

比尔·布兰德福德（Bill Blandford），诺基亚公司（Nokia）并购经理，已退休。比尔参与了 50 多宗交易，其中包括摩托罗拉公司（Motorola）的拆分，这使得摩托罗拉公司内部成立了两家独立的公司。他成功地整合了超过25项收购,并领导了15家企业的剥离。比尔还在全球范围内的资产剥离、分拆和内部重组方面拥有丰富的经验,专注于信息技术(IT)行业。

约翰·克利斯特曼(John Christman),高知特公司(Cognizant)企业发展副总裁兼并购整合全球主管。约翰拥有25年领导业务转型的经验,包括在戴尔公司(Dell Inc.)担任领导层职位,在那里他建立并领导了全球跨职能项目和并购后整合管理团队以及财务组织。他带领了多个专注于整合问题的团队,从战略到收购后整合规划和跨职能整合。

安东尼·恩洛(Anthony Enlow),德豪国际会计师事务所合伙人,提供交易咨询服务。安东尼拥有超过15年的财务尽职调查和交易咨询服务经验。他参与过300多笔交易,交易规模从500万美元到400亿美元不等,并协助过包括私募股权、上市公司和私营公司在内的买家和卖家,重点关注盈利、现金流和营运资本的交易质量。

布鲁斯·弗莱明博士(Dr. Bruce Fleming),卡鲁梅特种产品公司(Calumet Specialty Products)战略与增长执行副总裁。作为一位赫赫有名的商业主管和出类拔萃的战略家,布鲁斯为卡鲁梅公司指导内部和外部的增长计划,包括联盟、收购和目标公司剥离。他曾在阿莫科石油公司(Amoco Oil)、东方炼油公司(Orient Refining)和特索罗公司(Tesoro Corporation)担任高级业务发展和规划职务,并在特索罗公司指挥了对英国石油公司卡森(BP's Carson, CA)炼油厂的收购。此项交易以及联邦贸易委员会(Federal Trade Commission, FTC)对此交易的批准被2012年《巴伦周刊》(*Barron's*)称为"年度并购"。

雷恩·格雷(Len Gray),美世咨询公司(Mercer Consulting)并购全球主管,已退休。雷恩在美世咨询公司工作了30年,在美国和亚太地区担任多种领导职务,包括担任美世跨国并购业务负责人,为美世咨询的客户在合并、收购、剥离和新业务活动中提供人才管理、人力资本战略、文化整合和领导力发展等方面的咨询服务。

詹妮弗·李(Jennifer Lee),麦克森公司(McKesson Corporation)副总裁。詹妮弗建立了麦克森公司的企业整合办公室。该办公室自成立以来已经参与了超过250亿美元的收购——包括直接监督一项重大医疗保健交易的信息技术工作流程。她曾领导整合和资产剥离/分拆上市团队,并担任过计划/项目经理和关系经理。

艾伦·欧文斯·卡赛(Ellen Owens Karcsay),安富利公司(Avnet)业务转型主管。艾伦在安富利公司指导业务转型时安富利公司是一家全球性的技术公司,能够从概念到创造,从设计到分销为客户提供支持。在她目前的工作中,艾伦领导着高度协作的全球业务转型计划,此计划将带来增长机会、成本节约和流程高效。最引人瞩目的是,艾伦在2016—2017年担任了安富利公司大部分业务剥离的全球牵头人。

丹·门格（Dan Menge），前思科公司（Cisco）并购整合与企业发展部总监，现任赛灵思公司（Xilinx）并购整合和企业发展主管。思科作为一家公司，凭借高度的收购能力与通过非政府活动推动增长和转型方面获得的成功，得到了广泛的认可。作为思科并购整合领导团队和整合管理办公室的负责人，丹领导并参与了60多项交易，从数十亿美元的收购到产品和人才交易，再到战略性剥离。他还为建立思科可扩展的、业界领先的、基于工作流的收购整合方法做出了贡献。如今，丹是赛灵思公司的并购整合主管。赛灵思是一家领先的"无工厂"半导体公司——一家设计和销售器件，同时将制造环节外包给值得信赖的代工厂的公司。

温迪·帕克斯（Wendy Parkes），BMO银行金融集团（BMO Financial Group）人力资源、全球收购与剥离总经理，已退休。在伦敦任职期间，温迪领导了BMO银行金融集团的全球收购和剥离活动（A&D），并为所有并购、收购和剥离以及人力资源（HR）相关活动创建了一个新的专业知识中心（COE）。她创建的战略、愿景、法则、标准、运营模式和实践案例，现在都已用于BMO银行金融集团的所有交易，包括收购、剥离和外包。

苏·赖德（Sue Rider），全球燃料服务公司（全球燃料服务公司）并购整合副总裁。苏是一位人力资源主管，在横跨欧洲、亚洲和美洲的35项并购交易中拥有30多年的经验。她领导了23项战略收购的尽职调查和整合工作，重点是组织设计、人才保留、交流沟通、转型管理以及合规管理。

此外，逐章来看，以下资料来源值得注意：

第一章，并购入门，仍然包含着以前版本中引用的许多专家的智慧。

第二章，战略，也借鉴了先前版本，但主要是由邓迪联合有限合伙公司（Dundee Associates Limited）管理合伙人肯·史密斯博士和并购的艺术系列主题图书之一《并购战略艺术》（The Art of M&A Strategy）的主要作者提供资料。合并、收购和联盟研究所（Institute for Mergers, Acquisitions, and Alliances, IMAA）所长Christopher Kummer博士，慷慨地提供了合并、收购和联盟研究所描述并购活动的图形的许可。美国企业董事协会（National Association of Corporate Directors）的作者Charles Re Corr和Clark Abrahams提供了一个决策制定模型。伊利诺伊州芝加哥市并购顾问联盟（Alliance of M&A Advisors, AMAA）的总裁迈克尔·纳尔（Michael Nall）和伊利诺伊州芝加哥市并购顾问联盟副总裁黛安·尼德曼（Diane Niederman）就经纪人和掮客的日益重要的作用部分向我们提供了建议，尤其是对新兴成长型公司而言。赛灵思公司高级主管兼并购整合主管丹·门格也参与了这一章节的审阅，他曾担任思科并购整合和企业发展总监。Third Creek Advisors 的负责人亚当·爱泼斯坦（Adam Epstein）先生就小盘股问题提供了见解。TeqAcq 的创始人罗布·贝克（Rob Baker）先生就经纪人问题提供建议。布鲁斯·弗莱明（Bruce Fleming）博士，卡鲁梅特种产品公司战略与增长执行副总裁，提供了一个反垄断批准案例以及交易前有关反垄断问题的讨论。彼得·内斯沃德（H. Peter Nesvold），Silver Lane Advisors 的前总经理，现从事于瑞杰金融集团（Raymond James Financial, Inc.），对本章提供了有益的评论。如前所述，彼得是本书第四版的合著者。

第三章估值与建模，仍然受益于 La Jolla(CA)、LEK/ALCAR 咨询集团负责人 Al Rappaport 先生和前几版引用的其他专家的专业知识。在本版中，特别感谢 CyberSky Holdings 董事长，FTI Consulting 前任高级董事总经理尼丁·库马尔（Nitin Kumar）对人工智能价值部分的审阅；感谢 ValueXpress 创始人迈克·阿迪卡里多年来的谈话；Vladimir Antikarov，Vera Group, LLC 的负责人，关于实物期权价值的著作；BDO 的托尼·恩洛（Tony Enlow）就收益质量发表评论；以及马来公司董事联盟创办人保罗·陈（Paul Chan），讨论国际估值标准。Private Directors Association 的创始人，公司成长协会芝加哥分会的前任主席肯·霍甘森对谈判作为估值的一个方面的重要性提出了有见地的评论。本章的一个主要资料来源是《并购评估与建模的艺术》[伊丽莎白·布鲁默·内斯沃尔德（Elizabeth Bloomer Nesvold）和亚历山德拉·R. 拉杰科斯，麦格劳-希尔教育公司，2016]。这一章还引用了拉杰科斯和罗伯特·A. G. 蒙克斯合著的一本书——《证券投资的公司价值评估》(Wiley, 2011)。鲍勃·蒙克斯的哲学和著述对这些书也产生了深远的影响。

第四章，融资与再融资，归功于已故的 J. 弗雷德·韦斯顿（J. Fred Weston）和加州大学洛杉矶分校的货币与金融市场科德纳教授。他与亚历山德拉·R. 拉杰科斯合著了本系列的另一本书《并购融资与再融资的艺术：增长的来源和手段》(麦格劳-希尔教育公司，1999)。丹尼斯·罗伯茨（Dennis Roberts）与拉杰科斯合著了《银行并购的艺术》(麦格劳-希尔教育公司，2012)。希思·P. 塔伯特博士，现任财政部助理部长，为该书所载的筹资材料作出的早期贡献值得赞扬。Alchemy Strategies Partners, LLC 的合伙人弗朗西斯·伯德就机构投资者在融资中的作用提出了建议。

第五章，交易结构化：总论及税务和会计考虑。本章最大的功劳是迈克尔·J. 杰利格曼（Michael J. Kliegman），现任纽约 Akin Gump Strauss Hauer & Feld LLP 高级律师。当他还是莱恩 & 埃德森律师事务所的律师时，他为其中的大部分问题提供了最初的答案，并对整章进行了审阅和改进。本章的另一位主要审稿人是 Charas Consulting 公司创始人索兰格·恰拉（Solange Charas）博士。他在本章中对所有赔偿材料作了详细评论。这一版本也仍然感谢在这本书的前几个版本中引用的专家,包括杰克·S.莱文,一个与已故马丁·金斯伯格的多卷书的长期合著者。他们合著的著作为《合并,收购和买断:管理税收、法律和会计考虑的交易分析》(Wolters Kluwer Law & Business,2009)。莱文教授既是芝加哥大学法学院的讲师,也是Kirkland & Ellis的高级合伙人。

第六章,尽职调查。受益于特拉华大学约翰·温伯格公司治理中心主任兼公司董事查尔斯·M.埃尔森(Charles M. Elson)的专业知识以及他与亚历山德拉·拉杰科斯的合著《并购的艺术》(麦格劳-希尔教育公司,2000,2010)。这章有一个检查表,包括由丹·L.戈德威瑟(Dan L. Goldwasser),Vedder,Price,Kaufman & Kammholz 提出的元素。与 Grant Thornton 合伙人斯里·拉马莫蒂(Sri Ramamoorti)博士的对话也很有启发性。宾夕法尼亚大学教育学院的丹麦·斯泰因(Dana Kamenstein)教授提供了诊断企业文化的见解。

第七章,谈判意向书和收购协议,以及第八章,交割,建立在原版的基本智慧上,但包括来自作者的更新和律师迈克尔·克里格曼(Michael Kliegman)的指导,之前在第五章的阐述中提到过。在第七章导言中对智能合约的讨论建立在与财务标准公司(Financial Standards,Inc.)总裁马蒂·蒂林南齐(Marti Tirinnanzi)和 BMNP 战略有限责任公司(BMNP Strategies,LLC)的首席执行官兼创始人 Peet van Biljon 的对话基础上。

第九章,合并后的整合和资产剥离。改编自亚历山德拉·拉杰科斯的《并购整合的艺术》(麦格劳-希尔公司,2006),以及随后在他的其他出版物中对该材料的更新。因此,这一章应该感谢那本书引用中的专家。特别值得注意的是,本书前言的作者吉姆·杰弗里斯以及他在并购领导力顾问公司的所有同事,特别是约翰·本德(John Bender)、拉里·戴尔(Larry Dell)、马克·赫恩登(Mark Herndon)和杰克·普劳蒂(Jack Prouty)。本章还借鉴了桑吉·巴加特(Sanjai Bhagat)博士的著作。巴加特是一位思想领袖,对并购后的绩效有宝贵的看法。弗吉尼亚大学达顿商学院名誉院长,并购大师罗伯特·布鲁纳(Robert Bruner)启发了对"来自地狱的交易"的洞察力。以下公司董事和董事会顾问都是全美公司董事协会(NACD)的重要成员,他们在本章中对董事会相关材料的提供有影响:马尔米·阿斯加德(Urmi Ashar)博士。托马斯·贝克威尔(Thomas Bakewell),注册会计师;丹尼斯·贝雷斯福德(Dennis Beresford);马蒂·科因(Marty Coyne);尼娜·迪克森(Nina Dixon)博士;费菲尼(Fay Feeney);米歇尔·胡珀(Michele Hooper);林健怡,谢普·普赖尔(Shep Pryor);查尔斯·雷·科尔(Charles Rd Corr);Hal Shear;厄尼·史密斯(Dr. Emie Smith)博士;约翰·斯托特(John Stout)先生；拉里泰勒(Dr. Larry Taylor)博士；克雷格 W. 怀特(Craig W. White)先生。全美公司董事协会前任首席执行官肯·戴利(Ken Daly)和现任首席执行官彼得·R. 格里森(Peter R. Gleason)，以及全美公司董事协会前任领导人罗杰·拉伯(Roger Raber)博士和约翰·纳什(John Nash)为本书提出了有关治理方面的见解。这一章还极为受益于约翰·霍塔(John Hotta)的专业知识。霍塔是一位公司董事和退休的微软公司高管，现在为资本专家服务有限公司的联合创始人和董事会成员，他审阅了整章有关技术的内容。还要感谢麦克森公司副总裁詹妮弗·李和安富利公司业务转型总监艾伦·欧文斯·卡赛，感谢他们撰写了关于变革管理的章节。安托尼奥·涅托·罗德里格斯(Antonio Nieto Rodriguez)教授就并购项目管理提供了见解。此外，负责全球并购整合、全球燃油服务的副总裁休·赖德(Sue Rider)，也在全球人力资源方面做出了贡献；温迪·帕克斯，蒙特利尔银行金融集团负责全球收购和剥离的人力资源总经理，已退休。最后值得一提的是，诺基亚的已退休的并购经理比尔·布兰德福德(Bill Blandford)，就资产剥离提供了经验丰富的评论。本书的伦理指导来自以色列海法大学的雅克·科里(Jacques)博士；斯蒂芬·乔丹(Stephen Jordan)，IO可持续性联合首席执行官；乔治敦大学教授莱斯特·A. 迈尔斯(Lester A. Myers)博士；和斯蒂芬·R. 杨先生(Stephen R. Young)，科克斯道德资本主义圆桌会议执行主任。

第十章，上市公司并购中的特殊问题以及第十一章，协商重组、破产和清算。要感谢许多主要的律师事务所，它们使作者和专家审稿人在证券法、破产法和一般法律趋势方面不断受到教育并负有一般的责任。本书通篇引用了他们的法律摘要。第十章重点介绍了罗伯特·D. 费里斯(Robert D. Ferris)的知识。费里斯是公司和投资者关系顾问，通过在国家投资者关系协会担任志愿者领导职务，为投资者关系社区塑造了最佳实践。本章还得益于弗朗西斯的专业知识。特拉华州 Eckert Seamans Cherin&Mellott 有限责任公司诉讼小组的合伙人兼副主席 G. X. 佩勒吉(G. X. Pileggi)先生，很有风度地允许作者在本章和整本书中大量引用他的材料。

第十一章，得益于杰弗里·安纳珀斯奇(Jeff Anapolsky)的专业知识。杰弗里·安纳珀斯奇与作者和彼得·内斯沃德共同撰写《危机企业并购艺术》(麦格劳-希尔教育公司，2011)。还要感谢在转型期的一个老兵黛博拉·希克斯·米达内克·贝利(Deborah Hicks Midanek Bailey)，他审查了整个章节的相关性和准确性；约翰·科勒德(John Collard)，战略管理合作伙伴股份有限公司董事长兼首席执行官，其著作一直具有影响力；霍华德·布罗德·布朗斯坦(Howard Brod Brownstein)，布朗斯坦公司的创始人，他为某些术语提供建议。

第十二章,全球交易:构建成功。最大的功劳属于莱茵(Lane)和埃德森(Edson)两位律师,他们帮助塑造了原著。对于税务审查,我们归功于迈克尔·克利格曼(Michael Kliegman),阿金·甘的高级顾问。对于其他的话题,我们衷心感谢参与原版的 Ken August,August 法律集团,PC 的所有人。提供援助的还有保罗·陈(Paul Chan),马来西亚公司董事联盟联合创始人;卢·莱德曼(Lew Lederman),QC,首席执行官,Knowledge E* Volutions,Inc.;拉乌尔·舒德希姆(Raoul Schuddeboom),欧亚集团企业咨询服务部主任;李家彦,香港董事学会顾问;安东尼·里加(Anthony Riha),高级技术公司合伙人(亚洲);罗基·李(Rocky Lee),金(King)和伍德·麦尔森(Wood Mallesons)公司,中国北京;设在法国巴黎的国际律师事务所 Van Kirk Reeves,Reeves & Porter;还有里卡多·特里戈纳(Riccardo Trigona),意大利米兰的律师。

除上文所列姓名外,下列个人因其对并购和公司治理的影响而得到承认:杰拉尔德·阿道夫(Gerald Adolph)的《向前合并:巧妙并购的五大趋势》(麦格劳-希尔教育公司,2009);罗杰·阿吉纳尔多(Roger Aguinaldo),创始人,并购顾问;安德林治理集团创始人兼首席执行官大卫·安德森(David Anderson)博士;霍华德·拜伦(Howard Bailen),资深公关;汉克·伯尔纳(Hank Boerner),治理和问责研究所董事长兼首席执行官;毕马威董事会领导中心执行董事大卫·布朗(David Brown);道格拉斯·奇亚(Douglas Chia),罗格斯法学院公司法和治理中心研究员;约翰·库格兰(John Coughlan)博士,华盛顿注册会计师学院创始人兼主任;艾谱莉·瑟蒙德·杜马(April Thurmond Dumas)和梅丽莎·福斯特·福利斯(Melissa Foster Follis),并购领导委员会;艾伦·格拉夫曼(Allan Grafman),全媒体企业首席执行官;霍利·格雷戈里(Holly Gregory),Sidley Austin 有限责任公司合伙人;帕梅拉·S. 哈珀(Pamela S. Harper),Business Advancement,Inc. 首席执行官;詹姆斯·哈奇(James Hatch),Oleum Technology 有限责任公司总裁;黛布拉·桑蒂尼·亨内利(Debra Santini Hennelly),Resiliti 创始人;加里·鲁丁(Gary Lutin),股东论坛主席;伊迪丝·奥伦斯坦(Edith Orenstein),普华永道经理;迈克·洛夫达尔(Mike Lovdal),名誉合伙人;乔恩·卢科姆尼克(Jon Lukomnik),Sinclair Capital 管理合伙人;乔恩·J. 马斯特斯(Jon J. Masters),国际金融公司全球公司治理论坛私营部门咨询小组成员;伊拉·M. 米尔斯坦(Ira M. Millstein),Weil Gotshal & Manges,LLP 高级合伙人;卡里·尼科尔森(Cary Nicholson),货币主计长办公室银行审查员;吉恩·帕纳森科(Gene Panasenko),莫洛尼证券有限公司财务顾问;迈克尔·波卡利科(Michael PoCalyko),首席执行官,SI;杰弗里·波辛格(Jeffrey Possinger),PLLC 波辛格法律集团董事成员;

詹姆斯·雷达(James Reda)，Arthur J. Gallagher & Co. 高管薪酬部董事总经理；马修·斯科特(Matthew Scott)，《企业证券杂志》(Corporate Secretary Magazine)前任编辑；狄恩·肖恩(Dean Shaw)，董事总经理，Shaw & Sullivan，PC；布伦丹·希恩(Brendan Sheehan)，穆迪投资者服务公司副总裁；以及HCM International 的合伙人加布·肖恩·瓦尔赫斯(Gabe Shawn Varges)。

这本书结尾的法律案件摘要来自先前版本，但包括基于前面引用的弗朗西斯·G. X. 皮莱吉(Francis G. X. Pileggi)的著作的更新。

最后，作者衷心感谢麦格劳-希尔教育公司的专业编辑和制作团队。本书团队包括诺亚·施瓦茨伯格(Noah Schwartzberg)，高级编辑；编辑助理阿米·李(Ami Li)；编辑部主任多尼娅·迪克森(Donya Dickerson)；还有出版商克里斯托弗·布朗(Christopher Brown)。与团队合作，金妮·卡罗尔(Ginny Carroll)的NMSG公司提供了出色的复制和项目管理服务。还要感谢NMSG团队中的其他关键人员：辛勤的排字员马克·赖特(Mark Righter)，以及眼力敏锐的校对员迈克·邓尼克(Mike Dunnick)和斯图尔特·史密斯(Stewart Smith)。我们细心的索引员是埃里卡·米伦(Erika Millen)。同样值得感谢的还有Quarter Native公司的克里斯·史密斯(Chris Smith)。他提供了本书中的许多图表。最后，我们要感谢纽约第五大道555号巴诺公司业务发展和业务部经理卡尔·亨特(Cal Hunter)，感谢他对本书的信任。

第一章　并购入门

学识浅薄是一件危险的事情；
深饮，否则莫品派利亚泉酪。
浅尝辄止使大脑混沌，
大量畅饮反让人清醒。

亚历山大·蒲柏（Alexander Pope）
《批评论》（*An Essay on Criticism*）

引　言

在合并、收购和买断方面，也许再没有比蒲柏这句诗更贴近事实了。企业的购入与卖出是最富挑战性的交易之一。明智的旅行者应该为正确的理由而出发——因为即使是最平平无奇的交易动因也可能招致不幸。试想企业主们仅仅革新现有技术水平，却没有意识他们最开始就选错了行业——或采取了错误的策略去执行。

除了在董事会里争论是否要进行某类收购之外，我们还要了解如何安排未来可能发生的并购业务。并购业务不仅跨越了无数证券条款、税法条文、会计准则和监管要求的界限，还有潜在的可能会增强或瓦解购买方或卖方的文化基础。关键性的无形因素决定着交易的成败，比如，两个原本不同的组织间的文化匹配、逻辑融合。这些无形因素有时决定着一场原本组织安排良好的兼并或收购最终能否获得预想的收益并建立长期价值。对很多大型企业的高管而言，并购本身是成败攸关的决策。同样，对很多小企业主而言，出售企业也许是平生仅一次的事。在这两种情况下，并购参与者都必须知道自己在干什么。

50多年前，也就是在1965年秋季，这本书的原作者斯坦利·福斯特·里德（Stanley Foster Reed）发行了第一版《并购》（*Mergers & Acquisitions*）杂志。他为杂志作

序,该序言至今还能在源媒体(Source Media)平台[1]查到,内容如下:

> **致不断更新的企业社会**
>
> 　　进入新时期,美国兼并与收购活动的第三次伟大浪潮席卷而来,我们受困于经济增长率停滞不前。在此经济增速下,集团企业不断地进行兼并与组合。调查显示,在当前经济增速下,每三个大型企业中就有一个会被并购或者在未来十年内会被并购,这改变着我们赖以生长和发展的环境。
>
> 　　在美国,每天都有1 000个新企业诞生。有些企业发展到如同国庆日烟火绽放的高度,然后以炫丽的异彩闪亮于空中,昙花一现,美丽却短暂……还有一些企业带着蓬勃朝气和专业知识踏浪而来,迅速成长壮大并终将成为摧枯拉朽的中流砥柱,庇护那些尚未强大起来的企业。
>
> 　　这就是不断更新的企业社会。[2]

正如里德的序言所述,《并购》杂志创建之时在思想上就秉持着一个清晰的目标:向购买方与目标方企业展示如何创建战略——以及庇护所——以期在不断变化的环境中持续发展。

1988年,里德依然秉持这一目标。那时他与莱恩&埃德森律师事务所通力合作,出版了这本指南的第一版。当时杠杆收购运动正处于高峰时期,在奥利弗·斯通(Oliver Stone)令人难忘的电影《华尔街》(*Wall Street*)中戈登·盖柯(Gordon Gekko)一角色对杠杆收购进行了传奇化演绎。塑造这本书第一版的莱恩&埃德森律师事务所的律师们处在并购更迭变换前沿,他们曾为一些并购之王提供建议,比如韦斯雷(Wesray)资本的两位创始人财政部前部长威廉·E. 西蒙(William E. Simon)和雷·钱伯斯(Ray Chambers)。第一版"巨著"的特色是里德和他的女儿亚历山德拉·里德·拉杰科斯作为合著者共同创作,亚历山德拉最初仅是项目经理。

1988年的《并购的艺术》是那时的经典著作,但由于数以百计的法律先例不断涌现、波谲云诡的金融市场以及日新月异的会计和税收规则,交易结构在重压之下不断发生变化,对原始文本进行重大修订确实是当务之急。里德和拉杰科斯在1995年和1999年出版了后几版,同时也出版了一系列衍生书籍,深入探讨了并购领域每一个主要的话题。H. 彼得·内斯沃德于2001年加入该系列图书创作,他不仅是该系列中3个特别书目的合著者,而且最引人注目的是他与里德和拉杰科斯合著了《并购的艺术》第四版。第四版出版于2007年——不久之后,里德在90岁高龄去世,他的使命完成了。正如本书扉页所详述,当前版本蕴含无数致力于并购的专业人士的智慧——包括这一版本的联合制作人即资本专家服务有限公司的相关专家。

显然,过去十年来沧桑巨变。第五版延续原著和并购的艺术丛书之风格,捕捉十多年来并购领域受创于金融危机之时发生的主要趋势和技术变化,本书从中吸取了新的有些是痛苦的教训。然而,里德在 50 年前提出的关于并购是不断更新的商业社会的核心愿景,到今天仍然与 1965 年的一样正确。

每年全球都有数万亿美元并购交易转手——其中不仅包括收购大公司或大公司的大多数股权,还包括从皮奥瑞亚(Peoria)到巴黎(Paris)的数万家小公司的买卖。在我们将要付梓之际,并购仍然是全球经济的重要组成部分。如本书前言中的图 1 所示,2018 年,全球并购交易师达成的并购交易总额价值超过 4 万亿美元。最近的全球并购交易总额比 2009 年危机时的低点翻了一番多;此外,最近的全年交易总额比 2002 年的周期性低迷时期的交易总额增长了近 4 倍,较 1985 年以来飙升了 13 倍多。即使考虑到通货膨胀的乘数效应[3],增长依然很明显(见图 1—1)。

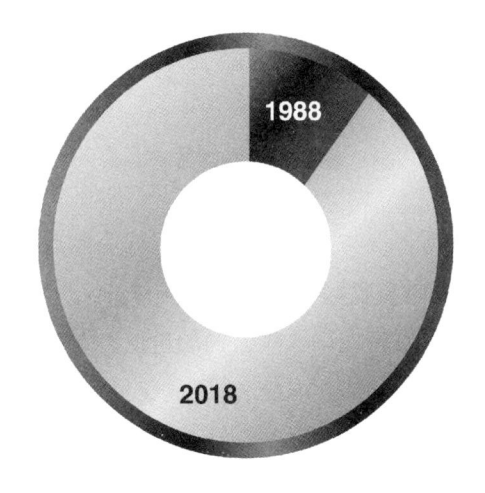

资料来源:合并、收购和联盟研究所(IMAA),2019。

图 1—1　全球并购交易金额(1988 年和 2018 年)

可以肯定的是,这十年并购活动的复苏最终将停止。在本书所探讨的各种力量的推动下,交易量总是会出现周期性的高点和低点。但就像这种停顿是不可避免的一样,它也将被证明是暂时的。并购显然将继续存在:对许多寻求促进发展之法或收割其他所创价值的公司来说,公司的出售与收购仍然是一个关键选择。然而,我们再怎么强调合并过程是多么复杂和危险也不过分。用达顿商学院(Darden School of Business)名誉院长罗伯特·布鲁纳(Robert Bruner)的话说[4],在任何交易中都有大量来之不易的价值悬于一线,尽管有成功案例,但也有"铁血并购"。通常情况下,资产剥离是"灵丹妙药"。

为了达成持久的交易,收购方和出售方——无论规模大小——都必须从不断更新的并购知识之泉中汲取经验。要想深入汲取,它们必须首先认识到有一种东西叫做收购流程,此流程含有许多至关重要的阶段和许多关键参与者。任何一个阶段都需要在整个过程中可靠地落实才可以顺利进行。并购流程通常按以下阶段展开(见图1-2)。

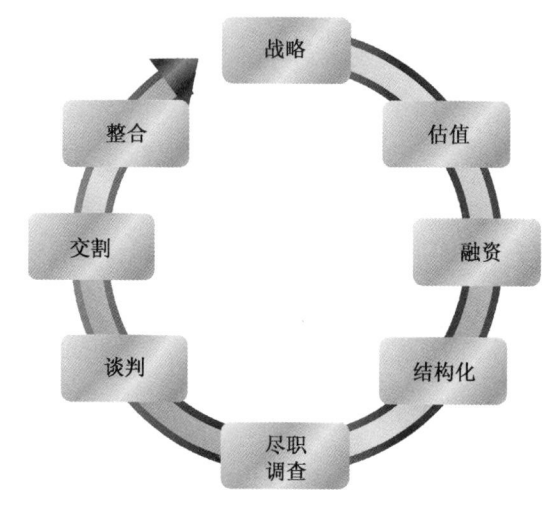

图1-2 并购流程

- 战略阶段——决定是否参与并购,如果参与,作为收购方还是出售方,如果作为收购方,做战略收购方还是财务收购方;
- 估值阶段——确定待出售或待收购公司的价值;
- 融资阶段——从内部或外部获取资金,促成交易;
- 结构化阶段——为交易指定合适的会计、财务、法律和税务人员;
- 尽职调查阶段——核实公司是否如其所宣称的那样,并发现对交易有重大影响的风险敞口;
- 谈判阶段——在不损害交易的前提下,说服对方同意你的条款;
- 交割阶段——完善交易,从而使其正式化;
- 整合阶段——通过独立经营、整合和/或剥离,进行合并后的运营管理。

正如这8个关键章节所示,并购之旅有许多严肃问题尚待探究。首先,收购者需要询问本公司是应该保持独立,收购另一家公司,还是应该出售自己的公司。合并两个特定的企业有战略意义吗?这些企业合并能做到独立时做不到什么事?哪家公司应该做买方,哪家公司应该做卖方?各方能带上谈判桌的究竟是什么,值多少钱?交割价为多少合理?交易后的风险如何在买卖双方之间分配?交易应该如何融资,各种选择的税收、财务和法律后果是什么?我们应该对彼此做什么样的调查?我们怎样才能促进公司中所有成员的利益完全一致?收购协议中各方应承担哪些义务?如何避免"赢家的诅咒"和"卖家的悔恨"?在整个过程中,让我们思考如何(如果发生的话)整合被合并公司的资源、流程和职责——同时牢记剥离这个选项。

以下八章将首先详细探讨并购交易的每个阶段,其次将介绍上市公司、不良交易和全球并购交易情况,最后将以具有里程碑意义的法律案例为本书作结。

目 标

本书的目的是让专家和一般读者熟悉友好协商收购的基本知识,包括当前完成交易所需遵循的财务、法律、会计与商业惯例和规则。本书也是为了让读者对当今的交易协商过程有一些感觉。

如前所述,本书各章遵循收购流程的基本顺序,从战略到估值、融资、结构化、尽职调查、谈判,直到(包括)交割和整合。这些章节的大部分内容既前沿又复杂;若非如此,就不会特别实用。然而,我们的本愿是把这些材料尽可能地解释清楚。每一章都从每个主题的基本原理开始。在苏格拉底式刨根问底的问答过程中,每一个要点都有机地建立在前一个要点之上,即对话。这种方式既可以引导新手提出更高阶的问题,又可以作为老练的交易阶的技术参考。诚然,这是一个雄心勃勃的目标,但我们希望这本书在过去 30 年中已经完善了这一目标。

例如,由于这本书的副标题是"合并、收购和买断指南",因此区分这些关键术语是有意义的,让我们来逐一探索。

关键术语

合并与收购区别何在?

这个问题的答案并不像看起来那么简单。"合并"一词表示两家规模和市值相似的公司合并,而"收购"则意味着大公司购买小公司。通俗地说,这些描述确实反映了大多数情况下的常规用法——至少在商业媒体如 CNBC* 或《华尔街日报》上。例如,两家规模相当的企业向公众宣布合并时经常会使用"对等合并"[5](a merger of equals)的字眼。

但"合并"实际上讨论更多的是公众姿态和董事会政治,而不是交易的法律结构。事实上,合并和收购与交易中公司的相关规模无关。一家大公司无论如何都可以与一

---

* CNBC 是由美国 NBC 环球集团持有的全球性财经有线电视卫星新闻台。——译者注

家小公司合并,就像一个收购公司可以收购一个类似规模的目标公司一样。更确切地说,收购和合并实际上是指某项交易的法律结构。收购是描述所有权转移的通用术语。合并是一个狭义的专业术语,指的是一个特定的法律程序,它可能是也可能不是在收购后发生的。第五章"交易结构化:总论及税务和会计考虑"解释了收购和合并是如何进行的。

那么,究竟什么是收购?

公司收购是指公司的股票或资产逐步归买方所有的过程。交易可能采取购买股票或购买资产的形式。在这本书中,我们通常把被收购的公司称为该公司或者目标公司。

合并的专业定义是什么?

合并具有严格的法律含义,与合并后的公司未来如何经营,或交易后业务最终由哪一方的管理团队控制无关。

简单地说,当一家公司汇入另一家公司,消失后,合并就发生了。例如,就像河流一样,密苏里公司汇入密西西比公司,并且在法律上消失了。密苏里公司的股票证书被交出并交换为密西西比公司的股票证书。密苏里公司已不复存在。密苏里公司是非幸存者,而密西西比公司是幸存者。*

所有合并都是法定的合并,因为它们都是根据公司注册州的法律或法令,作为具体的正式交易进行的。然而,各州之间很少存在重大分歧。(当然在美国之外,各国之间也存在差异。)

交易后经营或控制公司的方式与合并是否发生无关。如果一个潜在的收购者对一个潜在的卖家说:"我们不收购,只合并。"这意味着双方在合并计划中是平等的伙伴,而实际上,根据法律规定,在没有股东制定相反协议的情况下,被合并方公司为合并方公司所有且受控于合并方公司。

在合并中,谁是幸存者?总是大公司吗?

不一定。由于税收和其他原因,有时大的密西西比公司可能会合并为小的密苏里公司,而密苏里公司则是幸存者。经营规模、资产净值、员工人数、最终谁会成为董事长甚至公司名称,都与哪家公司幸存无关。

买断是什么?其中,杠杆收购又是什么?

买断用于描述收购者(如私募股权公司)通过购买上市公司的全部股权和/或资产而将其全部或部分私有化的交易。

最常见的买断形式是杠杆收购(LBO),即买方贷款购买公司的全部或部分股本

---

* 本书是指美国最大的河流密西西比河融汇了密苏里河。密苏里河在汇入密西西比河之后,就消失了。这与企业合并十分相似。

或资产,以目标公司的资产作为贷款的主要抵押品,导致在公司新资本结构中以这种收购债务形式出现的资本比例高于平均水平。随着时间的推移,被收购企业将获得现金流,并用现金流偿还债务。

对于许多初次接触杠杆收购的读者来说,最贴近生活的类比可能是购房过程。比如,许多房主可能会先将购买价格的20%以权益形式购入,然后从银行借剩下的80%,用房子作为房屋抵押品。为了更好地将这个买房例子与杠杆收购结合起来,我们可以进一步假设房子将是买方的一项租赁物业投资。因此,买方将使用来自投资性房地产的租金收入偿还部分收购债务。随着时间的推移,假设投资是成功的,债务数额会减少,买方在此物业中的权益价值增加。同样,杠杆收购中的买方(借款人)希望未来的收入将高于必须支付的债务。

杠杆收购有以下几种类型,包括:

■ 管理层收购(management buyouts,MBOs),其中一个关键因素是引入现有的管理团队作为股东;

■ 员工收购(employee buyouts,EBOs),其中员工使用员工持股计划(ESOP)的资金(其中大部分是借来的)买断公司所有者的股份;

■ 重组(restructurings),在这种情况下,大部分收购资产随后被出售,以偿还为交易提供资金的债务。

什么是敌意收购或接管?

敌意收购或接管是指潜在的买家绕过董事会和管理层,直接向目标公司的股东提议。这类交易很少,大量的收购都是"友好的"或"协商的"交易——这在很大程度上是因为,如果所有者没兴趣接受谈判,那么强迫某人出售他们的企业可能会异常困难。当然,当目标公司是上市公司时,敌意收购可能发生,而且确实发生了,因为尽管上市公司的董事会和管理层可能不愿意与潜在买家接触,但买家可以选择直接从公众投资者手中竞购目标公司的股票。本书在第十章"上市公司收购"部分介绍了敌意收购的一些问题。然而,总的来说,本书侧重于友好交易——买卖双方自愿达成的协商交易。友好交易的基础是相互协调两个或两个以上的交易方的利益,并且各方相信,如果它们能够通过交易过程解决问题,公司合并会比分立更好。

关于本书的问答形式

在并购过程中,问题不断出现。本书试图从读者的角度出发来解释这些问题,无论读者在这个过程中处于什么位置。

在整本书中，法律案件提供了重要的先例，我们在文本中对其提供了简短的描述。合并、收购、买断领域中最重要的案例在本书结尾处的"里程碑式的案例摘要"中有完整的描述，也可以在本书结尾处的"具有里程碑意义的和近期的并购法律案例"中找到。

结 论

我们不能声称将所有领域一一道尽。毕竟，合并过程没有太多普遍性，甚至没有太多共性，特别是不断发展变化的跨国协议和融资领域。

然而，我们所传达的是一本具有可读性的源泉之书。在书中，企业主和专业人员不仅可以找到无数与并购相关问题的答案，而且可以找到关于并购过程的必须（或至少应当）问到的问题。这样渴望求知是好的。

深饮派利亚之泉吧！

注释

1. 见 https://www.sourcemedia.com。

2. Stanley Foster Reed. "Dedicated to the Ever-Renewing Corporate Society", *Mergers & Acquisitions*, vol. 1, no. 1(Fall, 1965).

3. 1985年1月的1美元在2017年1月价值2.30美元，见 https://www.bls.gov/data/inflation_calculator.htm。

4. Robert F. Bruner, *Deals from Hell: M&A Lessons That Rise Above the Ashes* (New York: John Wiley & Sons, 2005). 布鲁纳院长引用了美国在线（AOL）和时代华纳（Time Warner）的合并，2003年报告显示这导致1 000亿美元的损失，以及泰科国际（Tyco International）的收购项目，还有其他一些糟糕的交易。

5. "哈里斯公司（Harris Corporation）和L3科技公司（L3 Technologies）将以对等合并的方式合并"，新闻稿，2018年11月5日，https://www.marketwatch.com/press-release/united-states-harris-corporation-and-l3-technologies-to-combine-in-merger-of-equals-2018-11-05。

第二章 战　略

引　言

本章介绍合并、收购、买断流程的第一阶段：战略。[1] 在这个至关重要的阶段，公司领导人用一个可能包括合并、收购或剥离的计划来描绘企业的未来。[2]

在考虑并购战略和某笔交易背后的理由时，首先考虑买方是战略收购方还是财务收购方很有助益，特别是在评估收购机会时，这两类收购方的动机和目标通常不同。

战略收购方，有时被称为公司买方[3]，通常是一家至少有一条甚至几条业务线的营业公司，考虑是否与另一家营业公司进行交易，以促进本公司扩张或更专注收购方的业务。许多原因可以解释为什么战略买家会开展收购交易。此类目标可能包括通过收购一家或多家公司来建立业务线组合，以壮大收购方现有的企业，也许是通过将固定成本分散给更多的销售单位，以降低成本；通过提高市场份额，增强市场竞争力；又或是通过争取到一个或多个未来战略"选项"来提高长期价值。本章以下内容将主要集中介绍战略买家的需求和备选方案，其中四种主要的并购战略将在本章第一节中被详细阐述。

另一种买方被称为财务收购方——通常是一个投资者团体（如私募股权基金）对一家公司进行投资，其具体意图是以后转售获利。这样的购买者将主要关注公司是否能够产生足够的现金流来应对交易的偿债要求，或者是否有足够的可分割资产可以分批出售，同时放眼未来 3—7 年，整体上仍然是一个有吸引力的待售公司。事实上，目标方的最终剥离——无论是部分剥离还是全部剥离——从一开始就是财务买方计划中不可或缺的一部分，而大多数战略买方都是从潜在的"永久"管理资产的角度来评估交易的。[4]

因此，人们可能会说，财务买方是"机会攫取者"，而战略买方是"机会制造者"。虽然本章更着重于战略收购方的动机而非财务收购方，但值得注意的是，财务收购方在企业并购市场中所占的比重之大，史无前例。[5] 此外，虽然并不是所有章节都适用，但是财务收购方也可以通过学习本章受益——比如,如果财务买方正在着手新设合并或整合并购,其中,财务投资者打算在某一特定市场领域进行多次收购,以节省成本。

阅读本章的公司收购方将获得并购战略规划的指导——是多样化、节约、增长还是对冲。然而,这个规划只是一个开始,因为任何收购的决定都意味着要找到一个有意愿出售的卖家,而任何出售的决定都意味着要找到一个有意愿收购的买家。因此,战略自然会影响搜索过程——本章第二节收购潜在买方的收购标准和筛选市场的手段——不论这一过程是内部运作,还是在中小型市场[6]的商业经纪人或者在高端市场投资银行家的帮助下进行。最后,所有的战略规划都需要注意法律法规和监管制度限制。本章第三节也是最后一节将讨论这些必要的限制。

牢记引言内容后,现在让我们从头开始,先了解一下战略这一略显神秘的活动——或者更动态地说,是战略规划。

战略规划

什么是战略规划?

也许你曾听说过那句古语:"凡事预则立,不预则废。"目标——无论是个人的还是公司的——不会像亚马逊递送的包裹一样神奇地到达自己家门口。战略规划包括预先考虑具体的期望结果,以及如何最好地实现这些目标。说一项计划是"战略性的",是指该计划与预想结果相联系,而此结果同时是广泛的、长期的,并且是本组织中心任务的核心。战略规划是由领导者制订的计划(事实上,希腊语词根"strategein",就是指军队的将军)。

公司的战略规划(有时被称为公司战略或企业战略)通常由对企业总体战略负有高度责任的个人——董事会和高级管理层——领导制定,然后作为路线图,在更广阔的组织范围内传导,从而指引无数个人的决策方向。

大多数战略规划(再次强调这个词的词根意思)是基于竞争的理念,表现出对一种对立力量的警觉,比如发觉一个竞争者想要和规划者做同样的事情——例如,获取更多客户。深思熟虑而有效的战略规划可以为颠覆竞争对手指明道路,通过降低生产成本,开发更好的产品或服务,或以具有竞争力的方式提供产品或服务。这是哈佛大学的迈克尔·波特(Michael Porter)在他的经典著作《竞争战略》(*Competitive Strategy*)中提出的三种通用战略。[7] 典型的战略规划大纲见表2—1。

表 2—1　　　　　　　　　　　典型的战略规划大纲

本公司的战略
• 本公司的目标
• 本公司实现这些目标的计划*
本公司的市场
本公司的竞争对手
SWOT 分析
时间表
里程碑事件
突发事件

注：* 可能包括通过并购实现扩张。

典型的战略规划方法有哪些？

多年来，在多元化的大旗之下，战略规划体系比比皆是。一些预制解决方案将公司的业务划分为市场份额/市场增长类别，并产生如下分类：明星业务对应高增长/高市场份额业务，瘦狗业务对应低增长/低市场份额业务，金牛业务对应高市场份额/低增长业务，以及野猫业务（或问题业务）对应低市场份额/高增长业务。这项战略最初由波士顿咨询集团（Boston Consulting Group，BCG）在半个多世纪前制定并在全球范围内成功发布，基本点是将收入从金牛重新分配给野猫。许多其他类似的多样化矩阵方法也很流行，特别是通用电气（General Electric）的九元素结构（nine-element construct）。这些概念已被广泛传授和使用。为什么？因为它们肯定比过去几十年的随机过程要好。在过去的几十年里，许多交易都是出于非经济原因。

如今，在大数据时代，这些简单的四象限、九元素结构已被多元分析所取代。在构建以收购促增长的战略时，要考虑的因素不止 4 个或 9 个，毫不夸张地讲，可能有数百个。这些更系统的规划方法将分离关键变量，并使用这些变量来制订可行的战略规划。此外，一些公司已经开始用适应性调整来补充它们的系统方法，以应对环境的变化。[8]

战略与愿景和使命有何关联？

建立一个成功的企业就像建造一座稳定的大楼，打牢地基，努力向上。在追求任何战略之前，决策者应该认清组织的使命（它为什么存在）和愿景（它正在努力成为什么）。战略是完成使命、达成愿景的路径。合并、收购和/或剥离计划是在这条道路上前进的工具。

并购在战略规划中的作用

并购如何融入战略规划？

首先也是最重要的，并购是一种沿着决策路径发生的决策。典型的决策"树"如图2—1所示。

> 如果保留，整合还是忽略？
> 如果收购，保留还是卖出？
> 如果扩张，收购还是自建？
> 开始：扩张还是收缩？

资料来源：亚历山德拉·里德·拉杰科斯，2019。

图2—1 战略决策树中的并购

并购能被称为一种战略吗？

不能，并购本身并不是一种公司战略，尽管这种交易在实施战略规划中可以发挥关键作用。正如波特所指出，"合并可以瞬间将一个弱小的竞争者推向显赫地位，或者让一个已经强大的竞争者变得更强大"。[9]

在决定进入一个新的业务领域之前，战略思考者将进行行业预测，研究拟议收购与他们当前行动的匹配度。此外，由于战略规划需要选择，任何机会，无论多么热门，总是应该被迫接受与其他潜在进入者竞争的考验。这意味着要对机会进行正式盘点，然后有条不紊地进行比较。

从战略思维中产生的计划，一旦实施，就对决策层的每一个人起着纪律约束的作用。任何提议的交易都可以简单地与预先商定的描述公司战略的标准相匹配。如果拟议交易不符合大多数既定的战略标准，并购机会则会被否决，这样就为高层管理者节省了有效的时间和资源。

战略规划也对资产剥离过程有助益。在任何一个多利润中心的运作中，不能自动导出出售公司或停止交易的候选方案的战略规划很可能并不真正具备战略性。任何战略都有必要对企业正在做的事情与企业可能利用其资源做的事情进行权衡。如果新的机会领域的潜力更大，则应通过出售旧的业务部门来转换为现金，可能溢价出售给适合它们的公司，而现金应通过内部或外部开发重新部署到新的业务部门。控制这一持续的重新部署过程是战略规划的一个重要方面。[10]

最佳的并购战略是建立在对一个组织的优势和劣势、机会和威胁的分析之上的——这一 SWOT 分析模型在半个世纪后的今天仍然适用。[11]

总体来看，并购活动为何忽高忽低？比如，是什么推动了当前的并购复苏？

联邦贸易委员会的一份专家组报告（基于一个有 10 名高层管理者的焦点小组）曾统计出 31 种动机，从扩大产品线到加强管理力量，不一而足。[12] 与之相反，传奇投资家沃伦·巴菲特从哲学的角度思考，认为世界上只有一个并购活动的原因：将投资从现金转移到资产。对于许多公司来说，通常动机有多种。学者们普遍认同的公司进行收购的最常见原因有以下 10 个[13]：

- 通过购买客户、供应商或竞争对手实现规模经济（协同运作）；
- 更快更成功地完成战略目标（战略规划）；
- 通过收购管理人员效率较低的公司并使其效率更高（差别效率）来实现投资回报；
- 通过购买拥有低效管理人员的公司并替换他们（低效管理）来实现回报；
- 提高市场份额（市场影响力）；
- 通过平滑现金流和增加债务能力来降低资本成本（财务协同效应）；
- 低价时趁机买入，低价是与过去的股票价格和/或预计的未来价格相比，或者与买主白手起家建立公司所需的成本相比（低估）[14]；
- 在股权分散的业绩不佳的公司中坚持董事会一级的控制权（代理问题）；
- 获得更有利的税收情况（税收效率）[15]；
- 增加公司的收入或规模，从而增加经理人的薪酬和/或权力（管理主义——从来不是一个明确的目标，但在许多学术研究中提供了这种解释）。

并购的替代方案

并购是企业用来实现战略、使命和愿景的主要交易类型吗？

不一定。当两个组织希望以某种方式合作以实现相似的目标时，管理层可能会考虑一系列广泛的公司交易结构——并购只是其中一种选择。在任何特定情况下，最有效的具体结构可能取决于各种各样的因素。首先要自问的是，为了实现预期目标，双方是否需要某种程度的共同所有权，或者双方是否可以通过契约关系甚或非正式的关系来实现这些目标。要考虑的因素包括：一方希望对另一方的公司决策产生多大的影响，另一方对这一要求的接受程度如何？双方有多少资金，双方需要多少资金，双方是否愿意合作以使合作的成果最大化？合作应该多紧密地结合在一起，这种结合必须是永久的吗？

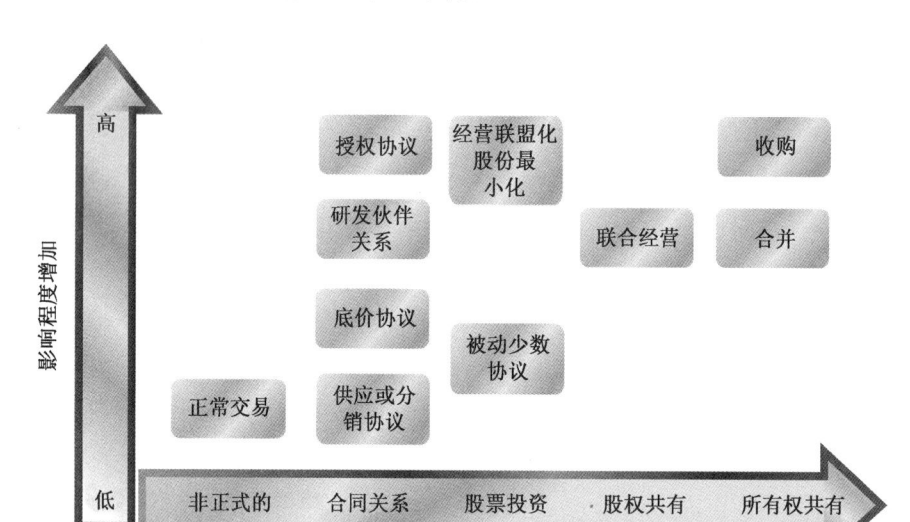

图 2—2 说明了业务协作的一系列结构。

```
影响程度增加
高 ↑

         授权协议      经营联盟化
                     股份最
                     小化            收购

         研发伙伴
         关系                联合经营    合并

         底价协议
                    被动少数
                    协议
     正常交易  供应或分
              销协议

低 →  非正式的  合同关系  股票投资  股权共有  所有权共有
              资本保证和一体化的增加程度
```

资料来源：Silver Lane Advisors，2018。

图 2—2　业务协作结构的范围

如图 2—2 所示，这些结构可能是非正式的买方和卖方周期性地进行一次性的商品或服务的买卖交易。在某些情况下，当事方可能仅仅通过合同关系就能够实现其战略目标。这方面的例子包括一份供应协议，其中概述了买方和卖方所依据的基础将随着时间的推移而运作。

底价协议是原始设备制造商（OEMs）和分销商之间的常见协议，提供从原始设备制造商到分销商的短期库存融资，以获取库存并提供转售［例如，通用汽车公司（GM）及其汽车经销商伙伴］；或某种形式的许可协议，其中明确规定被许可方如何能够和不能使用许可方授予的权利；或者，如果各方以某种方式将股权纳入结构中——无论是被动的少数股权，与正式经营联盟的少数股权，还是某种形式的合资企业——都可能会优化所设想的商业合作。涉及组成公司的全面合并或收购可能被认为是极端的商业合作形式——仅限于买方寻求对另一方施加高度影响并准备为业务投入大量资金的情况。并购也是一种合乎逻辑的交易结构，如果收购方想要将目标公司完全整合到其业务中。但是，整合不是并购的必选项。很多例子表明，收购方希望将目标公司作为独立的公司来经营，但出于战略考虑，又希望拥有其 100% 的股权。

研究表明，相当大比例的收购都以某种方式"失败"了。冒险进行这些收购值得吗？

此问题取决于当时的事实和具体情况。有时收购是正确的战略选择，但有时却是错误的选择。本书的第九章"合并后的整合和资产剥离"，基于最新的研究讨论了并购后的回报。

先让我们想一想新兴行业中小公司之间收购的明显正向的案例。几乎没有人会批评比特币公司(Coinbase)决定通过一系列的"收雇"(acqhires,即通过收购公司来雇用原创建者招揽的人才)来收购其他领域的初创企业。这是之前提到的"整合并购战略"的新形式。[16]

尽管如此,但值得注意的是,对于在公开市场上进行收购的小盘股公司来说风险特别大,因为如果股东不同意收购,则可能会引发一系列情况。股东众多的公司能够经受住一小部分股东的反抗,而小盘股公司却无法承受。[17]

- 第一,如果投资者抛售、做空公司股票,或者干脆不交易,股票价格和/或交易量可能会受到影响,从而进一步稀释任何尝试进入股权资本市场的资本。在最坏的情况下,新资本几乎会丧失进入股市的权利。
- 第二,如果交易量枯竭,则该公司也将无法使用其股票作为收购货币;也就是说,高质量的公司不会想要流动性差的股票作为购买对价。
- 第三,高质量的卖方调查公司也像基金经理一样,看过小盘股并购"电影",因此获得有影响力的调查机会将会减少。
- 第四,当然也同等重要的一点是,根据我的经验,许多小市值公司的高管和董事低估了受压/疲弱的股票对员工招聘、挽留和士气的影响。

你的意思是说小盘股的买主们在直觉上反对所有的收购甚至"一次性收购"吗?

答案是,在小盘股领域,"有机增长"(organic growth)*几乎总是比企业收购更受重视。话虽如此,但有一种"风格"(flavor)的小盘股并购可以相当成功:"调酒式"(tuck-in)技术/知识产权资产(IP)收购——一种被思科完善的艺术。换句话说,在特定情况下,从第三方购买技术、知识产权或实物产权更快、更容易、更便宜,并且可能会获得不错的利润回报。它们能奏效的原因是你买了一个"小部件"(widget),也许还有一个技术人员小团队,仅此而已。你不会获得负债、商业模式、企业文化等。

SWOT 分析

到底什么是 SWOT 分析,在战略规划过程中是如何使用的?

SWOT 分析是一个有用的框架,经常用于起草战略制定,旨在帮助管理层在公司

---

* 有机增长,与无机增长相对应,即指公司依托现有资源和业务,通过提高产品质量、销量与服务水平,拓展客户以及扩大市场份额,推进创新与提高生产效率等途径而获得的销售收入及利润的自然增长。

的目标市场中发展一个可持续的利基。有些人将该工具的最初开发归功于20世纪60年代斯坦福研究院(Stanford Research Institute,现称斯坦福国际研究院,即SRI International)的管理顾问阿尔伯特·汉弗莱(Albert S. Humphrey),尽管多年来最初的工具开发者一直存在争议。最重要的是,SWOT分析旨在识别支持或阻碍一个组织实现其既定使命的能力的内部和外部因素。组织内部的因素是组织的优势和劣势,外部的因素是外部运行环境带来的机会和威胁。表2-2总结了一些可以帮助指导组织进行SWOT分析的问题。

表2-2　　　　　　　　　　　SWOT分析问题示例

优势
■ 你的组织有什么优势?
■ 你比别人做得更好的是什么?
■ 你能利用哪些独特的或成本更低的资源,而其他人不能利用这些资源?
■ 你所在市场的人认为你的优势是什么?
■ 什么因素意味着你"得到了销售"?
■ 贵公司独特的销售主张是什么?
劣势
■ 你可以改进什么?
■ 你应该避免什么?
■ 你所在市场的人可能会认为什么是劣势?
■ 是什么因素使你失去了销售?
机会
■ 你能发现什么好机会?
■ 你注意到哪些有趣的趋势?
■ 技术或政府政策的哪些变化正在塑造你的市场?
■ 社会模式、人口分布、生活方式等方面的哪些变化正在影响你的领域?
威胁
■ 你面临哪些障碍?
■ 你的竞争对手在做什么?
■ 你的工作、产品或服务的质量标准或规格是否在改变?
■ 变化中的技术是否会威胁到你的地位?
■ 你有坏账或现金流问题吗?
■ 你的弱点会严重威胁到你的生意吗?

资料来源:https://www.mindtools.com/pages/article/newtmc_05.htm。

SWOT法意味着,理想的并购过程将针对那些既能利用优势又能弥补劣势的行业和公司。在这一过程中,并购从业者真正成为机会制造者,只追求那些符合其所选择的战略的机会。本书资深原作者斯坦利·福斯特·里德开发的一种用于确定战略方向和目标匹配的专有方法,称为"机遇轮及匹配图"(the Wheel of Opportunity and Fit Chart,WOFC)方法。该方法能辅助决策者生成目标公司选择标准并将这些标准按重要程度排序。这种计划大大降低了分析随机提交的机会成本。它们是否适配？如果是，适配度如何？真正复杂的战略规划将从数量上衡量潜在机会与之匹配的程度，考虑到几个相互竞争的机会，根据高级管理人员和值得信赖的顾问团队的合意程度对机遇进行排名(示例清单分别见表2—3和表2—4)。

表 2—3　　　补充型收购/追加型收购分析中使用的资产清单样本

资产清单可以帮助公司了解其在收购中可能需要什么，无论是补充型收购(纠正资产弱点)还是追加型收购(增强资产实力)。
实物资产
我们公司有什么设备、存货、材料、土地或建筑物？ ■ 其中包括劣势的来源吗？我们能不能通过一次补足性的收购来纠正？比如，如果设备过时，则能不能买一个设备更现代化的公司？ ■ 这些领域中哪一个是优势的源泉吗？我们能否通过一次追加收购在此基础上更进一步？例如，如果成功购买和开发了农田，那么是否可以收购有待开发土地资源的公司？
金融资产
金融资产是什么？ ■ 财务比率是否居于劣势？能通过补充型收购来纠正这些问题吗？比如，如果负债权益比太高，则能不能买同行负债权益比低的公司来补偿？ ■ 财务比率是否居于优势？能在此基础上进行追加型收购吗？例如，如果利息覆盖率(息税前利润减去利息费用)很高，则是否可以购买一家能够从这种优势中获益的公司(该公司杠杆率过高，但在其他方面是可取的)？
智力资产
■ 我们在非金融资产方面有显著劣势吗？比如，核心技术是不是缺乏足够的专利？如果是的话，是否可以收购一个拥有我们所需要的那种专利的公司呢？ ■ 我们在非金融资产方面有显著优势吗？比如有没有强势的品牌？如有，能不能收购一家产品好但需要品牌认可的公司？
人力资产(人)
■ 我们在人力资源方面是否有显著劣势？例如，工人是否缺乏行业所需技术技能？如果是的话，是否可以收购一家有经验培训和雇用这类工人的公司？ ■ 我们在人力资源方面有显著优势吗？比如销售和分销团队是否成功？如果是的话，是否可以收购一家拥有可销售和分销产品的公司？
组织资产(系统/活动)
■ 我们的组织制度和活动是否有显著劣势？比如分销渠道是否不足？如果这样，是否可以收购一家拥有我们所需要的渠道的公司？ ■ 我们的组织系统或活动是否有显著优势？例如，我们在设计和生产方面有无优越的系统？如果是的话，在这些优越系统中，有无产品线可供购买？
外部关系资产
■ 我们在外部关系上有显著劣势吗？比如，劳资关系差吗？如果劳资关系差，是否可以与一个和工会有密切关系的竞争对手合并？ ■ 我们在外部关系上有显著优势吗？例如，在客户服务方面口碑好吗？如果口碑好，是否可以收购一家公司，用我们的服务文化培训其员工，或将我们以客户为导向的员工转移到其劳动力队伍中来提升其价值呢？

　　表2—4列出了公司可能面临的风险。基于风险的清单与监管机构要求的清单几

乎完全相同,即公司年度报告中"管理层讨论和分析"部分要求的类别。[18] 这样的列表在生成期望收购候选列表中是有用的。最后,这些清单应该对管理层产生影响。

表2—4　　　　　　　　寻求补充型收购中使用的风险清单样本

风险:易受商业周期影响
■ 季节或年度因素(收购有夏季产品的公司以抵消冬季产品风险)
■ 长期经济因素(收购有景气产品的公司以抵消萧条产品风险)
■ 产品生命周期(收购具有缓慢增长产品的公司,以抵消快速增长产品的风险)
■ 随机因素(收购产品种类多样的公司,以抵消各种风险)
风险:高周转
■ 员工任期短导致的扰乱(收购员工队伍稳定的公司)
■ 退休后的智力资本流失,导致人才资本流失(收购有人才禀赋的公司)
风险:技术变更/故障
■ 核心产品易发生技术变革(收购技术丰富的公司)
■ 易受网络攻击的信息系统(收购具备信息技术安全能力的公司)
风险:竞争劣势
■ 开放进入(收购竞争对手,以减少新竞争的机会)
■ 封闭式退出(收购行业外公司,实现行业退出)
风险:停滞/增长
■ 销售低增长(收购以增加销售)
■ 利润低增长(收购以增加利润)
风险:投资者关系不佳
■ 过度杠杆(收购无债务公司以降低债务权益比)
■ 波动性收益(收购收益逆势公司)
■ 贷款人关系较差(收购有较强贷款人关系的公司,以抵消较弱的贷款人关系)
■ 不能进入股票市场(收购上市公司或更有声望或更安全的上市公司)
■ 糟糕的财务形象(收购高声望的公司以抵消低声望或无声望的公司)
风险:糟糕的市场/营销
■ 低市场占有率(收购公司以抵消低市场占有率)
■ 低价(收购价格较高的竞争对手以抵消低价)
■ 单一客户类型(例如,如果是国防供应商,则收购非国防公司)
■ 弱势营销方式(收购具有营销优势的公司)
■ 货架空间不足(收购能提供更多货架空间的公司)
■ 产品线不完整(收购产品线完整,能与本公司产品线捆绑或内部竞争某一产品线的公司)
■ 客户吸引力低(收购一家服务信誉好的公司以抵消公司的负面形象)
风险:监管/法律问题

> - 监管负担(收购不受监管行业的公司,以抵消必要但繁重的合规问题)
> - 工会关系不佳(收购无工会行业的公司以抵消罢工风险)
> - 高市场集中度(收购非集中度行业的公司以抵消任何反垄断问题)
> - 高税收等级(收购提供合法税收优惠的公司)
> - 专利、商标、版权保护薄弱(收购具有专利保护流程的公司)
> - 技术不足(收购公司以弥补技术不足)

战略披露

公司应该向公众披露其战略(包括并购方面),还是保密其战略?

企业管理层和董事会不一定要对其战略重点保密,因为精心制定的使命可以成为激励股东购买或持有股票的关键因素,并可以与员工形成有意义的联系。因此,公司管理层通常应准备披露其战略重点。事实上,最近一项关于战略披露的研究表明,披露通过并购达到增长的战略可以对股票价格产生积极影响,从而对市场价值产生积极影响。研究人员仔细研究了近500项交易的近900项披露信息,并得出结论:"通过自愿沟通,提高并购战略对投资者的透明度,可以带来与股价相关的利益。"[19]

但是,尽管披露战略——包括并购战略——可以帮助设定预期并影响公司各部门的行为,但披露支持该战略的详细计划不必要,甚至不可取。战略声明示例见表2-5。正如表2-5所示,大多数战略陈述都是一般性的,但有些提到了并购。

表2-5　　　　　　　　　　　战略声明示例

一般战略声明
苹果公司(Apple)
经营策略:公司致力于通过不断创新的硬件、软件和服务为客户带来最佳的用户体验。公司的业务战略利用其独特的能力设计和开发自己的操作系统、硬件、应用软件和服务,为客户提供具有设计创新、易用性卓越和无缝集成的产品和解决方案……公司相信,知识渊博、能传达公司产品和服务价值的销售人员的高质量购买体验,将大大增强公司吸引和留住客户的能力。因此,公司的战略还包括建立和扩大自己的零售和网上商店以及第三方分销网络,以有效地接触更多的客户,并为他们提供高质量的销售和售后支持体验。本公司相信持续投资于研究及发展、市场推广及广告,对发展及销售创新产品、服务及技术至为重要。 　　苹果公司2018年年度报告*
英国石油公司(BP)

续表

我们的行业正在以几十年未见的速度变化……在价格、政策、技术和客户偏好都在变化的时候,我们的战略使我们具有竞争力。我们相信,拥有一个平衡的投资组合,包括优质的石油和天然气,具有竞争力的后阶段生产和低碳活动以及一个充满活力的投资策略,使我们具有应对变化的弹性。凭借我们所拥有的经验、所创建的投资组合以及战略的灵活性,我们可以适应能源变革,在满足当今能源需求的同时以一种满足我们的投资者主张的方式进行转型。 英国石油公司 2018 年年度报告
思科(Cisco)
我们的愿景是为数字业务提供一个高度安全、智能的平台。我们的战略重点包括加快创新步伐,增加网络的价值,以及以客户想要消费的方式交付技术方案。 思科 2017 年年度报告
普华永道英国(PWC U. K.)
我们的战略是围绕 5 个优先事项建立的:技术驱动;为客户提供市场价值;赋予员工权力;以身作则;在可持续的、有利可图的增长中占有一席之地。 普华永道英国 2017 年年度报告
雀巢(Nestle)
我们的战略重点是通过我们提供的食品和饮料、产品和服务为人们提供独特的享受。 雀巢 2016 年年报
特斯拉(Tesla)
特斯拉的使命是"加速世界向可持续能源转型"。 特斯拉官网:https://www.Tesla.com/about。
具体并购战略声明
通用电气公司(General Electric)
近年来,我们一直通过专注于核心工业业务,让我们价值 1 250 亿美元的公司变得更精简,并通过构建新能力,让公司变得更有深度。我们通过技术创造价值,提供必要的系统,如发动机、扫描仪和涡轮机。我们有多元化的模式:产品和服务、多地域、行业平衡、通过数据创造需求、融资。重要的是,我们的所有业务都能取得具有竞争力的成本地位并实现良好的有机增长…… 长期以来,我们一直是自己的"投资组合激进分子"、买卖价值超过 1 000 亿美元的企业。这很有必要,但很困难。这意味着每一位领导者都要兼顾战略和运营任务,而财务报告在我们进行业务时往往是复杂的。如今,通用电气的投资组合已经相当完善。 通用电气 2016 年年度报告
舍弗勒集团(Schaeffler Group)
舍弗勒集团成功地调整了资本结构,并因债务水平的降低而恢复了财务的灵活性,因此,舍弗勒集团将不再仅仅依靠纯粹的有机增长。公司将普遍关注与面向未来的移动电子系统、工业 4.0 和数字化领域相关的收购。规模较小的收购将有助于拓展和加强我们的专业性。 舍弗勒管理报告 2016†
普罗阿蒂斯公司(Proactis)

> 集团的并购战略是根据以下收购原则严格选择符合标准的业务：
> 整合互补的客户群和解决方案——采购空间非常分散，为此提供了很大的空间；
> 组建长期客户关系，理想情况下，与合同留存以及更新状况良好的客户签约；
> 与集团现有产品互补的技术主导解决方案和服务产品；
> 与本集团现有技术兼容的技术。
> 普罗阿蒂斯公司2016年年度报告和账目[‡]

[*] http://files.shareholder.com/downloads/AAPL/6259110456x0xS320193-17-70/320193/filing.pdf.

[†] https://www.schaeffler.com/remotemedien/media/_shared_media_rwd/08_investor_relations/reports/2016_ar/2016_schaeffler_ar_mr_01_3_group_strategy_and_management_en.pdf.

[‡] http://www.proactis.com/Proactis/media/Proactis/Documents/UK/Reports%20and%20Announcements/PROACTIS_Report_and_Accounts_2016.pdf.

作为一项总体战略，思科公司寻求在数字领域占据领导地位。思科的并购方式是什么？

思科早就认识到，收购提供了进入新市场和加速现有市场增长的机会。自20世纪90年代初以来，思科几乎每6周就会宣布收购1家公司。随着它所服务的行业客户的广泛性，再加上技术创新和变化的惊人速度，通过无机活动[*]来增加内部开发工作是有意义的，而且对于公司的发展也至关重要。

多年来，思科的许多收购都是相对较小的"技术和人才"交易，使熟练和创新的团队以及相关的知识产权和技术得以迅速融入。这些业务单元通常可以很容易地合并到现有的业务单元中，并且这些无机活动使得企业从当前到上市以及到随后的股票发行，比有机增长方式下发展耗时更短。

当然，思科并不只是专注于小型收购和收买；更大规模的"平台级并购"也一直是该战略的组成部分，并且为股东带来的回报最大。这类活动使得公司能进入新的产品领域，甚至开发整个新的业务线，同时顺应市场转型，例如，云技术和软件即服务模式（Software-as-a-Service，SaaS）。

并购——伴随着人才、技术、新的商业模式等——不仅推动了思科的增长，而且用创新理念、能力、实践和领导力令合并后的公司如虎添翼、焕然一新。

并不是所有公司都有关于公司战略的一般性陈述。例如，特斯拉强调其更大的社会使命："加速世界向可持续能源转型。"[20]

---

[*] 无机活动，即无机增长活动，是指通过合并、收购、买断等方式实现公司扩张，相对于有机增长活动而言一般更快捷。合并、收购、买断等无机增长方式中存在一定的风险。

战略层级

大型复杂公司的典型战略规划层级是什么？

这取决于组织按部门、产品还是职能进行组织管理(见附录2A)。更大、更成熟的公司一般按部门进行组织管理。这种公司的规划可达6个层级之多。

企业级战略通常在董事会级别制定。因此，战略一般建立于企业级别，且进行企业扩张主要是通过水平并购——收购同等或更大规模的主要竞争者公司。或者董事会可以选择临时出售大部分生产线来获取现金，接着签约收购目标公司，然后将收购后企业的现金流重新分配到与原有生产线无关的全新的、收益率更高的生产线上。

公司级战略要求将具有一些共同运营要素(技术、营销、地理位置等)的几组战略业务单位(Strategic Business Units, SBU)置于共同管理之下。这些大集团是通过下面描述的集团战略形成的。来自集团成员的现金流在内部重新分配，以最大化长期回报。集团还在不断寻找符合集团共性的新投资机会。在一些权力下放的公司，集团可能独立于总部管理自己的并购活动。

部门或集团级战略要求在一个公司或集团下组建具有某些共性的战略业务单元。然后，就像在公司级战略中一样，现金流被分配和重新分配到单个业务单位，或用于新的内部或外部投资。

业务单元级战略应对的是在共同管理下组装那些具有一些共性的产品线——通常是制造或营销。在比较了通过收购新产品线或新公司所能实现的潜在回报后，现金流被重新投资到最有前途的部门。

产品线级战略解决的是产品生命周期——供给或用新兴产品替代成熟期或衰退期的产品。

职能级战略解决的是生产的替代方案——例如，从铝压铸转换为塑料注射成型，或从木材转换为利用玻璃纤维或铝制船；还应该包括工厂搬迁——以期获取更低的劳动力成本、更便宜的租金、更多的员工福利、与原材料产地更近的位置等。

在较大的公司中，谁负责战略和任何由此产生的交易？

规划从董事会开始，董事会定下基调。董事应确保经理人做出的并购决定符合公司战略，并应对该战略的执行施加纪律约束。交易中涉及的公司资产比例越大，无论是购买还是出售，董事会参与的必要性就越大。事实上，根据州法律，只有董事会才能批准公司出售。

具体而言，董事会在总体战略和具体并购中的作用是什么？

董事会在战略方面起着至关重要的作用。如全国公司董事协会出版的《全美企业董事联合会蓝带委员会战略发展报告》(the Report of the NACD Blue Ribbon Commission on Strategy Development)中所述，每一个董事会都应该"在持续的基础上与管理层就战略问题进行协商，包括早期参与以改善战略的发展、调整和监控"。[21] 理想情况下，收购方董事会将与管理层进行建设性的接触，以确保公司战略的适当发展、执行和调整，包括战略中涉及通过收购实现增长或通过剥离实现收缩的任何部分。

最近，美国联邦储备银行系统(Federal Reserve Banking System)董事会公布了"董事会有效性"(Board Effectiveness, BE)标准，坚持董事会参与战略。这份董事会有效性指南提案将"有效的董事会"描述为：除其他行动外，"在公司的战略和风险承受能力方面具有明确、一致和一贯的方向"。[22] 董事会参与战略的性质和程度将视该公司的特殊情况及其运营的行业而定。虽然董事会可以——而且在某些情况下应该——利用其委员会或咨询委员会分析拟议战略的具体方面，但董事会全体成员应参与企业战略的制定。这种战略可以由管理层制定的一个或多个具体的并购战略来支持，以支撑企业的总体战略。以下是不同类型企业的并购战略。

并购战略的四种类型

并购战略的主要类型有哪些？

正如前面在介绍战略收购者的概念时所提到的，并购战略的主要类型是建立投资组合、削减成本、增加收入和通过战略期权进行套期保值。

什么是并购投资组合战略？

并购方面的投资组合战略是一家公司为使其产品和市场多样化而选择的途径。投资组合公司是由通过收购获得的多家独立公司组成的企业。投资组合公司有不同的投资理念和不同的治理结构。[23] 投资组合公司的一个很好的例子是谷歌的母公司Alphabet，见表2—6。

表 2—6　　　　　　　　　　　　什么是 Alphabet 公司？

> "Alphabet 公司"是什么？"Alphabet 公司"基本上是许多公司的集合。其中最大的当然是谷歌。这个更新的谷歌稍显精简，我们的主要互联网产品包含在 Alphabet 公司中，谷歌公司与其相去甚远。相去甚远是什么意思？我们在健康方面的努力就是很好的例子：生命科学（研究血糖感应隐形眼镜）和 Calico（研究长寿）。从根本上说，我们相信这可以让我们拥有更大的管理规模，因为我们可以独立地运行不太相关的东西。"Alphabet 公司"的宗旨是通过强大的领导者和独立性实现企业的繁荣。总的来说，我们的模式是有一个强有力的首席执行官（CEO）来管理每一项业务。谢尔盖（Sergey）和我在需要的时候为他服务，严格做好资本配置，做好各项业务的落实工作。我们还将确保每个企业都有一位优秀的首席执行官，并将确定他们的薪酬。此外，在这种新的结构下，我们计划为我们的第四季度业绩实现分部报告，其中，谷歌的财务信息将单独提供，而其他"Alphabet 公司"业务作为一个整体公示。
>
> 　　　　　　　　　　　　　　　　　　　　　　　　　　　　拉里·佩奇（Larry Page）
> 　　　　　　　　　　　　　　　　　　　　　2015 年 8 月 10 日的博客，Alphabet 公司公告

资料来源：拉里·佩奇，Alphabet 公司公告博文，2015 年 8 月 10 日，https://googleblog.blogspot.com/2015/08/google-alphabet.html。

投资组合构建者可能出于多种原因进行投资。[24]（更多原因见附录 2A。）

- 在多个领域分散投资，借此降低风险，这是投资组合管理经典的资本资产定价模型；
- 通过购买表现较好的股票来提高投资回报；
- 通过购买可提供税收抵免的企业来获得税收抵免；
- 出于战略原因补充现有投资；
- 通过整合并购建立某种特许经营。

投资组合公司的类型可以由领导它们的实体的不同角色来定义——通常被称为母公司或公司中心。[25] 在投资组合企业中，母公司可以通过对投资组合进行更改和/或通过提高各单位的绩效来增加价值。

第一种做法显然是并购的作用——可以通过出售单位或购买新单位来改变投资组合。然而，第二种方式也与并购战略有关。单元绩效可以通过战略、管理纪律、工作人员或获得技能或资源的途径的改变来提高——所有这些都可以受到组合中的其他内容和/或组合的管理方式的影响。

母公司的角色可以有很大的不同。战略家约翰·C. 纳姆（John C. Naman）和布鲁斯·麦克肯（Bruce McKern）根据业务整合的程度和母公司介入的类型，为企业中心定义了 5 种母公司角色。这些角色分别是控制员、教练、协调员、外科医生和建筑师。[26] 每一种角色都隐含着一种创造价值的战略，而每一种战略都可以以某种形式涵盖并购的内容。

用并购来降低成本的例子是什么?

由于公司需要扩大规模或业务范围,因此许多行业都经历了整合期。它们需要更大的规模在变化的市场中竞争和/或更广阔的范围来获得优势竞争地位。当公司出于规模或业务范围的原因收购其他公司时,收入会自动增加,而单位销售成本则会下降。简单地说,两家公司的销售额比一家公司的销售额高,而经营一家规模两倍的公司通常只需要不到两倍的成本。这种规模经济的可利用性一直是许多公司新设合并特别是对等公司合并的主要动机。(我们用"公司新设合并"一词涵盖能产生新的、更大的、综合的整合后的实体的合并或收购。这与控股公司进行的收购不同,在收购之后,目标公司仍然作为子公司或控股公司持有的单独公司存在。)

新设合并机会可以根据价值链中提供整合效益或"协同效应"的部分进行分类。例子包括:

- 在研究和产品开发层面,协同作用通常与更好地分散风险及在更广泛的研究和开发组合中优化开发进程的能力相关。
- 在运营层面,主要的成本节约通常出现在运营中——扩大采购规模,消除制造和分销冗余,通过迁移到公有云和私有云*来减少数据中心以及整合企业总部。
- 在销售和市场层面,成本节约潜力通常不如品牌与营销规模和范围所提供的收入潜力重要。
- 在技术方面,成本削减来自减少信息系统的数量和支持这些系统的信息技术人员的数量。正如第九章"合并后的整合和资产剥离"中所指出的,减少信息技术系统和人员的数量必须谨慎处理,而且可能需要比原先计划的时间更长。

用并购来实现收入增长战略的一个例子是什么?

在盈利增长中,利用收购主要有四种方式:

(1) 当前市场的增长和产品的提供;
(2) 新产品在当前市场中的增长;
(3) 以现有产品进入新市场;
(4) 以新产品进入新市场。

在每一种情况下,都有一个购买或者自建的决定。也就是说,如果有增长潜力,则最好是通过收购还是有机地实现?虽然大多数收购都涉及上述四种方式中的一个以上,但是这里列出的分类可以提供一个方便的框架来检查与彼此关联的独特事件。

除建立投资组合、削减成本或者增加规模之外,还有其他基本的并购战略吗?

有。当涉及收购公司时,一些价值最高的战略可能不会直接创造价值,而是将公

---

* 公有云(Public Clouds)通常指第三方提供商为用户提供的能够分享使用的云,私有云(Private Clouds)是为一个客户单独使用而构建的云。通过云端数据资源整合,可以削减冗余的数据中心。

司定位于后续可能的步骤,这些步骤能否创造价值取决于未来的情况。这些可能的后续步骤被视为一种期权,即实物期权,以区别于股票期权。

实物期权[27]类似股票期权,但不是从股票中衍生出来的,而是从真实的资本资产中衍生出来的。股票期权是一种权利,它允许持有者在未来的一段时间内获得一定数量的某种股票。该时期称为行权期,预先确定的价格称为行权价格。如果股票价值在此期间高于行权价格,那么持有者处于盈利状态,可以选择行权;但是,如果在行权期间股票价格低于行权价格,则说明持有者处于亏损状态,持有者随后可以选择不行权。在这种情况下,期权到期时虽然毫无价值但至少持有人的损失小于标的股票的跌幅。

实物期权的情况也类似。如前所述,期权的基础资产不是股票,而是有形资产或公司。与股票期权持有者一样,实物期权持有者能够在未来进行进一步的投资,在有利的情况下获得回报。如果未来情况不利,则无须进行后续投资。然而,如果未来的情况使进一步的投资无法获得回报,那么原始实物资产的价值可能会变得微不足道,甚至会像股票期权一样变得一文不值。

就像棋手一样,实物期权的收购方也会超前几步思考。早期的行动为游戏的未来阶段创造了有利的条件。这些早期行动是否成功取决于每个玩家的后续行动和反应。

举个例子,让我们考虑一个金矿,只有当黄金价格上涨 30% 时,开发它才是经济的。由于黄金价格至少上涨 30% 存在一定的可能性(即大于零),因此这座矿场作为一种实物期权在今天是有价值的。开发该矿山需要进一步投资,但开发成本或行使价格取决于开发的顺序和速度,并且只需在能给投资者赚钱时支付。

股票期权之所以有价值,是因为可能有利于未来行权;同样,实物期权之所以有价值,是因为它们可能根据未来的情况为创造额外的价值提供基础。

许多收购都可以引入实物期权。事实上,恰恰是一些最成功的收购战略创造了实物期权。期权是指在交易时价值尚未确定,未来进行了后续发展步骤才能确定,但如果没有交易,则一切都不复存在。

在最好的情况下,战略价值的确定要参考公司未来可能采取的具体步骤,如果没有这次收购,这些步骤则是不可能实现的,或者通过这次收购可以获得更高的价值。这种价值就是交易内含的实物期权的价值。

实物期权可以量化吗?

由于各种不确定性因素的综合作用,因此实物期权的价值很难进行适当的量化。标准方法是确定具有相似特征的证券,并将市场对该证券的估价推断为实物期权的估价。[28]

大多数情况下,找出、估算关键变量就足够了——例如,行权价格/成本、有利结果的概率以及在一系列可能的未来情景下的回报。这些信息通常足够确定价值范围,而这个范围反过来又可能涉及用于判别价格是否反映价值的所有需要的信息。

哪些类型的实物期权可以在收购中找到？

可通过收购提供的期权一般分为三类：

- 增长期权，这为今后开拓其他市场提供了潜力；
- 转换期权，这使得在未来的备选方案中可以用不同的方式利用所获得的资产；
- 剥离期权，通过使公司能够在未来处置收购的全部或部分而减轻风险。

表 2-7 提供了各种战略收购中嵌入期权的示例。

表 2-7　　　　　　　　　　战略收购中嵌入期权的示例

增长期权
■ 一家计算机公司购买一家软件初创公司是看中它在目标市场的开发能力，而不是它现有的产品。 ■ 一家海外航空公司收购一家美国航空公司，以打入美国市场，增加未来潜在航线的客流量。 ■ 一家大型出版公司收购了一家规模较小的专业化期刊公司，从而能够在未来推出相关期刊。
转换期权
■ 一家从事集料业务的公司购买了未开发的采石场，这些采石场未来有可能用于城市垃圾处理。 ■ 零售商进行多元化经营，以便于其在购物中心的租赁空间中转换业态，因为其零售业态的市场条件随时间而变化。 ■ 一家拥有原始纤维工厂的新闻纸制造商获得了一个能够使用再生纤维的工厂，以便能够根据需求改变生产。
剥离期权
■ 一家公司购买一家控股公司，因为该公司的房地产将来可能有一个有价值的替代用途。 ■ 一家航空公司收购另一家航空公司，宣称如果业务不需要，某些航线或停机位则可以出售。 ■ 一家公司可以出售未达到增长目标的收购，从而截断下行风险。

无论并购战略的重点是建立投资组合、削减成本、增加收入或是确保潜在的战略选择，一家公司都必须沿着某种道路前进。这些机会通常被称为横向、纵向或多元化（对角线）机会。

横向机会是指有直接竞争对手或在另一个市场从事同一业务的公司。横向竞争可以通过与规模相似的单一竞争对手合并（对等合并），也可以通过收购同行业中的许多较小公司（整合并购）来实现。

横向战略在经历增长减速的成熟行业可以很好地发挥作用——不管是由于产品商品化、需求周期性，还是其他一些因素。最近经常出现"整合并购"的行业包括手工酿酒[29]、工业配送[30] 以及各种医疗保健（执业医生、急诊诊所和眼科护理中心）。[31] 在这类行业中，公司往往急于增加市场份额，以获得规模经济，从而提高利润率或支持降价。因此，横向并购往往会带来成本削减。本章稍后将进一步描述。

另外，整合并购对象不限于处于成熟期的公司。据 CB Insights 网报道，人工智能这一新领域长期以来都很容易出现激烈的竞争（见图 2-3）。[32]

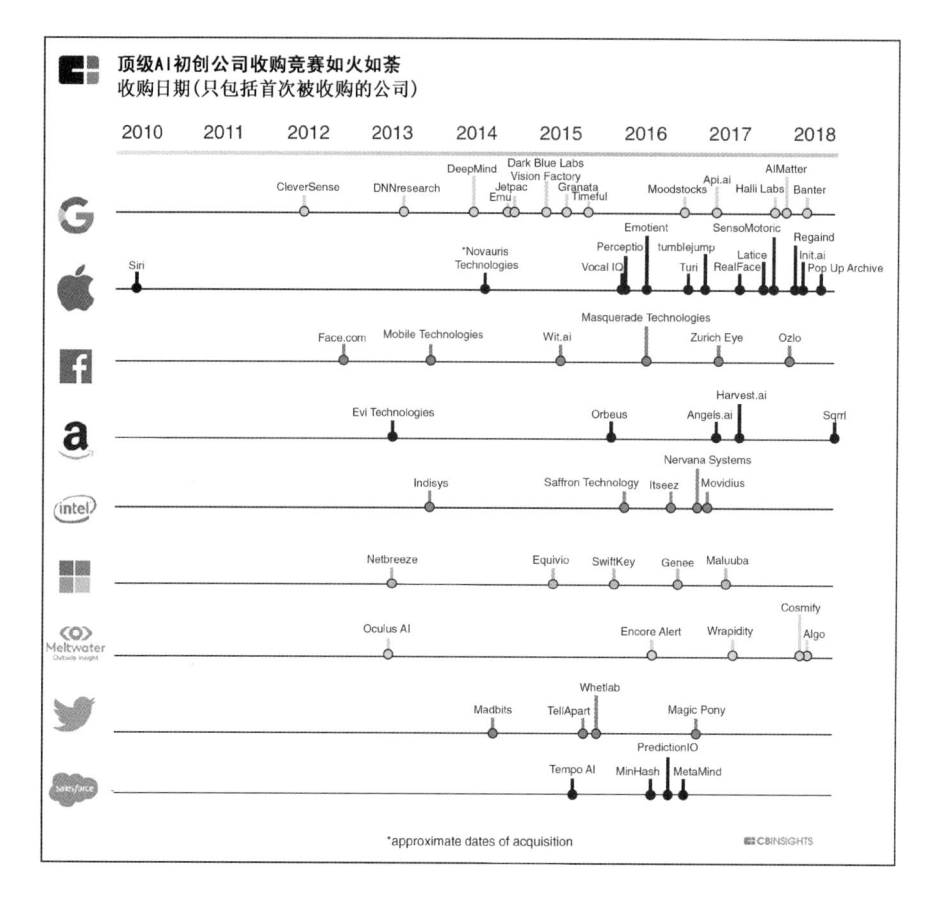

资料来源：cbinsights.com. 数据来源于 CB INSIGHTS。

图 2—3 人工智能收购竞赛

涉及横向机会的并购比涉及纵向机会的并购更有可能受到监管机构的审查，尽管两者都被视为潜在的反竞争行为。[33]

纵向机会涉及在同一供应链中运作的公司。组合的公司不是竞争对手，而是涉及某种类型的供应商或客户关系。当公司收购供应商（纵向后向整合）或客户（纵向前向整合）时，就会出现纵向并购。与任何合并一样，纵向合并会增加收入，但除非降低成本，否则不会提高利润，这在很大程度上取决于收购方的交易后转移定价以及监管机构可能对其施加的限制。[34] 质量控制是纵向一体化战略的主要优势之一，无论收购供应链上游企业还是下游企业。在技术水平较高的公司中，垂直整合能够带来回报，因为零部件和材料可以按照精确的公差*生产，使得公司能以越来越低的成本生产出越

---

* 在机械制造行业中，要确定产品的几何参数，并使其变动量在一定的范围之内，以便达到互换或配合的要求，公差就是变动量范围。

来越好的产品——既不是过度加工（会削减利润），也不是加工不足（会造成装配和服务问题）。产品规划、研究和开发、产品工程以及在某些情况下的分销和服务功能都是由垂直整合来辅助的。资金紧张时期的库存控制、准时交货（just-in-time，JIT）和降低销售成本是纵向一体化带来的其他优势。在物资短缺的时候，拥有一个供应商可以避免许多公司倒闭。宣伟公司（Sherwin-Williams）提供了一个很好的例子，说明了一家公司是如何利用垂直整合来提升实力的。这反过来又使它能够在以后进行横向合并，见表2—8。反垄断监管机构更倾向于关注横向交易，而不是纵向交易，但它仍然会审查纵向交易的市场影响。[35]

表2—8　　　　　　　　　宣伟公司——纵向战略导致横向合并

> 半个世纪前，宣伟公司——荷兰小子（Dutch Boy）、Kem-Tone等油漆品牌的生产商——在公司成立100周年的时候，由于生产油漆而难以赚钱，但它的客户（分销商和零售商）盈利良好。
>
> 在房屋涂料工业中，有5个层次的活动：原料提取、加工、制造、分销和零售。宣伟公司在开采阶段（开采二氧化钛）以及分销和零售阶段都获得了利润。但由于该行业的竞争条件迫使它加大对工厂和设施的投资，因此它在制造阶段几乎没有获得什么回报。作为对这些发现的回应，30年前宣伟公司将自己从涂料制造商转变为家用涂料及其应用设备的制造商、分销商和零售商。今天，在庆祝其150周年之际，该公司在2017年与竞争对手威士伯（Valspar）进行了重大横向合并后，拥有4 000多家油漆零售店，销售额近160亿美元。*

*《宣伟公司完成对威士伯的收购——打造涂料和涂料领域的全球领导者》，2017年6月1日新闻稿，https://investors.sherwin-williams.com/press/2017/601_VALclosing/index.jsp，又见https://investors.sherwin-williams.com/press/2017/601_VALclosing/index.jsp。

多元化（对角线）机会包括产品和市场扩展——针对现有市场的新产品或针对现有产品的新市场。这些交易一般都是以收入增长为导向的——也可能是关乎生存的问题。例如，一家公司可能计划在2023年之前退出一个夕阳行业，进入新的行业。资产剥离和收购通常将在这样的计划中发挥主要作用。

有些策略结合了水平、垂直和/或对角线的机会，见表2—8。

并购决策应该由谁做、如何做？

通常情况下，并购交易应由董事会做出最终决定，当涉及出售一家公司或合并到另一家公司时，尤其如此。根据美国各州的公司法，只有董事才能做这样的决定，他们不能将决定权委托给管理层。在某些情况下，股东必须批准董事会的决定。

法院在对董事并购决策进行合法性评价时，审查标准各不相同。[36] 根据为全美公司董事协会撰写的公司治理专家的观点，合理的决策包括两个步骤：确定要做的决策，然后做出决策，见表2—9。

表 2—9　　　　　　　　　　　　并购决策指南

I. 确定决策
决策的原因 1.董事会的决策将解决董事会所面临的哪些问题？ 2.可以选择什么都不做吗？ 问题分析 3.董事会对这个问题的主要假设是什么？ 4.假设有多准确？ 决策的重要性 5.如果这个决策结果并非完全成功，则对公司会有什么影响？ 6.如果这个决策出现灾难性的错误，则对公司的影响会是什么？ 做出决策的时间 7.这一决策的最后期限是什么？它必须在什么时候做出？ 8.做一个好的决策需要花费多少时间？ 决策代理人 9.谁（除了董事会）应该做这个决策？ 10.谁是利益相关者？董事会在做出决策时应如何考虑和/或让他们参与？
II. 做出决策
决策的信息 11.董事会在做出这项决策之前需要了解这个问题的哪些相关情况？ 12.董事会是否有足够的信息对这个问题做出合理的决策？若无，则董事会如何取得所需的资料？ 决策的正式性 13.董事会对这个决策需要有多正式？ 14.董事会应保留多少详细的记录，说明其做出这一决策的过程？ 对该决策可能采取的解决办法的范围 15.哪些解决方案是被考虑的，哪些是不予讨论甚至被禁止的？ 16.每个解决方案成功的可能性有多大？ 决策的预期结果 17.董事会如何描述成功？ 18.董事会如何描述失败？ 决策的监督 19.董事会做出决策后如何监督其实行呢？ 20.成就的里程碑或绊脚石表明事情对错的信号是什么？

资料来源：经查尔斯·雷克和克拉克·亚伯拉罕许可改编，《董事决策：常识性的方法》(*Director Decision Making: A Common-Sense Approach*, NACD, 2013)。

除这种常识性的方法之外，本书还开发了许多易于操作的技术，例如，德尔菲匿名投票法*。本书的早期版本将该方法与前面提到的机遇轮及匹配图法进行了详细讨论。[37]

---

* 德尔菲法，也称专家调查法，1946年由美国兰德公司创始实行，其本质上是一种反馈匿名函询法，其大致流程是在对所要预测的问题征得专家的意见之后进行整理、归纳、统计，匿名反馈给各专家，征求意见，再集中，再反馈，直至得到一致的意见。

搜索过程

并购搜索过程从什么时候开始？

一旦收购公司完成了战略自我评估并制定了收购战略，搜索和筛选计划就开始了。第一步是确定目标行业，并分离出可能符合图表标准的特定收购候选人。

项目筛选应该如何组织？

在并购过程中，搜索和项目筛选是少数几个可以委托给资助机构或顾问的并购活动之一。虽然战略、定价、法律和谈判必须由公司总部密切控制，但搜索过程可以在实地进行。

一个搜索和筛选项目持续多长时间？

对于战略性收购，搜索和筛选项目的时长取决于方案的范围以及关于该主题的内部数据的多少。通常情况下，为了得出一些符合特定标准的可行的候选公司，一个搜索和筛选项目可能需要几个月的时间。然而在不断变化的行业中，搜索可以而且应该经常是持续进行的。

完成一个完整的搜索和筛选项目的主要步骤是什么？

以下步骤可由搜索负责人或支持人员执行，视情况而定。

(1) 确定目标行业。

(2) 查找专门针对目标行业的出版物、网站和协会，特别是那些报告特定行业并购活动的出版物、网站和协会。

(3) 进行行业形势分析。这种分析决定了一个行业的定价和当前的盈利结构、成长性、成熟度、周期性、季节性以及其他经济指标。

(4) 编制行业参与者名单。这些都是在该领域举足轻重的公司。

(5) 加入行业协会，积极参加分会和贸易展览会。

(6) 汇编一份行业领袖名单。这些人几乎了解行业内所有值得了解的事情。除了搜索引擎，领英(LinkedIn)或推特(Twitter)等社交平台也很有用。

(7) 利用网上资源鉴别出待售公司(注意：没有必要将搜索范围局限于待售公司，但这确实会使谈判变得更容易)。在存在许多不同和不断变化的质量清单的情况下，最好的方法是重新开始。进入在线搜索引擎，输入"待售公司"，你立刻会看到一页又一页的资源，有些是新的，有些是存量的。例如，查询 bizbuysell.com, businessesforsale.com, dealstream.com 和 mergerplace.com。

(8) 撰写特定的公司目标简介。

(9)联系负责人。

(10)制订初步的收购后整合计划。

(11)从任何潜在的卖家那里获得价格描述。

(12)如果目标公司是独立的,则联系邓白氏公司(Dun & Bradstreet,D&B),提供商业信息并获取信用报告。

(13)开始谈判过程,初步了解价格和条款。

(14)参与尽职调查过程,为目标方制订业务整合计划。

(15)朝着完成你所选择的交易方向前进,同时保持对替代方案的开放态度。

如何缩小候选人的范围?

最好的办法是分阶段看候选人,每个阶段都应该有删减。第一阶段,收集关于公司的产品、市场、收入、盈利能力、所有权结构、管理人员和董事的基本信息,然后,公司发展团队可以选择 10—15 个候选公司进行第二阶段的分析。第二阶段,对所有可用数据进行二次研究和分析,进一步确定候选人的优先次序,将候选人数缩减到 5 名。第三阶段,进行更详细的研究(即初步的尽职调查),并为实现目标的可能途径做准备,见图 2—4。

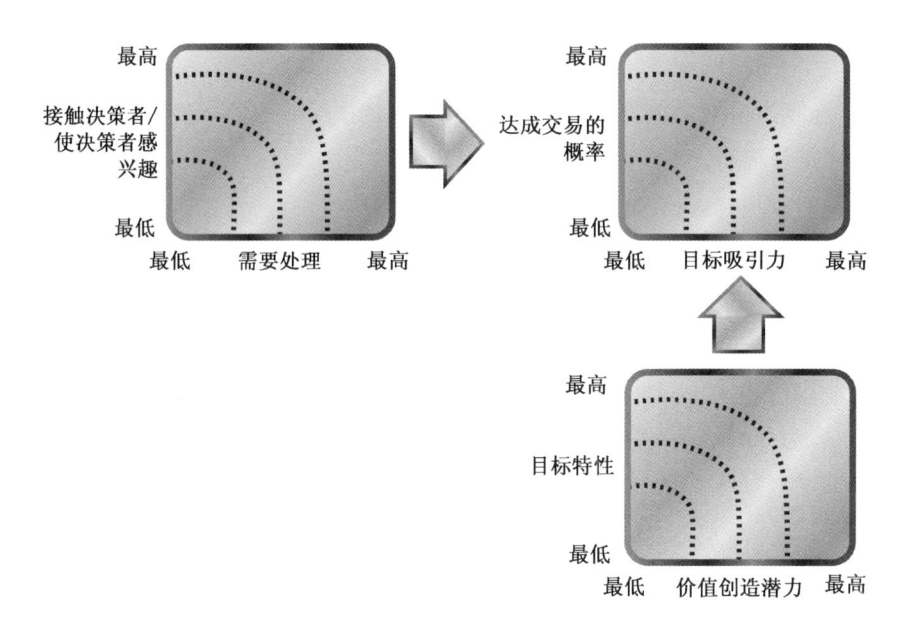

资料来源:Silver Lane Advisors 的概念,2018;作者:克里斯·史密斯(Chris Smith),Quarternative.com。

图 2—4 机会优先级

在收集和权衡信息时,要考虑两类标准:确定目标公司吸引力的标准和确定交易可能性的标准。不拒绝尚未详细分析过的候选人，只将其暂时搁置，从而先考虑那些看起来更有吸引力或更可能有交易兴趣的候选人。如果经详细分析或处理后选定的候选人不再具有吸引力或可能性，则可按优先次序重新考虑余下的候选人。

理想目标公司特性的例子是什么？如何分析它们？

显然，不同的买家可能在寻找具有完全不同特点的公司。比如，伯克希尔－哈撒韦（Berkshire Hathaway）这样的公司可能会寻找管理优秀、业绩良好的公司，而寻找扭亏为盈机会的买家可能会被那些业绩不佳、能对新的管理或者新的战略做出反应的公司所吸引。但无论如何，对目标公司的基本分析包括对所有业务基础的了解，包括公司的产品和市场、各业务线的市场份额和竞争地位、资本结构和财务业绩、所有权和治理结构、组织结构以及管理团队。在第二阶段的分析中，股票分析师将在更详细的层次上对第一阶段的这些因素进行更深层次的审查，并写入报告，包括比率、行业比较以及对战略和潜力的评估。

第三阶段，分析可以根据需要进一步深入。例如，可以雇用高管猎头公司来评估管理层，可以对客户进行（随机）调查，以评估产品的市场占有率。如果相对成本状况很重要，则可以采访或调查工人、联系雇员或前任雇员，而且对于实体企业，甚至可以通过计算工厂停车场的汽车来估计就业情况。

收购方如何评估给定目标公司未来创造价值的潜力？

这个问题并非真正围绕目标公司这一独立的公司展开，而是围绕目标公司与收购方结合后的企业实体进行评估，因此它的答案取决于收购者的战略和能力。

对于投资组合公司收购方来说，问题是：母公司能为目标增加价值吗？换句话说，目标在投资组合中经营是否比独立经营财务状况更好？以伯克希尔－哈撒韦公司为例，答案是肯定的。根据一项对被收购子公司的首席执行官的调查，他们将该公司的"长期投资视野"视为其成功的关键。[38] 或者另举一个例子，如果一家媒体控股公司收购了目标公司，那么问题将是该媒体控股公司的内容获取渠道或技术平台是否有助于目标媒体公司的成功。

对于合并或收入增长的公司，分析包括识别成本或收入协同机会，并在三个层次上对每个机会的价值进行更详细的估计。例如，对于合并两家快递公司的提议，第三级分析包括对客户进行广泛的掩饰调查，以确定在各种合并方案下包括正在研究的方案，他们将向谁发货。在这种情况下，成本协同效应只能通过为合并后的公司设计新的路线计划来准确确定——这是一项艰苦的分析，同时也提供了一个详细的合并后运营计划。

特别是在合并交易中，作为收购方，你应该高度重视贵公司与其他买家/合作伙伴相比所特有的增值机会。这将使你对卖方更具吸引力，并使股东（如持股者）对交易更感兴趣。记住,常见的机会通常会一味在价格上协商,因此任何交易的真正创造价值的潜力都依赖于独特的机会或与众不同的执行能力。

什么会推动目标公司出售?

答案因公司而异。你需要从目标公司的角度看世界。最好的方法是利用你所掌握的或可以收集到的关于公司和行业的信息来决定目标的战略选择,可以在分析师报告中查看第一级分析和第二级分析的结果,这在这个维度上通常是足够的。

如果需要更详细的评估,则可以使用前面提到的详细评估目标成本和市场地位的相同技术,从目标的角度了解问题和机会。一旦收集到足够的数据,就可以使用竞争性模拟来制定战略,指派咨询顾问、财务顾问和/或内部其他员工来扮演行业中每个关键竞争对手的角色。有了足够的数据,角色扮演通常会确定策略的关键要素。如果战略要求合并,那么在最详细的分析层次上角色扮演甚至可以以合理的精确度估计可接受的条款。这种情景分析对处于转型中的企业尤其有用。

哪些行业资源可以用来定义公司的范围和通知被筛选公司?

对于高级分析,有许多可能的公共信息来源。从寻找专门针对目标行业的出版物、网站、协会开始,特别是报道那些特定行业并购活动的出版物、网站、协会。在美国,上市公司按标准工业分类代码(Standard Industrial Classification,SIC)[根据证券交易委员会(SEC)要求]进行分类,很容易识别。[39]

在全球范围内,公司按照标准普尔和 MSCI/Barra 制定的全球行业分类系统(GICS)进行分类。这项服务将公司按部门和行业分类。[40] 很多全球收购者使用全球行业分类系统方法作为投资研究、投资组合管理和资产配置的行业分析框架。全球行业分类系统目前由 11 个行业部门组成:

- 消费者非必需品;
- 消费者常用品;
- 能源;
- 金融;
- 医疗保健;
- 工业;
- 信息技术;
- 基础材料;
- 房地产;
- 通信服务;
- 公用事业。

每一个行业部门内又有行业组(24 个)、行业(68 个)和子行业(157 个)。

行业趋势的基本概述通常可从安全分析报告中获得。资料来源每年在《理柏市场》(Lipper Marketplace)[前《纳尔逊投资经理人名录》(Nelson's Directory of Investment Managers)]中有。咨询公司也可能有行业分析,可能会分享一个成本或市场目的,或者可以参与创建一个行业分析,但这是值得的。只有当筛选工作把你带到一个新水平,付出成本才是值得的。

如果需要,则可以使用像波特这样的五力模型框架从头开始开发一个高水平的行业分析。[41] 行业分析应包括以下要素:

- 市场规模动向;
- 主要行业参与者及其市场份额;
- 市场集中度;
- 供应链和供应链中的关键参与者,包括产业的上游和下游;
- 可能影响行业的外部力量(如市场、技术或法规变化);
- 行业竞争的性质,例如,以价格为基础的激烈竞争、资本投资等。

寻找并了解行业大师——那些写有关行业的文章和/或出售行业报告的人。这些人通常能够快速了解行业动态,也可能掌握有关雇员、定价、市场份额、产品声誉和主要参与者联系人的数据。

行业协会内可能有只有协会成员才能获得的数据。如果要认真搜索一个行业,那么加入协会、获得可用的数据、参加协会组织的会议等都是值得的。

此外,美国政府(以及其他国家的政府)拥有大量免费或低成本的工业数据,甚至是特定公司的数据。贸易杂志和网站是另一个很好的来源。还可以考虑查阅并购出版物和数据库,例如,《合并和收购:交易师杂志》(Mergers & Acquisitions: The Dealmakers Journal)和该杂志的网站。[42] 虽然搜索并不局限于公开"出售"的公司,但有许多网站可以找到"待售"公司。

一旦收购者在某一特定部门或行业内找到感兴趣的公司,该如何组织信息?

收购者应该在分析的各阶段汇总、完善公司简介。最初,公司简介可能较为粗略,但对于那些在最初筛选中保留下来的公司,可以制定详细的简介,包括:

- 年度报告、10-K 报告和邓白氏公司信用报告中的财务信息;
- 公司概况和产品目录;
- 新闻稿、印刷广告、发表的文章和管理人员演讲中的内容;
- 董事和主管的简介。

利用上市公司按披露规则发布的免费信息;除了年度报告外,还可以查看公司的证券交易委员会文件[10-K 报告、10-Q 报告、招股说明书和代理声明(www.SEC.gov)]、新闻稿、产品资料、产品目录、公司案例研究和高管演讲。美国财政部也有基于税务申报的良好数据(www. irs. gov/taxstats/index)。

上市公司的其他现有信息来源包括：

■《公司联盟》(*Corporate Affiliations*)—8卷本或光盘版(https://www. lexis-nexis. com/en-us/products/corporate-affiliations. page)[43]；

■ 弗若斯特沙利文公司(Frost & Sullivan)(www. Frost. com)；

■ 穆迪出版公司(Moody's publications)(www. moodys. com)；

■ Proquest Dialog 系统(Proquest Dialog, www. Proquest. com/products-services/proquest-dialog. html)[44]；

■ 标准普尔出版公司(Standard & Poor's publications, www. standardandpoors. com)；

■《托马斯名录》(*Thomas Register*, www. thomasnet. com)；

■《价值线投资调查》(*Value Line Investment Survey*, www. valueline. com)。

买家怎样才能找到私人公司的资料？

如今的大多数公司，包括私营公司，都有网站和社交媒体(脸谱网、领英)上的页面，这些页面透露了公司的一些基本信息。尽管如此，私营公司很少公布财务信息如资产负债表和盈亏数字。即使出于信贷目的，许多银行也不会保持更新。然而，一些州会通过其商会或经济发展方案汇编这些信息。

邓白氏征信公司是一个很好的起点，其编撰的《百万金指南》(*Million Dollar Directory*)列出了上市公司和私营公司。(另外两家提供类似产品的公司——Harris InfoSource 和 Hoovers——现在以邓白氏品牌运营。)《百万金指南》和相关服务均可通过 Mergent, Inc. 获得。[45] 许多图书馆订阅有《百万金指南》，这为不准备进行订阅的公司提供了零成本替代方案。

如果邓白氏公司没有某一私人公司的财务资料，则直接从该公司获得这些资料，是非常困难的。然而，许多州，特别是那些有采掘业务的州，往往要求公营和私营企业，不论是否开展合并，每年须提交各种类型的资料，包括成立年份、主要所有人姓名、关键人员、雇员人数、年销售额、主要业务范围、工厂规模和进出口活动等，有时还必须提交资产、负债和利润信息。

邓白氏 Hoovers(仅举一种此类产品)使收购方能够创建"目标清单，以确定更多的潜在客户……手头上有超过1 600万个联络人的直接电话号码"。[46] 这种办法不适用于重要和敏感的调查，但可以通过收集信息铺平道路。收购者在查看某一特定领域的数百家公司时，如果想知道它们是否销售某一特定产品，可能会发一封个性化的电子邮件询问是否有货。虽然这很难说是"接近公司"，但它可能是打开公司大门的钥匙，所以应该以最专业的方式进行。

在接触潜在客户时，应该使用什么沟通方式？

近几十年来，一种已经成为经典的方法是将电子邮件和电话组合在一起，顺序不限：

- 可以给一个潜在客户发邮件，然后电话告知对方"请查看我的邮件"。
- 相反，第一次联系可以通过电话，然后通过电子邮件，说"很高兴和你交谈"或"很抱歉"。

诚然，要找到潜在客户的直接电话号码和电子邮件并不总是那么容易，即便如此，也必须绕过看门人——无论是人力（行政助理）还是电子（垃圾邮件过滤器）。此外，任何电子邮件或语音邮件都容易被一键删除。

社交媒体能提供怎样的帮助？

对于寻找机会的人来说，幸运的是，社交媒体正在进军通信市场。即使同事们知道对方的邮箱地址，也可能会选择通过领英进行交流。基本的免费订阅允许个人之间通信并添加对方为联系人。"高级"订阅使探索者能够向完全陌生的人发送信息，后者可以选择打开或删除该消息。一个有实质内容的人写的引人入胜的主题与一封传统的电子邮件一样容易被打开和阅读，甚至脸谱网、推特和其他社交网站都可以成为联系的渠道。

鉴于社交媒体联系的主导地位，电话通话还可行吗？

给陌生人直接打电话仍然是可行的，但在这种遗留技术中，联系成功的障碍正在增加。电话销售使用得越来越多，其中大部分是机器人电话[47]，这不仅包括行政助理等传统的现场看门人，而且还包括语音信箱的使用。高管接听的电话极为罕见，除非他们知道（通过来电显示）打电话者的身份。

如果要打一个电话，则应该联系目标公司的谁？

应从高层管理者开始调查。联系的负责人可能包括首席执行官、首席财务官和首席运营官。在广泛的搜索中，目标公司的董事、外部法律顾问、会计师和银行家——包括商业银行和投资银行——也可以联系。联系目标公司的外部律师通常是不起效的，一方面，由于律师与委托人之间的诚信关系，因此律师不应提供任何信息；另一方面，他们有自己的议程。他们可能想发起交易，这样收购方的联系方式就会继续被保留，并会试图劝阻你。同样的事情，在较小的程度上也适用于目标公司的会计师事务所。

尽量安排与主管或企业主的对话，以避免直接被拒绝。高管猎头公司已经把该技巧磨炼成一门艺术，那就是打电话给目标公司的高管，询问他们是否知道可能有一位高管愿意答复，然后他们可能会供出可能回复的高管。这与在收购搜索中的工作方式是一样的。告诉一个有意向的目标公司或者是一个新的进入者（一个初创企业）或者一个收购者，你正在考虑进入这个行业，并询问他们是否知道有哪家待售公司。那一定会引起他们的注意,他们的反应可能只是,"好吧,如果价格合适,本公司则可能会被出售。"

如果收购提议涉及任何一家相对较大公司的相对较小的子公司,联系人则应该是负责公司战略规划或公司发展的高级副总裁——但除非公众知道该部门正在进行业务,否则不要打电话给部门主管。即便如此,最好是在公司部门或业务单元级别上处理计划,而不是与可能受到出售密切影响的主管们打交道,他们实际上可能试图在管理层收购中自己购买运营该企业。

打电话的人应该说什么,不该说什么?

目标公司接听电话的人会对来电者所展示的任何专业知识印象深刻。目标公司简介会给买家更多的信息,目标公司往往对买家知之甚少。为了让管理层更放心,买方或其代理人应提供一些关于其自身或目标管理层的有用信息。

最初谈话的最终目标是组建一次会议,讨论一起工作或通过可能的业务合并结成团队。企业并购可以是合并、收购或合资企业,定义得越宽泛越好。现阶段不宜讨论价格,因有太多的未知内容,故双方都不希望在这个过程中这么快地就被限制在一个既定的估值范围内。

在这个早期阶段,买方公司和目标公司代表应该在哪里会面?

双方将需要商定一个双方都满意的会晤地点。拜访目标公司可能会招致谣言,这会损害交易。另外,买方公司可以对目标公司的运营状况和人力资源有一个更好的把握,至少亲眼所见更为可信。但按照通常的做法,不鼓励一大群正装出行的代表访问一个目标公司。

另一种选择是在投资银行家或律师事务所的办公室举行会议,或在中立地点举行会议,例如,在旅馆的会议室举行会议。尽量不要在航空俱乐部、酒店大堂、餐厅或其他公共场所见面——这会引发谣言,并为目标公司制造竞争压力。

"商议合资企业,供应商或客户关系的前景"是一个很好的并购双方会面掩护,以防并购意向被外界所知。此方法在公司不上市的情况下发挥得很好,但要小心任何彻头彻尾的虚假陈述。

在商定了会晤地点后,买方在会面前获得目标方的财务资料将对买方有利。(我们假设你已经准备好了所有的销售资料、邓白氏征信报告,如果是一家上市公司,则还包括 10-K 报告)目标公司可能会在这一点上要求你签署保密协议。一定要这样做,但要确保你是受保护的(见第七章 谈判意向书和收购协议)。

有了这些资料,会议的议程就可以确定下来了。(重要的是,至少为你的一方准备一份书面议程,这样所有重要的议题都将被涵盖。)

第一次会议能与目标公司完成哪些事项的商讨？

第一次会议应该让买方了解公司及业务，了解卖方是否有任何可能妨碍达成交易的秘密，如果有秘密的话，则维持双方的管理关系是否正确。会议应使目标管理人员了解买方及其管理人员，以及目标管理者的利益（如果他们想说）和所有者的利益（如他们想继续拥有）。

将公司进行法人化和业务化的合并一定有原因。在大多数情况下，这些都是在早期的会议上讨论的，除非买方希望对计划保密。但是如果目标是一家公众公司，这是一个敏感领域；公司是否以及如何披露或隐瞒未来计划，可以引发法律风险。[例如，本书的最后一章"具有里程碑意义的和近期的并购法律案例"中的巴西克公司诉莱文森（Basic V. Levinson）一案]在很多情况下，最好是说"无可奉告"，而不是透露可能被日后解释为误导的内容。正如一位法律专家所指出的那样，并不总是很清楚，根据证券欺诈法，某些陈述可被视为误导性陈述，以及披露超出规定的内容对公司本身"没有什么好处"。[48] 对于上市公司来说，拥有投资银行家进行的任何财务分析的副本是好的，即使是由一家地区性公司发布的，同时询问卖家是否曾经使用过管理顾问来进行调查。如果他们曾做过这些调查，不管过去了多久，都必须要求查看外部审计师的管理信件或报告，找出公司在过去5年中是否更换过审计师，如果是的话，则获得与以前的审计师沟通的许可。

在这次会谈中，卖方避免夸大其词是很重要的。若陈述后来被证明是不真实的，则买方可以起诉，理由是欺诈性转让，也称为欺诈性交易。[49]（关于欺诈性转让的更多信息请参见第四章。）

经纪人和掮客

经纪人如何在寻找过程中提供帮助？

前面的大部分材料描述了内部的搜索过程，但许多寻求通过并购途径扩张的公司——特别是机会制造者——都使用经纪人。[50] 经纪人可以帮助卖方找到买方，反之亦然。

我如何找到并联系商业经纪人？

大多数经纪人都有自己的网站，可以通过互联网搜索找到其他经纪人和其所在的位置。此外，一些网站可以提供协助，例如：

- www.bizbuysell.com/business-brokers
- www.ibba.org

- www.bizbrokerdirectorpy.com

代理与证券承销商的区别何在？

经纪人是代理人也是法律受托人，负有法律规定的所有责任和限制。经纪人分为商业经纪人（当地主要市场）、并购经纪人（中下层市场）和投资银行家（在金融业监管局注册为经纪人——交易商，通常为中上层市场和上市公司服务）。经纪人可能只代表交易中的一方。在过去的5个世纪中，"普通法"确立了规范他们行为的规则。在美国，任何使用交易所设施进行交易的人都必须在证券交易委员会注册，但美国证券交易委员会已表示，如果没有注册的经纪人从事小额交易，则将不会对他们采取制裁行动。一项国会法案即第609号决议，于2019年生效，这一保证被编纂为一项彻底的豁免。该法案将修订《证券法》，豁免与小公司交易的经纪人。通常经纪人代表卖方，作为受托人必须设法为一家公司获得最高价格。如果经纪人在交易中偏袒买方而不是卖方，或者暗中从买方那里拿钱压低价格，可能引发民事甚至刑事诉讼。

掮客，与经纪人相反，他们不是任何一方的受托人。与经纪人不同，他们代表的是交易而不是其中一方。掮客的报酬可以由双方支付，也可以由任何一方支付，甚至在另一方不知情的情况下。然而，掮客必须小心，不要谈判，因为正是谈判的行为将其从掮客转换为经纪人，从而创建了受托责任，并将它们置于监管之下。根据地区的不同，掮客可能需要商业机会或商业机会经纪人许可证。如果掮客被认为是无证经纪人，则向该人付款可能导致整个交易违反证券法，从而使投资者有权撤销交易。[51]

谈判是如何定义的？

一般来说，如果掮客只是介绍可能的购买者，而在其他情况下只是在当事人之间保持联系以使介绍生效，则将不认为进行了谈判。但是，如果掮客参与确定购买价格并代表买方或卖方，法院则可以裁定掮客进行了谈判。在一些州，法院表明，它们不能理解掮客不谈判如何工作，故自动将掮客直接归入经纪人类别。

什么是中介？

那些对经纪人和掮客之间的区别感到迷茫的人试图把自己标榜为中间人。这种跨界类别是有风险的，因为中介机构应该进行协商，而谈判中间人是预期交易中一方或另一方的代理人，除非双方都同意——通常是书面同意——谈判符合他们的共同利益。经纪人转为中介人的客户应谨慎。根据协议中的文字，中间人可以免除经纪人的受托责任。

商业经纪人和掮客是否受到监管，如果受到监管，则由谁监管？

一般情况下，经纪人和掮客企业的行为是没有规则的。一些投资银行家或股票经纪人已通过了金融行业监管局（Financial Industry Regulatory Authority，FINRA）举办的考试，或必须在证券交易委员会注册。虽然对一些人来说这是一项繁重的要求，但并不直接影响他们寻找中介买卖企业——即使是非常大的企业——的实际工作。

真正重要的是州和地方当局(包括地方房地产委员会)对商业经纪行为的监管,包括商业机会和商业机会经纪人的许可和监管。一般来说,这类经纪人处理独立的零售服务业务,如酒吧、洗车行、干洗店、加油站和出租车牌照。

许多州已经通过法律来管理这种经纪人的活动,或者允许市和县颁布地方法令来管理他们的活动。国家监管往往与房地产经纪活动的监管相结合,通常采取审查、许可、对经纪人的场所进行审查等行为进行监管。与一般人的看法相反,如果律师就出售业务进行谈判,并因此收取成功费,则很少能豁免领取商业机会经纪人牌照的规定。

除纽约州之外,还没有任何一个州对非谈判掮客的活动进行监管。在一系列的法院判决和配套立法中,纽约州法律实际上规定,任何掮客都不能在没有协商的情况下寻找目标公司。因此,掮客是参与财产转让的当然代理人和经纪人。为了遵守纽约州欺诈行为统计的具体规定,任何从事财产转让交易的人(除律师外)都必须有收取掮客或经纪人费用的书面协议。

其他国家也有类似的欺诈法规,但根据合同法的一般概念并不禁止收款。它们依赖于以下概念:按照服务计酬,在这种情况下,即使没有书面合同,也必须对掮客的服务进行估价和付费,以免买方或卖方从所提供的服务中获得不公正的利益。然而在纽约州,按照服务计酬没有书面合同支持的追偿是严格禁止的。因此,许多欺诈行为发生在不知情的掮客和经纪人身上。即使是大型投行也可能因未能将口头收费协议变成书面协议而被骗走合法赚取的费用。

如果交易中涉及房地产,许多州试图对掮客和经纪人进行监管——即使包括租约在内的真实资产只占所转让资产的一小部分。许多诉讼都是在房地产经纪人的严谨调查下产生的。大多数交易失败是由于州政府的阻碍和经纪人被发现,但也有例外,特别是当一个州外的掮客或经纪人跨越州界线进行交易时。在这种情况下,极其重要的是,掮客或经纪人不得采取任何法院认为是谈判的行为,还要确保委托人进行了所有谈判,并以书面形式予以承认。

费用如何?

收费不受任何一方管制。各项费用根据交易量计量。在 20 世纪 20 年代,投资银行家们很乐意从交换的股票中直接获得佣金。但 50 年代,当大企业合并热潮开始时,雷曼兄弟早在 2008 年全球金融恐慌中成为受害者之前就曾设计出雷曼公式,也就是所谓的并购公式或华尔街规则。这是一个浮动的比例——通常为 5-4-3-2-1 公式:第一笔 100 万美元交易价格的 5%,第二笔交易价格的 4%,第三笔交易价格的 3%,第四笔交易价格的 2%,余额的 1%。另一个典型的变体是 6-3-2。[52] 近几年来,一些掮客一直在收取 10% 的费用,或者要求支付定金。或者,有些公司采用的是以雷曼兄弟公式为基础的收费标准,但有一些区别。变体包括10-8-6-4-2的双重雷曼规模和55-44-33的间断型雷曼规模。一笔500万美元交易的佣金将是30万美元(总百分比为6%);201 000美元(总百分比为4.2%)而在传统的雷曼规模下则为150 000美元(总的百分比为3%)。

2018年,一项针对400多名投资银行家的调查发现,18%的人使用了之前描述的某种版本的雷曼公式,但42%的受访者使用了缩放百分比公式以确定交易达成费用,40%的人使用了简单百分比。按比例调整的百分比结构设定估值目标,并确定该估值的基本交易达成费用,在该目标公司估值之上的增量将连续获得更高的费用。例如,一个5 000万美元的目标公司估值可以获得2%的费用,下一个1 000万美元的目标公司估值可以获得3%的费用,再下一个1 000万美元的目标公司估值可能获得3.5%的费用。与雷曼公式收费结构相比,按比例收费结构将银行家的利益与卖方的利益更紧密地结合在一起,雷曼公式收费结构使双方都能获得更高的交易总价值。

许多自称是投资银行家的人,尽管他们只有一个网站和一个电话号码,却也试图为自己的服务获得雷曼规模,但他们通常被迫接受固定的费用,或者被迫发起诉讼。一些人成功起诉并利用雷曼规模收取了巨额费用。

费用有时会根据交易类型进行修改。如果这是一笔敌意交易,则银行家们可能会卷入其中数月甚至数年。敌意交易的费用比友好交易费用要多得多,特别是当敌意交易成功的时候。如果交易复杂,费用则可能会更高。在敌意交易中,许多投标公司直到交易结束后才与银行家、律师、顾问、会计师和其他可能涉及的人达成最后的费用协议,然后就出现了问题,有时会在法庭上结束,由法官或陪审团做出费用决定。陪审团对法律上到期的掮客和经纪人的费用特别严格:他们很难相信,把一个潜在的卖家介绍给一个潜在的买家这一简单的行为就值一大笔钱。

费用支付往往取决于交易中最终支付的价格。但是,在一笔复杂、杠杆率高的交易中,要确定最终价格可能非常困难,而且可能会导致各方对交易价格的分歧。这笔交易涉及可分离的认股权证和认股权利,同时进行的企业分立或分拆,或者出售子公司等股权交易。于是,越来越多的费用是以整数提前协商的。"如果我们完成这笔交易,则你将得到300万美元",这可能是今天人们听到的预期4亿美元价值的并购交易。这相当于0.75%的费率。在这样的安排中,无论买方支付3亿美元还是5亿美元,掮客或经纪人都因发起交易而获得300万美元的费用。

投行公司会向那些为他们带来潜在交易的投资者支付费用吗?

会。大多数投行公司会向给他们带来交易的人支付一笔中介费。一些成功的公司很乐意为一次成功的交易指引支付10%的费用。

什么是单纯的志愿者？

志愿者通常不能收取掮客或经纪人的费用。例如，如果一个人决定建议两家公司合并，而两家公司也决定这样做，则该发起人被认为是单纯的志愿者，不能在交易发生时收取费用。某种程度或迹象的邀请或同意是必要的，这是为了建立一种可收取报酬的掮客或经纪人关系。

作为一个买家，你如何保护自己不受不正当的经纪人或掮客费用的索赔？

具体有以下几种方式：

- 把询问和信件记录下来。
- 让你的联系人保持最新状态。掮客 A 将你的公司介绍给一家企业，然后你放弃交易 6 个月，直到掮客 B 收到你的兴趣和你的收购。你可能同时欠掮客 A 和掮客 B 的费用。
- 了解你所在的州是否对商业机会经纪人进行监管。如果经纪人没有执照，进行了谈判，则你可以起诉该经纪人并获得非法行为的索赔费用。但你必须证明他或她谈判过，而这往往很难做到。
- 研究一下你所在的州是否有欺诈法规。如果是这样，经纪人或掮客则可能需要一份书面协议来收取费用。另外，如果你合谋骗取经纪人或掮客的一笔合法费用，则他们也许能获得惩罚性赔偿。

作为经纪人或掮客，我如何确保做了一笔交易就会得到报酬？

你可以通过以下方式采取行动：

- 你可记录一些你期望得到报酬的早期证据，你不是单纯的志愿者，也并非友情相助。乐趣制造公司（Joy Manufacturing）的一位退休总裁工作了 1 年半，促成了以 2.75 亿美元出售他最好朋友的煤矿业务。他有充分的通信证据证明他所付出的努力。但这位"最好的朋友"做证说，掮客从未告诉过他希望得到的报酬，所有的档案柜里也没有任何东西表明他希望得到报酬，一定要有一份书面协议，其中包括收费表上的具体用语。
- 把谈话和信件记录下来。这样的消息日志在某些法庭上可以成为有力的证据。
- 让对方同意，除非你得到报酬，否则交易不会交割。一份双方签署的书面协议是最好的，但至少通过邮寄或电子邮件的方式将你的要求以书面形式得到你期望的答复。
- 坚持全程参加负责人会议。如果你作为一个掮客，则一定要以书面形式（通过电子邮件或邮件）清楚地说明你是作为一个促进者而不是谈判者。如果可能的话，要从对方那里得到一封你没有参与谈判的确认信。
- 用纸记录下来，越多越好。一定要节省你的电话费、旅费和住宿费，诸如此类。
- 一旦你没拿到钱就去起诉——而且一定要找一个对掮客和经纪人案件有一定

经验的律师。

如果一个经纪人就另一个经纪人放弃的机会向买方提出建议,应该向哪个经纪人付款?

此类意外事件应在经纪人或掮客协议中详细说明。但是,如果没有这样的定义,费用的裁定则视情况而定。如果第二笔交易因为重组而成功,那么达成第二笔交易的经纪人应当收取报酬,而非第一笔业务中雇用的经纪人。如果第二笔交易仅仅是同一笔交易,那么第一笔交易将被列为费用——或者买方可以安排将费用分摊。

投资银行家如何在搜索过程中提供帮助?

首先,让我们从定义开始。投资银行既不是投资者,也不是银行。也就是说,它不投资自己的钱,也不充当他人资金的储存库。相反,投资银行是储蓄和投资之间的中介。投资银行是一个金融机构,帮助实体公司在证券市场筹集债务和股权资本。

投资银行经常代表公司或承销商通过承销(即购买和转售新发行的股本证券)来筹集资金。投资银行还帮助销售新股,将其分销给零售股票经纪人,通常是通过直接隶属于该银行的零售经纪部门。这些经纪单位也可以有证券分析师,他们就特定证券提出进行买入、卖出或持有的建议。

此外,一些投资银行家被聘用来寻找整个企业的收购对象,从而充当掮客或经纪人的角色。他们也可以代表想要出售一个公司或其一个或多个分支的股东团体,通常是通过一种被称为拍卖的做法,但这与通常的拍卖完全不同,最后通常是就价格和条件进行广泛的谈判。因此,他们可能会得到一系列的费用——中介费、经纪人费、咨询费、发行费和承销费,如果证券是通过他们的办事处交换的,则还会得到一笔证券经纪人费。如果投资银行家不是从交易中获取佣金的人,他们则可能会对交易提出是否公平的意见。

所有这些费用合在一起被称为投行费。在并购活动频繁的时候,这些费用带来的收入与他们的零售股票经纪业务一样多,在某些年份甚至更多。

投资银行通常都有研究部门发布股票报告。在 2002 年之前,这些发布的报告通常包括客户公司的报告和股票上市公司的正面报告。自从《萨班斯-奥克斯利法案》通过以来,这种潜在的利益冲突就受到了严格的监管。[53]

银行家

投资银行和商业银行提供的并购服务有什么区别?

在当代竞争日渐激烈的金融服务市场上,投资银行与商业银行(至少一些商业银行)提供的并购服务差异已大幅缩小。近年来,随着商业银行的贷款利润率下降,它们开始寻找其他收入来源。许多公司在高杠杆交易融资业务(Highly Leveraged Transactions, HLTs)中增加了并购咨询服务。在此过程中,许多商业银行发展了可与最负盛名的投资银行媲美的业务能力。

在商业银行能力范围内的有:为其客户制定有关收购、资本重组和杠杆收购的战略,并在投标报价中扮演交易商经理的角色以及提出"公平意见书"(只要他们不是在交易中收取费用的人)。

与此同时,投资银行开始入侵商业银行的一些传统领域,采取过桥贷款的形式向并购客户承诺,至少承担一部分收购成本,而商业银行可能不会这样做。

尽管商业银行和投资银行相互竞争,但是它们也经常彼此需要。商业银行和投资银行共享客户并不罕见,例如,华尔街的投资银行家可能作为一家公司收购的顾问。这家华尔街投行可能会将其交易交给商业银行以获得收购过桥贷款以及长期高级银行债务,用来为现有的高级债务进行再融资。再融资的部分或所有银行债务和私人配售和/或高级的承销或次级公共债务参见第四章。由于商业银行并没有参与股票市场运作,因此它们没有受到投资银行家从事非法活动的诱惑。事实上,华尔街的每家大公司都被这样或那样的丑闻所玷污。几家大名鼎鼎的公司因分析师的利益冲突而卷入安然丑闻。

银行为并购中的一家目标公司的一个要约人提供资金,而为另一个竞争的要约人提供建议,这是否违法?

这并不违法。但是很多商业银行和投资银行避免此类情况出现,因为它们害怕制造利益冲突从而冒犯任何一方客户。然而,如果涉及顾问角色,则商业银行为多个发股人提供融资更为常见。在这种情况下,商业银行将试图在涉及银行的不同领域之间建立防火墙,以避免对机密信息的信任遭到破坏的可能性。捆绑交易(Tie in deals)是违法的,即客户只有同时购买银行的咨询服务才能获得贷款。然而,在银行也愿意以贷款的形式提供资金,以促进收购的条件下,一些客户更喜欢将银行作为顾问。

商人银行是什么?

商人银行本质上和投资银行一样,但是"商人"一词经常与首轮融资相联系,特别是在国际市场上。这些银行大多为公司处理国际金融、长期贷款和证券包销,不向一般公众提供常规银行服务(见第四章)。

美国商业银行是否参与商业银行业务?

是的,但是仍有限。许多商业银行都设有附属的风险投资集团,投资于有前景的企业股权和夹层证券,包括初创公司和杠杆收购。扮演投资银行家角色的商业银行也越来越多地成为客户的合作伙伴,购买客户公司的股权和夹层证券,同时向这些公司提供优先债务。

初始监管制度和法律法规考量

收购会引起哪些法律问题?

对收购决策的任何潜在限制(特别是与反垄断有关的限制)的审查应作为初始规划流程的一部分进行。这也是尽职调查的一个重要组成部分,在第六章中进行讨论。无论是战略驱动型买家还是交易驱动型买家,评估和寻找一个候选人都是没有意义的,除非它能够合法收购这家公司,并在没有监管麻烦或诉讼的情况下进行运营。

根据交易的事实和性质,收购可能需要遵守联邦、州或地方法规或各种领域的规定。由交易本身引发的最常见领域包括与反垄断、证券、雇员福利、大宗销售、外资所有权以及股票或资产所有权转让有关的法律。其中,一些法律只要求采取例行行为,这可以在收购过程中相对较晚的时候进行处理。其他法律构成了潜在的监管障碍,而这些障碍在进行既定收购计划之前必须考虑。

此外,在收购任何公司时,收购者都有可能承担被收购公司的法律责任。这种法律风险不仅仅是交易产生的法律风险,而且是在一个充满风险和诉讼的世界里做生意的简单事实。有关更一般类型债务风险敞口的概述见第六章"尽职调查"。

买方如何确定拟议交易可能存在哪些监管障碍?

除非买方是其计划进入的相关业务领域的资深人士,否则买方必须聘请熟悉该领域或精通收购的法律复杂性的法律顾问。

未能及时识别和满足所有监管要求,是否会拖延或扼杀交易?

是的。在某些情况下,一方或双方必须获得主管机构的同意或批准,才能完成交易。如果不这样做,则可能会受到处罚,甚至会被解除交易合同。该"交易解除"将在第七章附录7B的第9.1节和9.2节中讨论。

哪些监管障碍必须在完成收购的过程中克服?

每个行业都有监管迷局,但可以确定一些大致领域:

- 反垄断。根据《哈特-斯科特-罗迪诺法案》(Hart-Scott-Rodino Act),某些企业合并需要向联邦贸易委员会(FTC)或司法部(Department of Justice,DOJ)提交文件并获得批准。[54] 只有一小部分申请会触发反垄断法审查,而且大多数都是横向合并。[55]

- 向股东披露。向公众出售证券的公司(称为上市公司)需要考虑大量的规则,包括向证券交易委员会提交文件。这些规则将在第十章讨论。

- 环境问题。公司收购可触发清理受危险废物污染的场地的州法律要求。根据联邦和州的法律,即使买家没有参与或不知道污染,也可能会受到清理费用处罚。在《美国诉贝斯特食品公司案》(United States v. Best foods)中,最高法院裁定,如果滥用公司面纱①,为股东谋取欺诈或者其他不正当目的,则根据《综合环境反应,赔偿和责任法》(the Comprehensive Environmental Response, Compensation, and Liability Act,CERCLA),母公司可能对其子公司的污染活动承担派生责任。[56] 监管机构获得命令,要求责任方花费近2.3亿美元清理受污染场地,并向超级基金(Superfund)偿还超过3亿美元的联邦清理费用,作为受托人的商业银行也应承担相应的法律责任(见第六章)。此外,某些联邦或州法律禁止一方向另一方转让以第一方的名义签发的环境经营许可证。

■ 外国(非美国)对美国资产的所有权。联邦法律禁止或要求报告非美国公民或实体对某些工业或商业资产的所有权,包括在美国注册的船只和飞机、电信设施、报纸、核电站以及某些国防工业(见第十二章)。

■ 美国对外国资产的所有权。许多非美国政府严格管理本国公民对本国公司或资产的所有权,并保留拒绝将任何此类财产转让给美国公民的权利。

■ 欧盟委员会对非欧盟交易进行核准。任何影响欧洲经济的合并,即使涉及非欧共体公司,也可能必须经欧洲联盟(欧盟)批准。

■ 业界关注。某些类型的工业或商业资产所有权的转让可能需要一个或多个监管机构的批准,如以下美国例子所示:

——航空公司(交通运输部);

——银行和其他金融服务机构有5个主要监管机构[货币主计长办公室[57],货币监理署(现在包括一个储蓄监督办公室),联邦储备委员会[58],联邦存款保险公司,国家信用合作社管理局和各种州立机构];

——保险公司(国家监管机构);

——公用事业[联邦能源管理委员会、核管理委员会(the Nuclear Regulatory Commission)和各州公用事业委员会];

——航运(联邦海事委员会);

——电信设施(联邦通信委员会)。

有些交易需要得到多个机构批准。欧洲委员会与美国司法部以及澳大利亚、巴西、加拿大、中国、印度和南非当局合作审查的拜耳(Bayer)公司和孟山都(Monsanto)公司的合并就是一个很好的例子。[59]

---

① 公司面纱,是指利用公司的法人地位和股东有限责任,损害债权人和其他利益相关者的利益。

各方如何在收购的规划阶段评估监管障碍的重要性？

有关各方应及早确定他们获得必要批准的可能性有多大,需要多长时间,以及这将有多困难和多昂贵。当批准的程序和标准明确得当时,这种监管审计可以相对快速和可靠地执行。有关各方应避免采用灵活或酌情处理的批准程序和标准,因为这些程序和标准会延长时间,增加及时获得批准的不确定性。

作为潜在收购者,应保持对你所在行业以及你感兴趣的目标行业的主要监管和放松管制发展的了解,因为监管和放松管制的发展可以极大地改变商业环境。

一般而言,特别是在涉及第三方融资的情况下,在获得必要的批准之前,盲目开展交易中受影响部分可能不仅轻率,而且不可能。因此,潜在买方和卖方应确保在最初的规划阶段准备足够的时间和资源,并为遵守法规付出努力。

收购策划者在考虑收购时应考虑哪些一般的反垄断因素？

反垄断监管从业者将企业收购分为三种类型：

- 纵向收购——获取供应商或客户,这可能会将市场拱手给竞争对手；
- 横向收购——竞争者之间的竞争,这可能给予垄断权力或造成过度集中；
- 其他购买——例如,在不同行业的公司之间所产生的合并公司的财务或营销实力,可能会消除潜在的竞争或阻止其他公司的竞争。

《克莱顿法》(Clayton Act)第七条规定,若这种收购可能会在该国任何地区的任何商业领域"基本减少竞争或倾向于造成垄断",则禁止一个公司收购另一个公司的股票或资产。违反第七条的行为可导致法院下令禁止收购、强制剥夺财产或其他权益的命令或其他补救措施。第七条由司法部反垄断司和联邦贸易委员会执行。每年设定阈值。

另一项影响当今合并的联邦法律是近30年前(1990年)通过的联合董事会法案。该法修订了《克莱顿法》第八条,规定任何人在任何时候都不得同时担任下列任何两家公司的董事或高级职员(银行、银行协会和信托公司除外):(A)从事两家公司的全部或部分商业活动;(B)凭借其业务和竞争对手公司位置,牟取不正当的利益。如果两家公司都很小(资本、盈余和未分割利润低于每年调整的阈值,目前为2 276.1万美元),或者所涉及的竞争性销售额很低(其中一家的竞争性销售额低于227.61万美元),则不适用这项规定。

与联邦法律相配合,还有州法律可以限制合并。根据联邦法律《麦卡伦－弗格森法案》第15卷第1011页(f)[the McCarran-Ferguson Act,15 U.S.C.1011(f)],国家被赋予广泛的权力来管理保险公司的合并。各州在拥有特殊监管管辖权的其他领域也有类似的权力,例如,酒精饮料行业。

有涉外业务或子公司的公司合并有时需要外国政府的审查和批准。此外,一些国家

（最显著的是加拿大）有本国的合并前通知方案，企业必须遵守该方案才能进行合并。

政府如何收集有关拟议合并和收购的信息？

1976年，《哈特-斯科特-罗迪诺反垄断改进法案》（The Hart-Scott-Rodino Antitrust Improvements Act of 1976, the HSR Act）（以下简称《哈特-斯科特-罗迪诺法案》）要求拟议收购交易的当事方在允许合并进行之前向联邦贸易委员会和司法部提供关于他们自己和交易的某些信息。这些政府机构利用所提供的信息来确定拟议的交易在完成后是否会产生任何反竞争影响。如果这样，一般情况下，则必须在交易结束前纠正此行为。双方公司在收到哈特-斯科特-罗迪诺备案后有一个强制性的等待期。

根据《哈特-斯科特-罗迪诺法案》，哪些合并或收购需要进行合并前通知？

一般来说，所有符合某些标准的合并和收购都必须根据《哈特-斯科特-罗迪诺法案》和相关的合并前通知规则进行报告[60]，参见表2—10。所涉及的"人"不仅包括组成法团，还包括受共同控制的任何其他法团。根据《哈特-斯科特-罗迪诺法案》的规定，控制是指拥有公司50%或以上的有表决权的证券，或具有指定公司董事会多数成员的合同权力。特别控制规则适用于合伙企业和其他非法人实体。

表2—10　　　　　　　《哈特-斯科特-罗迪诺法案》下的合并前通知阈值

2019年《哈特-斯科特-罗迪诺法案》阈值调整和可报告性
根据网站和来自合并前通知的竞争局的办公室工作人员，2019年2月15日 当国会通过1976年的《哈特-斯科特-罗迪诺反垄断改进法案》时，它设立了最低美元门槛，以限制合并前报告的负担。2000年，它修订了《哈特-斯科特-罗迪诺法案》法规，要求每年根据国民生产总值的变化调整这些阈值。因此，随着法定门槛的调整，该法规定的可报告性每年都会发生变化。欧盟委员会最近宣布了新的《哈特-斯科特-罗迪诺法案》阈值，这将成为……于2018年2月28日生效。 规则1：确定可报告性的正确阈值是在结账时有效的阈值。 在确定可报告性方面最重要的阈值是交易阈值的最小值。这通常被称为"5 000万美元（调整后）"阈值，因为它从5 000万美元开始，现在定期调整。2019年，这一阈值将为9 000万美元。要确定将在新阈值生效时间前后结束交易的可报告性，请在交易交割之时查看阈值是什么…… 规则2：备案费由备案时的交易价值决定。 如果确定交易记录是可报告的，则申报费用应在文件提交之时基于有效的申报费用阈值。请注意，档案费用本身并没有改变，只是计算正确费用的阈值。以下是新的备案费起征点，自2018年2月28日起生效。 费用　　　　　　交易规模 45 000美元　　　交易价值超过9 000万美元但不足1.8亿美元 12.5万美元　　　交易价值为1.8亿美元或以上但低于8.998亿美元的 28万美元　　　　交易价值为8.998亿美元或更高 规则3：随后购买的通知阈值也每年调整。《哈特-斯科特-罗迪诺法案》规则包含额外的通知阈值，可解除与每次收购同一人的额外表决权股份时进行另一次申报的负担有关。因此，当提交《哈特-斯科特-罗迪诺法案》通知时，查询人在等待期结束后有一年时间越过《哈特-斯科特-罗迪诺法案》文件中规定的门槛。根据802.21节，你必须在等待期结束或终止后1年内提交文件中规定的阈值，否则你必须提交新的《哈特-斯科特-罗迪诺法案》通知才能越过该阈值。第802.21节还规定，一旦申请等待期结束或终止，你可以在未来5年内获得下一个阈值，而无须再次申请。

> 这是该法案的生效原理。如果你在 2019 年 2 月 1 日提出申请，申请价值 9 000 万美元的有投票权的证券收购，并将在 2019 年 4 月某个时候完成，则你应该申请越过 9 000 万美元的门槛，因为这是在完成时有效的 5 000 万美元（经调整）门槛（见规则 1）。然后，从等待期结束起，你有一年的时间跨过 9 000 万美元的门槛，尽管当门槛再次调整时，5 000 万美元（经调整后）的门槛可能会更高。
>
> 下一个相关的门槛值是"1 亿美元（经调整）"（如此称呼是因为它最初是 1 亿美元，现在每年调整 1 次）。因此，在申请超过 9 000 万美元的等待期结束后，你将有 5 年的时间获得下一个通知阈值［在本例中为 1 亿美元（经调整后）阈值］，而无须提交额外的《哈特-斯科特-罗迪诺法案》申请。在第 802.21 节规定的 5 年期间的每 1 年中，该阈值将进行调整，并且你总是查看当时有效的修订阈值。2019 年修订后的 1 亿美元（经调整后）门槛值为 1.8 亿美元，但在 2020 年，这一门槛值可能会更高，届时评估额外收购时，你将会看到 2020 年的更高数字。

* 由于 2019 年初政府关门，因此本网站截至发稿时尚未更新。
* https://www.ftc.gov/news-events/press-releases/2019/02/ftc-announces-annual-update-size-transaction-thresholds-premerger.

资料来源：联邦贸易委员会，2019 年 2 月 15 日。

《哈特-斯科特-罗迪诺法案》合并前通知表中需要哪些信息？

通知表要求说明当事方和拟议的合并或收购信息，有关当事方的某些当前财务信息以及根据行业代码［北美行业分类系统（North American Industry Classification System）］分列的当事方收入。[61] 联邦贸易委员会和司法部利用这份收入细目来确定拟议的合并方案是否将会造成反竞争的影响。根据《信息自由法》，提交的信息可免予披露，除非根据行政或司法程序，否则不得公开此类信息。

合并前告知书提交后当事人需等待多长时间才能完成合并或收购？

如果收购是以现金要约收购方式进行的，则各方必须等待 15 天后，买方才能接受股份支付。在所有其他情况下，当事人必须等待 30 天才能完成交易。如果收购引发反垄断担忧，政府则可以通过要求当事方提供补充信息来延长等待期。在这种情况下，等待期从提供补充信息之时起延长 30 天（现金要约收购为 15 天）。

当事人可以请求提前终止等待期。如果收购不引起反垄断问题，政府则可酌情批准该请求。

某些合并和收购是否不受《哈特-斯科特-罗迪诺法案》的约束？

是的。通过新成立的企业收购公司进行的收购通常不受《哈特-斯科特-罗迪诺法案》报告要求的约束，因为该公司不符合公司规模测试；也就是说，它没有达到总资产或销售额的门槛值。然而，只有在没有其他人在该公司总资产或年销售额中拥有 50% 或 50% 以上有表决权的股票，或有合同权力指定该公司的多数董事的情况下，如果该公司不是由他人控制，则它将是唯一一个与公司规模阈值测试相匹配的公司。如果另一家公司或个人确实控制了载体公司，则通过 50% 的股份所有权或合同权力指定其大部分直接董事，控制人与此测试相匹配，才正确。在确定合伙企业和其他非法人调查工具的控制权时适用特殊规则。

特殊规则适用于在确定新成立公司的规模时。新成立公司完成之前必须注意避免对额外的资本出资或对新公司义务的担保作出合同承诺。

新成立的不受他人控制的收购主体的资产,不包括该公司在交割时为完成收购而向该主体出资或者借入的资金。《哈特-斯科特-罗迪诺法案》和《联邦贸易委员会规则》还为特殊情况规定了许多豁免。

如何判断某项特定的横向合并是否有可能受到联邦政府的挑战?

现行行政政策载于经修订的横向合并准则,见本书附录2C本章末尾。

与以前的准则一样,横向合并是按照允许程度的集中度来评估的。因此,行业越不集中,允许的合并规模就越大。用于衡量集中度的指数赫芬达尔-赫希曼指数(Herfindahl-Hirschman Index,HHI)将单个公司市场份额的平方相加,以衡量合并后的份额和交易导致的市场份额增长。2017年的水平为:

- 不集中的市场:赫芬达尔-赫希曼指数低于1 500;
- 适度集中的市场:赫芬达尔-赫希曼指数介于1 500和2 500之间;
- 高度集中的市场:赫芬达尔-赫希曼指数高于2 500。[62]

因此市场越集中,交易就越有可能受到挑战。赫芬达尔-赫希曼指数数值只是在评估市场集中度时需要考虑的一个因素。

对纵向并购的挑战是什么呢?

美国反垄断监管机构自1984年以来就没有发布过纵向并购的指导方针,那些旧的指导方针被认为不再有效。[63] 但是,联邦贸易委员会负责合并审查的官员最近的一次讲话指出了三个令人关切的领域:

- 纵向合并可能会减少有利进入的可能性。监管机构审查合并公司的某些方面,如资产、专有知识或声誉,是否表明在另一个垂直相关的市场或分销链的另一部分拥有使合并公司更有可能或更容易进入对方的市场,与另一家公司重新进入相比。
- 纵向合并可能导致被法院判定为反竞争违法从而丧失抵押品。赎回权可能是供应商(称为"输入")丧失抵押品赎回权。上游企业(供应商)可能拒绝向下游竞争对手(其他客户)供货,或在不利情况下仅以有利于其下游综合业务部门的条件供货。另外,也可能存在客户丧失抵押品赎回权。这是输入丧失抵押品赎回权的反面:下游企业拒绝从上游供应商的竞争对手那里购买。
- 纵向合并可能会导致反竞争行为,因为曾经的竞争对手实现了信息共享。整合后的公司获得了以前无法获得的上游或下游竞争对手的竞争敏感商业信息,产生了各种反竞争效果。[64]

举一个可以创造高度集中的产业合并的例子。

若一个由5家公司组成的行业,市场份额分别为30%、25%、20%、15%和10%,那么赫芬达尔-赫希曼指数得分为 $30^2+25^2+20^2+15^2+10^2$,即2 250。如果第三家公司与第五家公司合并,则结果得分为 $30^2+25^2+30^2+15^2$,即2 650,分数将增加400分。

赫芬达尔-赫希曼指数分析是否仅针对收购方所在行业进行?

否。赫芬达尔-赫希曼指数分析必须对两家合并公司运营的每个不同的相关市场进行。

除赫芬达尔-赫希曼指数之外,司法部和联邦贸易委员会还会考虑哪些因素?

准则表示有意审查在某些情况下可能赋予单一公司市场支配力的兼并,即使该公司没有相当大的市场份额。例如,如果两家合并公司以前销售的产品被相当多的客户认为是相互接近的替代品,则合并后的公司可以提高一个产品线的价格,风险只是将部分销售转移给其他产品线。

无论集中度如何,监管机构都将对任何可能创造或加强一家公司对垄断市场的合并提出质疑。因此,一家占有市场份额为35%,规模是其第二大竞争对手两倍的领先公司通常不允许收购任何占有该市场份额的公司,哪怕仅收购1%。

反垄断机构考虑的证据类型包括:
- 合并完成观察到的实际效果;
- 基于经验的直接比较;
- 相关市场的份额和集中度;
- 激烈的短兵相接的竞争;
- 合并方的破坏性作用。[65]

此外,对横向合并的分析不再侧重于通常与垄断有关的市场集中问题。

该类分析转而考虑其他实际市场因素,具体有:
- 进入市场的难易程度(新公司进入市场越容易,遭遇垄断质疑的可能性就越小);
- 市场外替代品的可得性(越容易获得,合谋的可能性就越小);
- 合并公司在相关市场内相互对抗的程度(如果它们占据市场的不同部门,则合并不如它们在同一角落里针锋相对那样令人关切);
- 产品同质化程度(产品越同质,越容易合谋);
- 技术变革速度(变革速度越慢,越有可能合谋);
- 非价格条款的重要性(越重要,越难合谋);
- 公司获得竞争对手交易信息的程度(获得的信息越多,合谋的可能性就越大);
- 订单大小和频率(越小、越频繁,合谋的可能性越大);

- 该行业的特点是有合谋的历史,还是有使合谋更有可能发生的定价行为模式(如果是,则质疑垄断的可能性增加);
- 非竞争性表现的历史证据(质疑垄断的可能性更大)。

国外的竞争怎么样?

市场份额分配给外国竞争者的方式与分配给国内竞争者的方式相同。这些份额可能需要在较长的时间内计算,以考虑到汇率波动;也可能必须加以调整,以考虑到进口配额。最后,如果外国公司是以协调或串通的方式行事,则可能必须合并市场份额。

如果联邦贸易委员会和司法部要么不调查一项应报告的交易,要么在调查后允许其继续进行,那么该交易是否还能在事后受到质疑?

从技术上讲,并不阻止政府在任何时候对任何合并或收购提出疑问,但对于那些提出了《哈特-斯科特-罗迪诺法案》的备案,并允许等待期到期或已经终止的公司,质疑几乎闻所未闻。另外,交易可能受到州法院或私人诉讼当事人的质疑。

监管审查程序的一个很好例子是特索罗公司收购英国石油南加州业务。该交易始于 2012 年,并于 2013 年完成。[66] 当特索罗公司(现在的 Andeavor 公司)在 2012 年 8 月 13 日宣布收购英国石油公司的西海岸业务时,人们普遍认为联邦贸易委员会会阻止这笔交易。石油炼制和零售业务是敏感部门,赫芬达尔指数计算表明市场集中。联邦贸易委员会与加利福尼亚州总检察长办公室进行了一次为期 9 个月的联合调查,在调查进行期间,等待期延长了。双方在联邦贸易委员会和咨询小组结束调查后的 10 天内结束了交易。这在附录 2D 中有更详细的阐述。

结 论

战略只是合并过程的开始——只是未来众多阶段中的一个。接下来的工作是组织、尽职调查、谈判、交割和整合——更不用说在养老金、劳工和薪酬等领域必须做的所有完善工作了。然而,尽管战略可能只占并购过程的 20%,但该阶段却需要整整 80% 的精力。

事实上,这一阶段是经济学家维尔弗雷多·帕累托(Vilfredo Pareto)创造的 80/20 定律的完美例子。买家们在这个重要阶段投入其 80% 的努力是值得的。所以你一定要制定战略规划,开展内部调查,聘请经纪人、证券承销商和顾问,最后不要忽略的是研究监管因素。所有这些准备在前行的道路上都会有所回报。

附录 2A

组织结构类型

1. 职能组织

微件股份有限公司（Widget Company, Inc.）

会计职能；物流职能；工程职能；生产职能；市场职能；采购职能；销售职能

北部、南部、东部、西部

2. 产品/服务组织

机床股份有限公司（Machine Tools Company, Inc.）

产品 1

会计职能；物流职能；工程职能；生产职能；市场职能；采购职能；销售职能

北部、南部、东部、西部

产品 2

会计职能；物流职能；工程职能；生产职能；市场职能；采购职能；销售职能

北部、南部、东部、西部

产品 3

会计职能；物流职能；工程职能；生产职能；市场职能；采购职能；销售职能

北部、南部、东部、西部

3. 事业部组织

现代产业股份有限公司（Modern Industries, Inc.）

产品 1

会计职能；物流职能；工程职能；生产职能；市场职能；采购职能；销售职能

北部、南部、东部、西部

产品 2

会计职能；物流职能；工程职能；生产职能；市场职能；采购职能；销售职能

北部、南部、东部、西部

注意：这些数据点也可以组织为块矩阵（二维产品和功能，或产品和领域）或立方体矩阵（三维产品，功能和领域）。

附录 2B

资产清单

一、实物资产*

1. 设备(包括计算机硬件和软件):办公设备,工厂设备;2. 库存:产成品,在产品;3. 土地;4. 物料;5. 矿物资产:产量、储量、位置、开发状况,地图;6. 不动产:分支机构建筑物,工厂建筑物,在建工程;不动产:其他。

二、财务资产

资产负债表内的财务资产。财务资产:现金,投资证券,应收账款,预付所得税,其他预付费用,递延费用,其他财务资产(商誉、长期应收款、对联营公司的投资、先前收购所获得的商誉)。

(对于银行而言,未偿还贷款而产生的欠银行的债务是财务资产。)

三、财务负债及权益

(一)财务负债(应付账款、负债)

(对于银行而言,银行持有的客户的现金存款是银行的负债。)

(二)财务权益

发行在外的普通股、发行在外的优先股、留存收益

(三)损益表内的财务资产

毛收入、增长趋势;净收入、增长趋势

表外融资[管理层讨论与分析(MD&A)]

四、智力资产

(一)合同(如果有利,则为资产;反之,则为负债)

就业协议、特许经营协议、非竞争性协议

(二)文化

报告关系(真实的与形式的)、政策和程序

---

* 带星号的项目出现在资产负债表上,没有星号的项目不会出现在资产负债表或任何其他传统财务报表上。但是,它们通常在 10-K 报告的管理层和分析部分讨论,连同资产负债表项目一起讨论,特别是如果它们处于风险之中。整个列表可用作电子表格的 D 列,如附录 2-X 所示。使用以下列标题:(Col. A)第一阶段:战略(子阶段为计划、搜索、估价和选择);第二阶段:交易(子阶段为融资、尽职调查、税务结构、谈判和成交);第三阶段:集成(子阶段为集成计划、集成沟通和集成实现)[Col. D,要跟踪的资产或"资本"遵循综合报告或"<IR>"(见 Integrated Reporting.org)的框架]。这些资本可以组织为金融资本、制造资本、人力资本、社会和关系资本、智力资本和自然资本。

［本分类中未涉及的任何其他文化因素。］

（三）营销方面的无形资产

公司知名度、品牌知名度、服务标志（公司标识使用权）、商标（公司名称使用权）。

（四）生产方面的无形资产

版权、有利的供应商合同、专利、产品设计、产品质量、生产成本、生产速度、产品标准、软件、商业秘密

五、人力资产（人）

具备知识、经验、技能以及团队协作能力或领导力的以下每一个个体：

董事（如果分别来看的话，则包括主席）

首席执行官（CEO）/首席运营官（COO）/董事长

其他高级经理

销售人员

其他雇员

（在组织资产下的人力资源职能也可见。）

六、组织资产（活动）

"基础设施"的质量描述如下：

（一）合同和承诺

与所有人力资本有关的，也与长期关系有关的合同和承诺

［如果合同执行不顺利和（或）违约，则可能从资产变成负债。］

（二）主要职能

管理系统

(1)设计、生产与供应流程，物流配送渠道

(2)内部物流（接收、保管、物料运输、仓储、库存控制）

(3)外部物流（配送）

（三）制造职能

1. 研发职能

实验记录簿、发明披露表

2. 销售职能

维护已建成的销售区域

3. 支持职能

(1)会计职能

记账、金库保管、内部审核

(2)通信/营销职能

市场营销、公共关系

(3)公司行政职能

总部行政管理

(4)配套设备职能

配套设备管理

(5)财务职能

融资(发行股权、举债),资金管理(期初/期末存款、保险箱)

(6)人力资源职能

A. 奖励和"激励"绩效

基本工资、奖金、养恤金、福利、特别薪酬安排

B. 表彰计划(奖项和荣誉)

C. 人才保留(保留的人才应具备的关键素质:相关知识、经验、能力)

D. 人才招聘(招聘的人才应具备的关键素质:相关知识、经验、能力)

E. 解雇/退休

F. 业绩管理

G. 职业发展

H. 继任规划

I. 培训

(7)信息技术职能

用于内部通信的硬件、软件和系统

电子邮件,电话(局域网、广域网、路由器、交换机)

(8)法律职能

合规方案,包括内部行为守则

(9)内部财务控制[67]

控制环境风险,评估控制活动,信息和通信再筹资,监督活动

(10)使命、愿景和战略使命声明

公司使命声明、公司愿景声明、战略计划文件

七、外部关系资产

(如果其中任何一个具有相应的职能,见组织资产——职能)

(一)客户关系

品牌声誉、服务声誉、主要客户(SAS131下要求)、主要地域范围(SAS131)

(二)股东关系

增加市场份额/支付股息的声誉、股东持股的稳定性

（三）债权人关系

偿还债务工具的声誉、债券评级

（四）债务人关系

向贷款人收取的利率、信用评级

（五）供应商关系

有利的合同

（六）公司群体间关系

公司群体间项目

（七）公共关系

公司名称的声誉问题——也见公司名称在知识产权方面的知名度，游说（如果有的话）——参见"支持职能下的法律"

（八）兑现合同和承诺的历史

附录 2C

横向合并准则[68]

司法部联邦贸易委员会 2010-08-19

概述（摘录）

这些准则概述了司法部和联邦贸易委员会（"有关机构"）根据联邦反垄断法对涉及实际或潜在竞争者的兼并和收购（"横向并购"）的主要分析技术、做法和执行政策……

这些机构力求查明并质疑对竞争有害的合并，同时避免不必要的干扰对竞争有利或中立的合并。大多数合并分析必须是具有预测性的，需要对合并进行时可能发生的情况和不合并时可能发生的情况进行评估。鉴于这种预测的内在需要，这些指导方针反映了议会的意图，即合并执法应在竞争问题出现的初期就制止，以及确定反竞争效应几乎不可能出现，同时不对合并的非法性作要求。

这些准则描述了主要的分析技术和主要类型的证据。机构通常依赖这些技术和证据来预测横向合并是否会大大抑制竞争。这些准则并不打算说明机构如何分析横向合并以外的案例，而是旨在通过增加机构执行决定的分析过程的透明度，以协助商界和反垄断从业人员。它们还可协助法院制定适当的框架解释和应用横向合并中的反垄断法……

这些准则的统一主题是不应允许合并去创造、加强或巩固市场势力或便利市场势力的行使。为便于说明，这些准则一般将所有这些效应称为增强市场支配力。如果合并可能促使一家或多家公司提高价格，减少产量，减少创新，或由于竞争约束或激励减弱而损害顾客利益，则合并将增强市场势力。在评估合并将如何改变一家公司的行为时，机构主要关注合并如何影响对公司最有利可图的行为。

合并仅仅需消除合并双方之间的竞争就能增强市场势力。即使合并没有改变其他公司的行为方式，这种影响也会产生。以这种方式产生的不利竞争影响被称为"单方面影响"。合并还可以通过增加竞争对手之间的协调、交流或相互依赖行为的风险来增强市场势力。以这种方式产生的不利的相互影响称为"协调效应"。在任何特定情况下，都可能存在任何一种或两种效果，而它们之间的区别可能是模糊的。

这些准则主要描述了各机构如何分析相互竞争的供应商之间的合并，这些合并可能会加强它们作为销售者的市场势力。卖主加强市场势力往往会抬高向顾客收取的价格。为便于说明，本准则一般从价格效应的角度进行分析。市场势力的增强也可以表现为对客户产生不利影响的非价格条款和条件,包括降低产品质量、减少产品种类、减少服务或创新。这种非价格效应可能与价格效应并存,也可能在没有价格效应的情况下产生。

当机构调查一项合并是否可能导致非价格竞争大大减少时,它们采用了一种与评估价格竞争所用的分析方法相类似的方法。增强市场势力还可能使合并后的实体更有益地和有效地从事排他行为。不管市场势力的增强可能会以何种方式表现出来,这些机构都通常根据合并对客户的影响来评估合并。这些机构审查对直接顾客和最终消费者两者其一或者两者皆有的影响。在没有令人信服的相反证据的情况下,这些机构推定,对直接客户的不利影响也会对最终消费者造成不利影响。

附录 2D

特索罗公司在加州淘金[69]

"西海岸炼油商特索罗公司可能成功完成本年收购。该公司上月与英国石油公司达成协议,以 11.75 亿美元收购加州一家大型炼油厂。根据特索罗公司的计算,当把其他资产计入本次交易时,比如管道、其他能源基础设施、加油站和大西洋富田品牌(ARCO brand),特索罗公司几乎没有为这家位于洛杉矶南部卡森的炼油厂支付任何费用。这家炼油厂的价值可能超过 15 亿美元……"[70]

当特索罗公司在 2012 年 8 月 13 日宣布收购英国石油公司西海岸业务时,人们普遍认为联邦贸易委员会将阻止这笔交易。石油精炼和零售业务是一个敏感领域,西海岸的 6 名参议员[加利福尼亚州(California)、俄勒冈州(Oregon)和华盛顿州(Washington)]经常写信给联邦贸易委员会表达担忧。[71] 拟议中的收购将为特索罗公司的西海岸系统[已经包括华盛顿的阿纳科特斯市(Anacortes)、加利福尼亚州的马丁内斯市(Martinez)和加利福尼亚州的威尔明顿市(Wilmington)]增设第四个炼油厂。在 20 世纪 90 年代末和 21 世纪初,委员会曾多次对该公司在加利福尼亚州的收购提出疑问。[72]

如果根据南加州的炼油厂产能计算的话,赫芬达尔指数(The Herfindahl Index)恰好进入中等集中度区间,接近高集中度。

赫芬达尔-赫希曼指数合并后的数值变化显示将增加 400。联邦贸易委员会的横向合并指南提供了前瞻视角[73]:

- 适度集中的市场:在适度集中市场中发生的合并,使赫芬达尔-赫希曼指数提高 100 点以上,可能会引起重大的竞争集中,一般需要对这场合并进行审查。
- 高度集中的市场:在高度集中的市场发生的合并,使赫芬达尔-赫希曼指数提高 100—200 点,有可能引起重大的竞争集中,并一般需要对其进行审查。在高度集中的市场中发生的合并,使赫芬达尔-赫希曼指数提高 200 点以上,将被认为有可能增强市场力量。

还有其他的顶风作案的例子:特索罗公司提议合并两个紧邻的工厂(位于加利福尼亚威尔明顿的特索罗公司炼油厂和位于加利福尼亚州卡森的英国石油公司炼油厂)。加州总检察长办公室[74]声明此类收购通常会导致大量裁员,然后被公司吹捧为"协同效应"。加州总检察长办公室担心,这次收购可能会导致类似的裁员。在特索罗公司宣布这一消息的同时,其他公司西海岸炼油厂的停工事件导致汽油价格大幅飙升,从而提高了政治知名度——这进一步刺激了联邦贸易委员会参议院的决定(参考书中前面注释 2 引用):"自 8 月 6 日以来,汽油价格每加仑上涨 30 美分,达到 4.21 美元。因此,加州的天然气价格在美国大陆地区是最高的。这一增幅是同期全国平均增幅的两倍多。"当地消费者监督组织要求阻止特索罗公司交易。[75]

在这种情况下,特索罗公司采取了一种多管齐下的方法来解决利益相关者的关切,包括[76]:

■ 如有必要,为解决竞争问题,主动出售其现有的威尔明顿炼油厂;
■ 提出证据表明,整合将主要在加工和后勤业务方面,而不是在人员编制方面降低成本;
■ 提出证据表明,一体化将提供重大的环境惠益,包括具体量化地减少固定源空气排放;
■ 提出证据表明,整合将提高清洁产品产量。

联邦贸易委员会和加州总检察长办公室的联合调查历时 9 个月。2013 年 5 月 20 日,在确定不需要采取进一步行动之后,美国联邦贸易委员会结束了这一调查。[77]

联邦贸易委员会指出,其调查"……使欧盟委员会没有理由相信这一交易可能大大减少竞争",并特别指出"……证据显示特索罗公司的南加州炼油厂和邻近的英国石油公司炼油厂的合并有可能降低制造加州空气资源委员会(the California Air Resources Board,CARB)合规汽油的成本"。

加利福尼亚州总检察长办公室特别提到了特索罗公司在改善环境和工作保障方面所确定的好处,并得出结论:"在调查开始时,我们对收购竞争的潜在影响表示严重关切。在调查过程中,各方和很多第三方共同撰写了数百万页的文件和处理了大量的数据。我们审阅了这些文件和数据,传唤了当事人和众多第三方作证,并聘请了一位石油和天然气领域的领先经济学家对有关市场进行各种分析。在对证据进行彻底调查和审查之后,我们最初对市场竞争的许多担忧都得到了解决,我们办公室认为我们现存的消费者、环境和就业保障问题也得到了适当的解决……"

虽然具体调查不是公共记录的职责。[78]显然,联邦贸易委员会和咨询小组办公室工作人员的专业态度以及特索罗公司为提供文件、数据和证词以解决利益相关方的关切所做的大量努力,足已完成传统智慧所不可能完成的事情。在监管审查之前,股票分析师们已经对冲了他们的赌注,结果特索罗公司的股价——在最初宣布时曾大幅上涨——在监管审查通过的消息传出后再次飙升。

注释

1.《牛津英语词典》将战略定义为"为实现长期或总体目标而设计的行动计划"。企业战略通常既是"长期的",也是"整体的",https://en.oxforddictionaries.com/definition/strategy。

2. 关于资产剥离的更多信息,见第9章。该章将资产剥离作为整合的一个方面。

3. 福布斯的杰夫·戈尔曼(Jeff Golman)指出,最近企业或战略买家主导了并购市场,https://www.forbes.com/sites/jeffgolman/2017/09/20/corporate-buyers-account-for-an-al-time-high-in-ma-deal-activity/#79c2d3582138。

4. 在某些情况下,利润可能是通过股息获得的;在另一些情况下,可以通过将全部或部分转售给另一个或多个买主,或通过股票发行向公众出售而获得。当然,金融收购方并不是唯一一个追求利润的公司。从财务角度来看,可以说战略规划是围绕着将现金流从低收益投资重新分配和重新部署到高收益投资的。在大多数情况下,金融买方会希望尽量减少其所拥有的公司之间的相互关系,以便每一家公司都可以得到再融资或处置,而不影响其他公司。

5. 杰夫·戈尔曼说:"企业买家在并购交易活动中所占的比例达到历史最高水平。"《福布斯》,2017年9月20日,https://www.forbes.com/sites/jeffgolman/2017/09/20/corporate-buyers-account-for-an-all-time-high-in-ma-deal-activity/#6ecdb2912138。

6. 中间市场顾问的主要协会是联盟并购顾问公司网址:http://www.amaaonline.com/join-us/。创始人兼管理合伙人迈克尔·纳尔(Michael Nall)为本章提供了关于经纪人和掮客的建议。

7. 迈克尔·波特,《竞争战略:分析行业和竞争对手的技术》(*Competitive Strategy*: *Techniques for Analyzing Industries and Competitors*)[纽约:自由出版公司(Free Press)1998年版]。这本波特经典著作的第二版在20年后仍在刊印。

8. 穆罕默德·莱德·瓦库瓦克(Mohamad Layed Ouakouak),"一个结合了理性和适应性特点的战略规划过程有好处吗?业务内容来自欧洲公司的证据",《澳大利亚管理杂志》(*Australian Journal of Management*),http://www.bain.com/publications/articles/management-tools-strategic-planning.aspx。

9. 迈克尔·波特,《竞争战略》,第50页。

10. 资源重新部署是贝恩公司在2018年4月2日的《战略规划》中确定的12个战略规划方面之一,http://www.bain.com/publications/articles/management-tools-strategic-planning.aspx。

11. 达格·厄伊温·马德森(Dag Ivind Madsen),《SWOT分析:管理时尚的观点》,挪威布斯克鲁德和维斯特福大学学院(Buskerud and Vestfold University College),2105白皮书,可通过ResearchGate.net查询,https://www.researchgate.net/profile/Dag_Madsen/publication/299278178_SWOT_Analysis_A_Management_Fashion_Perspective/links/56f05fee08ae70bdd6c94a74/SWOT-Analysis-A-Management-Fashion-Perspective.pdf。

12. 威拉德·T. 卡尔顿(Willard T. Carlton),罗伯特·S. 哈里斯(Robert S. Harris)和约翰·F. 斯图尔特(John F. Stewart),《企业并购动机的实证研究》(*An Empirical Study of Merger Motives*),1980年,http://www.worldcat.org/title/Empirical-study-of-merger-motives/OCLC/5821740。根据与联邦贸易委员会的一项跨部门协议完成的这项研究是有史以来最早的关于公司

合并的研究之一。

13. 作者非常感谢加州大学洛杉矶分校货币和金融市场科德纳已故教授 J. 弗雷德·韦斯顿提供这份名单。

14. 这就是 Q 比率经常出现的地方。Q 比率是股票的市场价值除以股票所代表的资产的重置成本。在所有动机中,这可能是最根本的。

15. 例如,为了避免在通货膨胀期间因较低的历史成本而受到折旧的惩罚,公司可能会进行收购,以实现可折旧资产的递增基准。

16. 亚历克斯·利拉赫(Alex Lielacher),"区块链并购浪潮正在启动吗?",bravenewcoin.com,2018 年 8 月 3 日,https://bravenewcoin.com/news/is-the-blockchain-m-and-a-wave-starting。

17. 这篇关于小型股并购风险的讨论是由第三溪咨询公司(Third Creek Advisors)的亚当·J.爱泼斯坦(Adam J. Epstein)根据他的博客文章"小盘股并购现状的晚餐对话"撰写的,2018 年 5 月 1 日,https://bravenewcoin.com/news/is-the-blockchain-m-and-a-wave-starting。

18. 表 2—4 所示的资产清单由亚历山德拉·拉杰科斯编制,最早刊印于《并购整合的艺术》(*The Art of M&A Integration*)第二版(纽约:麦格劳-希尔公司,2006)。风险清单由来已久,最早是斯坦利·福斯特·里德根据 30 年来与数百家公司进行的"机遇轮与匹配图"研讨会得出的一份清单。值得注意的是,该清单几乎与美国注册公共会计师协会 2005 年发起的改善型商业报告联盟中的类别相同。主要类别有竞争、客户、技术变革、股东关系、资本可用性、法律、政治以及监管。

19. 研究人员的研究对象是"5 年内 4.72 亿宗并购交易和 886 宗相关企业自愿沟通的一组样本数据"。巴萨克·亚基斯(Basak Yakis)等人,"向投资者开放并购战略:组织转型期间透明度的预测因素和结果",《战略规划》,2017 年 6 月,http://www.sciencedirect.com/science/article/PII/S0024630116300607。

20. https://www.tesla.com/about.

21.《全美公司董事协会蓝带委员会关于战略发展的报告》(华盛顿:全美公司董事协会,2014),第 9 页。这份报告是《董事会在公司战略中的作用》(华盛顿:全美公司董事协会,2006 年)的续篇。这里的讨论包括来自两份报告的经久不衰的真知灼见。

22.《联邦公报》,第 37220 页,https://www.gpo.gov/fdsys/pkg/FR-2017-08-09/pdf/2017-16735.pdf。

23. 以下关于并购战略的讨论摘自《并购的艺术》系列中的并购战略专题:肯尼思·史密斯和亚历山德拉·里德·拉杰科斯,《并购战略的艺术:通过兼并、收购和剥离构建公司未来的指南》(纽约:麦格劳-希尔公司教育,2012)。

24. 本章提到的"投资组合"是指通过购买其他公司来建立公司。这与通过购买股票建立投资组合有很大不同。与股票不同,公司不具有流动性或可替代性。

25. 术语"企业中心"由麦肯锡公司使用,参见斯蒂芬·霍尔(Stephen Hall)、比尔·休耶特(Bill Huyett)和蒂姆·科勒(Tim Koller),"独立企业中心的力量",《麦肯锡季刊》(*McKinsey Quarterly*),2012 年 3 月,https://www.mckinsey.com/business-functions/strategy-and-corporate-finance/our-insights/the-power-of-an-independent-corporate-center。

26. 约翰·C. 纳曼(John C. Naman)和布鲁斯·麦克肯,"企业中心在全球网络公司中的作用",载于《管理全球网络公司》(*Managing the Global Network Corporation*)[纽约:劳特利奇出版社(Routledge),2003]。

27. 欲深入了解此内容,请参见阿斯瓦斯·达莫达兰(Aswath Damodaran),"实物期权、收购价值和价值增值",2012年1月白皮书,http://people.stern.nyu.edu/adamodar/pdfiles/eqnotes/packet3a.pdf。关于这方面的书,参见理查德·肖克利,《实物期权实用教程》(*An Applied Course in Real Options*)(汤姆森西南金融出版社,2006);孟强森(Jonathan Mun),《期权分析:评估战略投资与决策的工具和技术》(第二版)(*Options Analysis: Tools and Techniques for Valuing Strategic Investment and Decisions*)(纽约:约翰威力出版公司,2005);托马斯·科普兰(Thomas Copeland)和弗拉基米尔·安提卡洛夫(Vladimir Antikarov),《实物期权:从业人员指南》(*Real Options: A Practitioner's Guide*)[忒瑞睿出版公司(Texere),2001]。所有这些都可以在标准书商网站上找到。

28. 若需清单,则请参阅题为"实物期权的关键测试"的清单,见达莫达兰,《实物期权》,2012年,第23页。

29. "并购预测:手工酿酒厂向着整合并购快速前进",《食品工程》(*Food Engineering*),2017年1月29日,https://www.foodengineeringmag.com/articles/96461-ma-forecast-craft-breweries-headed-for-rapid-pace-of-rollups。

30. C. Burkehart,《2016:产业布局并购又是活跃的一年》,2017-01-16,https://www.inddist.com/article/2017/01/2016-another-active-year-industrial-distribution-m。

31. "成功的医疗保健整合并购的配方",《FTI杂志》(*FTI Journal*),2017年5月,http://www.fticonsulting.com/insights/fti-journal/prescription-for-a-successful-healthcare-rollup。

32. "人工智能之争:谷歌、英特尔、苹果争相抢夺人工智能初创公司",2018年2月27日,见https://www.cbinsights.com/research/top-acquirers-ai-startups-ma-timeline/。

33. 美国联邦反垄断当局平均每年发起39项并购质疑,而且其中大部分涉及横向并购,参见D. 布鲁斯·霍夫曼(D. Bruce Hoffman),"联邦贸易委员会上的纵向并购增强汇报",2018年1月10日的演讲,https://www.ftc.gov/system/files/documents/public_statements/1304213/hoffman_vertical_merger_speech_final.pdf。

34. 《美国国内税收法》第482节下的条例,一般都规定一家附属公司向另一家附属公司所收取的价格。一场涉及货物、服务或无形资产转移的公司间交易,所产生的结果与非受控纳税人在同样情况下参与同一交易的结果一致,https://www.irs.gov/businesses/international-businesses/transfer-pricing。

35. 据霍夫曼称,"联邦贸易委员会的纵向合并执法"(见注释33),纵向交易可能降低有益市场进入的可能性,导致竞争性止赎和/或由于共享有关竞争对手的信息导致反竞争行为。

36. 罗伯特·B. 利特尔(Robert B. Little)和约瑟夫·欧瑞恩(Joseph Orien),"确定特拉华州并购交易中可能出现的审查标准",https://corpgov.law.harvard.edu/2017/04/28/determining-the-likely-standard-of-review-in-delaware-ma-transactions-2/。

37. 有关在WOFC中使用德尔菲法的更多信息请参见在本书早先版本中的"WOFC案例研究:

JT 史密斯顾问(JT Smith Consultants)"。此案例也可以在 https://www.thecasecentre.org/educators/products/view&&id=100661 上单独购买。其他公认的集团决策方法包括霍伊-塔尔决策模型、多方投票法、修正后的波达什数法、哈奈特的 CODM 模型、贝恩的 RAPID 框架法。这些方法都汇总于保罗·牛顿(Paul Newton)的《高效集团决策制定(2017)》(*Effective Group Decisionmaking*)一书中,http://www.free-management-ebooks.com/dldebk-pdf/fme-group-decision-making.pdf。

38. "被伯克希尔哈撒韦公司持有会怎样",《哈佛商业评论》(*Harvard Business Review*),2015 年 12 月 14 日,https://hbr.org/2015/12/what-its-like-to-be-owned-by-berkshire-hathaway。

39.《公司融资监管部:标准行业分类(SIC)代码表》[*Division of Corporation Finance: Standard Industrial Classification (SIC) Code List*]呈现于公司对外传播的电子化数据收集、分析及检索系统文件中的标准行业分类代码能表明公司的业务类型。这些代码也被用在公司融资监管部作为公司文件审查责任的指派依据。例如,一家主要业务为金属矿藏开采(SIC1000)的公司,其文件主要受 A/D 第四办公室的官员审查,http://www.sec.gov/info/edgar/siccodes.htm,访问日期为 2011 年 6 月 25 日。

40. 该描述来自 http://www2.standardandpoors.com/spf/pdf/index/gics_methodology.pdf,访问日期为 2011 年 6 月 25 日。

41. 波特,《竞争战略》。

42.《兼并 & 收购:交易师杂志》(*Mergers & Acquisitions: The Dealmakers Journal*)是公司成长协会(Association for Corporate Growth)的官方出版物。该协会由斯坦利·福斯特·里德于 1966 年建立。里德是本书最初的作者。欲了解更多信息,请访问 http://www.themiddlemarket.com。

43. 律商联讯公司附属机构加强版(LexisNexis Corporate Affiliations Plus)提供了对八卷本打印目录中的所有信息的电子版访问来源。其编码支持 29 个搜索标准,包括母公司、子公司、销售额/收入、收益、资产、负债、净值、标准行业分类代码和员工人数。

44. 这个数据库最初是由洛克希德公司(Lockheed)开发的,开发时间在该公司与马丁·玛丽埃塔公司合并(Martin Marietta)[成为洛克希德马丁公司(Lockheed Martin)]之前。Dialog 的产品和服务投资组合,包括 Dialog 和 DataStar,使各组织能够从 14 亿多条关键信息的唯一记录中准确检索数据。这些记录可通过互联网或通过传送到企业内部网访问。

45. 见 http://www.mergent.com/solutions/private-company-solutions/million-dollar-directory-(mddi)。

46. 见 http://www.hoovers.com/sales-leads/list-building.html。

47. 凯西·克里斯多夫(Kathy Kristof),"电话垃圾邮件飙升创下新纪录",《金钱观察》,2017 年 12 月 19 日,https://www.cbsnews.com/news/robocalls-phone-spam-soar-to-a-new-record。

48. 凯文·S. 哈贝勒(Kevin S. Haeberle),"一种新的基于市场的证券法方法"(2018 年),《教师出版物》(*Faculty Publications*),1895,https://scholarship.law.wm.edu/facpubs/1895。

49.《统一欺诈转让法》颁布后,各州的法律相当统一。就像其他的"统一"法案一样,本法案也是由国家统一州法律委员会议(统一法律委员们)起草。这些委员会是由一群自愿制定这些标准的法学教授、前法官和律师组成的。统一法律专员向各州提出统一的法律条文以求批准,迄今为止,已有43个州批准了该法案。在联邦一级,《美国法典》专题11第548节"欺诈性转让和义务"涵盖了欺诈性转让。

50. 经纪人和掮客的这一节得益于并购顾问联盟(Alliance of M&A Advisors)创始人兼董事总经理迈克尔·纳尔的评论,http://www.amaaonline.com/join-us/。

51. 肯尼斯·G.山姆(Kenneth G. Sam),"向未注册的经纪人自营商支付中介费的危险",德汇律师事务所(Dorsey&Whitney, LLC),2017年3月29日,https://governancecomplianceinsider.com/the-danger-of-paying-finders-fees-to-unregistered-broker-dealers/。

52. "雷曼公式是比例递减的模型,可以将交易收费分级设计为:交易价值的前500万美元可以按一定百分比收费,比如6%;接下来的500万美元再按另一个百分比收费,比如3%;剩下的金额可以再按另一个百分比收费,比如2%",参见 https://www.firmex.com/uncategorized/ma-fee-guide-2018-2019-download/。

53. 《萨班斯-奥克斯利法案》第501条要求全国证券交易商协会(National Association of Securities Dealers)和纽约证券交易所(New York Stock Exchange)提出控制利益冲突的规则,并于2002年5月获得证券交易委员会的批准。有关证券交易委员会关于分析师认证的相关规则(规则AC)和证券交易所的相关规则的说明,参见 https://www.sec.gov/reportspubs/investor-publications/divisionsmarketregbdguidehtm.html#V。

54. 关于联邦贸易委员会提供的《哈特-斯科特-罗迪诺法案》资源,参见 https://www.ftc.gov/enforcement/premerger-notification-program/hsr-resources。

55. 根据联邦贸易委员会的竞争局代理局长布鲁斯·霍夫曼2018年1月的讲话,自2000年以来,对合并提出的质疑平均每年为39笔——每年只有一笔是纵向合并(https://www.ftc.gov/system/files/documents/public_statements/1304213/hoffman_vertical_merger_speech_final.pdf)。通常情况下,美国司法部和联邦贸易委员会每年共同审查大约2 000笔并购。在2017财年,这两个机构审查了1 992笔交易,获准调查其中277笔(14%),并对其中51笔进行了二次审查,这仅占所有交易的3%(https://www.ftc.gov/system/files/documents/reports/federal-trade-commission-bureau-competition-department-justice-antitrust-division-hart-scott-rodino/p110014_fy_2017_hsr_report_final_april_2018.pdf)。

56. 《美国诉贝斯特食品公司案》(*United States v. Bestfoods*),542 U.S. 51(1998)。

57. 有关监管机构联系方式的信息,参见 https://www.sec.gov/fast-answers/answers-bankreghtm.html。

58. 关于美国联邦储备委员会(Federal Reserve Board)最近作出的并购决定的研究,见罗伯特·C.阿扎罗(Robert C. Azarow)等人,"2016年得出的银行经验教训",2017年2月15日,https://www.apks.com/en/perspectives/publications/2017/01/bank-m-a-lessons-found-in-2016。

59. 根据欧盟委员会(European Commission)的说法,该委员会"评估了2 000多个不同的产品市场,审查了270万份内部文件"才作出决定(http://europa.eu/rapid/press-release_IP-18-2282_en.htm)。

60. 如需有用的参考资料,参见联邦贸易委员会的问答,https://www.ftc.gov/enforcement/

premerger-notification-program/hsr-resources/most-frequently-asked-hsr-questions。

61.《哈特-斯科特-罗迪诺法案》归档说明参见 https://www.ftc.gov/system/files/attachments/premerger-notification-program/hsr_form_instructions_090116.pdf。

62. https://www.ftc.gov/sites/default/files/attachments/merger-review/100819hmg.pdf。

63. 联邦贸易委员会注释如下:"非横向指导方针已包括在司法部 1984 年的合并指导方针内,可查阅 https://www.justice.gov/atr/non-horizonal-merger-guidelines。虽然自那时以来司法部和联邦贸易委员会多次更新了与横向合并有关的准则,最近一次是在 2010 年,但非横向合并准则自 1984 年以来就没有更新过,也没有为当今的纵向合并提供有用的指导。"

64. https://www.ftc.gov/system/files/documents/public_statements/1304213/hoffman_vertical_merger_speech_final.pdf.

65. https://www.ftc.gov/system/files/documents/public_statements/1304213/hoffman_vertical_merger_speech_final.pdf.

66. http://www.andeavor.com/about/company-history/.

67. 发起组织委员会,https://www.coso.org/Documents/990025P-Executive-Summary-final-may20.pdf。

68. 关于指导方针全文见 https://www.ftc.gov/sites/default/files/attachments/merger-review/100819hmg.pdf。

69.《巴伦周刊》(*Barron's*),2012 年 9 月 8 日。特索罗公司随后更名为 Andeavor,现在正被马拉松石油公司(Marathon Petroleum Company)收购。我们在这里使用特索罗公司的名字来与所引内容相关联。

70. 同注 69。

71. 例如,"6 名西海岸参议员敦促美国司法部调查参议员们提出的'一个炼油厂一个炼油厂调查'的呼吁",https://www.cantwell.senate.gov/news/press-releases/6-west-coast-senators-urge-doj-to-investigate-western-gas-price-spikes。

72. 例如,见瓦莱罗能源公司(Valero Energy Corp.),联邦贸易委员文件第 C-4031 号(2001.12.18)(拟议同意令援助公众评论的分析),可参阅 http://www.ftc.gov/OS/2001/12/valeroanalysis.htm;埃克森公司(Exxon Corp.),第 C-3907 号(1999 年 11 月 30 日)(拟议同意令援助公众评论的分析),可查阅 http://www.ftc.gov/os/1999/11/exxonmobilana.pdf。

73. https://www.justice.gov/atr/horizontal-merger-guidelines-08192010#5C。

74. https://oag.ca.gov/system/files/attachments/press_releases/AG％20Letter％20to％20CEC％20(Tesoro).pdf。

75. www.consumerwatchdog.orgresourcesagharristesoroltr10-10-12.pdf。

76. 特索罗公司在 2012 年 8 月 13 日向证券交易委员会提交的 8K 文件:"如果本协议所述交易因任何政府当局提出的任何行动或程序中的任何禁令或其他命令被禁止,并非通过临时限制令(无论是初步的还是永久的)禁止,以防止违反任何反垄断法的交易结束。只要法院命令的依据不仅仅是违反了《哈特-斯科特-罗迪诺法案》第 7A 条,买方就必须立即向有关政府当局申请同意令使通过并生效,持有单独的命令、信托或其他方式,对威尔明顿炼油厂的出售、许可、剥离或其他处置,以实现任何此类强制令或其他命令的解散或解除……"

77. 联邦贸易委员会的声明,联邦贸易委员会第 121-0190 号文件《特索罗公司/英国石油公司案》。

78. 特索罗公司的交易负责人和本附录的作者布鲁斯·弗莱明博士目前是并购标准委员会的成员。这一报道完全是从公开资料中得出的。

第三章　估值和建模

引　言

这个公司价值多少？我们能以什么价格买（或卖）该公司？

本章旨在为买方（或卖方）解答共有的问题：第一个问题针对价值，笼统且抽象；第二个问题针对价格，特定又具体。

有些人认为价值压根不存在，价格才是王道。这种思路认为，低价出售的公司价值就低，出售后赚得盆满钵满的公司价值就高。但其实时机对定价至关重要。有些低价卖家拥有百年历史、全球客户群和 6 000 亿美元资产。[回顾 2008 年的恐慌市场，雷曼兄弟（Lehman Brothers）的核心业务仅以 2.5 亿美元现金和债务承担的价格卖给巴克莱（Barclays）]。而有些高价卖家只有平台和一些关注者[想想脸谱网（Facebook）*在 2014 年的繁荣市场中收购当时成立仅 5 年的瓦次普（WhatsApp）所花费的那 190 亿美元]。而定价学派却对这一差异不屑一顾，拒绝接受任何雷曼估值过低或者瓦次普估值过高的说法：如果定价诚实、可靠且中立（即不涉及欺诈或利己主义），则价格就是价值，价值就是价格。

本书的前一版指出，价值本质上只存在于设定者的脑海中，而价格则反映了现实世界的市场行为——而且有时价格是我们可以用来估计资产内在价值的唯一标准。然而，尽管价格是估值的关键表达方式，也是对理论的有意义的检验，但价格永远无法完全与价值对等。把股价作为全部和最终的价值，就好比说上市公司只值目前的股价，然而我们都知道股价多么变幻无常——也知道买家愿意以溢价的形式为控制权付出多大代价。因此，除定价之外，并购界更开明的成员支持估值的应用和研究，与其重要性不分伯仲的是建模，抽象概念借此才变得可操作。

不同于单纯的定价，估值和建模对买方和卖方都有很大用处。在低迷的市场中，

---

* 2021 年 10 月 28 日，Facebook 改名为 Meta。——译者注

可靠的估值和建模组合可以帮助企业主坚持等到更好的买家；在狂热的市场中，在金融建模的支持下，专业的估值可以帮助买家避免盲目跟风。重要的是记住，这需要双方协作——包括贵公司（无论贵公司是要买还是要卖）。任何收购方为一家公司支付的价格都代表了买方愿意支付的价格和卖方愿意接受的价格之间的谈判结果——在最终价格的背后，隐藏着双方的许多重要考量，双方的盘算直到价格定下来之前都不会停止。

虽然价格可以用一个简单的数字来表示——A 公司为 B 公司支付的 X 美元——但这并不是一件简单的事情。在不同的时间，不同的买家为同一公司支付的金额可能会有很大差异。有人可能会说，就像美存在于个人的主观感受中一样，价值也存在于买卖双方的等式中。但是该用哪些等式呢？

人们可以采用的估值方法有很多，目前常用的就有十几个（见表 3-1），该选哪一个呢？

表 3-1　　　　　　　　　　　估值方法

- ■ 账面价值（清算价值）：资产负债表上的权益（资产减去负债）；
- ■ 可比公司：使用倍数或比率将公司与已被估值过的同行公司进行比较；
- ■ 可比交易：使用倍数或比率将公司与已被收购过的同行公司进行比较；
- ■ 现值：用于初创的科技公司[*]；
- ■ 贴现现金流量：考虑公司未来现金流量的净现值[†]；
- ■ 经济增加值（Economic Value Added, EVAC）：计算投资于到位资产的资本价值＋到位资产的经济增加现值＋新（并购后）项目的经济增加值现值之和；
- ■ 企业价值：计算资本市值加上债务，少数股权和优先股，减去现金和现金等价物总额[‡]；
- ■ 脱手价值：原始投资者获得合理的投资回报时将支付的金额；
- ■ 杠杆收购价值：与脱手价值相同，但假设为银行贷款偿还的金额（债务资本）；
- ■ 期权定价：用于具有多元创新的初创科技公司[4]；
- ■ 股东投资价值：投资者为其股票支付的金额；
- ■ 概率加权预期收益：用于初创的科技公司[**]；
- ■ 市场价值：流通股数乘以当前市价；
- ■ 重置价值：现在从零开始复制公司所需的资金；
- ■ 沉没成本值：所有者为创建公司已经花费的资金量；
- ■ 风险投资方法：预期投资回报率（ROI）＝终值÷交易后估值（或者相反，交易后估值＝终值÷预期投资回报率）[††]。

[*] 马克·斯潘尼斯（Mark Spaneth），"人工智能价值几何？"，http://www.markspaneth.com/blog/2017/how-much-is-artificial-intelligence-worth。

[†] 此估值方法在新型科技公司中的应用见马克·戈德哈特（Mark Goedhart）、蒂姆·科勒（Tim Koller）、大卫·韦塞尔（David Wessel）2016 年 2 月的博客帖子，https://www.mckinsey.com/business-functions/strategy-and-corporate-finance/our-insights/valuing-high-tech-companies。此博客摘录自他们的著作《估值：计量并管理公司价值》（John Wiley, 2015）。

[‡] http://people.stern.nyu.edu/adamodar/New_Home_Page/lectures/eva.html.

♣ https://corporatefinanceinstitute. com/resources/knowledge/valuation/what－is－enterprise－value-ev/.

期权定价是在此列出的用于各公司评估人工智能价值的估值方法之一,引自安吉拉·萨达(Angela Sadang)2017 年 8 月 4 日的博客帖子"人工智能价值几何?"http://www. markspaneth. com/blog/2017/how-much-is-artificial-intelligence-worth。公式见"期权定价理论在股权估值中的应用"(纽约大学斯特恩商学院,未注明日期),http://pages. Stern. nyu. edu/~adamodar/New_Home_Page/lectures/opt. html。

∗∗ http://www. markspaneth. com/blog/2017/how-much-is-artificial-intelligence-worth.

†† http://billpayne. com/2011/02/05/startup-valuations-the-venture-capital-method. html.

在表 3-1 所列的模型中,两种模型占主导地位:可比公司和可比交易,以及贴现现金流。当估值受到质疑时,这些模型的有效性受法律认可。[1] 即便如此,使用任何一种模型都不总是一帆风顺。幸好,还有外援。投资银行家们随时准备就可能受到股东质疑的上市公司交易估值提出公平性意见。即使是最不寻常的资产,评估师也有资格对其进行估值——而且他们可以让全球标准为己所用(如本章末尾所讨论的)。至于经济分析,你不必成为金融经济学家,就能完成这项工作。任何官方认可的商学院都有可能拥有一支准备完善、意愿强烈并且能力达标的团队帮助完成估值——价格可承受,甚至免费。但是就连咨询专家,学习基本知识也很有价值。本章的目的是解释交易价格的产生及其原因。

估值基础

"价值"和"价格"可以互换吗?

价值是资产的内在价值,而价格是买方为其实际付出的代价。回想沃伦·巴菲特的名言:"代价就是你所付出的东西;价值就是你所得到的东西。"价格每天都在变化,价值则更稳定。

关键是,为一项资产或为一家公司支付的价格并不总是反映其潜在价值,而是反映在某一特定时间点买卖双方的协议价格区间。混淆"估值"和"价格"很容易陷入陷阱——我们自己经常不经意地这么做。无论如何,重要的是至少记住如何区分这两者。我们可以从估值倍数的概念着手理解估值作用。

到底什么是估值倍数呢?

相对于一个或多个可能与公司市场价值相关的关键财务指标,估值倍数只是表示该项价值的方法之一。估值倍数又称估值比率,因为比率是另一种表示倍数的方式。例如,如果一家收入为 100 万美元的公司被定价为 300 万美元,则交易价格与卖方收入的关系可以表示为 3∶1 或 3 倍收入。

为了实用,这些指标——无论是销售额、收入、现金流还是其他指标——都必须与被观测的市场价值存在逻辑关系。换言之,财务指标应该包含市场价值的关键驱动因素。有些行业倾向于关注销售额,有些则关注收入,还有一些则关注特定资产。在各种情况下,倍数都可以为分析提供一个有益的起点。而从现实生活的角度来看,为什么评估师必须选择适当的样本集,并且至少还要留有一些解释的余地,就变得更加明朗化了。

假设某公司刚刚创立,没有收入也没有利润,如何对其进行估值?

这被称为收益前估值。此类估值有几种方法可供采用。前面定义的风险投资方法最为普及,除此之外还有其他几种。虽然讨论收益前估值超出了本章的范围,但它是一个重要的话题,可以提供指导。[2]

估值的经验法则是什么呢?

有时估值倍数会在某行业中普及,成为一种假定,而不需要每次根据新信息重新计算。在许多情况下,由于当前盈利能力不足和未来的盈利能力的可预见度较低,因此估值的经验法则就应运而生了——然而事实证明这类法则已被大量滥用。这就表明,有些商业经纪人过于依赖此类指标。[3]

贴现是什么?

贴现是测定未来收到现金现值的过程。假设利率和/或通胀率高于零,则今天的现金就会比明天的更值钱。贴现量化了这种溢价。

当你在学校学习数学的时候,你的老师可能教过你,当 1 美元的投资以 6% 的利息复利计算,在 12.4 年终值将是 2 美元,因为原来的 1 美元已经获得了额外的 1 美元利息。但老师没有教你们倒推:从现在起 12.4 年后支付的 2 美元,按 6% 贴现,今天的现值仅为 1 美元。大多数并购投资的中心都是预计一笔投资在未来某个时间范围内产出的收益,并弄清楚这笔钱现在的价值。估计并购投资风险的业务涉及贴现率的确定和从并购投资中获得未来收益或现金流的不确定性。确定性越低,贴现率越高;确定性越高,贴现率越低。

最低必要报酬率是什么?

最低必要报酬率是一种贴现率,通常由董事会或公司其他管理机构设定,该贴现率必须被应用于预计收益流,以确定这笔投资是否可能至少产生可接受的最低回报。如果预计收益没有超过最低必要报酬率,则这笔投资就不太可能获得批准。大多数公司将最低必要报酬率设定为等于自己的资本成本。若有特殊情况,则需要在文件证明中提供提高此项贴现率的理由——比如在该领域缺乏经验,目标公司或其行业的历史收益偏离率高,或其他与风险相关的原因。例如,高管可能进入不同行业制定不同的最低必要报酬率,这与高管对该行业的个人"感觉"的舒适程度相吻合。经调查,这可能与他们对该行业的熟悉程度相吻合。这种方法看起来合理,但用最低必要报酬率替代风险却不合适,因为评估风险的人不一定就是管理收购的人。

那预测期是什么呢?

任何涉及终值的估值都会包含预测期。预测期因行业而异,部分取决于产品推向市场所需的时间。在制药行业,由于研发药物及获批需要很多年,因此使用10年预测期的并不少见。[4] 相比之下,在信息技术领域,3年预测期则更典型。[5] 在人工智能这一子领域(深度学习、机器学习、自然语言处理和语音识别),预测期可能仅有几个月[6],在世界上的一些经济或政治不稳定地区,甚至几个月。未来是在一笔一笔交易的基础上勾勒出来的。

当今我们遇到的几乎每一家公司、每一个行业最终都会淡出人们的视野。然而,尽管其研究对象并不持久,估值和建模仍然可以落实。我们只需专注于手头的工作,考虑各种因素即可,如金融和环境因素的变化如何在合理可预见的投资范围内可能对企业或行业产生重大影响。

这就是一些财务技巧可以真正帮助交易师的地方。"敏感性分析"的优点之一是发现不同预测期对目标公司现值的影响。遗憾的是,在当前的环境下,许多交易人仅仅因为条件不确定就缩短预测期——即使有时他们面临的不确定性并不随机(有些人称其为已知未知数)。用这种缩短预测期的行为替代可量化风险的效果很差。在许多情况下,只需花少许力气,不确定性就可以转化为概率。

选择估值方法

收购方如何选择估值方法?

收购方所执行的财务分析类型——可比公司或可比交易倍数法、现金流量贴现法(DCF),这些方法组合使用,或者完全采用另一种方法,将在一定程度上取决于收购公司时的战略原因。一家公司想要收购另一家公司有很多可能的原因。以下是一些主要原因:

■ 扩张。通过扩大公司规模,从而增加潜在的收入和/或利润,减少经济脆弱性和/或增加战略选择的余地。扩张导向型收购者考虑估值倍数时关注的重点可能是涉及销售额的比率,如税息折旧及摊销前利润(EBITDA)与销售额的比率。

■ 多元化经营。通过投资其他行业来对冲当前行业的风险。以多元化为导向的收购者可能会选择现金流量贴现法作为估值模型,因为现金流量贴现法使其公司具有跨行业的可比性。

- **进展**。通过收购一家运营内容符合买方战略预期内容或者运营内容能补全买方战略拼图中缺失部分的公司,来更快更成功地完成战略目标。执着于进展的收购者很少会单独对目标公司进行估值,而是会对未来合并后的公司进行估值——通常从合并后的情境出发用现金流量贴现法进行估值。
- **纵向协同作用**。通过购买客户或供应商来实现规模经济或其他经济利益。对这种财务协同感兴趣的收购者会在合并后重新制作显示不同成本结构的财务报表,然后据此创建一个贴现现金流量表。
- **横向协同作用**。通过收购实际或潜在的竞争者来增加市场份额("市场势力")或减少竞争。由于这类收购涉及一家与收购方类似的公司,因此倍数和现金流量贴现都是相关的估值模式。
- **财务抵销**。通过合并具有不同现金流周期、税收状况和/或债务能力的公司来平滑财务表现。在这里,与其说强调未来现金流的多少,不如说强调其时机,因此倍数可能是自然而然的选择。
- **效率**。通过收购管理人员效率较低的公司,提高管理人员的效率或更换他们以实现投资回报。由于收购方要依赖一个全新的不同方案,因此现金流量贴现分析就自然适用于这种情况,当前和历史的倍数将毫无意义。
- **逢低买进**。利用与当前股价相比较低的价格或者与买主白手起家建立公司所需的成本相比,较低的价格占便宜。就逢股票价格低买进而言,显然用倍数法更合适(例如,价格/收益,每股收益)。而衡量白手起家的成本进而逢低买进,这是一种基于成本的方法,与倍数和现金流量贴现无关。这与其说是估值,不如说是评估——评估本身就是一个学科。
- **控制权**。通过充当所有者的代理人,在业绩不佳、所有权分散的公司中维护控制权。在此,任何涉及股价和/或股息的倍数或比率都是最相关的,如股东总回报(TSR)。

将这些目标牢记心中后,接着让我们更深入地看一看本书中强调的两种估值方法:可比公司和可比交易法以及现金流量贴现法。

可比公司和可比交易

可比公司和可比交易是什么?

可比估值法分为两步:第一,将一家公司与其他公司进行比较;第二,将一项交易与其他交易进行比较。这两种比较都涉及一系列关于估值倍数的问题。

估值倍数的基本类型有哪些?

估值倍数有两种基本类型:与公司股本价值有关的倍数和与公司企业价值有关的倍数。

权益乘数指股东对企业资产和现金流的所有权和/或索取权的价值。因此,权益乘数表示仅适用于股东的财务指标而言的所有权价值。公司的净收入(有时也被称为该公司收益)就是最好的例子。按规定,净收入作为向债权人、少数股东和其他非股权索偿人付款后的剩余收入。

企业价值倍数指整个企业的价值,或对一项业务的所有索取权的价值,既包括股权价值,也包括净债务(债务总额减去库存现金),以及其他非股权索偿人。因此,企业价值倍数计算的价值是相对于与整个企业相关的财务度量而言的;销售额或税息折旧及摊销前利润也许就是一个最好的例子。

为什么人们愿意使用估值倍数来计算企业价值?

在并购分析背景下使用估值倍数有三个关键原因:

- 客观性。估值在一定程度上是一个主观过程。倍数可以提供一个有用的框架,以便为过程引入一定程度的客观性。换言之,使用得当,倍数能提供有关相对价值的有用信息。至少,估值倍数可以作为公认的经验法则,用来对其他估值方法进行双重检验。例如,如果现金流量贴现法分析将一家公司的价值固定在 1 亿美元,则分析师可以计算基于收益的倍数(例如,该公司的价格与税息折旧及摊销前利润的关系,如"5 倍税息折旧及摊销前利润",通常写作"5×税息折旧及摊销前利润"),然后询问这些倍数与行业中处境类似的公司相比如何。

- 易用性。计算过程的轻而易举使得倍数成为一种具备吸引力且用户友好的评估价值的方法。倍数可以帮助分析师避免对其他更"精确"的方法(如现金流量贴现法)产生潜在误解。这类估值有时会造成一种错误的舒适感,除非与其他估值分析一起多方比对。

- 相关性。估值倍数关注投资者使用的关键指标。关键例子有企业的收入、息税前利润、税息折旧及摊销前利润和收益。因为市场是投资者的总和——相对价值也由此决定——最常用的衡量标准和倍数将产生最大的影响。

那么使用估值倍数的缺点应注意什么?

尽管估值倍数有其优点,但在评估某一特定公司的价值时,也有一些不足之处。对估值倍数的一些主要批评可归纳如下:

- 过于简单化。估值倍数是一种复杂的变量,它试图将大量的信息——包括已知和未知的数据——提炼成一个或一系列数字。有时,这个目标可能野心过大!由于许多价值被杠杆组合成一个单点去估计,因此倍数可能会使不同驱动因素的影响难以分解。请思考下面的房地产例子:在宾夕法尼亚州,基于每英亩农场房地产的平均价值为 5 300 美元,可以推算出一个 100 英亩的农场价值为 53 万美元。然而,这个单一的变量忽略了对房产的位置、状况和潜在用途的考虑。显然,这些变数会对土地的内在价值产生巨大的影响。因此,我们学到的教训是,不能仅仅依靠一个甚至少数几个估值倍数来决定价值,要深入挖掘。

■ 静态性。倍数代表着公司在给定时间点的价值。然而,每个公司和行业都有生命周期。此外,经济背景是不断变化的,这通常会对某些特定企业的价值产生后继影响。估值倍数往往无法捕捉到公司和竞争不断变化的本质。成功之要是:考虑市场如何在较长的一段时间内对一项资产进行估值,而不仅仅是在任何一段既定时间内对一项资产进行估值。

■ 潜在误导性。倍数主要用于比较相对值。然而,可比倍数是一门不精确的艺术,因为倍数可能有不同的原因。我们扩展前面提到的农场例子,如果土地实际上是牧场(每英亩 2 700 美元,只值 270 000 美元),则 530 000 美元的估值可能过高;如果土地是耕地(每英亩 5 700 美元,可能值 57 000 美元),则估值可能略低。两个看似相似的企业之间的估值倍数可能存在更微妙的差异,但并非所有这些差异都与价值的真正差异有关。例如,即使会计政策稍有变动,也可能导致经营情况相同的企业的倍数出现分歧。基于这些原因,选择真正具有可比性的公司至关重要。在存在差异的地方,分析师可能需要对隐含倍数进行调整。表 3—2 总结了估值倍数的主要优缺点。

表 3—2　　　　　　　　　　估值倍数的优、缺点

优　点	缺　点
■ 客观性。可以作为过滤主观假设的强大工具,如未来增长率;可以提供有关相对价值的有用信息。 ■ 易用性。计算起来相对简单,特别是在有广泛可用数据的情况下。它们的广泛使用使之成为交易人的"共同语言"。 ■ 相关性。是投资者使用的基础关键指标。	■ 过于简单化。可以将多个价值驱动因素组合成单点估计,难以分解不同价值驱动因素的影响。 ■ 静态性。只测量单个时间点的价值,没有完全捕捉到商业和竞争的动态本质。 ■ 潜在误导性。可能因许多原因而不同,并不是所有的原因都与价值的真正差异有关,可能导致风马牛不相及的公司之间比较,产生误导性。

比较一家公司与其他公司

什么是可比公司分析?

可比公司价值评估法是公司财务学中应用最广泛的方法。它涉及将同行业公司群体(通常是公开交易的)的财务指标和估值倍数与被评估企业,即目标公司的财务指标和估值倍数进行对比。这种方法基于这样一个概念,即市场应将类似的估值归于具

有类似特征的企业。为了选择适当的同行业公司群体——又称可比公司域,或简称可比公司——分析师必须了解目标公司的业务。可比公司应包括与目标公司类似的公司,也就是说,可比公司应该行业相似,规模大致相似,增长轨迹相似等。

分析师将计算同行业公司群体的平均利润率、财务回报、增长前景以及——最重要的——估值倍数,来得出该群体的平均值以及中值。接着,分析师将应用这些目标公司的指标来达成近似估值。

这一过程强调了可比公司法和现金流量法作为估值技术之间的一个关键区别:现金流量法是在个体基础上对公司进行估值,而可比公司法则考虑相对于目标方同行的估值。

重要的是认识到,通过可比公司分析确定的估值确实不能反映任何可能适用的溢价或贴现——例如,买方在并购交易中通常支付的控制权溢价,或公共或私人资本市场可能应用于破产实体的、反映未来经营的不确定性的贴现。不管怎样,该分析都将为并购分析提供有用的起点,或为更详尽的现金流量贴现分析提供已经证实的数据点。

为什么通常公开交易的股票被用于可比公司分析?为什么不用私营公司呢?

可比公司分析通常使用公开交易的股票价格来推动这一过程,因为上市公司通常给出的是最透明的估值。相比之下,私营企业不公布财务报表,也不在证券交易所交易,因此公开数据有限。此外,上市公司的当前股价通常被视为最佳估值指标之一,因为它代表了众多投资者对影响公司未来业绩的各种因素的主观看法的平衡点。从这个意义上说,可比公司方法提供了对公司风险状况、竞争压力、周期性和业务前景的最新判断。

并购分析师通常关注哪些财务指标和估值倍数?

答案部分取决于特定公司的所在行业和发展阶段以及其他因素。

从实践角度来看,不同行业的投资者或收购者可能会审查完全不同的财务指标。正如本章后面更详细的描述那样,在人工智能等新兴行业中,初创公司的收购者关注资产或收入,而非利润——尤其是当目标公司已经产生了令人不堪重负的前期成本,而且尚未盈利,但现在正处于优质增长轨道上时。相反,在成熟的行业,如报纸出版业,潜在的买主可能更关心现金流,而不太关心收入,这是因为潜在买主可能更关心可持续性而不是增长。

同样,商品驱动型企业,如金矿或天然气生产商,通常按其储量的倍数估值。这可能是因为市场会选择主要关注企业当前的生产能力和生产商掌握的地下资源的可担保价值,并假设一旦储量耗尽,生产就会停止。然而,汽车制造商的估值却不一定是其生产能力的倍数,而是税息折旧及摊销前利润或其他一些更标准的财务指标的倍数。

撒开这些极端例子不谈,收购者可能会从这张合理有限的财务指标和估值衡量标准清单开始。

从估值的角度来看,最常用的估值倍数包括以下几种:

- 税息折旧及摊销前利润;
- 收益或每股收益(earnings or earnings per share, EPS);
- 销售额或收入;
- 现金流量;
- 账面价值。

盈利能力同样可以用许多不同的方法来衡量。无论如何,最常见的衡量标准都包括毛利润率、营业毛利和/或税息折旧及摊销前利润率、税前利润率和净利润率。收购者还会审查的其他关键指标。例如公司的增长轨迹——无论是以单位销售额、收入、利润还是其他数据来衡量,以及目标公司的财务回报——如股本回报率(return on equity, ROE)、资本回报率(return on invested capital, ROIC)或资产回报率(return on assets, ROA)。

前面的例子虽然广受认可,但仅仅触及了可能出现的财务比率的表面。如果你考虑到《美国联邦法规》所规定的资产负债表和损益表状况的数量,则公司必须报告的财务现状大约有53项——资产负债表32项,损益表21项。[7] 至少在理论上,每一项都可以与其他任意一项进行比较,无论是在同一报表内还是跨报表。因此,从数学上来说,能算出2 756个可能比率,再加上时间维度(变化率),只会使可能比率成倍增加。

最后,买方可能会查看超出公司财务报表范围的变量——例如,每个雇员的销售额或(如前所述)采矿储量,这在很大程度上取决于具体情况的事实和详情。

企业价值倍数和市盈率哪个更常用?

如前所述,这在很大程度上取决于特定的行业。然而,事实上市盈率(P/E)是一种股权指标——也就是说,它只关注公司的股权部分,忽略债务和优先股股东,而企业价值除以税息折旧及摊销前利润(企业价值/税息折旧及摊销前利润)是一个企业价值指标。因此,市盈率高度依赖于特定公司的杠杆率。在其他条件相同的情况下,具有不同资本结构的两家公司的市盈率可能存在显著差异,这会使得估值过程疑云重重。

企业价值倍数是资本结构中性指标。股权和债务的混合并不会影响企业价值的计算,但它会显著地扭曲公司的市盈率。从根本上讲,无论在债务和股权之间如何切分,企业的总价值都保持不变。因此,企业价值倍数通常会导致不同公司之间具有更多可比倍数。

什么时候市盈率可能比企业价值倍数更能反映估值尺度？

分析师应该考虑的问题是利息支出是目标公司的营业支出还是融资费用。营业支出是各组织开展日常活动所发生的费用。例如，对银行、租赁公司和其他金融机构来说，利息是做生意的成本。这些企业以一定的利率借钱，再以更高的利率贷出去。因此，利息支出与经营直接相关。对于这些公司来说，市盈率是最好的估值衡量标准。

融资费用是发生于各个公司筹集资本的方式中的一项费用——也就是说，该公司选择承担多少债务，比如，汽车零部件制造公司。公司的债务数额——因而包含利息支出——是一项资产负债表决议，并且实际上对运营没有影响。在这样的情况下，企业价值倍数是优选项。

其他情况下，在债务规模微不足道的行业中，市盈率作为衡量指标更好。典型例子有科技公司和那些经营模式波动性很大的公司，比如生物技术公司。在这些情况下，为计算企业价值倍数付出的额外努力却可能无法提供任何额外的有用信息，因此不值得为此进行详细分析。

当用税息折旧及摊销前利润作为衡量指标时，收购方如何确保公式中使用的收益数字是一个可持续的数值，而不仅仅是某些异常的、暂时性的结果？

在所有财务分析中考虑收益质量都是很重要的，包括那些基于税息折旧及摊销前利润的分析。[8] 以下只是在收益质量（quality of earnings, Q of E）分析中发现的调整类型样本：

- 诉讼和解或诉讼费用；
- 向私募股权所有者收取的管理费；
- 企业主个人费用；
- 异常坏账或存货核销；
- 离职或其他重组费用；
- 异常的或非经常性的奖励性薪酬；
- 出售资产的利得或损失；
- 保险追回款项和补偿金；
- 偏离美国一般公认会计原则；
- 未记录的拟议审计调整；
- 年终调整事项（整合）对过渡期间的影响；
- 公司拨款与拟议的过渡服务协议（分拆）；
- 以前各期建立的准备金的转回；
- 损益表分类错误（其他收入/费用中记录的经营项目）；

- 收购或剥离的影响。

有这么多潜在的估值和财务指标需要考虑，如何才能缩小备选方案的范围，选中那些对目标行业最重要的备选方案呢？

从实践的角度来看，历史上并购从业者已发现 3 种信息来源可作为有益的出发点——只要分析师确定了相关的行业和同行群体即可：

- 卖方分析师报告。大多数主要的投资银行和经纪公司都雇用了整个股票研究部门的分析师，这些分析师会发布特定行业领域的股票报告。卖方分析师报告曾经是高度保密的出版物，但现在越来越多的散户投资者可以通过各种网站（或者，坦率地说，只需查询分析师的姓名去直接联系他们）就可以获得这些报告。特别注意，要搜索"入门报告""行业入门报告"或"深度报告"——这些术语是分析师对公司最全面报告的行话，查看分析师如何评论和评价他们所在领域的业务。这些洞见必然会快速推进你的研究。

- 公司 10-K 报告、年度报告、可持续性报告和投资者陈述。众所周知，所有上市公司都必须公布年度报告（在 10-K 表上），其中包括最低限度的财务披露以及详细说明风险的管理层讨论和分析（MD&A）部分。许多公司在 10-K 报告中附加一份年度报告作为补充，以便更详细地讲述公司的故事，并借此向散户投资者做更详细的说明。此外，越来越多的公司提供关于其非财务业绩的深入信息——此类信息一般在年度报告（称为"综合报告"）或单独报告（通常称为"可持续报告"）中。所有这些资料都公布在该公司网站，以及最近的盈利电话会议记录或分析师的业务陈述中，管理层利用这些记录向该股票的现有和潜在投资者传达其业务基本面。综合起来，这些报告可以成为一座"信息金矿"。

- 行业基准调查。最后，并购分析师可以找到专门从事相关部门的行业协会和/或咨询公司，进行基准调查。基准调查涉及既定公司的经营流程和/或业绩指标与特定行业内部或外部的行业基准或最佳范例的比较。行业协会经常免费，或者以相对适中的价格提供基准调查作为会员福利。相比之下，咨询公司有时也会开展这种调查，通常收费，以展示其行业专长并吸引客户。环球透视（IHS）就是一个例子。它是一家公开交易的公司，销售针对特定行业的预测报告和战略工具。不管采取以上何种方式，并购分析师都可以从这些行业专家如何衡量某一特定领域的公司中了解到大量的信息。

表 3-3 总结了用于被选领域中最常见的倍数，并提供了每项选择背后的基本原理。

表 3—3　　　　　　　　　　　　被选领域中的常用倍数

公司类型	所用倍数	所用原理
季节性生产公司	市盈率,相对市盈率	出于盈利能力正常化的考虑
成长型公司	市盈率与增长比率	增长率差异悬殊
亏损状况下年轻的成长型公司	收入倍数	其他选择较少
基础设施建设公司	企业价值倍数	巨额研发费用使得早期的亏损较大
不动产投资信托公司	价格与现金流转权益之比	不动产的巨额折旧费用
金融服务业	价格/账面价值	如果账面价值与市价等值,效果则会更好
零售业	收入倍数	利润率达到平衡的快慢

* 现金流转权益,又称 CFE,被定义为净收入加折旧。

资料来源:阿斯瓦斯·达莫达兰(Aswath Damodaran)教授,纽约大学。

哪些公司具有可比性?

如前所述,在构建可比公司分析时,分析师通常选择同行公司作为目标公司。这些公司还应具有类似的基本特征,如收入、盈利能力、信贷质量等。虽然这种分析应该对准直接竞争对手,但实际操作层面上通常有必要涵盖更多的公司。比如公开交易的同行公司只有少数几家的情况。此类分析还应调整每个可比公司的资本结构,以便更准确地将它们与被估值的公司进行比较(见表 3—4)。

表 3—4　　　　　　　　　　　　可比公司核对表

在以下方面找相似性:
- 行业;
- 规模(收入);
- 盈利能力;
- 增长速度;
- 信用质量;
- 资本结构(债务/股本及相关比率);
- 经营模式。

表 3—4 中的最后一个类别即经营模式很容易被忽略。然而,这不该让其重要性打折。特拉华州衡平法院在昂蒂公司诉英特格拉银行案[9] 中就处理了经营模式不同的问题,此案例自 1999 年至今仍常被引用。关于奥克斯堡有限责任公司单位信托证券持有者诉讼案,法典第 12447-VCL 号(发行日期为 2018 年 8 月 1 日),就曾引用本案例作为判例。特拉华州最高法院 2019 年翻案并不影响昂蒂法案开创的先例。该法院同意原告的意见,认为被比较的医师执业管理公司看似相近,实则差别太大,因为其

中一家公司的设备密集程度较低,从药品中获得的收入和利润更多。

分析师应该使用多少家可比公司?

虽然没有正式的要求,但实际经验表明,分析师应该选择4—8家可比公司组成一个有代表性的组合来进行估值分析。如果既可比较又公开交易的公司很少或根本不存在,那么分析师或许应该拓宽他们对这个行业的定义。

例如,考虑收购区域性维生素连锁店的可能性。如果分析师狭义地定义行业领域——维生素零售商——则分析师只能找到两个上市可比公司:维生素商店股份有限公司(VitaMin Shoppe, Inc., VSI)和维他寇股份有限公司(Vitacost.com Inc., VITC)。这确实还不足以形成一个全面的可比公司分析。此外,市值超过10亿美元的维生素商店公司可能过于庞大。根据目标公司的规模考虑,维生素商店公司无法真正作为估值可比公司。然而,如果并购分析师将行业定义拓宽为特殊产品零售公司——特别是那些区域性的、小型或微型细分市场内的零售商——更多选择就出现了:实际上,一个快速的在线筛选就能选出超过12个市值在1亿美元到5亿美元之间的候选公司。

最终,如果根据扩大后的行业定义得出的结果仍然太少,则可比公司估值方法就失效了,分析师应该用其他方法取而代之。例如,在关于放射协会股份有限公司的诉讼中[10],破产法院认为,若可比公司之间的差异太大,则任何可比公司的比较都没有意义。

完成可比公司列表后,将可比估值倍数应用于被估值公司,建立相对估值范围。将可比公司的平均数或中位数市盈率乘以被估值公司的收益来建立相对估值,这有助于确定具体的估值,但可能会造成误导。考虑目标公司的相关优势和劣势是一个更好的方法。

应在什么时间段内测定倍数?

理想情况下,倍数选择的时间段应足够长,以校正在被测项目中发生的周期性增减。在一些行业中,如消费驱动的行业(如餐馆),这一周期可能与宏观经济周期相吻合。在其他行业中,如半导体等所谓的短周期市场,在单个宏观经济周期内可能存在多个库存备货和去库存期。正如本书中常说的,答案取决于事实和详情,但是,还有几个标准需要牢记:

■ 任何包含股票价格作为要素的倍数都应该在不会被牛市或熊市扭曲的时期内进行测量。有效期限可以是最近的市场周期从其开始点到结束点,通常为3年或4年,尽管时期可能各有不同。

■ 任何将收入或收益作为要素之一的倍数都应在一段足够长的时间内进行测量,以校正公司所在行业的繁荣和萧条周期(例如,建筑业为4年或航空航天业为7年)。

为什么在看似相似的企业中倍数可能会有所不同？

有许多方法可以回答这个问题，但是有四个主要原因可以解释倍数可能不同：(1)企业的质量水平可能不相同；(2)各公司可能采用不同的会计核算方法；(3)企业可能面临短期或周期性的财务业绩波动；(4)市场可能只是对这两家企业进行了错误定价。

企业质量差异如何影响估值倍数？

在其他条件相同的情况下高质量企业应该得到更高的估值。公司估值的基本驱动因素总是会有质的差异——管理经验和深度、企业的机会集、具体的战略等。这些定性因素转化为可测量的统计数据是具有挑战性的。企业的资本回报率、资本成本、增长率和增长持续时间这四个指标才是值得考虑的。

那么会计上的变化如何影响估值的呢？

不影响现金流量的会计政策差异不会影响企业的内在价值。然而，会计政策的差异可能影响企业报告的销售额、收入、财务回报等。从实践角度来看，这些政策差异可能会导致一系列报告的财务结果对估值倍数产生结转影响。除非这些会计上的差异被归一化，否则估值倍数的差异可能会将相对估值引入歧途。

试想一下，比如有两家公司（A 和 B）具有相同的收入、营业支出、税率、股份数量（例如，未偿还股份）和股票价格。实际上，这两家公司在运营上完全相同，但在会计上却有一个不同之处。这两家公司的资产负债表上都有 5 000 万美元的商誉，但是 A 公司不摊销，而 B 公司按 10 年期（即每年 500 万美元）摊销。这一会计差异会如何影响公司的相对估值？

图 3-1 阐明了结果。B 公司的摊销费用为 500 万美元，营业收入为 3 500 万美元，而 A 公司的营业收入为 4 000 万美元。这对现金没有影响。请注意，因为商誉摊销是一项非现金费用。如果我们在损益表中通过账面税和发行在外的股票向下推进，A 公司的每股收益为 2.40 美元，而 B 公司的每股收益为 2.10 美元。然而，股市并没有被这种情况下的差异所迷惑——两家公司的股价均为 35 美元。实际上，市场识破了这些会计差异，并赋予两家公司股票相同的价值。自然有人要问了，为什么会这样？毕竟，如果一只股票每股收益为 2.40 美元，而另一只股票每股收益为 2.10 美元，则为什么两只增长前景相当的股票要以同样的价格交易呢？答案是现金流。摊销是一项非现金会计费用。不管怎样，这两家公司都在向股东交付相同数额的现金。

然而，隐含的市盈率却有很大不同——A 公司的市盈率为 14.6×，而 B 公司的市盈率为 16.7×。如果并购分析师没有深入挖掘细节，则他可能会得出结论，根据高水平的市盈率分析，B 公司的价值比同行高出 14%。然而，这种溢价实际上只是会计上的虚构，因此得出 A 公司比 B 公司价值低的结论是错误的。

	公司 A	公司 B
收入	$100	$100
营业支出	(60)	(60)
摊销	—	(5)
运营收入	40	35
税率(40%)	(16)	(14)
	$24	$21
已发行股份	10	10
每股收益	$2.40	$2.10
股价	$35	$35
市盈率倍数	14.6×	16.7×
估值"溢价"		14%

B公司真的比A公司溢价14%交易吗?

*$(百万),每股数据除外

图 3—1　会计变动可能影响估值倍数*

会计差异在多大程度上影响了公司报告的财务状况,从而影响了估值倍数?

会计差异不是个一次性的问题。许多不同因素都能导致公司报告利润变化。正如图 3—1 所用的例子,这些会计差异也会影响估值倍数。虽然并不是所有利润计量的差异都对估值有重大影响,但会计差异显然不是一个微不足道的问题。

分析师如何根据会计差异调整公司的财务结果?

实际上,任何一个特定公司的管理层都可以做出无限多的会计决策。虽然几乎不可能完全消除不同会计方法的影响,但分析师仍然可以做很多工作来减轻其影响并推导出与并购分析有关的数据。特别是,当这些差异有可能不合理地影响估值结果时,分析师可以采取两个步骤:(1)以通用格式重述会计数据;(2)关注受会计差异影响较小的关键指标。

分析师最常见的会计调整是什么?

会计调整可能对行业非常敏感——例如,能源行业公司的会计准则与保险业、生物技术空间和运输部门公司的会计准则基本不同。但是,有几个关键问题可以跨行业分析:折旧、非常项目和租赁。虽然这些项目在某些行业中可能比其他行业更为常见,但它们的计算方法在所有行业中都是相同的(后面提到了一些全球差异)。其他需要考虑得更复杂的问题包括递延税项资产、养老金和退休后健康福利计划,以及诸如那些可疑账户的规定。

■折旧。企业如何折旧其财产、厂房和设备,就是会计政策存在重大差异的典型例子。计算折旧费用有几种标准方法,包括固定百分比法、直线法和余额递减法。

不仅如此，两个不同的公司对相似的资产采用不同的经济寿命是完全合理的。这些变量中的任何一个都可能导致公司年度折旧费用的意义重大的差异。要研究各公司的折旧政策，如果可能的话，则需在每家公司采用一种标准化的方法，并计算净收入的变化对每家公司是否具有重大意义。如果数据不允许使用标准化的方法，则分析师至少应该在构建估值模型时记住这些差异。

■ 非常项目。非经常性损益有多种名称，如非常、例外、不寻常或一次性。不幸的是，这一类别中包含的项目类型以及在损益表中的列报方式各不相同。所有此类"例外"项目应从息税前利润和调整后净收入数字中剔除。这些项目包括资本交易的损益和所有真正一次性的经营项目，如重组成本。

■ 租赁。即使情况相似，不同的公司在租赁会计方面也可能存在重大差异。这些差异在航空公司、建筑、设备制造、房地产等大量使用租赁的资本密集型行业尤为重要。要考虑的主要领域是根据一般公认会计原则，会计对资本租赁（或融资租赁，称为A类）和经营租赁（称为B类）的分类。在资本租赁中，标的资产被视作已购入资产，该业务会产生一个表内债务以及相应的利息；相反，在经营租赁中，标的资产被视为租赁资产，不一定产生负债。根据《第2018-20号会计准则更新》修订的新美国租赁标准：2019年1月1日生效的租赁（专题842），期限超过12个月的租赁必须进行资产负债表披露。通过一致地将所有租赁义务资本化，可比性将得到改善，特别是在资产负债表和企业价值比率方面。最大的挑战是披露可能不一致，这给一些调整增加了主观性。因此，许多分析师不会自动调整租赁，除非租赁非常重要。拥有非美国业务的公司，可能同样适用于2019年1月1日生效的全球准则制定者制定的新租赁准则——国际财务报告准则（IFRS）第16号文件。

哪些财务指标受会计差异的影响较小？

如前所述，消除两家公司之间的所有会计差异通常是不可能的——特别是当分析师无法完全查阅其中一家或两家公司的内部账簿时。因此，并购分析师应使用较不可能被会计假设扭曲的倍数来补充调整后的估值倍数。最重要和最根本的财务指标是现金流：毕竟，现金要么在那里，要么不在那里。除此之外，诸如税息折旧及摊销前利润以及使用范围较小的销售额等衡量标准通常用于估值倍数。

■ 现金流。现金流量是估值的一个有用的基础，因为如果计算得当，现金是完全独立于会计假设的。事实上，这是现金流量折现法被普遍视作最佳估值方法的一个关键原因。然而，即使是这一指标也应谨慎解释，因为现金流自然每年都有变化，任何一年的业绩都不一定能表明一家公司真正的盈利潜力。在某种程度上，如果分析师使用未来12个月的预测现金流作为估值的基础，则这种波动性会得到缓解。这确实需要分析师为可比群体内的每个公司构建现金流估计。不用说，对未来的预测可能会深受误差与偏见之害。

■ 税息折旧及摊销前利润。税息折旧及摊销前利润经常被用作现金流的代替指标，并且可以说是最常用的财务业绩衡量标准和克服会计差异挑战的数值。这在一定程度上是正确的，特别是在折旧、摊销和递延税项所使用的会计假设不同的情况下。然而，即使税息折旧及摊销前利润已被检查过并且纠正了所有质量问题（如前所述），税息折旧及摊销前利润作为估值方法仍存在其他会计问题，特别是当税息折旧及摊销前利润被假定用作现金流的代替指标时。确切地说，税息折旧及摊销前利润忽略了资本支出和税收（记住，这项指标是在利息、税收、折旧和摊销之前的利润）。这些项目的费用当然会对价值有影响。然而，更微妙的是，税息折旧及摊销前利润同样面临一般公认会计准则带来的许多挑战——收入和成本确认、养老金核算等。

■ 销售额。销售额或收入对估值有一定的吸引力，因为它关系到一家公司的销售额以及潜在的市场份额。此外，它可能是仅次于现金流的第二个最不脆弱的财务指标，这是因为损益表顶部的细列项目，如销售额，通常基于会计假设较少。然而，即使是这些，至少也有一些会计解释——从财务会计标准委员会关于收入确认的现行准则《第2014-09号会计准则更新》中可以明显看出与客户的合同收入（专题606）。此外，收入并不能说明公司的盈利能力和产生现金流的能力。因此，会计假设计算多出的销售对估值讨论的重要性可能相对较小。收入倍数不如税息折旧及摊销前利润倍数受欢迎，通常只有在其他一些更相关的利润衡量标准不可用或不可靠的情况下才作为最后的手段使用。

财务业绩波动如何影响估值倍数？

基于公司利润的估值倍数只有在所使用的盈利能力衡量指标能够长期代表公司的真实盈利能力时才有意义。例如，如果目标公司从多年的诉讼中获得了一大笔意外利得，则该怎么办？同样，如果目标公司因工会罢工而遭受了巨额经营损失，则该怎么办？显然，分析师不想对这些金额进行倍数计算，因为它们不太可能每年都发生；相反，分析师可能会对目标公司的财务结果进行调整，以反映不寻常的或非经常性的利得或损失。

然而，有时公司财务业绩的波动可能反映的是收益的周期性下滑。考虑一下汽车销售、房屋开工或其他宏观经济变量放缓对制铝公司——美国铝业（Alcoa）公司的影响。由于美国铝业公司相对较高的固定成本以及由此产生的运营杠杆，即使汽车销售出现较小下滑，也可能对其某一年的盈利产生非比例影响。显然，汽车销售并不是美国铝业公司的唯一盈利动力，其他变量也会影响结果。然而，问题在于，一些公司——甚至整个此类行业——都比其他公司更容易受到短期需求波动的影响。

那么,这是否意味着美国铝业公司的内在价值应该反映汽车销售等波动因素的峰值和低谷呢?大多数分析师会一致认为答案是否定的。若真如此,买家则可以等到必然发生的需求短暂回升,以低价收购美国铝业公司这样的企业,等12—24个月需求反弹,然后出售该公司。要是这么容易就好了!倍数只有在其所依据的利润能指示目标公司未来的利润潜力时才有意义。若非如此,分析师则应该在一段合理的时期内将收益平滑化(通常3—5年有效)。

估值倍数的不一致是否可能仅仅反映了市场定价有误?

是的。如果分析师无法通过公司的相对业务质量、会计差异或利润周期性波动来调节倍数差异,那么至少市场可能对资产进行了错误定价。事实上,几乎每一个活跃的公开交易股票和债券经理人都在寻求这样的市场低效率。

此外,整体上来看,作为市场,涉及控制权的并购市场不如公开交易的证券市场高效,因此定价错误更有可能发生,而且确实发生过(有关控制权溢价作用的更多信息见下一节对可比交易分析的讨论)。就像明辨定价错误是大多数资产管理公司的口号一样,这也是许多并购从业者的目标。根据我们的经验,如果工作详尽且准确,而一个企业仍然出现错误定价,则很可能这就是我们工作的目的!识别出此类错误定价是并购分析师的任务。分析师的技能在于将来自目标公司基本面的差异(这种差异的出现是合理的)与来自市场低效率的差异区分开来。

能将可比公司法用于陷入困境的公司吗?

对陷入困境的实体进行可比公司分析并不容易,因为在破产状况下企业的实际移动平均盈利和现金流相对于其正常化盈利能力而言将会很低(甚至可能为负)。然而,这可能只是暂时性的衰退——至少在该公司能够稳定运营和/或其资产负债表之前。因此,将可比公司的倍数应用于陷入困境的企业的最新业绩可能很难;相反,却经营需要将倍数应用于预测的财务结果(典型情况是1到2年),并且,如果适用,则还需要将隐含估值折回到当前。如果将可比公司分析应用于预测财务结果,则一定要用可比上市公司的预测财务结果计算将来的倍数。

是否还有不该用某些特定可比公司的情况?

是的,要当心异常值。有时,当分母相对于分子非常小时,估值倍数可能会显得异常高。典型例子是一个新兴成长型互联网公司的市盈率。该公司的股票价格为每股50美元,但每股收益只有很小的数额,比如说,每股0.25美元,这种情况下的市盈率为200倍。想一想,从表面看,市场似乎愿意将这家科技公司200年来的收益全部资本化!当然,市场更有可能识破0.25美元的短期每股收益,并预期在不久的将来会有显著的增长。例如,如果这家科技公司在未来5年将盈利提高10倍,那么50美元的股价基本上就是折价每股收益2.50美元,5年后的市盈率为20倍。

这个问题依然对构建估值可比公司几乎没有什么帮助。当输出值远远大于同行公司群体时，要尝试确定原因，在你的试算表中将倍数标记为"NM"（并非实质性），并在汇总统计的计算中排除离群值。

可比公司分析是什么样的？

要为任何行业的潜在收购目标公司建立一个可比公司同行业群体，第一步是制定一张行业可比公司列表，并收集与其相关的估值和财务指标，分析汇总股权资本化、企业价值和每个公司的账面价值。可比公司分析还会研究每个公司的收入、税息折旧及摊销前利润和每股利润，并将其排列比较。这样的数据点可以洞察特定公司或细分市场的质量。收集到的数据可以用来计算每个公司的估值倍数。估值倍数可能存在相对较大的分散度。如本章前面所述，可能有各种因素在起作用：质量水平不同、会计标准和政策不同、短期或周期性波动和/或市场定价错误。

可比交易分析

什么是可比交易呢？如何利用它们来为企业估值？

从根本上来讲，可比交易分析，也称为先例交易分析，是指分析师可以根据类似情况下类似公司的收购方所支付的价格估计一家公司的价值。

这一分析提供了收购方过去在某一特定领域内为公司支付的估值倍数的有用信息。其目的和过程与收购方在对可比公司进行分析的情况下类似。回顾一下，可比公司法基于这样一个概念，即具有相似特征的公司在市场上应该具有相似的估值。这种逻辑同样适用于先例交易分析——类似的公司应该以类似的倍数被出售——因此，并购分析师可以通过研究可比交易中支付的倍数来估算特定目标公司的价值。实际上，历史倍数代表了其他收购方支付并被出售方接受的近期市场价格的指数。从潜在卖方的角度来看，这些倍数暗示买方愿意交易的价格范围。对于潜在买方来说，这些倍数代表了卖方可以接受的价格范围。有时，分享这些信息可以帮助弥合双方之间的期望差距。

可比公司与可比交易的最大区别是交易价格中包含的控制权溢价。如本章前面所述，可比公司分析一般不反映买方在并购交易中通常支付的控制权溢价。这种控制权溢价通常意味着交易倍数（即由可比交易分析得出的倍数）高于买卖倍数（即由可比公司分析得出的倍数）。

对未来合并公司的战略考虑往往优先于独立估值，导致收购方支付的价格高于目标公司从一般投资者那里吸引的价格。例如，在买方和卖方在地理位置和产品上有很大重叠的情况下,成本协同增效的前景可能更大,这使得买方提高购买价格。同样,在竞标的情况下,公司往往会支付更高的价格,以确保一项战略资产不落入竞争对手之手。收购一家公司也可能是保留未来机会的一种方式,这种机会可能会发生,也可能不会发生——这种方式可以被视为"实物期权"(第二章讨论了实物期权,见该章第30条注释)。据此,一项考虑周全的可比交易分析至少会提供一些有关过去收购者为取得目标公司控制权所支付的溢价的一些相关见解。然而,请注意,在比较股票交易中支付溢价时,可能需要对为股票价值选择日期的不一致之处进行调整——例如,公告日期与某个较早的日期。公告前的谣言可以推动股价上涨,从而降低在公告日计算的溢价。[11]

前面提及过可比公司分析通常只考虑公开交易的企业。那么可比公司也是如此吗?

不一定。回顾一下,透明度是可比较公司分析通常使用上市公司的关键原因。股票市场在任何特定的时间赋予股票一个特定的价值,将大量的经济和工业数据折现为一个单点价格。此外,证券交易委员会要求上市公司向公众投资者公布最低限度的财务细节,这使得并购分析师的数据收集过程变得更加容易。

涉及两家私营企业的并购交易与涉及两家上市公司的并购交易同样适用于特定情况。不过,与以往一样,价格透明度的高低可能会带来挑战——很难从私营企业交易中获得足够的财务数据。相比之下,如果交易双方中至少有一方是上市公司,则很可能会有一份新闻稿或8-K表格上的季度文件,其中至少有高水平的财务数据。通常情况下,上市公司规模较小的收购只有收购价格和目标公司的收入。然而,即使这样,至少也能提供一些估值方面的观点——尽管本章前面已经提到,价格对销售倍数存在缺陷。

实际操作层面上,至少涉及一家上市公司的并购交易所依据的数据将更容易获得。因此,对先例交易的分析偏向于那些涉及公开交易的买方或卖方的交易并非不寻常。

将可比交易纳入并购估值流程有何优势?

类似于其兄弟估值方法——可比公司法,先例交易分析是有帮助的,因为它是基于公开可得的数据,并反映了现实世界的情况。正如可比公司分析是有意义的,因为它显示了金融市场如何对公开交易的股票进行估值。可比交易分析也是有帮助的,因为它显示了过去成功地以一定的估值水平成交的交易。

其次,彻底的可比交易分析给并购从业者带来了另一个同样重要的好处:通过研究谁为哪些公司或资产支付了什么,并购分析师正在建立一个有价值的市场研究,即哪些行业参与者是高度收购型的整合者,而不是致力于内部增长的坚韧的独立者,以及不同类型收购目标公司的潜在市场需求。例如,交易频率、支付的多项费用的趋势、交易结构等,可以帮助说明某一特定行业的并购需求是在增加还是在减少。

在构建可比交易分析时,我应该注意什么?

使用可比交易来估计目标公司的价值存在局限性,即可比交易与可比公司一样,存在一些弊端。可以说,要问的最重大问题是,关于过去交易的公开数据是否"纯净",或者它们是否可能是有限的和/或具有误导性。在并购领域里可能会考虑的任何交易组合中,请考虑以下问题:

- 交易发生时,金融市场的状况如何?股市是大涨还是大跌?这会不会对支付的价格产生影响?
- 当交易结束时,我们在行业周期中处于什么位置?目标公司的收益是处于峰值、正常还是低谷?目标公司最近是否报告了可能导致账面收益扭曲的一次性收益或损失?这些因素在并购价格中又是如何考虑的呢?
- 销售过程如何?收购方是通过其自营交易流程获得这笔交易,还是由投资银行进行的竞争性拍卖?
- 此类企业在交易时并购市场的竞争程度如何?是否存在某种稀缺性价值可归属于该资产?反过来说,这是困境中的出售还是其他动机形式的卖家?
- 目标公司对收购方来说战略意义有多大?交易中有哪些成本节约和/或收入协同效应?这些假设是否代表了行业中的大多数交易,还是说这笔交易是特殊的?
- 我们是否应该考虑这个交易的独特结构化细节?有没有我们应该重新纳入的将来或有的考虑?是否有独特的税收角度,如净经营亏损结转,反映出潜在价值?
- 从那笔交易到现在已经过去了多少时间?可以理解的是,最近的并购交易可能比过去发生的收购更准确地反映了买家目前愿意支付的价值。除行业周期永远变化这一事实之外,行业基本面也同样处于不断地演变中。

关键的启示是,先例交易很少是可以比较的。几乎每一笔交易都代表着一个独特的情境。因此,并购分析师的职责就是深入了解每笔交易背后的细节,并且至少了解每笔交易背后的高层战略,这将有助于解释为什么交易发生,由此,交易作为一个纯净的交易组合,可能有多大的代表性。

哪些交易具有可比性?

读者在本章前面的文章中遇到了类似的挑战,即思考哪些公司具有足够的可比性,可以作为对比组归并在一起。关于阳光地带饮料公司(Sunbelt Beverage Corp.)股东诉讼,在利用可比交易进行公司估值方面,财政大臣威廉·B.钱德勒(William B. Chandler)以致律师信的形式作出了一项决定。[12] 在本案中,原告辩称,阳光地带饮料公司董事会成员违反了受托责任,基于对其他交易的有缺陷的比较,以不公平的价格(每股为45.83美元)将其套现。就像先前在可比公司中提到的案例中,在交易人选择哪些交易真正具有可比性时,目标公司的规模和行业可能不够精确。正如一位评论者所指出的那样,仅仅简单地应用涉及同一一般行业的公司的一组交易得出的倍数均值是不够的:"如果在将数据应用于标的公司时充分理解和说明每笔交易的独特属性,可比交易分析就更有可能成为有意义的价值指标,因此也更经得起认真的审查。"[13]

如前所述,可比交易应具有若干特征:类似的行业、基本特征(利润率、信用质量等)和规模。除了可比公司分析所共有的这些因素外,确定可比交易组合还应考虑特定交易的特征,如上一个问题中所描述的那些特征。并购分析师应该了解交易的背景以及交易发生的原因。除了先前列出的问题外,分析师还应该知道买家是战略性的还是财务性的(财务买家更有可能支付"纯粹的"倍数)、国内的还是国际的以及收购者是通过全面的拍卖过程(这往往会推高价格)还是通过专有渠道(可能会导致更多的谈判,中立的倍数)获得交易。

表3—5载有在衡量两项并购交易的可比性时需要考虑核对的变量。

表3—5　　　　　　　　　　　　可比交易核对表

查找以下方面的相似性:
- 行业;
- 规模(收入、资产、市值);
- 时机;
- 业务组合(产品、服务的市场、分销渠道等);
- 地理位置;
- 盈利能力;
- 增长速度;
- 信用质量;
- 资本结构(债务/股本及相关比率);
- 经营模式。

这里和第二章"战略"中提到了成本节约和收入协同效应。这些协同作用究竟如何影响交易倍数?

在大多数并购交易中,成本节约通常是最大的价值驱动因素,尽管其幅度因情况而异。在本章中提出成本节约的要点是强调你应该仔细阅读新闻稿、投资者的陈述和其他来源,以了解哪些部分可能在并购交易中被折现。这将帮助你规范化隐含的交易倍数。

如果双方没有在公开披露中量化预期的成本节约,但你有理由相信他们是交易定价的关键驱动因素,那么你可以尝试一些经验法则,看看它们是否使倍数规范化。例如,许多从事工业交易的投资银行家会认为成本节约大约占收入的3%。在其他情况下,有大量的后台业务和生产节省,顾问可能会假设20%—25%的成本被消除。然而,与并购中的其他所有事情一样,不应凭空捏造这些经验法则——它们应在具体情况的事实背景下加以考虑。

那么收入的协同效应是如何影响交易定价的呢?

我们经常在并购公告中读到潜在的收入协同效应。在典型的案例中,收购方预期在买方和卖方的客户名单之间有健康的交叉销售数量。在其他情况下,买方可能获得较多的分销渠道和较少的产品,而卖方获得较多的产品和较少的分销渠道。这似乎显而易见。

但对这些假设持怀疑态度是明智的。当然,这种情况可能出现,而且确实会出现。然而,往往实际情况不如纸面上看起来好。例如,试想一个为重型卡车生产铝制车轮的制造商买断了为同类卡车生产制动套件的制造商的情况,两家供应商都为相同类型的卡车生产了部件,但针对不同的原始设备制造商(original equipment manufacturer,OEM)客户。理论上,这两家公司的合并看起来像是一个本垒打:交叉销售给对方的客户,甚至有可能节约一些多余的销售资源。然而,问题是,原始设备制造商客户车轮的采购经理和制动套件的采购经理是两个完全不同的人!车轮制造商出售给"彼得比尔特汽车公司(Peterbilt)的乔伊经理"这一事实对刹车套件制造商没有任何好处,因此他真的需要和"彼得比尔特汽车公司的迈克经理"谈谈。这家公司最终申请破产,虽然交易本身并没有导致破产,但这肯定无济于事——关键是,要小心收入预期过于乐观。

事实上,收入协同效应经常出现在并购新闻稿中,只是你很少读到关于潜在收入流失的文章而已。也就是说,此项交易会使得合并后的公司预计会有多少收入输给竞争对手。虽然不经常讨论,但收入流失至少与收入协同效应一样,不能掉以轻心。

哪一方通常为一项收购支付更多:战略买家还是财务买家?

尽管有泛泛而谈的风险,但传统的观点是,战略买家通常会为某一目标支付更多的钱,因为他们能获得更大的协同作用和/或成本节约效果。此外,财务买家通常对价格更为敏感,因为它们在进行投资之前通常会以20%-25%的5年期年化回报率为目标。战略买家也可能面临董事会的最低必要报酬率要求——可能是15%、20%甚至更高。然而,在其他条件相同的情况下,一个战略买家有更多的余地来偏离这些回报标准,由于目标公司是"战略必要"的。

当然,例外情况也是存在的。如果一个财务买家正在整合一个特定行业,则它可能拥有与战略买家相同的成本节约机会。此外,保荐人可能会将某一特定目标公司视为一定规模的"平台交易",从而创造后续收购机会。一些财务行业会利用这些点数来确定交易的付款比例,在某些情况下,这样做是正确的。

另一个说法是：对于财务行业来说，战略买家支付得起更高的价格并不奇怪。这对并购周期的行为方面有一定的影响。例如，财务赞助商更有可能收购那些不受欢迎的领域——这些领域的税息折旧及摊销前利润、交易倍数和收购竞争都很低迷。此外，财务赞助商通常支付全部现金，而战略买家可能需要大量股票作为交易对价。当卖方高度关注流动性时，这对金融买家来说可能是一个交易优势。可以理解的是，一些财务赞助商会向卖家指出，战略买家支付更多的是为了抵消其带来的成本（例如，解雇员工）。不管是公平还是不公平，行业竞争对手可能会毁掉一个企业家毕生的作品，这可能会促使一些潜在的卖家选择财务买家，即使要以更低价格出售。

那么构建可比交易分析的过程是什么呢？

如前所述，这一过程与可比公司分析中使用的过程类似。这个过程基本上包括5个步骤：

(1)研究涉及类似行业的公司和作为潜在目标的大致规模的并购交易。

(2)把领域内的内容提炼成一个清单，最好包含5到10次收购活动。

(3)根据目标特定行业中最常用的指标计算隐含的估值倍数。与类似公司的情况一样，这份清单通常包括企业价值倍数、市盈率、现金流价格以及潜在的销售价格。

(4)剔除可能影响其他交易市盈率的特定交易因素。

(5)将得到的倍数应用于目标公司，以广泛地估计其控制变化值。

交易详细信息应该在哪里查找？

如果你可以访问彭博资讯（Bloomberg）、资本智商（Capital IQ）、辉盛（FactSet）、泽费罗斯（Zephyr）、并购市场（Mergermarket）或路透（Reuters）等数据库，那么这一步很容易。如果没有访问这些数据库的资源，则你将不得不查找年度报告，进行谷歌搜索，或追踪卖方分析师的报告来收集数据。

先例交易分析是什么样子的？

大部分过程与本章前面列出的可比公司分析类似。因此，本章将不对先例交易进行同样程度的详细讨论。无论如何，钻牛角尖可能没有必要，因为"一表胜千言"。表3-6总结了管理式医疗保健行业中的7个假设交易以及结果。最常见的数据点包括以下几种：

表 3-6　　　　　　　　　　　　　　　先例交易摘要*

收购方	目标方	公开销售者的定价数据 每股	公开销售者的定价数据 单日保费	企业价值	企业价值倍数 销售	企业价值倍数 税息折旧及摊销前利润	企业价值倍数 息税前利润	股本倍数 收入	股本倍数 账面价值	或有对价
达美物流公司（Delta Logistics）	妈妈和爸爸卡车运输（Mom & Pop Trucking）	不详	不详	$230	1.5倍	4.3倍	5.6倍	8.3倍	1.0倍	第4年2 000万美元
鹰式货运	UStoreIt 有限公司	$34.00	18%	$1 267	1.2倍	8.0倍	10.4倍	15.4倍	1.2倍	不详
速递公司（Expedited Process）	福克斯公司（FoxEnterprises）	不详	不详	$356	1.6倍	3.5倍	4.6倍	6.7倍	0.9倍	3年1 500万美元
XTP快递公司（XTP Delivery）	一键物流公司（Keytouch Logistics）	不详	不详	$337	1.4倍	4.0倍	5.2倍	7.7倍	1.1倍	无
达美物流公司	全球货运公司（Global Freight）	$45.50	21%	$773	1.7倍	5.0倍	6.5倍	9.6倍	1.1倍	不详
鹰式货运公司（Eagle Freight）	天阔租赁公司（Big Sky Leasing）	$77.25	35%	$2 227	1.2倍	8.5倍	11.1倍	16.4倍	1.3倍	不详
联合快运公司（United Express）	常春藤道公司（IvyTrack）	不详	不详	$135	1.7倍	4.5倍	5.9倍	8.7倍	1.0倍	第5年2 500万美元
达美物流公司	永久货运公司（Forever Freight）	$36.70	26%	$665	1.3倍	6.0倍	7.8倍	11.5倍	1.2倍	不详
	平均值		25%	$749	1.5倍	5.5倍	7.1倍	10.5倍	1.1倍	
	中位数		24%	$511	1.5倍	4.8倍	6.2倍	9.1倍	1.1倍	

■ 每笔交易中买方和卖方的名称。对于公开卖方而言，定价包括每股发行价和相对于最近收盘价的百分比溢价。（不过，如前所述，这是一个棘手的领域，因为保费指标差异很大。）[14]

■ 发行价格时的股权价值和企业价值。

■ 隐含的企业价值倍数和市盈率倍数［在本例中，按过去12个月（长期）、本年和下一年计算］。

■ 业务注意事项的混合（此处未显示，但偶尔包含在注释中）。

■ 为了准确地了解定价，是否有盈利或其他一些或有的考虑因素。（顺便说一句，涉及公共卖家的交易没有或有代价。在交易完成后很长一段时间内，机械地将随后的报酬分配给前公众股东将非常困难。）

为什么一个细分市场或地理区域的并购倍数与其他地理区域的先例交易相比有时会显得保守？

鉴于金融市场和经济力量的全球化程度,认为并购交易倍数在不同的市场部分和地理区域之间可能存在很大差异的概念有时有点出人意料。然而,这些变化是可以发生的,而且确实发生了。一个主要的例子是加拿大与美国银行收购倍数之间长期存在的差距。

当估值倍数出现如此大的幅度时,考虑不同地区或细分市场是否存在结构性差异很有帮助。例如:

- 市场是否面临更艰难的监管环境?行业监管机构对交易提出疑问的可能性越大,交易失败的可能性就越大,可能会缩小潜在买家的范围。为了防止交易失败带来更大损失,很多收购方最终会降低并购倍数。
- 市场是否呈现出成熟的寡头垄断状态,而另一个市场则处于整合的早期阶段?在一个成熟的市场上,收购目标方一般比收购方更多,这是为了减少价格竞争。相比之下,在处于盘整初期的市场上,优质目标公司一般会面对更多潜在求购者,从而为目标公司提供更多的杠杆。这种竞争推高了并购的倍数,因此,有可能拉低交易后的价值创造。
- 目标公司在地理市场中是否比在竞争市场中更有利可图和/或有更好的资本?这可能会对并购估值产生两方面的影响:(1)"较好"区域较强的行业动态可能吸引更多买家,从而增加竞争;(2)该"较好"地区的公开交易收购者可能拥有较高的股票价格,因此,其资本成本较低。这可以让他们为收购价格"延展"更多。

如果具有可比性的交易太少(或没有),或者唯一的可比交易过于陈旧,怎么办?

这个问题确实存在。可比交易方法的一个关键困难是涉及一家或多家私营公司的过去交易的财务数据有限。话虽如此,但做可比交易分析时对不完全具有可比性的交易进行分析,并赋予折扣或溢价以调整其价值本来就是可行的。然而,从根本上来看,先例交易方法通常与其他估值技术一起使用,包括现金流量贴现法和可比公司分析。因此,将可比交易排除在估值报告之外当然是允许的。

可比交易可以用来对陷入困境的公司进行估值吗?

可比交易方法(类似于前面讨论过的可比公司方法)不一定适用于困境交易,除非它是在比较两个陷入困境的实体。

可比公司法和可比交易法可以被质疑——因为没有两家公司,也没有两个交易是完全相同的。因此,为了完整,估值应包括其他估值方法。另一个普遍为人接受的方法是现金流量贴现方法。下一节将为这个非常重要的主题提供入门知识。

如何缓解估值比较的弊端?

除了在一个时间点上看公司与其他公司的关系外,还要在多个未来时间点上看公司目前与自身的关系,这就是现金流量贴现分析的目的。

现金流量贴现分析

到底什么是现金流量贴现分析？

现金流量贴现分析是一个广泛使用的分析框架，用于衡量多年期现金流量的现值。在并购中，现金流量分析最简单的应用是，根据对企业未来产生的现金流的预测来估计企业的价值。这些现金流是"贴现"的，因为给定货币的时间价值，未来赚的1美元价值低于今天赚的1美元。通过调整分析，现金流量贴现分析还使收购方能够探索特定目标是否可能产生足够的风险调整后回报。

虽然本书是在并购背景下讨论现金流量的，但此分析方法并不仅仅局限于并购的应用。相反，该框架几乎可以适用于任何金融决策过程：是否购买股票、购买一台新设备是否具有财务意义、一块房地产的价值应该是多少等。因此，本节全篇所述的此分析方法也可用于其他方面。

现金流量贴现分析与倍数分析有何不同？

贴现现金流不仅从表面了解一家公司，而且深入调查其未来。它预测公司在未来自由现金流（支付必需品后剩余的钱）方面做得有多好。它跳过历史分析而偏爱基础：现金就是现金，现金就是好的！

倍数分析表面了解了许多公司，但它关注的是过去。它告诉你，在过去几年里，对可比公司来说，什么样的比率是正确的。此外，倍数分析使用了各种会计数字——销售倍数、利润倍数等——这些数字可能指示也可能不指示真正的经济价值。

此外，与静态、时间点方法（如倍数分析）相比，现金流量法具有一些优势，因为它为投资分析增加了更大的灵活性和更高的精确度。

所有这些方法综合使用可以作为一个有用的交叉检查。

与其他估值方法相比，现金流量贴现法有何不同？

在许多方面，基于现金流的估值是所有估值技术的鼻祖。归根结底，这是因为所有的估值方法都直接或间接地集中于回答同一个问题：在相关计量期间，我预计这项业务将产生多少现金？

顾名思义，现金流量贴现分析是一种计算公司未来净经营现金流量并将其贴现为现值的分析方法。纯粹主义的方法只计算"自由"现金流——可用于消费的现金；期内资本支出和股利支付后计算。

许多分析家认为现金流量贴现方法是估值一家运营中的公司的最好方法，但不是唯一的方法。全面的估值不仅要看现金流，还要看资产、收益和股票价格——以及基于这些基本面的各种比率和方法,当然还要看反映资本成本的贴现率。

现金流量贴现的基本方程是什么?

现金流量贴现$(DCF) = [CF/(1+r)^1] + [CF/(1+r)^2] + [CF/(1+r)^3] + \cdots + [CF/(1+r)^n]$

式中,CF为当期现金流量,r为贴现率(或利率),n为期间数。

现金流量贴现模型的主要输入变量是什么?

要运行基本的现金流量贴现模型,必须做出一些基本假设来"驱动"计算。这些指标包括目标公司在一定时期内的现金流量、目标公司预计的资本结构、适当的贴现率以及目标公司的长期价值。分析师如何准确地得出这些假设取决于大量变量:目标公司的特定行业、公司生命周期阶段、市场条件、收购方的要求、资本结构等。

输入变量的数量和详细程度也会有所不同,这取决于交易的复杂性和正在进行现金流量贴现分析的决策的性质。因此,放弃"即插即用"的模板模型对分析师有利,不仅因为分析师可以更好地理解模型的内部工作方式,而且还因为可以更好地根据特定目标定制模型。

如何构建现金流量贴现分析?

基本现金流量分析由四个主要步骤组成,每一步骤又涉及一些假设和计算。图3—2对此进行了说明。

预测自由现金流量	估算资本成本	估计终值	计算并解释结果
• 确定自由现金流的组成部分 • 算出历史财务状况 • 确定预测时间区间、假设和应用情景 • 如果构建交易,则请考虑潜在的协同效应和成本节约 • 编制预测	• 构建目标资本结构 • 估计权益资本成本 • 估计债务资本成本 • 计算加权平均资本成本	• 在预测期最后一年选择适当的现金流量资本化方法 • 考虑企业价值倍数、市盈率、自由现金流永续增长等	• 折现年度现金流量和终值 • 进行敏感度分析 • 用决策文件解释结果 • 考虑通过税收或法律结构提高价值的方法

图3—2 现金流量分析流程概述

(1)预测目标公司自由现金流。这包括确定自由现金流量的组成部分和驱动因素,建立完整的历史财务报表,确定适当的预测范围以及经营假设和应用情景,以及潜在的协同作用和成本节约水平(如果构建交易模型)。

(2)估算资金成本。为此,分析师要制定一个目标资本结构,估计权益资本成本和债务资本成本,然后计算加权平均资本成本。

(3)确定目标公司的终值。其中一种方法是以最后一年的预测财务数据为基础,应用一个倍数,无论是企业价值倍数、市盈率,还是一个不断增长的永续年金。稍后会有更多关于这方面的内容。

(4)计算并解释结果。分析师将每年的现金流量以及终值贴现到现在。如后面讨论的,进行敏感性分析有助于更好地理解哪些变量对估值有不成比例的影响。重要的是,分析师要在更广泛的背景下考虑和解释模型的输出值以及敏感度分析(即估值是否有意义)。最后,分析师考虑通过税收、法律或其他结构化技术来提高价值的方法。

现金流量贴现分析的优点是什么?

与前面介绍的估值技术(可比公司和可比交易)相比,现金流量分析的一个主要优点是现金流量分析在绝对基础上对公司进行估值,而其他方法则考虑相对于目标同行的估值。也就是说,现金流量换算是一种相对的估值方法,它使用倍数来比较一个行业内的股票和/或交易。相对估值指标,如企业价值倍数、市盈率和销售价格,易于计算;然而,不利的一面是,如果整个行业和/或市场估值过高或过低,则它们可能会导致亏损。相反,一个经过深思熟虑设计的现金流量贴现模型应当是独立的,它会引导你避开那些看起来廉价的机会——但只针对那些估值过高的同行。

现金流量贴现分析的第二个同样有价值的优点是,该方法植根于现金流,而不是更主观的财务指标,如税息折旧及摊销前利润、收益甚至销售额。正如前面所讨论的,这些非现金细列项目都在不同程度上受制于会计解释。例如,一家公司报告的收益可能会根据该公司使用的折旧或摊销假设而发生巨大变化。表3-5说明了公司摊销计划的一个微小变化是如何改变其净收入14%的。同样,税息折旧及摊销前利润可以根据存货的跟踪方式以及其他假设而改变;相反,现金与会计假设无关。现金要么在那里,要么不在那里。

例如,在石油和树脂价格迅速上涨的环境下,有一家注塑塑料制造商。制造商的税息折旧及摊销前利润看起来可能会有明显的不同,这取决于公司是基于后进先出法(last-in, first-out, LIFO)还是先进先出法(first-in, first-out, FIFO)来管理库存,甚至销售数字也取决于公司确认收入的时间和方式。例如,上述制造商是在向分销商发货时确认销售,还是将已发货的产品视为或有库存,所有权只在后续向零售商销售时转移?这些看似微小的会计假设差异可能会导致公司利润表和估值倍数的巨大差异。

此外，现金流量贴现框架足够灵活，它可以用来评估一家公司独立运营还是作为合并后公司的一部分。在独立估值的情况下，分析师可以预测两个独立企业在一定时间内的现金流量，将终值分层，并按原样得出每一个企业的估计价值。然后，分析师就可以对联合企业——包括成本节约、收入协同效应、税收节约和其他交易利益——赋终值，并计算合并企业的期望值。如果合并业务的现值超过独立基础上组成公司的合并价值，则交易能创造价值，并应进入并购流程的下一阶段。表3-7总结了现金流量贴现分析的优点。

表3-7　　　　　　　　　现金流量贴现分析的优点

- 绝对而非相对估值；
- 植根于现金流，此估值基础比基于收益的衡量标准更为客观；
- 应用高度灵活。

最后，现金流量贴现分析可以作为对分析师的倍数分析所产生的估值的健全性检查。

让我们假设，经过一个完整的倍数分析，一个收购者对一个汽车零部件制造商的估值是7倍于下一年的税息折旧及摊销前利润。

7×倍数是从哪里来的？"嗯"，收购方可能会回答，"同行集团的股价是6×税息折旧及摊销前利润，而这家特定制造商的增长速度比同行快15%到20%。"这是合理的估值吗？如果在倍数分析时，对比组被高估了呢？或者如果行业销售低于趋势值呢？这些因素可能会暂时使同行的估值倍数偏高或偏低。

用现金流量贴现模型为倍数分析做补充，将帮助收购方考虑目标公司必须以多快的速度增长才能实现7亿美元的估值。现金流量贴现分析要求收购方考虑以下因素：我们在汽车周期中所处的位置、原始设备制造商客户的降价、淘汰风险以及工会化的劳动力成本。收购方还必须考虑贴现率。贴现率取决于无风险利率、收购方的资金成本等。这些考虑应该会提高收购方给目标设定一个现实的价格标签的可能性。通过这种方式，现金流量框架可以帮助收购者识别公司价值的来源以及提议的收购价格是否合理。

现金流量贴现分析的缺点是什么？

正如现金流量贴现有它的优点一样，当然它也有不足之处。有些读者会对"垃圾进，垃圾出"这句话很熟悉。一个模型的输出质量的优劣只取决于其输入质量的优劣。现金流量贴现模型实际上归结为三个广泛的假设：自由现金流预测、终值和贴现率。根据分析师对公司将如何运营以及行业将如何发展的看法，现金流量贴现的估值可能会有很大的波动。如果模型的输入变量——现金流、终值和贴现率——在本质上与收购目标方失之毫厘，那么所得到的分析也会如此——"垃圾进，垃圾出"。

即使假设当时是合理的,微小的变动也可能导致估值的重大变动。本章后面随附的第二铅笔制造商的现金流量贴现的讨论中说明了一个这样的例子,其中,未来预期增长率的1个百分点的变化对估值就影响12.5%。神奇!诚然,这里使用了一个极端例子——但问题是,就像所有其他估值分析方法一样,没有一种方法是神圣不可侵犯的。一项分析的结果应与其他分析的结果进行比较。

同样,现金流量折现法对所使用的贴现率极为敏感。由于贴现率可能受到许多次要因素的影响,估值方法时常因其可供操纵而被批评。例如,计算贴现率的第一步是选择一组具有可比性的上市公司来建立"β",这是本章后面定义的加权平均资本成本计算的组成部分。哪些公司包括在或不包括在这个同行群体中,完全由参与分析的个人决定。

现金流量贴现分析的另一个问题是终值可能占总值的太大一部分(例如,90%)。如果终值与总值的比例过大,则现金流量贴现分析可能毫无意义,因为现金流量贴现分析应估值的中期现金流量已变得不够相关,特别是在分析中贴现的永续增长率越高,则终值越大。

因此,经常更新现金流量贴现模型中的假设是很好的做法。现金流量贴现分析是一个需要不断反思和修正的动态目标。没有一种模式是一成不变的。分析师必须根据任何有意义的发展调整输入和假设,如收益的负趋势、客户或供应商的财务困境甚至利率的重大变化。如果期望值发生变化,估值则会改变。情况可能不一定如此,至少在同等程度上在相关基础上看公司的估值方法。表3-8总结了现金流量贴现分析的缺点。

表 3-8　　　　　　　　　　现金流量贴现分析的缺点

- 价值是否对现金流预测敏感,加之现金流预测本身就很难预测。
- 贴现率的有效性取决于β假设和市场风险溢价。
- 不正确的估计可能会使终值失真。

现金流量贴现模型中哪些输入变量对输出影响最大?

这是一个重要的问题,特别是考虑到前面关于"垃圾进,垃圾出"的讨论。事实是,这取决于行业、公司、模型中反映了什么增长假设等。然而,在现金流、贴现率和终值这三个现金流量贴现模型的关键输入中,公司的现金流通常对最终估值的影响最小。最大的驱动因素通常要么是假设的终值,要么是使用的贴现率。

那么什么时候终值比贴现率更能成为估值的驱动因素呢?预测期越长,预测值的影响一般越小。大多数现金流量贴现分析将涉及5-7年的预测期。当预测期不足5年时,可能短期波动影响整体估值的风险开始增加。

如何确保在现金流量贴现模型中使用的假设是合理的？

现金流量贴现分析中的许多变量是相互关联的，许多结果如内部收益率（internal rate of return，IRR）对一些关键变量的变化具有高度敏感性或弹性，可以采取以下几个步骤来验证此假设：

- 输入验证。分析师应该花大量的时间研究一组假设及其与被分析的特定目标的相关性。

- 敏感度分析。除处理核心数据集之外，分析人员还应该探索现金流量贴现生成的输出和度量的稳定性，以响应假设、应用场景或"自然状态"的变化。更多内容将在本章后面的"预测自由现金流"讨论中揭示。

- 蒙特卡罗模拟。虽然敏感性分析是有帮助的，但在某些情况下，使用"最佳情况"和"最坏情况"假设可能会提供误导性的风险指示。也就是说，在许多情况下，所有事情同时变坏或变好的联合概率是极小的，因此使用最坏情况或最好情况的情景提供了错误的线索。通过专门的应用程序或电子表格插件使用蒙特卡罗模拟可以提高静态现金流量贴现分析提供的决策支持的质量。

- 归因分析。有助于验证现金流量贴现模型生成的输出的最后一种分析形式是归因分析的应用。简言之，这一技术侧重于确定对产出和业绩计量影响最大的关键输入假设。一旦确定了关键假设，就可以通过额外的研究对其进行更多审查。

在确定终值之前，分析师应该预测多远的年度现金流？

如前所述，分析师最好至少预测5年，否则，终值占企业价值的比例过大。虽然很多模型都是以10年为预测期，但5到7年可能是最常见的时间。然而，最终的考验在于可见度。分析师应该预测未来的现金流，只要有信心，直到业务成熟并进入较慢的增长状态。

这并不是说分析师必须百分之百地确信预测结果。毕竟，没有人能求神问卜，所以每一个流量都是一个估计。然而，每年的观点都应该有一些合理的依据，并解释分析师是如何得出特定预测的。因此，收购方做出有效的前瞻性预测的能力至关重要，否则现金流量贴现将特别容易出错。

现金流量贴现法是否可以用来给公司分部和子公司估值，此项估值有多重要？

对单个业务单位执行现金流量贴现分析是可行的，但这很可能是一项自己动手的工作。单位级现金流量表在现行会计规则下并不是必需的，尽管这是在财务会计标准委员会会计准则编纂专题280"分部报告"的讨论中提出的一项建议。现行会计规则要求为公司单位单独编制利润表但不要求编制现金流量表，现金流量表必须根据其他数据进行估算。

资产剥离通常是在胁迫下进行的，无论是为了获得所需的现金还是为了遵守反垄断命令[15]，但如果公司的多元化程度远远超出了其战略核心，资产剥离就有战略价值。虽然多样化对一个金融投资组合是有意义的，但对一家运营公司来说，它可能是有风险的。有些企业与其说凝聚成了砾岩，不如说是拼凑成了石堆——一项项业务、一项项费用支付，往往对总部的影响有害无益。合并带来的好处——例如，通过添加反周期业务而使现金流动平稳化的协同效应——往往被成功增长所必需的创业过程的总部僵化所抵消。松散的"石堆型"企业逐渐意识到如果不与类似公司相结合，作为独立公司通常会运营得更好。

预测自由现金流

自由现金流到底是什么？

自由现金流是公司在特定计量期内支付完所有现金费用后剩余的现金。自由现金流代表目标企业从经营活动中留下的可用于投资或融资活动的实际现金数额。这类活动的例子包括派发股息和回购股票。

在预测未来的现金流时，我是否可以只使用当前的现金流，然后计算？

并购交易通常涉及数百万甚至数十亿美元的风险。本书认为，现在不是进行封底工作的时候。

理想情况下，预测现金流的过程始于并购分析师建立一套完整的三部分财务报表，包括利润表、资产负债表和现金流量表。尽管从目标公司的最新息税前利润或税息折旧及摊销前利润开始并快速运行一个自上而下的现金流分析很诱人，正如后面所描述的，分析师有可能错过真正的洞见，而在从头开始构建的一个完整的模型中可以收集到这种洞见。

根据我们的经验，分析师真正了解一家公司运营情况的唯一方法是深入分析预测收入、利润率、营运资金等细节，即从目标公司的历史业绩角度分析。建立完整的模型还迫使分析师考虑经济和行业周期以及产品组合和客户群的变化。可以理解的是，有时只需要一个高级别的分析，这使得全套财务数据看起来像是在浪费时间。但那些选择这条路线的人应该意识到，结果不太可能准确地代表目标公司的财务未来。

自由现金流如何计算？

计算自由现金流量有两种方法：自上而下法和自下而上法（分别见表3—9和表3—10）。

表 3—9　　　　　　　　　　计算自由现金流量——自上而下法

财务报表行项目	备 注
息税前利润	
加折旧和摊销	从税息折旧及摊销前利润中减去折旧及摊销得出息税前利润
税息折旧及摊销前利润	
减去(加上)营运资金增加(减少)额	包括应收账款、存货、待摊费用、应付账款、应计负债等的变动。 在某些情况下,将业务目标所需的最低数额现金作为营运资金是适当的。
减去资本支出	下一步,从某种程度上来说,计划范围应该包括一次性的、非经常性的现金流量。
等于(无杠杆)公司的 自由现金流(FCFF)	股权持有人和债权人皆可用的现金流
减去支付的现金利息	非现金利息费用,可能与到期利息支出不同
加上利息税盾	按边际税率乘以利息支出计算
加上(减去)债务,优先股和少数股权(增加减少)	非普通股资本来源(扣除本金偿还)导致普通股持有者获得更多现金
减去优先股息	向非普通股权人支付的任何现金会导致普通股股东获得的现金减少
等于普通股股权的自由现金流(FCFCE)	现金流只提供给普通股股东。假设所有流向普通股的现金流均已分配(即不进行再投资),以确保留存收益不被重复计算。

这个自上而下方法(见表 3—9)从目标公司的息税前利润开始。息税前利润加上折旧和摊销,这是非现金支出,得出税息折旧及摊销前利润。然后,分析师加减营运资金的变化(取决于营运资金在此期间是现金的来源还是现金的使用),并减去资本支出,这就是无杠杆公司的自由现金流(free cash flows to the unlevered firm,FCFF)。无杠杆公司的自由现金流是目标公司产生的现金流,可供债权和股权持有者使用。这里,分析师减去融资费用——利息和优先股息——以计算普通股股权的自由现金流(FCFCE)。这是向债权人和优先股股东支付所需融资费用后普通股股东可获得的剩余现金流。表 3—10 说明了一个汽车零部件制造商用自上而下方法计算的自由现金流。

表3—10 计算自由现金流——自上而下方法示例　　　单位：千美元

财务报表行项目	数量总额
息税前利润	$12 880
加折旧和摊销	2 576
税息折旧及摊销前利润	15 456
周转金变动	(1 546)
减去资本支出	(2 190)
无杠杆公司的自由现金流	11 721
支付的现金利息	(586)
加上利息税盾	234
债务、优先股和少数股权的变化	—
优先股息	—
普通股股权的自由现金流	$11 369

与此相反，自下而上法（见表3—11）从目标公司报告的净收入（即公认会计准则收益）开始，并加回非现金费用和其他流量。例如，自下而上法要么在净收入（取决于总流量）上增加或减去折旧、摊销、递延税金等非现金费用以及营运资本的变化，由此得出的数字是目标公司的运营现金流。这里，分析师将受税收影响的利息支出（即利息支出减去税盾）加回，再减去资本支出，得出无杠杆公司的自由现金流。从无杠杆公司的自由现金流到普通股股权的自由现金流在自上而下法和自下而上法两种方法下都是相同的。

表3—11 定义自由现金流——自下而上法

财务报表行项目	备注
净收入	报告的净收入
加上(减去)非现金费用(收入)	包括折旧和摊销，递延税项和其他非现金项目，但不包括非现金利息支出
减上(加去)周转金增加(减少)额	包括应收账款、存货、待摊费用、应付账款、应计负债等的变动。在某些情况下，将业务目标所需的最低现金数额作为营运资金是适当的
等于调整后的运营资金流量	
加利息支出	包括非现金利息支出。只要假设初始超额现金和所有中期现金流分配给股东（即预测期内除最低现金余额外没有现金累积），则适当的做法是将超额现金余额的利息收入排除在自由现金流计算之外

续表

财务报表行项目	备注
减去利息税盾	计算方法为边际税率乘以利息费用。如果公司存在净经营亏损（net operating losses，NOLs），或预计在预测范围内不是纳税人，则不应存在利息税盾
减去资本支出	下一步，从某种程度上来说，计划范围内应该包括一次性的、非经常性的现金流量
等于无杠杆公司的自由现金流	股权持有人和债权人皆可用的现金流量
减去支付的现金利息	非现金利息费用可能与到期利息支出不同
加上利息税盾	按边际税率乘以利息支出计算
加上（减去）债务，优先股和少数股权	非普通股资本来源的增加（扣除本金偿还），导致普通股持有者获得更多现金
减去优先股息	向非普通股权利人支付的任何现金会导致普通股持有者获得的现金减少
等于普通股股权的自由现金流（FCFCE）	现金流只提供给普通股股东。假设普通股权益的所有现金流被分配（即不进行再投资），以确保留存收益不被重复计算

表3—12说明了前面讨论的同一汽车零部件制造商用自下而上法计算的自由现金流。

表3—12　　　　　计算自由现金流——自下而上方法示例　　　　　单位：千美元

财务报表行项目	数量总额
净收入	$7 376
加上（减去）非现金费用（收入）	7 728
运营资金变动	(1 546)
经调整的业务现金流量	13 559
利息费用	586
减去利息税盾	(234)
减去资本支出	(2 190)
对无杠杆公司的自由现金流	11 721
减去支付的现金利息	(586)
增加利息税盾	234
债务、优先股和少数股权的变化	—
减去优先股息	—
普通股股权的自由现金流量	$11 369

计算现金流量的方法哪种更可取：自上而下法还是自下而上法？

在数学上，这两种方法应该生成相同的无杠杆公司自由现金流和普通股股权自由现金流（如果不同，你的模型就错了！）。因此，分析人员选择哪种方法都没有区别，只是个人喜好的问题。

然而，在实际操作层面上，选择可能部分取决于收购方最关注的估值倍数，例如，企业价值倍数或市盈率（如前所述）。如果估值讨论一般集中于税息折旧及摊销前利润的倍数（即汽车零部件制造商的 7×税息折旧及摊销前利润），则大部分讨论将围绕该财务指标展开。在这种情况下，交易撮合者一般倾向于使用自上而下法，因为它将息税前利润或税息折旧及摊销前利润放在列的上方。相反，如果估值倍数主要集中在盈利或净收入上，那么使用自下而上法可能更有意义，因为它以净收入领先。一个很好的例子可能是，一个特殊的贷款人，对他来说，利息是一项"真正的开支"。这类公司更有可能以账面价值的倍数或收益的倍数出售，而不是以税息折旧及摊销前利润的倍数出售，因为在这种情况下，利息实际上是一种运营费用。

现在我已经明白了现金流的计算方法，那么应该怎样去评估它们是否合理呢？

现金流预测是构建现金流量预测模型中最困难也是最主观的部分，需要解决各种各样的问题，其中包括：

- 预测与管理层的预测是否有很大差异？若是如此，原因为何？
- 该公司过去是否能够实现其预测？
- 行业前景如何？
- 公司的竞争地位有多稳固？
- 这是商业周期吗？如果是的话，则预测是否适当地考虑到这一点？
- 公司的增长或扩张计划是什么？
- 实现这些计划的营运资金和固定资产要求是什么？
- 生意是季节性的吗？如果是，季节性的营运资金需求是什么？
- 哪些事件（罢工、货币波动、国外竞争、供应商流失等）可能影响预期结果？
- 公司是否有多余的资产或部门可以或应该出售？
- 完成销售任务需要多长时间，能产生多少钱？
- 还有其他潜在的现金来源吗？
- 在这一切中有什么可能出错的地方，公司是否有应急计划？

这份清单远不是详尽无遗的，可能需要几个小时、几个星期或几个月的尽职调查。一旦做到这一点，收购方将能够合理地估计在交割日以及此后 5—10 年期间所需的融资总额。

在现金流预测中,过度乐观如何避免?

至少两组预测应做出:基本情况和最坏情况。基本情况是往往有一些乐观的想法,最坏情况是管理层相信有 90% 的机会达到目标。买方的决定,追求一个交易和金额,其目标贷款取决于 90% 的情况。如果买方依赖于最坏情况预测,那么目标公司就不必完全具备履行其债务义务的所有条件。

计算贴现率

贴现率是什么?

回想一下,现金流量折现法背后的基本概念是,企业的价值是该企业所有未来现金流的总和折现回现在的金额。由于未来的 1 美元价值低于今天的 1 美元,因此未来的现金流使用贴现率。计算未来现金流量价值的公式总结如下:

$$PV = \frac{FV}{(1+i)^n}$$

式中,PV 为未来付款的现值;FV 为必须贴现的未来金额;i 为使用的贴现率;n 为期间数(通常以年为单位)。

想想这个例子。如果你向我保证明年的今天支付 100 美元,那么今天这笔款项的价值是多少(称为现值)?如果我们假设贴现率为 10%,那笔付款的现值则将是 90.91 美元。从数学上看,该等式如下所示:

$$现值 = \frac{100 美元}{(1+10\%)^1}$$

相反,如果我们假设贴现率为 12%,价格则只有 89.29 美元。注意两者之间的反比关系:更高的贴现率导致较低的现值,而较低的贴现率驱动更高的现值。

$$现值 = \frac{100 美元}{(1+12\%)^1}$$

有时把贴现率看作利率的推论会更直观。例如,假设我有一笔 100 美元的债务,1 年后到期,如果我今天按 10% 的固定利率把 90.91 美元存入银行,则这个账户将来就会值 100 美元。不过,假设我四处寻找,找到一家愿意为我提供 12% 利率的竞争银行,则我今天必须存多少钱才能在 1 年中有 100 美元?只需 89.29 美元,因为利率较高时所需的现值较低。

前面的例子只计算一笔未来付款的现值。而我的现金流量贴现模型有几年的未来现金流,是怎样起作用的?

这是大多数现金流量贴现模型的典型情况——分析师正在计算未来现金流的净现值(net present value,NPV)。实际上,每期现金流量的价值都贴现到今天。

让我们重温第一个例子。我们假设每年保证支付 100 美元,为期 3 年,从今天开始第 1 年。如果我们假设贴现率为 10%,则分析结果如下:

$$NPV = PV_1 + PV_2 + PV_3 = \frac{100}{(1.10)^1} + \frac{100}{(1.10)^2} + \frac{100}{(1.10)^3}$$
$$= \$90.91 + \$82.65 + \$75.13 = \$248.69$$

那么在现金流量贴现分析中正确的贴现率是多少呢?

实际上,没有"正确"的比率可以使用。选择使用哪种贴现率是一个主观过程。但是如果我们把这个问题改成"哪种贴现率是合适的"可能(至少)有两种方法来回答这个问题:理论方法和实践方法。就像大多数理论性的东西一样,重要的是让学生理解课本答案背后的理论。通过理解这个理论,学生对什么时候修改规则有了更好的理解,因为在并购中没有什么比估值更像一门艺术了。

教科书中的现金流量分析使用的是企业的税后名义加权平均资本成本——通常被称为加权平均资金成本——对公司的税后名义杠杆自由现金流进行贴现。加权平均资金成本是债务和资本权益成本(包括优先股)的加权平均数,使用资本结构组成部分的市场价值权重。

如何计算公司的加权平均资金成本?

加权平均资本成本的计算公式如下:

$$WACC = K_E(E/V) + K_D(1-T)(D/V) + K_P(P/V)$$

式中,K_E 为普通股资本成本;E/V 为普通股市值与公司总价值之比;K_D 为债务资本成本;T 为公司边际税率;D/V 为债务市场价值与公司总价值之比;K_P 为优先股权资本成本;P/V 为优先股市值与公司总价值之比。

股权资本成本理论上是指公司向股东支付的回报,以补偿股东因投资而承担的风险。同样地,债务资本成本是企业为贷款而向债权人支付的回报。权益成本和债务成本通常都用回报率表示。因此,某一特定公司的股东在投资该公司之前可能会以 20% 的年回报率为目标,而贷款人可能只需要 8% 的回报率。在这种情况下,权益资本的成本是 20%,而债务资本的成本是 8%。

我们可以扩展这个例子来计算公司的加权平均资金成本。假设这里描述的公司是 20% 的债务融资和 80% 的股权融资。为了简单起见,假设股权是普通的,即没有优先股。如前所述,这家公司的普通股资本成本为 20%,债务资本成本为 8%,边际税率是 40%。根据加权平均资金成本公式:

$$WACC = K_E(E/V) + K_D(1-T)(D/V) + K_P(P/V)$$
$$= 20\% \times 80\% + 8\% \times (1+40\%) \times 20\%$$
$$= 16.0\% + 0.6\% = 16.96\%$$

式中，$K_E=20\%$（普通股资本成本）；$E/V=80\%$（普通股市值与公司总价值之比）；$K_D=8\%$（债务资本成本）；$D/V=20\%$（债务市值与公司总价值之比）；$T=40\%$（企业边际税率）。

因此，本公司的加权平均资金成本为16.96%。

如果做一个独立的估值是有意义的，但如果合并两家公司呢？我应该使用哪家公司的加权平均资金成本？

在对并购目标进行估值时，分析师应使用目标公司的加权平均资金成本而不是收购方的加权平均资金成本。

如何计算公司的债务资本成本？

当公司已有未偿债务且资本结构为静态时，估计公司的债务资本成本相对简单；对现有债务收取的利率应是准确的代用利率，前提是该利率是公平的且不低于市场（即来自公司间或股东提供的贷款）。

如果自该公司担保该债务以来情况发生了变化，则该债务的当前利率可能制定有误。宏观经济状况是改善了还是恶化了？公司的财务状况呢？它的行业遇冷了吗？如果债券公开交易，则这些因素很可能被折现为债券的有效收益率。然而，如果债务是私人持有的，所述利率则可能会引起误导。因此，重要的是分析师要考虑宏观经济因素和微观经济因素的变化。

标的资本结构变化怎么办？这对加权平均资金成本有何影响？

加权平均资金成本没有考虑动态资本结构，因此，分析师一般应假设一个不变的资本结构（即目标的现有杠杆或行业平均水平）。对于资本结构快速变化的公司[即杠杆收购（LBO）]，随着财务杠杆的变化，在预测的每一年使用不同的加权平均资金成本可能是合适的。

举例来说，一家私募股权公司正在评估一家目标公司，其债务资本比（债务上限）为20%，当前负债与资金比率占比为8%。如果私募股权公司将目标公司的债务上限比率提高到80%，目标公司的借款成本则可能会从目前的8%大幅增加。随着私募股权公司偿还贷款，目标公司的借款成本则可能会下降——这将推动加权平均资金成本下降。顺便说一句，这种不断变化的资本结构不仅会影响债务资本成本，还会影响权益资本成本。也就是说，资本提供者对风险较高的投资要求更高的回报，否则他们就会把资本放在别处。当一个公司的风险增加（减少）时，它的资本成本增加（减少）——从债务和股本的角度来看。

那么一家公司的权益资本成本呢？

虽然一家公司目前的债务资本成本比较容易通过其当前的利率确定，但该公司的权益成本则比较难以估计，因为权益成本是无法观察的。然而，股权资本仍然是一种成本，尽管它可能没有一家公司必须支付的固定和明示的价格。股权投资者投入公司的资金将有预期回报；如果公司不能满足这一预期回报，公司股价则将走低。如果该公司的股票公开交易，这种下跌的股价则可能会很明显。在私人持有公司的情况下，这种不断恶化的股权价值可能不会明显，直到管理层寻求筹集新的股权资本。

在学术界和实践中，有多种模型可以用来估算公司的权益资本成本。其中，模型之祖是资本资产定价模型(the capital asset pricing model, CAPM)，它根据无风险利率加上公司特有的股权风险溢价来计算公司的股权成本。可以肯定的是，资本资产定价是一个扎根方法论，尽管有时分析师可能会选择将资本资产定价的结果与一种或多种其他方法混合，这包括戈登模型(基于股息回报和出售投资的最终资本回报)和/或债券收益率加风险溢价(将主观风险溢价加到公司的长期债务利率上)。

如何使用资本资产定价模型估计公司的普通股成本？

普通股成本的公式如下：

$$K_e = \beta_f + R_m - R_f + S$$

式中，R_f 为无风险利率；R_m 为市场风险溢价。

资本资产定价模型背后的基本思想是，一项投资必须以两种方式回报投资者：货币的时间价值和风险。货币的时间价值在公式中用无风险利率(R_f)表示，这是对投资者在一段时间内将资本分配到任何投资中的补偿。式中，风险是通过估算投资者接受特定的投资机会所需的溢价来捕捉的。这种溢价是通过一个风险度量值(或 β)来计算的。该风险度量值将资产在一段时间内对市场的回报与市场溢价进行比较($R_m - R_f$)。

在 3 个变量即无风险利率、β 和市场风险溢价中 β 可能是最不直观的。如前所述，β 是对特定股票或其他投资的风险度量。它衡量股票的相对波动性，即随着股市的上涨或下跌，一只股票的价格预计会上涨或下跌多少：

- β 等于 1.0。这种股票将被期望跟踪整个股票市场——如果市场上涨(或下跌)10%，则该股票将被期望上涨(或下跌)10%。
- β 高于 1.0。β 值大于 1.0，意味着该股票将比整体市场波动性更大。例如，一只 β 值为 1.5 的股票的波动性会比市场高出 50%。如果市场上涨(或下跌)10%，则预计股票将上涨(或下跌)15%。
- β 低于 1.0。β 值低于 1.0(但大于 0)，意味着股票的波动性小于市场的波动性。因此，β 值为 0.8 的股票的波动性将比市场小 20%。如果市场上涨(或下跌)

10%,股票则将有望上涨(或下跌)8%。β低于1.0的公司倾向于稳定,牛奶或面包生产商可能就是一个例子。即使在外部条件发生变化的情况下,这类主要消费品的需求也不太可能年年出现大幅波动。

β值是为所有股票交易所上市公司定期计算和发布的(例如,彭博)。这里的问题是,由于β的值不是恒定的,是随着时间的推移而变化的,所以期望回报的值是不确定的。对于相对稳定、成熟的公司,可以使用股票的5年历史β值和月度观察值;对于处于动态、高增长行业的目标公司,或者最近重组的公司,考虑使用较短的期限——例如,使用每周观察的方法,使用两年。

使用β作为风险度量的最大缺点是,它隐含地假设了一家公司的所有风险只能被提炼为一个市场因素。这种情况很少发生。然而,那些对β的最大缺点反应强烈的公司可能会考虑开发多因素模型,以增加对特定情况的相关性。

从实践角度来看,如何计算资本资产定价模型的三个输入变量?

这是一个关键问题,因为资本资产定价模型一个看似微小的变化就可以驱动一家公司权益资本成本的实质性变化。因此,分析师在资本资产定价模型中使用的假设符合格言:垃圾进,垃圾出,需明智地选择。

- 无风险利率。被广泛接受的基础利率是政府债券的当前收益率,其期限与现金流量贴现模型中的时间范围最接近。例如,10年期现金流量贴现通常使用10年期美国国债的当前收益率作为无风险利率的基础。在资本资产定价过程中,这一假设是最不主观的;在具体公司的估值问题上,这一假设可能也是最不容易引起争论的。

- β。如果你正在估值的公司是公开交易的,则只需对其股票使用目标公司发布的β。对于私人持有的公司,或者运营历史较短的公司,重组过的公司,或者杠杆率与行业平均水平相差很大的公司,使用行业平均β值而不是单个公司β值可能是合适的,前提是有良好的可比公司。在计算行业平均β时,使用一组可比的、公开交易的公司的市值加权平均无杠杆β。最后,特定行业的交易所交易基金(ETF)激增增加了一个新的选择,考虑使用ETF的β,如果基金的基础成分代表估值目标。

- 市场风险溢价。如前所述,市场风险溢价是对投资者作为承担股票风险(即投资于市场投资组合而不是无风险工具)的补偿而预期获得的超额收益的估计。市场风险溢价是通过取一段时间内数据点的平均值来计算的,以便纳入大量事件样本并减少测量误差。计算市场风险溢价的适当时间区间是一个有争议的问题。一方面,时间区间长有助于熨平短期波动;另一方面,在目前的情况下,时间区间短可能更切合实际。这是一场学术辩论,可能已持续多年。我们的做法更务实一点:市场风险溢价应基于计算无风险利率的同一期限。最后,那些正在寻找一个"快速而肮脏"的起点来获得合理的市场风险溢价的分析师可以请教专家。(道衡公司《估值手册——资本成本指南》

一书很有帮助,该书每年更新一次)。最近几年表明,股票市场的风险溢价为5%[16],而毕马威则设定了5.5%的略高水平。[17] 这些看起来都很合理。

如果估值目标公司大幅小于其上市同行,则该怎么办?哪方面改变了分析?

请考虑添加一个规模溢价(有时也称为小公司保费),转换为资本资产定价模型导出的贴现率。因此,资本资产定价模型公式被重新表述为

$$K_e = R_f + \beta(R_m - R_f) + S$$

其中,S 就是规模溢价。

规模溢价背后的理论是,较小的公司往往受到更多的资本限制和/或不具备较大竞争者的规模和竞争优势。按照逻辑,小公司的投资者将要求在此类公司的股权投资中获得更高的回报,以补偿增加的风险。溢价的规模越大,权益成本就越高,因此,现金流量贴现值就越低,其他都一样。

为了计算历史规模溢价,分析师应该根据规模构建公开交易股票的投资组合。规模溢价计算为每个规模投资组合的平均收益减去每个投资组合中股票的资本资产定价模型预测收益的平均值,然后将结果分成四分位数、五分位数、十分位数等(见表3—13)。

表3—13　　　　　　　　　　按四分位和十分位显示的规模溢价

四分位群	规模溢价(四分位)	十分位数组	规模溢价(十分之一)	以十分位数表示的最大公司的规模(单位:千美元)
大盘股(1和2)	不详	1	−0.38%	$314 623
		2	0.81%	15 080
中盘股(3—5)	1.20%	3	1.01%	6 794
		4	1.20%	3 711
		5	1.81%	2 509
小盘股(6—8)	1.98%	6	1.82%	1 776
		7	1.88%	1 212
		8	2.65%	772
微型股(9—10)	4.07%	9	2.94%	478

资料来源:晨星(博森股票、债券、票据和通货膨胀评估年鉴。晨星公司已经停刊了这本年鉴,但2011年的这些数据可以作为如何列示数据的生动例子)。

从表3—13可以看出,市值较小的公司可以获得较大的溢价,而市值较大的公司往往只能获得较小的溢价。使用此表的一种方法是对市值超过68亿美元的公司不适

用规模溢价。对于市值在18亿至68亿美元之间的公司,贴现率将包括1.20%的规模溢价;同样,对于规模在4.78亿美元至18亿美元之间的公司,贴现率将包括1.98%的规模溢价;对于市值低于4.78亿美元的公司,贴现率将包括4.07%的规模溢价。

表3—13说明了这些结果。请注意,这种关系并不完全是线性的。此外,对于非常小的公司所观察到的巨大的规模差异导致许多人质疑,样本集的低端是否包含了异常数量的统计异常值。例如,有一种观点认为,市场的最低端包含最多的陷入财务困境的公司。如前所述,资本结构是资本资产定价模型中假设可移植性如何的关键组成部分。因此,在大多数情况下,忽略10y和10z的结果是明智的。

理解这个过程背后的理论是很重要的。然而,许多从业者也看重一般的经验法则。为此,典型的小公司保费约为25%;也就是说,评估师可能会将资本资产定价驱动的贴现率(比如说13.6%)提高17%至25%。这个基准不是基于任何科学调查,注意,只是历史观点。因此,使用需谨慎。

估值目标公司被私人持有怎么办?这在估值中是如何体现的?

这涉及一个与目标公司规模密切相关的问题,即非流动性溢价(illiquidity premium)是否合适。非流动性溢价指投资者在某一证券不能轻易转换为现金时所要求的额外回报。图3—3为按十分位数显示的规模溢价。

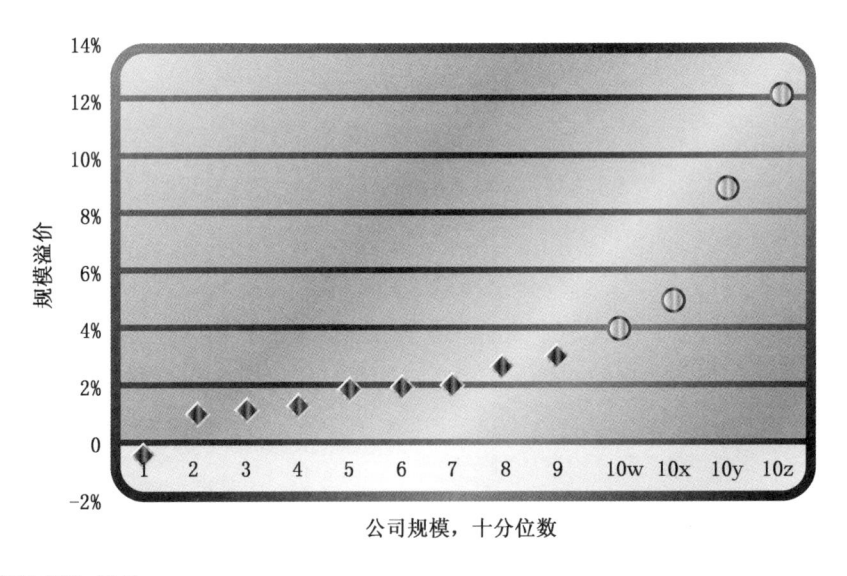

资料来源:晨星。

图3—3 按十分位数显示的规模溢价

例如,假设一个投资者正在评估购买两家公司之一的股票,这两家公司除了一个因素外是相同的：第一家公司的股票是公开交易的，而第二家公司的股票是私人持有的。第二家公司的股份据说是非流动的，因为没有一个活跃的市场供投资者继续出售股票，如果投资者后来决定退出的话。因此，投资者不会愿意为第二家公司的股票支付同样多的价格。

从实际的角度来看，公司的规模和流动性通常是相互关联的。公司规模越大，其股权的流动性越强；公司规模越小，其股权的流动性就越差。从资本资产定价模型的观点来看，非流动性目标公司的贴现率增加，以反映其非流动性资产。

目标公司是一家中低端市场的私营企业，应该同时申请规模溢价和非流动性溢价吗？

许多评论人士认为，评估师应该在小型私营公司的贴现率上加上溢价，以反映其规模和缺乏流动性。然而，从实际的角度看，要小心，不要重复计算同一因素并添加过高的保费。

例如，表3-13显示了公司在小市值到大市值范围内的历史规模溢价。然而，在规模溢价的某个地方，每只股票的流动性是嵌入其中的。也就是说，所显示的规模溢价不仅反映了每家公司的规模，还反映了股票的流动性如何。微盘股的流动性不如巨盘股。可以理解的是，投资者会要求对流动性差的股票进行更高的股权投资，以补偿在需要时无法将资金撤出的额外风险。但是，这种风险一般反映在规模溢价中，除非分析师创建了双因素模型。

因此，除表3-13中计算的规模溢价之外，增加非流动性溢价可能涉及一些重复计算，这可能导致贴现率高得离谱，资本资产定价机制下的估值异常偏低，确保你的最终结果"感觉"正确。

计算终值

为什么现金流量贴现分析要使用终值？

公司不像你我——虽然它是一个实体，在法律的眼中是"活着的"，但简单的事实是公司不是一个人；它通过循环，最终可能会成熟，但理论上拥有无限的生命。因此，植根于现金流的公司估值应永远反映这些现金流的现值。

这是一个很好的例子，说明了为什么理论并不总是能转化为现实：把公司的现金流预测到无限大根本不现实。坦率地说，下一年的流量都很难预测，更不要说10年、20年、30年甚至更长时间了。然而，如果我们考虑长期现金流的价值，实际上则是假设该公司将在预测期结束时停止经营。显然，事实并非如此。

因此，现金流量贴现法的估值包括估计预测期内的现金流量，然后估计终值以获取期末价值。这个终值是为了接近目标公司在预测期（即企业成熟并步入中年时）后现金流的折现总价。

一家公司的终值该如何计算？

估计企业终值的主要方法有三种：清算价值法、退出倍数法和稳定增长模型法。

■ 清算价值法。此计算方法通过估计市场在该点将为公司资产支付多少，假设目标资产在现金流量分析的最后一年清算。当目标资产可分离并可销售时，清算价值法是最有用的。然而，假设一家公司在现金流量分析结束时将停止运营并清算其资产，这种方法有局限性，因为它不能反映目标资产的盈利能力。

■ 退出倍数法。退出倍数法是最容易实现的，但涉及可比公司追溯法。这种方法使用某种收入或现金流度量的倍数，如净收入、税息折旧及摊销前利润或自由现金流，这通常通过查看市场如何对可比公司定价。回想一下，现金流量贴现分析的一个关键优点是它更多地关注一个公司的绝对价值，而较少关注相对价值。相应地，为了保持终值的"纯净"，终值倍数应该有一些超越交易倍数的基础。此外，如果该倍数与企业价值相关，不要忘记减去预计负债。以下例子说明了用退出倍数法估算终值的方法。

假设目标方预计在第10年产生1 500万美元的税息折旧及摊销前利润，届时，该目标方预计则将有2 000万美元的债务。将1 500万美元的税息折旧及摊销前利润乘以预期企业价值倍数（公司价值/税息折旧及摊销前利润）。

终值：

税息折旧及摊销前利润	1 500万美元
企业价值倍数	8.0
企业价值	1.2亿美元

减：

债务	2 000万美元
股权价值	1亿美元

■ 稳定增长模型法。舆论界认为，从技术上讲，持续增长模型法是最合理的。然而，它确实需要分析师做出判断，公司的增长率何时会下降到一个成熟的水平以及它的可持续增长率是多少，至少应使用稳定增长模型来检验终值退出倍数假设的合理性。

从分析看，公司的终值计算通常看起来就像是一个不断增长的永续年金的公式，即下一个期间的预期现金流除以贴现率减去这些现金流的预期增长率。该公式如下：

$$终值 = \frac{预计下期现金流量}{r-g}$$

式中,r 为贴现率,g 为预期增长率。

直观来看,这种与永续年金的类比是有道理的。毕竟,终值的概念植根于这样一种观点,即公司的生命是无限的——很像永远支付股息的永续年金。假设投资者的资本成本是 10%,那么投资者会为每年支付 100 美元的永续年金支付多少呢?答案当然是 1 000 美元,计算过程如下:

$$永续价值 = \frac{100}{10\%} = 1\,000(美元)$$

如果永续年金的年付款从 100 美元开始,然后每年增长 2%,则又会怎样?再假设资本成本为 10%,永续年金的价值则将增加到 1 250 美元,计算过程如下:

$$永续价值 = \frac{100}{10\% - 2\%} = 1\,250(美元)$$

正如下面的讨论所描述的,公司的终值遵循同样的逻辑。

就时机而言,并购分析师可能希望在 3 种不同的备选方案中做出选择:

- 没有高增长,公司已经处于持续增长模式。
- 会有一段时间的高增长,结束时,增长率会快速下降到稳定增长率,这称为两阶段模型。
- 会有一段时间的高增长,在这段时间结束时,增长率会逐渐下降到一个稳定增长率,这称为三阶段模型。

什么因素决定了一家公司的增长率,应该如何将这些因素纳入终值模型?

一个公司增长速度的驱动因素几乎与估值本身的驱动因素一样多。然而,有几个因素在重要性方面上升到顶峰:

- 公司规模。公司变得越大,它就越难保持曾经享有的高增长率,这就是大数定律在起作用。
- 当前增长率。尽管几乎所有与股市相关的广告上都贴满了免责声明,但过去的经历可以作为某些事情的合理预测。在我们的经验中,一家公司目前的增长率和未来的增长率之间至少存在着松散的相关性。当然,这取决于分析师是否理解这种增长是由于临时因素。然而,假设一家目前以 30% 的速度增长的公司可能比一家目前以 10% 的速度增长的公司更快,更长时间地增长,这并不是一个不合理的出发点。
- 进入壁垒和/或结构优势。如果不参考迈克尔·波特的五力竞争和/或进入壁垒等因素,很难(如果不是不可能的话)思考一家公司的长期增长率。因此,增长将持续多长时间以及增长幅度有多大的问题可以重新界定为对相关进入壁垒的测试,包括这些壁垒有多强以及可能维持多长时间。
- 公司及其行业的生命周期。正如后面更详细描述的,每一个行业——以及该行业的每一个市场参与者——都有一个生命周期。一个行业或公司在这一周期中处于何种地位,将部分取决于所讨论的进入壁垒和/或结构优势。然而,在一个原本兴旺的行业中,特定的公司可能会消亡,其他的原因也存在,关键的例子包括公司的再投资率和管理层的执行力。

最后一点——再投资低和/或在一个不断增长的市场中执行不力——是关键所在,因为这种情况可能比人们想象得更频繁,规模更大。例如,可能会让一些年轻读者感到惊讶的是,继麦当劳之后最受欢迎的快餐连锁店曾经是一家名为汉堡大厨(BurgerChef)的公司。汉堡大厨不仅是快餐业的主导者,还拥有火焰肉鸡(现属于汉堡王)的第一个专利,并首创了精选套餐——"工作餐"(Works Bar)[现最常在罗伊·罗杰斯餐厅(Roy Rogers)出现],甚至是"乐趣套餐"(Fun meal)(比麦当劳的快乐套餐早很多年)。汉堡大厨在开业11年后,于1968年出售给通用食品公司,后者最终无法支撑公司的增长。1982年,这家连锁店卖给了总部位于加拿大的伊马思科(Imasco)——哈迪氏(Hardee's)的母公司。此后不久,大多数汉堡店都改名。这个曾经的标志性名称在20世纪90年代中期完全消失。

最后,从一个更技术性的角度来说,稳定增长率不能高于公司经营的经济增长率,这是合情合理的。例如,如果你使用名义现金流和贴现率,增长率则也应该是以估值计价的货币计算的名义增长率。

如果一家公司已经处于稳定、持续的增长模式,则如何进行现金流量贴现分析?

在这种情况下,估值过程比全面的现金流量贴现更容易:企业的价值只是更广泛的现金流量贴现分析的终值组成部分。也就是说,它是下一个时期的预期现金流除以贴现率减去预期增长率。持续增长模式下公司的现金流量贴现公式如下:

$$企业价值 = \frac{预计下期现金流量}{r - g}$$

式中,r为贴现率,g为预期增长率。

例如,考虑一个处于缓慢增长行业的制造商——第二铅笔制造商——前年现金流为1 000万美元,年增长率为4%,贴现率为12%。那么,该公司的企业价值将是1.25亿美元,计算过程如下:

$$企业价值 = \frac{1\,000 万美元}{12\% - 4\%} = 1.25 亿美元$$

顺便说一下,此例说明了为什么假设的增长率可以对企业价值产生巨大的影响。

例如,该铅笔制造商的增长率每变化1个百分点,就会对估值产生12.5%的结转影响。也就是说,如果预计该制造商的增长率为2%,而不是4%,那么该公司的估值将骤降至1亿美元,这是相当惊人的。

是否存在不需要使用终值的情况？

前面讨论的最大例外是所谓的"径流业务"或"递耗资产"——事实上，这种企业的寿命是有限的。有些行业只是因为技术、法规或社会偏好的变化而进入长期衰退。应对挑战的一个办法是在前面提到的稳定增长率模型中使用一个否定的假设。结果的终值将低于公司增长时的价值，并反映出公司将随着时间的推移而消失的看法。在企业预计在不到10年的时间消失的情况下，最好不要假设任何终值，而是预测整个预期时间范围内的年度现金流，并将每一个现金流分别折现。

人工智能情况如何？又该如何估值呢？

就像并购的许多方面一样，这也是一种要么买、要么建的情况。对于那些希望建立人工智能的公司来说，关键在于雇用合适的人才。麦肯锡全球研究所2017年6月的一项研究发现，每位专家的费用在500万至1 000万美元之间。对于那些更愿意购买人工智能的公司，亚马逊、谷歌和微软提供了企业解决方案，即可以提供现成的内部功能。当然，人才和技术都是需要的，它们给公司带来的价值取决于具体情况。[18]

以下是收购方在给一家自称是人工智能公司或拥有人工智能解决方案的公司估值时可以提出的一些问题：

- 这是真正的人工智能，还是仅仅是大数据/其他带有人工智能包装的技术？
- 价值存在于公司的什么位置（例如，算法、中间件等技术堆栈的特定部分、用户界面、人员背景、团队凝聚力、创始人的愿景等）？
- 技术是否稳定？是否所有功能都按照预期的方式运作？
- 提供的任何竞争优势的来源和可持续性是什么？在市场上被他人的可复制性如何？
- 这家人工智能公司究竟如何为市场带来直接的营业收入提升速度（例如，释放更多的洞察力、创造新的市场、增加现有产品），以及营业收入加速的预测是什么样子的？
- 该技术的可扩展性和互操作性如何？人工智能将如何与其他技术交互，以及由此产生的技术能否以期望的规模运行？（依此类推，一个乐团即使拥有所有乐器，也未必能排出填满卡内基音乐厅的好音乐。）
- 人工智能公司是否创造了成本效率、生产率提高和/或有意义的自动化？哪些部分可以增加买方的税息折旧及摊销前利润，哪些部分的价值可以传递给客户？
- 收购的产品、特性或技术如何以及何时能够通过整合产生协同效应？例如，买方现有的分析能力将从收购的人工智能公司中得到多大的提升，何时能感受到这种影响？
- 绩效如何？它如何受到规模或环境变化的影响？它击穿的地方的冲击阈值是多少？

- 它是否有过时的风险？
- 是不是真正代表了它的估值？也就是说，如果标的说它是一个软件即服务产品，它是不是一个真正的多租户的软件即服务？等等。
- 什么是安全特性，它们的安全性如何？
- 是否使用了非标准技术，对可维护性有何影响？
- 这些知识是文档化的，被很好地理解了，还是只有很少的开发人员和架构师？
- 什么是研发过程、批准周期，以及对未来特性的投资？
- 人工智能是否存在合规风险（例如，与网络安全和隐私相关的法律）？
- 使用了多少开源，它们给公司带来了什么风险？

进行敏感性分析

敏感性分析是什么？

正如这一术语所暗示的，在敏感性分析中，我们试图确定输入的变化对结果的影响。换句话说，它是一种预测决策结果的方法，如果一个情况与一个关键预测结果不同的话。微软办公软件 Excel 的"假设"分析工具内置了几种进行敏感性分析的方法。

为什么要做敏感性分析？

尽管意图良好，但前瞻性的假设可能并不总是成立。事实上，金融分析师有一句老话：问题不是你的预测是否错误，而是错误的方向。没有人懂求神问卜，所以预测错误当然会发生。通过情景管理人员使用敏感度分析，是将几种不同的业绩可能性纳入财务模型的一个很好方法。这允许分析师对财务结果进行"压力测试"，现实是预期可以而且通常会随着时间的推移而改变。因为未来是无法肯定地预测的，所以采用金融模型的结果也不是一个好主意。告诉你的老板或客户，这些结果是最终的。这就是敏感度或"假设"分析发挥作用的地方！

现金流量贴现分析的一个深思熟虑的敏感性分析能告诉我们什么？

彻底的敏感性分析将允许你执行以下操作：

- 在存在不确定性的情况下测试现金流量贴现模型结果的稳健性；
- 增加对模型中输入变量与输出变量之间关系的理解；
- 关注那些对估值影响最大的变量；
- 搜索模型中的错误（通过遇到输入与输出之间的意外关系）；
- 通过固定对输出没有影响的模型输入或者通过识别和去除模型结构中的冗余部分来简化模型。

我们应该对现金流量贴现模型的哪些输入变量进行敏感性分析？

虽然答案最终取决于特定情况的事实和情况，但我们建议严格检验下列相互关联的假设：(1)贴现率，(2)长期增长率，(3)终值。

《国际评估准则》框架

估值是否有国际标准？如果有，是什么标准？

有，最近于 2017 年由国际评估准则理事会（International Valuation Standard Council，IVSC）出版。[19]《国际评估准则（2017 年版）》提出了企业估值的三种途径：

- 市场法。《国际评估准则（2017 年版）》框架指出，该方法通过将资产与可获得价格信息的相同或可比（即类似）资产进行比较来提供价值指示。这方面的一个例子是可比交易方法，对非公开持有的公司进行调整。

- 收益法。《国际评估准则（2017 年版）》框架指出，这种方法通过将未来现金流转换为单一现值（通常被称为贴现现金流或现金流贴现）来提供价值指示。在收益法下，资产的价值是通过参考资产产生的收益、现金流量或成本节约的价值来确定的。

- 成本法。《国际评估准则（2017 年版）》框架指出，这种方法通过使用"买方为资产支付的费用不会超过获得同等效用资产的成本"这一经济学原则来表示价值。这可以通过购买或建造来实现，除非涉及时间不会、不便、风险或其他因素。成本法计算资产的当前重置或复制成本，扣除实物退化和所有其他相关形式的陈旧。

《国际评估准则》的估值依据是什么？

根据《国际评估准则》标准，有几种可能的估值基础：

- 市场价值。《〈国际评估准则（2017 年版）〉框架》将其定义为"在估值日，经过适当营销，且双方在知情、谨慎和无强迫的情况下，自愿买方和自愿卖方之间进行公平交易时，资产或负债应交换的估计金额"。[20]

- 公允价值。《国际评估准则（2017 年版）》将此定义为"在已确定的、有知识的和愿意的各方之间转让资产或负债的估计价格，该价格反映了各方各自的利益"。（正如《国际评估准则》所指出的，"公允价值要求评估两个特定的、确定的当事方之间的公允价格，考虑到每一方将从交易中获得的各自的利弊；相反，市场价值要求市场参与者一般不可能获得或产生的任何优势或劣势都应被忽略"。[21]）

- 投资价值。《国际评估准则（2017 年版）》将此定义为"资产对某一特定所有者或潜在所有者的个人投资或经营目标，'注意到这是'一个特定实体的价值基础。虽然资产对所有者的价值可能与将其出售给另一方所能实现的金额相同，但这种价值基础反映了实体从持有资产中获得的利益,因此不涉及假定的交换。投资价值反映了正在进行估值的实体的情况和财务目标"[22]。

- 协同价值。《国际评估准则》将其定义为"两个或两个以上组合的结果资产或合并价值大于单独价值之和的利益"。该准则指出,如果协同效应只提供给一个特定的买方,那么"协同效应价值将不同于市场价值,因为协同效应价值将反映资产只对某一特定购买者有价值"。[23]

- 清算价值。《国际评估准则(2017年版)》将此定义为"当资产或一组资产都是零星出售时,清算价值应考虑到获取资产以及处置活动的可销售状态。清算值可以是在两个不同的价值前提下确定:(a)具有典型营销期的有序交易(见第160条),或(b)推销期缩短的强迫交易(见第170条)"。估值者应该指出哪种类型在发挥作用。

- 公允价值。《国际评估准则(2017年版)》共分为四个版本:国际财务报告准则(IFRS)、经济合作与发展组织(经合组织)、美国国税局(US-IRS)以及一般法律法规办法(考虑到可能存在的任何现行法律)。

- 成本方法。《国际评估准则(2017年版)》指出,这种方法通过使用"买方为资产支付的费用除涉及不适当的时间、不便、风险或其他因素外,不论是购买或建造,均具有同等效用。这种方法通过计算资产的当前重置或复制成本,并扣除有形损耗和所有其他相关形式的扣除,从而表明价值"。

结 论

估值和建模结果连同卖方的目标,将决定收购公司所支付的价格——而且,显而易见的是价格问题。收购方为收购目标支付的金额可以对收购后公司的业绩产生重大影响,因为无论收购方选择何种融资方式,交易的财务遗产都将留在收购方身上。如果收购方为交易借款,则交易性遗产采取债务的形式。如果收购方用自己的现金支付,那么留下的遗产将是更低的现金储备。如果收购方支付股票,则其后果将是股权价值的稀释。因此,重要的是不要支付过多,无论目标方看起来多好。第四章"融资和再融资"更深入地探讨了这些备选方案。

注释

1. https://www.law360.com/articles/798432/how-courts-view-valuation-methods-in-appraisal-litigation.

2. http://vtknowledgeworks.com/sites/all/themes/vtknowledgeworks/files/Valuation_Models

_for_Pre-Revenue_Companies.pdf。

3. http://businessreferenceguide.com/buy-the-business-reference-guide/。

4. 菲利普·麦克杜夫(Philip McDuff),"生物制药行业全球技术路线图:来自 BPOG 公司的最新情报",渤健公司(bBiogen),2016 年 11 月,https://www.biophorum.com/wp-content/uploads/2016/11/Technology-Roadmapping-update_ISPE-F0F_1.5_website-version.pdf。

5. "5 年规划视野过去是典型的传统战略规划但现在已不再可行。科技革新的步伐和商业环境的变幻凸显了规划视野不应超过 3 年。"安妮塔·卡西迪(Anita Cassidy):《信息系统战略规划的实用手册》第二版,佛罗里达州,博卡拉顿市:CRC 出版社 2016 年版,第 26 页。

6. 人工智能公司收购的流水账,见 https://index.co/market/artificial-intelligence/acquisitions。

7. 见专题 17 第 2 章第 210.5-02 节和第 201.5-03 节。官网地址为 https://www.gpo.gov/fdsys/pkg/CFR2013-title17-vol2/pdf/CFR-2013-title17-vol2-sec210-5-03.pdf。

8. 本答案由德豪会计师事务所合伙人及交易顾问托尼·安洛(Tony Enlow)提供,基于他先前的著作,"收购价格战:税息折旧摊销前利润 vs. 调整后的税息折旧摊销前利润以及为什么该指标重要,德豪会计师事务所",2016 年 9 月。

9. https://law.justia.com/cases/delaware/court-of-chancery/1999/14514-3.html。

10. https://law.justia.com/cases/delaware/court-of-chancery/1991/611-a-2d-485-3.html。

11. 在比较股票交易支付的溢价时,对股票价值选择的日期(例如,公告日期与较早的日期相比)不一致的情况进行调整。公告前的谣言会推动股价上涨,降低所计算的溢价,见 Sangwon Lee 和 Vijay Yerramilli,"并购中的相对价值、公布时机和股东回报",休斯顿大学 C.T.鲍尔商学院(C.T. Bauer College of Business, University of Houston),2018 年 5 月,https://www.bauer.uh.edu/yerramilli/LeeYerramilli.pdf。

12. https://law.justia.com/cases/delaware/court-of-chancery/2010/131480-1.html。

13. https://law.justia.com/cases/delaware/court-of-chancery/2010/131480-1.html。

14. Sangwon Lee 和 Vijay Yerramilli,"并购中的相对价值、公布时机和股东回报",2018。

15. http://clsbluesky.law.columbia.edu/2017/03/03/paul-weiss-discusses-an-ftc-study-on-merger-remedies/。

16. https://costofcapital.duffandphelps.com。

17. 股票市场风险溢价:调查总结,2018 年 10 月,https://assets.kpmg.com/content/dam/kpmg/nl/pdf/2018/advisory/equity-market-risk-premium-research-summary-september-2018.pdf。

18. 克雷格·爱迪思(Craig Aidis)和亚历克斯·珀塞尔(Alex Purcell),"收购人工智能公司时的估值问题",《记录者》(*The Recorder*),2018 年 10 月 30 日,https://www.law.com/therecorder/2018/10/30/valuation-issues-in-acquiring-artificial-intelligence-companies/。

19.《国际估价标准》,https://www.ivsc.org/。

20.《国际估价标准》,https://www.ivsc.org/。

21.《国际估价标准》,https://www.ivsc.org/。

22.《国际估价标准》,https://www.ivsc.org/。

23.《国际估价标准》,https://www.ivsc.org/。

第四章 融资和再融资

引 言

在合并、收购、买断过程的方方面面,也许没有哪一个方面比融资更为关键。所谓的自由合并是不存在的:收购一家公司需要钱,而且钱必须来自某处。在最简单的层次上,所有的交易都是以现金、股票或者票据的形式支付的。

- 如果交易资金来自股票,那么股票将来自现有股份、公开发行还是私募? 私募股权公司是否会参与这笔交易? 如果是的话,私募股权公司希望对公司未来的运营有多大的控制权?
- 如果交易资金来自现金,这些现金是从内部利润中产生的还是借来的? 如果是借来的,是来自传统的商业银行,还是来自不太传统的筹资渠道,比如,商业金融公司、租赁公司或者人寿保险公司? 在各种条件下分别会涉及多少贷款人?
- 卖方会接受本票作为付款的一部分吗? 能否基于公司业绩,将部分价款作为意外开支支付? 贷款协议或票据的条款是否会不适当地限制收购方向贷款方或卖方偿还贷款的计划?

在金融交易领域,至关重要的是资金结构,而非资金来源。在这个日新月异的领域,交易的成败得失很大程度上取决于买方、卖方和各种第三方(包括但不限于商业银行家)之间的书面协议,各方都押注于未来。创造力、谈判技巧和对细节的敏锐眼光可以决定这场赌局的输赢。

本章首先概述融资来源,然后简要讨论作为资本来源的股权销售,其余部分将集中讨论债务问题。我们将重点介绍高杠杆交易(HLT),尤其是杠杆收购(LBO)——利用借入的现金将公众持有的公司或单位私有化。这里所描述的一些原则也适用于杠杆率较低的收购,但我们不会再对此类收购的广泛应用实例加以赘述。

融资概述

目标公司的规模如何影响买方获得融资的能力?[1]

人们会认为,目标公司越小,可能越容易融资。然而,实际情况却并非如此。许多资金来源都有一个最低限额。低于此限额,交易人就不会为交易融资——比如,1 000万美元。

买家如何才能找到资金进行收购?

"并购融资的艺术(合并和收购)"是一门值得写一整本书的学科。(实际上,"并购的艺术"系列就包括一本。[2])这是因为具体的资本来源有数百种,从应收账款信贷额度到抵押贷款。当然,最简单的来源是公司银行账户中已有的现金。除此之外,融资来源因企业规模的不同而差异悬殊,这在本章后面会有说明。

所有各不相同、数以百计的融资模式,都可归类为权益型、债务型和两者的混合型。

融资工具:权益型、债务型与混合型

究竟什么是权益? 权益作为并购融资来源是如何发挥作用的?

所有者权益是公司的账面价值,在资产负债表中显示为资产减去负债后的净值。该项目以称为股份或统称为股票的单位来表示。股票可以作为证券(一种由经营公司或政府的价值"担保"的金融工具)出售。

在一般情况下,权益的价值可以通过公司支付给股东的股利或股东出售股票所获得的收益来实现。当公司资不抵债(破产)时,权益代表在支付了所有其他债权之后对资产的索赔权。

权益融资并购交易有两种类型。公司可以出售股权,用这笔钱收购另一家公司;或者,它可以直接将自己的股份提供给买方,作为对一家公司的付款方式。

如果公司希望保持私有,则它可以用股票或债务证券进行私募。私募是指不需要在证券交易委员会登记的证券销售。1933 年,《证券法》中的豁免条款为私募的出现创造了条件,在将近一个世纪之后,《证券法》(与 1934 年的《证券交易法》)仍然占主导地位。根据证券交易委员会最近的一份报告,2012—2016 年通过私募发行债券和股票筹集的资金总额比同期通过公开发行债券和股票筹集的资金总额高出约 26%。[3] 根据募集资金的数额和募股的目的,私募可能有资格获得注册登记要求的某些限制豁免。这方面主要有两条规定,条例 A[4] 和条例 D[5](此字样没有特别意义;没有标题为 B 或 C 的重大豁免条例)[6]:

- 条例 A 注册登记要求豁免条款。2012 年,《创业企业融资法案》(JOBS Act)扩展了此豁免条款的适用范围,因此被称为条例 A+。此类豁免条款生效分为两个层次:最高 2 000 万美元的发行和最高 5 000 万美元的发行。这类发行需要满足许多条件。大家普遍认为条例 A 规定的发行比条例 D 规定的发行更复杂,在以下列表中被描述为"限量"或"私人"。
  - 限量发售。2017 年 1 月 20 日生效的条例 D 下的第 504 条规定,向任何投资者(包括未获认可的投资者)发行股票,只要募集金额不超过 500 万美元,均可获得豁免。[7] 但是,如果公司"没有具体的商业计划或已表明其商业计划是与一个或多个不明公司进行合并或收购",则不得使用这一豁免条例。[8]
  - 私人募股。条例 D 下的第 506b 条规定,向经认可的投资者发行股票可获豁免,且对募集资金的数额没有限制。[9] 在这类发行中,证券不得出售给超过 35 名未经认证的投资者。如果所有投资者都获得认证,发行人则可以根据第 506c 条规定广泛地筹集资金。[10]
  - 公开募股。这一替代方案允许私营公司在 12 个月期间通过经纪人或集资门户向任何投资者发行和出售不超过 100 万美元的股票证券,并附带披露要求和投资限制。

证券的公开发行,包括任何与合并或收购有关的证券发行,都必须在证券交易委员会登记。公开发行——包括首次公开发行(initial public offerings,IPO)和之后的二次发行——由承销商管理,通常是投资银行公司(在本章后面介绍)。一旦公众拥有某公司的股票(并由此确定其市场价值),发行人通常更容易将其股票用作收购资金。或者,公司可以进行二次公开募股或发行债券,并将这些现金用于收购。(有关股权和债务证券登记的更多信息见本章后面关于登记权的讨论。)首次公开发行市场呈现出长期缩减的趋势,但 2019 年似乎有所反弹。[11]

究竟什么是债务,债务作为并购融资来源是如何发挥作用的?

债务是在确定的时间偿还一定金额的承诺。这种承诺是以协议的形式做出的,在多贷方交易中也被称为贷款。要通过债务筹集资本,公司可以做两件基本的事情:

- 可以从诸如商业银行这样的债权人那里获得贷款。
- 可以出售债券或商业票据给投资者,如养老基金。

无论债务资本是通过向贷款人借款还是通过向投资者出售债务证券获得,利息都按固定利率或可变利率收取。典型贷款(例如,标准定期贷款)的利率可以由贷款人的资金成本以及以下从最高到最低的利率来确定：银行基准利率、联邦基金利率或者伦敦银行同业拆借利率（LIBOR）。[12] 通常情况下，债务的价值可以通过收取利率来实现。

兼具权益和债务（混合）特性的金融工具有哪些例子？

证券可以发行为股本证券（公司股票）或债务（公司或政府债券，票据或协议）。普通股通常授予其所有者投票权和（在公司董事会授权的条件下）领取股息的权利。优先股是一种兼具债务和股权特征的混合证券。支付给优先股股东的款项称为优先股息。优先股息基于承诺支付固定金额的合同，类似于债务利息支付（尽管征税不同）。

为什么融资工具的性质是债务型还是权益型关系重大？

将融资工具定性为债务还是权益可以改变公司对交易的会计处理方式（例如，债务与权益在资产负债表上的影响）以及纳税方式。有关更多详细信息，见"第五章中交易结构化：总论、税务和会计考虑"。

除了会计和税务方面的考虑外，在决定使用债务或权益融资时还会考虑哪些其他因素？

市场条件至关重要，而且千变万化。举一个最明显的例子，公司通常更愿意在股价上涨时用自己的股票收购其他公司——在动荡的市场中这是一个困难的选择。债务市场也有起伏。例如，最近优先股的受欢迎程度已经大大超过了夹层贷款（mezzanine loan）。[13] 与此同时，2018年末债券收益率上升，债券价格相应下跌[14]，导致一些人猜测，保险公司、养老基金和其他公司债券买家将抛售所持股票，从而压低债券价格。[15]

融资来源

常见的权益和债务融资来源有哪些？

如前所述，资金来源实际上有数百种。下面是一些最常见的：

- 资产抵押贷款机构。根据公司的硬抵押品发放贷款，如房地产。
- 商业发展公司。这是一种封闭式投资基金，投资于小型私营公司和陷入困境的公司。这些公司不同于常见的投资公司，因为在常见的投资公司中，未经认证的投资者也可以买入基金。[16]
- 商业银行和社区银行提供定期贷款或信用卡，这是小微公司的资金来源。
- 商业金融公司提供定期贷款（但与银行不同的是不能接受存款）。
- 员工。他们可以通过员工持股计划（一类特殊的私人股票发行方式）购买公司的股票。[17]

■ 家族理财室。这类机构近年来已加入其他非传统投资者的行列,成为并购交易的资本来源。[18]

■ 获准以保单作抵押贷款的保险公司。

■ 投资银行。通过与经纪公司合作,作为股票和债务发行的买家和转售商来充当承销商。反过来,他们又向养老基金等机构投资者和投资公司出售股票,利用养老基金为受益人购买股票和债券。

■ 商业银行。类似于投资银行,但他们把自己的钱作为本金投资于一项交易。他们进行股权私募,通常持有公司的部分股权。这类机构还提供信用证等贸易融资服务。

■ 共同基金。一种投资公司购买上市公司的股票,为客户创建投资组合。

■ 私人投资公司。如私人股本公司或风险资本公司购买私人持有公司的债务或股本证券用作投资。

■ 主权财富基金。通过主权财富基金,各国可以进行股权投资,以期为受益人带来丰厚的回报。[19]

投资公司(受1940年《投资公司法》约束)和私人投资企业之间仅有一线之隔。私人投资企业可能受该法约束,也可能不受该法约束。私人投资企业(视情况而定,其中一些公司也有资格成为投资公司)名单包括:

■ 交叉基金。同时投资于公共和私人股本的基金。

■ 交易所交易基金。即可以在证券交易所交易的基金。大多数交易所交易基金都会跟踪某一个指数,例如,交易所道琼斯工业平均指数(另见指数基金)。

■ 基金中的基金。投资于其他基金的基金。类型包括主支线基金和多级基金。

■ 对冲基金。投资者(通常是机构)和富有的个人基金,不受许多投资公司规则的约束,并能够利用法规,因此可以使用共同基金无法使用的积极投资策略,包括卖空、杠杆、程式交易、掉期、套利(投资于已经做出或收到收购要约的公司)和衍生品——所有对冲投资的方式。

■ 指数基金。跟踪标普500指数等指数的基金。这些基金一般通过共同基金经纪人销售,但是一般不会被定性为交易所交易基金(尽管有些交易所交易基金确实也跟踪某一个指数)。

■ 租赁基金。投资于租赁项目的基金。有些基金专注于某一特定类型的租赁,比如飞机租赁。[20]

■ 夹层基金。投资于一般无担保(无资产抵押支持)或具有高度从属担保结构(如第三留置权)的相对较大贷款的基金。这些基金提供夹层融资。业内普遍认为夹层融资是债务(最高融资水平)和股本(最低融资水平)的混合体——因此有了"夹层"这个术语。[21]

- 质押资金。个人投资者多次质押而创建的基金。
- 私募股权(杠杆收购/管理层收购)基金。购买上市公司的全部股票,或购买上市公司的业务单元,从而使该公司或业务单元私有化的资金,见本章后面进一步讨论的内容。
- 房地产基金。投资于房地产的基金,通常结构为房地产投资信托(real estate investment trusts,REIT)。
- 小企业投资公司基金(Small Business Investment Company funds,SBIC funds)。根据小企业管理局(Small Business Administration,SBA)鼓励小企业投资的计划,有资格成为小企业投资公司(Small Business Investment Companies,SBIC)的基金,见本章后面的进一步讨论。
- 风险投资基金。管理风险投资者资金的基金。这类投资者希望购买具有增长潜力的小型公司的股票。

根据贷款规模和资金来源,收取的利率差别很大。[22]

请注意,这些资金来源的选用因公司规模而异。

- 小企业的融资来源包括个人储蓄、个人贷款(来自家庭成员)、银行贷款(包括小型社区银行)、信用卡、小企业管理局支持的贷款和信用社贷款。如果一家小公司决定收购另一家公司,则很可能会利用其中一个来源进行扩张。(请记住,绝大多数此类并购交易的价值都在 5 000 万美元以下。)
- 另一个极端情况下大型跨国公司会通过各种债务和结构融资交易筹集资金,包括银团贷款、杠杆贷款、高收益债券发行、夹层融资、项目融资、设备融资、重组和证券化。这些资金来源也可用于基金合并——通常由商业银行或者投资银行运作。

商业银行和投资银行有什么区别?

今天,"银行"一词被广泛地用于概括一系列金融机构,包括商业银行、投资银行、商人银行。所谓的非银行机构,当然还有储蓄银行。然而,大多数普通民众心目中的银行,仍然是商业银行——发放贷款,让客户存入可按需支取的存款(活期存款)的银行。

投资银行既不是投资者也不是银行。它不投资自己的钱,也不拿储蓄的资金。相反,投资银行是储蓄和投资之间的中介。投资银行,在其最广义的定义中,是一个金融机构,负责帮助公司找到经营和/或成长所需的资金。虽然投资银行不直接发放贷款,但它们可以成为贷款的桥梁。投资银行家也可以充当寻找和接近公司买方或卖方的掮客或经纪人。

自从被称为"格拉斯-斯蒂格尔法"(Glass-Steagall)的银行法被废除以来,商业银行和投资银行之间的区别就变得模糊不清了。尽管 2010 年的《多德-弗兰克法案》

(Dodd-Frank Act)包含了一项禁止商业银行自营交易和基金赞助的条款,但这一以美联储前主席保罗·沃克尔(Paul Volcker)命名的"沃尔克规则"(Volcker rule)自通过以来就一直在被修订。[23]

截至2019年,商业银行和投资银行之间的区别仍然模糊不清。

- 商业银行以外的公司(包括过去没有金融经验的工业公司)已经涉足传统上由商业银行提供的服务,例如贷款,甚至还有非银行银行,它们可能提供存款服务或提供贷款(但并非两者兼而有之)。
- 另外,许多商业银行和投资银行成立了控股公司,将其他类型的金融机构收入囊中,从而扩大了它们的服务范围。

公司如何决定使用哪种来源进行融资?

每个公司都有独特的资本结构和关系网络,这将决定对其最有利的融资种类和最有可能提供资金的来源。

首先根据公司目前的财务状况,决定你想要的合适的融资方式,然后开始寻找资金来源。重要的是要摒弃先入为主的观念,即这些来源能做什么、不能做什么。例如,不要觉得因为你是一家小型私人企业,就不能出售企业的股权。

承销主要有四种类型:

- 坚定承诺。在这类安排中,承销商通过从发行人处购买新发行的证券,并保证向投资者出售一定数量的最低股票,从而承担将新发行的证券推向市场的所有风险。
- 荷兰式拍卖。报盘进入并确定最高起始价格。银行用一定的金额购入一项特定的价值。结算价格由投资者需求决定,如招标过程中明示,而不是像坚定承诺中一样事先设定。
- 尽力推销。一种承销业务,投资银行作为发行人的代理人,同意尽最大努力向公众出售证券,但不直接购买证券,也不保证发行的任何特定财务结果。在过去的20年里,这项业务已经成为规范发行,而非坚定发行。
- 包销。投资银行购买全部发行证券,然后转售。

有时银行家们会对初始购买持保守态度,并在首次公开发行的承销协议中加入超额配售条款。该条款允许承销团在公众对股票的需求超出预期且股票交易价高于其发行价的情况下按发行价额外购买最多15%的股票。这一条款的昵称为"绿鞋",以第一家使用该条款的公司(绿鞋公司)的名字命名,既适用于首次公开发行,也适用于非公开发行。[24]

假设一家小型私营公司(比如一家价值1 000万美元的公司)想在不进行公开募股的情况下获取收购资金,有什么资金来源可供选择?

小企业投资公司是可行来源之一,该类机构类似于投资公司,但在税法下享有特权（因此被认为是"政府风险资本"，尽管它们是由私人拥有和控制的）。小企业投资公司发放贷款并收取利息，持有股票头寸，或长期持有期权或认股权证，使其持有者能够在预定的时间内以预定的价格购买股票。截至 2016 财年末，共有 313 家小企业投资公司运营，管理着 280 亿美元的资产。仅 2016 年，小企业投资公司就为 1 200 家小企业提供了 60 亿美元的融资。

符合小企业管理局对小型（或者，更优质但是更小型的）定义的公司有资格获得小企业投资公司融资，但有一定的限制。[25] 例如，小企业投资公司只能投资于小型企业，目前的定义是有形资产净值低于 1 950 万美元，投资时前两年净收入平均为 650 万美元（或更少）的企业。根据国家投资公司协会（the National Association of Investment Companies，NAIC）下的小企业管理局的代码标准，一些业务单位也可以被认为是"小型"企业。此外，小企业投资公司必须将至少 25% 的资本投资于小型企业，即有形资产净值低于 600 万美元，过去两年平均净收入为 200 万美元（或更少）的企业。

大多数小企业投资公司集中于投资的某一特定阶段（即创业期、扩张期或转折期），并确定重点关注的范围：

■ 证券型小企业投资公司通常专注于进行纯股权投资，但也可以进行债务投资。

■ 债券型小企业投资公司主要关注提供债务融资或具有股权特征的债务融资。债券型小企业投资公司通常关注那些成熟到足以支付当前投资利息的公司。

高杠杆交易

高杠杆交易是什么？

答案因管辖权和机构而异。在美国，银行监管机构有不同的定义。

2013 年 3 月，美国三大银行监管机构——联邦储备银行理事会[the Board of Governors of the Federal Reserve Bank（Fed）]、联邦存款保险公司（the Federal Deposit Insurance Corporation，FDIC）和货币管制局（the Office of the Controller of the Currency，OCC）发布了《关于杠杆贷款的各机构联合指导意见》（以下简称《联合指导意见》）[26]，指出金融机构的政策应"包括界定适合该机构的杠杆贷款的标准"。各个银行监管机构都根据其职责对此发表了声明。[27] 例如，《联合指导意见》指出，杠杆贷款的定义通常包含以下内容的组合：

■ 用于买断、收购或资本分配的收益；

■ 借款人总债务或优先债务除以税息折旧摊销前利润（即未计利息、税项、折旧及摊销前的利润）得出的值超过 4.0 或 3.0 的交易；

■ 该借款人在债务市场被公认为高杠杆公司,其特征是负债与净值的比率高;

■ 借款人融资后杠杆率(如债务对资产、债务对净值、债务对现金流量或特定行业或部门常见的其他类似标准)显著超过行业标准或历史水平的交易。

2013年9月,联邦存款保险公司提出了如下定义:

> 高杠杆交易是指受保存托机构向某一企业提供信贷或投资,其融资交易涉及对现有企业的买断、收购或资本重组,且符合以下标准之一:
> ■ 该交易导致负债对资产的杠杆率高于75%;
> ■ 该交易至少使标的公司的负债翻倍,并导致负债对资产的杠杆率高于50%;
> ■ 该交易被银团代理或联邦银行监管机构指定为高杠杆交易。[28]

在欧洲,不管在何种类型的贷款或信贷风险下,借款人融资后杠杆水平总债务与税息折旧摊销前利润比率超过4.0的,或借款人为一个或多个金融赞助商所拥有的交易,都会被判定为高杠杆交易。[29]

对于美国、欧洲和其他成员地区的银行来说,还有一个复杂的问题,即银行自身必须避免高度杠杆化的金融结构。该问题是根据业内广受认可的银行监管委员会(Committee on Banking Supervision)的指导意见[目前出自代号为《巴塞尔协议Ⅲ》(Basel Ⅲ)的文件]提出的。该委员会设在瑞士(Switzerland)巴塞尔(Basel)的国际结算银行(Bank of International Settlements)。[30]

美国和欧洲对高杠杆交易的定义包括一些有关并购和/或金融保荐人的内容。这方面是如何运行的?

一家营业公司借钱收购另一家营业公司是一回事。在这种情况下,银行根据收购方良好的信用以及相关资产和现金流进行分析,做出决定。但当投资公司借钱收购一家公司时,分析就是另外一回事了。杠杆运作大师的主要目标是尽可能多地借入大部分收购成本所需资金,所形成的借款以被收购公司的资产和未来现金流为抵押。在极端的例子中,杠杆收购者在某些情况下能够将其股权投资降到收购价格的5%甚至更低。成功与否部分取决于拟购入的被收购公司资产的质量。

买方如何利用被收购公司的资产和收入为收购融资?

这个问题正意味着杠杆收购似乎违背了传统的买卖思路。人们可能会问,若被收购公司是一个不同的实体并且需要资金作为收购的先决条件,买方如何以被收购公司的资产为抵押借款?实际上,此事并不比抵押贷款更神秘。贷款人不介意以房屋为抵押贷款,只要他们在贷款还清前都拥有房子。这里的关键概念是资产——资产负债表的左侧内容。典型的杠杆收购是以贷款人认为可取的抵押品为基础的。因此,一个关键的结构化目标是使被收购公司的资产和收入（现金流）属于买方——借款人。这可以通过三种不同的方式实现：

- 买方可以收购公司的资产和业务。
- 买方可以收购该公司的股票，然后立即与其合并。（哪一个实体在合并后幸存下来的问题对税收方面来说很重要，有时还有其他原因，见第五章。）
- 跳过股票收购阶段，买家和公司直接合并即可。

如果买方和公司合并，在交割时就会出现一个时间问题：在合并之前，买方购买的股票必须完成支付，接着合并才会将被收购公司的资产置于买方的所有权下，但在合并完成之后，买方才能筹集到贷款。为解决此问题，交易交割之际的交易双方同意所有交易都将被视为已发生的交易，同时，对于持股者来说，股票卖方将得到一份期票，该期票在合并文件提交的几分钟后就会被偿付。有时贷款人倾向于将收购者和公司都指定为收购贷款的借款人。这些时间问题可能会引起税务或合同合规性问题，因此应加以仔细考虑（见第五章）。

买方为什么会想开展高杠杆交易？这不是会使被收购企业陷入财务风险敞口吗？

当然——这是 20 世纪 80 年代的一个重大教训，那个过度杠杆化的时代，高杠杆交易导致大批公司破产。即便现在，偿债事务也可能与经营成效相互影响，因为曾经批付给必要的研究开发或厂房设备的钱流向了利息支付，这往往会给被收购公司带来可怕的后果，最终祸及其所在的公司。

然而，谨慎地承担高水平的债务不一定会损害合并后的业绩。杠杆交易支持派指出了其成效，并表示资产负债表上的巨额债务促使经理人高效执行工作，以此维持企业生存。这些杠杆收购支持者表示，管理工作将专注于使核心业务盈利，最小化资本使用和最大化现金流，而不是拉帮结派、以权谋私。

事实上，有一些证据表明，用现金（包括借入现金）融资的兼并与用股票融资的兼并一样好，甚至更好[31]（尽管这一证据是在 2017 年的《减税和就业法案》对利息支付的可抵扣性设置限制之前收集的）。此外，作为一种支付方式，债务就像均衡器一样。几乎没有人掌握着足以收购一家公司的现金或股票，但大部分人都能借钱；债务融资使得一个资源有限的买方——特别是一个管理团队——有机会拥有一家公司。这也给了投资者收割高额股份回报的一个机会。吉布森贺卡公司（Gibson Greeting Cards）的杠杆收购便是典型案例。在该案例中，该公司向其股票卖方支付了数千倍股份回报。其他杠杆收购的成功案例包括福斯特曼·利特尔公司（Forstmann Little）的许多成功的中小型投资，其中，250 亿美元的纳比斯克公司（RJR Nabisco）交易使该公司一鸣惊人。该交易使交易发起人科尔伯格-克拉维斯（Kohlberg Kravis & Roberts, KKR）获得了丰厚的回报。KKR 公司的其他著名交易还有金霸王公司（Duracell

Inc.)、欧文斯-伊利诺伊公司（Owens-Illinois Inc.）、西夫韦连锁超市公司（Safeway Stores Inc.）以及最近的吉布森公司（Gibson）和来福车（Lyft）。[32]

无论如何，买方如果打算对一家公司施加沉重的财务杠杆，则必须确保该公司能够承担利息和偿债，并必须将经营风险降至最低。由于美国新税法的实施，2019年及以后的情况尤其如此。正如一则新闻头条所说，"美国用债务抵免方面的税收限制来刺痛收购巨头"。[33]

美国新税法将如何影响杠杆收购？

2017年的《减税和就业法案》减少了采取杠杆操作的诱因。该法案在第3301节中规定，本章允许的任何应税年度的商业利息扣除额不得超过下列项目总额："(A)该纳税人在该应税年度的商业利息收入，(B)该纳税人在该应税年度调整后的应税收入的30%，以及该纳税人在该应税年度的展销融资利息。"[34] 本年不准予抵扣的数额可以结转到下一年（合伙企业除外），一些小企业也可以免税，但最终结果是债务无法像过去一样为企业带来税务便利。欲了解这方面的更多信息，请参见第五章（并且一直要向合格的律师咨询）。

财务杠杆适合哪类企业？

要寻找根基稳固、产生现金流的成熟型企业。高增长潜力不一定是先决条件，更有可能的是，合适的候选企业只会呈现出温和的增长态势并且这种企业更容易被收购。杠杆收购的候选企业与风险投资公司两者之差不啻天渊，后者往往是处于早期阶段的成长型公司。这类公司，除非是因为规模太小，以至于无法吸引个人领域以外的任何融资，否则主要通过股权进行融资。

稳定市场中的基础产品或服务的生产商才是最佳的杠杆收购候选企业，而且应避开初创企业和周期性极强的公司，以及那些成功高度依赖的因素超出管理层可控范围的公司。因此，依赖于燃料价格的石油和天然气交易不适合于高杠杆交易，而石油管道或卡车运输公司则可获得稳定。稳定的运输费支付，不随石油价格涨跌。在任何行业，稳定的管理都是一个重要的保证因素。在评估还款的可能性时，贷款人希望看到一个经理人合作共赢并且经受住多个商业周期打磨的团队。

借款最少化

买方如何使借款最少化？

买方在财务规划中首先想到的应该是一个非常简单的想法：我们在交割时的布局越少，需要借的钱就越少。

交割时需要满足的融资需求计算过程如下：
- 被收购公司的股票或资产的购买价格。
- 加上所有必须在结账时再融资的现有债务。
- 加上被收购公司的所有营运资金需求。（这些金额实际上不一定需要借，但信用额度必须足够大，以覆盖金额需求。）
- 加上实施收购的行政费用。
- 加上因诉讼和解而可能需要的收购后付款。
- 减被收购公司的现金或现金等价物。
- 减去部分剥离所收购业务所得的所有收益。

（卖方收回融资也减少了交割付款，但由于卖方收回融资与其他融资层之间存在许多相互影响，因此本书将其作为借款项目的一部分加以分析。）

我们分析的下一步是探索如何让每一个成本要素和期末付款最少化。

买方如何才能将购买价格降到最低？

大多数卖家都有多个目标，包括价格、速度以及成交的确定性。因此，买方想签下合同并不一定要报价最高。向卖方提供交易中的非现金激励也很重要，例如：
- "我们可以更快交割。"
- "我们在获得融资和完成类似交易方面有着良好的业绩记录。"
- "我们可以在签署收购协议时提供一笔可观的订金。"
- "我们可以与你和你的管理层更好地合作。"

其他能使交易具有吸引力的激励措施包括对管理层有利的条款，如公司股份、待遇优厚的雇佣合同、利润分享计划，诸如此类。当交易涉及出售私人持有的公司时，这种社会考虑的价值和效用更是不可估量。然而，在出售或合并一个上市公司时，谨慎行事则更有益，可能会出现以牺牲股东利益为代价的谋私交易行为。即使是那些道德声誉一向良好的公司，也会因此染上污点。

购买（或买断）一家公司最微妙的问题之一是，压低交易价格的是总体上假定存在的更大风险，还是接受候选公司的重大缺陷的行为。这类风险或缺陷在收购贷款人看来可能非常严重，而且谈判的时间安排并不总是允许买方在签订合同之前与贷款人核实。此处有一条基本规则：价格合适时要快速协商并签署。迅速成交的意愿可以换来较低的价格。（一些最成功、最知名的交易都是在买方注意到管理层和贷款人认为可接受，有很微小的缺陷，但卖方认为该缺陷很重大的情况下达成的。）

降低收购价的另一种方法是只购买公司的部分资产或部门，或者在考虑到合并后抛售的严密计划下购买全部资产或部门。

在计划交易后抛售时,收购者在收购资产中进行挑选的难度大吗?

对买方来说,期望对所购买的东西有所挑选,但往往难以实现。卖家可能是在把一些"瘦狗业务"和一些"明星业务"(借用波士顿咨询集团的一些老术语)捆绑销售。因此,买方应从卖方的角度出发进行考虑,与卖方报价博弈,并提出反对建议。这种选择的关键是要比卖方更了解卖方的企业——若卖方是一个大型企业集团,而目标企业只是其中的一小部分,并且管理方是买方或已经站在买方这边,这并非不可能。出售要约可能包括几个企业,其中一些企业比其他企业更容易融资,或者几个企业经营中的每一个企业经营使用总资产的一部分。买方可能有选择,例如,在购买和构建一个计算机系统或者仅仅租赁该系统之间进行选择。有时,在确定了主要价格和其他谈判要点之后,一笔交易可以变为对买方有利。然后,作为签字前的最后一步,卖方可能同意加上或排除似乎属于次要辅助设施的内容。为了促使卖方同意,买方可以对多余资产的转售价格做出保证,或分担处置这些资产时变现的任何损失。要或不要这些次要资产,可能成为收购后至关重要的前两年现金流的关键。

买方是否总是可以通过部分剥离或分拆来为交易的全部或部分融资?

不一定。只有当企业被收购时由相互分离的部分组成或者拥有多余的不动产或其他资产时,才有可能通过部分剥离或分拆来为交易的全部或部分融资。买方必须平衡财务和运营方面的考虑;转售总要有一个很好的商业理由。考虑出售业务中可分离的部分才是最可取的。

如前所述,并非所有的企业都能产生现金流或具有高杠杆交易所需的稳定性,但许多现金充裕的买方可供此类企业选择。一个拥有宝贵资产的稳固的国内工业(烟囱)企业,其本身非常适合杠杆融资,可能拥有一个掌握外国制造和分销业务的子公司、一个单独的零售部门以及一个大型林地的所有权——这些资产都适合剥离出去。新的买方可以接触到海外业务。零售部门作为另一家公司全国连锁分部,可以发挥更好的作用,而且林地不会产生现金流。

许多买断交易都是为了剥离资产获利而进行的。这些交易更适合称作重组或分解。例如,KKR公司在20世纪80年代杠杆收购热潮的高峰期收购比阿特丽斯食品公司(Beatrice Foods),导致其高级管理层解散,并将大部分资产出售给康尼格拉公司(Conagra)。2007年,该品牌在一家以比阿特丽斯名字运营的新公司中复兴。[35] 同时,比阿特丽斯公司的加拿大分部,虽然不是KKR公司收购的一部分,但仍然完好无损,通过收购不断壮大,直到1997年被帕玛拉特公司(Parmalat, S. A.)收购,并作为帕玛拉特公司的一个分部存活至今。[36] 这两家比阿特丽斯公司(在美国和加拿大)的不同发展道路说明收购者可利用的战略和融资选择的范围——就像对双胞胎的研究可以帮助我们理解遗传与环境的关系一样,见表4—1。

表 4—1 比阿特丽斯公司的杠杆收购及其后果

年 份	内 容
1894	成立时名为"哈斯克尔和博斯沃思"。
1898	注册为"比阿特丽斯乳品公司"。
1946	比阿特丽斯乳品公司更名为"比阿特丽斯食品公司"。
1984	比阿特丽斯食品公司更名为"比阿特丽斯公司"。
1984	比阿特丽斯公司收购埃斯马克公司。
1986	科尔伯格-克拉维斯公司(KKR 公司)收购了比阿特丽斯公司,并在接下来的 4 年时间里逐步转售了这家公司。
1987	BCI Holdings 从比阿特丽斯消费产品公司(Beatrice Consumer Products Corporation)剥离出来,成立 E-II Holdings。
1987	BCI 控股公司将比阿特丽斯乳品公司(Beatrice Dairy Products, Inc.)出售给 Borden 公司。
1987	比阿特丽斯食品公司包括比阿特丽斯食品加拿大分公司,被出售给公司律师 Reginald Lewis,成为 TLC Beatrice International。
1987	KKR 公司创建了名为比阿特丽斯公司的新公司。该公司与比阿特丽斯公司或比阿特丽斯食品公司不是同一个实体,是专门为包括比阿特丽斯乳酪公司,Beatrice-Hunt/Wesson, Inc. 和 Swift-Eckrich, Inc. 等业务部门而创建的。
1990	KKR 公司将比阿特丽斯公司出售给康尼格拉公司的子公司 CAGSUB, Inc.,后者将资产和负债(包括法律风险)并入其业务。
1997	比阿特丽斯公司的加拿大分部被卖给帕拉马拉特。
2007	暂停后,比阿特丽斯公司重新启动。
2010	比阿特丽斯公司成立了新的商品业务部门,名为比阿特丽斯商品交易所。
2011	比阿特丽斯公司创建了名为 Zyclopz 的新公司,即为处理业务虚拟目录服务,以及后来的网站设计和 web 托管。
2011	比阿特丽斯美国食品公司更名为比阿特丽斯食品公司。
2018	提供这一历史的网站(beatriceco.com)以比阿特丽斯标志和公司名称比阿特丽斯公司为特色。

注:* 2017 年康尼格拉公司年度报告中唯一提到比阿特丽斯的是康尼格拉公司 1991 年收购该公司所遗留的环境诉讼,http://www.beatriceco.com/bti/porticus/conagra/pdf/2017cagar_complete.pdf。

资料来源:该公司的历史见 http://www.beatriceco.com/about_investor/。

此处有一个时机问题。在没有签订购买公司整体合同的情况下,大张旗鼓地惊动公司的部门或子公司的购买者是不可取的。而在签署协议后,寻找部门买家就再合适不过了。事实上,在交割之前,把资产剥离交割暂时交给第三方托管,以尽量减少最后一刻拖延的风险,这种做法并不少见。即使交易没有与主要收购同时完成,此类预售资产的剥离协议的存在也可能使买方在交割时获得过桥贷款。

买方在公司里能找到多少现金？

现金可能隐藏在资产负债表中，也可能在一些非同寻常的角落。被收购的公司是否有针对第三方的未决诉讼，可以迅速解决并且有利可图？该公司是否有超额准备金？该公司职工福利计划是否资金过剩，如果是，是否可以终止或重组？该公司的养老金计划可以收购公司资产吗？举一个典型例子，养老金计划可以将一部分资产投资于具有多样化性质的房地产，包括从公司收购的房地产。该公司是否一直在收购与公司无关的可销售股票或债务？该公司是否有一件价值不菲的艺术收藏品，可以在下一次苏富比拍卖会（Sotheby's auction）上变现？

买方需跟踪记录公司现金状况在签署收购协议至交易交割之间的变化。收购协议的条款既可以确保买方在交割时保有现金，也可以确保交割后所有现金归卖方所有（见第三章和第九章）。

出售一个部门之前，取走其现金是否明智？

这取决于销售如何构建。在大多数销售中，没有规定将现金包括在资产中。将现金转移到公司账户，然后在没有现金的情况下出售资产，这是完全合乎道德的。这就相当于将现金作为资产按面值出售。然而，在大多数股票销售中，卖方必须承认股票的价值包括现金的价值，如果现金被移除，则在交易定价时进行适当的调整。

确定债务融资结构

借款需求最少化之后，下一步就是组织和安排借款项目。构建融资的过程是将被收购公司的收入和资产分配给贷款人，其方式如下：

- 最大限度地利用最高级、最有担保，因而利率最低的贷款人的贷款金额；
- 如果需要，则留下足够的现金流来偿还层次较高的、利率更高的夹层贷款，以及任何卖方收回融资；
- 提供充足的周转金，周转金额度与季节变化和可预见的一次性现金流动的膨胀或下降保持一致；
- 允许单独利用留给专门贷款人的不同资产，例如，办公楼或制造设施的售后回租；
- 好消息和坏消息都要有能力接受——如果收入充足，则可以提前偿还债务而不受惩罚；如果收入不足，则可以不偿还和不执行次级债务；
- 避免并在必要时解决贷款人之间的冲突。

按惯例，这些成果要通过债务分层来实现。

杠杆收购通常使用哪些类型的债务？

虽然有些交易只需要一个有担保的贷款人（或者在现金流强劲的非常单纯的企业中只需要一个无担保的贷款人），但大型交易通常需要多层贷款人。多层贷款人杠杆收购可能包括以下几层或全部债务，大致按优先顺序排列：

- 优先循环债务，以流动资产第一留置权（库存商品和应收账款），固定资产（不动产、厂房和设备）的第一或第二留置权，无形资产留置权，或许还有被收购公司或其子公司的股票质押作担保。这种债务通常收取收购融资和周转资本的一部分作为偿付，包括信用证融资，而且一般由商业银行或者类似的机构贷款人提供。这类债务通常被称为"商业票据"。

- 优先定期债务，以固定资产的第一留置权，流动资产的第一或第二留置权以及公司和子公司的无形资产和股票的留置权作担保，提供收购融资。这种债务有时但并非总次于优先循环债务。这类债务通常与优先循环债务相结合，由商业银行或类似的商业贷款人或保险公司提供。

- 优先次级债务，或无担保的夹层债务或由担保优先债务的资产的次级留置权担保的夹层债务，用于收购融资。这些工具被支持者称为高收益债券，被反对者称为垃圾债券，主要由投资银行家发放，主要购买者是保险公司、养老金和投资基金以及金融机构。

- 出售、回租或其他特别融资安排，用于特定设施或设备。这些安排可能包括分期付款购买办公室复印机或长期租赁购买计算机，将目标公司的房地产销售给独立投资伙伴，然后将这些房地产净租回目标公司。

- 卖方的从属票据或认股权证，有担保或无担保，或许可转换为股票。

所有这些优先权下是各式各样的平等。由于这些类型的融资工具优先地位相对较低，且本章主要涉及债务融资，余下部分不再对此进行讨论。

我们将在本章后面更详细地讨论来自两家银行的优先债务，高收益（垃圾债券），杠杆收购投资基金和卖方收回融资。而在此之前，我们应该考虑在每个债务层次可以获取多少债务融资。

不同层次债务的数额是如何确定的？

当然，初始决定要看贷款人。如本章后面所述，每一层融资的贷款人将向买方说明其准备放款的金额范围或近似值。贷款人的决定（或者每个贷款人的决定，在有几个贷款人的情况下）将主要基于金额、利率和回收期，但也基于履约能力。基本目标之一是最大限度地增加优先债务，这类债务要承担的利率最低。同时，优先债务也要求相对有利的偿债能力比率。因此，在为优先债务还本付息后会有多余的现金流剩余，这些剩余用于偿还高收益（垃圾债券）或其他夹层债务；在夹层债务被偿付之后，还应该留下一些,说服卖方,使卖方收回融资有一个合理的支付机会。

过程并不精确。每个贷款人对目标的现金流和资产的评估不同,并使用不同的公式来设定贷款金额。如果循环贷款人少贷8美元,则贷款人可能愿意多贷10美元,但买受人可能不愿意探讨这种可能性,因为担心贷款人以前没有侧重于循环贷款人所贷的确切数额,而贷款人信贷委员会的第二次审查可能导致根本不放款的决定。

在资源和时间允许的情况下,买方最好的做法可能是从每一层的几个贷款人那里获得出价,然后在贷款人的承诺书即将签署的时刻选择最优组合,并将其作为一个既成事实,在计划被所有有意的参与者接受之前,不给失败的贷款人架起桥梁,这样就可以以最优的组合贷款人作出承诺。这一过程的竞争性将阻止那些幸运地被选中的贷款人提出反对意见。此外,贷款人倾向于把对其他贷款人的条款的全面调查留到最后阶段,到那时他们可能不太可能重新考虑他们的贷款条款。

优先贷款人如何决定在收购中贷款多少?

银行作出放贷决定的关键考量有以下几点:

- 抵押物清算价值;
- 借款人财务预测的可信度;
- 借款人的预测结果是否显示有足够的现金流来偿还债务(包括次级债务);
- 拟议的资产清算是否能及时进行,并有足够的金额来摊销定期债务(或减少循环债务);
- 公司的潜在盈利能力和行业前景;
- 次级债务的金额(以及次级债权人在解决方案中以额外资金协助借款人的能力);
- 权益金额。

优先债务

交易中的优先贷款人该何时入场?

理想的情况是,优先贷款人应尽早参与交易,因此买受人采取的第一步就是准备向贷款人介绍交易。许多贷款人不愿审查拟议的收购案,除非他们已经达成正式或非正式的协议,同意进行交易,或者至少支付成本,或许还有费用。因此,在演示之后他们很快就会有一封承诺信。

优先贷款人的贷款通常代表为交易筹集的现金中最大的一笔。如果优先贷款人不愿意融资,这笔交易就做不成。因此,买受人必须确保对交易的可融资性作出正确判断,然后才会为谈判收购协议付出相当大的代价。

优先债采取什么形式?

通常,优先债是部分定期贷款和部分循环贷款,定期贷款用于为购买价格融资,循环贷款用于提供流动资金(尽管循环贷款的一部分经常也用于为购买价格融资)。优先债是由银行或其附属机构提供的,因此我们经常使用术语"银行"指代优先贷款人。

什么是活期借贷?

银行以活期形式提供优先债务的情况越来越普遍,这与传统的地方银行融资截然不同,后者主要依靠企业主的个人担保,有固定的期限和有限的契约,对借款人的业务置之不理。与此相反,活期贷款给借款人的最初压力是侵入性的和片面的:银行可能有权在任何时候催收贷款,只有在其斟酌决定时才发放循环贷款预付款,要求所有业务收据立即用于偿还,并有一系列保护契约,银行同意几乎任何非正常业务过程中的行动。这些规定的适当取舍是缺乏个人担保和愿意借出相对较大的数额。

由于这种贷款方式对许多借款人和贷款人来说并不熟悉,因此可能不遵守权衡的逻辑:银行可能要求活期贷款和担保,或者借款人寻求较高的贷款限额,但拒绝考虑活期还款。借款人和银行需要从一开始就清楚地了解他们之间的关系。成功取决于双方都认识到这种关系将是一种密切的合作和相互依赖的关系。

贷款人能独断专行吗?

不能,借款人可以对约束贷款人的"商业合理性"原则感到相当宽慰,因此应该理解银行在纸面上获得的许多权利是不能在纸面上行使的。一些案例认为,如果银行提供贷款的条件赋予其对公司财务事务的广泛权力,它就不能任意使用这种权力,而且如果公司因无理拒绝贷款而停业或受到其他损害,它实际上可能对由此造成的损失承担责任。(见 K. M. C. 公司诉欧文信托公司,在本书最后一节的法律案例摘要中引用的案例。)

售后回租

什么是售后回租?使用售后回租的利弊各是什么?

售后回租涉及将卖方的不动产或设备出售给第三方,然后第三方将不动产或设备净租回给公司。实质上,公司以售后回租的形式取得物业按揭。所有权仍然属于原实体,但贷款人对存续公司的资产享有留置权,作为贷款的抵押品。这种类型的融资对于杠杆收购来说是理想的,在这种情况下,公司往往寻找方法,以较不昂贵的有担保债务取代昂贵的无担保债务或股权债务,作为筹集现金或控制资本债务结构的手段。

售后回租的结构可以是分期付款合同、经营租赁或融资租赁。这些区别具有重要的税务和会计影响，应始终牢记。专题842"租赁"是2016年《美国公认会计原则》的一项变化，将对这类融资产生重大影响，详见第五章。[37]当回租结构为融资租赁时（根据美国会计规则，融资租赁被视为资本租赁的一种类型），作为承租人的收购方可以作为资产所有者为税务和会计目的提出申诉。出借方（出租人）一般保留所有权，并在设备上取得完善的第一担保权益。（担保权益，例如，抵押品留置权，在向适当的法定当局登记时即告完善，使其在法律上具有强制执行性；随后对该资产的任何求偿权都被赋予次要地位。）承租人从售后回租中筹集现金。

收购方应注意以下几点：

■ 价格可以商量。如果回租的价值表示为设备价格的百分比，则要当心。出租人将极有可能只希望按其清算价值对设备进行估值，这可能与设备的任何剩余折旧或账面价值有很大差异。

■ 在真正的售后回租中，如果所有权是在承租人的名下，则它必须转移到租赁公司，这样适用的销售税才能入账。

■ 融资租赁的作用与以资产抵押的贷款相同。因此，交易的义务和收益或利率可能大于借款人在其主要银行的递增借款利率。收购实体必须权衡租赁（节约无担保贷款的资本和信贷额度等）作为管理其资金成本或可用资本的一种方式而不是以其他形式的借款抵押相同资产的好处。

■ 在任何回租方案中，都有税务和会计方面的影响。这些必须根据交易的利益进行审查和权衡。

有些售后回租提供了购买选择，这类交易对收购方有何影响？

在这种类型的回租中，租赁公司以固定的金额购买设备，然后回租给实体。在这种类型的交易中，付款流可能等于，也可能不等于设备的价值和期限内收取的利息。在这种情况下，代表租赁公司在设备中有一个剩余位置（该租赁不是全额支付的租赁）。因此，在租赁期结束时，租赁公司正在寻找以下两种情况之一：

■ 让原始实体在其剩余位置上成为完整的；

■ 以便租赁公司可以将设备重新销售给另一个用户，从而重新获得其剩余位置。

收购方为什么要进行回租？

假设一个收购者购买了一家公司，该租赁公司拥有适合售后回租的资产，并且找到了一家租赁公司，该租赁公司愿意对该设备持有剩余头寸。我们还假设，收购方能够将设备以其价值的100％出售给租赁公司，并承诺支付一系列款项，这还不包括仅占交易额90％的最终收购选项。在租约结束时，承租人必须要么行使其购买选择权，要么归还设备。如果承租人选择归还设备（实际上是将租赁公司作为再营销代理和资金来源),则他们通过只支付流动利率而不是交易的全部收益率(流加剩余)来筹集相对便宜的资本。以下是3年期的售后回租和10%的认购期权(写成融资租赁)的计算方法:

售后回租时的资产价值:	$100 000
租赁公司3年的剩余头寸	$10 000
租赁公司要求的包括余值在内的整体收益率	12%
支付期限	
36个月支付@	$3 089
认购期权	$10 000
承租人未行权时要支付的全部金额	
认购期权*	$111 214
承租人支付的有效利率应为	7.9%
承租人行使认购期权要支付的全部金额	$121 214
承租人支付的有效利率应为	12.00%

* 租赁公司重新上架的设备租赁价格至少应为余值加上重新上架的费用。

售后回租涉及哪些文书工作?

准备售后回租,必须对房地产进行详细的评估、竣工调查和产权保险,最好至少有六项在交割前几周,必须起草其他贷款文件以允许售后回租。售后回租可以通过抵押贷款进行融资。租约和抵押贷款文件必须明确借款人或承租人继续拥有,优先贷款人继续享有借款人或承租人业务中使用的所有设备和固定装置的第一和优先留置权。

保留债务和租赁义务的利弊

保留现有债务的利弊各是什么?

仔细审查目标公司的现有债务,并确定是否需要提前还款或是否可取。在某些情况下,收购可能使贷款人有权提前还款,也许是溢价。在其他情况下,即使不需要提前还款,偿还现有债务也可能是个好主意,因为利率很高,或者租约、贷款协议或契约中有累赘的契约。

买方应该在新的债务协议中寻找什么?

租赁或贷款协议中的限制性契约可能禁止未经出租人或贷款人同意的资产出售,这一条件可能会阻碍合并后的重组或分拆。对出售资产的限制为出租人或贷款人提供了重要的保护,否则出租人或贷款人无法防止其承租人或债务人的结构或业务发生重大变化,法院对此种限制做了有利于出租人和贷款人的宽松解释。虽然许多契约在描述这种限制时使用"全部或基本全部"的术语,但即使是适度的资产出售也可能受到质疑。任何超过25%的资产出售都会出现问题,特别是当出售的资产构成历史核心业务的主要创收业务时。

无担保借款的契约通常还载有禁止对出租人或债务人的资产施加留置权的内容,并可能禁止一种以上的债务或分层(例如,优先债务和次级债务)。这类融资必须在无担保的基础上进行,并且不需要求助于本章后面讨论的一些债务分层技术。

这种无担保的债务协议看似简单。首先,缺乏详细而具体的契约,如典型的担保贷款所载的契约,为未经贷款人同意而对公司进行基本重组提供了许多机会。但精明的买家在分析此类贷款协议时会意识到,广泛禁止派发股息或出售资产的规定可能会挫败大多数融资计划。虽然技术上严格,但详细的贷款协议可能会鼓励甚至使基于技术细节的漏洞的利用合法化,因此,文字宽泛的贷款协议使律师和其他技术人员对可能违反现有债务协议精神的安排持谨慎态度。

除了对出售资产或资产留置权的限制外,出售公司还可能受制于先前存在的禁止变更承租人或债务人控制权的契约。在这种情况下,为了保全现有债务,可能需要改变收购结构。在这种情况下产生的一个共同法律问题是,承租人或债务人并入另一家公司是否构成所有权转让,需要出租人或贷款人的同意。在大多数情况下,有可能得出合并不是向另一实体转让的结论,因为原承租人或债务人作为存续实体的一部分继续存在,尽管结论因国家法律而异。

被收购的公司拥有大量租约的情况有多普遍,这些租约有多重要?

近几十年来,租赁已成为融资的一个来源。公司(特别是较小的公司)租赁其设备、车辆和其他有价值的财产,以利用其现金和股权。虽然此类租赁义务对整个资产负债表并不重要,但是对中小企业的价值有很大的影响。

假设一个收购者想要收购一家公司,该公司有很多有价值的租约,但租约包含很多关于在控制权变更的情况下取消租约的细节。这样精细的印刷到底有多严重?

与并购生活中的所有事情一样,细则的严肃性首先取决于所涉实体的规模和性质,以及它们之间过去的关系。除此一般规则外,情况将因被收购公司是沉重承租人还是出租人,或两者兼而有之而有所不同。

对于沉重承租人的收购方,你有什么建议?

如果被收购公司作为承租人签署了一份或多份重要的租赁协议,首先要做出的决定是收购方是否承担承租人的义务。通常都是这样的。但是,请注意,最初的承租人几乎总是需要得到出租人的批准,然后才能将其租赁义务转租给新的所有者。

因此,对于任何收购方来说,第一步业务将是与出租人联系,并告知其待处理的交易。承租人也应与出租人联系。几乎每一份租约都要求,如果所有权发生变化,则必须通报资金来源。(这是为了让出租人在允许前一所有权人将其义务转让给其之前,能够查看任何新所有权人的信用历史和价值。)几乎在任何租约上,不通知设备所有权或地点的变更通常被认为是对租赁条款的技术性违约。如果新老业主技术违约,资金来源则可能会催缴剩余款项。

当然,如果租赁公司能够生存下来,并且与并购前一样强大,就不会有任何问题。归根结底,不是所有权的改变,而是值得关注的信贷风险。通常情况下,收购公司的信用比现有实体要好,因此收购人可以自行决定是否承担租赁、重新谈判或清偿租赁。但在必须转让租约和收购公司信贷不足的情况下,原承租人特别是小型私营公司,有可能被要求重新作为租约的担保人,或找到某种结构,保证它们将继续及时和完整地收到付款。

在杠杆收购中,出售公司的财务比率可能会发生巨大变化,使新实体的信誉不足以满足原始资金来源的需要。在这种情况下,出租人可能必须通过杠杆收购中筹集的资金预付租赁款来偿还资金来源,或者可能需要抵押额外的担保品,以便从信贷角度对资金来源可能视为新交易给予足够的安慰。

不同的资金于贷款来源对租赁重写、买断和再融资有不同的政策。负责任何重大租赁的出租人需要了解这些政策,并了解提前终止租赁的选择。

对于有重大租赁应收款的重型出租人的收购方,你有什么建议?

收购一家拥有大量租赁应收款的公司会带来一系列不同的问题。许多公司与客户签订了合同,根据合同,客户同意以租赁或租赁类型的交易方式支付设备的费用。有些公司的销售中有消耗品成分,这些公司可能会租用设备和消耗品,以便随着时间的推移把它们的客户绑在一起。在这种类型的公司中,收购方会从捆绑的租赁文件或分期付款合同中找到应收账款。此外,制造资本设备的公司可能会为无力支付预付现金的客户提供租赁替代方案。在这类公司中,收购人还会发现在收支平衡表上有大量的租赁应收款。

无论哪种情况,预期收购人都应对租赁组合进行尽职调查。在开始之前,重要的是与上市公司打交道时不要重新发明与操纵。在这一领域或任何其他风险领域对收购方进行尽职调查的顾问可以简单地要求管理层提供最新的内部财务控制报告。根据《萨班斯-奥克斯利法案》第404条,公司必须在其年度报告中包括管理层关于公司"财务报告内部控制"的报告。可以肯定地说,在《萨班斯-奥克斯利法案》中,由于许多上市公司严格的内部控制,租赁投资组合的质量就像尽职调查任何其他目标一样更有可能经得起审查。

从好的方面看,可能存在将租约折现给第三方的选择,从而产生可能的溢价——或者至少是一种重新评估被收购公司应收款项的资产价值的工具;从不利的方面看,租约可能不包括在出租人的账目中,以反映拖欠款项、未偿销售天数或坏账,从而使整个公司的表现水平高于应有水平。例如,一些资本设备租赁实际上是出租人出于信用或文件原因而不会接受的销售——因此,作为流动资产,它们是可疑的。

有时租约的会计处理各不相同,公司如何记账可能无法真实反映公司的资产负债表或收入流。例如,假设被收购的公司是一家资本成本较低的大型实体子公司,该子公司过去一直以租赁的形式按当前市场利率与客户签订合同,但通过按其(低得多的)资金成本折现交易流来记账。由于公司通过纸张贴现来记录这些交易,因此记账的销售额或现值实际上可能高于实际销售价格。

一家作为收购候选人看起来很棒的公司,因为这种做法,在交易后却交出了令人失望的财报。这家公司内部租赁了大约15%的资本销售额,然后以其资金成本预先对资金流进行折现。这使表观销售额提高了110%!该公司好看的营业收入显示了很大的价值,但并没有考虑到不同的资金成本。收购后的收入有所下降,因为新实体无法以同样的利率借款,也无法低于市价对交易进行贴现。

卖方回购融资

许多杠杆收购涉及意外支出,由债务或股票的卖方收回,如果卖方是一家大公司,正在剥离一项小型业务,这种情况尤其可能发生。在此类交易中,卖方只收取部分款项,但如果满足某些条件(或有事项),则将获得更多款项。作为回报,卖家会从买家那里得到一张票据。如果该票据从属于其他债务,则称为卖方从属票据。

债务如果被收回,则可能被构造为简单的分期付款出售,也可能涉及附带的认股权证。在这两种情况下,出卖人的债权一般低于其他债权人的债权,例如,高于买受人的贷款人的债权。卖主不一定能收回。特别是,可能需要完全以现金向公众持有的公司股东支付收购价格,因为向他们提供债务或其他证券所涉及的延迟和终止,需要根据联邦证券法登记的招股说明书。

为什么卖家会考虑回款融资,包括初级类融资?

卖家通常不愿意收回比其他所有债务都低的股票或债务。尽管如此,卖方通过至少在名义上获得增加的购买价格并获得股权担保或其等价物而从这种次级融资中获益。卖方可能很清楚,并且应该准备面对这样一个事实,即票据或股票只有在被收购的公司兴旺发达的情况下才会实现全部价值,而且这部分买价存在永远无法支付的真实风险。

然而,出于同样的原因,如果交易成功,则卖方所能实现的上升潜力可能比如果其购买价格中没有任何部分是偶然或暴露的情况下所能获得的要大得多。为目标公司实现较高的名义价格,也可能对买方和卖方都有表面上的好处,即使该价格的一部分是以市场价值和账面价值低于票面价值的票据或优先股支付的。例如,如果一个卖方宣布它不会以低于1亿美元的价格出售其公司,但高估了其价值,则最终可能会高兴地接受6 000万美元现金和4 000万美元的10年期次级票据,利率为4%。这些钞票将以很大的折扣进入卖方的账簿。(折扣金额将有助于买方发现其以后是否希望就重组或解决方案谈判提前偿付票据。)

次级债和优先股的相对优势是什么?

优先股的优势在于增加资产负债表上的权益额度,因此有助于保护高杠杆公司免于偿付能力不足,并使其对优先债券和垃圾债券贷方更具吸引力。记住:破产公司不能在没有得到充分考虑的情况下将其财产转让给任何人。如果不这样做,就等于欺骗其债权人——也就是说,剥夺他们获得其资产的机会。因此,如果偿付能力是一个问题,则卖方和贷款人可能会觉得在资产负债表上包括一些优先股比较舒服。

然而,次级债为卖方提供了相当大的优势。不论是否有公司收益,付款都是到期的,除非受从属条款的限制。谈判人员可能已被告知彻底切断卖方与公司的联系。收回票据意味着更大程度的分离和更明显地确定应付款项将得到支付。卖方可能打算出售其收回的票据,因为这样一张票据就能得到比优先股更多的钱。出卖人可能能够在被收购公司的资产上获得担保权益,当然,这种担保权益低于收购贷款人的留置权,但并不附带预押股票。

从买方的观点来看,票据的主要优点是产生可抵扣的利息付款,而不是不可抵扣的股数。优先股有一个重要的缺点,那就是阻止买方选择作为S公司的转嫁税地位。出于这两个原因,请确保如果票据确实出现,美国国税局则不会将其重新分类为权益。卖方优先股还可能产生其他不利的税收后果(见第五章)。

在不存在特殊的情况下,如果买方能够说服优先债券和垃圾债券贷款人接受卖方的次级债券而不是优先股,卖方则应当没有异议。如果没有,一旦公司达到一定的净值或现金流水平,贷款人和卖方可以接受在买方操作时优先股可转换为票据。作为最后的手段,买方可以说服卖方,在交易结束后6个月或1年内,当债务有所减少时,将优先股转换为票据。

卖方如何才能获得所出售公司的股权?

正如前面提到的,有时收回票据与股权回扣具有相同的效果,因为它们的作用是将销售价格抬高到公司目前的实际价值之外,而且只有当公司未来有良好的收益时,才能支付收回票据。卖方也很可能只保留被收购公司的普通股。在替代方案中,卖方可以获得参与优先股。在优先股中,股息支付被确定为收益的百分比或支付给普通股股东的股息的百分比。优先股的赎回价格随着公司的价值而上升,其中一些选择具有税收后果(见第五章)。

认股权证

认股权证到底是怎么运作的?

一种越来越流行的替代优先股或普通股的方法是在未来某个时候购买普通股的认股权证。这对买方有双重好处,既不使卖方成为普通股股东,有权在收购后立即获得信息和参加股东会议,又不对目标公司取得S公司地位的资格产生不利影响。公司的股东不得超过35人,除少数情况外,所有股东必须是个人。公司卖方不能继续作为S公司的股东,但可以继续作为认股权证股东。然而,重要的是认股权证不能立即行使,因为行使认股权证将导致S公司的地位丧失,于是确定了某些触发因素作为行使这些权利的先决条件。这些基本上是使股东投资者有权从其股票中提取价值的事件:公开出售股票,出售实质上所有的股票或资产,或者改变目标公司的控制权。一旦这些事件之一发生,S公司的地位很可能会丧失,因此让权证持有人套现并获得股权收益是合乎逻辑的。

认股权证一般有哪些关键术语?

主要条款将涉及在执行认股权证时可收购多少股份:"行权价"的金额(收购股份所需支付的金额),行权可能发生的期间(为防止干扰公司今后的任何出售,该期间不应超过任何此类出售的日期),转让权证的任何限制以及根据证券法,当认股权证持有人可能必须登记股票或参与公司公开发行股票时的任何权利(下文将详细讨论)。此外,条例草案亦有冗长而技术性的条文,规定可行使认股权证的股份数目须予调整,以防止在股票分拆或派息,或股份以低于全价售予他人时被稀释。

卖方是否曾作为次级贷款人获得担保权益?

偶尔,但不是典型的。出卖人可以在无担保的基础上或有担保的情况下记下从属票据。担保权益加强了出卖人在破产或再融资情况下与优先贷款人讨价还价的能力。担保品使卖方有权取消抵押品赎回权,并在破产诉讼中占有一席之地,即使根据排序居次的规定,卖方没有立即获得付款的权利。占有收益的证券也使次级贷款人具有启动和影响再融资的杠杆作用。

假设一个收购候选者正在租赁在租约结束时保证以名义价格购买的一种便利(例如,在免税债券交易下)。收购者承担租赁并获得相同的购买权有多容易?

这很难作为一般规律来回答。在免税资助下签发的大多数租约涉及非常大的金额,而且与所有大宗交易一样,每份租约往往有一些独特的条款和条件。

需要注意的是,名义期末价格一般没有当初发行免税基金的结构和原因那么重要。所有权的变化往往表明承租人的条件发生了变化,因此,这是获得免税资金的主要原因。记住:仅仅因为一个实体是免税的,并不总是意味着它有资格接受免税租赁或资助。由于这些原因,根据大多数协议的条款,出租人地位的任何变化都必须通知发证当局。

一般来说,出租人和承租人都希望这种类型的租赁继续下去。虽然免税最初是给予承租人的,但最终(通过租赁经济学)由出租人享有。免税租约使出租人能够向承租人提供较低的资金成本,因为出租人不必就租约内的利息收费所产生的利润缴税。

扩展到免税组织的租约会产生什么问题?

当一家公司租赁一台设备时,它必须缴纳包括个人财产税、销售税和/或使用税在内的税。许多不同的税务机关可能要求预先支付税款,有些则要求在租赁期内支付税款。在免税的情况下,一个实体免除销售税和使用税等项目,这也可能对其当前租约有效[但请向税务律师核实;在某些情况下,即使是免税的组织也可能不得不支付与此无关的企业所得税(UBIT)]。

如果一家公司被一个从税收角度看不符合条件的实体收购,或者如果控制权的变更改变了免税地位,则不能总是依赖租赁公司在租赁从一个实体转移到另一个实体期间承认这一点。虽然租约规定租赁实体有责任收取和提交任何欠税,但有些租约规定承租人也有责任。因此,收购实体需要向租赁公司提出其免税地位和纳税义务可能发生变化的问题。这种担忧应该纳入收购协议中的义务分配——也可能纳入交易的薪酬结构。

卖方的营运资本债务

营运资本债务是什么?收购方应该把它留在原地还是再融资?

目标在收购前的营运资本债务很可能以至少四种形式中的任何一种出现:

- 外部贷款人提供的有担保的循环信用贷款;
- 母公司之间的调动,不论是否计息;
- 向供应商保证采购的银行信用证或担保书,主要用于外国采购;
- 从供应商那里得到多少慷慨的付款条件。

前两种债务几乎肯定必须在收购结束时再融资。有担保的甚至无担保的"循环贷款"将不可避免地束缚资产,阻碍任何有担保的购置款融资计划。母公司/出卖人将不希望保留可能是短期的、相当非正式的内部财务安排。然而,买方可能有一定的余地,通过卖方收回现有的公司间贷款,争取至少获得一些短期融资。

第三类债务再融资也很常见,但对各方来说都有风险。优先循环债务收购贷款人经常提供租赁并可能坚持将这种融资作为交易的一部分。有时这可能会带来麻烦,因为当新的收购贷款人正在学习规则时可能会在一个敏感的领域出现尴尬的失误。一个可能的解决办法是探索将现有信用证贷款人纳入贷款集团,以便能够获得其专门知识。

至于第四类债务,即与供应商保留现有关系和有利条件通常不应成为问题。他们可能会松一口气,发现买方不打算关闭业务或将其转移到其他地方。在某些情况下,供应商依赖财大气粗的母公司作为额外担保,并可能寻求收购后公司难以提供的特别保证。在其他情况下,有可能对收购进行结构安排,以便利用贸易信贷进行收购的子公司比母公司拥有更好的债务权益比,并能够保留有利的贸易条件。

如果现有债务包括免税工业发展债券,则该怎么办?

免税工业发展债券使借款人具有低利率的优势,但也有缺点:它们以更好地用于支持新借款的资产为抵押,而且可能附带旧的母公司担保。作为收购的条件,这些担保必须解除。通常,这些债券可以在其信托契约的条款下"失败";也就是说,高质量的债务(通常由美国政府发行或担保)可以存放在债券发行的受托银行,其数额足以通过对债务的按期支付使债券在其期限内退还。如果债券的利率足够低,使债券失效所需的债券金额可能低于债券的票面金额,一旦债券失效,其担保和留置权就不再发生任何效力。然而,请注意,取消高利率债券是昂贵的,而取消可变利率债券是不可能的,因为它们缺乏一个可预测的利率,可以为其留出足够的资金。除此之外,税务问题还可能引发:撤销基金的收益是否应纳税?失职是否会导致借款人免除债务收入?

免税债券的发行可能是复杂的,任何涉及它们的交易可能需要担任债券受托人的银行和发行人的原始债券顾问给予特别关注。这类问题涉及两个步骤:资金由政府机构借入,然后再贷给该公司建造设施,或用于建造租给该公司的设施,通常但不一定允许在租期结束时以名义价格购买的条款,向税务或租赁专家咨询隐藏的问题。

银行账簿和承诺书

如何将杠杆收购交易提交给潜在贷款人?

杠杆收购交易的正常媒介是所谓的银行账簿,即对拟议交易和目标公司的简要叙述性描述。银行账簿表明所涉及的融资结构,并包括足以满足营运资金需求和摊销债务的收益预测,以及列出可质押资产的资产负债表。〔由于资产负债表通常根据美国公认会计原则对资产进行估值,因此可以附上或参考对实际市场和/或清算价值的评估(如果有的话)。]

银行账簿交给贷款人之后会发生什么?

如果信贷员认为银行可能愿意发放一笔符合买方要求的美元金额和一般条款的贷款,则他们将寻求从买方获得尽可能多的有关公司的信息。这些信息将包括代理声明、10-K 报表和 10-Q 报表(如果目标是上市公司)以及审计财务报表或纳税申报表(如果目标不是上市公司)。信贷员还将派出一个审查小组访问该公司的设施,与管理人员面谈,并将获得对资产的内部或外部评估。这项审查可能需要半个星期到 1 个月或更长时间。银行意识到他们所处的行业竞争激烈,通常行动迅速,特别是当贷款由几家银行考虑时。

然后,信贷员将出具一份书面报告,推荐所提出的贷款,并将其提交给银行的信贷委员会。委员会可以认可该建议,修改后予以批准(假定买方可以接受),也可以否决。如果建议获得批准,银行则将出具一份承诺书(有时由律师协助,但往往不是),阐述银行作出具有约束力的贷款承诺。此后,这封承诺书成为银行工作人员谈判的指导文件。

承诺书包括什么内容?

除了最基本的事项(贷款金额、定期贷款有多少、循环贷款有多少、定期贷款到期日、摊销准备金和利率)外,承诺书还将列出以下建议:

- 向银行支付的费用;
- 定期贷款下的自愿提前还款权利和罚则;
- 需要什么抵押品;任何其他贷款人是否可以对本行拥有优先留置权的任何抵押品取得优先留置权,以及本行是否将对受另一贷款人优先留置权约束的任何其他抵押品取得优先留置权;
- 如何使用这些资金;
- 作为发放优先贷款的条件可能需要的次级债务和股权的数额;
- 银行费用的支付方式。

该承诺书还可以在一些契约的详细清单中规定违约触发条件、报告要求和交割条件,包括律师将向借款人提供的法律意见。随着交割过程的发展,承诺书还可能增加额外的交割条件和约定事项。例如,该承诺书可能规定,提供贷款的要约将在 24 小时内到期,如果不被借款人书面接受,则可能最多宽限两个星期。

如果承诺书规定了一个循环信贷额度(通常称为循环信贷),那么承诺书通常会说明在额度(上限)下可以借贷的最大金额和银行实际贷款的可能较低的金额,有时表示为担保循环信贷的抵押品价值的百分比。这个较低的数额被称为借款基数。循环信贷上任何时候实际借入的金额与可借入的金额（即上限或借入基数中的较低者）之间的差额称为可用性。

如何确定借款基数？

如果应收款项被质押，承诺函则可以区分为"符合条件的应收款项"和"其他应收款项"。两者均受银行留置权的约束，但只有前者可用于增加可得量；也就是说，它们可能构成可用来借贷的资产。

在一种典型情况下，符合条件的应收款项将是那些账龄不超过90天或逾期的应收款。这些应收款是在正常经营过程中产生的，因向与借款人或其关联公司无关的财务状况良好的当事方真诚销售货物或服务而产生的，而且不受抵销、反诉或其他争议的影响。银行将规定符合条件的应收款项的一个特定百分比（通常为70%－90%）。这个百分比被称为预付款率。因此，尽管理论上借款人可获得的额度是最大的，但未偿还的循环贷款在任何时候都不得超过每月甚至每周确定的符合条件的应收款项的规定百分比。

存货通常也被用作抵押品。要符合资格，库存品通常必须是借款人销售的那种（如果借款人从事销售货物的业务）限于已装箱并准备出售的成品，而不是在零售店或在运输途中。在这种情况下，50%的预付款率并不罕见。此外，一些银行会以在制品或原材料为抵押贷款。然而，由于银行在试图清算此类抵押品时会遇到问题，因此对此类未完成的商品将适用相当低的预付款率——可能为15%。

此外，银行还要规定一个"库存次级限额"——对基于库存的贷款金额设定一个绝对的美元上限。

这种确定贷款金额的方法对公司运营意味着什么？

重要的是在承付贷款时准确计算周转金，然后在循环贷款规定的最高限额和借款公式范围内运作。对允许库存积累的经理处以重罚，对未能及时收回应收账款的经理处以较轻但仍相当严重的处罚。每1美元的成品库存只能借到5到60美分，而每1美元的未收应收账款就会使公司损失10到30美分无法获取的收入。收购前公司的融资惯例可能要宽松得多，尤其公司是一家富有的企业集团的一部分，或者是作为家族企业运营，而没有经验的首席财务官在收购结束后可能很快就会陷入困境，如果他们不明白贷款条款的商业含义。

承诺书的条款可以协商吗？

可以，但是最好的，通常也是唯一的。谈判的时间是在承诺书的草稿被传阅的时候，或者在信贷委员会批准之前给买方发送一封草拟的建议信的时候。在这个阶段，买家应该注意让他们的律师和其他顾问参与，不要等到晚些时候才去了解细节，一定要了解贷款人的程序。建议信可能是提前谈判提交的一份文件；有时承诺书只有在信贷委员会开会后才会出现。之后,对贷款人的期望变得既定,重新向信贷委员会提交提议贷款会很尴尬。借款人通常不知道信贷员在不返回信贷委员会的情况下有多大的余地来修改承诺。因为在典型的杠杆收购中,时间是至关重要的,而新的信贷行动可能会导致延误,所以回到信贷委员会通常也不符合借款人的利益。

承诺函一旦签署有效期为多长时间?

贷款人的贷款承诺通常规定必须在某一特定日期前协商,准备和签署明确的文件。有时允许的时间相当短:30 天或 45 天;有时,由于需要获得行政当局的同意,杠杆收购的收尾将会拖得很长,例如,联邦通信委员会(Federal Communications Commission,FCC)对电视台所有权变更的同意。在这种情况下,承诺的终止日期必须往后推,以便有合理的时间完成所有必要的行动,从而达成收购交割。

优先贷款协议中的其他主要问题

银行对贷款服务通常收取哪些费用?

银行的收费往往千差万别,因为贷款人的独创性能够设计,而借款人能够接受的收费也是千差万别的。在某些情况下,贷款人可在交付银行签署的承诺书时收取费用("承诺书费用"),并在借款人执行承诺书时收取第二次承诺书费用。这两种费用可能都是不可退还的,但它们可以在贷款结束时记入借款人应付的第三笔费用("结束费")。

如果贷款是银团贷款,银行则可就其在组建银团方面的服务收取代理费或管理费。这通常是一笔持续的费用(与一次性承诺函和结算费用相对),每季度或每月按贷款总额的百分比支付(每年 0.25% 并不少见)。

银行在交割价范围内收取的费用总额介于 1% - 2.5%。百分比取决于对银行要求的速度、交易的复杂程度、银行集团的规模(贷款人越多,成本越高)以及风险程度。短期过桥贷款的前期费用可能会比长期贷款的前端费用更高,由于银行在贷款期限内通过利息赚取利润的机会较少,因此利率比长期贷款利率更低。通常,纽约金融中心的银行在这一范围的较高端收取费用,除了前端费用通常还会有一个承诺费或信用安排费(通常为 0.5%)。

如果借款人需要信用证,银行通常则会根据备用信用证或商业信用证下承诺的金额评估信用证费用(通常每年为 1% - 1.5%)。

最后,银行往往会就融资期限部分的未付余额寻求提前终止费,这是为了补偿银行可能遭受的经济损失。如果借款人在定期贷款到期之前,因为一个较便宜的融资来源而取消贷款,从而剥夺了银行在该期剩余贷款上的预期利润。这些费用的数额可能会逐步下降,期限贷款未偿还的时间长。通常这有可能让银行降低终止费,或者至少将其限制在头一两年发生终止费。这是值得花点筹码去实现的。如果该公司表现良好,买家则可能会想尽快为优先级贷款再融资,以逃避一大堆累赘的契约,而这些费用很可能是个问题。

借款人需要支付哪些银行费用?

通常情况下,无论贷款是否发放,承诺书都要求借款人承担贷款人的所有自付费用,并承担银行外部顾问的费用和支出义务。这项规定是不可谈判的;银行从不指望为自己的律师在贷款方面所做的工作付钱。此类费用总是针对借款人进行评估,如果贷款未结清,则针对预期借款人进行评估。

银行对杠杆收购贷款收取什么利率?

通常,银行会在基准利率或基本利率的基础上收取 1.5%－2% 的费用。与普遍的看法相反,"基准"并不一定意味着银行向客户收取的最低利率,这是贷款协议通常会承认的。相反,最优惠或基本利率将是贷款银行经常推出的。

浮动利率贷款中是否使用过除基准利率以外的参考利率?

是的。贷款协议可能允许借款人在两个参考利率之间来回转换,或者收取高于参考利率的价格。银行收取的高于参考利率的保费金额将取决于所使用的参考利率,以及银行的基准利率与替代第三方参考利率之间当前和预期的差异;欧洲美元利率贷款的溢价通常比基准利率贷款高出约 100 个基点。这在很大程度上(但不是完全)被伦敦银行同业拆借利率通常低于基准利率的事实所抵消。选择伦敦银行同业拆借利率的净效果可能是将利率提高 25－50 个基点。伦敦银行同业拆借利率对利率变化的反应更快,变动速度也会更快。对一家银行来说,基准利率的变化代表着一项重大的政治决策,因此,基准利率的变化频率较低,步调也较大。

一个以上的贷款人参与贷款有问题吗?

杠杆收购贷款通常是由银行集团或辛迪加提供的。在某些情况下,参与发放贷款的银行将全部成为贷款协议的当事方,其中一家银行被指定为代理银行。在其他情况下,只有一家银行会签署贷款协议,但它会向其他银行出售参与权益。虽然从法律角度看,参与贷款的人数对借款人没有影响,但必须与多个贷款人打交道的实际影响可能会很大。

由于杠杆率很高,杠杆收购贷款人倾向于通过对借款人施加一系列干扰性的契约——消极的、肯定的、财务的和操作的——来限制风险。

这些契约旨在确保业务按照向银行代表的方式进行,并按照借款人向银行提交的财务预测进行。任何偏差、任何业务运作方式的改变或任何不良的金融发展都有可能引发违约。由于买方并不总是能够预见未来业务发展的方式,因此,即使在没有坏的财务消息的情况下,通常也不可能始终在贷款契约规定的要求范围内经营。因此,借款人通常会发现有需要不时返回贷款人处,要求他们放弃或修订某些契约。如果只涉及一个贷款人,流程则可以相对简单。如果涉及十几个或更多的同意,则这个过程可能是昂贵的、耗时的和痛苦的。

贷款集团的所有成员是否必须批准每一项弃权和修改?

一般不会。但与银行同业事项有关的规定,例如,准予豁免所需的贷款人百分比,一般载于借款人并非当事方的文件(有时称为参与协议)中,而且往往甚至不允许借款人看到该文件。尽管贷款人批准安排多种多样,但它们通常规定贷款的某些变化(如利率、到期日和本金金额的变化)是非常基本的。所有贷款人都必须同意,而其他变化则可由在所有未偿贷款或贷款承诺中持有至少51%的利息(或在某些情况下持有66.6%的利息)的银行批准。

次级贷款人能比优先贷款人先得到偿还吗?

一般不能。根据破产法中一项长期存在的被称为绝对优先权规则的原则,次级债权人不能先于优先债权人。也有例外——比如,对投资的次级贷款人的"新资本"例外——但一般情况下,这一规则占上风。

什么是消极质押契约?为什么贷款人寻求它们?

消极质押是指借款人承诺不将可能受银行留置权约束或不受留置权约束的资产质押给他人。它通常用于禁止对受银行优先留置权约束的抵押品的次级留置权。虽然从理论上讲,次级贷款持有人不应侵犯优先贷款人对担保品的权利,但在实践中,贷款人强烈希望在对其拥有第一留置权的担保品的管理方面不对第二贷款持有人负责。在优先贷款人的眼中,次级贷款人是一个可以事后猜测你在抵押品上的行为,并在你做出违约行为时起诉你的人。

在试图完善担保物的留置权时,最有可能遇到哪些类型的问题?

■ 可能会发现先前未满足的留置权。[出于这一原因,以及出于一般尽职调查考虑(见第六章),谨慎的做法是在所有可能已经进行了影响抵押品的记录备案的法域中尽快开始留置权查询。]

■ 专利、商标和商号的留置权以及版权转让需要特别的联邦文件,这可能很费时,并且需要专门的法律顾问的服务。

■ 政府合同和美国政府应收款的抵押转让需要联邦批准,这涉及一个潜在的耗时过程。

■ 向全世界发出担保权益通知的《统一商法典》(UCC)备案必须在目标及其资产所在的州,有时是地方政府办公室进行。波多黎各和路易斯安那州是美国的两个非

《统一商法典》管辖区,它们的备案要求与美国其他司法管辖区的要求明显不同,而且比后者更为详细。应尽早与当地法律顾问联系,因为这些法律顾问将发挥关键作用。

■ 不动产和固定物上的担保权益需要在其所在的地方和州分别提供文件和记录。贷款人往往会要求产权保险和调查,这两项工作都需要相当长的准备时间。

■ 贷款人通常需要当地律师就留置权的完善性和优先权提出意见,而获得这些意见可能是一项重大的后勤任务。

在计算利率和费用时,银行家通常将 1 年视为只有 360 天。为什么?

因为它产生的收益比规定的费率或费用略有增加。这种做法已获得公约地位,一般不需要谈判。

什么是抵押品头寸?

抵押品头寸描述贷款人与其他贷款人在特定抵押品方面的关系。在两个贷款人的交易中,一个优先贷款人将拥有第一个抵押品职位,而初级贷款人将拥有第二个抵押品职位。

该术语也指贷款中质押的抵押物的价值与借款人的偿还率之间的关系。从这个意义上说,银行通常在规定最低抵押品头寸的政策下运作。为了避免把贷款人逼到这一步,借款人应该对银行的抵押品的地位有一个主要的认识,相对于银行的抵押品。

什么是违约率?

贷款协议通常规定在违约或加速贷款时提高利率。比通常生效的费率高出 2 或 3 个百分点的保费并不是不合适的。

借款方应尝试让违约率在贷方正式宣布违约后才生效,因为轻微的技术性违约太容易了,不应成为贷方的利润来源。

为什么强制提前还款义务是由贷款人规定的?

强制提前还款要求的理由因银行对交易的看法而异。在某些交易中,贷款人急于尽快收回并重新部署其资金。这一需求以及从现金流计划中获得的现金的预期可用性,将倾向于推动对定期债务采取积极的摊销计划。(在某些情况下,借款人也可能被要求在一段时间内接受预定的信贷额度,并支付由于信贷额度减少所要求的本金。)

此外,银行可以安排摊销付款,以配合买方出售资产或终止退休金的计划,实际上迫使买方履行其承诺,分拆和出售部分被收购的业务或终止向银行提出的这类退休金计划。最后,贷方可能会要求付清全部或部分超额现金,以减少优先债务。虽然银行可能允许向 S 公司的股东分配股息,以支付公司收入的联邦、州和地方所得税,并保留部分收入用于资本支出,但它也可能要求买方使用偿还次级债务后的所有剩余款项来偿还定期贷款的任何未偿余额。

为什么银行坚持先将预付款应用到最后一次到期（顺序相反），而不是反过来呢？

银行颠倒杠杆收购贷款的支付顺序，以保持现金流入银行，并尽快还清贷款。如果借款人能够提前偿还下一次到期的款项，实际上他们则是给自己买了一个带薪假期。有时，提前还款可能是由于出售创收资产（或银行将意外保险收益用于预付本金，而不是将此类收益提供给借款人），因此此类事件可能会降低借款人随后的偿债能力。在这种情况下，贷款应重新计算，以按比例降低随后支付的利息和本金总额。

信用证融资可以与杠杆收购贷款合并吗？

可以。如果企业在其持续经营中使用信用证（例如，为了确保支付原材料或从外国采购货物的款项），则它通常可以从贷款人那里获得一项承诺，即提供不超过规定总额的此类信用证。信用证融资通常是从循环信贷额度中分割出来的，将由担保循环贷款的相同担保品担保，并具有将循环贷款的可用性限制在信用证承诺总额范围内的效果。在这种情况下，信用证提款将被视为循环贷款提款。贷款人将不时对未结清的备用信用证发出人收取单独的费用（通常为每年1%—1.5%）。

有时公司有一种做法，就是为某一时期内的所有货物开出一张大额信用证，然后确保出现特定订单。在这种情况下，通过针对特定订单的信用证可以提出或已经提出的索偿额，而不是通过信用证中较大的未使用余额来限制可得性。

杠杆收购贷款协议通常包含一份冗长的关闭条件清单。有没有可能特别麻烦？

尽管最尖锐的争论点因交易而异，但仍有一些是经常出现的，其中包括：

- 关于担保物上担保权益的完善性和优先权的要求。例如，如果将第一留置权给予各法域的库存品贷款人，则必须发生某些事件：第一，必须完成留置权搜查，并收到和审查报告（可以雇用专业公司对任何州或县办事处记录在案的留置权进行计算机化搜查）；第二，终止旧留置权的文件必须准备，签署并送交存档；第三，完善新留置权的文件必须准备，签署并送交存档。

- 相关的归档时间表。所有这些工作完成后，必须在每个法域协调备案，以便与新贷款的融资和旧贷款的偿付同时进行。在一项复杂的多法域交易中，要想成功地进行这种协调，就需要付出巨大的努力，与简单的好运相结合。通常情况下，贷款人在旧贷款被解除时，在提交终止声明方面有一定的灵活性，并将在结束贷款后留出一段合理的时间来完成这一工作。

- 律师意见。很少有交易会因为借款人的律师未能提供所需的意见而陷入困境，但在银行和借款人的律师之间就意见的最后要点进行谈判的情况下，交易延期了结的情况也不是没有听说过。问题通常出现在当地律师的意见中，与银行留置权在特定司法管辖区的有效性有关。没有神奇的解决办法，但尽早让借款人的当地法律顾问参与始终是一个好主意。

- 审计师的意见。审计员越来越不愿意对借款人的偿付能力或借款人向银行提供的财务预测的可靠性发表意见。相比之下,根据前面所述的《萨班斯-奥克斯利法案》第404条的要求,他们现在例行地对内部控制进行评估。

- 政府的同意和批准。在某些交易中,政府的批准是交易的核心要素。例如,如果没有公平竞争委员会的必要批准,就不能出售一家电视台。这种批准的时间,即使是合理保证的,也不在当事方的权力范围之内,而政府机构未能在预期的时间内采取行动,可能会对杠杆收购的结束时间表造成严重破坏。

- 影响公司的重大诉讼及不利变化。有些贷款协议赋予买方和/或贷款人在目标受到重大诉讼打击时退出的权利,如果诉讼成功,则可能会严重损害公司的业务。如果这种意外情况确实发生,卖方律师则有责任说服买方和银行相信,不太可能胜诉,或者即使胜诉,对公司或其经营也不重要。同样,坏的经济消息可能会导致买方或银行停止这一过程,谈判降价或终止。

是否存在适用于循环信贷额度后续提取的持续条件?

是的。在大多数贷款协议中,银行随后履行对循环贷款提款的义务受到各种条件的限制。其中主要是借款人重申贷款协议中的原始担保和声明仍然是真实的(包括自交割日之前的某一天业务没有发生重大不利变化的声明),并要求不存在违约行为。不符合前述条件的,不要求银行放贷。

贷款协议中的陈述和保证有什么作用?

这些陈述和保证旨在证实和补充贷款人所获取的公司信息,而贷款人正是基于这些信息做出信贷决定的。它们实际上构成了潜在问题领域的核对表,要求借款人声明不存在任何问题,或(通过例外情况或证据)说明问题所在。因此,典型的保修将陈述如下:

- 借款人已提交银行的财务报表正确无误。(虽然这一结论得到审计师认证的支持是令人欣慰的,但通常审计师的报告中会有一些保留意见。)

- 除向银行披露或根据贷款协议允许外,借款人的资产并无留置权。

- 预期交易不会与借款人作为一方或受其约束的法律或任何合同相冲突("不抵触声明")。

- 除向本行披露的情况外,并无针对借款人的待决或威胁诉讼,如果判决借款人败诉,则可能会对借款人产生重大不利影响。

- 贷款不会违反"保证金规则"。

- 借款人没有职工退休所得保障条例(Employee Retirement Income Security Act, ERISA)项下的风险敞口。

- 借款人不是受管制的公用事业控股公司或投资公司(如果是的话,将需要各种政府命令)。

■ 借款人是"有偿付能力的"(以便减轻对本章后面讨论的"欺诈性转让"风险的担忧)。

■ 借款人的资产(和主要办事处)位于指定的地点。(需要此信息,以确保通过在正确的司法管辖区提交通知来完善担保品上的担保权益。)

如果陈述有误则会发生什么?

不实陈述可能对借款人产生两个实际后果:(1)如果违约发生,则银行可以在交割时或交割后拒绝提供所要求的垫款;(2)违反陈述或担保可触发贷款协议项下的违约。

第一个后果——银行拒绝提供资金——不应令人意外。陈述的真实性和准确性通常是签署贷款协议时进行初始贷款的一个条件,也是随后对循环信贷额度的任何提款的一个条件。例如,如果借款人在贷款协议中保证它没有重大环境问题,但后来发现它犯有非法倾倒危险废物的罪行,则银行可能有权根据贷款协议停止进一步提取信贷额度。这样的决定对于一家无法从现金流中为自己融资的公司来说可能是灾难性的,因为它的贷款协议还规定了收入的"锁箱"和强制偿还——也就是说,这些收入必须在贷款人的控制下存放在一个锁箱中,用于偿还银行债务。

第二个后果——贷款协议项下的违约——触发贷款人在贷款协议项下通常拥有的补救办法,其中之一是加速贷款的权利,即宣布所有贷款立即到期并应支付,即使根据期限部分应支付的金额可能在几年内不会到期,而且重新偿还可能要到本年年底才到期。

在实际意义上,加速权是触发借款人破产的权利,因此,除非贷款人确定将借款人置于破产比通过其他方式更能保护其利益,否则不太可能行使加速权。由于破产被大多数有担保的贷款人认为是有风险的、缓慢的,并且是最后的手段(可能会给银行带来责任),因此一项违反担保条款的行为一般不太可能使整个公司破产。但是,即使贷款人放弃了违约行为,它的存在实际上也将原先设想的定期贷款变成了银行可以随时收回的活期贷款。通常情况下,高杠杆交易导致银行在没有违约的情况下仍有活期贷款,因此违约并不会使事情变得更糟。此外,一些贷款人和他们的律师试图谈判的贷款协议过于严格,以至于可以说公司从协议签订的那一刻起就处于违约状态。在某些情况下,银行还会规定违约利率,这样,一旦违约,借贷成本就会上升。这对银行的制裁更有效,前提是不危及公司的财政健康。

杠杆收购贷款协议中的契约往往比大多数商业贷款协议中的契约更具侵扰性。为什么?

因为在典型的杠杆收购中,贷款人的风险明显高于在正常商业贷款中的风险。无论是从资产负债表的角度(因为优先债务项下没有相当大的权益垫),还是从经营的角度(因为偿债将给借款人的现金流带来负担),贷款人都可能认为自己有很大的风险敞口。贷款人试图通过向借款人施加契约来解决这一问题,以实现以下五个结果:第一,通过明确的合同条款,使借款人有义务按照提交给银行并经银行批准的商业计划经营所收购的业务;第二,提供偏离商业计划或经济坏消息的早期预警;第三,保护抵押品;第四,防止资金和财产从借款人处外泄,无论是作为"管理费"或其他支付给关联方的款项、新收购的成本、资本支出,还是简单地作为股息;第五,使银行能够行使其宣布违约的权利,以便在情况出现差错时尽早采取补救措施。

借款人最可能遇到的契约是什么?

在杠杆交易中借入资金时,买方通常被要求签署遵守商业计划的承诺,条件是预警潜在的经济问题、保护抵押品、控制支出。

在应急付款交易中,卖方如何确保买方遵守商业计划?

一般要求买方承诺:
- 仅将贷款收益用于规定的用途;
- 只从事贷款人设想的业务种类;
- 未经本行同意,不得合并或出售本行全部资产或实质上的全部资产,或超过指定价值的任何部分资产;
- 将资本支出、租赁付款、借款以及对关联公司和第三方的投资限制在商定的金额内;
- 防止未经贷款人同意而改变借款人的所有权或控制权;
- 禁止收购其他企业;
- 变更收购协议、次级债务工具或其他重要文件。

那些旨在对经济问题发出早期预警的契约又如何呢?

涉及意外付款交易的卖方通常要求买方承诺:
- 遵守财务契约(随后讨论);
- 提供定期(月度、季度、年度)财务报告,年度报告需审计;
- 及时通知任何影响业务运营的重大不利发展;
- 在每个新财政年度开始之前,至少每年修订和更新预测;
- 允许银行代表进行访问和检查。

在意外付款交易中,卖方如何保护其抵押品?

买方通常必须承诺:
- 为企业和财产提供足够的保险;
- 将财产销售限于在正常业务过程中销售的商品;
- 规定财产不得有留置权("消极质押");

- 禁止借款人租赁财产；
- 为借款人的主要行政人员提供关键人寿保险。

哪些贷款协议条款可以阻止借款人财务外泄？

贷款人通常会要求借款人同意：

- 高管薪酬和管理费上限；
- 限制，或经常禁止（至少在一个特定的时期内，或直到满足特定的财务测试为止）向股东分配股息和其他分配；
- 禁止与联营公司进行交易，除非另有明确约定，以及在公平基础上为借款人明确要求的服务提供的交易除外；
- 借钱或担保其他当事人的义务。

可能会施加何种财务契约？

贷款人最关心的财务契约与公司的现金产生和现金分配有关。贷款人对监控公司的当前和未来债务的能力至关重要。因此，一般来说，他们希望限制不必要的现金流出，如股息、过度的资本支出以及未来的支付义务（即额外的债务），直到他们的索赔得到满足。此外，贷款人希望得到有关公司现金流入和与偿债要求有关的充分的预先信息。如果这一比率开始恶化并接近违约水平，贷款人则将增加监管活动，并将相关违约后果通知管理层。因此，借款人可能需要为下列各项保持规定的比率：

- 利息覆盖范围（息税前利润至利息支出）；
- 债务与净值之比；
- 资产负债比；
- 净收入（或现金流量）的固定费用。

此外，借款人可能需要达到以下规定的最低目标：

- 净值；
- 现金流量。

借款人还可能被要求不得超过规定的最高限额：

- 资本支出；
- 债务总额。

贷款人如何确定财务履约等级？

贷款人使用借款人提供的信息和他们自己的贷款经验，结合监管准则来评定财务履约等级。预测财务报表是评定履约等级的基础数据。由于财务契约通常被设计为预警装置，贷方希望契约是偿债能力的良好指标。与普遍的看法相反，贷款人并不希望财务契约越高越好。他们试图实现的是一个有效的过滤系统，识别值得特别关注的问题贷款。如果契约过高，贷款人则可能会在风险相对较低的情况下浪费宝贵的管理时间。例如，假设一位优先贷款人提供 200 万美元，固定利息为 12%，分 5 年支付。本公司预计的现金流量和偿债要求见表 4—2。预测覆盖率是通过预测现金流量除以债务偿还总额来计算的。

表 4—2　　　　　　　　　　　样本公司的现金流量和偿债要求　　　　　　　　单位：千美元

年　　份	1	2	3	4	5
贷款余额为 1/1	$2 000	$1 700	$1 250	$800	$350
利息	240	204	150	96	42
本金偿还款	300	450	450	450	350
偿债总额	540	654	600	546	392
预计现金流量	1 000	1 200	1 400	1 600	1 800
预计偿债能力系数	1.85	1.83	2.33	2.93	4.59

根据这些数据，贷款人将对公司现金流的预期波动性作出判断。假设公司的前景满足优先贷款人的贷款委员会，则必须确定一个预测的覆盖率契约。所选择的水平很可能是对预期业绩的简单折扣，但仍然为贷款人提供安全。一旦公司走出困境，贷款人就应该放心，不应该继续提高所要求的业绩水平，即使预测表明它可以实现。

契约水平很可能会随着时间的推移而上升，以反映出贷款人希望看到公司现金流持续增加的愿望。表 4—3 中有一个样本覆盖和由此产生的防止违约的最小现金流。表 4—3 所示的契约水平要求公司每年有效地增加现金流，直到最后一年贷款人的风险显著降低。

表 4—3　　　　　　　　　　　　　　契约样本　　　　　　　　　　　　　　单位：千美元

年　　份	1	2	3	4	5
契约水平	1.4	1.4	1.8	2.1	2.5
最小化现金流（契约水平×还本付息）	$756.0	$915.6	$1 080.0	$1 146.6	$980.0

借款人在向潜在贷款人提供目标公司的预期财务业绩时面临着一个有趣的两难选择。一个借款人可能会有动机让目标公司的未来业绩看起来好，以获得贷款。然而，这些同样的预测将构成贷款人财务契约的基础。如果预期业绩被夸大，公司则可能会继续拖欠贷款协议。另外，如果借款人为了避免这种可能性而贬低目标公司的未来业绩，则借款人就有可能使贷款对贷方变得相对不具有吸引力。最终，当提交的预测能真实地反映买方对目标公司的期望时，双方都能获得最大的收益。

财务契约通常在什么时候协商？

在过程的后期，通常是在结束前。典型的买方更喜欢在详细谈判这些条件之前得到贷款的承诺。通常，最可靠的财政预测只有在最后一刻才可用，它们为盟约提供了基础。有时，银行在交割时把契约订得太紧，谈判过程以弃权的形式持续到贷款的最初几个月。如果可能的话，则应该避免这种情况。

什么事件通常会触发默认？

■ 违反此处所述的一项或多项契约（有时受在指定补救期内补救某些违约行为的权利约束和/或受违约行为是"重大"或对借款人有"重大不利影响"的限定条件约束）。

■ 付款违约（在到期时未能支付利息、本金或费用，或者如果发生利息和费用，有时在规定的宽限期内——见下一个问题）。

■ 违反陈述或保证（有时以重大违约为条件——见下一个问题）。

■ 交叉违约[由另一贷款文件（如担保协议）或借款人作为一方当事人的另一无关但重要的协议（如次级债务工具）中的违约触发的贷款协议中的违约]。通常，要触发交叉违约，另一工具中的违约必须到期，也就是说，所有补救期必须已到期，且另一贷款人必须有权加速。此外，低于指定美元门槛的其他债务违约可能被明确豁免于贷款协议的交叉违约条款。

■ 如果借款人在规定的期限内（通常为60天）未解除债务，则破产或自愿破产或非自愿破产。

■ 超过规定金额的法院最终不利判决，在规定的期限内上诉而不解除或中止的。

■ 对借款人的资产施加留置权（贷款协议允许的留置权除外）。

■ 触发职工退休所得保障条例责任超过规定金额的事件的发生。

■ 行政总裁或个人担保人去世，或某些指明的管理雇员以其他方式终止雇用。

哪些技术可以用来解决违约条款中的一些问题呢？

基本上有两种默认的软化方法：宽限期和固化周期的使用和重要性的概念。

宽限期是在付款到期日之后的一段时间，在这段时间内可以付款并避免违约。将宽限期与本金偿还义务挂钩的做法很少见，但并非没有先例。更常见的是利息支付或费用的宽限期。超过预产期5天的宽限期并不少见，有时可以给予10天甚至15天。

固化周期适用于因违反约定而引发的违约。一般来说，贷款人会试图将其适用范围限制在那些明显易被纠正的契约（在指定日期提交财务报告的义务）上，但对于那些旨在提供故障预警（违反财务比率）的契约，则不予适用。有时，直到贷款人向借款人发出不履行义务的通知，补救措施才开始运行；在其他情况下，补救期将从借款人本应履行时开始运行，无论贷款人是否知道借款人违约。治愈期因交易和条款的不同而有很大差异。然而，5天、10天、30天的治愈期时有发生，有时还利用只计算"营业日"的概念,通过排除周六、周日和国家承认的节假日来延长期限。

重要性的概念更普遍地适用于因违反担保而引发的违约情况。借款人断言,如果陈述证明不真实,则不应触发违约,但这种不准确的影响对借款人或抵押品或对贷款人的地位没有实质性不利。纠正失实陈述权利的概念并不普遍,但在许多情况下并不是不合逻辑的。在某些情况下,如果贷款协议没有赋予借款人补救被违反的契约的权利,则有时规定,如果这种违法行为的影响不是重大和不利的,不会引发违约。

到目前为止,我们一直在谈商业银行贷款,除此之外,还有哪些主要的融资来源?

除了商业银行外,杠杆收购者还可以向保险公司(贷款)[38]、承销商[发行高收益(垃圾债券)或过桥贷款]以及股权投资基金或其他基金筹资,这些都在下面讨论。

高收益(又称"垃圾")债券

什么是垃圾债券?

垃圾债券是中期至长期债券。这类债券:(1)次级于优先债务,(2)通常无担保,(3)高利率。这类债券的名字很不雅观,据说是迈克尔·米尔肯(Michael Milken)在和梅书拉姆·瑞克里斯(Rik Riklis)的一次谈话中起的[39],取自这类债券比优先债券风险更大之意;这类债券从一个或多个债券评级服务机构得到的评级都低于投资级。然而,它们一般应该有一个更好的标签,因此被一些承销商称为"高收益证券"。事实上,"垃圾"一词具有价格打折的效果,这使得一些购买者获取了巨额回报。垃圾债券通常在最初的期限(3—5年)内不可预付,此后只能溢价预付。

垃圾债券的主要目的是为收购交易提供夹层融资,填补利率较低的优先担保债务人与最后偿还的卖方收回融资或买方股权融资之间的空白。垃圾债券有时不止一层——一层是优先次级债务,另一层是低级次级债务。最近的一个例子是发行10亿美元垃圾债券来收购谷物生产商Post Holdings公司,赎回了更高额的债务,并支持对鲍勃·埃文斯农场公司(Bob Evans Farms)的收购。[40]

垃圾债券卖给谁,怎么卖?

垃圾债券通常卖给大型金融机构——保险公司、养老基金和共同基金,包括海外投资者——通常以50万美元或更多的金额出售,主要面向老练的投资者。投资于垃圾债券的基金往往会吸引特别老练的基金经理。众所周知,这些经理会迅速进出垃圾债券市场,导致价格波动。通常(但不一定),这类发行是根据联邦证券法登记的,以增加其可销售性,并与购买目标公司普通股的认股权证一起打包出售。由私人发行的垃圾债券往往具有登记权,使持有人能够要求借款人登记用于公开发行的债务。(请参阅本章后面关于登记权的讨论。）

认股权证与垃圾债券有何关联？

如前所述，认股权证是在未来一段时间内以指定价格从公司购买股票的权利。垃圾债券提供了一些与股票相同的高风险、高回报特征，因此很自然地将它们与认股权证形式的股票投资者一起提供。通常，购买债券的机构将认股权证卖出（有时卖给承销商），从而以折价获得垃圾债券。

什么是债券契约？

契约是规定垃圾债券条款的基本协议，由借款人和银行签订，银行充当债券持有人的受托人。它具有与优先担保贷款人签订的信贷或贷款协议以及与机构夹层贷款人签订的票据抵押协议相同的功能。假证包含契约、违约事件和交易的其他重要条款，包括发行人、受托人和债券持有人的各种责任和权利。如果债券是根据公开募股发行或随后出售的，契约则必须符合1939年《信托契约法》（经修订）的规定。契约中的许多样板是根据该法律的要求制定的。

契约有以下几个主要目标：

■ 防止处置借款人的资产（除非出售所得再投资于借款人用于同一业务的资产，或用于清偿垃圾债券或优先债务）；

■ 确保在借款人发生任何兼并、合并或变更时，后续实体有义务以相同的条件偿还债券，并在交易后保持与交易前同样的财务状况；

■ 限制额外债务和留置权的产生（特别是优先于债券的担保债务）；

■ 限制向股东支付股利和分配（限制性支付），并限制与关联公司的交易。

垃圾债券通常包含哪些契约？

与高级债务协议相比，无担保垃圾债券契约更为简单，符合经典的债券契约模式。与优先债务工具不同的是，优先债务工具提供给贷款人的全部信息流动、一触即发的违约条款，以及理论上广泛的事后评估和对管理决定的批准。垃圾债券契约往往更多地依赖于借款人的良好判断和公司作为持续经营企业的价值，并仅限于防止重大重组或资产转移或优先债务或有担保债务数额的增加。这种做法上的差异反映了这类债务的长期性质，以及从一大群不同的公共债券持有者那里获得同意是不切实际的。然而，在垃圾债券有担保的极少数情况下，垃圾债券将包括一套更详细的有关保护抵押品的契约。

借款人在同意契约时应寻求什么？

一般来说，借款方应尽量将垃圾债券发行中的财务契约限制在发生率测试而不是维护保养测试。换言之，公约不应要求维持任何特定的财政健康水平；相反，只有某些被禁止的行动才能违反契约，例如：

- 支付违禁股息；
- 招致违禁债务；
- 与另一家公司合并或出售资产，除非符合某些测试；
- 与联营公司保持中立。

这些契约通常会严格限制借款人的运营子公司，以确保所有债务都发生在同一公司层面。

在许多交易中，契约可能包括详细的财务维持契约，内容涉及资产净值、利率比率、利息承保范围等，投资限制和资产出售收益的运用。

哪些债券契约是特别需要协商的？

契约应涵盖以下关键问题：

- 对合并和资产出售的限制。这种限制有多种。最苛刻的要求是，合并中的存续实体或所有或基本上所有资产的购买者的净值不低于借款人在合并前的净值，而且固定费用支付比率[通常是债务支付与（偿债前）现金流量的比率]等于合并前有关比率的一定百分比。这类条文的作用是防止以杠杆收购方式出售业务，使合并后公司的债务总额大幅增加。因此，借款人处置企业的手段较少。

有些契约要求借款方提出从未用于提前偿还优先债务的资产出售收益中提前偿还次级债务（必须是要约，因为未经贷款人同意，债务通常不能提前偿还）。优先贷款人反对这一规定，因为他们认为，可能有必要将收益留在企业中，特别是在出现麻烦而资产出售被用来获得企业所需的流动资金的情况下。解决争议的办法通常是在优先贷款人得到全额偿付之前，允许在必须提出提前偿付要约之前将有限数额的此类收益留在企业中。

借款人应该事先检查一下，了解投资银行家的标准格式是什么（最好通过审查以前交易中的契约来完成）。一旦你锁定了投资银行家，你就会一遍又一遍地听到，如果没有习惯的限制，则它将无法推销债务。准备好其他垃圾债务的例子。如果你有任何出售资产的具体计划，一定要确保它们不会违反这一规定。

- 债务的产生。许多垃圾债券契约对发行者的债务承担有非常严格的限制。最简单的限制形式是，发行人不能发行"夹心债"或"夹层债"，即次级于优先债但优先于垃圾债的债务。这一限制允许发行人借入贷款人愿意借出的优先债务或次级于垃圾债务的债务。垃圾债券的持有者依赖于优先贷款机构对可产生的高级债券数量的限制。

其他类型的限制将债务的产生限制在原始债务数额的一个百分比内，或要求在产生额外债务之前达到某些财务比率。财务比率以及特定业务计划所需的任何特定条款，均须与贷款人协商。优先贷款人将希望借款方能够产生新的优先债务，其金额略高于现有优先债务的未付金额,以便进行小规模的安排,并为某些扩张融资。

- 对预付款项的限制。大多数垃圾债券在几年(通常是 5 年)内都不允许提前还款,此后只有在支付大量溢价后才允许提前还款。如果有关合并和债务的公约不是太严格的话,则这项限制就不会那么麻烦了。长时间的非提前偿还期意味着,如果契约变得过于沉重,发行者除了通过撤销债券外,无法摆脱债务。

- 从属条款。见"从属问题"标题下的一节。

- 限制付款。这些限制禁止股息和其他分配以及股票赎回,除非满足指定条件。在达到规定的最低净值水平之前,这些条件通常阻止付款。此后,付款不得超过累计净收入的一定百分比(25%—50%)。

小心这一规定:除非垃圾债券已预付,否则它可能会产生阻止公司通过杠杆收购出售的效果。这种收购通常要求借款人或垃圾债券契约下的继任债务人借入收购债务,并将收益支付给目标公司的股东。这样的支付很可能构成了一种限制支付,除非测试得到满足(在大多数情况下,它们不会得到满足),否则可能不会进行。即使对合并的所有其他测试都得到满足(如净值和覆盖率),这一测试也可能往往是一个难以逾越的障碍。

如果这些契约被证明过于严格,难道不可能放弃这些契约吗?

不,由于提前偿还限制和惩罚,提前偿还垃圾债券很可能要么是不可能的,要么是非常昂贵的。此外,与优先贷款人的情况不同,要使众多的公债持有人放弃契约往往是不可能的,或者至少是非常困难的。因此,垃圾债券契约所包含的限制应该是借款人能够长期忍受的。必须特别小心,以确保契约符合公司关于收购、资产处置、扩张等方面的长期计划。一旦契约生效,你就必须接受,几乎没有任何修改。

垃圾债券的违约率如何?

它会随着时间的推移而变化,1 年左右违约的概率很低,第 3 年和第 4 年的概率较高,4 年后的概率就会下降。目前对 2019 年违约率的预测为 1.5%,与近几十年相比相对较低。[41]

什么是准垃圾债券?

准垃圾债券是一种获得分离评级的债券——一个信用评级服务机构给它一个最低的投资等级,另一个则称它为垃圾债券。

债券持有人在债券表现不佳的情况下有什么追索权?

债权人针对杠杆收购失败的相关方提起的诉讼会涉及众多当事人,包括垃圾债券的发行者。其中许多案件是根据州欺诈性转让法提出的(本章稍后将讨论),很少有人受到审判,很多都是庭外解决的。垃圾债券持有人往往在重组或控制权变更方面有发言权。

垃圾债券是否曾经存在内幕交易？

一些投资者认为，在各种债务证券中，包括垃圾债券、市政债券、政府债券、商品和期货，存在着广泛的内幕交易——基于重大非公开信息的交易。这类交易的一个常见症状是在利好消息公布前价格大幅上涨，这在垃圾债券中也是常见的。然而，迄今为止，对此类交易的调查、追踪和惩罚一直很有限，因为有明确的权力追踪证券内幕交易的联邦证券交易委员会担心，它可能没有司法管辖权来追踪此类案件，也存在监测问题。垃圾债券交易只能在柜台上进行，比在主要证券交易所进行的股票交易更难追踪。

过桥贷款

承销商有时会为收购交易向买方提供即时的短期融资。作为交换，买方有权以稍后发行的垃圾债券取代这种融资。

过桥贷款的风险在于，贷款还没还清，债券还没卖出，市场就会变坏。

过桥贷款的利率应该是多少？

作为短期融资的过桥贷款的利率最初应比财政部或联邦基金利率高出5至8个百分点，低于为偿还过桥贷款而出售的垃圾债券的预期利率。如果承销商不能在3到6个月内为过桥贷款再融资，则这一利率应每年上升0.5%或更多。不断增长的利率补偿了承销商的过桥融资风险，就像对目标公司少量（通常为3%－5%）普通股的认股权证一样。承销商还将收到可观的费用：通常在执行过桥贷款承诺书时收取1%－2%的费用，在贷款资金到位时再收取1%或更多的费用。

在过桥贷款或垃圾债券融资的谈判中会出现哪些问题？

过桥贷款人最关心的是确保他们将能够营销再融资债务，即将用于偿还其贷款的垃圾债务。因此，它将设法事先澄清可能与借款人或其他贷款人发生的任何潜在问题。过桥贷款人还将在其所能提供的再融资债务的条款方面寻求最大的灵活性（例如，利率和认股权证等股权担保），并将进一步要求借款人尽其最大努力尽快完成发行。过桥贷款人最关心的是使其债务获得再融资，寻求在合同中建立强有力的激励机制，以激励借款人实现这一目标。

另外，如果可能的话，借款人希望确保其永久夹层债务是以其能够偿还的条件借入的。借款人应寻求对再融资债务的期限设置限制，并确保如果再融资债务不能被安排，过桥贷款人的债务则将滚动为较长期债务。

这些普遍关注的问题反映在以下具体的谈判要点中：

- 过桥贷款的期限。在许多情况下，过桥贷款在一个固定期限结束时到期，通常是3—9个月。如果到时再融资债务没有投放,则过桥贷款违约。优先贷款人往往不愿意接受这种风险,借款人也应该予以关注。再融资债务可能无法在合理的条件下出售,即使公司经营非常好,问题可能仅仅是市场失灵(如1987年10月后至1989年10月期间),或者是过桥贷款人的市场推广工作失灵。其他各方将根据投资银行家对可获得再融资债务的信心水平作出财务承诺。

由于上述原因,如果再融资债务没有到位,通常会引发过桥贷款人(特别是在竞争环境中)进行长期投资。这通常采取展期条款的形式,即票据的条款在到期日后发生变化,成为带有契约和其他条款的长期次级债务,类似次级垃圾债务。另一种方法是将最初的过桥票据转换为长期票据。借款人有义务用债务再融资的收益或发行股票等其他现金收益提前偿还。在任何一种情况下,展期过桥票据的利率都将高于正常水平,或不断提高,以激励借款人尽早为过桥债务进行再融资。

■ 再融资债务的条款。借款人应对再融资债务的条件进行合理的限制。通常的提法类似于"按现行市场利率和条件",但受利率、期限、预定本金支付以及再融资债务购买者将有权获得股本数额的限制。借款人可以要求对每年应付的现金利息数额加以限制,或者要求对票据的平均收益率加以限制,尽管很难阻止过桥贷款人融资,即使市场上已经出现了重大的利率变动。优先贷款人还将有兴趣确保再融资债务的条款不会违反其对其他债务覆盖率和限额的预期。

■ 过桥贷款的契约和违约事件。优先贷款人和借款人通常会试图制定过桥贷款契约、违约事件和从属条款,使其类似于过桥贷款的再融资债务。他们往往成功地抵制了过桥贷款人试图使过桥贷款协议成为一份更严格、更具限制性的文件,或使过桥贷款人利用优先贷款人的契约。如果过桥贷款人出售再融资债务的义务以过渡票据下不发生违约为条件,则避免过紧的违约触发条件尤为重要。契约越严格,违约的风险就越大,而违约可能会阻止展期为长期债券,从而可能使公司在收购后不久就陷入财务危机。

股权投资基金

假设一小群经理人想要投资买下某家公司的一个部门,那会发生什么?

一个解决方案可能是私募股权基金,也叫收购基金。这类基金经常用于在以下方面提供夹层水平的融资:

该投资基金从私人投资者那里筹集,并对一系列需要夹层融资的公司进行股票和次级债投资,包括那些在管理层收购中私有化的公司。作为资本回报,投资基金的投资者通常从基金向其公司投资组合提供的债务以及基金股权投资的资本增值潜力中获得收益。

截至 2018 年末,根据过去 5 年的筹资情况,最大的收购基金如下:
- 凯雷投资集团(The Carlyle Group)
- 黑石集团(Blackstone)
- KKR 公司
- 阿波罗全球管理公司
- CVC 资本合伙公司(CVC Capital Partners)
- 华平投资(Warburg Pincus)
- 殷拓集团(EQT)
- 路博迈集团(Neuberger Berman)
- 银湖集团(Silver Lake)
- 德州太平洋集团(TPG)

管理层收购投资基金是如何构建的,谁来投资?

一般情况下,管理层收购投资基金的组织形式为有限合伙制。根据联邦和州证券法,合伙企业中的权益被视为证券,因此,在注册公开发行或依赖于注册要求豁免的情况下提供和出售。

最常见的情况是,私募股权投资基金的投资对象是数量有限的、老练的、富有的个人,金融机构和私人养老基金。发行的收益被投资基金用于购买普通股、优先股和一系列管理层收购的次级债务。

投资基金通常进行多数投资,尽管也有例外。

基金投资者如何分享投资收益?

基金投资者不直接拥有拟收购公司的任何股票或其他权益。取而代之的是,投资基金中的每个参与者或投资者向成立的每个收购工具出资,并将成为收购工具中的有限合伙人,根据合伙协议获得投资回报。

基金将投资的公司组合是否事先确定?

不是的。投资基金的结构通常是"盲池",也就是说,在每个投资者购买其基金权益时,基金将投资的公司组合不会被确定或知道。基金的普通合伙人在选择基金将投资公司方面拥有完全的酌情权。一般来说,这些基金不会投资于管理层反对收购的公司。

股票基金的投资者可以期望什么样的时间框架和回报?

私人投资基金的结构常常是这样的,即每一个投资者都承诺,在平均 5 至 6 年的时间内,应普通合伙人的要求做出资本贡献。承付款项通常很大,大约为 1 000 万美元。然而,投资方对其资本的使用拥有控制权,直到根据普通合伙人的要求将其实际投资于特定的收购工具为止。股票基金投资的回报各不相同,特别是在股票投资者和债务投资者之间。

除了夹层融资和股权融资,基金还有哪些投资?

投资基金偶尔会提供过桥融资,而不是夹层融资。过渡性融资的期限较短,通常为 9 个月或更短,在安排永久融资之前的过渡期间提供资金。在偿还过桥贷款后,该基金仍持有被收购公司的股权,并可将贷款收益转用于另一次收购。

此外,投资基金的结构可以允许基金使用其资本为公开持有公司股票的友好要约提供资金,其中,51%的股票在要约收购中被收购,其余股票在现金合并中被收购。这种结构允许对上市公司进行杠杆收购,尽管保证金要求禁止以所收购证券价值的50%以上为担保的收购融资。最初 51%的收购股份一半来自借款,一半来自基金。当现金并购发生时,传统融资可以由目标资产支持,并偿还全部或部分初始股权投资(见第十章)。

对投资基金实行哪些监管控制?

影响基金的主要联邦法律是 1940 年的《投资公司法》。该法案很可能适用于任何向公众募集资金(首次公开发行,二次发行)并将所得用于购买其他公司的证券以获得被动收益的投资基金。

像富达基金这样的共同基金是《投资公司法》所涵盖的投资基金中最明显的例子。但即使不涉及投资基金,该法律也可以适用,特别是如果买方将公开持有的垃圾债券的收益用于融资。

该法律要求从公共来源筹集的资本结构主要以股本为基础,禁止与附属公司交易,并对基金的委托人规定了各种不同的公开报告和信托义务。为了避免该法案的影响,大多数杠杆收购基金从私募中筹集资金。

该法不适用于购买运营子公司的控股权并以经典的控股公司方式进行管理的股权基金。但是,任何从事购买公司、短期持有公司(特别是两年以下)和出售公司业务的人,如果不积极参与公司的日常管理,则都应该检查自己是否不受法律规定的投资公司的监管。此外,以有限合伙人身份结构的股票基金受到越来越多的州和联邦法律的约束。

登记权

什么是登记权?

登记权是指赋予债务或股权证券所有人的权利:(1)要求证券发行人根据联邦和

州证券法登记此类证券以供公开销售,或(2)参与由发行人或另一证券持有人发起的任何此类公开销售。它们是认股权证、优先股和私募次级债务发行的关键条款,因此值得特别关注。它们也适用于股东协议和与管理层的协议(请参阅第五章)。

为什么证券持有人想要登记权?

登记权赋予证券持有人更多的流动性。如果没有这种权利,与收购有关的私人配售的债务或股权通常不能自由地转售给公众。任何此类转售必须由另一个私募机构进行,或者根据联邦和州证券法的适用登记条款的豁免进行,或者必须遵守1933年《证券法》第144A条的持有期和其他限制。该条限制了控制权的数量,在任何时间可以出售的受限制或未登记证券的数量,以及这些证券可以出售的方式。

这些限制不仅仅是行政上的麻烦,而且由于这类证券所代表的投资流动性下降,可能会大大降低其市场价值。为了最大限度地减少这些限制的影响,收购债务或权益的持有者,特别是私人发行的垃圾债券、优先股、普通股认股权证或普通股的持有者,通常有兴趣从买方获得一项承诺,即应证券持有者的要求,将证券列入《证券法》规定的登记声明中。

请注意,货架登记并不是一个要么全有要么全无的过程:每一个登记声明只涉及特定数量的股份或特定类型的债务,因此,公司的一些证券可以自由出售,而其他证券,即使完全相同,也可能仍然受到限制。为了保护证券持有人,仅仅要求对持有人所持有的那类证券进行登记是不够的;相反,持有人的特定证券必须登记。

为什么买方不会自动授予登记权?

授予登记权给公司带来相当大的成本。注册过程涉及大量的注册声明的准备费用,包括会计师、律师和财务打印机的费用。这些费用通常达数十万美元。此外,注册过程对发行公司及其高级职员和董事来说是一个长期的过程,它要求公司雇员花费大量的时间和注意力,而这些时间和注意力本应集中在公司及其业务管理上。

或许最重要的是,买方希望控制公司何时上市以及是否上市。登记权的行使可能导致公司成为《证券法》规定的"报告公司",需要向证券交易所提交定期报告文件,并产生额外费用。通过注册过程,目标公司自身面临各种潜在的责任,以及联邦和州证券法下的一系列法规。此外,如果登记权涉及普通股或优先股,则买方在其收购债务付清并确信发行将获得成功之前,将不想在公开市场上市。

什么是要求登记权?

要求登记权使公司证券持有人有权促使公司登记全部或部分此类证券,供证券持有人转售。通常,公司需要根据证券持有人的要求立即或在其他合理的时间框架内执行此类管理。

什么是背驮式登记权？

背驮式登记权使证券持有人有权促使公司将其全部或部分证券列入应第三方（如贷款人）的请求而进行的公司同一类别或其他类别证券的登记。例如，附带登记权可允许持有认股权证的贷款人将其认股权证可行使的普通股股份列入公司为筹集额外资本而进行的公司股票或次级债务登记。

然而，在与收购或交换要约有关的证券发行中，或根据雇员福利计划（包括雇员股票所有权计划）发行证券时，通常不能行使附带登记权。

证券持有人有权行使其登记权的次数应为多少次？

一般而言，证券持有人获得的登记权数量取决于买方（借款人）及其证券持有人的相对讨价还价能力。对于持有普通股认股权证或私募垃圾债券的贷款人来说，收到一两笔要求登记权是相当普遍的。然而，通常的情况是，对于除第一索取权以外的登记权，其某些其他条款和条件，例如，支付费用和限制允许包括的股份数量，对证券持有人更严格、对借款人更加有利。

通常授予证券持有人更多或无限数量的附带登记权，主要限制是可行使此种权利的时间和证券持有人可登记的证券数量。

要求登记权应适用哪些时间限制？

公司对收购后一段稳定时期的渴望必须与出售证券持有人对流动性的渴望相平衡。因此，要求登记的权利通常在收购后的一段固定时期内，往往是数年之内不能行使。此外，要求登记的权利通常在公司普通股首次公开发行之后才能行使。通过这种方式，公司可以控制是否上市和何时上市的关键决策。有时，如果公司在一个延长的最后期限（也许是认股权证到期的日期）之前没有上市，则证券持有人可以强制登记。

登记权不应在公司事先登记证券后的规定期间内行使，通常为 6—9 个月。这有助于防止一个悬而未决的问题——如果大量的额外证券有权在不久的将来上市，先前发行的市场营销则可能会受到损害。

证券有时由公司登记，以便在未来某一时刻出售，但出售的确切日期和条款尚未确定。这种注册称为货架登记。因为这些证券被束之高阁以备日后出售，而注册过程中的大部分工作已经完成。要求登记权下通常证券持有人有权要求在架空登记中登记其证券，直到公司已经对其证券进行了架空登记（如果确实如此的话）。

背驮式登记权的时间安排如何？

背驮式登记权引起了额外的时间问题，因为背驮式登记权可在公司登记该权利所附证券以外的证券时行使。例如，普通股持有者可以要求在涵盖公司债务证券的登记声明中包括其部分或全部股票。在收购背景下，公司在收购后的最初几个月或几年内出售债务证券的能力可能至关重要，因此必须注意，背驮式登记权不会对公司本身的发行造成竞争。因此,通常情况下,附带登记权仅限于收购后若干年的股本证券登记。

登记权何时终止?

登记权的确切终止日期是一个协商事项,但这种权利在下列任何一种情况下终止是常见的:发行公司的证券被广泛持有;如果证券持有人可以利用现有的此类证券市场出售其股票而不受重大限制;或者当证券持有人已经卖出或有机会通过背驮权卖出所持有的特定百分比的证券时。

登记权协议可产生哪些好处?

登记权协议通常规定,一定百分比证券的持有人往往高达多数,必须联合起来才能行使其要求登记权。这些协议还可能规定,在发行规模达到足以由承销商进行有效营销之前,必须达到一个门槛金额。要求登记的权利通常不能行使,除非要登记的证券的集合发行价格(或市价,如果存在此类证券市场)超过一定数额,该数额可能是500万美元或更多。

如果没有这样的协议,公司则可能被迫为数额相对较小的证券进行昂贵而耗时的登记程序。相反,即使有了这样的协议,公司也可以通过说服不到一定数量的证券持有人在任何特定时间进行发行是不可取的,从而阻止发行。

每个证券持有人可以在任何特定的登记声明中按要求或附带的方式包括多少证券?

当寻求列入登记的证券数量如此之多,以致包销商无法以合适的价格配售如此大量的证券时,便会出现这一问题。登记权协议通常规定,包销人是登记声明中可包括多少证券问题的最终仲裁人。在这种情况下,必须在登记权协议中规定一种有序的制度,将证券优先权列入登记声明。

如果登记是根据要求登记权进行的,提出要求的人通常享有优先权。拥有附带登记权的证券持有人往往享有下一优先权,可包括的股份根据证券持有人的相对议价地位按比例分配。在需求管理中,公司往往是最后参与,因此可能无法自行销售。

然而,对于由公司发起的证券登记,证券持有人行使附带权利时,这些优先权通常会发生变化。如果登记涉及证券的包销和分销,则优先次序一般如下:第一,公司打算自行出售的证券(这对于允许公司筹集所需资本很重要);第二,出售证券持有人的股份。证券持有人既可以是投资者/管理控制集团的成员,也可以是行使附带登记权的外部证券持有人。此类出售股东一般将根据其持有的股份的相对数量按比例参与或寻求列入登记声明的股份的相对数量,但这是控制集团和那些拥有背驮权的人之间就谁获得优先权进行协商的问题。

谁支付登记费用?

公司一般支付证券登记费用,要求登记权。至少就证券持有人行使的首次索款登记权而言,情况确实如此。这些费用包括证券交易所备案费、会计师和律师费以及财务打印机的费用。登记声明中包括证券持有人。如果这些股票由承销商出售,则必须支付承销商和经纪交易商从出售其股票中获得的佣金,以及适用的股票转让费用。可供谈判的一个公开项目是支付任何适用的费用和与根据各州证券法出售证券有关的开支("蓝天"费用)。

支付证券登记费用的责任——行使要求登记权(第一次行使除外)——常常是谈判的主题。这些费用可以全部或部分由要求登记的证券持有人支付,以便对此种后继索款权的行使施加某种限制。有时,州蓝天委员会会坚持要求出售股票的股东按比例支付费用,特别是如果他们认为内部人士会"搭便车"。这种可能性应在登记权条款中规定。

根据行使附带权利登记包括的证券所发生的费用通常相对较少,除承销商和经纪人的佣金外,一般由公司支付。

证券持有人在谈判登记权利协议时将寻求何种赔偿?

由于联邦和州证券法所涉及的潜在责任,登记权协议通常规定公司将赔偿证券持有人,包括他们在登记中的股份声明,防止因注册声明和招股说明书中重大事实的错报或遗漏而产生的责任。但是,这种赔偿不应包括出售证券持有人提供的供列入登记说明或招股说明书的声明。

登记权利协议应当包括这种补偿的条款,以便规定包括登记国证券在内的证券持有人就其提供的信息对公司进行补偿。证券交易委员会和几个法院的判决坚持认为,根据联邦和州证券法对能力的赔偿违反了公共政策,因此是不可执行的。但是,如果此种补偿不可执行,则可允许公司与证券持有人之间"分担"(即要求按比例分担责任的权利),并通常列入登记权协议,作为补偿的替代办法。

谁来选承销商?

公司。即使在活期登记中,这也是习以为常的,尽管有时机构证券持有人也会设法做到这一点。

债务证券和优先股的登记权有哪些特殊问题?

公司和债务持有人可能从一开始就计划公开出售债务,在这种情况下,最初的配售实际上是在登记之前的过桥贷款,而登记权的规定则用于规划拟议融资顺序的下一阶段。在原地变更的情况下,债务持有人可以计划继续持有债务,但要进行货架登记,以便能够随时公开出售。在这两种情况下,登记权条款都没有问题,次级债务应从一开始就以公开持有的垃圾债券形式发行,并附有适当的契约和其他契约条款。

然而,有时夹层债务被安排为私人持有。契约可能很严格,以致公司知道只有在一再要求豁免的基础上才能运作。如果次级债持有人还持有该公司的大量股权,并计划作为该公司的业务伙伴有效运作,则这种情况尤其可能发生。在这种情况下,必须完全重写与次级债持有人的贷款协议,然后才能公开登记;必须事先协商并在登记权利条款中包括一份完整的替代契约,或者有一个简短而非正式的契约,即只有在某些条件下才能进行债务登记——例如,只有在贷款契约调整为公开发行的常规格式和/或公司以其他方式发行了某种类别的公开持有证券的情况下。

优先股引起了一些同样的问题,因为在一个私人场所优先股的发行可能包含不适合于公开持有的优先股的条款,如特殊的交换或赎回权利。在广告中,当要求或附带登记权迫使同时发行不同类别的证券时,特别是在首次公开发行普通股时,就会产生营销问题。公司应考虑向优先股持有人提供从普通股发行所得的特定百分比中赎回优先股的权利,以代替授予优先股登记权;或者,在普通股首次公开发行后的合理时间(120－180 天)之前,不应允许要求优先股登记,并且未经普通股票承销商批准,不得在首次公开发行或其后产生任何附带权利。

债权人之间的问题

什么是债权人之间的问题?

债权人间问题是贷款人之间产生的法律和业务冲突,主要分歧涉及:(1)从属条款;(2)抵押品权利。

不要低估这些问题的重要性。债权人之间的诉讼会引起严重的谈判问题,甚至会危及交易本身。买受人和卖受人通常在达成交易方面关系重大,因此在谈判方面具有相当大的灵活性。与此不同,贷款人可能感觉不太有必要达成交易,他们的参与可能以遵守一套相当狭隘及具体的担保和返还标准为条件。

一旦出现误解或冲突,谁将得到什么抵押品,或次级债务将有多次级,往往是很难解决的。例如,如果两家银行的谈判代表在相互不一致的基础上向各自的贷款委员会出售了交易,则可能需要数周的时间才能纠正错误。竞争对手银行或保险公司可能会试图清算旧账,而不是专注于完成交易,以证明自己的谈判技巧,在上级那里赢得分数,或者达到他们的贷款手册中并非总是恰当的标准。对于买方和卖方来说,没有什么比看着贷款人的贷款官员或律师在重大甚至是次要的问题上发生争执更令人震惊和沮丧,因为贷款人都没有太多的动机或灵活性来优雅地迁就或退出。当每个贷款人不是单一实体,而是由银行或保险公司组成的辛迪加时,情况就会变得更糟。由于这些原因,因此应当对交易进行结构安排和规划,以尽量减少债权人之间的冲突,并尽快尽早地解决这些冲突。

买受人为什么不简单地从一开始就向每个贷款人明确说明每个贷款人将拥有哪些担保权和优先权?

大多数债权人之间的问题都是在两个债权人就次级排序权利或抵押品权利进行谈判时出现的,但遇到的问题尚未作为各自贷款承诺的一部分提出和解决。因此,解决方案一是在承诺阶段尽可能全面地确定哪些优先级,资产或资产种类将分配给每个贷款人。有些领域是明确的,并被广泛接受的:循环贷款人获得流动资产的第一留置权;定期贷款者在不动产、厂房和设备方面处于第一位。不太清楚的是无形资产,但使用某一设备所必需的无形资产(如专利)或出售库存品所必需的许可证除外,这些无形资产与有形资产有关。

然而,买受人可能会选择不清楚这一点作为谈判策略——买受人可能不想剥夺一个贷款人的某一特定抵押品,除非他们确信另一个贷款人会坚持得到它。一旦贷款人的信贷员充分参与,评估和尽职调查工作圆满完成,贷款人则可能更容易被说服在没有额外抵押品的情况下生活下去。买方也可能试图使一些资产不受牵连,或者买家可能根本就没有抓住重点。在确定贷款承诺阶段,很可能会有很大的时间压力,而买家可能已经通过承诺在两周内成交而实现了目标。此外,即使所有主要条款都能在双方之间达成,承诺书也不会涉及次要问题,例如,在自由关闭和出售工厂(定期贷款人抵押品)之前,定期贷款人将给循环信贷贷款人多少时间来完成库存的处理或将库存移走。

如何避免此类债权人之间的问题?

借款人在尽量减少债权人之间的问题时应遵循两条基本规则:(1)在潜在贷款者之间仍存在竞争的情况下,在支付大笔费用之前设法解决重大问题;(2)尽可能长时间地在贷款人之间通过穿梭外交进行谈判,防止他们之间直接谈判。

如何在流程的早期识别和解决债权人之间的问题?

在签署承诺书之前,借款人应寻求从每个潜在贷款人处获得其最近签署的(而不是草稿)债权人间文件的副本。已执行的文件将反映汇票不会做出的让步。文件应该比较,看看哪个高级和初级贷款人有最合理的条款,这些应该作为与所有贷款人谈判的基础。对初级文件和高级文件的比较将揭示最有可能产生实质性冲突的因素,即那些可能危及交易的因素,而不是那些在谈判过程中容易解决的因素。

如果借款人已决定将使用哪个次级贷款人,并在相互竞争的优先贷款人中进行选择,则提出次级贷款人就债权人之间的主要问题所同意的典型措辞,供潜在的优先贷款人审查,往往是有益的。在作出最后承诺之前,借款人应寻求优先贷款人批准最重要的部分。如果已经选择了优先贷款人,并且有几个潜在的初级贷款人,同样的过程也会反过来进行。

一旦确定了冲突因素,借款人就必须判断分歧是否大到必须在谈判的这一阶段解决问题。例如,一个贷款人要求提供新颖的或可能具有挑衅性的规定时就会出现这种情况。

当次级债要在公开发行中出售时，投资银行家通常会坚持从属条款，而这正是他们认为市场所期望和要求的。如果投资银行家正在发放一笔过桥贷款，它的并购依赖于容易销售的垃圾债务，则它将特别坚持在垃圾债务中包括这些基本条款。如果优先贷款人预期的条款有很大的不同，会面临很大的问题。在这个阶段就把它们搞定，如果需要的话，你仍然有时间得到一个新的贷款人。

在这样的谈判中，没有什么比深入了解市场上的现行做法更有帮助的了。它总是更容易决定推迟解决问题。

请记住，您正在进行一项平衡行动，一方面是为了尽早解决债权人之间的问题，另一方面是为了解决贷款的关键的经济条件，如利率、费用、期限和提前还款时间表。在对基本条件作出承诺之前，在债权人之间的问题上不必要地施压是愚蠢的，因为这样做的结果可能是在实质性条件上做出不利的取舍。另外，重要的经济条款只有在交易实际完成的情况下才有意义。

贷款人不应该在他们之间解决债权人纠纷问题吗？

通常是否定的——至少在谈判的最初阶段是否定的。特别是在早期，买受人应尽量避免让贷款人就这些问题相互直接沟通。如果买方过滤了每一方的提议，则他们将对谈判过程有更多的控制权。更重要的是，如果买方能够制定一个折中的方案并将其出售给每一方，达成协议的机会就会大得多。这一点尤其正确，因为债权人间会议可能涉及数千人——每一级的贷款人、借款人，有时还有受托人和他们各自的律师，每个人都带着自己的合伙人和合伙人小组。在如此拥挤的环境中，每个人都表现出自尊心，要达成重大共识困难得多。如果你被迫同意直接进行债权人之间的谈判，则尽量减小会议的规模。

在谈判贷款协议和债权人间协议的后期阶段，贷款人更有可能直接接触，如果交易进展顺利，贷款人的个性和关系适当，最后的次要问题往往则可以在他们之间直接最有效地重新解决。然而，即使到那时，如果任何贷款人或他们的律师遇到困难或谈判气氛紧张，买方则也应准备好继续穿梭外交过程直到最后。

如果所涉贷款人在以前的交易中合作成功，而且在解决债权人之间的问题方面存在商定的先例，则会出现不提前直接谈判规则的一个例外情况。

从属地位问题

什么是从属条款？

从属条款基本上决定了如果借款人没有足够的钱支付给所有贷款人，贷款人中谁先得到付款。从属贷款人（通常被称为初级贷款人）是在其从属的贷款人（优先贷款人）之后获得报酬的人。通常区分"实质性"次级分权（在遇到麻烦时谁先得到报酬？）以及"程序性"次级排序（如果次级贷款中存在违约，则次级贷款人何时以及如何对借款人进行起诉？）。退让条款规定的偿付优先权不同于留置权优先权，留置权优先权只涉及哪个贷款人首先获得留置权所涵盖的特定资产的出售收益或止赎收益的问题。

主要从属条款是什么？

- 在发生任何无力偿债或破产程序的情况下，在次级贷款人同意其收到任何付款之前，优先贷款人将得到全额付款。

- 如果优先债务违约，则禁止偿还次级债务。有时，只有在支付方面违约（或优先债务的某些主要财务契约），才会阻止次级债务的支付，或仅在某些类型的违约情况下才会有一段有限的时间阻止。由于优先债务中的任何重大违约都可能导致债务加速，理论上优先贷款人可以将任何重大契约违约转换为支付违约，如果必要的话，以阻止次级债务的支付。

然而，优先贷款人不希望被迫采取加速的极端步骤，这可能很快导致破产。排序居次条款的许多谈判都是由于优先贷款人想要阻止次级贷款人。

(1) 即使优先债务没有加速偿还，也得到偿付；

(2) 能够迫使优先贷款人加速。

- 初级贷款人同意以信托方式为优先贷款人持有并向优先贷款人支付初级贷款人收到的不符合次级贷款条款的任何金额。这一条款被称为"持有和支付"条款，赋予优先贷款人直接向初级贷款人追偿的权利，而无须通过借款人。

在谈判实质性从属条款时会产生哪些问题？

- 次级债务的本金支付。融资几乎总是这样安排的，即在优先债务的最后到期日之后才安排次级债务的本金支付。优先贷款协议通常禁止提前支付次级债务。这一规则的一个常见例外是，优先贷款人通常允许用发行股票或其他次级债务的收益提前偿还次级债务。此外，借款人通常被允许提前偿还次级债务，否则它可以向股东支付股息或类似的款项。如果有给卖方的票据，则双方当事人有时能够就财务测试进行谈判；如果满足这些测试，则允许在票据上支付本金。如果票据涉及对卖方的或有付款，尤其如此。

- 优先贷款人附属义务的优先权。优先贷款人通常会寻求（并获得）权利，在初级贷款人得到任何付款之前，支付其所有的罚款、费用和催收费用。如果在这一点上与初级贷款人发生冲突，则通常可以通过设置费用上限来解决。

- 优先级债务再融资的优先级。在典型的排序居次协议中，对借款人来说，一个非常重要的条款是规定次级贷款人继续处于次级于购置款债务的任何再融资或退款的地位。再融资最终发生在至少一半的杠杆收购中,并且借贷者希望确保他们能够以更优惠的条件用另一个优先贷款人取代一个优先贷款人。他们不希望这样的交易成为卖方或其他任何初级贷款人制造麻烦的机会。这一规定在卖方收回融资中经常是卖方的问题,而在初级机构贷款人中则是如此,后者往往接受较宽泛的优先债务定义。优先债务通常在垃圾债券从属条款中被定义为任何未明确规定从属于次级贷款的借入资金的债务。卖方次级债务更可能根据特定债务工具及其任何再融资或偿还定义优先债务。卖方有时将欠买方或其股东的任何债务排除在优先债务的定义之外。

卖方债券和垃圾债券的从属条款通常会限制次级贷款的债务数量,使其从属于一个固定的数额,例如,初始借款日优先债务的125%—150%。这一限制旨在防止次级贷款人被越来越重的优先债务负担所淹没,这可能大大降低其获得偿付的机会。

■ 贸易债务的优先权。同样,这个问题特别可能发生在卖方身上。贸易债务在收购中尤为重要,因为在典型的杠杆收购中,买方所收购的公司一直处于母公司的信用保护伞之下。公司管理层从来不担心它的贸易信贷安全,因为大家都知道它曾是一家拥有资金雄厚的母公司的子公司,而现在它已经成为一家独立的、杠杆率很高的公司。各方应在早期阶段考虑收购将对目标所有供应商产生的影响。为了维护供应商关系,卖方可能需要在贷款优先权方面低于供应商。优先贷款人可能会坚持这一特点,以确保公司能够保留其供应商,如果金融风暴的乌云开始聚集。

谈判程序中出现了哪些问题从属条款?

这些往往特别困难。它们可以最好地分为封锁条款和暂停执行条款。

什么是"封锁"?

封锁条款是排序居次协议中在某些情况下阻止借款人向次贷人付款的部分。卖方次级票据经常规定,如果对优先贷款人存在任何类型的违约,卖方票据上则不得支付任何款项。在机构和垃圾债券贷款人的例子中,当优先贷款出现付款违约时,次级债务的付款通常被无限期禁止;而当存在不付款违约时,则被限制一段时间(从90天到270天不等,但通常为180天左右),除非优先贷款人加速其偿还债务,在这种情况下,封锁将继续。这种封锁期一般一年只能有一次。

支付被阻止的事实不是意味着在次级贷款项下没有解除过失。封锁条款本身并不能阻止次级贷款人宣布违约,加速贷款,以及在适当情况下迫使借款人非自愿破产,尽管下面讨论的"暂停"条款可能会阻止这种情况。这些条款只是贷款人与公司之间的一项协议,即无论次级贷款人采取何种行动,在封锁期内,公司不得支付被禁止的款项。由于冻结付款将构成对次级债务的违约,并使次级贷款人有权加速放款,除非暂停条款阻止,否则优先贷款人很可能放弃冻结付款的权利,除非公司陷入严重困境。

暂停条款有哪些?

这些是次级协议中限制次级贷款人在次级贷款违约时采取强制执行行动的权利的部分贷款。这些条款在私募次级债中普遍存在。执行行动包括起诉借款人、加速贷款、宣布全部到期金额或使借款人破产。根据贷款类型的不同,这些权利可能会受到严格限制,直到优先债务得到全额偿付或在相当长的一段时间内得到偿付,或者可能受到很少限制或根本不受限制。

如果两个贷款人在同一担保品上拥有担保权益(即对固定资产的优先留置权和次级留置权),则中止规定也很重要。在这种情况下,要求次级贷款人在以下最早出现的情况下不对次级贷款人采取任何行动并不少见:(1)固定期限到期,(2)优先贷款人加速贷款,或(3)优先贷款人全额支付贷款。

如果借款人违约,优先贷款人和次级贷款人则希望拥有哪些权利?

优先贷款人希望尽可能确定其优先地位是有实际意义的。如果有任何贷款违约,则它不希望有任何资金离开公司,而且它希望控制任何解决方案的时间、速度和最终解决方案,包括可能的资产出售或业务重组。出于这一原因,它希望将次级贷款人的违约事件限制在相对较小的范围内(通常仅限于那些表明严重财务困难的事件,如次级贷款的付款违约或其他重大债务的加速偿还),以便次级贷款人将有较少的机会迫使借款人解决问题,或更糟的是迫使其破产。如果在次级贷款项下可能发生的解除过失事件较少,则优先贷款人在与借款人安排解决方案时,通过保持次级债务的利息支付不变,可以使次级贷款人处于旁观状态。一旦次级贷款人实际上发生违约,优先贷款人则寻求中止条款,以防止次级贷款人起诉借款人,加速次级贷款到期或使借款人陷入破产。所有这些规定的效果是减少了初级贷款人的谈判杠杆年龄。

次级贷款人希望尽量减少其不参与解决问题的时间,并降低优先贷款人在未经借款人同意或至少不参与的情况下与借款人解决问题的能力。它基本上是想尽快在任何锻炼项目中占有一席之地。它还希望尽可能缩短封锁期,并尽量避免暂停条款,这样它就可以向优先贷款人施加压力,不要阻止次级债务的偿付。为了获得谈判筹码,次级贷款人还将寻求安排从属条款,以便一旦出现违约,它可以威胁加快贷款速度,并推倒金融纸牌屋。然而,实际上,次级贷款人不太可能加快速度,因为在破产中,它可能比优先贷款人损失更多。

那借款人呢?

典型的借款人被困在中间。它主要关注的是不要让这些问题扼杀交易。此外,它还强烈希望通过从属条款,而不是造成这样一种情况,即在金融末日到来之前,它将很少或根本没有时间或影响力来解决与优先贷款人之间的问题。借款人不喜欢一个不受约束的优先贷款人,他们可以变卖所有资产,关闭企业来偿还自己的贷款,而不是接受一个延长的解决方案,这为借款人的最终生存提供了更好的机会。而且他们特别希望确保卖方将被束缚,而没有能力迫使机构贷款人采取行动,包括优先债券和垃圾债券。一个处于绝对从属地位的卖方更有可能接受 1 美元中的 10 美分,然后离开——如果借款方的股东想要有任何动力做出额外的努力和必要的投资来拯救公司,那么这通常是解决问题的关键一步。

优先贷款人对次级贷款的违约要求是什么?

优先贷款人的一个基本目标是消除或至少尽量减少次级贷款人宣布违约的机会。因此,高级贷款人很可能强烈反对有利于次级贷款人的"交叉违约"条款,即优先贷款项下的任何违约都是次级贷款项下的违约。如果给出了这样的规定,那么它至少应缩小到某些特定的优先贷款违约,应规定优先贷款人的任何弃权或违约补救措施将终止违约,并取消由此导致的次级贷款的任何加速。优先贷款人也希望确定任何对次级贷款的违约是对优先贷款的违约;也就是说,优先贷款人将有一项对其有利的交叉违约条款,这样次级贷款人会永远无法在优先贷款人无法对借款人采取强制执行行动的时候对借款人采取强制执行行动。然而,优先贷款人不应反对"交叉加速"条款,该条款允许次级贷款人宣布违约,并在优先贷款人加速优先贷款的情况下加速其贷款。

从属条款对所有次级贷款一般都是一样的吗?

绝对不是。一方面,从属条款和所有其他中介问题都是谈判的主题,很少是完全相同的两笔交易;另一方面,排序居次的规定因次贷人的类型以及次债是私下配售还是公开发售而有很大差异。次级债务的范围包括(从次级程度最高到次级程度最低的)卖方票据、机构内的夹层贷款人和其他私人投资的债券以及公共垃圾债券。

公共垃圾债券、私人机构债券和卖方票据的典型条款在本章末尾的附录中列示。请注意,在公共债务的情况下几乎没有暂停规定,而在卖方债务的情况下则有非常广泛的暂停规定。

公共债务条款值得特别注意,因为它们在今天的交易中很普遍。在几乎所有的情况下,如果一个优先贷款人有计划偏离目前的封堵期规范或其他习惯规定,借款人在从投资银行家那里获得过桥贷款时就会遇到严重的问题。发生谈判的领域通常是:(1)封锁期间的天数(通常为 120—180 天)以及在任何 365 天期间内可能发生的封锁期数;(2)次级贷款可以加速前的通知期;(3)如果另一贷款人已撤销其加速,次级贷款人因交叉加速条款而撤销加速。

次级债务的次级期限是多久?

通常,在整个期限内或直到包括再融资在内得到全额偿付为止的优先债务,都是次级债务。

优先股是否从属于所有债务？

优先股在清算时次于所有债务。但是，优先股是公司与其优先股股东之间的一种契约产物，如果它要受到贷款人施加的付款限制，则公司的章程应当明确说明这一点。

从属条款出现在什么协议中？

从属条款通常见于次级债务工具本身，但在许多情况下，贷款人倾向于一个单独的从属协议，尤其是当次级贷款人不希望在特别优先贷款已经偿还之后适用部分或全部从属条款时，情况更是如此。借款人必须小心，如果从属条款消失，借款人则可能很难再融资其优先贷款。正如前面所讨论的，期望并获得次级贷款人的某种持续的从属地位是习惯。

从属地位问题如何受到公司结构的影响？

公司结构对贷款人的相对权利和优先次序有很大影响，有时被故意利用来保持债权人之间的关系，从而将问题减至最低限度，或加强这种关系贷方相对于另一贷方的地位。一个过于简化的例子将说明这是如何工作的。假设目标是一家零售公司，其形式为母公司和主要的运营子公司。循环信贷和定期贷款人可以向经营子公司提供贷款，以其流动资产和固定资产为担保，但商店除外。这些商店可以通过贷款给一家单独的合伙企业来融资，这家合伙企业拥有这些商店，并将它们租给子公司。附属公司可以通过将某些类别的应收账款出售给一家单独的公司来获得营运资金，后者将以账款为担保的票据为购买提供资金。夹层债务可以借给母公司，结果如图4－1所示。

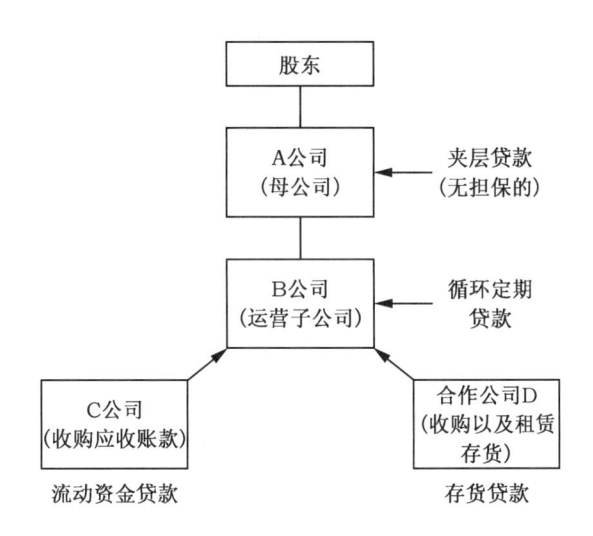

图4－1 附属机构和公司结构

由于每个贷款人向不同的实体放款，因此贷款人与其担保权人之间的联系极少，相对优先权由其各自的担保权人的资产和公司结构决定。B公司的循环信贷和定期贷款人处于优先地位，只是其权利不延伸到 D 合伙企业拥有的商店或出售给 C 公司的应收账款，而 B 公司的循环信贷和定期贷款人的权利不延伸到 D 合伙企业拥有的商店或应收账款。

C 公司出售应收账款所得款项用于支付循环贷款和定期贷款，并支付商店的租金；在这些需求得到满足后，收益可以作为股息支付给 A 公司，然后 A 公司可以支付夹层债务。

在循环贷款付清的范围内，B 公司通过其在循环贷款下再次借款的能力获得营运资本融资，假设有足够的资金可供使用。如果 B 公司的收入不能支付其对循环贷款和定期贷款人与 D 合伙企业的债务，则不支付股息，夹层债务自动地从属于循环贷款和定期贷款人与 D 合伙企业。这种结构从一开始就明确了贷款人之间的关系，并最大限度地减少了它们之间发生冲突的机会。

这种安排优先次序的方法至少在理论上可以使一个贷款人在破产时比另一个贷款人具有非常强大的优势。（我们之所以说"理论上"，是因为没有人能预测破产法官的行为，他有足够的权力无视公司层次，将不同公司的银行破产诉讼程序结合起来，甚至无视最优雅的结构设置。）在我们的例子中，如果 B 公司破产，循环贷款和定期贷款人将被视为其唯一债权人，而不是贸易信贷和 D 合伙企业（但仅限于逾期租金）。因此，循环贷款和定期贷款人可以控制破产程序，甚至不给夹层贷款人在债权人席上一席之地。无担保的夹层债务比向同一实体提供所有贷款但须遵守本章前面讨论的从属规定的情况下的从属程度更深。因此，如果优先债务处于运营层面，则次级贷款人可能强烈反对被要求在母公司层面放款（关于破产的更多信息见第十一章）。

不同层次的贷款也会给国家带来税收问题。有的州不允许合并母公司和子公司的纳税申报表。因此，在这些国家，A 公司从夹层债务利息付款中扣除的款项不能与 B 公司收到的营业收入相抵，此外，必须注意确保贷款协议和公司法允许支付必要的股息，以便资金能够根据需要在不同公司之间流动（另请参阅第五章）。

债权人间协议

债权人间协议是什么？

这是贷款人之间对特定借款人的协议，借款人可能是也可能不是该协议的一方。除此之外，它还规定了贷款人对担保品和担保品收益的优先权，并规定了哪一个贷款人或哪一组贷款人有权就担保品作出决定。它通常是由最高级的贷款人起草的。

在债权人间协议的谈判中哪些问题最有可能出现?

■ 平等或公平待遇的问题。如果一个贷款人对某些资产享有第一优先权,而另一个贷款人对其他资产享有第一优先权,则每个贷款人在优先权、启动止赎程序、行使其他补救措施、支付相关费用等方面都应享有平行的权利。优先贷款人可能会寻求在低级留置权方面写出专横的条款,例如,可能试图授予自己取消抵押品赎回权或出售抵押品的权利,无论是否以市场价格出售。应当避免做出这样的规定,因为它们不仅很可能无法执行,而且会引发低级贷款人的愤怒。

保持贷款人之间平等待遇的形式可能非常重要。在一种情况下,术语和循环贷款人一直相互纠缠不清,预计债权人间协议很难谈判,但没有出现问题,因为尽管担保品的质量和数额有很大差异,但优先贷款人的律师谨慎地使债权人间协议的条款保持严格平行——每向循环贷款人授予一项权利,就有一项类似(如果价值较低的话)术语的授予。

■ 一个贷款人在未经另一个贷款人同意的情况下修改其贷款协议的权利。低级贷款人被禁止缩短摊还时间或融资的加权平均寿命的情况并不少见,因为优先贷款人不希望次级贷款人在优先债务尚未偿还的情况下得到偿还。一个贷款人也不会允许另一个贷款人在未经其同意的情况下提高利率或增加利率公式,因为这些条款可能会影响公司偿还其所有债务的能力。然而,借款人应能与任何一个贷款人同意放宽付款条件或修改契约或免除违约而不涉及其他贷款人。次级贷款人经常要求借款人不得对其贷款协议进行可能对次级贷款人产生"重大不利影响"的修订。这是一个模糊的条款,往往会使优先贷款人变得谨慎,但为一般的调整和修正留有余地。这些调整和修正通常是在贷款协议签订后需要的,往往提供了一个合理的折中方案。

■ 贷款人之间地位的变化。有时,一个贷款人只准备在一段有限的时间内,或直到某个外部事件发生,才对另一个贷款人采取较低的优先权。如果一个贷款人不再被担保,则另一个贷款人也可能愿意解除其担保。如果优先贷款人同意将其贷款期限延长到某一特定日期之后,次级贷款人则可以要求获得同等资历的权利,即成为平等。

■ 对担保品的共有权利的分配。如果质押给两个不同贷款人的资产的价值变现需要一项无形权利,如专利或版权,或者一个贷款人行使其权利妨碍了另一个贷款人的权利(例如,如果贷款人对工厂建筑的止赎权妨碍了循环贷款人移除或完成库存品处理的权利),则应涵盖这些事项。

■ 破产中债权人的表决权和其他权利。优先贷款人非常努力地想要在破产中控制债权人委员会。虽然这类权利可能无法强制执行,但它们可以寻求要求初级债权人放弃对破产计划的抗辩,从而处理债权人间协议的解释问题。

欺诈性转让和其他诉讼问题

为什么贷款人担心杠杆收购中的欺诈性转让？

杠杆收购和买断有一种不好的倾向，那就是招来诉讼。如果收购成功，则当事方可能起诉以获得更多成功份额；如果收购不成功，则当事方可以起诉，以减少其遭受失败的风险。起诉或被起诉的当事人可能包括债券持有人（优先和次级）、股东（多数和少数）、承销商、贷款人以及出售公司的高级人员和董事。[42] 为收购企业提供贷款的银行需要得到保证，在该企业破产的情况下，其对资产的留置权将为贷款提供担保，被收购公司签发的票据将是可强制执行的。然而，如果资产质押和票据的赠与被判定为"欺诈转让或转移"，根据《联邦破产法》或类似的州法律——无论是《统一欺诈转让法案》(the Uniform Fraudulent Conveyance Act, UFCA)，还是其继任者《统一欺诈转移法案》(the Uniform Fraudulent Transfer Act, UFTA)，留置权将被撤销和作废，甚至票据也可能变得毫无价值。杠杆收购的股东也面临风险：如果一项交易被判定为欺诈性转让，则他们可能不得不返还出售股票所获得的收益。

抵押品的质押、票据或保证，即使没有欺诈任何人的意图，是否可被判定为欺诈性转让？

是的。《联邦破产法》和州法律的类似条款都允许以"欺诈性"撤销留置权或债务，而不需要恶意。这些法律实际上可以用来保护被收购公司的一般债权人的利益，如果银行资助的交易具有剥夺被收购公司向其一般债权人偿付债务的权利的效果，无论这些交易的实际意图是否如此。

与普通公司贷款相比，杠杆收购贷款是否存在产生意外欺诈性转让的特殊风险？

是的。根据《联邦破产法》第548条和州法律的类似规定，如果被收购公司获得的交换条件低于"合理等值的价值"，且存在以下三种情况之一，则被收购公司对其资产或该留置权担保的票据给予的留置权将被视为"欺诈"：(1)该公司在该等转让时"资不抵债"或因转让而变得"资不抵债"；(2)转让给公司留下了"不合理的小资本"；或者(3)公司发生或者拟发生超出其支付能力的债务。

在杠杆收购贷款中，无论交易的结构如何（无论是现金并购、股票收购还是资产收购），银行贷款的大部分最终都不是落在被收购公司的手里，而是落在卖方的口袋里。在收市后的那一天，被收购公司根据定义是"高杠杆"的。它有大量的新债务，以及对其所有资产的留置权，但这些债务所筹集的资金（公司必须偿还）的很大一部分都流向以前的股东。不难看出，为什么公司的无担保债权人在看到公司新的债务义务及其资产的抵押时会抱怨公司(与其以前的所有人相比)在交易中没有得到"合理等值的价值"。

假设缺乏合理等值的价值可能是所有杠杆收购贷款的一个问题,难道不能通过表明会触发欺诈性转让的其他三个条件都不存在来解决这个问题吗?

如果能证明三个条件中的每一个都不存在,就可以做到,但在典型的杠杆收购中,这并不总是容易做到的。三个条件包括:(1)没有偿付能力,(2)资本少得不合理,(3)有偿债能力。在这三个条件中,后两个条件最容易克服。只要公司和银行能够通过精心设计的合理预测证明,公司将有足够的收入和借贷能力来履行其合理预期的义务(包括偿还收购债务)。能够确定公司的资本虽然很小,但是足够,并且公司将有能力支付其债务。然而,偿付能力则是另一回事。

为什么很难证明被收购的公司为欺诈性转让目的具有偿付能力?

因为《联邦破产法》和州对应立法中使用的偿付能力定义与《美国公认会计原则》中使用的定义不同。根据美国公认会计原则,偿付能力可以意味着有足够的资产来偿付到期的债务,或者账面资产大于账面负债。在典型的杠杆收购中,通常至少可以满足公认会计准则偿付能力的一项测试。但就欺诈性转让而言,公司只有在其资产的"公平,可销售价值"大于其可能负债的情况下才具有偿付能力。在对资产进行估值时,方法应当保守,使用清算价值而不是账面价值或其他衡量标准。

为什么"公平,可销售价值"的测试对许多公司来说很难满足?

如前所述,资产的公平,可销售价值必须大于负债的价值。一些公司缺乏"公平,可销售价值"的硬资产,至少与直接和或有负债相等。此外,可担保负债并不限于公认会计准则资产负债表中的负债,必须考虑所有可能发生的债务,包括或有债务和直接债务。

资产负债表右上角也因养老金和医疗负债的报告而变得更加紧张。过去,公司在报告这些方面有一定程度的灵活性,但现在有更严格的标准。

"欺诈性转让"问题是所有杠杆式收购公司都无法避免的吗?

每个老练的放贷者,谁愿意进行杠杆收购贷款,都做出了一个底线决定,它可以忍受这一领域法律不明确的风险。关于这个问题的经典案例是格伦伊格尔斯案,虽然法院在该案中的推理也给无辜的杠杆收购者蒙上了一层阴影。在20世纪80年代后期,一些论者在一些法庭判决的支持下(库佩茨,信贷经理)认为不应将欺诈性转让原则用作对付杠杆式收购。近年来,法院在这一问题上也出现了各种不同的意见。

虽然尚不可能说法律在未来将如何发展,但一种合理的折中办法可能是,在购置之前且未同意购置的债权人有权在购置时确定实际的偿付能力标准,而知道或可能知道购置贷款条件及其担保安排的后继债权人则不应享有欺诈性转让法的好处。

杠杆式收购中是否存在可能引发欺诈性转让问题的结构性安排？

是的。除了缺乏对公司"合理等值的价值"的问题外，在涉及多公司集团的交易中，贷款人和借款人可能会陷入麻烦。这些问题并不是杠杆收购所独有的，但在这类交易中也可能出现。通常，当子公司提供横向担保以担保其母公司的借款时（上流），或者当一个子公司提供抵押品以担保姐妹子公司的借款时（跨流），就会发生这种情况。同样，上流和跨流型担保也可能违反欺诈性运输禁令。相比之下，母公司为支持其子公司（下流）的借款而提供的担保和质押并不存在欺诈性转让问题。

为什么上流和跨流不好？

因为捐赠实体——提供抵押品或担保的实体——没有得到"合理等值的价值"，而是流向其附属机构。因此，欺诈性运输的触发因素之一（虽然不是唯一的触发因素）被触发。此外，每个子公司通常被要求为其母公司的所有优先债务提供担保，但次级子公司的资产只占收购总额的一小部分。其结果是，各子公司本身无法偿还全部收购债务，如果单独对其进行担保，则可能会破产。如果偿付能力测试考虑到所有子公司都将分担履行担保义务，那么这种不合逻辑的结果就可以避免。一些案例对这一结论给予支持，但遗憾的是，法律不够明确，无法消除风险。

有没有解决上流和跨流问题的方法？

有。如果交易通过了三项额外测试中的每一项——(1)没有破产，(2)资本不是不合理的小，以及(3)有偿债能力——就不存在欺诈性转让。然而，为了防范测试不通过的风险，可以探索两种额外的解决方案：(1)在收购完成之前，将提供抵押品或担保的实体与借款人合并，或(2)将贷款分成两个或两个以上不同的信贷安排，每个信贷安排由每个借款人提供的抵押品进行抵押（并与其相称）。如果采用后一种方式，应注意避免贷款程序简单地通过其中一个借款人进入另一个借款人或附属实体的手中。贷款收益可用于偿还真正的公司间债务，但如果借款实体之间的现金流表明单独的贷款是虚假的，交易就有在破产程序中崩溃的风险。在这种情况下，留置权和担保可以作废。

仅限于担保人净值的上流或跨流担保是否属于欺诈性转让？

的确，将担保物（以及担保物的留置权）限制在担保人交付担保物时的净值上，可以提供一种巧妙的方法，确保担保人不会因交付担保物而破产，并因此消除任何欺诈性转让问题。然而，担保人必须具有破产意义上的必要净值，而不仅仅是一般公认会计准则的净值，此外还必须有能力偿付债务，而且资本不得少得无理。资产净值担保还有待在银行破产诉讼中进行检验，尽管它们在概念上似乎是合理的，但还没有确切地预测法院会怎么说。

再融资问题

并不是所有的融资协议都能经受住合并后经营的挑战,有些必须再融资。履行债权人义务和(或)维持债权人关系的战略包括:

- 重新谈判贷款条件;
- 更改或添加贷款人;
- 出售或重组资产、债务或股票,以获得现金;
- 以上各项的组合。

虽然每一种方式都可以作为一种先期融资的方式,但它们通常在收购或买断之后使用,以偿还融资。

如何重新谈判贷款条件?交易就是交易,不是吗?

是的,当涉及杠杆交易时,一笔交易就是一笔交易,就像在其他交易中一样,但是贷款金额越高,贷款人越老练,贷款条款就更有可能更改,尽管本章前面讨论了一些重要的技术条款(关于债权人在面临困难时表现出灵活性的充分证据,见第十一章)。另外,贷款人也可能希望重新谈判贷款条件,特别是在利率下降期间。

换贷款人怎么办?

一些合并后债务继承人的公司确实会改变或增加合作的银行机构,但这并不是中途换马的唯一方式。在考虑贷款机构的变更或扩充时,再融资团队不应忘记企业方来源,包括未来可能愿意贷款或接管贷款以换取收购选择权的潜在收购者。

杠杆买家如何变卖资产?这难道不违反保护贷款人抵押品的契约吗?

许多杠杆收购方将特定的资产出售包括在贷款方批准的战略计划中。只要资产销售不出人意料,而且价格合理,一般都会得到贷款人的认可。另外,那种仅仅为了现金流目的而大规模分解经营中的企业的做法,甚至在计划阶段就已经不受欢迎了。既要保持公司的完整性,又要从资产中变现,一种方法就是进行售后回租。

出售债务(公司票据)如何帮助偿还其他债务?债务本身不就是又一个杠杆负担吗?

如果一家公司可以出售其票据,从利息义务的观点来看,这可能是更可取的。一般高等级商业票据的利率往往低于伦敦银行同业拆借利率,而伦敦银行同业拆借利率是许多银行贷款的基准利率。

因此,优先商业票据发行商可以通过支付低利率而逍遥法外。使用优先商业票据的局限性是什么呢?为什么不是所有的公司都采用这种方式呢?

第一,并非每一家公司都能从信贷评级机构获得并维持高信贷评级。第二,票据发行期限短,从 14 天到 270 天不等。发行人必须找到新的买家或说服现有买家展期他们的投资。这就是为什么许多公司从银行提取备用信贷额度,以备在商业票据额度展期遇到困难时作为票据的后盾。

公司有哪些方法可以重组其发行的债务?

由于有许多类型的公司债务进入市场,因此重组债务的机会只受到发行者的想象力和潜在公司价值的质量的限制。一些策略包括:

- 以低于原价的价格从持有者手中回购债务;
- 以债券换取较晚到期的新发行债券;
- 要求债券持有者将其持有的债券换成股票。

如果一家公司已经是上市公司,出售股票作为再融资的一种手段,其主要的好处和缺点是什么?

从好的方面看,融资有灵活性。当一家公司发行股票时,它收到现金,但不产生债务,看起来像免费的钱。从坏的方面看,股票销售可能减少:

- 原股东的控制权;
- 每股收益(随着股份分母减少,收益分子增加);
- 市场价值(当管理层出售时,市场也可能跟风出售)。

再融资方式是否因行业而异?

是的。例如,在金融服务行业中,有几种新颖的再融资技巧,这些技巧迥异于其他行业。一些商业银行采用两面派的手法。这种手法是将不良资产和其他质量较低的资产置入一个托收银行或清算信托,然后出售或分拆给股东。保险公司有时采用证券化,即出售由保险公司持有的抵押贷款或垃圾债券支持的大量证券。保险公司和储蓄贷款公司可以通过将存款人所有的互助组织转换为股东所有的结构来筹集资金,即发股。

结　论

选择通过收购来成长,首先要从战略开始。什么对公司及其所有者是最好的?公司若做出了正确的战略选择,估值就会有据可依,融资就会源源不断。在本章中,我们概述了现有的各种融资,重点是债务融资,这种融资最易达成且应用最广。在下一章中,我们将展示如何将战略和财务方面的考虑转化为一项并购交易的实际构造。

附录 4A

公开发行票据的典型从属条款

第 1.1 条，从属协议。公司同意，且次级票据持有人通过接受次级票据同意，次级票据所证明的债务在偿付权上按照本条规定的范围和方式与公司所有优先债务的优先全额偿付相协调，且次级票据是为了公司优先债务持有人的利益，但次级票据应在各方面与公司所有其他次级债务享有同等的地位。

第 1.2 条，公司优先债务违约。如果在支付次级票据的本金或利息时，在公司的任何优先债务的全部或任何部分本金或利息的支付方面存在违约（且受托人已收到相关的令状通知），且该违约未得到纠正或免除，则不论是根据次级票据的条款还是在加速或其他情况下，公司均不得直接或间接支付次级票据的本金或利息。此外，在任何其他违约事件持续期间，根据该等优先债项可提早到期，受托人在接获优先债项持有人的书面通知后，公司不得作出该等付款自收到该通知之日起 180 天内，于该附随票据之日起或就该附随票据而支付；但优先债券持有人在任何 360 天内只能发出一次此种通知，且本规定不得阻止优先债券的本金或利息的分期支付超过 180 天。

第 1.3 条，清算、解散、破产。公司在任何解散、清盘、清算或重组过程中对资产进行任何分配时（不论是自愿或非自愿的，也不论是在破产、无力偿债或破产管理程序中，还是在为债权人利益进行转让时，或在公司资产和负债的任何组合或其他情况下）：

（1）在次级票据持有人有权收取次级票据的本金、溢价（如有）或利息之前，公司优先债券持有人有权收取公司优先债券的全额付款；和

（2）在公司的优先债务得到全额偿付之前，次级票据持有人在没有本条规定的情况下有权获得的任何分配均应根据其权益情况向公司的优先债务持有人进行分配。根据本协议允许的条款和条件将公司的全部或实质上全部财产出售、转让或租赁给另一公司或合并，不应被视为本条所述的解散、清盘、清算或重组。

第 1.4 条，当分配必须付清时。如果向次级票据持有人进行了因本条规定而不应进行的分配，则收到分配的次级票据持有人应为公司优先债务持有人的利益而以信托方式持有该分配，并按其利益可能出现的情况向其支付。

第 1.5 条，代位权。在本公司所有优先债务全部付清后，直至次级票据全部付清为止，次级票据持有人应代位享有本公司优先债务持有人的权利，以收取适用于本公司优先债务的分配。根据本条向本应向次级票据持有人作出的公司优先债务持有人的分配，在公司和次级票据持有人之间，并不是公司对公司优先债务的支付。

第1.6条，相对权利。本书界定了公司次级票据持有人与优先债券持有人的相对权利。本协议中的任何条款均不得：

（1）损害公司与次级票据持有人之间的绝对和无条件的义务，即根据次级票据的条款支付次级票据的本金、溢价（如有）和利息；或

（2）防止次级票据持有人在违约时行使其可用的补救措施，但受本公司优先债务持有人接受任何其他应付给次级票据持有人的分配的权利限制。

第1.7条，公司不得损害从属地位。本公司优先债券持有人强制执行次级票据的从属地位的权利，不得因本公司的任何行为或不行为或未遵守本协议而受到损害。

第1.8条，优先债务条款的修改。任何优先债务的偿付时间的展期或延长，或优先债务持有人行使其在任何创设或证明优先债务的工具下的任何权利，包括但不限于放弃其项下的任何违约，均可在不通知次级票据持有人或受托人或未经其同意的情况下作出或完成。任何妥协、变更、修正、修改、展期、重新更新或其他变更、或放弃、同意或其他行动，都不得以任何方式改变或影响本条或附属票据中与优先债务相关的任何条款、契约或条件。

第1.9条，优先债务持有人对从属条款的依赖。次级票据持有人通过接受次级票据承认并同意前述次级条款，并旨在成为任何优先债务的每位持有人（不论该优先债务是在次级票据发行之前或之后创设或收购的）请求并继续持有或继续持有该优先债务的诱因和代价，且该优先债务的持有人应被视为在获取并继续持有或继续持有该优先债务时已完全依赖该从属条款。

第1.10条，本书并不是为了防止违约事件的发生。由于本条中的任何预想而未能根据次级票据进行付款，因此不应被解释为防止违约或违约事件的发生。本条的任何规定不得对次级票据持有人加速次级票据到期的权利产生任何影响。

第1.11条，优先债务的定义。"优先债务"是指高级，如果有的话，以及（1）所招致的所有债务的利息，由公司在本协议日期之前或之后承担或担保的，由债务工具证明或反映在公司会计记录上的应付债务（不包括根据产生或证明该债务的工具的条款在付款权上不优于次级票据的任何债务），包括优先债务（a）与任何租赁、有条件出售或分期付款出售协议或其他融资工具有关的任何应付金额，或根据美国公认会计原则，在本协议签署之日或公司签订、承担或担保租赁，有条件出售或分期付款出售协议，或其他融资工具或协议时，要求在公司资产负债表表面反映为可承受能力；(b)任何信贷额度，循环信贷协议或银行本票项下的所有借款，或上述任何一项的其他金融续期或展期；(c)就任何利率兑换协议、货币兑换协议或类似协议而须支付的任何款额；(d)与本公司合并，并入本公司或被本公司收购的公司的任何次级债务；(2)任何此类优先债务的任何续期、展期或退款，或为交换此类优先债务而发行的债务证明。

附录 4B

私人机构票据的典型从属条款

第 1.1 条，从属协议。次级票据应在本条规定的范围内次级于优先债务，且次级票据不得次级于优先债务以外的公司任何债务。

第 1.2 条，公司优先债务违约。如果任何优先债务的利息或本金的支付发生违约，不论是在规定的到期日，以加速或其他方式发生，则在该违约得到纠正或免除之前不得对次级票据的本金、利息或溢价（如有）进行支付。

第 1.3 条，清算、解散、破产。如果发生(i)与公司或其资产有关的任何无力偿债、破产、清算、重组或其他类似的破产程序或任何与此相关的接管程序，或(ii)公司的任何自愿清算、解散或其他清盘程序，无论是否涉及无力偿债或破产程序，则所有优先债务到期及应付的所有本金和利息（包括申请后利息）、费用（承诺或其他）、开支和溢价（如有）应首先全额支付，或此类支付应按下一句但书所列的方式提供，在就附属票据作出本金或利息或溢价（如有的话）的任何进一步付款之前。在上述任何诉讼程序中，任何种类或性质的付款或分配，无论是现金、财产、股票或债务，可就次级票据支付或交付的，应直接支付或交付给优先债务持有人（或由法院选定的银行机构或任何优先债务持有人指定的支付或交付人），除非及直至所有优先债项已全数偿还。但是，如果向次级票据持有人支付或交付此类现金，财产、股票或义务是由考虑到次级票据从属于优先债务的最终不可上诉的命令或法令授权的，并且是由在任何适用的破产或重组法下的重组程序中具有同等管辖权的法院作出的，则不得向优先债务持有人支付或交付与次级票据有关的此类现金，财产、股票或应付或交付的义务。尽管本条有任何相反的规定，为重组而发行的股票或者债务的持有人，解散、清算程序，或任何兼并、买断、出售、租赁、转让或本协议条款未禁止的其他处置，由重组后的公司，或由继承公司或收购其财产和资产的公司，如果该等股票或债务至少在本条规定的范围内从属于和次要于当时所有未偿还的优先债务的偿付以及为交换或替代当时任何未偿还的优先债务而发行的任何股票或债务的偿付。

第 1.4 条，当分配必须付清时。如果任何次级票据的持有人收到该次级票据的任何付款、财产、股票或债务，而该持有人根据本条的规定无权收到该付款，该持有人将以信托方式为优先债务的持有人持有如此收到的任何金额，并将立即以收到的适用于优先债务的形式将该付款移交给优先债务的持有人。在发生以下情况时，公司的任何清算、解散或其他清盘，或任何接管，资不抵债，破产，为债权人利益的转让，与债权人的重组或安排(无论是否依据破产法),出售全部或实质上全部资产或公司的任何其他资产和负债的情况下,次级票据持有人应优先债务持有人的要求,提交任何必要的索赔或其他类似性质的文件,以强制执行公司对次级票据的义务。

第1.5条,代位权。在全额偿付所有优先债务后,次级票据的持有人应代位获得优先债务持有人的权利,以收取适用于优先债务的公司资产分配的付款,直到溢价本金(如有的话),且次级票据的利息应已全额支付,并且,就该代位权的目的而言,除本条规定外,向次级债务持有人支付的任何现金、财产、股票或债务,在公司及其债权人(优先债务持有人除外)与次级票据持有人之间,不得被视为公司对优先债务或因优先债务而支付的款项。

第1.6条,相对权利。该条的规定是为了明确优先债权持有人与次级票据持有人对公司及其财产的相对权利;本协议并不损害本公司与次级票据持有人之间无条件和绝对的义务,即本公司根据本协议的条款和规定向票据持有人支付全部本金、溢价(如有)和利息,并遵守本协议所载的所有契约和协议;本协议也不妨碍任何次级票据持有人在本协议或任何次级票据项下违约时行使适用法律或本协议项下允许的所有补救措施,但优先债务持有人在本条款下有权(如果有的话)接受现金、财产、股票或其他应付或交付的义务可向次级票据持有人提供,并受第1.5条和第1.9条所载的救济限制的约束。

第1.7条,公司不得损害从属地位。任何优先债务的现有或未来持有人在强制执行次级票据的从属权利方面,不得因公司的任何作为或不作为而受到损害。

第1.8条,优先债务条款的修改。每名次级票据持有人同意,无须对该等次级票据持有人保留任何权利,而无须通知该等附上票据持有人或获该等附上票据持有人进一步同意,(a)任何优先债项的付款要求可全部或部分撤销,而任何优先债项可继续,优先债务,或公司或任何其他人对其任何部分所负的法律责任,或为此提供的任何抵押或担保或与之有关的抵销权利,任何优先债务,有时全部或部分地更新。扩展的,修改后,加速,被破坏了,放弃,释放了,(b)证明或管理任何优先债务条款的任何文件或文书或任何抵押担保文件或担保或与之相关的文件可被修改,修改后,补充或终止,全部或部分地,由于优先债券持有人可能认为不适当,在任何时候,由该持有人或任何担保品代理人为该持有人的利益而持有的用于支付任何优先债务的任何担保品均可出售,交换,放弃,交出或解除,在任何情况下,均无须通知仍受本协议约束的次级票据持有人或获得其同意,且不损害,删节,解除或影响本协议规定的从属地位,即使有任何此类续期,延长,修改,加速,妥协,修订,补充,终止,出售,交换,放弃,交出或解除。次级票据的每个持有人放弃任何优先债务的产生,续期,展期或应计的任何和所有通知,以及优先债务的任何持有人对本协议信赖的通知或证明,优先债务应最终被认为是在信赖本协议和所有交易的情况下产生,签订或发生的公司与优先债务持有人之间的协议应被视为已根据本协议完成。各次级票据持有人承认并同意,任何再融资中的贷款人在进行此类再融资和根据本协议向公司提供资金时已依赖于本协议中规定的从属地位。各次级票据持有人放弃对本协议的通知或信赖证明,并放弃拒付,要求付款和违约通知。

第1.9条,从属票据持有人加速权利的限制。在本协议项下违约事件发生和持续时,次级票据持有人根据本协议宣布次级票据立即到期和应付的权利应受以下条件的限制:

(1)如果该违约事件仅因指明财务契约的违约而产生,则该等持有人只有在任何优先债务的持有人因该优先债务的违约而宣布公司有关该优先债务的任何债务到期应付的情况下,才可如此宣布该次级票据到期应付;

(2)如果该违约事件是由于未能对优先债务进行支付而产生的,则该持有人不得如此宣布次级票据到期应付,直至(a)该违约事件连续发生180天,(b)任何优先债务的本金或利息的下一次实际支付之日,或(c)优先债项持有人宣布公司就优先债项所负的任何债务在正常到期前到期应付的日期。

第1.10条,优先债务的定义。"优先债务"是指其条款中未明确表示在受偿权上次于其他债务的债务。

任何人的"债项"指(i)该人因借入款项或因递延购买财产的价格而欠下的所有债项;(ii)所有根据租约而应承担的义务,根据美国公认会计原则,如本书所定义,记作资本租赁,而该人是承租人,(iii)上述第(i)或(ii)条所指的所有债务,由(或该等债务的持有人拥有现有权利的)上述第(i)或(ii)条所担保的所有债务,或其他方式,由以下各方担保:该人所拥有的财产(包括但不限于账户和合同权利)上的任何留置权,担保权益或其他押记或负担;(iv)上述第(i)或(ii)条所指的所有债务,由该人以任何方式直接或间接担保,或实际上由该人通过协议直接或间接担保,以支付或购买该等债务,或为支付或购买该等债务垫付或提供资金,或以其他方式担保债权人免受损失;以及(v)该人或该人作为任何多雇主计划的受控集团成员,在计划下与未备抵的既得利益有关的负债以及在《职工退休所得保障条例》下发生的带支取的负债,但债务不应包括按照习惯贸易条款在正常业务过程中应付的贸易账款和其他账款。这些账款未逾期超过60天,或若逾期超过60天,则存在争议,并已根据美国公认会计原则在该人的账簿上建立了充足的储备金。

附录 4C

卖方票据的典型从属条款

第1.1条,从属协议。在本条规定的范围和方式下,公司对次级票据的本金和利息的义务在偿付权上应次于公司对优先债务的任何债务。

第1.2条,公司优先债务违约。在任何优先债务项下违约已经发生并持续的任何时候,不得支付次级票据的本金、利息或任何种类的分配,并且,如果进行了任何此类支付或分配,则次级票据的持有人将以信托方式持有该次级票据,并将其支付给优先债务的持有人。

第1.3条,清算、解散、破产。(a)涉及公司或其债权人本身,或涉及公司财产的任何无力偿债或破产程序,以及与此相关的任何接管、清算、重组、安排、再调整、组合或其他类似程序,或涉及公司的任何自愿清盘,解散或其他清盘的程序,不论是否涉及无力偿债或破产,或涉及公司为债权人的利益而进行的任何转让,或涉及以下情况:

如果公司资产有任何其他组合,则优先债券持有人有权获得全部本金的偿付,优先债项的溢价、利息、费用及收费(包括在任何该等法律程序开始后应累算的利息),然后优先债项的持有人才有权就该等优先债项的本金或利息收取任何付款,而为此目的,优先债项的持有人有权收取任何种类或性质的付款或分配,不论是现金、财产或证券,而该等付款或分配是在任何该等法律程序中就该等优先债项而应付或可交付的。

(b)如果次级票据由于违约事件的发生[在放弃条款(a)的规定不适用的情况下]而在其明示到期日之前被宣布到期应付,在次级票据因违约事件的发生而到期应付时,优先债券的持有者有权在次级票据的持有者有权就次级票据的本金或利息收取任何付款之前,全额收取所有优先债券的本金、溢价、利息、费用和收费。

第1.4条,相对权利和代位权。本条款的规定不应改变或影响公司与次级票据持有人之间公司全额支付次级票据本金和利息的义务,该义务是绝对和无条件的。如果根据本条规定,就次级票据向次级票据持有人支付或应付的任何金额应改为支付给优先债务持有人,次级票据持有人应在此范围内享有该等持有人的权利;但在优先债务未全部清偿之前,不得向公司主张该等代位权。

第1.5条,公司不得损害从属地位。优先债项的任何现时或未来持有人,不得因任何作为或不作为而损害其强制执行附属票据的从属地位的权利代表公司行事。从属票据的这种从属地位以及优先债务持有人的相关权利,不应受到对任何优先债务的任何修改或其他修改的影响,也不应受到任何相关权利、权力或补救措施的行使或不行使的影响。

第1.6条，优先债务条款的修改。优先债券持有人可在任何时候自行决定续期或延长其所持有的优先债券的偿付时间，或行使优先债券项下的任何权利，包括但不限于放弃违约及修改其任何条款或规定（或任何证明或设定该条款或规定的通知），所有这些均无须通知次级票据持有人或获得次级票据持有人的同意。没有妥协，改变，修正案，修改，扩展，续订，或其他改变，或放弃，同意或其他有关优先债务的任何条款，契约或条件（或任何证明或设定该等条款，契约或条件的文书）下的任何责任或义务的行动，以及受优先债务留置权约束的财产（或任何证明或设定该等条款，契约或条件的任何文书）的解除，无论该解除是否符合优先债务的规定（或任何证明或设定该等条款的文书），均不得以任何方式改变或影响次级票据的任何规定。

第1.7条，对次级票据持有人的限制。(a)未经优先债务持有人事先书面同意，不得修改次级票据的条款。(b)次级票据持有人不得就任何违约事件对公司采取任何行动，直至及除非(i)第1.3(a)节所述的任何事件已经发生，或(ii)优先债务持有人应已加速偿还公司的任何优先债务义务，或(iii)优先债务应已全部偿还。(c)在公司的要求下，次级票据持有人应随时、不定期地向公司提供次级票据持有人致任何优先债务持有人的书面声明，表明该持有人为优先债务持有人，但前提是在提供该声明之前，次级票据持有人应已从公司收到次级票据持有人合理要求的信息，即向次级票据持有人证明合理满意该持有人是优先债务持有人。

第1.8条，优先债务的定义。"优先债务"指(i)公司与"特定贷款人"之间的某一循环信贷和担保协议有关的任何未偿还债务，包括与上述贷款协议的相同或其他贷款人之间的退款或再贷款项下的任何垫款或再垫款，(ii)"特定公司现有长期债务"和(iii)公司的所有贸易债务。

注释

1. 此问题及答案由得克萨斯州休斯顿市 Tecaq 公司创始人罗布·贝克(Rob Baker)提供。

2. 请参见亚历山德拉·里德·拉杰科斯和 J. 弗雷德·威斯顿(J. Fred Weston)所著的《并购的艺术·融资与再融资：用于企业发展的筹资来源与筹资工具》(*The Art of M&A Financing and Refinancing: Sources and Instruments for Growth*)（1999年由麦格劳-希尔公司在纽约出版）。

3. 摘自财政部部长史蒂文·T. 姆努钦和财政部顾问克雷格·S. 菲利普斯所著的《一个创造经济机遇的金融体系：资本市场：美国财政部向唐纳德·J. 特朗普总统汇报，关于监管美国金融体系的核心原则的13772号行政命令》(*That Creates Economic Opportunities: Capital Markets: US Department of Treasury Report to President Donald J. Trump, Executive Order 13772 on Core Principles for Regulating the United States Financial System*)，原书第24页。该书于2017年10月出版，参见 https://www.treasury.gov/press-center/press-releases/Documents/A-Financial-System-

Capital-Markets-FINAL-FINAL.pdf。

4. https://www.law.cornell.edu/cfr/text/17/230.2516。

5. https://www.law.cornell.edu/cfr/text/17/230.500。

6. 欲了解证券交易委员会的豁免规定,见 https://www.sec.gov/smallbusiness/exemptofferings,也可参见《国会报告:2016年综合拨款法案的解释性说明指导下的增进资本和市场流动性的方法(公法第113—114条)》[Report to Congress: Access to Capital and Market Liquidity As Directed by the Explanatory Statement to the Consolidated Appropriations Act, 2016(P.L.113—114)](2017年8月,由证券交易委员会经济风险分析部门在华盛顿发表)。

7. 不超过500万美元的发行的豁免条款——条例D第504条规定,https://www.sec.gov/smallbusiness。欲了解更多信息,请参见条例D第504条规定:对小型实体发行人的合规性指导,https://www.sec.gov/divisions/corpfin/guidance/rule504-issuer-small-entity-compliance.html/exemptofferings/rule504。

8. 同上,见 https://www.sec.gov/smallbusiness/exemptofferings/rule504。

9. 条例D私人募股的豁免条款,条例D第506条规定请参见 https://www.sec.gov/smallbusiness/exemptofferings/rule506b。

10. https://www.sec.gov/smallbusiness/exemptofferings/rule506c。

11. "2018年全年首次公开募股活动总额达到2 002万亿美元,较上年增长11%,且是自2014年以来全球首次公开募股最强劲的一年。自2014年以来,美国首次公开募股清单上首次募股额度超过500亿美元……", http://dmi.thomsonreuters.com/Content/Files/4Q2018_Global_Equity_Capital_Markets_Review.pdf。每年首次公开募股的数据请参见 https://www.ey.com/Publication/vwLUAssets/ey-global-ipo-trends-report-q4-2018/$FILE/ey-global-ipo-trends-report-q4-2018.pdf。

12. 贷款人的资金成本是指利息支付所花费的资金或者从银行各种渠道筹集的应计资金或者从其他银行借来的应计资金。基准利率是银行用来设定众多商业贷款和消费贷款的价格和利息率的"利率参考或基本利率"。联邦基金利率是银行收取的利率。据圣路易斯市联邦储备银行资讯,伦敦银行隔夜拆借利率自2001年到现在高峰达6.651 25,低谷至0.086 500,自2009—2016年经历了一段持续低迷时期,参见 https://fred.stlouisfed.org/series/USDONTD156N。

13. "许多借款人也逐渐转为青睐优先股而非夹层贷款,即使优先股对于借款人而言更为昂贵……优先股有优势是因为当前很多优先股经理人正在发行没有赎回日期的长青证券(evergreen securities)。相比之下,夹层贷款一般在3到5年之内就到期了。"2018年2月19日,阿琳·雅各布斯(Arleen Jacobus)发布《养老金与投资》(Pensions and Investments),"夹层贷款落于下风"。

14. 美国金融业监管局的官网上曾注明,"价格和收益反向相关,债券价格提高,其收益便会降低;反之亦然。"欲了解此专题更多信息,请参见 http://www.finra.org/investors/bond-yield-and-return。摩根大通银行举了这个例子:一份债券的价格为1 000磅、息票率为3%、年收益为30磅[£1 000(0.03)]。如果债券价格提升到1 100磅,息票率就会降低至2.73%[£30/£1 100]。由此可见,价格提升,息票率就会下降;反之亦然。这就是所谓的反相关关系,https://am.jpmorgan.

com/blob-gim/1383243044660/83456/the-relationship-between-yields-and-prices.pdf.

15."垃圾债券——再也不是2018年的宠儿——随着公司债务环境恶化而陷入困境",王森尼(Sunny Oh)于2018年11月19日发布,https://www.marketwatch.com/story/junk-bonds-no-longer-2018s-darling-flip-to-red-as-the-corporate-debt-climate-deteriorates-2018-11-19。

16. 欲了解当前商业发展公司的案例,请参见"投资商业发展公司的9个方法",由投稿人杰夫·里夫斯(Jeff Reeves)所著,2018年6月28日刊登于《今日美国》。

17. 欲了解员工基金的更多信息,请参见 https://www.esop.org。

18."私人市场数据提供商 Pitchbook 的新数据表明,家庭理财室比原先越来越多地参与到风险投资和早期阶段交易筹资"。艾丽莎·麦克尔哈尼(Alecia McElhaney),"家庭理财室的热门资产类别",《机构投资者》(Institutional Investor),2018年6月10日。贾斯廷·阿比洛(Justin Abelow)和霍利亨·洛基(Houlihan Lokey),"新一代家族理财室开疆辟土,颠覆旧理",PE Hub 网,2018年2月26日,https://www.pehub.com/2018/02/new-breed-family-offices-disrupts-field-upends-old-verities/#。

19."主权财富基金拥抱自己日渐增长的野心",《纽约时报》(New York Times),2018年10月8日。

20. https://www.wsj.com/articles/private-equity-makes-leasing-planes-a-hot-commodity-1530715021.

21.《金融时报》(Financial Times)将夹层基金定义为"一种将债券与股权特征相结合的融资",http://lexicon.ft.com/Term?term=mezzanine-finance。

22. 见佩珀代因大学(Pepperdine University)克雷格·R. 埃弗雷特博士(Dr. Craig R. Everett)2017年所著的《2017年私人资本市场报告》(2017 Private Capital Markets Report),https://bschool.pepperdine.edu/about/people/faculty/appliedresearch/research/pcmsurvey/content/private-capital-markets-report-2017.pdf.

23.《2018年经济增长、放松监管以及消费者保护法案》(The Economic Growth, Regulatory Relief, and Consumer Protection Act of 2018)将小型银行从规定适用范围中除名,见116号国会发行文件中对银行的政策第168页,国会研究处,2019年2月21日,https://fas.org/sgp/crs/misc/R45518.pdf。

24. 见2018年万律网(Westlaw)"超额配售选择权",https://content.next.westlaw.com/Document/Ibb0a12aeef0511e28578f7ccc38dcbee/View/FullText.html contextData=(sc.Default)&transitionType=Default&firstPage=true&bhcp=1。

25. https://www.sba.gov/sbic/general-information/program-overview.

26. https://www.federalreserve.gov/supervisionreg/srletters/sr1303a1.pdf.

27. 联邦储备银行监督治理选择成为联邦储备系统会员的州注册银行和银行控股公司、储蓄控股公司以及非储蓄机构与这些机构的附属机构和受金融稳定监督委员会(Financial Stability Oversight Council)指派用于加强监管的非银行金融公司。联邦存款保险公司保障向联邦存款保险投保的银行和储蓄机构的存款,并监督治理联邦储备系统外的州注册银行。货币监理署(OCC)监督治理国家银行和联邦储蓄协会。大部分银行是州注册的,所以相对于联邦储备银行和联邦存款保险公司而言,货币监理署管辖权有限。

28. https://www.law.cornell.edu/cfr/text/12/303.207。注:完整版定义以下面这一排除性规定作结:"贷款和风险敞口面向所有债务人的总融资方案,此类方案包括所有参与者持有总额大于或等于2 000万美元的情况,或者一类联邦存款保险公司可能会按具体情况下达指令,将其归入较低层级的交易,不在此定义范围内。"

29. https://www.bankingsupervision.europa.eu/ecb/pub/pdf/ssm.leveraged_transactions_guidance_201705.en.pdf.

30. 该团队建立起受全球银行遵循的银行审慎经营标准。最新一套标准被称作《巴塞尔协议Ⅲ》,自2008年全球金融危机之后建立起来,并至今一直在不断完善(旧版巴塞尔标准出版于1988年《巴塞尔Ⅰ》和2005年《巴塞尔Ⅱ》)。[《巴塞尔协议》介绍了对银行内部金融结构至关重要的问题,并且没有设定交易型贷款的指导方针。2017年10月,3家美国主要银行监管机构(联邦储备银行、联邦存款保险公司、货币监理署)提出了这类规定的简化版,简化版规定银行能够借更多贷款。]https://www.fdic.gov/news/board/2017/2017-09-27-notice-dis-b-fr.pdf。

31. 见阿南德·M. 维杰(Anand M. Vijh)和扬克(Ke Yang)在"标普500公司的收购表现",从这一数据发现"收购者的收益随着相对交易规模而增加,高于现金交易,并且随着现金流而减少"。这项研究将现金交易定义为"用现金、债务以及新签发的票据进行融资的交易",将股票交易定义为"用收购者的具有完整投票权或者次级投票权的股份进行融资的交易"(第28页),https://www.biz.uiowa.edu/faculty/avijh/S&P%20500%20Vijh%20and%20Yang.pdf。

32. 近期投资案例见http://www.kkr.com/businesses/kkr-portfolio。KKR公司过去的投资案例清单见http://www.kkr.com/historical-list-portfolio-companies。

33. 约书亚·富兰克林(Joshua Franklin),"美国用债务抵免方面的税收限制来刺痛收购巨头",路透社,2017年12月21日,https://www.reuters.com/article/us-usa-tax-privateequity/u-s-tax-curbs-on-debt-deduction-to-sting-buyout-barons-idUSKBN1EF1G5。

34. 2017税法全文,见http://docs.house.gov/billsthisweek/20171218/CRPT-115HRPT-466.pdf。

35. 该公司历史见http://www.beatriceco.com/about_investor/。

36. http://corporate.parmalat.ca/our-brands/beatrice/.

37. 查理·香农(Charlie Shannon),"新版租赁会计标准会如何影响贷款合约?"2016年9月,https://www.mossadams.com/articles/2016/september/lease-accounting-and-loan-covenantshttps://www.mossadams.com/articles/2016/september/lease-accounting-and-loan-covenants。

38. 见"人寿保险公司融资你应该了解的四件事",http://psrs.com/insights/four-things-you-should-know-about-life-insurance-company-financing/以及"面向商业房地产的人寿公司贷款",https://www.commercialrealestate.loans/life-company-loans/。

39. 迈克尔·米尔肯是20世纪80年代重新发掘并发扬垃圾债券的金融家。因为他的东家德崇证券(Drexel Burnham Lambert)变得声名鹊起——之后又声名狼藉。梅书拉姆·"瑞克"瑞克里斯是快速美国公司(Rapid American Corp)的总裁。他们的故事被康妮·布鲁克(Connie Bruck)记载于《掠食者的盛宴》(*The Predators' Ball*)[企鹅图书(Penguin Books)1989年出版于纽约]。

40. 高收益债券存档于 LeveragedLoan.com,访问于 2018 年 1 月 1 日。

41. "惠誉公司(Fitch)预测 2019 年美国杠杆贷款、高收益贷款违约率接近十年来低谷",2018 年 10 月 4 日,https://www.spglobal.com/marketintelligence/en/news-insights/trending/y14jnmvvwnbzbofrf9vrlq2。预测也许有些乐观。过去,比率曾为 4.17%。H. 彼得·内斯沃得、杰弗里·M. 安娜泼斯基和亚历山德拉·R. 拉杰科斯(麦格劳-希尔教育公司 2011 年版,第 17—19 页)。《困境并购的艺术:为陷入困境和资不抵债的公司买卖与融资》(*The Art of Distressed M&A: Buying Selling, and Financing Troubled and Insolvent Companies*)。

42. [关于莱昂德尔化学公司(Lyondell Chemical Company)案]魏斯费尔纳诉布拉瓦特尼克,2017 BL 131876 (Bankr. S. D. N. Y. Apr. 21, 2017),"莱昂德尔化学:杠杆交易案例领域贷款人的漫漫曲折路",http://www.lawjournalnewsletters.com/sites/lawjournalnewsletters/2017/08/01/lyondell-chemical-a-long-and-winding-roadmap-for-creditors-in-leveraged-transaction-cases/?slreturn=20180001035850,更新内容见 https://www.wsj.com/articles/judge-dismisses-lyondellbasell-creditors-clawback-lawsuit-1504655066。

第五章 交易结构化：总论、税务和会计考虑

引 言

交易结构化——确定交易将采取何种法律和财务形式——通常是所有交易中最具挑战性的一个方面。可供选择的交易形式之广（如资产出售、股票转让、各种类型的合并等），加上相关因素的种类之多（如法律、会计、税务等），使得交易师既有工具可利用，又有陷阱要避免，因为他们要响应数目众多且往往相互冲突的呼声，这些呼声源自买方、卖方、投资者和债权人——更不用说，还有税务当局。

本章可以帮助管理者们确定其计划开展的每一笔交易的最有效且最可取的形式，对构建涉及私营公司的友好交易而言更是卓有成效。（上市公司控制权变更所特有的问题，特别是敌意、投标报价和代理权竞争，将在第十章讨论。）

虽然本章第一部分讨论了一般结构化因素，但交易结构的最终选择往往取决于特定的税务和会计考虑。例如，将交易构建为资产出售，可以使买方避免承担卖方的财务和法律责任，并可免予承担有关这些责任的一切未决争议。但在某些行业，由于税务或会计问题，将交易构建为资产出售可能无法实施，因此雇用专业财务顾问在这些事项上提供指导意见至关重要。税务和会计专业人士熟悉交易中可能涉及的各种法规——包括《美国法典》(USC)。[1] 美国所有的一般法律和永久法律都被编入该法典，包括税法，即广为人知的《国内税务法典》(IRC)，被编入《美国法典》第26号专题。此外，合格的专业财务顾问都会熟知《美国联邦法规》(CFR)，该法典编有所有这些法律下的所有规章和条例（见表5—1）。

送给聪明的读者一句话：不要仅仅因为担心税务和会计内容可能晦涩难懂或错综复杂而跳过本章相关小节。相关小节内容已设计得让新手和老手都能领会。尤其重要的是，《并购的艺术》是对2017年减税和就业法案(TCJA)在美国引发的税务问题的更详细讨论。[2] 虽然该法没有触及有关并购结构的大多数原有税法规定[3]，但是新法的

表 5—1　　　　　　　　　　　　　美国(联邦)和州法典

全　　称	简　称	内　　容
《美国联邦法规》	CFR	美国条例和法规
《美国法典》	USC	美国法律(包括《国内税务法典》中的法律)
《国内税务法典》	IRC	美国税法
《统一商法典》	UCC	影响商业的州法律

某些方面确实影响到结构化方面的考虑。这些方面包括将最高公司税率降至21%，新的利息扣除限制，162(m)章程中规定的高管薪酬的扣除限制更严格，净经营损失(NOL)使用的新规则，新购置或建造的有形资产的折旧比例更高，以及海外投资收入的处理规则。[4] 本章最后讨论了管理层收购特有的结构化问题，包括影响管理层薪酬、员工福利和股票所有权的特殊税务考虑。警告：所有税法和会计原则都可能发生变化。在某些地区，变化速度慢如冰川消融。另一些地区，变化速度则快如电光石火。留意税法的所有重大变化——它们几乎总是影响合并征税，并且始终要向合格的税务和会计专业人员咨询。

（如果与大型会计师事务所打交道，请记住，这类会计师事务所几乎每个地方的办事处都有1名并购专家，有些在总部还设有一个专门的部门。律师事务所也是一样。要确保你的法律顾问最近有并购领域的经验。）

总论

当一家公司收购另一家公司时，可以采取的各种交易形式有哪些？

企业收购一般有三种形式：(1)购买企业的资产，(2)购买拥有资产的被收购公司（又称目标公司）的股票，以及(3)买方（或关联公司）与目标公司的法定合并。这几种形式可能组合使用，例如，将企业的某些资产与拥有其余资产的公司股票分开购买，接着买方和被收购公司立即合并；或者一项交易可能涉及购买一个公司的资产和另一个公司的股票，而这两个公司都为同一卖方所有。

资产并购交易结构化

资产并购交易中会发生什么？

目标公司转让所有资产，即这笔销售的标的，其中包括不动产、设备和存货以及合同权利、租约、专利和商标等无形资产。这些资产可能是卖方公司拥有的全部或部分资产。目标公司在转让特定资产所需的特定类型的文件上签字、盖章，使其生效，如契据、销售票据和转让合同。

资产并购交易什么时候是必要的或可取的？

大部分情况下，资产并购交易的选择取决于这样一个事实，即出售只涉及卖方企业所拥有的部分业务。当产品线尚未作为一个拥有自己的账簿和会计记录的附属公司运营时，将其出售，此时资产出售通常是唯一的选择。

在其他情况下，选择资产并购交易并非出于必要，而是由于其特殊优势：

- 如果卖方将从出售中获得大笔应课税收益（即被收购公司资产的"计税基础"大大低于出售价格），则买方一般能通过将交易构建为资产并购交易来获取一大笔税务节省费用，因此要提高资产计税基础与收购价格之比。（如本章后面更详细的解释，资产的计税基础是纳税人在税务资产负债表上持有该资产的价值。资产的初始税基是纳税人的历史成本。）

- 相反，如果卖方将出现税务损失，通常买方更好的做法则是通过股票并购交易来延续企业的税务历史，并借此保持原有的高税基。

税务往往是零和游戏：对买方最有利的可能不是对卖方最有利的，卖方可能会因为构建有利于买方的交易而失去税务优势。这一矛盾点可以而且应该引发热烈的谈判——甚至是对让步方有利的价格调整。本章稍后将更详细地讨论递增计税基础与结转计税基础的概念。

如前所述，作为一个法律事项，资产出售中的买方一般只承担其明确同意承担的负债。这种在债务中挑挑拣拣的能力通常能保护买方不受卖方未披露的债务的影响。不过，例外情况确实也有可能出现。

在资产并购中，买方是否能够规避其未明确同意承担的所有负债？

常规情况下是的，但有三个例外情况：

- 单纯延续（当买方与卖方基本上是同一家公司时）；
- 卖方逃避其债务的欺诈交易[5]；
- 买方或卖方的新设合并或兼并——根据法律（法律上）或根据事实（事实上）。

事实上的兼并是什么？

在某些司法管辖区域，如果买方购买整个企业，而卖方的股东成为买方的股东，即使该交易未被归类为兼并，一些法院也可援引一条称为事实兼并原则的法规，该交易视为兼并。[6]（在兼并交易中，买方承担了卖方的所有债务。）这对买方不利，因为它增加了买方的负债。（不过，请注意，事实兼并原则一般不适用于特拉华州，大多数美国大公司都在该州合并。）

除了被归类为事实上的兼并,还有哪些条件可能在资产并购中将负债转移给收购方?

至少有三种常见的情况可能导致债务从卖方转移到买方。

- 在某些司法管辖区域,特别是加利福尼亚州,法院要求制造企业的买方对卖方控制该企业时制造的有缺陷产品承担侵权行为赔偿责任。
- 此外,买方通常不能在任何结构性条件下终止劳资谈判合同,甚至包括资产出售。
- 最后,资产并购中的收购方可能不得不应对《大宗销售法》。[7] 该法出自《统一商法典》(UCC),并以一种或另一种形式适用于除路易斯安那州以外的美国所有司法管辖区域。[8] 如果收购方未能遵守该法律,并且没有任何可供使用的免责条款,则卖方的某些债务可能会由收购方承担赔偿责任。

什么是《大宗销售法》,它对资产并购交易有什么影响?

《大宗销售法》适用于公司将其全部或大部分原材料、低值易耗品、库存商品或其他存货出售给买方,从而有效地清空卖方存货的交易,但各州之间存在差异。法律要求买方向卖方的每一个债权人发出一定数量的出售提前通知(通常至少提前10天通知)。买方还必须通知国家税务机关。[9] 通知必须指明卖方和买方,并说明卖方的债务是否将在到期时得到偿付。如果无法做到有序偿付,则必须进一步披露信息。此外,许多州要求买方确保卖方将出售所得用于清偿现有债务,并托管一笔足以偿付任何有争议债务的款项。

虽然法律的要求简明易懂,但其对特定卖方和特定交易的适用性有时却模棱两可。况且,各州可以根据自己的选择修改或废除这项法律。[10] 收购方应在必要时咨询合格的法律顾问,以确保合规。

资产出售的缺点是什么?

首先且至关重要的是其潜在的高税务成本。资产并购经常要受到双重征税(如果卖方是股份制公司,则对其征收股份制公司级的税,以及在某些情况下的资本利得)。[11] 2017年的税法并没有改变这一基本事实,尽管该法将企业最高税率降至21%,从而减轻了这种双重征税的负担。[12]

其次,资产并购交易与其他备选方案相比,通常耗时更长且耗资巨大,因为会涉及法律、会计以及监管条例等,例如前面提到的《大宗销售法》。资产并购交易需要每项资产都合法转让。在某些行业里,可能行不通。

- 例如,在经销批发行业中,可能存在成百上千的排他性分销协议,而且与制造商拟订大量新合同的费用也可能令人望而却步。
- 再如,石油和天然气工业中,每一条管道都需要许多许可证。土地权利可能很复杂,既涉及地面权利,又涉及地下权利。

■ 对于许多涉及不动产的行业,不动产转让往往要缴纳可观的州和地方转让和备案税。此类转让还可能促使当地税务评估师提高对该物业的估价,从而显著增加该公司的不动产税负担。如果物业分布于多个司法管辖区域,则可能需要向每个司法管辖区域递交不同的表格。

再次,许多租赁未经交易另一方当事人同意可能不可转让。假如对方同意(而且这种情况很少见),不出所料,这种同意是有一定代价的,特别是当卖方的租约所提供的租金低于当时一般租金率的情况下,可能恰恰如此,即只有同意大幅加租,才可能获得同意。条款对目标方有利的其他类型合同也是如此。目标方的贷款协议必须仔细审查,以确保资产并购交易不会触犯违约条款。

最后,许多企业拥有经营所需的当地许可证,所有权转让可能要经受冗长的听证或其他行政拖延以及失去许可证的风险。类似地,一些交易也可以不受地方条例的约束,例如,包括不溯既往条款的分区限制。资产转让路线可能需要执行代价高昂的改进方案,以遵循此类规则。

因此,在进行资产转让之前,一定要深入审查企业的所有法律安排,以确定此类交易是否可行。一旦发现问题,各方必须协商决定由谁承担费用,例如,取得同意的费用。通常,这是买方的责任,因为购买价格是以一定的现金流为前提的,如果无法取得同意,则现金流可能会有所损失。租金或其他费用的增加会降低公司的估值,购买价格可能要重新谈判。

资产并购交易是否需要股东批准?

是的。例如,根据特拉华州法律,出售全部或几乎全部资产需要在有表决权的股东(普通股股东)会议上获得多数(50%以上)的批准,相关股东必须在会议召开20天前收到通知。此外,在某些情况下,公司章程和/或规章制度甚至可能规定更高的百分比(称为绝对多数条款)。[13]

在哪里更可能找到绝对多数条款——在章程中还是在规章制度中?

这类规定可能见于规章制度文件,而不是章程文件。章程文件,严格按法律规定来说,称为公司章程文件,作为公共记录事项在公司注册州备案。因此,除公司名称、所在地、业务性质、注册地、发行的股份、修改公司章程或选举董事的权力,以及董事和高级职员的补偿金之外,章程一般不包含实质性的细节。规章制度的长度是章程文件的5倍,该文件涵盖了公司为自己制定的规则。这类文件通常重复章程的措辞,但会提供更多细节并概述其他领域。一般来说,未经股东批准,这两份文件都不能修改。

资产并购交易是否总要向卖方支付现金?

并非如此。资产的支付可以按卖方可以接受的任何形式的对价完成,包括买方的股票。

股票并购交易结构化

股票并购交易中会发生什么？

卖方将其在目标公司中的股份转让给买方，以换取商定的付款。转让通常包括公司所有的股份。虽然买方购买的股票可能少于上市公司的全部股票（通过要约收购），但这种情况很少发生在私人公司收购中。这种对私人公司的部分收购通常只有在某些前股东决定留任（或成为）公司管理者并保留股权的情况下才会发生。

什么情况下选股票并购交易合适？

当进行资产并购交易的税务成本或其他问题使资产并购交易不可取时，选股票并购交易合适。如前所述，在许多重大交易中，资产转让可能产生过于繁重的税务成本。除了税务方面的考虑外，如果资产转让需要的第三方同意无法获得或代价昂贵，或者公司的规模使得资产并购交易过于不方便，耗时或昂贵，则可能必须选择股票并购交易。

卖方通常更青睐股票并购交易，因为买方将会接管公司的全部业务，包括其所有负债。不过，这可能并非如表面上看来那么大的好处，因为在谈判收购协议时买方通常会索求对所有未披露负债的补偿。（见第七章谈判收购协议和意向书。）

股票并购交易总能避免在资产并购交易中经常出现的获得第三方同意的问题吗？

不能。必须仔细审阅相关文件中的"控制权变更"条款。例如，在许多租约中，如果租户的控制权发生变化，则需要征得同意。其他合同或当地许可证或租约可能也有类似的要求。

股票并购交易有什么缺点？

股票并购交易有两个主要缺点：

■ 如果公司的股东是赋予他们某些权利的股东协议的当事方，那么交易达成可能会更加困难。假设买方想要获得公司100%的股份，则买方可能必须与每一个出售股票的股东签订合同，而股东中的任何一个都可能拒绝进行交易或拒绝成交。整个交易的成败可能取决于一个股东。在这种情况下，各州法律规定的少数股东权利可提供特别保护。[14] 正如本章后面将要说明的，双方可以通过合并交易达成与股票转让相同的结果，并且无须征得100%股东的同意。

■ 股票并购交易不含在资产并购中发生的税基增加。然而，根据《国内税务法典》（IRC）第338条，大多数股票并购交易都有可能被视为资产并购，以便征收联邦所得税。根据所谓的338条款,获取税收利益可以与避免资产并购交易的非税陷阱同时实现。

兼并交易结构化

兼并交易中会发生什么,反向兼并和正向兼并有什么区别?

兼并指一个公司合法地被另一个公司吸收,存续公司继承被吸收公司的所有资产或财产的交易。资产或负债没有被分别转让;当合并证明书提交给所在州有关当局时,整个转让即通过法律运作发生。

在正向兼并中,目标公司并入买方或成为买方的一个子公司,目标公司股东以其股票换取商定的收购对价。交易达成时,买方拥有目标公司的全部资产和负债。为便于核算联邦所得税,这样的交易被视为目标公司按购买价格出售其资产,然后进行清算分配(也就是说,就像买方清算了目标公司并将钱分配给目标公司的股东)。如果对价包括买方的股票,并且满足了其他要求,则兼并可符合免税重组的条件。

在反向兼并中,目标公司以买方新成立的子公司的形式吸收"买方"(称为反向子公司兼并)。在反向子公司兼并中,买方——作为反向子公司兼并中兼并子公司的股东——获得目标公司的全部股票,而目标公司的股东则获得商定的对价。例如,在一个全现金交易中,目标公司的股东会用他们在目标公司中的股份换取现金。交易结束时,目标公司原有股东不再是股东,买方或买方的股东则会拥有目标公司。为便于核算联邦所得税,反向兼并通常被作为本质上类似的股票并购交易处理。

到底什么是子公司兼并——它又被定性为正向还是反向?

子公司兼并,又称三角兼并,是指买方公司组建的收购子公司与目标公司的兼并。关于描述子公司兼并类型的图表(在本回答后面有更详细的解释),见表5-2。

表5-2 正向子公司兼并(FSM)与反向子公司兼并(RSM)

正向子公司兼并	反向子公司兼并
目标公司被并入收购子公司	收购子公司被并入目标公司
目标公司停止存在	目标公司继续存在
资产转移限制可能适用	资产转移限制不适用
第388条不适用	第338条适用

资料来源:亚历山德拉·里德·拉杰科斯和迈克尔·J.克里格曼,2018年11月。

在正向子公司兼并中,目标公司并入收购子公司;在反向子公司兼并中,收购子公司并入目标公司。此处的关键区别在于目标公司的命运。在正向子公司兼并中,目标公司不复存在。在反向子公司兼并中,目标公司继续作为收购公司的全资子公司这一实体存在——就像收购公司购买了目标公司的所有股票一样。[15] 一般来说,在应税交易中,没有人会进行正向子公司兼并,反而通常要避免正向子公司兼并。正向子公司兼并在免税重组的领域内最为常见。

这两种子公司兼并方式的好处都在于速度快。一般来说,兼并必须得到兼并一方的各公司股东的批准,但这一要求通常不适用于子公司与母公司的兼并或与不相关的公司的兼并。[16] 虽然各州公司法通常要求董事会代表收购实体批准交易,但这种批准不一定需要股东的批准。

子公司兼并的另一个好处是合法隔离。子公司兼并后,买方在子公司拥有目标公司的业务。这样做的效果是使企业在法律上保持分离,而不是将母公司的资产减记到被收购企业的负债中。

虽然正向兼并和反向兼并都以某种方式将目标公司的资产传递给买方,但业内一般认为正向兼并更具挑战性,因为收购者是存续实体,而不是目标公司。[17](记住,在正向兼并中,目标公司不复存在。)在某些司法管辖区域,将目标公司的资产转让给新实体可能与直接转让资产一样违反租赁和其他合同限制。同样,在一些司法管辖区域,如果买方试图以其名义记录契据以反映兼并,则在正向兼并后可能应缴纳所谓的备案税。相反,反向子公司兼并形式提供了便利并避免了其他合同限制,因为目标公司是存续公司,尽管现在是买方的子公司。最后,反向子公司兼并特殊的优势,使收购方能够作出第 338 条的选择,如前面所述。

兼并生效必须采取哪些步骤?

通常,兼并一方的每个公司的董事会都必须通过批准兼并协议。拥有多数股票的股东必须也批准交易。在某些情况下,根据绝对多数条款,公司章程和/或规章制度可能依据绝对多数条款要求获得更高百分比的股东批准。兼并自提交合并证明书之日起生效。根据特拉华州法律,除其他例外情况外,除非存续公司的登记执照不会因兼并而被修改,且存续公司向卖方发行的股份占存续公司已发行股份的 20% 以上,否则必须得到存续公司股东的批准。[18]

在兼并的情况下,买卖双方之间的协议基本上与股票或资产并购交易中的协议相同,只是转让业务的方式将是法定兼并,而不是股票或资产转让。

兼并有何优点?

兼并交易具有股票并购交易的许多优点:简单而且通常能规避资产并购交易的问题。

事实上,兼并协议甚至比股票购买协议更简单,因为兼并协议只与目标公司签订——而不是与其所有者签订。与资产并购交易不同的是,虽然兼并通常必须得到多数股东或某些特定的更高比例的股东的同意,但它并不取决于是否与每个个人股东达成协议。根据法律规定,持不同意见的股东将被迫接受交易,但必须受到一定的法律保护,以防止对不批准交易的少数投资者进行所谓的排挤。在这种情况下,许多州的法律授予少数股东异议股东权利以保护陷入这种情况的股东。这些条款规定,在以多数表决通过的以股换股的兼并或收购中,异议股东有权按照其股票的公允价值获得现金。

在使用兼并结构的杠杆收购中,从有担保贷款人的角度来看,兼并是最佳的交易形式。在这种形式下,贷款人贷款给存续公司(直接放贷给存续公司或拥有该公司的控股公司[19]),并在该公司的资产中获得担保权益;贷款收益用于履行向目标公司股东清偿债务的义务。

交易可以融兼并和股票并购为一体吗?如果可以,如何运作?

在某些情况下,股票并购交易与兼并交易组合为一个交易中的两步:第一步是收购目标公司的股票(通常至少收购多数股票);第二步,与目标公司兼并。

如果买方希望向多数股东支付溢价以获取有控制力的团体的支持,这种交易是有用的,而且大多数州的法律通常都允许这类支付行为。买主分次购买股票,然后再次投票时,多数股东批准合并交易。出售股东将其在兼并中的股票余额(即买方在首次投票中未获得的股票)交换为反映不存在控制权溢价的较低的购买价格。对于上市的目标公司,要约人必须符合1934年《证券交易法》第14D-10(a)(1)条。该条规定,购买某一类证券的要约必须向该证券的所有持有者开放,且就投标要约中提出的向任何证券持有人支付的对价是就投标要约中提出的向任何其他证券持有人支付的最高对价。[20]

两步交易的另一个用途是,考虑的部分内容包括存续者的票据或优先股,并且希望限制非现金支付的对象。第一步是与某些股票持有者进行股票并购交易,其中对价包括非现金支付。第二步是全现金合并。

这一点可能很重要,例如,如果有许多个人股东,则向所有股东分配证券将构成公开发行,需要根据证券法提交登记声明。如果一些卖方希望通过吸收持有目标公司票据或股权的风险,并允许其他股东以现金形式获得全部购买价格,从而鼓励股东投赞成票,这也可能是有用的。

两步交易在上市公司收购中很常见,第一步是通过10%的要约收购控制,第二步是少数股权被买断的合并。步骤交易的税务处理因情况和政策随时间变化而异。[21]

杠杆收购最典型的形式是什么?

买方设立收购工具通常完全是为了与被收购公司合并。通常情况下,收购载体会反向合并到被收购公司。如果买方想要一个控股公司结构——也就是说,想要被收购的公司是控股公司的子公司——它与收购公司的子公司组成一个控股公司。合并后,控股公司将拥有被收购公司的全部股票,买方将拥有控股公司的全部股票。杠杆收购结构的例子见表5—3。

表5—3 兼并、收购和买断交易的剖析

> 2017年,俱乐部集团(Club Corp)被阿波罗全球管理公司(Apollo Global Management)附属投资基金(Apollo funds)收购。* 此交易涉及兼并、收购和买断,全部在一次所有权转让中。
> 2017年7月9日,俱乐部集团向证券交易委员会提交表格8-K文件,披露其为一项涉及Constellation Club Parent,Inc. (一家特拉华州公司)的"兼并协议及计划"的一方;Constellation Merger Sub Inc.之后兼并了俱乐部集团,公司作为母公司的全资子公司存续。* 阿波罗利用一个投资工具通过兼并来影响所有权的变化,从而导致俱乐部公司被私人所有。
> 现金通过收购倒手。9月15日,俱乐部集团股东批准以每股17.12美元(溢价超过30%)的价格将其股份出售给阿波罗附属公司,即股份的收购方。‡ 作为交易的一部分,阿波罗的关联公司还提出了收购Club corp发行的票据的要约。§
> 由于通过投资工具进行兼并和通过要约收购,俱乐部集团现在是一家私营公司,因为它的股份是从公众手中买断的,所以这也被称为买断交易。

* https://globenewswire.com/news-release/2017/07/09/1041784/0/en/ClubCorp-Enters-into-a-Definitive-Agreement-to-be-Acquired-by-Certain-Investment-Funds-Affiliated-with-Apollo-Global-Management-in-an-All-Cash-Transaction-Valued-美国联邦法规 t-1-1-Billion.html. https://www.sec.gov/archives/edgar/data/1577095/000157709517000103/Holdings-20170707x8xk.htm.

‡ https://globenewswire.com/news-release/2017/09/15/1123427/0/en/ClubCorp-Stockholders-Approve-Acquisition-By-An-Affiliate-of-Certain-Funds-Managed-By-Affiliates-of-Apollo-Global-Management-LLC.html.

§ https://www.businesswire.com/news/home/20170725006631/en/constellation-Merger-Announces-Tender-Offer-Consent-Solicitation.

在这种交易中,优先贷款人可能更希望在控股公司中安排交易。在这种结构中,控股公司向高级贷款人借款,以购买被收购公司的股票。优先贷款人在被收购公司的股票中获得优先担保权益,如果出现贷款违约,贷款人则可以取消抵押品赎回权并出售股票以清偿债务。要使这种结构成功,所有层次的融资都必须在控股公司层面进行。

此外,控股公司结构中的高级贷款人往往会要求被收购公司提供有担保的担保,而不是抵挡欺诈性转让风险。在这种情况下,次级贷款人经常要求提供备用担保,这给债权人之间的谈判以及融资和再融资的结构增加了复杂性。

联邦证券法和州证券法在收购结构中的作用是什么?

当被收购的公司公开交易时,州证券法往往会产生最大的影响。但这些法律也影响着私营公司的企业收购结构。当买方发行现金以外的委托——例如,票据、股票和/或认股权证——或者当合并协议规定目标股东将获得非现金支付以换取其股票时,非现金对价几乎可以肯定地被归类为联邦和州证券法目的的证券。[22]

卖方收到与合并或出售资产有关的证券,需要获得被收购公司股东的批准(因为证券将分配给他们),根据第 145 条规定,这被认为是出售证券的要约。[23] 如果要约构成公共要约,除非有一份根据《证券法》宣布生效的登记声明,否则交易可能不会发生。第 145 条将适用,例如:

- 买方采用反向合并,被收购公司作为买方的子公司存续,被收购公司的股东收到被收购公司或买方(如果买方是公司)的票据或优先股或认股权证;
- 买方设立公司,以现金、票据或公司的其他有价证券购买被买方的股票。

什么是私募?

私募是一种交易,在此交易中,证券的提供和出售依赖于联邦和州证券法下注册要求的豁免。通常,销售其证券的实体(发行人)将依赖于 1933 年《证券法》第 D 条第 501 至 508 条规定的注册豁免。注册程序要求准备和归档文件,提供有关发行人、发行和正在出售的证券的详细信息。规章制度第 501 至 503 条规定了基本规则,然后是规章制度第 504 条(500 万美元或以下的交易),规章制度第 506 条(有限发行)规定的豁免和其他一般豁免。[24]

在私募配售中,必须向美国证券交易委员会提交联邦表格 D 上的简要销售通知,以供参考。然而,对于私募基金没有联邦审查或评论程序。

最近对条例 D 的修改扩大了豁免登记的范围,允许最多 35 个非获许投资者参与条例 D 的私募,并允许不限数量的获许投资者参与。获许投资者根据条例 D 第 501 条(a)款的定义,包括富有的个人拥有巨额净值的实体、某些机构投资者以及发行人的执行官和董事。[25] 任何不符合定义的人的获许被认为是未经认可的。

假设私募的参与者想要卖出他们购买的股票?

1933 年《证券法》第 144 条允许公开转售受限制和控制证券(包括所谓的 D 条例证券),前提是满足若干条件——例如,在某些情况下持有证券至少 6 个月。[26] 在出售限制性股票和控制股票之前,需要向美国证券交易委员会提交文件,并且可以出售的股票数量是有限的。规则 144A 是向"合格机构买家"转售某些受限证券的额外安全港。[27] 对于其他豁免,如条例 D 第 506 条,公司可以将其证券出售给任何经认可的投资者。

一般会计考虑

收购方如何根据美国公认会计原则(GAAP)对其收购进行会计处理?

美国公认会计原则要求采用一种称为收购法的方法。相关原则是由财务会计准则委员会(FASB)编纂的会计准则汇编(ASC)下的几种类型的"广泛交易"[28],其中,包括企业合并(会计准则汇编第 805 号专题)和合并(会计准则汇编第 810/812 号专题)。[29]

会计准则汇编专题 805 描述了用于企业合并会计的获取方法的步骤[30]：

- 第一步：确定收购方——获得目标控制权的实体。
- 第二步：确定收购日期——通常为交割日期,除非协议另有规定。
- 第三步：确认和计量取得的可辨认资产、承担的负债以及在目标中的任何非控制权益。
- 第四步：确认和衡量商誉,或者相反,确认和衡量从便宜收购中能获得哪些收益。(当取得的资产、承担的负债和非控制权益的净额低于支付的对价总额时,记为商誉;反之,当这些价值超过支付的对价总额时,则会发生便宜收购。)

企业合并的规则仅适用于以下情况：收购企业,而非收购单纯的资产。财务会计准则委员会将商业定义为一种或多种投入(如人力或智力资本或原材料),这些投入经过一个过程产生一种产出。[31] 对于此类收购,美国财务会计准则委员会的附加指导意见——如合并、公允价值计量标准(会计准则汇编第 820 号专题)[32] 或无形资产(会计准则汇编第 350 号专题)[33] 也可适用。许多审计公司和金融知识普及人用简单的语言解释会计规则。下面将在这些资源的帮助下更新我们的原始文本。[34]

出于会计目的分配交易价格

对交易进行会计处理的一个重要步骤(在确定收购人和确定收购日期之后)是分配购买价格。这是通过对获得的个别资产和承担的负债进行估值来实现的,例如：

- 净营运资本;
- 有形资产(个人财产和不动产);
- 可辨认无形资产/负债;
- 承担的负债(例如,承担的债务、或有代价、非控制权益);
- 商誉(按未分配部分计算)。

收购方将对价总额分配到这些类别,包括商誉。然后,公司在给股东的年度报告中描述这些分配(示例见表 5－4)。

表 5—4 埃姆科集团的收购分配说明

企业收购

于2017年1月4日、2017年3月1日及2017年11月1日我们收购3家公司,总代价为1.093亿美元。第一家公司主要在美国南部地区提供消防和报警服务。第二家公司为美国各地的制造公司提供米尔赖特服务。上述两项业绩均已计入美国机械建造及设施服务分部。第三家公司在美国西部地区提供移动机械服务,其业绩已计入美国建筑服务分部。与这些收购有关,我们获得了980万美元的营运资金和230万美元的其他净资产,并初步将4060万美元归入商誉,5660万美元归入可识别无形资产。我们预期所有收购商誉将就税务目的扣除。于2017年3月及11月收购业务的收购价格仍为初步价格,并于各计量期间内可能有所变动。于2017年1月收购业务的收购价格分配已于2017年第四季度敲定,影响微不足道。这些收购业务采用收购法入账,而为其支付的价格已根据其资产和负债在各自被我们收购之日的估计公允价值分配至其相关资产和负债。

资料来源:埃姆科集团,2017年年度报表。

这些项目的公允价值计量必须在某一日期进行。对于并购会计而言,这是指收购方获得目标控制权的那一天——通常是交割日——理想的是在月底[35](请参阅第八章)。任何递延成本(如可能和可计量的意外支出)也按公允价值报告,方法是将应付金额折现为其在询价日的现值,包括任何适用的溢价或折现。

会计处理与税务处理之间的差异

会计处理与税务处理在许多方面有所不同。例如,当为了财务报告的目的计算购买价格时,收购方包括递延税项、应计负债、或有对价(Contingent Consideration)和负债,但不包括交易费用。税务再分配是不同的,它包括一些交易费用,不包括其他费用,但一些应计负债除外。当然,只有在实际或视为资产并购的情况下,才有购买价格分配用于纳税(参见表5—5)。

表 5—5 收购价格计算差异

项 目	财务报告	税务报告
交易费用	不包括	包括一定费用
递延税项	包括	不包括
应计负债	全部包括	部分包括
或有对价及负债	不包括在内,且按公允价值计量	包括
债务计量	按公允价值计量	按账面价值计量

深入探究一点,在纳税申报中,为什么会包括或有对价和负债?

每种情况下的负债均被视为已支付对价的一部分,或有对价则被包括出于税务报告目的而支付的购买价格。一般情况下,纳税人会等到全额付清,而不是预先付清。

交易成本根据美国公认会计准则应如何记录,而出于税务报告目的应如何记录?

美国公认会计准则处理与税务处理不同。与收购相关的成本可分为三类[36]:

- 交易的直接成本,可能包括尽职调查服务、会计、律师、投资银行家诸如此类费用。

——会计处理:交易费用不被视为买卖双方交换的公允价值的一部分,因此在发生时记为费用。

——税务处理:这些费用的税务处理各不相同。支出的时间和性质影响处理方式。在合同调查阶段但在意向书签署之前发生的费用目前可以扣除,而在意向书签署之后进行交易所发生的费用一般资本化。这些资本化成本被加到资产的计税基础上,并且通常在标的资产的寿命中摊销。

- 融资成本或债务发行成本可能需要从直接交易成本中分离出来,包括列入期初资产负债表的发行债务的成本。

——会计处理:债务发行成本不计入费用。这些成本是"递延"的,或从债务负债的收益中扣除,并在债务期限内摊销。

——税务处理:税务处理一般与账面处理相同。

- 股本或股票发行成本与通过发行划为永久股本的股票获得新资本所支付的费用有关。

——会计处理:股票发行成本应被视为相关收益的减少,并以权益中收到的金额作为净额入账。这些成本不摊销。

——税务处理:税务处理一般与账面处理相同。

根据会计准则汇编第 805 号专题,在公认会计原则下必须支出的交易费用[37]包括:

- 掮客费用;
- 会计、咨询、法律、估价和其他专业服务;
- 一般行政费用,包括维护费用和内部并购部门的费用。

交易成本可以扣税吗?

这是一个有趣的问题,突出了在损益表上将一个项目作为费用处理与在资产负债表上将其作为(资产的)资本支出处理之间的基本区别。(当项目被记录为资产而不是费用时,它就被资本化了。)

在公认会计准则第 805 号专题中,如上文所述,交易成本作为费用计量。但是美国国税局要求纳税人将为促进企业收购或重组交易而支付的款项资本化。[38]

为将纳税人的经营活动与他人的经营活动合并而支付的金额,可以按实际情况记作费用,不管何种整合活动发生,该金额都不会被认定为促进性成本。

员工薪酬和间接费用可以记为费用,而且这些费用可以作为可抵扣的非促进性成本从公司的纳税申报表中扣除。这包括与交易直接相关的任何交易红利。

可抵扣的整合成本的例子包括:
- 重新安置人员和设备;
- 向被解雇的雇员支付遣散费;
- 整合记录和信息系统;
- 为合并后的实体编制新的财务报表;
- 裁掉合并企业中多余的员工。

税务考虑

兼并、收购或资产剥离的税务筹划的主要目标是什么?

从收购者的角度看,税务筹划的主要目标是在现值基础上使收购、经营甚至出售被收购公司或其资产的总税务成本最小化。此外,有效的税务筹划提供了各种保障措施,以保护当事人免受环境或税法可能发生变化的风险。此外,买方应尽量减少卖方在交易中的税务成本,以取得投标优势。(当然,要取得优势,买方需要向卖方指出这一优势,因为卖方可能不熟悉特定结构的税务影响。)

从卖方的角度来看,税务筹划的主要目标是在现值的基础上使出售被收购公司或其资产的税后收益最大化。除其他事项外,该税务筹划包括:决定如何构建交易,开发以卖方很低或零税务成本向潜在买方提供税务优惠的方法,以及构建从买方收到的递延税对价。

买方的税务筹划目标与卖方的税务筹划目标大体一致吗?

不。更多的时候,对买方最有利的纳税方案是对卖方最不利的方案。"双赢"一词通常无法实现。例如,在被收购公司的资产中,买方可能只有在卖方付出很大的税务成本时才能获得高额的税收利益。(有关税基的更多信息,请参见下一节。)但是买方很少会以卖方的费用为代价追求税收利益,因为交易的即时和预期税务成本很可能会影响价格。一般情况下,交易双方将以最小化买卖双方的总税务成本为目标来安排交易,并通过价格调整来分配双方的税务负担。

在收购或剥离中通常会出现哪些税务问题?

每一个收购或剥离可能出现的权威性税务问题清单是不存在的。交易的具体税务考虑取决于特定交易的事实和情况。然而,某些税务条款和问题是相互关联的,并且比其他问题和条款更常见:

- 要对税务事项产生有用的影响,交易的参与者必须掌握某些概念,例如,收入和利润或分配,将在本章后面讨论。
- 一个主要问题是交易的基本结构:该转让是否被设计为股票收购或资产并购(前面解释过),以及交易是否可以构建为免税重组,或者转让是否将立即可征税。如前所述,最优结构通常是能使被收购公司、卖方和买方总税收收益最大化并使总税收成本最小化的那一种结构。
- 在许多收购中首先要解决的一个问题是实体的选择问题:经营实体会成为 C 公司和 S 公司、*普通合伙企业还是有限合伙企业、有限责任公司(LLC)还是信托公司。
- 融资税务的影响(现金、债务和/或权益)也必须进行分析。
- 管理层参与和薪酬的问题也应加以解决。被收购公司的高层管理人员可能受邀购买股票,或者他们可能被授予股票期权、股票增值权、奖金或其他形式的奖励性报酬。不同的管理参与结构可以产生截然不同的税务结果。
- 此外,税务顾问(特别是买方的税务顾问)应审查拟议结构将对公司收购后的运营产生的税收影响。例如,一般应考虑到净经营损失、无形资产(商誉除外)的摊销、计划的资产处置、应税年度和会计方法的选择,公司会计方法与买方现有业务的整合、外国税务抵免以及合并公司开展业务所在国不同税务制度之间的相互关系。
- 税务顾问还应注意其他事项,包括州税法的影响、被收购公司的收入未来分配的税务后果、被收购公司或其资产的最终处置。

在分析这些问题时,应着眼于未决的和最近的与兼并、收购、买断有关的税务法规,同时铭记法规的追溯力。

美国国税局(IRS)是否在审查或批准企业收购中发挥直接作用?

一般来说,不会。在完成收购、剥离或重组之前,不需要获得美国国税局的事先批准。

此外,美国国税局没有理由和机会去审查交易,除非直到政府审计了其中一个参与者的纳税申报表。

此规定的一个重要且常用的豁免条款是,交易的相关方通常可以获得由美国国税局国家办公室签发的私人信函裁决。这样的裁决表明了政府对所提出问题的立场,对

---

* C 公司(Corporation)即上市公开交易的股份有限公司,S 公司的股票未上市,只能私人交易,这是美国公司的两种类型,无法完全与中文对应,因此保留原文说法。

税务局具有普遍约束力。要求作出这样的裁决是一件严肃的事情,绝不能在没有专家和法律帮助的情况下进行。

基本税务概念和定义

什么是税基?

纳税人在资产中的基础是纳税人在其税务资产负债表上携带资产的价值。资产的基础最初是纳税人的历史成本。这个初始基础随后因资本支出而增加,因折旧、摊销和其他费用而减少,成为纳税人在资产中的调整基础。[39] 在出售或交换资产时,出于税务目的的利得或损失按资产实现的金额与其调整基础之间的差额计量。

资产的基础实际上是指资产的成本在处置时通过折旧和损益调整可以免税收回的金额。

什么是收益和利润?

"收入和利润"一词是《国内税务法典》中的一个社科术语。就财务报告而言,公司的收益和利润大致相当于公司的净收益和留存收益,区别于当期或累积的应纳税所得额。收入和利润概念的主要是衡量公司分配应纳税股利的能力。如果美国国税局认为某公司凭借其当前和累积的收益和利润,可以支付应纳税的股息,则它可以将某些非清算性分配视为股息并按此征税——即使该公司没有(也从未)发放过股息。

什么是分配?

公司分配指公司向以股东身份行事的股东实际或推定转让现金或其他财产(某些例外情况除外)。("以股东身份行事的股东"这句话诚然是一句空话,但它实质上是指股东因为公司所有人的身份而获得付款。)一般非清算性分配的规则是在 301 条款下制定的[40] 美国法典的总称,是对美国一般法律和永久法律按主题事项进行的合并和编纂。[41] 相反,就税务而言,向以雇员或贷款人身份行事的股东转让财产不属于公司分配。

什么是清算?

公司清算发生于公司停止经营之时。在这一点上,它的行动仅限于清盘交易、偿付债务以及将剩余资产分配给股东。根据州法律,公司在实际解散之前,可以进行税务清算。

什么是清算分配?

清算分配通常是清算公司根据完全清算计划进行的分配(或一系列分配之一)。

什么是非清算分配？

非清算分配是指公司向股东进行的任何不属于清算分配的分配。非清算分配通常是股息或公司部分（但不是全部）发行在外的股票的赎回分配。

公司向股东分配财产的税务后果是什么？

公司分配税涉及无数复杂的规则，许多规则都有例外和限定条件。然而，一般而言，财产分配对公司的税务影响取决于三个因素：(1)分配的财产是现金还是现金以外的财产；(2)受让股东是否为关联公司；(3)分配是清算性分配还是非清算性分配。

现金的分配，包括清算和非清算，一般对分配公司没有税务影响，只是分配的数额减少了公司的收入和利润。

资产增值的分配，不论是清算的还是非清算的，一般都要在资产增值的范围内确认分配公司的收益。

什么是公司的附属组织？

公司的附属组织由两个或两个以上的成员公司组成，母公司直接或间接控制每个子公司的股票。更确切地说，母公司通常必须拥有至少一个子公司的一定比例（通常为80%）的投票权和股权价值。本集团其他成员与其他附属公司拥有类似的拥有权水平。某些公司，如外国公司，不允许成为附属组织的成员。

什么是联邦所得税综合申报表？

这是一个单一的联邦所得税申报单，由一个附属集团的公司提供，以代替集团的每个成员的单独的申报单。子公司通过向美国国税局提交1122表格同意此类处理。[42]

提交联邦所得税合并申报表有什么好处？

合并申报表的主要优点如下：

- 本集团一成员发生的亏损，可以用来抵扣另一成员的应纳税所得额。
- 许多集团内交易的税务后果要么被推迟，要么被完全消除。
- 子公司的收益反映在母公司的基础上，反映在子公司的股票中，这样，母公司出售这种股票时就不会再对这些收益征税。

有没有合并的州所得税申报表？

有的，但并不是所有的州都允许关联公司集团提交合并（综合）纳税申报单。有些州根本不允许合并返回；另一些国家只在有限的情况下允许这样做。

什么是纳税年度？

凡需要申报纳税的单位和个人，必须按年度会计期间申报纳税。对个人而言，每年的会计年度几乎都是日历年度。对于其他实体，税务会计期间可以是一个日历年度，也可以是一个截至12月以外月份的最后一天的会计年度。出于财务会计的目的，一个实体的纳税年度不必与其会计年度一致。C公司和S公司、有限责任公司、合伙企业和信托公司对日历年以外的纳税年度的选择有广泛的规则。

目前美国联邦企业所得税税率结构是怎样的？

联邦税率是21%的公司所得税，此外，还有国家税务。美国大多数州（50个州中的44个州）征收企业收入税，从北卡罗来纳州的3%到艾奥瓦州的12%不等。根据非营利性税务政策智囊团税务基金会的数据，国家企业所得税的平均税率（按人口加权）为6%。[43]

2017年，税法还对一些转口实体、独资企业、合伙企业和S公司的营业收入设定了新的20%的扣除额，但受到各种限制。[44] 专业服务公司，如法律和会计公司，如果业主收入低于一个临界值，则有资格申请减薪。[45] 这些新规则可以通过随后的立法加以调整，也可以通过财政部和税务局的指导加以澄清。

资本利得和普通收入之间的区别在税务筹划中是否仍然相关？

是的。2017年税法保留了有关资本损益的众多规则和复杂性。[46] 在任何时候，国会议员提出降低资本利得税的议案都是很典型的[47]，目前仍保持在0%、15%和20%。[48] 对税务筹划更重要的是《国内税务法典》，包括来自2017年税法的新条款，保留了对使用长期资本损失抵消普通收入的各种限制。因此，兼并/收购/买断计划者仍然必须注意将收益或损失定性为长期资本而不是普通资本。（短期资本损失与普通收入一样征税，最高可达37%。）

股息税怎么征收？

美国国税局认为股息是收入，因此纳税人一般都要为股息缴税，即使纳税人将股息再投资。分红分为普通和合格两种。纳税人就普通股息支付的税率与常规所得税率相同。符合条件的股息按资本利得税率征收，而资本利得税率通常较低。

企业和个税税率之间的关系有何意义？

当企业收入的税率低于个人所得的税率时，企业可以用来积累利润。（抵消这一好处的是对公司收益的双重征税——先由公司支付一次，然后由获得公司股息的股东支付。）相反，当公司所得的税率大于个人所得的税率时，非公司转嫁实体可以用来储存利润。

资本利得税如何适应？

股东出售或清算公司权益的税按优惠资本利得税率（长期资本利得税率）确定。

债务和股权的税务待遇不同吗？

是的。某些债务利息可能出于税务目的可以扣除，但《减税与就业法案》和随后的美国国税局公告对此类扣除进行了限制。[49] 然而，普通股股息在计算纳税所得时不可扣除。

对公司收益征收双重税是如何起作用的？

《国内税务法典》对公司的收入规定了双重征税制度。根据这一制度，公司作为一个单独的实体征税，不受其股东税务特征的影响。如果公司收益以任何形式分配给公司股东，则这些股东从公司获得的收入都要纳税。

企业税务双轨制的实际后果是什么？

双重征税制度的主要后果是公司收益通常被两次征税——首先是在公司一级，然后是在股东一级，在有股息或其他分配时。当公司保留其收益而不是以股息的形式支付时，股东层面的税务可以递延，但不会取消。在某些情况下，股东在出售其在法团的权益时，可能须缴付第二级税项。

如前所述，当借款人可以扣除部分利息支付时，杠杆可以减少对公司重复征税的负面影响。

然而，必须记住的是，美国国税局可能采取的立场是，所谓的债务实际上是股权，这在本章后面讨论。

可供选择的最低税额或金额是多少？

替代性最低税是 1969 年颁布的，目的是遏制某些高收入个人和企业对扣除和优惠的利用。在后来的税务立法中，国会修改了最低税率的规定，并创立了一个相当严厉的替代最低税率的制度，特别是对公司而言。《减税与就业法案》取消了公司的替代性最低税；个人税率的确定方法是按常规方法计算应纳税所得额（经过一定调整），再加上一定的扣除或"优惠"，得出收入总额。个人或公司的金额汇率适用于此数额。

纳税人须缴付常规税款或替代性最低税中金额较大者。

基本税务结构：应税交易

以税务为目的的资产并购与以税务为目的的股票收购有何不同？

收购方对所收购的资产所采取的税基是资产收购和出于税务目的的股票收购。当买方直接收购另一家公司的资产，而被收购公司因出售或交换资产而须缴税时，资产对购买方的基础是其成本，这叫做成本或递增基准。当买方通过收购股票间接收购另一家公司的资产时，该公司所拥有的资产基础一般不受影响，这叫做结转基准，因为被收购公司的资产基础会随着股权的变化而转移。

除受《国内税务法典》第 338 条规定管辖的股票收购外，公司全部或部分股票的收购并不改变公司所拥有的资产基础。（在第 338 条规定的交易中——这是一种间接的资产并购——每项资产的收购成本基础通常是其公平市场价值。）除受《国内税务法典》免税重组规定管辖的资产并购外，公司资产的收购将给买方带来成本基础。

因此，基于成本的交易记录通常被称为出于税务目的的资产收购（或简称资产收购），结转基准交易通常称为出于税务目的的股票收购（或简称股票收购）。这两个术语都没有必要反映交易的实际法律结构。

什么类型的交易是结转基准或股票交易？

作为一般规则，结转基准收购或股票收购包括收购人收购被收购公司的股票或资产，且被收购公司的资产基础不因所有权的改变而增加或减少的任何交易。股票或结转基准交易有几种类型。直接购买被收购公司的股票以换取现金和债务是最直接的股票收购。一种为征税目的被视为股票出售的交易是收购公司与被收购公司的合并——反向合并，被收购公司的股东在完全应纳税的交易中放弃其股份以换取现金或债务。另一种普通股交易是购买被收购公司的股票或资产，这种交易对交易所股东免税。

什么类型的交易是成本基准收购交易或资产并购交易？

作为一般规则，成本基准或资产并购包括任何交易，如果收购前的收益和损失内在的资产是被收购公司触发和确认的。成本基准收购交易记录有几种类型。以现金或债务为交换条件从被收购公司直接购买资产是典型的资产并购。另一种常见的资产并购交易是被收购公司与收购公司的法定合并——远期现金合并——被收购公司的股东在一项完全应纳税的交易中用他们的股份交换现金或其他财产。在某些情况下，一家公司可以收购另一家公司的股票，并根据《国内税务法典》第338节的规定，出于税务目的，将股票收购视为资产并购。

被收购公司的资产基础对购买者有何意义？

被收购公司的资产基础可能对纳税义务以及因此对购买者或被收购公司的现金流量产生重大和持续的影响。资产基础代表了资产可能折旧或摊销的程度（如果有的话），从而导致非现金应纳税所得额的减少。基础还表示在资产的应税出售或交换中重新获得的对价可由卖方免税获得的程度。

对买方而言，资产的预期成本基础是什么？

对买方而言，资产的预期成本基础是指买方将为该资产直接或间接支付的价格，该价格被推定为该资产的公平市场价值。

资产对买方的预期结转基础是什么？

资产对购买者的预期结转基础仅仅是被收购公司在收购前所拥有的资产的调整基础。如前所述，资产的调整基础通常是其历史成本或初始成本，通过按次折旧或摊销扣减额减少或调整。

何谓递增基数？

如果一项资产的基础从被收购公司较低的初始基础（或调整后的基础，如果不同的话）增加到由购买者的成本或公平市场价值确定的基础，则该资产的基础被称为递增。但是，该术语可指增加资产基础的任何交易。在大多数以资产或成本为基础的交易中，被收购公司的资产基础被逐步提高到追逐者的成本。目标公司资产基础增加的收购被称为升级交易。

谁从成本（递增）基准上受益？

一般情况下，是买方。一项资产的高计税基础总是比低计税基础更有利于其所有者。基础越高，折旧或摊销扣除额越大（如果允许的话），资产后续处置的收益越低（或损失越大）。这些扣除和损失的增加将减少资产持有期内被收购方或被收购公司的纳税义务，从而增加税后现金流。出于同样的原因，被收购公司资产的高基础将提高其对潜在的结转基础购买者的价值。

对另一公司的收购通常应以最大限度地扩大被收购公司的资产基础为结构。如果购买方对被收购公司资产的预期成本基础超过其预期结转基础，则资产并购或升级交易通常比股票收购对购买方更有利。如果购买方的预期结转基础在被收购公司的资产中超过其预期成本基础，则股票收购通常比资产或成本基础收购对购买方更有利。

这一一般规则的主要例外情况是：

（1）购买方将在结转基础交易中获得有益的税务属性（净经营损失、免税额度或会计方法），而这些税务属性将在递增基础交易中丧失；（2）购买方获得的这些税务属性的价值超过购买方在成本基础交易中本应获得的被收购公司资产的递增基础的价值。

商誉是如何出现的？

从税务角度看，资产并购比股票收购更有利于买方，因为它可以在购买价格的基础上增加或提高所收购资产的计税基础。对于某些资产，这种增加的计税基础可能由买方折旧或摊销，提供潜在的税务利益。例如，在取得商誉的情况下（由于公司的账面价值与其购买价格之间的差额而产生）就是这种资产：其计税基础可能分15年摊销。相反，当股票收购（在根据税法不被视为资产并购的交易中）导致公司税率股票计税基础上升时，这不会导致折旧或摊销增加，因为股票不被视为可摊销资产。[50]

购买方在资产中的成本基础是否一般大于其结转基础？

是的。如果资产已经升值，或者资产的经济减值低于为税务目的允许的折旧或摊销减值，则购买方对资产的预期成本基础将超过其预期结转基础。为纳税目的，大多数类型的资产的折旧和摊销扣除额的设计都要超过资产的实际经济折旧额。因此，大多数资产的公平市场价值，即对购买者而言，代表资产的预期成本基础，通常超过调整后的计税基础。购买方的预期成本与被收购公司资产的结转基数之间的总差额通常是很大的。

购买人通过成本基础交易收购另一家公司，通常会比通过结转基础交易获得更大的税务优惠吗？

是的。购买方通过成本基础交易获得的被收购公司资产的基础通常高于通过汽车转运价基础交易获得的基础，因为所收购资产的成本或公平市场价值通常大于交易前资产的调整基础。在这种情况下，成本基础交易将提高被收购公司资产的基础。基础的增加——成本基础超过结转基础——的金额称为递增金额。

是否所有的资产或成本基础的交易都增加了被收购公司的资产基础？

否。如果被收购公司的资产的购买价格被推定等于其公平市场价值，但低于资产的汽车转账基准、成本基准或资产，交易将导致基准的净减少。在这种情况下，通常应将交易安排为结转基础或股票收购。

在什么情况下，结转基础交易比成本基础交易从税务角度更有利于买方？

在两种情况下，结转基础或股票并购交易可能比成本基础或资产并购更有利于买方。第一种情况是，被收购公司对买方的资产结转基础超过了其成本基础。此超额部分代表买方的潜在税务优惠——非现金折旧扣除或应纳税损失——没有相应的经济损失。也就是说，因拥有资产而产生的税务扣除或损失可能超过为这类资产支付的价格。第二种情况是，被收购公司拥有宝贵的税务属性——例如，净经营损失结转，营业税抵免结转或会计方法——这将有利于收购方。然而，结转基础交易比成本基础交易更有利于买方的情况更多是例外而不是规则。

《国内税务法典》第 338 条是什么？

《国内税务法典》第 338 条适用于应纳税并购。该规定使收购方为税务目的将购买股票视为购买资产。[51] 这种选择可以对收购方有吸引力，因为买方在出售公司的资产中获得了一个阶梯式的基础。这一升幅反过来为收购方提供了更高的资产折旧税基，并在未来年度产生更高的税务扣减。

在第 338 条收购后，收购人是否必须保留被收购公司为子公司？

购买公司在购买符合条件的股票后，按其意愿尽快在免税清算中对公司进行清算。此种清算可按法定合并的方式进行。

什么是损失结转和回拨？

如果一个企业纳税人在某一年有超过其应税收入的税务扣除额，这个超出额就成为该纳税人的净经营损失。根据《减税与就业法案》修订的《国内税务法典》第 172 条规定，纳税人应在 2017 年 12 月 31 日后的第一个应税年度开始无限期地使用净经营损失抵扣以后年度的应税收入（结转）。但是，它不允许纳税人抵扣以前年度的应纳税所得额(一种回款)。[52] 它还限制了净经营损失对应纳税所得额的减少；对于 2017 年 12 月 31 日之后开始的纳税年度,在任何一个特定年度中,只有 80% 的应纳税所得额可以被净经营损失减免。

根据《国内税务法典》的其他规定,在某一特定年度无法使用的某些税务损失或税务抵免可以结转或转回到其他纳税年度。一般来说,《国内税务法典》关于公司使用净经营损失结转的能力的规定也适用于其他项目。为了简单起见,所有这些项目都倾向于与结转损失合并在一起。一般来说,每个州都有自己的净经营损失提款和结转规则,这可能不一定与联邦规则相匹配。因此,被收购的公司可能拥有不同数量的可用的联邦和州的净经营损失。

亏损结转在并购中扮演什么角色?

如前所述,结转基础收购(包括应税股票购买和免税重组)的一个潜在优势是在买方手中结转基础和有利的税务属性。如果买方能够购买被收购公司并保留有利的净经营损失结转,那么它就可以增加被收购公司活动产生的税后现金流,并在某种程度上利用这些损失来抵消买方自身业务产生的纳税义务。多年来,国会和税务局对损失产生时拥有实体以外的人使用损失结转实行了各种限制。例如,在所有权发生重大变化后,收购公司可以扣除被收购公司的净经营损失,但不得超过某一限额,即第 382 条的限制性规定,并且必须满足一个业务连续性要求。业务连续性是指被收购公司的业务资产中一项重要业务的持续。这些规则已经达到了极端复杂的程度,即使按照税法的一般标准也是如此。[53]

当有亏损结转的公司收购其他产生应纳税收益的公司时会发生什么?

《国内税务法典》在第 384 条中对此作了规定,限制了公司将其损失与子公司确认的应税收益相抵销的能力(并与之一起提交综合纳税申报表)。[54] 收购公司的损失转移包括未实现的内部损失。

以成本或资产为基础的收购对被收购公司的税务后果是什么?

一般规则是,在未确认公司的应税收益的情况下,被收购公司所拥有的资产的基础不得提高到成本或公平市场价值。在以成本为基础的交易中,被收购的公司通常需要缴纳相当于资产基础累计递增额的所得税。此外,资产的出售或交换可能触发被收购公司以前在收购资产时取得的投资或商业税务抵免的重新安排。

以成本或资产为基础的收购对被收购公司的股东有何税务后果?

被收购公司的股东在收到被收购公司的资产出售收益(扣除公司层面的税务)时,无论收益是以股息的形式分配的,还是以赎回股东所获公司股票的形式分配的,抑或是以被收购公司完全清算的形式分配的,都应纳税。如果资产出售的收益由被收购公司保留,那么在出售或交换被收购公司的股票时,这些收益的价值将间接地向股东征税。

在什么情况下，被收购的公司及其股东会因成本或资产并购而被双重征税？

在以下情况下，被收购公司及其股东通常要缴纳双重税：（1）被收购公司在应税交易中将其资产出售给买方，或出于纳税目的被视为将其资产出售给买方；（2）被收购公司的股东最终将收到直接或间接通过出售其在被收购公司中的股份而获得的出售收益；及（3）被收购法团的股东收到的收益需课税。在这种情况下，以成本为基础的交易导致销售收入被两次征税，第一次是对被收购公司征税，第二次是对其股东征税。这一一般规则有几个重要的例外。最常见的例外是出售被收购公司股票的股东是 C 公司的情况：公司股东出售被收购公司股票的收益在最终分配给非公司股东时可能再次征税。

权衡之下，从税务的角度来看，哪种类型的结构更可取：资产并购还是股票收购？

一般来说，股票收购比资产并购更可取，因为对卖方有不利的税务后果。目标公司及其股东在资产并购基础上的直接税务成本通常大于收购方的税务利益的现值。

在什么情况下，基于成本或资产的收购交易就税务目的而言是正当的？

不论结构如何，在双重征税不可避免的情况下，以及在可以基本或完全避免卖方双重征税负担的情况下，出于税务目的，资产或成本基础交易通常是可取的。例如，在其他公司活动的税务损失可以抵消出售资产产生的应税收益的情况下，卖方可能能够避免双重征税负担。或者，如果资产的销售价格低于卖方对这些资产的计税基础，卖方实际上可以通过将交易安排为资产销售而不是股票销售而产生税务利益。

上文提过，纳税中间实体不像股份制公司那样需要双重课税。卖方能否通过在出售前将被收购公司转换为纳税中间实体来避免双重税？

否。一般来说，公司只有先进行应纳税清算，才能转变为纳税中间实体。实际上，这种清算与资产出售一样征税。

新的较低的公司税率使一些纳税中间实体考虑转为 C 公司。在并购背景下，这一举措的利弊是什么？

通过将纳税中间公司转变为 C 公司，公司可以利用较低的税率。问题是，如果以后公司想要重回"中间地带"，那就很难了。以纳税中间形式出售公司具有一定的优势，包括：

- 单层税；
- 未分配的累计收益的积累基础；
- 较低的净投资所得税可能性。[55]

卖方如何降低税务成本？

减少卖方税务的最简单方法是推迟确认收益，这可以通过免税或部分免税收购或通过分期付款销售途径实现。

什么是分期付款销售？分期付款销售如何帮助组织兼并、收购或买断？

基本上，分期付款买卖是买卖或交换买方的本票或其他债务票据。在分期付款销售的情况下，每当收到票据上的本金付款时，或如果更早，在处置分期付款义务时，按比例确认出售收益。例如，如果甲向乙出售房产，换取本金为 100 美元的票据，而甲在该房产中的基准为 60 美元，则甲实现了 40 美元的收益。由于确认的收益（40 美元）与实现总额（100 美元）的比率为 40％，A 收到的每笔本金付款的这一百分比将被视为应纳税收益。其余的 60 美元将被视为不征税的资本返还。

什么类型的交易可以享受分期付款销售待遇？

分期付款法一般适用于卖方持有的分期付款义务以外的任何财产的销售，也适用于标的财产中交易商出售的发明和财产以外的任何财产的销售。除某些例外情况，分期付款处理一般适用于出售其股票的股东或出售其成套股票的公司或其他实体。分期付款处理不适用于在已建立的证券市场上交易的股票或证券的销售。

基本税务结构：递延纳税交易

究竟什么是税务递延交易，它与免税交易有何区别？

免税从最纯粹的意义上说是交易不纳税，而递延税意味着税款是以后缴纳的。在口语中，许多专业人士可以互换使用这些术语。从技术上讲，递延税对所有交易都更准确。而且，大多数递延税交易采取重组的形式——这是因为，出于税务目的，《国内税务法典》将此类交易视为仅仅是资产的重新洗牌。

你能举一个所谓的免税重组的例子吗？实际上，这种重组只是推迟缴税吗？

在经典的免税收购中，史密斯（Al Smith）拥有 Momand Pop Grocery, Inc.（Grocery）的全部股票，后者被 Super Markets, Inc.（Super Markets）收购。在交易中，史密斯将他在杂货店的所有股票交给超级市场，以换取超级市场的有投票权的股票。这是一种所谓的免税交易，被称为 B 型重组。在这种交易中，史密斯不承认即时收益或损失。

换句话说，史密斯在他的超市股票中获得的基差等于他在交出的杂货股票中获得的基差（替代基差），并保持他在股票中的旧持有期。类似地，超市在购进的杂货库存中采用等于史密斯的基础（结转基础）的基础，同时也采用史密斯的持有期。因为卖方在买方股票中的基础与卖方在被收购公司股票中的旧税基相同（替代税基），税务只在被收购公司的股票最终出售时才递延。尽管如此，这种类型的交易被广泛称为免税。

从这个意义上说，免税交易对卖家和买家有什么好处？

通过参与这种类型的交易，卖方获得了将被收购公司的股票交换给买方股票的机会，而无须立即确认收益。如果被收购的公司是秘密持有的，而买方是公开持有的，卖方可以在不征收现行税的情况下大大提高流动性。

此外，虽然死亡和纳税都被认为是不可避免的，但参与免税交易的卖方可能会利用前者来避免后者。根据一项长期存在的《国内税务法典》规则，个人遗产和受益人可在死者死亡时对其财产采用新的、公平的市场价值基准（或者，如果遗产执行人选择使用替代估价，则可采用替代估价日期的资产公平市值）。[56] 因此，卖方可以通过持有这种新股票直到卖方死亡，从而避免支付买方的股票的任何税，这种股票是以旧的公司股票作为交换而获得的。

对买方来说，免税询价有两个主要好处：第一，如果买方可以在交易中使用股票，则可能不会产生与收购有关的重大债务（尽管债务可能在交易结束时列在被收购公司的资产负债表上）。如果买方无论如何都想要股权融资（而不是债务融资或内部增长），则企业收购是获得股权融资的好方法。第二，被收购公司的税务属性在收购后仍可使用（受一些限制）。

哪些交易有资格享受免税待遇？

凡涉及财产交换的交易均应纳税，除非《国内税务法典》另有规定。因此，公司收购通常对股票或资产的卖方是可以纳税的。然而，有几种类型的收购交易可能对卖方免税，但仅限于卖方从收购公司（或与收购公司有密切关联的某些公司）获得股票。

一般来说，免税收购分为三类：

- 法定合并；
- 以股换股；
- 以资产换股票。

《国内税务法典》的两个部分规定了免税合并的条件。其中一条是第 351 条。该条规定："如果一个人或多个人将财产转让给一个公司，仅仅是为了交换该公司的股票，并且在交换之后，这些人立即控制该公司［根据第 368（c）条的定义］，则不应记入收益或损失。"[57]《国内税务法典》第 351 条规定，对于一方或多方向公司转让财产以换取受让方公司的股票或股票和证券，如果转让方在交易后立即拥有被转让方公司 80％的控制权，则不予承认。虽然是为以前未注册的企业的初始注册而设计的，但第 351 条为了允许不承认某些被收购的公司股东的收益，可以使用 351 号文件作为重组条款的替代条款。

所有其他的免税公司收购交易都是根据第 368 条提供的，这使得十几种不同的收购重组（包括混合重组）成为可能。

根据第 368 条,最常用的重组形式是 A、B、C 和 D 型重组(其他是 E、F 和 G 型重组,以及各种混合),参见表 5-6。

表 5-6   第 368 条:重组类型

> (A)法定的兼并或新设合并;
> (B)一个公司仅以其全部或部分有表决权的股票作为交换(或仅以控制收购公司的全部或部分有表决权的股票作为交换),收购另一个公司的股票,如果在紧接收购之后,收购公司对该另一个公司拥有控制权(无论该收购公司在紧接收购之前是否拥有控制权);
> (C)一个公司仅以其全部或部分有表决权的股票作为交换(或仅以控制收购公司的全部或部分有表决权的股票作为交换),收购另一个公司的实质上的全部财产,但在确定该交换是否仅为股票交换时,收购公司承担另一个公司的责任应不予考虑;
> (D)一个公司将其全部或部分资产转让给另一个公司,如果在转让之后,转让人或其一个或多个股东(包括在转让之前是股东的人),或其任何组合,控制着资产转让的公司;但只有在依据该计划,资产移转予的法团的股票或证券是在根据第 354、355 或 356 条合资格的交易中分配的情况下,才可获分配;
> (E)资本重组;
> (F)一个团体的身份、形式或组织地点的简单改变,无论其影响如何;或
> (G)在第 11 章或类似的情况下,公司将其全部或部分资产转让给另一个公司;但只有在依据该计划,资产移转予的法团的股票或证券是在根据第 354、355 或 356 条符合资格的交易中分配的情况下,方可如此。

* 该条例对此作了如下描述:
(A)一个或多个合并单位(每一个为转让方单位)的每一成员的所有资产(在交易中分配的资产除外)和负债(除非该等负债在交易中得到清偿或解除,或为在交易中分配的资产所受的无追索权负债)成为另一个合并单位(受让方单位)的一个或多个成员的资产和负债;
(B)各转让方单位的合并实体停止为所有目的而单独合法存在。
资料来源:26 CFR 1.368-2- Definition of terms. https://www.law.cornell.edu/cfr/text/26/1.368-2#B_1_II_A。

根据第 368 条,一项交易如何符合免税条件?

为了符合第 368 条规定的免税重组,所有收购重组必须满足三个非法定要求[58]:

■ 第一,重组必须有一个商业目的。也就是说,交易的动机必须是合法的商业目的,而不是避税。与这一要求相联系的是必须有重组计划。这一要求最常出现在分裂性重组的情况下(参见附录 5A 中的第一个示例)。

■ 第二,可能是最累赘的,是所有权(所有权)利益的连续性要求。其中一个检验法是阶梯交易原则,这将在本章后面介绍。

■ 第三,收购公司必须满足业务连续性要求。

什么是所有权利益的连续性?

所有权利益的连续性是在将《国内税务法典》的免税重组规则适用于特定交易时经常出现的一个法律原则。利益连续性原则背后的一般推理是,重组是两个公司企业的合并。因此,两个企业的股权所有者必须继续跟踪交易记录的所有者。这一规则旨在防止不是真正销售的交易获得免税待遇。股票通常维持股东在企业中的所有权利

益的连续性,而债务和现金则不然。

什么是业务连续性?

业务连续性是在将《国内税务法典》的免税重组规则适用于特定交易时经常出现的第二个法律原则。一般而言,该原则要求收购人要么(1)继续被收购公司的"历史业务",要么(2)将被收购公司的"历史业务资产"的"很大一部分"用于某项业务。术语重要部分具有相对的含义——被认为重要的资产部分是相对于它们在被收购公司业务经营中的重要性而言的。但是,所有其他事实和情况,例如,这些资产的净公平市场价值也在考虑之列。如果被收购公司有一个以上的业务线,收购方只需继续销售公司的一个业务线,尽管交易仍需遵守重要部分要求。或者,《国内税务法典》通常允许收购方将出售公司的资产用于任何业务——不仅仅是被收购公司的历史业务,例如,见附录 5A。

什么是 A 型重组?

A 型重组(以其在《国内税务法典》第 368 条中的字母位置命名)非常简单地说就是"法定兼并或新设合并"。[59] 这种类型的重组具有其他更复杂的名称——例如,重组不仅仅是为了有投票权的股票,不同于 B 型重组,而只适用于有投票权的股票。它也称为免税远期合并,相对于前面讨论的应纳税的远期合并和应纳税的反向合并形式(不存在免税的反向合并)。

要符合 A 型重组的资格,最重要的考虑因素是出售公司(在本章中称为目标公司或 T)的股东是否通过拥有收购公司(在本章中称为收购方或 A)的股票来保持所有权利益的连续性。为了满足美国国税局的预先裁决要求,双方一般应安排交易,以便收购方以股票形式支付至少 50% 的交易对价——股票可以是有表决权的股票,也可以是无表决权的股票,可以是普通股或优先股。其余的对价(最多 50%)可以是现金、债务或财产(通常称为补价税法条文)。

如果收购方是另一家公司的子公司,在 A 型重组中是否可以使用其母公司的股票作为交易对价?

可以。如果收购方是另一个公司(收购方的母公司或在税务术语中称为"控股公司")的受控子公司,目标股东可以从其股份中获得母公司股份,前提是:(1)交易中没有使用收购方(即子公司)的股份,以及(2)如果使用收购方的股份而不是母公司的股份,则交易本应符合 A 型重组的条件。如果母公司是公开交易的,而收购方——子公司却不是,则这种选择尤其具有吸引力。此外,如果母公司是其他子公司的控股公司,则母公司的股票可能为卖方提供更多的多元化。

A 型重组下目标股东必须持有其新增股份多长时间?

《国内税务法典》通常允许目标股东在交易后出售或以其他方式处置其股份。这方面的一个例外是,计划向收购公司或相关方出售股份,在这种情况下,美国国税局在应用利益连续性测试时可能会取消所有交易(即将交易的所有步骤视为单一的综合交易),并将该部分对价视为收购公司的现金而不是股票。计划股份对第三方没有限制。此过程也称为阶梯交易原则,并且是一种基于事实的测试,不受《国内税务法典》机械应用的影响。[60]

什么是爬行交易?

爬行交易(有时也称为爬行控制)通常定义为收购方对目标股票的两次或多次购买,作为同一总体计划的一部分(即阶梯交易原则适用)。如果没有爬行交易理论,与 A 型重组的关系可以很容易地规避《国内税务法典》重组规则的精神。例如,收购者可以安排一个两步交易,其中,(1)步骤 1 涉及应税购买目标股票禁止的一个百分比,例如 75%,和(2)如果使用两步交易作为整体计划,美国国税局一般会评估所有权利益的连续性和其他要求,就好像所有交易都是同时发生一样。但是,如果多项交易不属于同一总体计划的一部分,美国国税局则将把以前的购买视为"旧的和冷的"(税务术语),并仅对相关交易应用适当利益的连续性测试。与阶梯交易理论一样,美国国税局在评估潜在的交易时也会做出基于事实的决定。

什么是下移交易?它是否排除了 A 型重组规则下的交易资格?

下移交易中,收购人将最近收购的标的资产全部或部分转让给收购人控制的子公司。《国内税务法典》允许交易中的下拉交易,否则将被视为 A 型重组。[61]

在 A 型重组中,所有目标股东必须得到相同的对价组合吗?

不是。税务规则分析的是目标公司的股东是否作为一个整体——而不是单独——保持适当利益的连续性。因此,收购方可以向一些目标股东支付现金或债务,但向其他目标股东支付股票,只要总体上达到最低百分比。这一点为潜在的交易结构增加了一定程度的灵活性,并使收购方能够满足不同类别股东的目标。然而,应当指出,接受现金或其他形式的投资的股东将按其股份的比例征税。引导考虑的征税将在本章后面讨论。

在 A 型重组后,收购方是否可以出售目标公司的部分历史运营资产?

一般来说,是的。尽管在合并之后出售了目标资产的一部分,但一项交易仍将符合 A 型重组的条件,并且是包括合并在内的计划的一部分,其中出售所得收益继续由存续公司持有。

联邦税法是否允许收购方支付少于 50% 的股票并购交易对价,并且仍然符合 A 型重组的条件?

在一些较早的税务案例法中,法院允许收购人以股票支付少于 50% 的交易对价。例如,在 1935 年最高法院的一项判决中,法院允许对涉及优先股 38% 对价的交易给予免税待遇。[62] 美国国税局法规规定，如果至少 40% 的对价由股票组成，则满足所有权利益的连续性。如果交易被认定不符合 A 型重组的条件，则所有交易代价将向目标股东征税。这会给卖方造成一种税务效率低下的现象，而收购方则会失去目标的税务特征。

A 型重组中的非股票对价如何征税？

在 T 公司股东收到补价（即股票以外的对价，如现金或债务报酬）的范围内，此类股东必须确认实际一非股票对价的收益化。股东认可收益的程度取决于所收到的激励。

什么是 B 型重组？

B 型重组是一种股票对股票的交易。在这种交易中，一个公司只使用（"完全"）它自己的股票购买另一个公司的股票。在 B 型重组下，目标成为收购方的子公司，收购方必须在交易结束后立即控制目标。根据《国内税务法典》第 368(a)(1)(B) 条，术语控制被定义为拥有 80% 或更多的目标投票权和 80% 或更多的每类目标有投票权的股票。

收购方必须在一次交易中购买目标 80% 的投票权和股票吗？

不是。B 型重组规则并不要求同时购买目标公司 80% 或以上的投票权和股票，而只要求收购方在交易结束后立即控制目标公司。收购人如果只将有表决权的股票作为交易考虑因素，则可以分一次或多次购买目标股票。如果进行了一次以上的收购，只有将收购者推到控制阈值（80%）以上的交易才有资格根据 B 型重组规则享受递延纳税待遇。

在 B 型重组中，收购方可以使用哪种股票？

在 B 型重组中，收购人可以只使用有表决权的股票。一般来说，即使是最小数量的无表决权股票或其他考虑，也会完全取消 B 型重组的资格。与这些股份有关的投票权不能仅限于特殊的公司事件，如合并，而是无条件地延伸到对常规的公司事项的投票。

在 B 型重组中，目标或目标出售股东是否可以在任何情况下获得现金？

是的，在某些情况下。在 B 型重组中，《国内税务法典》允许目标或目标股东获得现金的主要情形有三种：(1) 询价人赎回部分股份；(2) 支付标的交易费用（但不支付标的股东的交易费用），如会计、法律及其他重组费用；以及 (3) 收购反对交易的持不同意见的少数股东。在第三种例外情况下，只有目标或其他目标股东可以购买异议股东的股票——而不是收购方——收购方也不能间接提供这些购买的资金。在 T 股东获得补价的范围内，这些股东必须在非股票计算中确认已实现收益。交易中涉及补价的按比例部分通常被视为应税股票收购，本章前面已经讨论过。

那么收益，保留或其他形式的或有考虑呢？B 型重组是否允许？

一般来说，《国内税务法典》允许 B 型重组中的或有代价，当然，假设或有代价仅以有表决权的股票支付。在盈利能力支付计划中,若目标公司于成交后符合若干财务指标,则出售股东有权获得额外代价。[63] 在预留账户制度中,出售股东有权获得额外代价,假设于交割时作出的某项陈述稍后被确认为准确。

分步交易原则是否适用于 B 型重组?

是的。如果收购人在重组后以现金赎回出售股东的股份,则该赎回可取消该出售股东的全部资格。如果收购方同意赎回目标股东的股份作为更广泛交易的一部分,则属于 B 类处理的交易。

B 型重组是否允许下移交易?

假设该交易在其他方面符合 B 型重组的条件,则允许收购方在重组后将目标的股票或资产转让给受控制的子公司。

如果收购方是另一家公司的子公司,在 B 型重组中是否可以使用其母公司的股票作为交易对价?

是的。类似于 A 型重组,收购方可以将控制公司(即收购方的母公司)的有表决权的股票交换为目标股票,假设(1)交易中没有使用收购方股票,并且(2)如果使用收购方股票而不是母公司股票,则该交易将符合 B 型重组的条件。

什么是 C 型重组?

C 型重组是一种交易,其中一家公司使用自己的有投票权的股票购买另一家公司几乎所有的资产,目标公司随后进行清算。美国国税局定义基本上作为(1)目标公司净资产的 90%(即资产减去负债——所购资产的账面价值),或(2)目标公司总资产的 70%(按公平市场价值计量)。在某些情况下,法院批准了资产百分比低于这些阈值的 C 型重组,特别是在目标保留现金等流动资产以偿付债权人的情况下。但是,如果目标公司将持不同意见的股东持有的股票赎回为资产,美国国税局可以将这些资产计入"基本上全部"测试(假设赎回是整体重组的一部分)。目标在收购前的特殊分配可能会阻止目标通过基本上所有的要求。

还有一个定性的定义基本上因为法院考虑所保留资产的性质和保留这些资产的理由。目标在收购前的超常分配可能会损害对基本上所有要求的满足。

C 型重组有时也被称为实际合并,因为尽管交易对价流入目标公司(而不是直接流入目标公司的股东),《国内税务法典》一般要求目标公司在重组后进行清算,并将收购方股票和目标公司剩余的资产和负债分配给目标公司的股东。

在 C 型重组中,目标是否可以在任何情况下获得收购方有表决权股票以外的任何对价?

虽然收购方通常必须使用有投票权的股票来补偿目标,但也有一些例外(有时称为补价放宽规则),收购人可以使用除有表决权的股票以外的对价。第一,收购人可以在不违反"仅为有表决权的股票"要求的情况下承担目标的责任。第二,收购方可以将母公司的股票作为交易对价。第三,也是最后一点,如果交易涉及的资产至少为目标公司总资产公平市场价值的80%,则收购方可以使用现金或其他无投票权的股票对价。在第三种例外情况下,收购公司所承担的任何负债的美元价值,以及收购公司所收购的任何资产所承担的任何负债的实际价值,应视为支付给目标公司的现金。

在C型重组中会出现缓慢收购吗?

会。虽然从法律的角度来说,这个地区还没有得到很好的解决。虽然C型重组顾名思义是一种股票换资产的交易,但渐进式收购可能发生在两种情况下:第一,当收购者以无投票权的股票为代价购买目标资产的20%以上,然后再收购剩余的部分或全部资产仅用于有表决权的股票。在这种情况下,最好的建议是遵循分步交易原则——如果第一次和第二次交易都是整个同一计划的一部分,美国国税局很可能会取消第二次交易,接受C型重组处理的资格。第二,在某些历史交易中可能会出现缓慢收购,即收购方已经拥有目标公司20%以上的股票,收购目标公司的全部资产仅用于有投票权的股票,目标公司随后将收购方的股票清算并分配给目标公司的股东。

C型重组是否允许资产下移?

假设该交易属于C型重组,则允许收购方在重组后将目标资产转让到被控制的子公司。

如果收购方是另一家公司的子公司,在C型重组中是否可以使用其母公司的股票作为交易对价?

是的。类似于A类和B型重组,收购方可以将控制公司(即母公司)的有表决权的股票交换为目标股票,假设(1)交易中没有使用收购方的股票,以及(2)如果使用了收购方的股票而不是母公司的股票,则交易本来就符合C型重组的条件。

什么是前向三角合并?什么时候收购方可以考虑使用这种结构?

正向或直接三角兼并(也称为正向或直接子公司兼并)是免税重组的一种形式。该结构通常涉及收购方(A)创建一个新的、全资的收购子公司(S),A根据《国内税务法典》第351条的规定向该子公司提供免税的股票,然后目标(T)根据州法律被合并到S(并解散),前T股东在交换他们的T股。S是重组后的存续法团,并仍然是A的全资附属公司。

如果收购方希望将目标公司的负债划分在一个单独的子表中,则可以采用前向三角合并的结构,因为即使采用下拉结构也可能使收购方承担超出目标公司账面价值的法律责任。此外,A的股东无须就交易投票,因为A从技术上讲不是交易的一方,A是S的唯一股东。这种结构可以简化股东审批程序,减少可考虑的时间和费用——特别是如果A是一家被广泛持有的公司。

具备前向三角合并资格的条件是什么？

前向三角合并的功能类似于 A 型重组和 C 型重组的混合（获得 90％的净资产或 70％的总资产），因此类似的要求也就不足为奇了。为了获得免税待遇资格，交易必须满足以下要求：

- S 必须基本上收购 T 的所有资产，其中，基本上在 C 型重组的背景下定义。
- 如果不是 T 合并到 S 而不是它的控股公司 A，重组将符合 A 型重组的条件。
- S 不得使用自己的股票，只能使用 A 的股票作为交易对价。与 A 型重组要求一致，S 通常可以使用其自己的债务证券、现金或其他财产来获得高达 50％的对价。在 T 股东收到补价（即股票以外的对价，包括现金或债务）的范围内，该股东必须确认非股票对价的已实现收益。交易中涉及补价的按比例部分通常被视为应税资产并购，本章前面已经讨论过。

什么是免税分拆？

分拆是将一个公司全部或部分免税分为两个或两个以上的公司。分立通常涉及将原有的公司部门转变为全资子公司，并将子公司的股票按比例分配给原公司的所有股东。相比之下，普通的资产剥离或出售是将一个业务单位的股票或资产出售给另一个公司或投资集团（通常是应纳税的）。假设交易符合《国内税务法典》第 355 条的规定，分拆对发行人及其股东都是免税的。

实体选择

哪些类型的实体可以经营被收购公司的业务？

选择适当的法律形式来经营被要求公司的业务取决于组成各方的独特情况，对于税务、债务、融资和其他目的都很重要。虽然详尽的讨论不在本章的范围之内，但企业一般可以采取几乎任何企业实体的法律形式，例如（1）C 公司，（2）S 公司，（3）普通或有限合伙企业，或（4）有限责任公司。有限责任公司是一种较新的混合实体，1988 年由美国国税局授权。它提供了公司的法律隔离和合伙企业的优先税务待遇。今天，所有 50 个州和哥伦比亚特区都允许成立有限责任公司。

四类经营主体的首要区别是什么？

正规公司是一个独立的纳税实体。因此，公司对其收益纳税，股东对其股息纳税。相比之下，合伙企业、公司和有限责任公司一般不是单独的纳税实体。

因为公司、合伙企业和有限责任公司一般都是免税的（而是将有关这些收入的纳税义务直接转嫁给它们的所有者），所以这些实体通常被称为转嫁实体。转嫁实体的收入直接在合伙人或股东一级征税,不论是否分配或以其他方式提供给这些人。此外,转嫁实体一般可以免税将其收益分配给股权所有者。如上文所述,《减税与就业法案》包括对业务收入的扣减,扣减率最高可达20%。

有什么样的直通实体呢?

直通实体一般有三种类型:(1)一般和有限合伙企业;(2)有限责任公司;(3)S公司。S公司的收入,除某些例外情况外,只在股东一级征税。合伙企业的收益也要缴纳单一税。然而,请注意,如果C公司是合伙人,其收益份额最终将被双重征税。(在一些罕见的情况下,C公司可以获得转手处理[64],但一般来说,它们并不是。)

什么是C公司?

《国内税务法典》定义了一个C公司作为任何不是公司的公司。然而,术语C公司在本章中使用的,不包括根据《国内税务法典》给予特殊税务地位的公司,如人寿保险公司、受监管的投资公司(共同基金)或符合不动产投资信托资格的公司。

什么是S公司?

S公司是一个符合某些要求并选择根据《国内税务法典》子章S课税的普通公司。S公司原名小型企业公司,旨在允许小型、紧密持有的企业以公司形式经营,同时继续对其征税,如同以合伙或个人的集合形式经营一样。事实上,S分章的资格要求以简单标准为核心,对工商企业的实际规模没有任何限制。

要取得S公司的资格,公司必须符合下列要求:
- 是一家内资公司;
- 只有允许的股东;
——可以是个人,某些信托和财产;
——不得为合伙企业、公司或非居民外国股东;
- 股东不超过100人;
- 只有一类股票;
- 不是不合格的公司(即某些金融机构、保险公司和国内国际销售公司)。[65]

应当指出,并非所有国家都承认S公司。对于那些没有这样做的公司,就像C公司一样缴纳州所得税。对于那些承认S公司的州,公司营业所在州的居民和非居民股东都必须向该州申报并纳税。在这种情况下,股东的居住国通常(但并不总是)提供抵免本国的税务。

什么是税务合伙企业?

除极少数情况外,税务合伙企业根据适用的州法律,必须是真正的普通或有限合伙企业。一般而言,有限责任公司在税务上被视为合伙企业,除非选择在税务上被视为公司。

选择经营实体的适当法律形式的关键因素是什么？

当事方需要牢记许多考虑因素，其中有四个关键因素往往决定了经营实体对法律形式的选择：

■ 责任限制。通常，在选择企业实体时最重要的考虑因素是投资者责任的限制。如果业主选择有限责任实体，其资本损失风险的上限为实际投入该实体的资本数额（有限的例外情况，如下文简要讨论）。如果所有人选择不同的实体，则他们的赔偿责任可能是无限的。

向所有者提供有限责任的商业实体包括公司（C公司和S公司）、有限责任公司、有限责任合伙企业以及某种程度上的有限合伙企业。相比之下，普通合伙企业不提供有限责任。然而，根据一般公司法的原则，有限责任实体的所有人在极少数情况下可对其企业的行为和/或义务承担个人责任。这些情况称为刺破公司面纱。

■ 融资替代方案。经营实体所有者的融资计划可能排除某些实体的考虑。特别是，S公司的选举通常为股东提供了关于融资选择的最小的灵活性。例如，如果潜在股东之一是公司，S公司就不是一个适当的选择，因为法律限制一般只限于个人股东。同样，如果当事各方计划在可预见的将来将经营实体上市，S公司也不是一个有效的选择——S公司不具备公开交易地位的资格，因为除其他原因外，S公司股东的人数仅限于100。

最后，S公司不能有一个以上的股票。因此，实体的选择不适应优先股结构。

由于这些原因和其他原因，合伙企业和有限责任公司通常是经营被收购公司的首选实体。例如，有限责任公司允许多种类别的股票，这有利于机构持股。此外，合伙企业和有限责任公司在合作伙伴之间安排创造性利润分配方面提供了极大的灵活性（见下文）。它们还允许公司作为合伙人或成员（在有限责任公司的情况下），并且在转换为C公司时一般不受税务处罚。

■ 税务。经营实体的所有者必须考虑组建、经营和退出经营实体的税务影响。正如前面所讨论的，组建一个新的商业实体通常（虽然不总是）被认为是一个不征税的事件。实体的选择和经营实体的精确结构可以影响合伙人从实体退出是不纳税、递延纳税，还是按普通收入率或资本收益率纳税。详述区分不同实体的所有差异超出了本章的范围。以下是一些值得注意的例子：

合作关系：出于税务目的被归类为合伙企业的企业实体通常被认为是转手实体，只需缴纳一级联邦税。（但应注意，一些州和地方税务制度可能仍适用于合伙企业。）收入和/或损失应向合伙人征税，因为企业实体赚取收入，无论经营实体是否进行任何分配，且此类收入或损失保留其性质（折旧、慈善捐助、资本利得等）。来自经营实体的未分配收入一般会增加每个合伙人在经营实体中权益的基础。如果合伙人随后出售所有权头寸,这将最大限度地减少对合伙人利益双重征税的可能性。当进行分配时,只要合伙人对合伙权益有充分的调整基础,则付款不应纳税。(在合作伙伴降低调整后的基准后,分配通常被认为是资本和资本利得的不征税回报。)税法通常要求合伙企业采用日历纳税年度,而不是非日历的财政纳税年度。

■ C公司。相反,业务实体结构为C公司通常将与经营实体有关的税务后果隔离到实体一级,而不是传递到所有者一级。但是,如前所述,C公司须缴纳两级税:一级是在经营实体一级,因为该实体产生收入;另一级是在股东一级,因为该实体支付股息。最后,与合伙企业不同的是,C公司通常在采用不在12月31日结束的财政纳税年度方面有很大的灵活性。

■ 财政拨款和治理规定。一些实体,如合伙企业和有限责任公司,在分配、分布和管理规定方面提供了比公司结构(C公司和S公司)更大的灵活性。

因此,除非差别税率会决定C公司的选择,在大多数情况下,合伙形式(一般或有限)或有限责任公司结构是较好的法律形式,因为这些结构具有相对的灵活性。

什么时候应该考虑S公司?

通常,如果被收购的公司是或将是由100名或更少的美国个人股东拥有的独立的国内运营公司,则应考虑为S公司。在S公司经营的业务规模没有限制。由于企业实体至少有1名个人股东,经营实体的公司当事方有多种选择,以保持在100人的限制之下。例如,经营实体可以发行非个人认股权证、其他期权或可转换债务。这些必须谨慎地构建,以避免出现事实上的法人实体持有人。

然而,仅仅因为一个大公司可以使用S公司并不意味着它应该使用S公司。S公司有意要求强化简单结构;对于规模较大、复杂的行动而言,它们本身并不是方便用户的工具。随着有限责任公司和其他具有有限责任和合伙税务待遇的商业实体的出现,寻求S公司的替代办法往往是不值得的。

什么时候应该考虑合伙关系?

合伙制是S公司的另一种选择,有几个显著的优点。首先,它总是可以不受被收购公司所有权的结构或组成的限制;因此,当S公司因技术无法使用时,可以使用。其次,这种伙伴关系的独特之处在于使合伙人能够获得免税的贷款收益分配。最后,如果被收购的企业预计会产生税务损失,则合伙企业比S公司更适合将这些损失转嫁给所有者(除非他们不希望承认这种损失)。最后两个优点是由于合伙人与S公司股东不同,通常可以将合伙企业的负债列入合伙企业的基础。

除了实体选择,还要考虑什么重大的结构性问题?

从税务的观点来看,最重要的问题可能是买方应寻求获得被收购公司资产的成本基础还是结转基础。由于无论资产或股票是否实际获得,都有可能获得这些结果中的任何一个,因此税务目标和实际结构的确定最初可能是在单独的基础上进行的。

实现成本与结转基础的机制是什么?

这可能是回顾早先观点的好时机。成本基础交易通常被称为出于税务目的的资产收购(或简称资产收购),结转基差交易通常称为出于税务目的的股票收购(或简称股票收购)。而且,如前所述,这两个术语都不一定反映交易的实际法律结构。

在应税收购中,结转基础只能通过股票收购实现。然而,为了联邦税务的目的,股票可以通过两种方式获得:第一,通过直接购买卖方的股票,第二,通过反向现金合并。

如前所述,可以通过从卖方购买资产或股票来实现成本基础。与股票购买一样,税法允许资产并购以两种方式进行:第一,通过直接购买卖方的资产,第二,通过远期现金合并。在股票收购的背景下,可以根据《国内税务法典》第338条做出选择来实现成本基础。

是否有可能在被收购公司的某些资产中获得成本基础,而在其他资产中获得结转基础?

如果仔细安排,就有可能在一些资产中采用成本基础,在另一些资产中采用结转基础。

关联方之间的股票买卖是否存在任何复杂情况?

《国内税务法典》第304条涉及一种避税技术,涉及将一个相关公司的股票出售给另一个相关公司。在禁止的结构下,普通股股东可以从其法团提取现金或财产,同时保留不受减损的所有权。典型的案例涉及个人A,他拥有公司X和Y的全部股票,他将X的部分或全部股票卖给Y换取现金。在这种情况下,第304条对交易进行了重新定性,将其视为Y的股息,并将X股票作为非纳税的贡献给予Y,而不是仅仅作为资本利得出售X股票。

然而,第304条的范围远远超出了这个例子。它包括出售股东直接或间接控制收购公司和被收购公司的股票的任何情况。控制这里定义为50%的投票权或公司股票价值的50%(包括纯优先股),包括在交易本身中获得的买方控制权。

如何为纳税目的分配购买价格?

虽然企业的买卖通常是一次总付的,但为了纳税,每笔交易都被细分为有形资产和无形资产的买卖。税法没有具体要求买方和卖方以相同的方式分配一次总付的购买价格。由于每一方都倾向于采取对其最有利的立场,而且由于美国国税局在这一领域保持一致的原则具有利益,美国国税局多年来经常就重新分配问题提起诉讼。同时,法院以及在较小程度上税务局倾向于服从买卖双方在公平交易中以书面形式商定的购买价格的分配。

购买价格的分配有什么规则吗?

有。如果卖方转让构成企业的资产,并将其基础确定为为该资产支付的对价(例如,购买价格),则该转让被视为第1060条(c)款适用资产收购。[66] 在这种交易中,买方和卖方都必须使用残差法在确定买方的基础或卖方的得失时分配收到的买价。这种方法也用于股票购买,它要求通过现金和类似现金的项目降低所收购资产的价格;余额必须分配给有形资产,其次是无形资产,最后是商誉和持续经营价值。美国国税局条例声明,买卖双方均受收购协议中规定的分配款的约束。

收购后无形资产的摊销情况如何?

《国内税务法典》第197条规定了无形资产摊销的统一标准为15年,摊销率为100%。根据第197条确认的无形资产[67]包括以下内容:

- 商誉;
- 持续经营价值;
- 员工队伍到位;
- 业务账簿和记录,操作系统或任何其他信息库,包括与当前或潜在客户有关的列表或其他信息;
- 专利、版权、配方、工艺、设计、图案、专有技术、版式或类似项目;
- 以顾客为基础的无形资产;
- 以供应商为基础的无形资产;
- 与第(3)至第(7)项类似的任何项目;
- 政府单位或机构授予的执照、许可证或其他权利(包括颁发和续期);
- 为获得某一行业或业务的利益而订立的不竞争契约;
- 任何专营权、商标或商号;
- 使用本清单中任何项目的合同,或本清单中任何项目的术语权益。

税务局指出,第1项到第8项必须由纳税人获得,而不是创造。[68]

第197条规定的例外情况如下[69]:

- 金融利息。在法团、合伙企业、信托或产业中的任何权益,或根据现有期货合同的任何权益、外国的货币契约、名义主契约或其他类似的金融契约。
- 土地。全部土地利益。
- 计算机软件,在本节中定义为"任何设计用来使计算机执行所需功能的程序"。(该术语不包括任何专有数据库,它实际上可能被认为是第197条无形条款。)
- 单独获得的某些利益或权利。法律列出了这些特殊利益,特别是专利或版权利益。
- 租赁及债务票据项下的利息。有形财产的现有租约,或除某些例外情况的任何债务。

■ 抵押贷款服务。以住宅不动产作担保的任何偿还债务的权利,除非该权利是在涉及购买构成一项贸易或业务或其中相当一部分的资产(本段所述权利除外)的交易(或一系列相关交易)中获得的。

■ 股票并购交易中的某些交易费用。任何专业服务的费用以及任何交易成本由交易各方产生,而根据税法的相关部分,任何部分的收益或损失未被确认。[70]

这些例外情况要么用较长的期限(例如,土地),要么用较短的期限(例如,计算机软件)来处理。一般而言,第197条有利于那些拥有长期无形资产的公司的收购人,而这些无形资产通常必须在较长的期间内摊销。一般来说,企业都喜欢尽快注销无形资产,因为这样可以节省税务,从而为企业带来现金,并使企业摆脱对利润的拖累。然而,竞业禁止在15年内摊销,而不论期限如何。

收购债务融资结构的税务后果

从技术上讲,什么是债务融资?

债务是偿还贷款的义务。最纯粹的一种债务叫做直债,它:(1)有无条件还本付息的义务,(2)有一个固定的到期日,(3)不可兑换,(4)未附认股权证、期权或股票。直接债务工具通常不包括与利润或其他因素相关的利息,但它可能提供可变利率。它将不会有一个受或有事项影响的委托人。简而言之,直债是一种没有显著权益特征的工具。

直接债务工具通常被归类为税务债务。直接债务工具的应计利息部分可由借款人扣除,并应向贷款人征税。直接债务融资的一个关键税务问题是应计利息的计算。

《国内税务法典》和相关条例载有一套极其复杂的全面的关于应计利息的规则。这些规则一般要求,不论是否支付利息,都必须累积利息,因此,可以在支付利息之前或之后对利息征税或扣除。

更普遍地说,根据《国内税务法典》第385条制定了关于什么是债务、什么是权益的复杂规则,因为这可能涉及税务问题。2016年,美国国税局发布了最终文件规定,但作为放松监管运动的一部分,这些规定在2018年被削减。[71]

在安排收购债务融资过程中产生的主要税务问题是什么?

需要考虑的一些问题是:

■ 税务局是否可以将债务重新定性为股权;

■ 有多少利息付款将可扣除(包括收购方是否有将其利息扣除额最大化的风险,

或无法充分利用债务融资的好处）；

- 如果目标公司是关联集团的一部分，则提交合并交易后申报表。[72]

出于税收目的，债务与股权如何区分？

可以作出一些有用的概括。美国国税局几乎所有的诉讼和活动都是将所谓的债务重新定性为股权，而不是反过来。因此，可以很有把握地说，在处理所谓的权益工具时，重新定性不是一个问题。

在审查所谓的债务票据时，法院寻找当事人意图建立真正的债务人——债权人关系的证据。特别是，他们非常重视票据是否代表无条件地承诺在确定的时间支付一定的金额。考虑的其他重要因素包括贷款是否由借款人的股东提供、借款人的债务与股本比率、贷款是否从属于第三方债权人以及是否具有市场利率。

虽然对美国国税局可能采取这一立场的情况的彻底讨论不在本书的范围之内，但一个关键的考虑因素是杠杆公司是否有足够的股本支撑债务，以充分支持债务（即资本稀薄）。虽然没有明确的标准，但高于1.5：1的债务权益比可能会引起关注，这是在《减税与就业法案》之前取消利息扣除资格的门槛条件之一。[73] 如果债务被重新归类为股本，利息和本金的偿还则可以作为股息纳税。

公司可以通过以下方式将美国国税局审查和重新分类的可能性降至最低：(1) 充分记录债务工具，(2) 确定合理的债务条款，如市场利率和确定的到期率，(3) 遵守债务偿还时间表，(4) 不确定取决于收益的付款，以及 (5) 如前所述，保持谨慎的债务权益比率。其他值得考虑的警示红旗是，股东是否持有类似比例的债务和股权头寸，或者资金是否用于初创企业。

向第三方投资者发行的债务怎么办？

以现金形式向第三方投资者发行的债务不太可能被重新定性为股本，即使该债务可能从属于优先债务，可转换为普通股，或属于债务与股本比率较高的资本结构的一部分。这至少是正确的，如果票据包含债务的共同征象——某一到期日既不太遥远也不可能发生，合理的利率以及违约时的债权人权利。然而，请注意，即使满足了这些标准，如果该工具的转换特征使得该工具从一开始就转换为股票在经济上不可避免，美国国税局也有可能主张进行股权定性。

如果将具有股权特征的债务重新定性为股权，税务后果是什么？

将所谓的债务重新定性为股权的税务后果可能相当严重。

首先，与重新定性债务有关的利息付款将不作为利息处理，而是作为分配给股东的款项处理，因此不得扣除。偿还债务本金对债务持有人是免税的，但如果作为赎回股票处理，则可作为股息课税。

其次，重新定性可能会破坏发行人的直通地位。当债务被重新定性为权益时，它通常被认为是一种优先股。因为 S 公司可能没有两类股票,将债务重新定性为股权可以产生第二类股票,从而使 S 选择无效,并导致公司层面的税务。如果发行人是合并集团的成员,重新定性的债务将极有可能被视为不是纯优先股的优先股。因此,如果合并集团成员在考虑到新变更的股票后所拥有的公司股票少于 80%,则该公司可以脱离合并集团。

最后,将债务重新定性为股权可能会彻底改变交易的结构。例如,根据《国内税务法典》第 338 条将股票并购交易视为资产并购交易的选择可能会因此而无效。对于有效的第 338 条选择,买方和被收购公司在选择时必须是关联的。如果将所谓的债务重新定性为股权,使两家公司失去关联,则选举无效。在有购货款票据的情况下,将债务转换为股票对价可以将应税收购转换为免税重组。

利息扣除有哪些新规?

根据现行法律(《减税与就业法案》),允许扣除的金额不得超过应纳税年度的商业利息收入加该年度调整后应纳税所得额的 30% 之和。[74] 调整后的应纳税所得额在 2022 年之前是指利息、税项、折旧和摊销前的利润(EBITDA),而从 2022 年开始则是指利息和税项前的收入(EBIT)。未获批准的业务利息可在下一年度结转。

如果被收购公司的业务是由一个联营公司集团持有,并提交联邦所得税综合申报表,则该怎么办?那么收购后的债务是如何处理的呢?

在这种情况下,收购债务通常由母公司发行。因此,就联邦所得税而言,本集团被视为单一纳税人,其中母公司的利息扣除额抵销了附属公司的营业收入。从子公司开展业务的各个国家的角度来看,不存在与子公司兼并的情况,因此,母公司的利息支付,即使由子公司的现金流提供资金,也不会减少子公司的州所得税负债。

在这种情况下,交易策划者应考虑在可行的情况下将母公司的利息扣减转给子公司,方法是让子公司直接承担母公司的部分债务,或通过各子公司欠母公司的善意公司间接承担母公司的部分债务。父母必须非常小心避免不利的税务待遇。

根据联邦法律——或根据州法律(在其自己的居住州)——这是这种重组的结果。

从税务的角度来看,什么时候优先股可能比次级债更有利?

当发行人不需要额外的利息扣减时(例如,当它期望产生或以其他方式拥有净经营损失时),它可能没有理由使用债务,优先股可能是一种合理的选择。

使用优先股而不是债务最常见的税务理由是使收购具有免税重组的资格。如前所述,股东在收到无表决权、可赎回的优先股时,可获得免税待遇,且此类股票符合利益连续性要求。

更一般地说,优先股可用于向被收购公司的股东提供免税待遇,同时仍有效地将他们的权益转换为被动投资者或贷款人的权益。虽然优先股股息不能抵扣给发行人,但公司持有者可以从其应税收入中扣除所收到股息的一部分,称为股息收到扣除(DRD),这是明智的交易师不愿忽视的税务优惠。[75]

员工持股计划可以用来在杠杆收购中提供有利的融资吗?

员工持股计划(ESOP)是一种主要投资于雇主股票的合格员工福利计划。为了鼓励员工持股计划的使用,国会为向员工持股计划出售股票的股东和为所谓杠杆式员工持股计划提供融资的贷款人提供了各种特殊的税务优惠。根据《国内税务法典》第1042条,向员工持股计划出售股票的股东有资格不承认收益。[76]

管理层收购税基

什么是管理层收购?

管理层收购(MBO)是指公司或子公司或部门被新公司收购的交易,在新公司中,被收购业务的管理层持有重大(如果不是控制的话)股权。买方通常为私人持股,且不是运营公司或其附属公司。它的资金通常由借入的资金组成,因此大多数管理层收购(MBO)也是杠杆收购(LBO)。

通常什么构建管理层收购?

简单地说,管理层与任何财务伙伴一起组成一个新公司来收购目标业务。收购公司可以购买目标公司的全部资产或股票,也可以与目标公司合并。通常,管理层组成一家控股公司,并与出售公司进行正向或反向合并。如果管理层拥有股份,则可以要求收购公司回购其现有股份,也可以将其在目标业务中的股权贡献给收购公司。这些方法具有不同的税务后果。

管理层收购应该如何构建?

管理层收购的结构通常是要约收购或合并。在第一种情况下,管理者使用现金或股票购买公司股票。在第二种情况下,他们做同样的事情,然后将被购买的实体合并到另一家公司。每种结构——要约收购与合并——都有其缺点。

通过要约收购来购买股票是购买任何上市公司大部分股票的最快方法。要约收购可以用现金或股票进行,时间安排也差不多。根据现行规则,交易所的报价可以在提交文件后开始,这使投标人能够向证券持有人征求股票投标。这种所谓的快速通道审查,允许换汇报价与现金报价竞争。

但是,要约收购存在一定的弊端。要约收购会迫使买家在获得目标公司的现金流之前花钱,而且没有任何保证能够利用这些现金流。美国联邦储备委员会(条例U)的保证金规则限制购买者以公开交易的证券为抵押的借款超过购买价格的一半。[77] 由于保证金规则使融资复杂化，因此上市公司的收购通常以合并或无担保融资的方式进行。

管理层收购的合并形式通常需要股东的批准，在非现金交易中，需要得到双方股东的批准；在现金交易中，必须得到未存续公司股东的批准。涉及上市公司的合并交易需要向美国证券交易委员会提交代理材料，并提交一份符合发行证券的联邦和州税法的注册声明。如果目标股份的所有权集中在少数人手中，则可以进行股票购买，但通常必须与合并同时完成，以获得所需的资金。

在管理层收购中通常会出现哪些特殊的税务问题？

在大多数情况下，管理层收购与其他杠杆收购一样会产生同样的税务问题。此外，还有几类问题具体涉及管理层参股的收购。这些问题主要涉及管理层投资的支付或融资方式，一般涉及管理层是否收到大笔报酬收入的问题。如果管理层成员已经拥有出售公司的股票或股权，则在安排交易时必须特别小心，以允许这些现有股权的免税转换。

对管理层参与收购的讨论必然会引发对高管薪酬的更广泛讨论。这里的重点主要是管理层在收购中的直接股权参与。在某种程度上，管理层确实获得了公司的直接所有权利益，管理者的眼光可能会变得更加长远。基于股权的薪酬是一种较长期的激励措施（超过 1 年的绩效考核期），而奖金计划是短期的，通常考虑一年的绩效，是后向的（过去一年）。

管理层收购可能需要更多的现金投资，而不是大多数管理层参与者的个人资源。除非管理层以公平市价支付现金，购买股票，否则员工在获得股票时可能会有应纳税收入。雇员和公司将对应纳税收入何时被视为已收到有一定的控制权。他们的兴趣可能不同。进行这种投资的其他方式的税务后果受《国内税务法典》第 83 条的基本规则的管辖。[78]

对于在管理层收购中接收或购买股票的雇员征税的基本规则是什么？

作为一般规则，根据《国内税务法典》第 83 条，雇员从雇主处收到的任何财产的价值超过雇员为该财产支付的数额时，可获得应纳税补偿。如果雇员有应纳税收入，雇主有权得到扣减，并被要求在支付正常工资的相同基础上预扣税款。无论员工接收的是股票还是其他种类的财产，这些规则都适用。如果雇员没有为股票支付全部价值，则在收到股票时被征税，该雇员将在股票中获得等于实际支付金额的基础，加上确认的应纳税所得额。如果员工已经为股票支付了全额价值，那么该员工在股票中将有一个与成本相等的基础，没有补偿收入。在任何一种情况下，当雇员后来出售股票时，雇员将有资本收益或损失，以出售收益与股票中的基差之间的差额来衡量。

一般规则有一个重要的例外。如果股票不是实质上归属于雇员，则在股票实质上归属之前，雇员无须缴税，雇主亦无须扣减。[79] 如果股票不存在"重大没收风险"，可由员工转让，或者没有附加于股票的归属条款（例如，没有基于时间或基于业绩的归属条款），则股票即为实质归属。

当没收的风险或对可转让性的限制失效，使财产实质上已归属时，雇员将被要求就超过财产归属时股票价值的部分缴税，除非雇员在授予时选择。[80]

即使该雇员原本就该股票支付了全部价值，此规则亦会适用，而除非该雇员根据第83条（b）款另作选择，否则不能避免。[81]

下面是它的工作原理。假设管理层员工将在管理层收购中获得100股公司股票。员工以100美元的价格购买股票，这是股票的全部公平市场价值。如果股票被完全授予并可转让，则雇员不确认应纳税收入。如果两年后，股票价值150美元，对员工不会有任何影响；只有当股票实际以150美元的价格卖出时，员工才会有50美元的长期资本收益。公司将没有扣款。但是，如果员工购买股票时有没收股票的潜在风险，而且这种风险在两年内不会失效，那么结果就不同了：一开始公司还是没有收入，两年后，当股票价值150美元时，没收的风险就消失了。然后，雇员必须确认50美元的应纳税收入（即150美元当时股票的公平市价和两年前为股票支付的100美元），即使该雇员还没有出售股票，也没有现金收益来缴纳税款。届时，该公司有权获得50美元的扣除。

是否有可能迫使员工没收股票的情况？

是的。许多典型的"金手铐"技术造成了很大的没收风险，因此可能破坏税务计划。如果员工在发生特定事件或未能满足某些条件时被要求归还股票，则股票收据可能会被没收。产生重大没收风险的一项规定的典型例子是，如果雇员在收到股票后的一段时间内终止与公司的雇佣关系，则要求雇员将股票归还公司。除非达到一定的收益目标，否则员工必须归还股票，这也会造成相当大的没收风险。

然而，如果公司被要求在终止雇用时向雇员支付股票的全部价值，则不会有没收股票的重大风险，除非终止雇用是"有理由的"。（大多数员工股票计划通常都有此规定。）此外，如果会导致没收的事件特别在业主的控制范围内，例如，因正当理由而被解雇或在公司的竞争对手处工作，则不会有没收的重大风险。如果股票的销售可能使雇员受到指控违反1934年《证券交易法》第16条（b）款的诉讼，则适用一项特殊规则，这就是所谓的短线。该规则规定，6个月内的销售利润是非法的。在这种情况下，雇员对财产的权利很有可能被没收。因此，当6个月期限结束时，雇员的权益被归属，而业主则须就股票价值高于所支付的股票价值的任何增加缴税。

如果员工在没收风险消失之前出售股票，则该雇员的应纳税所得额等于销售所得额超过支付股票所得额的部分，雇主可以扣减这一数额。

管理层投资者收到的股票是否会一直被视为雇员收到的股票?

从技术上来说,第 83 条只适用于雇员在履行服务时收取的股票或其他财产。这包括过去、现在和将来的服务。在某些情况下,可以提出一个相当有力的理由,即雇员不是因为服务的履行而获得股票,而是在与投资者团体的其他成员相同的基础上和相同的背景下获得股票。尽管有这种常识性的分析,大多数税务顾问还是建议在这一领域进行规划时,假设美国国税局将应用第 83 条来确定作为公司雇员的投资者团体成员的税务后果。

员工目前是否可以选择确认任何应纳税所得额?

如果雇员收到实质上未归属的股票,则业主可根据第 83 条(b)款选择在收到股票时将任何收益计入收入。这种选择基本上允许员工根据预期的低估值预缴纳税,并假设股权价值在随后几年增加。员工将以股票价值超过支付金额的部分(如果有的话)确认薪酬收入。雇主在那时得到一笔扣减,数额等于确认的任何补偿收入。雇员必须在收到股票后不迟于 30 天内通过向雇员提交纳税申报单的美国国税局服务中心提交表格进行选择,还必须在其纳税申报表中提交一份选择的副本。税务局在适用 30 天申报期限方面相当严格,在这一点上不应指望有任何灵活性。此外,此种选举一经作出,不得撤销。这实质上意味着,如果股票贬值,员工则将多付与股票授予相关的税款。

注意:即使在以下情况下仍可作出第 83 条(b)款的选择。作出选择的后果将是不确认收入,因为在股票发行时,其价值和支付金额之间没有利差。因此,这样的选择对于在股票后续升值前景显著的时候支付全额价值的员工是有用的。前面描述的员工,使用 100 美元的可没收股票,本可以提出第 83 条(b)款的选择,确认收益为 0,并在没收风险消失时避免 50 美元的收益。

如果管理层在收购结束时或之前以与其他投资者相同的价格购买作为杠杆收购标的的收购实体或出售公司的股票,通常可以轻松地认为,在交易开始时为股票支付的金额等于其公平市场价值。在这种情况下,根据第八十三条规定,管理参与者将不会获得补偿收入,前提是股票已被实质性授予或管理参与者提交了第 83 条(b)款的选举。

如果雇员的股票购买是用票据融资的,那么第 83 条的收入是不是被回避了?

管理层很少有足够的现金来购买它想要的大量股权。管理层的股票收购通常由公司、投资者合伙人或第三方提供资金。员工的本票将被视为对股票的善意付款,金额与本票票面金额相等,前提是它符合两个重要要求:第一,票据应提供足够的明示利率,至少等于适用的联邦利率。第二,票据应具有对雇员的追索权。

当管理层向第三方投资者而不是公司本身借款时会发生什么？

当公司的股票或购买公司股票的无追索权贷款从公司的股东一方提供给雇员时，第83条规则明确规定,雇员将获得相同的所得税结果,就好像股票或贷款是直接从公司获得一样。对于向雇员提供股票或贷款的股东,由此转让给雇员的任何价值被视为该股东在免税的基础上对公司的贡献。股东获得的唯一利益将是增加其所持公司股票的基础。

雇员的部分资产是否可以免受追索权贷款的影响？

通常情况下,即使在杠杆率最高的交易中,如果收购不成功,则管理层购买其股票所需的资金也无法偿还,而不会对员工的生活方式产生相当严重的影响。鉴于对现实的高度信心以及相对较低的股票购买价格,管理层参与者应该愿意以一种有意义的方式来冒险,尽管不会导致个人破产。在这种情况下,可能值得考虑一种贷款,使贷款人对借款雇员有追索权,但特别排除对某些资产的追索权,例如,房屋。

虽然在这个问题上并无权威,但我们必须大幅扩展第八十三条的规定,把这类部分无追索权的贷款视为不符合条件的选择。只要债务和雇员对债务的个人责任是真诚和真实的,就税务而言,它可能应该被视为真实的债务。

还有哪些技术可以比第三方投资者成本更低的成本向管理层提供全部股权？

相对于其他投资者购买管理股票的成本,降低管理股票成本的最直接、最有效的方法是通过某种多类安排。关于这个主题有许多变体。下面是一个最简单的例子:假设杠杆收购将以500万美元的普通股作为资本,第三方投资者愿意提供这笔资金。第三方投资者可以获得500万美元的优先股和一些合理的优先股息权。第三方投资者和管理层将以较小的金额购买公司的全部普通股。

通过向第三方投资者提供几乎等于公司全部股东权益的优先权利,普通股的账面价值也可以说是公平市场价值,将是名义上的。

这种安排有两个问题:第一,税务局可以辩称,优先股的价值实际上不到500万美元,而且由于投资的风险—回报比率非常低,因此普通股的价值无论如何都超过了赋予它的名义价值。第二,拥有超过一个类别的股票将阻止该公司选择成为S法团。在需要公司地位的情况下,普通股的购买价格可以通过让第三方投资者在其普通股之外购买深度次级债务工具来降低。

管理层如果已经拥有股票,则如何将其现有的股票所有权在买方免税的基础上转换为股票？

在杠杆收购中,出售公司的管理层(以及其他股东)可以通过几种免税方式将目标公司的现有股权交换为收购公司的参与权益。根据其他结构目标和要求,免税展期可能发生在被要求公司的资本重组,其他一些免税重组或第351条规定的国家淀粉交易的情况下。

实现管理层股权的免税展期可能会对交易的税务结构的其他方面产生不利影响。最值得注意的是，如果出于税务目的打算将管理层收购作为基于成本的资产购置处理，则出售公司和买方之间的所有权重叠可能会妨碍这种定性。

如果作为交换的一部分收到现金，则如何处理？

由于杠杆收购涉及通过增加债务融资大幅降低目标公司的股权价值，因此希望保留股权的目标公司股东要么实现其持有已发行股票的百分比大幅增加，要么除股票之外还获得现金或其他非股权对价。在后一种情况下，管理部门的税务顾问必须分析事实，以确保收到的非股票对价将被视为资本利得，而不是分配给参与者的股息。股息和资本利得之间的一个关键区别是，在资本利得的特征下，股东将被允许根据其股票的基础来减少应税收入。

同样的规则是否适用于管理层拥有非合格期权或实质上未授予的股票？

不是的。如果不合格期权和限制性股票都存在被没收的重大风险，而在没有作出选择第83条(b)款的情况下，将期权或股票交换为买方的股票，而该等股票并不受没收的重大风险所影响，则根据第83条会产生补偿收入，其数额相等于所涉及的目标股票的价值。如果雇员持有他已做出第83条(b)款选择的限制性股票，该雇员则将有资格享受免税待遇。

收购后的税务问题

交易后资产处置的主要税务筹划目标是什么？

交易后资产处置，如果结构合理，则可以减少或消除应税收益。

用一个简单的场景来说明这一点很有帮助。买方公司 P 希望以 100 美元的价格通过杠杆收购出售公司 S 来收购目标公司 T。T 的操作由两部分组成：T1 和 T2。T 股的买入价主要是通过借入资金筹措的。S 在其 T 股票中的计税基础为 20 美元，T 在 T1 和 T2 资产中的计税基础为 0 美元。为了偿还收购债务，P 公司必须在收购 T 公司后不久将 T2 部门出售给第三方。虽然 T 公司的两个部门的价值大致相等，但 P 公司相信它将能够以 60 美元的价格单独出售 T2 部门。

建议：如果 P 以 100 美元的价格购买了全部 T，那么它应该能够立即以 100 美元的价格处置全部 T，并且不确认应税收益。接下来要做的是，如果 P 以 50 美元的价格处置了 T2 分部，即 T 价值的一半，那么也不应确认该分部的收益。

一般来说，这一命题是否成立取决于 P 是否购买了 T 的资产或 T 的股票。

一般规则是，T 的资产在未确认对这些资产增值征税的情况下，不得由 T 处置，除非买方可能已在 T 的库存中获得成本基础。

消除目标内部固定收益的第二税，最直接和最可靠的手段是通过直接资产并购、远期现金合并或根据第 338 条款交易在目标资产中获得成本基础。

其他税务问题

州税和地方税在组织兼并、收购和买断中扮演什么角色？

州税和地方税一般在规划兼并、收购、买断交易中起次要作用。第一，大多数州的所得税制度在很大程度上是以联邦制度为基础的，特别是在什么应该纳税、向谁纳税、何时纳税以及纳税金额方面。第二，当被收购的公司在多个州经营时，评估各州税务制度之间的相互作用可能非常困难。另外，税务筹划者不能忽视一项交易的州税后果。对州所得税后果的详细讨论值得出一本书，在接下来的讨论中，几个极其重要的州税务问题将会被提及。

首先也是最重要的是所得税。这些情况因州而异，可能影响到位于州外的公司。除了所得税外，各州和地方征收的许多税项也可能影响收购。虽然这些措施很少构成结构性优惠或激励措施，但往往会增加成本。例如，当不动产（在某些情况下包括租约）转让时，买方可能欠税。[82]

购买资产可能不能免除一国的销售税。许多国家提供豁免，但不应认为这是理所当然的。

与收购没有直接联系的某些类型的州税和地方税可能会受到收购或收购的特定结构的重大影响。例如，一个州的不动产税和个人财产税是基于对纳税人所拥有财产价值的评估。通常情况下，财产所有权的转移会引发对财产价值的重新评估。

什么是模拟财务信息？

模拟财务信息反映特定企业合并及其融资对历史财务报表的影响，如同交易已于较早日期完成。虽然这被认为是非公认会计原则的措施，但在某些情况下是允许的。[83] 模拟信息通常包括：(1)交易的描述、所涉及的实体以及模拟信息所列报的期间，以及(2)历史简明平衡表和损益表，模拟调整和模拟结果的列示。

损益表的模拟调整是在假设交易于会计年度开始时完成的情况下计算的，并包括对以下事项产生影响的调整：(1)直接归因于交易，(2)预期对注册人有持续影响，以及(3)事实上可支持。

形式财务信息可能出现在私人并购和公开并购的背景下。在私人并购的情况下，卖方可能会表明,如果出售公司由另一个股东控制,则该公司的财务结果将如何报告。在这种情况下,典型的调整可能包括给予首席执行官或控股股东高于市场的薪酬。销售公司可能会向潜在的买主提供这样的信息,以便最大限度地提高所感知的盈利能力,从而提高目标的收购价格。

在公开并购的情况下,美国公认会计准则可能经常要求收购公司在其季度报表中公布模拟财务数据,以反映收购情况。对收购公司实际业绩最常见的调整将包括在整个可报告期间,而不仅仅是目标是收购方实际业绩一部分的期间,在购买会计项下的任何调整,以及收购的利息支出或假定债务。

企业合并中发行的优先股的公允价值或账面价值应如何确定?

优先股的独特属性使得一些优先股类似于债务证券,而另一些则更类似于普通股,两者之间存在许多差异。确定企业合并中发行的优先股的适当账面价值将受到其特性的影响。

即使记录发行股票所收到对价的公允价值的原则适用于所有权益性证券、优先证券和普通证券,优先证券的账面价值在实践中可以与债务证券相同的基础上确定。例如,不具有普通股特征的无表决权,不可转换的优先股的账面价值可以通过规定的股息和赎回条款与具有类似条款和市场风险的债务证券进行比较来确定。

什么是下推会计?

下推会计是指在被收购公司单独的财务报表中建立一个新的会计和报告基础,这是由于购买其突出的有表决权的权益性证券并对其所有权进行实质性变更而产生的。买方的购买价格被"下推"到目标,并用于重述其资产和负债的账面价值。例如,如果目标公司的所有有投票权的股权证券都被购买,则被收购公司的资产和负债将使用公平市场价值进行重报,这样重报的资产金额超过重报的负债金额的部分就等于买方的收购价格。

在什么情况下应该应用下推会计?

美国证券交易委员会允许公共企业对实质上或完全拥有的目标公司使用下推会计。[84] 如前所述,根据美国公认会计原则,目标收购方基本上以公允价值负债确认其收购的大部分资产和负债。如果目标公司编制单独的财务报表,则会计准则和负债理论上可以采用两种方式之一列报:要么采用目标公司的历史基础,要么采用收购方的"升级基础",即收购方为资产建立新的基础以及被收购公司的负债。这被称为对收购方阶梯式基础的"下推"。下推会计通常会导致被收购公司在收购日的净资产较高,因为资产和负债会逐步增加到公允价值,并被记入商誉。这反过来通常导致收购后的净收益较低,因为较高的摊销、较高的折旧和潜在的减值费用。[85]

结 论

胆小者做不成交易结构化。交易结构化需要前沿的、专业级别的会计准则、证券法和税法知识。交易师应请来具有当前并购经验的专家顾问。同时,交易师不应回避对交易结构的了解。这样他们就可以确保他们正在处理的交易与交易的其他方面保持联系——包括尽职调查,这是下一章的主题。

交易关系图

图5-1至图5-11说明本书中所讨论的许多交易。在每个图中,"SH"代表股东,正方形代表公司,圆圈代表公司资产,竖线和对角线表示股票或资产的所有权,箭头表示现金、资产、股票等的流量。

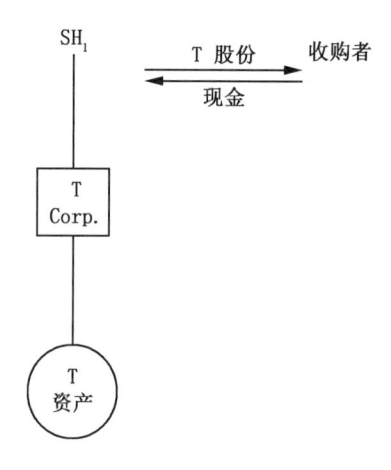

(1)SH_1公司拥有T公司100%的股份。
(2)收购者用现金收购T公司100%的股份。

图5-1 股票收购

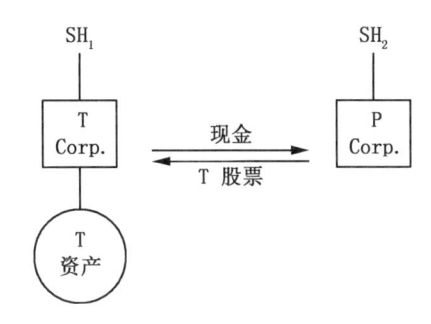

(1)SH₁ 公司拥有 T 公司 100%的股份,SH₂ 公司拥有 P 公司 100%的股份。
(2)P 公司用现金收购 T 公司 100%的股份。

图 5-2　资产收购

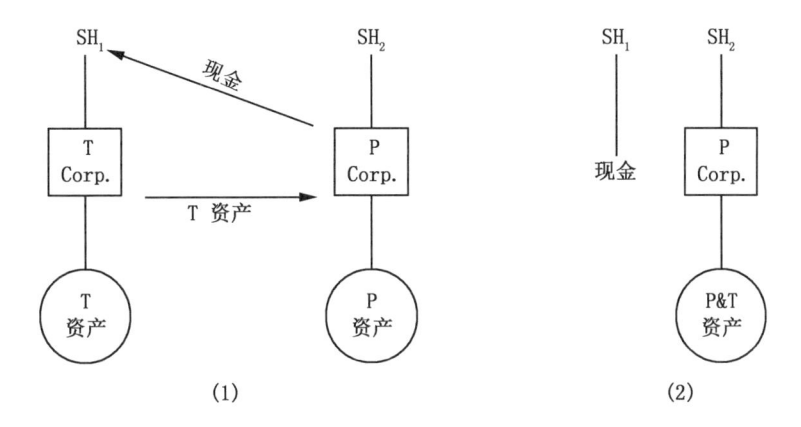

(1)SH₁ 公司拥有 T 公司 100%的股份,SH₂ 公司拥有 P 公司 100%的股份。
(2)T 公司并入 P 公司:T 公司的资产被转移到 P 公司名下,T 公司股票停牌,T 公司不复存在。
(3)P 公司将现金转移给 SH₁ 公司。

图 5-3　应税远期合并

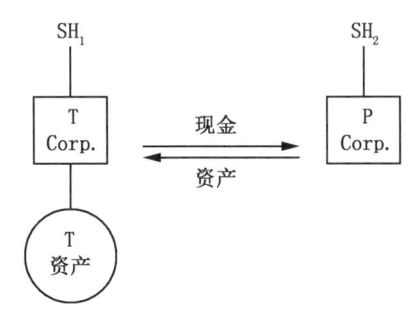

(1)SH₁ 公司拥有 T 公司 100%的股份,SH₂ 公司拥有 P 公司 100%的股份。
(2)P 公司用现金购入 T 公司的全部资产。

图 5-4　应税反向合并

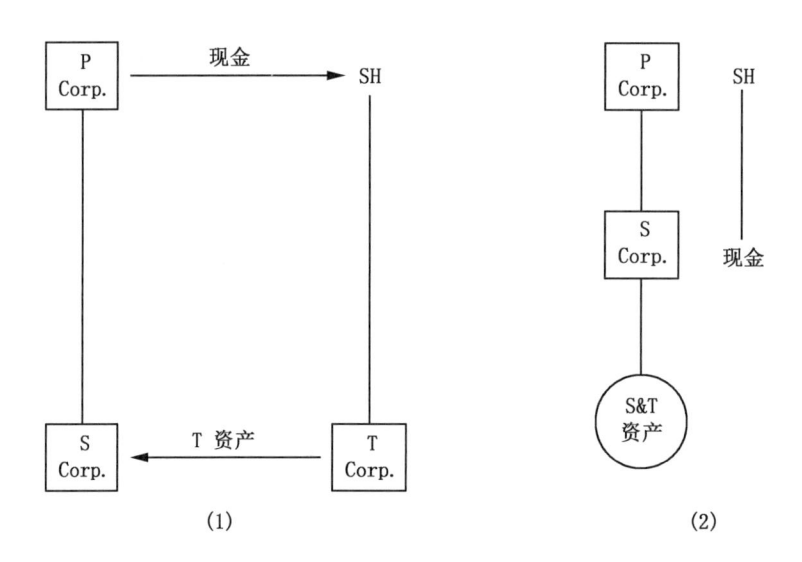

(1)P公司拥有S公司100%的股份;SH公司拥有T公司100%的股份。

(2)T公司依照兼并协议被并入S公司,T公司的资产被转移给P公司,T公司股票停牌,同时P公司转移现金给SH公司。

图 5-5　应税正向子公司兼并

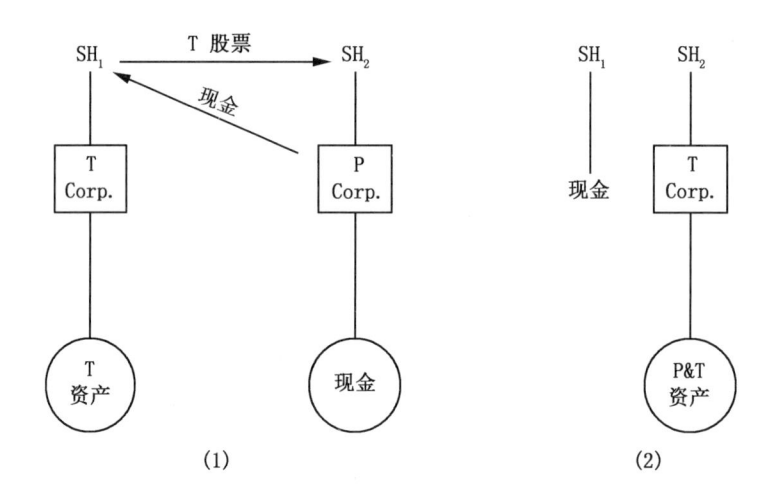

(1)SH₁公司拥有T公司100%的股份,SH₂公司拥有P公司100%的股份。

(2)P公司被并入T公司;P公司股票停牌,且P公司不复存在。

(3)通过兼并协议,SH₁公司收到P公司的现金,并且SH₂公司收到T公司的股票。

图 5-6　免税远期合并(A型重组)

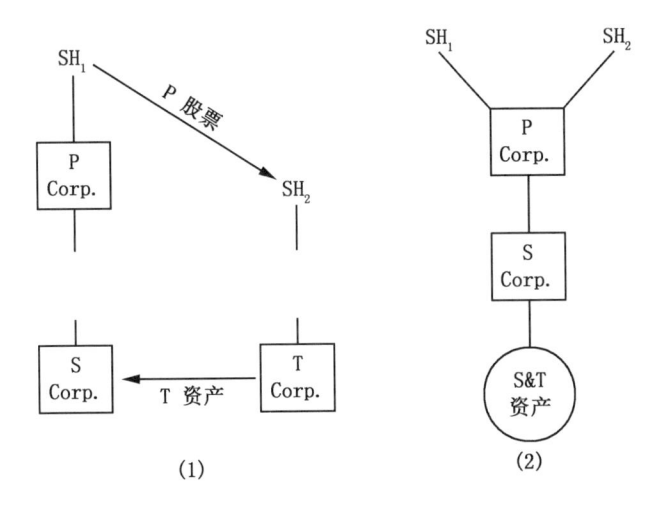

(1)SH₁ 公司拥有 P 公司 100%的股份;P 公司拥有 S 公司 100%的股份。
(2)SH₂ 公司拥有 T 公司 100%的股份。
(3)T 公司被并入 S 公司;T 公司资产被转移到 S 公司名下,并且 T 公司股票停牌。
(4)SH₁ 公司转移 P 公司一部分股票给 SH₂ 公司。

图 5-7　免税前向三角兼并

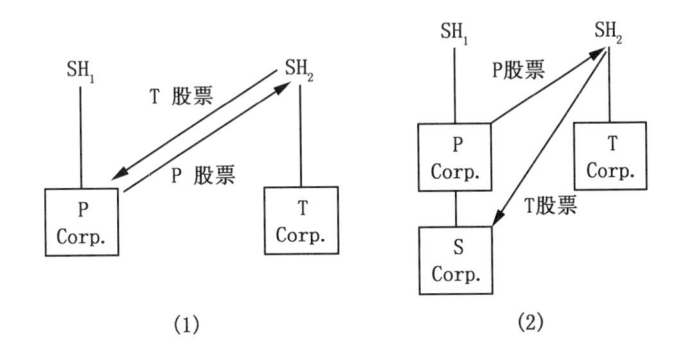

B 型重组(图 1):
(1)SH₁ 公司拥有 P 公司 100%的股份;SH₂ 公司拥有 T 公司 100%的股份。
(2)SH₂ 公司将 T 公司全部股份转让给 P 公司。
(3)作为交换,SH₂ 公司收到 P 公司的全部股份。
反向 B 型重组(图 2):
(1)P 公司拥有 S 公司的全部股份。
(2)SH₂ 公司将 T 公司全部股份转让给 S 公司。
(3)作为交换,SH₂ 公司收到 P 公司的全部股份。

图 5-8　免税购入有表决权股票的股票收购(B 型重组)

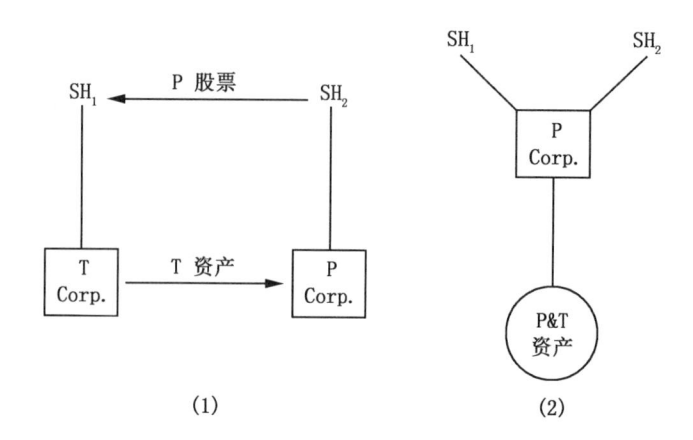

(1)SH₁ 公司拥有 T 公司 100% 的股份。
(2)SH₂ 公司拥有 P 公司 100% 的股份。
(3)T 公司将其资产转移给 P 公司。
(4)SH₂ 公司转移一部分 P 公司股票给 SH₁ 公司,并且 T 公司被清算。

图 5—9　购入有表决权股票的财产收购(C 型重组)

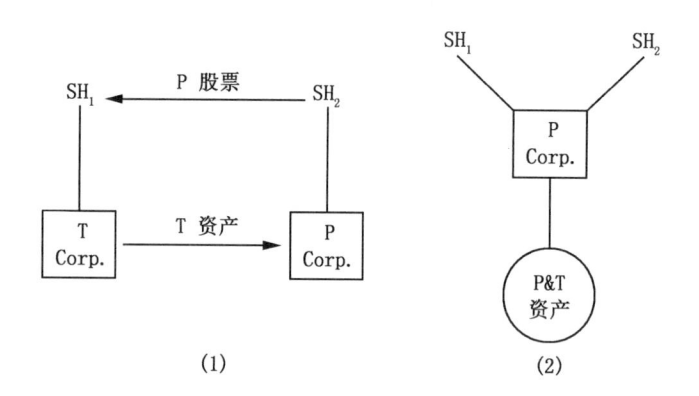

(1)T 公司估值高于 P 公司。
(2)SH₁ 公司拥有 T 公司 100% 的股份。
(3)SH₂ 公司拥有 P 公司 100% 的股份。
(4)T 公司将其资产转移给 P 公司,同时 T 公司被清算。
(5)SH₂ 公司转移一部分 P 公司股票(高于 50%)给 SH₁ 公司。

图 5—10　购入有表决权股票的财产收购(D 型重组)

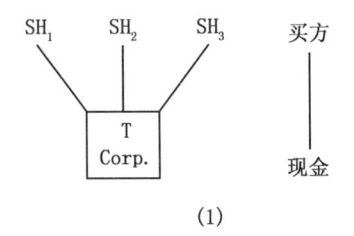

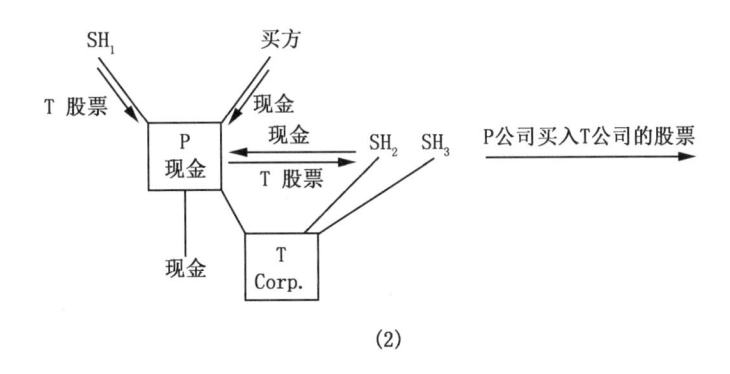

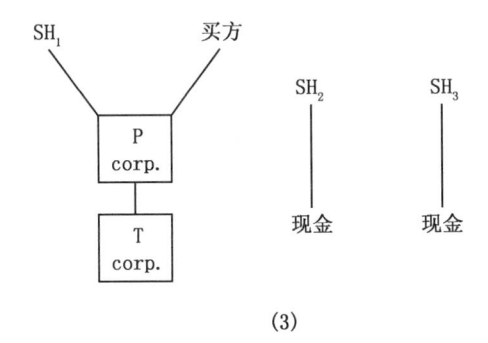

(1)SH₁ 公司、SH₂ 公司以及 SH₃ 公司共同拥有 T 公司 100% 的股份。

(2)收购者和 SH₁ 公司组合成为 P 公司;收购者将现金转移到 P 公司名下;SH₁ 公司将其股票转移到 T 公司名下,收购者和 SH₁ 公司收到 P 公司股份。

(3)P 公司从 SH₂ 公司和 SH₃ 公司用现金购买 T 公司的股票。

图 5－11　国家淀粉交易(第 351 条收购)

附录 5A

符合重组测试：美国国税局的例子

以下例子说明了《国内税务法典》第 368 条（b）（1）款的规则——交易是否符合法律规定的兼并或新设合并。在每个例子中，除另有规定外，R、V、Y 和 Z 中的每一个都是 C 型公司。X 是一家国内有限责任公司。除另有规定外，X 为 Y 全资所有，且就联邦所得税而言，X 不被视为与 Y 分离的实体。例子如下：

例 1　根据兼并法规进行的分立交易。

（i）事实。根据 W 州的法律，Z 将其部分资产和负债转移给 Y，保留其剩余资产和负债，并在交易后出于联邦所得税的目的而保持存续。根据 W 州公司法，该交易符合兼并的条件。

（ii）分析。该交易不满足本节第（b）（1）（ii）（A）条的要求，因为 Z（转让方单位的合并实体）的所有资产和债务未成为 Y（合并实体和受让方单位的唯一成员）的资产和负债。

此外，该交易不满足本节第（b）（1）（ii）（B）条的要求，因为 Z 的单独合法存续停止，所以根据第 368（a）（1）（A）条，该交易不符合法律规定的兼并或新设合并的条件。

例 2　目标公司并入不受重视的实体，以换取所有者的股票。

（i）事实。根据 W 州法律，Z 并入 X。根据该法律，下列事件在交易生效时发生：Z 的所有资产和负债成为 X 的资产和负债，Z 的单独合法存续停止。在兼并中，Z 股东用他们的 Z 股票交换 Y 股票。

（ii）分析。该交易符合本节第（b）（1）（ii）段的要求，因为该交易是根据 W 州法律生效的，并且在该交易生效时发生下列事件：Z（合并实体和转让方单位的唯一成员）的所有资产和负债成为受让方单位的一个或多个成员的资产和负债，受让方单位由 Y（受让方单位的合并实体）和 X（被忽略的实体）组成，出于联邦所得税的目的，Y 的资产被视为拥有，Z 的单独合法存续停止。相应地，就第 368(a)(1)(A)条而言，该交易符合法律规定的兼并或新设合并的条件。

例 3　将拥有 Q 子公司的 S 型目标公司并入被忽略的实体。

（i）事实。事实与例 2 相同，不同的是 Z 是一家 S 型公司，并且拥有 U（Q 子公司）的所有股票。

（ii）分析。根据 §1.1361-5(b)，Z 对 U 的认定形成（1）（由于 U 的 Q 子公司选举终止）。

出于联邦所得税的目的而被忽视。该交易被视为 U 的资产转让到 X,然后 X 将这些资产转让到 U 以换取 U 的股票,参见§1.1361-5(b)(3)例 9。因此,该交易将满足本节第(b)(1)(ii)条的要求,因为交易是根据 W 州法律进行的,并且在交易生效时发生下列事件:Z 和 U(转让方单位的唯一成员)的所有资产和负债将成为受让方单位的一个或多个成员的资产和负债,受让方单位由 Y(受让方单位的合并实体)和 X(被忽略的实体)组成,出于联邦所得税的目的,Y 的资产被视为拥有,Z 的单独合法存续停止。此外,以 U 公司的资产作为交换 U 公司股票的视同转让并不导致该交易不符合法定兼并或新设合并的条件,参见第 368(a)(2)(c)条。相应地,根据第 368(a)(1)(a)条的规定,该交易符合法定兼并或新设合并的条件。

例 4　目标公司与被忽视的实体的三角兼并。

(i)事实。事实与例 2 相同,除了 V 拥有 Y100%的流通股票,并且在 Z 并入 X 中,Z 股东将他们的 Z 股票交换为 V 股票。在交易中,Z 基本上将其所有财产转移给 X。

(ii)分析。只要满足了第 368(a)(2)(D)条的要求,该交易便符合第 368(a)(1)(A)条法律规定的兼并或新设合并的条件。由于 X 的资产在联邦所得税中被视为 Y 的资产,Y 将被视为在合并中获得 Z 的实质上的所有财产,以确定兼并是否满足第 368(a)(2)(D)条的要求。因此,收到 V 的股票的 Z 的股东将被视为取得 Y 所控制的公司的股票,Y 是受让方单位的合并实体,就第 368(a)(2)(D)条而言是收购公司。相应地,兼并将符合第 368(a)(2)(D)条的要求。

例 5　目标公司并入合伙企业所有的被忽视的实体。

(i)事实。事实与例 2 相同,不同的是 Y 根据 W 州的法律成为合伙企业,并且缴纳联邦所得税时被归类为合伙企业。

(ii)分析。该交易不符合本节第(b)(1)(ii)(A)条的要求。合并实体和转让方单位的唯一成员 Z 的所有资产和负债并未成为受让方单位的一个或多个成员的资产和负债,因为 X 和 Y 都不符合合并实体的资格。相应地,该交易不符合第 368(a)(1)(a)条规定的法定兼并或新设合并的条件。

例 6　被忽视的实体并入公司。

(i)事实。根据 W 州法律,X 并入 Z。根据该法律,下列事件在交易生效时发生:X 的所有资产和负债(但不包括 Y 的除 X 的资产和负债以外的资产和负债)成为 Z 的资产和负债,X 单独合法存续终止。

(ii)分析。该交易不满足本节第(b)(1)(ii)(A)条的要求,因为转让方单位的所有资产和负债并不成为受让方单位的一个或多个成员的资产和负债。该交易也不符合本节第(b)(1)(ii)(b)条的要求,因为 X 不符合合并实体的资格。因此,就第 368(a)

(1)(a)条而言,该交易不符合法定兼并或新设合并的条件。

例7 公司并入被忽视的实体中,以交换在该被忽视的实体中的利益。

(i)事实。根据W州法律,Z并入X。根据该法律,下列事件在交易生效时发生:Z的所有资产和负债成为X的资产和负债,Z的单独合法存续停止。在Z与X的兼并中,Z股东用他们在Z的股票交换在X的权益,因此,兼并一旦结束,就联邦所得税的目的而言,X就不会被视为一个独立于Y的实体。兼并后,根据本章§301.7701-3(b)(1)(i)的规定,X为联邦所得税目的,被归类为合伙企业。

(ii)分析。该交易不满足本节第(b)(1)(ii)(A)条的要求,因为在合并之后,X并没有被视为与Y分离的实体,因此,转让方单位的合并实体Z的所有资产和负债并不成为受让方单位的一个或多个成员的资产和负债。因此,就第368(a)(1)(a)条而言,该交易不符合法定兼并或新设合并的条件。

例8 先分配后兼并交易。

(i)事实。Z经营两个互不相关的业务P和业务Q,每一个业务占Z资产价值的50%。Y希望收购P并继续经营,但不想收购Q。根据单一计划,Z在一项应纳税交易中将Q以现金形式出售给与Z和Y无关的各方,将出售所得按比例分配给其股东。然后,按照W州法律,Z合并到Y。根据该法律,下列事件在交易生效时发生:Z与业务P有关的所有资产和负债成为Y的资产和负债,Z的单独合法存续停止。在合并中,Z股东用他们的Z股换Y股。

(ii)分析。该交易满足本节第(b)(1)(ii)条的要求,因为该交易是根据W州法律生效的,并且在交易生效时发生以下事件:Z(合并实体和转让方单位的唯一成员)的所有资产和负债成为Y(合并实体和受让方单位的唯一成员)的资产和负债,Z的单独合法存续停止。因此,就第368(a)(1)(a)条而言,该交易符合法定兼并或新设合并的条件。

例9 州法律将目标公司转换为有限责任公司。

(i)事实。Y从V的股东那里获得V的股票。作为交换,对价包括Y的50%有表决权的股票和50%的现金。在股票收购之后,V立即提交必要的文件,以便根据W州法律从公司转变为有限责任公司。Y收购V的股票,V转换为有限责任公司,是Y对V的资产进行单一整合收购的步骤之一。

(ii)分析。Y收购V的资产不满足本节第(b)(1)(ii)(b)条的要求,因为V(转让方单位的合并实体)的单独合法存续并未停止。虽然V是一个实体,从联邦所得税角度考虑,其所有者被忽略,但是在转换之后,该公司继续作为一个法律实体存在。因此,Y对V资产的收购不符合第368(a)(1)(a)条的规定,即法定兼并或新设合并条件。

例 10　目标公司的解散。

（i）事实。Y 从 Z 的股东那里获得 Z 的股票。作为交换,对价包括 Y 的 50％有投票权的股票和 50％的现金。在股票收购之后,Z 立即根据 W 州法律提交了一份解散证书,并开始对其业务活动进行停业清理。根据 W 州解散法,Z 资产的所有权和冠名权在解散时不会自动归属 Y;相反,Z 将资产转让给其债权人以清偿其负债,并在解散的清算阶段将其剩余资产转让给 Y。Y 收购 Z 的股票和 Z 的解散是 Y 对 Z 的资产进行单一整合收购的步骤之一。

（ii）分析。Y 收购 Z 的资产不符合本节第（b）（1）（ii）条的要求,因为 Y 收购 Z 的所有资产并不是由于 Z 提交解散证书的结果,也不在 Z 单独合法存续停止的同时;相反,Y 收购 Z 的资产是因为 Z 将其资产转让给 Y。因此,Y 收购 Z 的资产不符合第 368（a）（1）（a）条规定的法定兼并或新设合并。

例 11　公司合作伙伴并入合伙企业。

（i）事实。Y 拥有 X 的权益。Y 是一个联邦所得税规定下的合伙企业,占 60％的资本和绩效分红。Z 拥有 X 的权益,占 40％的资本和绩效分红。根据 W 州法律,Z 并入 X。根据该法律,下列事件在交易生效时发生:Z 的所有资产和负债成为 X 的资产和负债,Z 的单独合法存续停止。在兼并中,Z 股东将他们的 Z 股票交换为 Y 股票。兼并的结果是,就联邦所得税而言,X 不被视为与 Y 分开的实体。

（ii）分析。该交易满足本节第（b）（1）（ii）条的要求,因为该交易是根据 W 州法律进行的,并且在交易生效时发生下列事件:合并实体和转让方单位的唯一成员 Z 的所有资产和负债成为受让方单位的一个或多个成员的资产和负债,该受让方单位由 Y 和 X 组成,Y 是受让方单位的合并实体,X 是一个被忽略的实体,Y 的资产在联邦所得税中被视为拥有且 Z 停止单独合法存续。因此,根据第 368（a）（1）（a）条的规定,该交易符合统计兼并或新设合并的条件。

例 12　州法律规定下的新设合并。

（i）事实。根据 W 州法律,Z 和 V 合并。根据该定律,下列事项在交易生效时发生:Z 和 V 的所有资产和负债成为交易中产生的实体 Y 的资产和负债,Z 和 V 在 Y 中继续存在。在合并中,Z 股东和 V 股东分别将其持有的 Z 和 V 的股票交换为 Y 的股票。

（ii）分析。就 Z 和 V 中的每一个而言,该交易满足本节第（b）（1）（ii）条的要求,因为该交易是根据 W 州法律进行的,并且在交易生效时发生以下事件:Z 和 V 的所有资产和负债分别成为 Y 的资产和负债,Y 是合并实体,也是受让方单位的唯一成员,Z 和 V 各自停止其单独合法存续。因此,就第 368（a）（1）（a）条而言,该交易符合法定的 Z 和 V 兼并或新设合并为 Y 的条件。

（国外例子见第十二章。）

注释

1. http://uscode.house.gov.

2. https://www.congress.gov/bill/115th-congress/house-bill/1/text；也可见于 https://www.congress.gov/115/bills/hr1/BILLS-115hr1enr.pdf.

3. 世达律师事务所(Skadden Arps)客户名录称:"减税与就业法案一般不会改变免税重组规定或其他类型公司交易相关的内容,包括拆分、公司清算和公司交易。比如,在减税与就业法案的法令下,先前一项收购是否被判定为免税重组,现在仍适用,比如股票和现金相对组合的考虑。同样,分拆以及分立以适用免税条件分散化的公司和该公司股东的要求也不变。"

4. 欲了解这些新变化的概况,见"美国兼并与收购税务改革的影响:新机遇与陷阱",世达律师事务所,2018年1月18日。

5. 这四项违约例外情况是斯蒂芬·M.普克特(Stephen M. Procter)的"另一起伊利诺伊州案例判定资产收购者作为出售者的单纯延续时应对债务负责",Masuda Funai 律师事务所,2017年6月1日,https://www.masudafunai.com/articles/another-illinois-case-decides-when-an-asset-purchaser-is-responsible-for-liabilities-as-a-mere-continuation-of-the-seller。

6. 加里·马索(Gary Matso),"基于事实的兼并:继任者预料之外的债务威胁",《美国律师协会今日商法》(ABA Business Law Today),https://businesslawtoday.org/2018/03/de-facto-merger-the-threat-of-unexpected-succssor-liability/。

7. 《统一商法典》是由美国法律研究院(American Law Institute)以及全国统一州法律委员会议共同制定的。本法由九章组成,涵盖一般条款、销售、租赁、流通票据、银行存款及托收、资金转移、信用证、大宗销售和大宗转移、物权凭证、投资证券和担保交易。全文见 https://www.law.cornell.edu/ucc。

8. 路易斯安那州施行了《统一商法典》的全部条款,除《统一商法典》第二章"销售",第六章"大宗销售""路易斯安那州担保交易的怪事",美国律师协会2017年商法一节,2017年4月6日春季会议上,由麦克林奇·斯塔福德律师事务所(McGlinchey Stafford)的 R. 马歇尔·哥罗德纳(R. Marshall Grodner)、克里斯蒂·W. 理查德(Kristi W. Richard)汇报,apps.americanbar.org/webupload/commupload/CL190016/...files/spring_2017.pdf。

9. 通知程序范例,见 http://www.state.nj.us/treasury/taxation/faqbulksale.shtml。

10. 例如,2018年1月,新泽西州颁布非法人个人间的不动产交易方面的法律,http://www.state.nj.us/treasury/taxation/faqbulksale.shtml。

11. 如果目标公司将资产变现就会有资本利得,或者一般会有股息。当今,如果目标公司是美国公司,美国个人股东则会收到股息资本利得率,而不是股本偿付。

12. 见 Zoe Henry 股份有限公司,"新税法下,你的公司是否应重组为 C 公司?"2017年12月21日,https://www.inc.com/zoe-henry/new-tax-law-startups-re-structure-c-corp.html。

13. 特拉华州的《普通公司法》(General Corporation Law),专题8,第五附章,资产销售、解散和清算,第271节,http://delcode.delaware.gov/title8/c001/sc10/index.shtml。

14. 见"少数股东在争议中有什么权利?",巴希安 & 法伯有限责任公司(Bashian & Farber,

LLP),2018 年 3 月 19 日,https://www. bashianfarberlaw. com/blog/2018/03/what-rights-do-minority-shareholders-have-in-a-dispute. shtml。

15. 在反向三角合并中,私人股权收购者组成"Newco"群体。该群体有两个层次:收取收购者支付的酬金,以及一家并入目标公司的合并子公司,在这场合并中目标公司为幸存者。摘自《私人股权的国际比较法律指南》(The International Comparative Legal Guide to Private Equity),https://www. srz. com/images/content/1/5/v2/150389/The-International-Comparative-Legal-Guide-to-Private-Equity-2017. pdf。

16. 比如,特拉华州法律声明:在其他条件下,"(除非)公司登记执照中有明文规定,否则授权兼并或并入这类子公司的单一直接或间接全资子公司并不一定需要子公司股东的选票。如果(该)子公司以及(该)子公司的单一直接或间接全资子公司是这场并购中的唯一构成实体。"见《普通公司法》第 1 章第 9 副章吸收合并、新设合并或转换第 251 节(g),http://delcode. delaware. gov/title8/c001/sc09/index. shtml。

17. "谈到非税问题,前向三角兼并一般不如反向三角兼并有利,可能对目标公司的经营许可和合同产生很大影响,因为第三方能扣押或以一定代价阻止收购者获取经营许可和合同的批文",投资者圈(InvestorsHub),2018 年 5 月 17 日,https://investorshub. advfn. com/boards/read_msg. aspx.？message_id=140857515。

18. 专题 8 公司,第 1 章。《普通公司法》第 9 副章吸收合并、新设合并或转换第 251 节国内公司间的吸收合并与新设合并,http://delcode. delaware. gov/title8/c001/sc09/index. shtml。

19. 特拉华州法律对控股公司作出如下定义:"'控股公司'一词是指自其组建直至本款所管辖之吸收合并完成,在此之间的任何时候一直是公司直接或间接独资拥有的子公司,并且其公司股本是在该吸收合并中发行的。"

20. 这条规定在《美国联邦法规》中的引证是《美国联邦法规》第 17 章第 240. 14d-10 条——证券持有者的同等待遇,https://www. law. cornell. edu/cfr/text/17/240. 14d-10。

21. 见"美国国税局颁布的'南北'交易的分步交易指南",普华永道会计师事务所,2017 年 5 月 5 日,https://www. pwc. com/us/en/tax-services/publications/insights/assets/pwc-irs-step-transaction-guidance-on-%27north-south%27-transactions. pdf。

22. 证券交易委员会发布了无异议、解释性、豁免函,这类函件是关于特殊案例中出现的证券、证券的销售和交换构成以及其他事项问题。这些函件列于 https://www. sec. gov/divisions/corpfin/cf-noaction. shtml♯2a3。

23. 第 145 条规定全文见《美国联邦法规》(CFR)于 https://www. law. cornell. edu/cfr/text/17/230. 145。

24. 第 505 条规定已被废止。第 506 条(b)款规定禁止向不超过 35 个未备案的投资人进行大范围的筹资和限制性发售。第 506 条(c)款规定允许的大范围筹资是证券的购买者都为已备案的投资者并且发行人采取合理步骤来核实购买者是否为已备案的投资者。依据第 506 条(b)款和第 506 条(c)款规定发售的证券被视同限制性证券,https://www. sec. gov/rules/final/2016/33-10238. pdf。

25. https://www. law. cornell. edu/cfr/text/17/230. 501。

26. 据证券交易委员会称,"第144条允许规定在满足一定条件的情况下转售受限制证券,需要满足的条件有:持有证券6个月或1年,取决于发行人是否按照交易法(Exchange Act)提交报告。"https://www.sec.gov/smallbusiness/exemptofferings/faq。

27. https://www.law.cornell.edu/cfr/text/17/230.144A。

28. 欲了解财务会计标准委员会对"广泛交易"的讨论,见https://asc.fasb.org/area&trid=2122744。

29. 财务会计标准委员会(FASB)最近正计划给专题810中大部分内容制订一个新编号,即专题812。两专题的参考来源如下——本书出版时应查找现在的第810专题号,而2019年及以后正式参考来源可能变成第812号专题。

30. 会计准则汇编第805号第10节,全文见https://asc.fasb.org/section&trid=2899126。

31. 会计准则更新(ASU)第2017-01号,企业合并:厘清企业的定义。

32. 会计准则更新第820号,公允价值计量,https://asc.fasb.org/topic&trid=2155941。

33. 专题350,无形资产——商誉和其他,https://asc.fasb.org/topic&trid=2144416。

34. 作者特别感谢以下资料来源中所得到的指导:2017年9月12日米歇尔·布劳尔(Michelle Brower)和杰伊·瓦霍维奇(Jay Wachowicz)在国际财务执行官组织(Financial Executives International)上所做的"并购会计",汇报,https://www.financialexecutives.org/getattachment/Events/Event-Builder/FEI-Presentation-(September-2017-Webinar)-091117.pdf.aspx?lang=en-US;以及"收尾前要考虑的财务报告问题",http://www.bakertilly.com/insights/business-combinations-consider-financial-reporting-issues-before-closing/。在国际财务报告准则会计方面,以下资料值得推荐:"公司金融学会的投资银行指南"(2018)。该手册的兼并和收购的会计(未标注日期)一节,见https://corporatefinanceinstitute.com/resources/ebooks/investment-banking/purchase-accounting-merger-acquisition/。

35. 在一则名为"不要陷于公认会计准则"(2015年7月)的博文中,注册会计师布莱恩·韦斯特(Brian West)写道:"非月末发生的结账可能给会计部门带来一些财务报表问题。基本问题:大部分会计部门在月中未准备好结账。系统可能未准备好出具此时期的报告。还有一些其他问题,包括调整应收和应付账款截点或者存货盘点的控制。在大多数情况下,月末结账更为可取。如果无法月末结账或者有其他情况导致结账推迟,趁早与你的会计部门和审计公司讨论很重要,这样他们才能做好必要调整和准备。"

36. 约翰·尼克拉斯(John Nicklas),收购交易成本会计,米登和摩尔公司(Meaden and Moore),2018年4月25日。

37. 企业合并会计的常见陷阱见https://www.dhgllp.com/Portals/4/ResourceMedia/publications/Common-Pitfalls-of-Business-Combination-Accounting-1.pdf。

38. 见https://www.law.cornell.edu/cfr/text/26/1.263(a)-1,https://www.irs.gov/businesses/corporations/examination-of-transaction-costs-in-the-acquisition-of-businesses,贝克纽曼诺伊斯会计师事务所(BNN),https://www.bnncpa.com/resources/library/tax_treatment_of_merger_acquisition_costs。

39. 专题第 703 号——资产计税基础,美国国税局,2018 年 2 月 1 日,https://www.irs.gov/taxtopics/tc703。

40.《美国法典》第 26 章第 301 节——财产分配,https://www.law.cornell.edu/uscode/text/26/301。

41. http://uscode.house.gov。

42."关于 1122 表格,子公司纳入合并所得税申报表的授权和同意",https://www.irs.gov/forms-pubs/form-1122-authorization-and-consent-of-subsidiary-corporation-to-be-included-in-a-consolidated-income-tax-return。

43. https://taxfoundation.org/us-corporate-income-tax-more-competitive。

44. 见新税法聚焦:第 199A 条"纳税中间扣除和利息扣除限制",《税务更新》(*Tax Update*)(2018)第 2 号刊。

45. 欲了解各项限制以及如何解决,见莉蒂亚·奥尼尔(Lydia O'Neal),"公司如何才能绕过新税法的纳税中间扣除限制",美国国家事务出版公司(BNA),2018 年 3 月 27 日,https://www.bna.com/firms-sidestep-tax-n57982090462/。

46. 毕马威一份名为《税务改革》(*Tax Reform*)的指南:《毕马威关于新税法的报告》(2018)(*KPMG Report on the New Tax Law*)指出在新税法中"资本利得和股息的税率没变,3.8%的投资净收益税也没变",https://home.kpmg.com/content/dam/kpmg/us/pdf/2018/02/tnf-new-law-book-feb6-2018.pdf。

47. 例如,考虑一下第 2688 条——2018 年资本利得通胀减免法案,由参议员特德·克鲁兹(Ted Cruz)提出,2018 年 4 月 17 日,https://www.congress.gov/bill/115th-congress/senate-bill/2688/text?q=%7B%22search%22%3A%5B%22capital+gains%22%5D%7D&r=4。

48. 减税与就业法案保留了长期资本利得与合格股息的 0%、15% 和 20% 的比率。然而 2018—2025 年这段时间,这些比率有自己的分级,这类分级不再捆绑于原来的个人所得税级。2018 年长期资本利得和股息税级如下:

	单身	联合报税	户主
0%税级	$0—38 600	$0—$77 200	$0—$51 700
15%及以上税级	$38 601	$77 201	$51 701
20%及以上税级	$425 801	$479 001	$452 401

2018 年之后,这类税级的数额将与通货膨胀情况挂钩。

高收入个人仍要缴纳 3.8% 的投资净收益税。所以这类个人向联邦政府缴纳可能要用 18.8%(15% + 投资净收益税的 3.8%)或者 23.8%(20% + 投资净收益税的 3.8%)的税率而不是 15% 或 20% 的基本税率。

49. 减税与就业法案修订了《国内税务法典》第 163(j)条。参见第 163(j)条下适用于 2017 年 12 月 31 日之后的纳税年度的初始指导,公告 2018-28:"对于任何适用于第 163(j)条的纳税人,第 163(j)条:(1)当前限制纳税人的应税年度年商业利息收入扣除[如第 163(j)(6)中所定义];(2)纳税人应税年度可调整应税收入的 30%[如第 163(j)(8)中所定义];以及(3)纳税人应税年度展销融资利息[如第163(j)(9)中所定义]。"https://www.irs.gov/pub/irs-drop/n-18-28.pdf. Until 2021,截至2021年,纳税人年度商业利息费用一般受限于商业利息收入；30%可调整应纳税收入(等同于税息折旧摊销前利润或EBITDA)。2022年以后,折旧和摊销将不会被计入,所以可扣除的费用将会基于30%的息税前利润(EBIT),除某些受监管的公共事业与小型企业之外。

50. 此问答归功于查拉斯咨询公司(Charas Consulting)以及佩珀·汉密尔顿有限责任公司(Pepper Hamilton, LLP)开放部门的创始人索朗热·查拉斯(Solange Charas)博士,"个人商誉：买方与卖方的机遇",《税务最新情报》(*Tax Update*)(2018)第5号刊, https://www.jdsupra.com/legal-news/personal-goodwill-opportunities-for-48114/。

51. https://www.law.cornell.edu/uscode/text/26/338。

52. 见"减税与就业法案颁布后的净经营损失(NOL),理解净经营损失的未来用途和移前扣减的限制",更新于2018年3月29日, https://rsmus.com/what-we-do/services/tax/washington-national-tax/net-operating-losses-after-the-tax-cuts-and-jobs-act.html。

53. 关于此问题的新进展,美国国税局2018-30号通知对2018年5月8日之后发生的任何所有权变更[如第382条(g)款中定义]均有效, https://www.irs.gov/pub/irs-drop/n-18-30.pdf。关于此通知的解释,见"确认的自建利得,不考虑第168条(k)款确定的损失",2018年5月8日, https://home.kpmg.com/us/en/home/insights/2018/05/tnf-notice-2018-30-section-382-recognized-built-in-gains-losses-determined-without-regard-to-section-168k-immediate-expensing.html。

54. 见《美国法典》第26章第384条——用收购前损失抵消自建利得的限制, https://www.law.cornell.edu/uscode/text/26/384。

55. "向纳税中间实体转换的并购影响",国际会计师事务所(Grant Thornton),2018年2月, https://www.grantthornton.com/library/articles/tax/2018/M-and-A-impact-pass-through-conversion.aspx。

56. 在某些情况下,遗嘱执行人必须向接收财产的个人提供某些继承财产的合理市价确认声明。美国国家税务局,"赠与及继承", https://www.irs.gov/faqs/interest-dividends-other-types-of-income/gifts-inheritances/gifts-inheritances。

57. 《美国法典》第26章第351条——让与人控制的公司的转让, https://www.law.cornell.edu/uscode/text/26/351。注意第351条的滥用被正式确认为美国国税局的"公认滥用和上市交易", https://www.irs.gov/businesses/corporations/listed-transactions#12。

58. 如彼得森沙利文会计师事务所所注(该事务所将这些要求分为五类),"即便是仅有以上一个要求没有满足,交易也无法得到第368条下的免税待遇", https://www.pscpa.com/time-for-a-change-tax-free-reorganizations/。

59. 《美国联邦法规》第26章第1.368-2条——术语定义, https://www.law.cornell.edu/cfr/text/26/1.368-2#b_1_ii_A。

60. 关于合伙关系情境下最新案例,见税务法庭(T.C.)备忘录2018-59号涉及两家交易公司的案例, https://www.ustaxcourt.gov/USTCInOP/OpinionViewer.aspx?ID=11634。

61. 关于资产下移的评论,见尼克·尼尔曼(Nick Niermann),"涉及企业出售的税费最小化",麦格拉斯·诺斯（McGrath North），2018 年，https：//www. mcgrathnorth. com/publications/minimizing-taxes-in-designing-the-sale-of-a-business/。他指出，"私募股权集团，如 PEG 公司，通常鼓励——并且卖方通常愿意——在交易中留下其目标公司（'T'）的部分股票。卖方希望交易被认定为税务递延型转递交易，如他们希望自己的留存股份在未来售出之前都不会被征税。私募股权集团则想增加目标公司的资产基础以提高交易价格总额。这就带来了更高的未来折旧和摊销税务扣除。"他还指出了这种结构的一些复杂化因素。

62.《约翰·A. 纳尔逊公司诉赫林案》（John A. Nelson Co. v. Helvering），296 U. S. 374 (1935)，https：//supreme. justia. com/cases/federal/us/296/374/case. html。

63. 美国国税局审查人员的阶段性付款的备忘录，见"收购企业阶段性付款审查的最新指南"，https：//www. irs. gov/businesses/updated-guidance-on-the-examination-of-milestone-payments-in-the-acquisition-of-businesses。

64. C 型公司与其母公司提交合并所得税申报表能获得纳税中间待遇。C 型公司的全部收入是双重征税的对象，但合并返还条款一般允许合并返还集团子公司收入仅对最终母公司征税。在一定的豁免条款下，S 型公司的收入仅需被征收股东层税款。合伙企业收入只收单层税，即便合伙人中有 C 型公司也是如此，C 型公司的收益份额最终会被征收双重税。

65. 美国国税局，S 型公司，https：//www. irs. gov/businesses/small-businesses-self-employed/s-corporations。

66.《美国法典》第 26 章第 1060 条——针对某些资产收购的特定分配规则，https：//www. law. cornell. edu/uscode/text/26/1060。

67.《美国法典》第 26 章第 197 条——商誉和其他某些无形资产的摊销，https：//www. law. cornell. edu/uscode/text/26/197。

68. 美国国税局，第 535 卷出版文件第 197 条，"无形资产定义美国国税局税务地图"，https：//taxmap. irs. gov/taxmap/pubs/p535-042. htm♯TXMP6f4f46f2。

69. https：//www. law. cornell. edu/uscode/text/26/197。

70. 特别是，法律声明："附属章节 C 第 3 部分没有认定这一条。"这一小段引用源于《美国法典》第 26 专题第 1 章附属专题 C 第 3 部分。《国内税务法典》这部分声明第 351 条："如一个或多个自然人仅为交换该公司的股票而将财产转让给该公司，且该类自然人在交易后立即控制该公司[如第 368 条(c)款所定义]，则不得确认任何收益或损失。"https：//www. law. cornell. edu/uscode/text/26/351。

71. "试行条例：删除第 385 节文件条例"，毕马威会计师事务所，2018 年 9 月 21 日，https：//home. kpmg. com/us/en/home/insights/2018/09/tnf-prop-regs-removal-of-section-385-documentation-regulations. html。

72. 见多明戈·瓦斯克斯（Domingo Vasquez），"新税法如何影响并购活动"一文中说："另一考虑因素是利息抵扣能力的限制会减弱用债务进行并购交易融资的优势。债务融资型收购的成本在新税法下会更高。而且，不允许扣除利息的结转是在法典第 381 条中描述的某些公司收购中考虑的项目，并被视为'变更前损失'，受法典第 382 条规定的限制。这意味着高杠杆公司将被视作亏损公司并适用于法典第382条,这仅是因为这些公司有不允许扣除的利息。"

73. 早在该法案之前,第163条(j)款就禁止了两项阈值测试均不满足的公司应税年度不合格已付或应付利息扣除。如果纳税人负债权益比率达到1.5到1.0(安全港比率),则满足第一项阈值测试。如果纳税人的净利息费用达到了其调整后应纳税收入的50%,则满足第二项阈值测试。(一般来讲,计算应纳税所得额时,不考虑净利息费用、净经营损失、第199条规定下的国内生产活动、折旧、摊销和折耗的扣减。)2017年12月31日后应税年度开始生效的第163条(j)款规定下的初始指导,2018-28号公告,https://www.irs.gov/pub/irs-drop/n-18-28.pdf。

74. 在《美国法典》第26专题附专题A第1章B子部第6部分第163条(j)款,https://www.law.cornell.edu/uscode/text/26/163。

75.《美国法典》专题26附专题A第1章副章B第8部分第243条——公司所收股利,https://www.law.cornell.edu/uscode/text/26/243。

76. 见帕特里斯·罗多尼亚(Patrice Radogna),"员工持股计划和新税法",国际财务执行官组织(FEI),2018年4月30日,https://www.financialexecutives.org/FEI-Daily/April-2018/Employee-Stock-Ownership-Plans-and-the-Tax-Act.aspx。

77. 条例U:由银行或个人而非经纪人或交易人担保的出于购入或持有目的的保证金股票,https://www.federalreserve.gov/bankinforeg/regucg.htm。

78. https://www.law.cornell.edu/uscode/text/26/83。

79. 除非员工行使"第83条(b)款规定的权力",根据此规定,即使他或她的股权没有完全生效,该雇员在被授予股权之时也可以确认"收入"事项。员工在行权时根据当时股票的公允价值(同上,股权377未完全生效)纳税,并确立股票价格基准。而在股权生效之时,没有应纳税事项。下一个应纳税事项出现在员工出售其股份并且应付税金将会被视作资本利得,资本利得为基于行使第83条(b)款规定的权利时确立的价格基准与股票处置时的公允价值之间的差额。

80. https://www.law.cornell.edu/uscode/text/26/83。

81. https://www.law.cornell.edu/uscode/text/26/83。

82. 见艾萨尔·T.穆基耶娃(Asel T. Mukeyeva),"资产收购中的税务尽职调查",美国律师协会,https://www.americanbar.org/groups/young_lawyers/publications/the_101_201_practice_series/tax_due_diligence_in_asset_acquisitions.html?cq_ck=1513351205239。

83. 证券交易委员会官网登录页面有一个关于非美国公认会计准则财务衡量标准的问答:"如果非公认会计准则财务衡量标准的对账必需且最直接的根据条例S-X第11章准备并呈现的比较衡量标准是'模拟'衡量标准,公司可以将该衡量标准用于对账,以替代公认会计准则财务衡量标准吗?"答案是肯定的,https://www.sec.gov/divisions/corpfin/guidance/nongaapinterp.htm。

84. 见"下推会计当前可选;适用于所有公司的新指南",普华永道会计师事务所,https://www.pwc.com/us/en/cfodirect/assets/pdf/in-depth/us2014-08-pushdown-accounting-optional.pdf。

85. 见"下推会计当前可选;适用于所有公司的新指南",普华永道会计师事务所,https://www.pwc.com/us/en/cfodirect/assets/pdf/in-depth/us2014-08-pushdown-accounting-optional.pdf。

第六章 尽职调查

引 言

在所有兼并或收购中,尽职调查的基本作用都是通过调查被收购企业过去、现在和可预测的未来的所有相关方面来评估拟议交易的潜在风险。在证券法中,这一术语也用于描述政府官员、董事、承销商和其他人在公开发行证券时所应履行的注意和审查义务。

虽然术语尽职调查应用于《证券法》——立法机关制定的成立法,但这个词本身起源于普通法,又称判例法——通过法官在解决实际纠纷中的裁决而发展起来的法律。英美法系产生于中世纪诺曼征服后的英格兰,至今英格兰和美国以及其他国家仍在使用。在这类法律中,与立法机构批准的法律相反,法官根据以前案件判决的先例来作出自己的判决。美国普通法的大部分内容已编入各州的法规和美国统一商法典中(《统一商法典》,第五章介绍)。

合并交易中的尽职调查工作应符合普通法和最佳实践的尽职调查标准。这些基本活动包括:

■ 财务报表审查——确认资产负债表中资产、负债和权益是否存在,并根据损益表查明公司的财务健康状况。

■ 管理及业务审查——查明财务报表的质量和可靠性,了解财务报表之外的风险和意外情况。

■ 合法合规审查——检查目标公司过去可能引起的未来法律问题。

■ 文件和交易审查——确保交易的文书工作有序、交易的结构适当。

仔细审查以上各方面内容,可以预防在交易结束、新公司开始运营后出现的问题。

入门指南

尽职调查什么时候开始？

尽职调查过程始于买方察觉到合适的收购机会的那一刻。然后，买方开始审查在此早期阶段该公司现成的信息。对于上市公司而言，这些信息通常来源于公开文件——包括新闻报道、提交给证券监管机构的文件以及公司或其银行家可能为潜在买家准备的债务或股票发行备忘录。

这一基于公开文件的尽职调查审查的初始阶段通常在战略、估值、融资和结构化阶段，前几章对此已有所描述。在这几个阶段，收购方要首先询问并回答以下四个问题：

- 拥有和经营这家公司是否符合股东的长远利益？
- 该公司价值多少？
- 我们能负担得起这次收购吗？
- 我们应该如何构建这次收购？

当各方准备好更进一步并确定交易的暂定价格和结构时，买方应聘请律师和会计师对即将收购公司进行更彻底的研究。尽职调查的"家丑"阶段——发现该公司的问题——再早开始都不为过。买方往往忽略了这一阶段，因为他们不想得罪卖方，但他们必须推进尽职调查工作。买方要提出并回答更棘手的问题，例如：

- 该公司的财务报表是否显示出任何破产或欺诈的迹象？
- 该公司的运营是否显示出任何内部控制薄弱的迹象？
- 该公司是否有在合并后收到政府或其他方面的重大诉讼的风险？

尽职调查正式开始的两个里程碑是保密协议和收购该公司意向书的签署。正式的尽职调查通常在这两份文件签署后才开始。更多详细信息见收购协议。（有关保密协议的样本，见本章末尾附录 6A。关于意向书和收购协议的样本见第七章。）

收购协议通常会交代尽职调查的哪些内容？

除其他事项外，收购协议应当：

- 说明可用于尽职调查的时间；
- 承诺买方可以接触待售公司的人员、场所和文件。

以下是收购协议中有关尽职调查的示例用语：

买方调查。卖方和目标方应促使其子公司在正常营业时间内，在合理事先约定的情况下，允许买方的高级管理人员和授权代表自由、充分地进入目标方及其子公司的办公室、厂房查看财产、账簿和记录，以便买方有充分的机会对目标方及其子公司的业务、运营、资产、财产以及法律和财务状况进行买方认为有理由的必要或可取的调查；买方应促使其子公司允许买方的高级管理人员和授权代表自由、充分地进入目标方及其子公司的办公室、厂房查看财产、账簿和记录，以使买方有充分的机会对目标方及其子公司的业务、运营、资产、财产以及法律和财务状况进行调查；卖方、目标公司及其附属公司的管理人员应向买方随时提供合理要求的与目标公司及其附属公司的业务运作、资产、财产、法律和财务状况有关的额外财务和运营数据以及其他信息。

在交割日之前或在任何时候，如果本协议除适用法律另有规定外，则买方应将根据本节获得的与目标公司及其子公司有关的所有信息保密。如果本协议被终止，则买方应将以文件形式获得的所有信息返还给目标公司及其子公司，且不得使用根据本节获得的任何信息，从而对目标公司或其子公司产生重大不利后果。

无论买方已进行或未进行任何调查，卖方、目标公司及其子公司在本协议中所作的陈述、保证和协议均应有效。

此条款第一段称为调查契约。它确保卖方与买方合作，为买方对卖方及其子公司的尽职调查审查提供准入和后勤支持。这是任何收购协议中最有价值的部分之一。

第二段，有时被戏称为烧毁或归还条款，可能有助于减轻卖方对保密的担心。请注意，无论如何，卖方通常会要求潜在买方签订一份单独的保密协议。

第三段作出了一项声明，将完美调查的负担从收购人身上移除。如果没有这种声明，卖方则可以在违约后免除赔偿责任。卖方可以放弃对陈述的责任，辩称买方本可以在调查卖方公司期间发现违约行为。

谁来执行尽职调查？

通常，收购方的外部顾问在收购方雇用或保留的专业人员团队的帮助下指导尽职调查。如前所述，审查涵盖财务、业务和法律各方面。专业化的关注对以上各方面审查都会有益。财务和法律方面的职责各有不同，但是各方面可以而且确实应该相互沟通。

财务报表审查需要收购方财务和会计人员的关注，如财务总监，如果公司有首席内部审计师，则还需要首席内部审计师的关注。业务审查将涉及公司业务行为中固有的风险——例如，对网络攻击的防御能力薄弱。

法律合规审查需要外部法律顾问，如果有的话，则还需要内部法律顾问。在审查过程中，收购方还可以聘请资产评估师、网络安全专家、环境专家等一大批专业人才。

指导审查的一方不应存在任何利益冲突。任何一方为完成交易支付了意外开支——例如，有此安排的投资银行家——都可能存在利益冲突，收购方在决定由谁来指导审查时应考虑到这一事实。此外，如果一家公司与它正在调查的公司有财务关系或咨询约定，它也可能在交易方面存在利益冲突。例如，审计师事务所与被调查公司除审计之外还有财务、雇佣或其他业务关系，或存在可能表明尽职调查执行方缺乏独立性的其他条件。[1]

如今网络安全是一种重大风险。对于在尽职调查中察觉此类风险,你有什么建议?

网络安全审计应该是对目标公司现有数字环境进行的非常全面的审查,包括各种不同的平台和工具。[2] 信息技术(IT)基础设施,包括防火墙、防火墙规则、入侵检测以及入侵补救工具和程序是需要审查的典型领域。审查应覆盖当前和过去的环境,包括审查过去和现在发生的入侵行为和补救措施。在使用云技术这一趋势下,关键信息存在于一个或多个第三方,分析可能变得复杂。知道云提供商有可接受的网络安全技术及协议是不够的,因为目标公司可能会选择绕过一些可用的网络安全技术及协议,而仅仅使用一个简单的密码方案,这将不是一个可接受的安全环境。而且,对于支持为其员工提供自带设备办公(BYOD)环境的目标公司,分析时应考虑到适当保护基础设施环境免受可能包含危险恶意软件的设备的影响。

对关键应用软件的分析,包括数据内容,如客户信息、财务信息和知识产权(IPR)信息,是第二大需要关注的关键领域,包括哪些信息被数字化并在线提供给授权用户。而且,随着应用程序的使用越来越多,这些应用程序跨越客户、供应商和第三方环境等组织,审查可能变得更加复杂。随着基于云的应用程序的出现,了解不受信息技术控制而是业务人员直接与第三方提供商签订合同的应用程序(通常称为"影子IT")的使用情况至关重要。

第三,对电子邮件和文档管理等软件工具的审查应进行分析,以彻底审查目标公司的环境。这一领域将包括在线应用程序和网站,包括那些不是当前的或不再使用但仍然存在的网站,因为它们可能存在嵌入的漏洞,这可能导致入侵。

第四,审查应包括IT及网络安全的组织和人员,确定其职责和充裕度,以适当保护目标公司的数字环境。

第五,在了解网络安全环境和可能存在的漏洞方面,对目标公司使用社交媒体的情况进行审查也至关重要。

第六,随着人们对数据隐私权越来越关注,建议对数据隐私权信息进行审查,特别是在涉及跨国目标和位于不同国家的目标公司的交易中。于2018年5月25日正式生效的欧盟《通用数据保护条例》(GDPR)具有广泛的影响。除某些例外情况,该条例要求在世界任何地方拥有250名或以上雇员的任何组织在欧盟(EU)收集任何数据时,必须发出明确的选择加入和使用通知。这些公司的供应商也可能受到这项条例的影响。《通用数据保护条例》不仅影响在欧盟范围内收集数据的欧洲公司,还影响"数据主体"位于欧盟任何地方的大型非欧洲公司。由于当今大多数组织都从事包括数据收集在内的数字商务,而且由于数字商务本身没有地理界限,该指令有可能影响许多企业。

在尽职调查过程中获取公司信息的最佳方法是什么？

网络搜索是一个很好的开始方式。在世界各地，使用可扩展商业报告语言（XBRL）的上市公司都在发布关于它们自己的可搜索数据库，供所有人浏览。[3] 就美国上市公司而言，有大量文件需要调查，包括 10-K 表的年度报告、10-Q 表的季度报告以及其他更多文件。证券交易委员会有 100 多种不同的表格，上市公司视情况可能必须提交。[4] 这些都是尽职调查的信息金矿。文件可能包括关键协议、合同和其他重要的公司文件。在美国，特别值得注意的是 10-K 年度报告年度报表中的管理层讨论和分析部分，这一部分列出了主要风险。即便如此，收购方无疑会希望了解比公开信息更深入的细节。因此，如果双方在推进公司讨论方面有共同利益，那么在这段时间内收购方会向目标方提供一份尽职调查要求清单。

就私营公司而言，这一过程较困难，因为大多数信息未公布。今天大多数公司都有网站，这是一个很好的开端。有关获取私营公司信息的更多指导，见第二章"搜索过程"一节。

执行尽职调查的专业人员如何使这一过程保持在正轨上？

有两种主要做法可以使尽职调查不偏离正轨：第一，制定待搜索项目清单；第二，以可查阅且安全的格式存储文件。理想情况下，这两者将在虚拟数据室（VDR）的使用中相互关联。虚拟数据室具有可定制的文件请求清单，该清单也用作存储文档的分类列表。过去老一套的"清单"如今是一组可定制数据库中的搜索词、标签和标题。VDR 菜单屏幕截图见图 6-1，更长列表见附录 6C。

资料来源：Firmex，Toronto/London，2019。

图 6-1　VDR 菜单屏幕截图

虚拟数据室（VDR）是什么？

虚拟数据室是网络空间中的一个地方，无论是在云端还是在内部服务器上，尽职调查和其他交易文件都可以在这里被存储和访问。该功能可以内部构建，但通常外包给有 VDR 产品的数据管理公司（供应商列表见表 6—1）。

表 6—1　　　　　　　　　　　VDR 供应商代表名单

此 VDR 提供商清单按字母表顺序排列，与认可度无关。欲知详情，请访问公司网站。 Ansarada, https://www. Ansarada. com/ Blackberry Workspaces（前身为 Watchdox），https://www. Blackberry. com/US/EN/Products/Communication/BlackBerry-workspaces-EFSS Box, https://www. Box. com Brainloop, https://www. brainloop. com/en-gb/ Caplinked, https://www. caplinked. com/ Citrix Sharefile, https://www. sharefile. com/virtual-data-room DataRooms, https://datarooms.org/ Deal Interactive (TransPerfect), https://securetrial. dealinteractive. com/public/index. html Drooms, https://drooms. com EthosData, https://www. ethosdata. com/ Firmex, https://www. firmex. com/ https://ForData. pl/en/products/fordata-virtual-data-room/HighQ, https://HighQ. com/ iDeals, idealsvdr. com Intralinks, https://www. Intralinks. com/ Merrill Datasite, https://www. merrillcorp. com/en/ OneHub, https://www. onehub. com/ RR Donnelly Venue, https://venue. dfsco. com/venue/ SecureDocs, https://www. securedocs. com/ Sharevault, https://www. sharevault. com/ Smartroom, https://smartroom. com/virtual-data-room/ V-Rooms (also called Vault Rooms),- https://www. vaultrooms. com/

注：清单中许多公司均来源于 https://datarooms. org/vdr-providers/。

提供全面服务的数据室除其他功能外，还将具有：

- 文档上传的索引模板（分类清单）；
- 支持移动接入的应用程序；
- 与用户文档系统的集成（例如，Microsoft Office）；
- 网络安全技术及协议，包括加密、管理控制和防火墙保护；
- 交易平台用于共享特定交易的相关文档；
- 对多种文件格式（PDF、Word 文档等）的支持和安全保障；
- 可视化文档跟踪。

典型的尽职调查清单应包括哪些项目？

典型的尽职调查清单包括有形和无形的关键资产清单。同时，收购协议往往会指明将对这些资产中的哪一项进行评估（有关尽职调查清单示例见附录 6B）。尽职调查评估清单应与收购协议匹配，两相对照。例如，关于在第七章末尾关于存货（一个关键资产类别）的第 4.8 节规定：

在最近的资产负债表中所反映的目标公司及其子公司,按照综合基准计算的存货,只包括状况良好以及在正常经营范围中可出售或可使用的项目,但如最近的资产负债表所载的存货储备足以作此用途,则属例外。根据一般公认会计原则,该等存货在最近的资产负债表上以成本或市场价格中较低者计价。

这一规定的措辞意味着买方必须知道财务报表上对存货的估价是否反映了其实际价值。在某些情况下,买方可能包括一种表示,即某一特定的美元金额是目标存货的最小值——这种表示在资产并购中更为常见。要找到这一美元数额,评估师的服务可能是有帮助的。

评估师在评估目标资产时究竟应该研究什么?

- 首要任务是评估所有可独立销售的在用资产,如机器、不动产或存货。这类评估强制实施于基于资产的贷款人,这类贷款人根据可用作担保的资产的市场价值来确定贷款额。

- 评估其他资产(即非在用的、和/或不能独立销售的资产)也是可取的(但不是强制性的)。这类资产包括未使用的不动产、适销证券、过剩的原材料、对非一体化子公司业务的投资以及采掘行业的资源储备。

- 最后,收购方可以评估公司的业务状况和无形资产,如公司管理层的"替补实力",其支撑业务的核心技术,包括可能采用的任何第三方或内部开发的软件,特别是涉及人工智能(AI)的软件,以及支撑收益流的专利或商标。有关 AI 的问题清单,见第三章估值和建模。

另一个需要评估的管理的重要方面是公司文化,这是一种影响组织内人员信仰、想法和行为的力量。[5] 它可以塑造:

- 态度/心理过程(人们如何感受和思考);
- 行为(什么行为会得到执行和奖励);
- 功能(人们如何做事);
- 规范(强制执行哪些规则);
- 结构(上述各项如何组织和反复运行);
- 符号(什么图像和短语有特殊含义);
- 历史(哪些故事和传统会传给后人)。[6]

(更多关于并购后内容的文化,见第九章。)

尽职调查清单和相应的虚拟数据室类目应包含哪些内容?

尽职调查清单通常与卖方在收购协议中所作陈述和保证的结构相似。这些基本上是卖方的书面保证,即例如,买方必须要求卖方声明,目标公司的合并财务报表按照一般公认会计原则公正地反映了目标公司的财务状况。

在创建一个切实可行的清单时,收购方应集中精力于与手头交易相关的领域。例如,询问客户投诉和退货的频率和程度与消费品零售企业最相关,而违反环保规定的问题则最适合于制造企业。在数据处理作为企业核心职能或所处理的数据特别敏感的企业中,数据保护最为相关——尤其是当该企业在欧洲有客户时,欧洲的数据保护政策极为严格。[7]

取决于收购的规模,清单可能反映也可能不反映实质性阈值。例如,清单可能只包括 50 000 美元以上的资本支出,或将为某些文件规定 5 年以前的限制。收购方同意这类限制时应谨慎,铭记此时都可能限制卖方在收购协议中陈述和保证的范围。

清单上的某些项目需要卖方提供文件,为此,可以单独列一个清单(见附录 6C)。不是所有文件都必须取自卖方。有些卖家乐意应允创建新文档的信息请求;如果这种情况可能发生,买方则可以试图与卖方官员或其他关键雇员面谈来获取数据。这些信息可以以备忘录的形式存储在虚拟数据室中,然后充分体现在买方和卖方签署的收购协议中。取决于卖方信息保留的全面性和准确性,可能需要适当补充新的文件。

但是请记住,对待尽职调查清单(或虚拟数据室起始模板)应该时时警醒,而非按图索骥对待尽职调查清单。调查人员应将调查重点放在当时出现的具体问题上。尽职调查展开后往往呈现为对关键问题进行的一系列独立的小型调查。

尽职调查时长

尽职调查过程应花费多长时间?

尽职调查过程发生在整个收购过程中,持续时间从几周到一年或更长。令人惊讶的是,尽职调查过程在大多数情况下并没有减缓收购谈判的步伐。有时,买方会在第一次报价前广泛调查,以加速谈判。在另一种极端情况下,由管理层主导的收购者,他们了解(或认为自己了解)自己的公司,可能希望跳过某些尽职调查——例如,管理团队的质量。如果当事方急于交易,他们可以用广泛的保证来代替尽职调查程序。

当买方启动正式的、有组织的尽职调查时,他们应该将其推入快车道。快速尽职调查能确保对正在进行的业务活动干扰最少,并将双方的自付费用降至最低。另一个好处是双方相处更加顺畅。

快速尽职调查最有价值的成果是及时向买方提供信息,买方可以迅速确定是否对某项收购感兴趣,如果感兴趣,以何种条款和条件进行。然后,买方可以将注意力集中在确定交易的适当结构。收购价格的计算依据,应在最终收购协议中协商哪些陈述、保证和契约,以及交割需要施加哪些条件。(事实上,"交割的先决条件"附表草案越早产生越好。不知何故,在尽职调查推进时,随着这份文件摆上桌面,并不断修改,这笔交易达成的可能性似乎有所提高。)

尽职调查水平

尽职调查必须做到多彻底?

执行尽职调查必须合情合理,但不必尽善尽美。公司是在复杂世界中运作的复杂实体,任何调查都无法揭开一项收购的所有潜在风险。即使一位专家后来能够找到错误,其在调查人员的分歧中戳出漏洞的能力并不会自动产生责任。

在法院判决中,勤勉和疏忽是相反的品质,其中一个存在可以证明另一个不存在(稍后,本章将更深入地探讨尽职调查这一主题,作为对交易过程中玩忽职守指控的辩护)。

任何特定交易所需的尽职调查程度都取决于所涉公司。上市公司的尽职调查远比私营公司复杂得多。制造商可能比许多服务性公司法律风险更大,尽管服务性公司可能需要比制造业更深入地审查员工基础,因为服务性公司的关键资产是无形的。在收购多元化和全球性的大公司时,尽职调查的工作比单一化和非跨国的小公司所需的工作要多。最后,交易类型会限制尽职调查的努力,因为股票购买比资产并购触发更多的尽职调查责任。

买方希望在尽职调查过程中走多远,部分取决于买方有多少时间和金钱来调查该企业。这在一定程度上取决于企业在社区中的地位、企业经营的年数、企业是否经过大公司审计已有若干年、行政人员更替率高低,以及其他能够建立企业基本稳定性的因素,如长期保留客户。

尽职调查的彻底性在某种程度上还取决于卖方愿意以陈述和保证的形式提供哪些信息,以列入购买协议,当心那些拒绝作出任何书面陈述或保证,坚持不太正式的保证的卖方。这类交易属于高风险交易,很少像表面上那样划算,存在破产和诉讼风险。

即使买方决定依赖卖方的陈述和担保,他们仍然必须至少进行足够的尽职调查,以确保将有一家有偿付能力的公司和/或卖方支持其陈述和担保。如果有任何疑问,收购方则必须建立现金储备。

而且无论如何,如果涉及股东的钱,出了问题,股东的诉讼则很可能接踵而至。诉讼的可能性包括根据州法律和联邦破产法对欺诈性转让的指控[8]、根据州和联邦证券法规定的各种标准。

证券法与尽职调查

证券法对尽职调查有什么规定？

两部基本联邦证券法，即《1933年证券法》[9]以及《1934年证券交易法》[10]，本身不包含"尽职调查"一词但两者的法定条款和相关规则衍生了监管机构和法院对尽职调查的期望，通常与披露问题有关。两部法律都强调准确、及时披露重大非公开信息的重要性。因此，根据联邦证券法提出的索赔请求，包括那些指控未充分尽职调查的索赔请求，往往有披露的成分。[11]

两个主要的证券法规都规定在证券登记和交易方面要做到一定程度的勤勉。对于违反《1933年证券法》第11条的辩护尤其如此，该节不要求被告明知（故意作出）虚假或误导性陈述。联邦证券法有关并购诉讼的关键条目的更多讨论见第十章。根据基石研究公司的说法，其中第14条目前在联邦法律下的并购证券集体诉讼中占主导地位（见表6—2）。有关上市公司问题的概述，见第十章。

表6—2　　　　　并购诉讼中的一些典型原告索赔请求

《1933年证券法》
- 第11条——若注册登记表中含有重大不实陈述或遗漏，原告可提起诉讼（即使被告并非故意，依然可提起诉讼——尽职调查抗辩适用。）
- 第12条——若注册登记表中含有故意欺诈的内容，原告则可提起诉讼。

《1934年证券交易法》
- 第10条——第10(b)目第5款——
- 第14条——第14(a)目；原告可依据第14(e)目诉讼要约收购中的故意欺诈行为。

然而，请注意，当州法院解释是否符合联邦法规时，他们可能会引用其他法律授权的法律先例，如州法律规定的董事和高级职员的受托责任。并购准则、联邦证券法和信托基金相互关联，但不等同，见图6—2。

《1933年证券法》是如何规定尽职调查的？

《1933年证券法》（以下简称《证券法》）主要适用于登记向公众出售的证券（债务或股票）时所作的披露，但它有更广泛的影响。《证券法》及其颁布的规则中的一些概念对法院判决产生了深远的影响。因此，掌握《证券法》中的披露原则可以帮助公司，不论是公共公司还是私营公司，保持良好的商业惯例。

《证券法》适用于在包括并购在内的各种情况下登记证券的公司。公开交易的公司在接受交换要约或登记用作交易对价的证券时必须在S-4表格上提交登记声明。[12]这些表单包含大量关于拟议合并的信息，这些信息需要准确。

注：信托责任包括注意义务；证券法要求尽职调查；并购要求两者兼有。
图 6—2　并购、尽职调查标准和证券法之间相互关系的 Venn 图

因违反《证券法》而被起诉的董事可以将其尽职调查的证明作为法律抗辩。[13] 特别值得注意的是该法第 11 条和第 12 条。

《1933 年证券法》第 11 条和第 12 条对尽职调查有何规定？

这两个部分都与并购尽职调查有关。《证券法》第 11 条要求在发行登记声明中准确、完整地披露重大事实。根据第 11 条，发行人须对注册声明中载有对重要事实的不真实陈述或遗漏陈述使该等陈述不具误导性所需的重要事实负严格的法律责任。如果注册文件包含错误陈述或遗漏重大事实，股东则可以起诉承销商、会计师和/或董事——甚至在没有任何证据的情况下也可以胜诉（或故意或明知不法行为）。然而，除发行人外，所有被告都有一项尽职调查抗辩，即他们没有理由相信该声明存在错报或遗漏。因此，第 11 条是上市公司董事一般需负法律责任的一个重要来源，必须予以高度重视，特别是声明中所谓的专业部分。用前特拉华州最高法院首席大法官诺曼·维西主持的委员会的一份报告的话来说，"在基于专家权威评估注册声明（或其他披露）部分的可靠性时，董事们应当确信该专家是合格的、完全知情的，并且应当对任何会对那些专家权威的可靠性产生怀疑的警示红旗保持警惕。"[14]

《1934 年证券交易法》是如何规定尽职调查的？

《1934 年证券交易法》（以下简称《交易法》）是《证券法》的续篇。鉴于此，如其各自名称所示，《证券法》涵盖证券的登记，《交易法》涵盖证券的交易。由于许多合并涉及证券的交换，本法中所谓的尽职调查部分对投资者来说尤其重要。

与《证券法》一样，《交易法》没有使用这个术语尽职调查任何地方，但被指控违反《交易法》某些部分的个人可以将尽职调查作为抗辩理由。在针对与《交易法》第 10 条（b）款，特别是规则 10B-5 有关的指控进行辩护时，尽职调查抗辩可能是有用的。[15] 它还可能有助于对涉及《交易法》第 14 条有关代理声明的指控进行辩护。

第 10(b)-5 条对并购有何规定？

第 10(b)-5 条规定禁止某些被认为构成与证券买卖有关的故意欺诈行为——包括与控制权变更有关的买卖行为。欺诈行为必须是故意的。法律投诉可以来自任何声称受到此类欺诈行为伤害的证券买方或卖方——而不仅仅是来自政府。

经修正的第 10(b)-5 条如下：

> 不可能在所有 10b-5 条中使用尽职调查抗辩。如果欺诈来自有意识的欺骗意图，则不适用尽职调查抗辩。该抗辩仅适用于原告声称所涉欺诈行为源于极端疏忽或疏忽大意的案件。

鲁莽可被视为故意欺诈，从而使 10b-5 诉讼对在涉及上市公司的收购行为中没有充分尽职调查的收购方构成威胁。[17] 确保和证明强有力的尽职调查的最佳方法之一是获得对事实的独立核查。

《交易法》第 14(a) 条和第 14(3) 条对并购尽职调查有何规定？

同样，这并不直接涉及这一专题，但强有力的尽职调查程序可以降低在并购背景下发生此类诉讼的可能性。第 14(a) 条禁止公司管理层（有关证券的发行者）利用欺骗性或误导性的陈述征求代理人。了解并购交易中尽职调查工作的董事和高管更有可能发现委托书中的不准确之处。

第 14(e) 条对参与要约收购公司股份的人规定了类似的期望。禁止要约收购人（该有价证券的买主）对重大事实或遗漏作出虚假陈述，参与任何欺骗、操纵或欺诈行为。

在这些不同的法律和规则中，有哪些关键的教训？

关键的教训是，在确定没有欺诈意图之后（如果与基本债权相关），在批准证券的购买或出售时表现出谨慎可能很重要。对于收购者来说，这意味着建立一个良好的尽职调查程序，在该程序中研究目标公司，包括聘请独立专家在与现有或未来股东的通信中核实指称的事实。

独立核查事实需要什么？

在进行尽职调查时，律师（或其他人）需要在合理的情况下获得对事实的独立核查。基于对证券发行尽职调查的公认智慧的合理、独立的核查通常意味着参考公司外部和内部的信息来源。

埃斯科特诉 Barchris 建筑公司的著名案例（1976）指出，"提问后，得到的答案正确便心满意足，就此放手，而不查明记录去分辨答案是否真的正确、完整"是不够的。[18]

安然和世通破产案（分别发生在 2001 年底和 2002 年中）的原告就多个问题起诉

董事和高级管理人员,包括在尽职调查背景下特别令人感兴趣的一个问题,即涉嫌违反《证券法》第 11 条。该条规定,招股说明书中的错误必须承担严格责任,即使并非故意。[19] 与这一论点相一致,最后调查报告指责董事会成员和顾问,据称他们没有对财务问题的警告信号给予足够的重视。[20] 一般而言,被告可以通过采用所谓的尽职调查抗辩来避免根据第 11 条承担的责任。这种抗辩可以保护那些证明他们相信陈述是真实的,没有重大遗漏,有合理的理由,并对所涉事项进行了合理的调查的被告。世界通信公司对这一辩护进行了审理,但法院驳回了这一辩护[21],其后的法庭亦采取同样的行动,以致根据第 11 条提出的诉讼自那时起便有所增加。[22] 鉴于第 11 条索赔的增加,其中许多源于并购案件,比以往任何时候都更重要的是准备一个强有力的尽职调查案件。[23] 第十章讨论了这一问题(见表 10-1)。

第十章描述了审查出售决定的四项标准,但在此我们注意到,在假设没有相互冲突的情况下,根据这些标准中的任何一项,董事和高级管理人员仍然可以被免除索赔的责任。[24] 这类案件在得到解决之前就被驳回了。但是,尽管许多并购诉讼被驳回或和解,但仍有足够多的诉讼值得注意——尤其是在目标公司一方,大多数情况下都是如此。[25] 即使买方决定依赖卖方的陈述和保证,他们仍然必须至少进行足够的、适当的担保,以保证将有一家有偿付能力的公司和/或卖方支持其陈述和保证。如果有任何疑问,收购方则必须建立现金储备。

警示红旗

在尽职调查中有哪些警示红旗?

收购方应在先前列出的每一个适当的差异领域(从财务报表审查到交易审查)警惕某些警告信号。以下所有这些都是在某种程度上需要调查的警示信号。

- 财务警示红旗包括外部或内部审计员的辞职、会计方法的改变、内部人员出售股票以及不正常的比率。这些可能表明欺诈和/或破产。
- 运营警示红旗包括很高或很低的营业额,以及对重要的非财务项目(质量、合规)的报告质量很差或不充分。这些可能运营操作不稳定。
- 责任/合规警示红旗包括监管机构、消费者、雇员、股东、债券持有人和其他债权人等各种利益相关者的潜在诉讼风险。
- 交易警示红旗包括相互冲突的会计和税务目标。这些问题需要尽早解决。

与卖方的关系

在尽职调查过程中,买方如何获得卖方的合作?

当买方(或买方的客户)传达这样一个重要信息,即充分了解事实和风险对每个人都有好处,并有助于防范更多的风险时,卖方更有可能合作。如果买卖双方在交易结束后被起诉,则通过法庭盘问对抗程序。例如,就像买方可能会因为一项收购付了太多钱而被起诉一样,卖方可能会因为收了太少钱而被起诉。

卖方可能希望进行尽职调查——他们——已预料到买方的所有要求。由于明显的财务原因,当买方以股票支付时,卖方需要对买方进行尽职调查,特别是如果买方提供的是一家少数人持有的公司的股票。最后,如果卖方或卖方的关键人员将为买方工作或以其他方式从买方获得收入流(例如,在部分由买方票据供资的销售中),则调查买方符合卖方的利益。

假设卖方拒绝提供所要求的文档,但允许查阅其文件?

买方必须组织一次现场文件审查工作,这通常需要前往实体公司总部,并可能需要卫星运营。调查人员将使用前面提到的采购清单。卖方应愿意将买方引向了解清单上详细列出的每个询价主题的雇员,或至少引向相关档案。

如前所述,收购协议应当包括卖方对买方的陈述(承诺),即买方将有权查阅所请求信息的所有相关档案。如果该收购因任何原因而不得不接受司法审查,则拒绝支持尽职调查可能看起来很糟糕。

作为对卖方的礼貌,并为了避免文件之间的混淆,每一份文件的格式可能因公司而异,买方应将每一份文件复印两份——一份给自己,一份给卖方。无论如何,应设计一些涉及编号的识别系统,以便跟踪所制作的文件,特别是复制的文件。

在整个过程中,买方应当对其人员及其与卖方关系所受到的压力保持敏感。尽职调查这种努力是对正常商业惯例的破坏,并可能被卖方视为买方无端怀疑和无视卖方利益的表现。如果预期的交易不能达成,卖方则可能担心对其业务的开展及其将来向他人的销售造成不利后果。事实上,许多潜在的交易确实因为严格的尽职调查程序而告吹,这疏远了卖方、买方或双方。

彻底的尽职调查可能会大幅增加交易前成本,并可能会吸引有其他工作要做的关键员工的注意力。尽管如此,这些干扰在很大程度上依然不可避免。关键是要使过程彻底,但又合理。

尽职调查地点

应在哪里进行尽职调查？

买方对卖方资产的检查既有现场检查，也有非现场检查（查记录检查）。现场调查可能包括与官员和雇员进行讨论，以及检查不动产、机器、设备和库存。在与主要高管和雇员进行面谈时，调查员力求填补记录中的空白，并确定是否存在尽职调查清单中未确定的潜在关切或责任（或可定义资产）领域。

好的面谈笔记应包括以下内容：

- 面谈时间和地点；
- 被约谈人的姓名和职称；
- 面谈范围；
- 面谈期间所做的重大披露。

根据交易的规模和结构以及特定资产的重要性，买方可能希望使用不动产估价员对所涉及的所有不动产进行估价，使用工程师检查厂房和设备，使用会计小组审查库存。客户还应审查卖方有关这些项目的财务报表。

非现场调查可能包括搜索有关公司的公共记录以及与收购目标有重大关系的各方进行讨论。这些人包括客户和供应商、私人贷款人以及前主要雇员（包括董事和高级职员）。面谈的关键人物是那些在与目标公司的重大诉讼中胜诉的人——尤其是前雇员和股东。

在谈到一家与第三方合作的公司时，有哪些潜在的问题领域？

这是一个非常敏感的话题。与第三方的讨论，如果正确进行，则可能是有价值的信息来源。但是，如果卖方认为这些讨论可能会损害其今后开展业务的能力，或者买方在购买竞争对手时可能会使用这些信息，则这些讨论也会导致买卖双方之间关系紧张。在这方面，与买方贷款人的讨论可能特别敏感。保密协议（见本章）和意向书（见第七章）应涵盖第三方讨论的指导原则。

另一个微妙的话题是长期协议。买方应尽早开始与现有供应商或客户协议的当事方进行谈判，要求在买方收购该业务时将其转让给买方。如果供应商或客户拒绝，这可能是声称在执行收购协议和成交之间业务发生了重大不利变化（MAC），也称为重大不利影响（MAE）的基础。收购协议应包含一项条款，规定一旦收购发生重大不利变化，买方可以压低价格，甚至退出交易。

应该检查哪些备案材料？

在尽职调查中需要满足的第一个问题是基本的：买方必须确认公司是合法成立的，并且继续存在。为此，买方将确定公司注册的管辖范围，并通过以下方式记录公司的组织机构，并审查公司章程，包括名称变更等的修改。附录 6B 中的尽职调查清单与这些基本内容相关。

公司章程是可以从公司法律事务处获得（以经认证的副本的形式）的公共文件。私人控股公司的收购者也应要求同一办事处提供该公司在该办事处继续保持良好地位的证据。这在网上很容易做到：如果买家键入目标所在州的名称和"商业实体搜索"字样，相关州机构的网站就会弹出，买家可以在那里查看目标在该州的商业状态是否仍然活跃，还必须仔细审查有关的州法规和公司记录册，以确定条款和修正案已得到适当通过，并且没有采取任何行动解散公司。此外，查阅会议记录簿亦应确定该记录簿是最新的，以及该记录簿已妥为反映公司董事及高级人员的选举或委任情况。（对于在主要交易所上市的公司，由于对上市公司的行为有许多保障措施，这一额外步骤的必要性可能较低。）

在确定法团确实妥为成立后，买方的尽职调查小组审查公司在其注册地以外的其他司法管辖区域开展业务的资格——换句话说，在它可能开展业务的任何其他州或国家。为了彻底结束这一最初的尽职调查阶段，买方必须从卖方经营所在的每个州和外国司法管辖区域寻找良好的信誉证明和税务证明。这一过程因《南达科他州诉 Wayfair 公司案》(South Dakota v. Wayfair, Inc.) 而变得更加复杂。在该案中，美国最高法院裁定，美国各州有权对州外卖方的收购行为征收销售税，即使卖方在征税州没有实际存在。[26]

一旦公司成立，资格认证、良好信誉和税务证明得以确立，就应查找可能存在的对公司或其任何资产不利的留置权、抵押和判决。在发现这类义务时需要搜索的资料来源包括：

- 公司主要办事处所在州的州务卿办公室和其他相关州的州务卿办公室，有时还有县办事员办公室，在这些地方提交文件披露债权人在《统一商法典》项下资产中的权益；
- 所有有关契约纪录处；
- 所有相关法院，包括联邦法院、州法院和地方法院；
- 任何特殊的归档管辖范围。[27]

最后一项是检查当前和以前的公司名称、URL 地址以及所有的商品名称、服务标记和商品外观注册。有关网站 URL 地址的所有权信息通常是有用的。可以登录 www.whois.net，除非拥有者已为此信息支付了保密费用。如果你购买一家公司是因为它的商标，那么要确保该公司实际上拥有商标。在美国专利商标局（USPTO）的网站 www.uspto.gov 上，本书作者之一正在考虑投资一家私人持有的消费品公司。在美国专利商标局的网站上简单搜索一下就发现，目标公司的商标已经被查封了，因为它的法律顾问忽略了对美国专利商标局的调查做出回应。目标公司最初是不相信的，但后来了解到这是真的——不幸的是，这降低了业务的价值。

资产评估

买家可以获得多少信息，关于目标方是公司的子公司或部门？

这取决于该公司是私营的还是国有的，如果是公营的，那么它的收入有多大比例来自子公司。

私营公司可能不必公开披露子公司或分部的业绩，这取决于其注册国（有些国家确实要求提交此类数据）。国有公司必须作出披露（如业务范围报告），用于创造公司收入 5% 或以上的单位。

然而，一些公司，不管是私人公司还是国有公司，都会自愿公开披露所有子公司和分部的财务状况，而且所有的财务状况都很好，受管理的公司在内部报告这种结果。最后，高度管制的行业，如航空公司，可能要求所有行业参与者——无论是公开交易的还是私人持有的——进行有选择的财务清算。

诉讼分析

诉讼分析有没有自己动手的方法？

作为起点，有关联邦诉讼的概要信息可以通过一个名为 Pacer 的电子服务收费获得。虽然结果不是详尽无遗的，不包括在州法院提出的诉讼，但本书的作者已经发现，在多种情况下只需几美元即可以获取有价值的信息。

买方应如何分析针对收购候选人的现有或潜在诉讼？

对收购候选人进行彻底的诉讼分析需要一个特别的程序，通常由训练有素的诉讼分析员进行。管理层或其法律顾问可以请专门从事商业或相关诉讼并熟悉卖方行业的律师来确定现有索赔的有效性和风险敞口。

主要负责诉讼风险审查的个人必须首先确定审查的参数，并确定需要特别审查的诉讼或行政行为。主要审查人必须获得所有诉讼、未决诉讼和威胁诉讼的时间表，并必须安排接收所有相关诉状的副本。

在审查具体案例之前，主要审查人应先确定卖方认为哪些案例属于责任保险范围，然后确定哪些案例（如果有的话）属于责任保险范围。因为两者并不总是一致的，所以审查所有的保险单是至关重要的。

负责诉讼分析的个人必须既了解交易的结构，例如，无论是购买股票还是购买资产——以及有关债务和侵权行为的继承者责任的公司和侵权法规则，特别是关于补偿性和惩罚性损害赔偿，然后逐个应用这些规则。任何审查人员都应掌握董事和高级管理人员（D&O）诉讼的最新趋势。[28]

谁可能会起诉（或计划起诉）一家公司，哪些问题会引起对公司的起诉？

客户（以及竞争对手、供应商和其他承包商）可能就下列事项提起诉讼：

- 合同争端；
- 产品或服务的成本、质量、安全；
- 收债，包括取消抵押品赎回权；
- 欺骗性贸易行为；
- 不诚实或欺诈；
- 信贷的展期或拒绝；
- 贷款人的责任；
- 其他客户和客户问题；
- 贸易限制。

雇员（包括当前的、过去的或未来的雇员或工会）可就下列事项提起诉讼：

- 违反雇佣合同；
- 诽谤；
- 歧视；
- 雇用条件；
- 骚扰或羞辱；
- 退休金、福利或其他雇员福利；
- 非法终止。

监管机构可能会起诉：

- 反垄断（在政府提起的诉讼中）；
- 环境法；
- 健康和安全法。

股东可能会起诉：

- 合同纠纷（与股东）；

- 剥离或分拆；
- 股息宣布或变更；
- 对小股东的责任；
- 高管薪酬（如黄金降落伞）；
- 财务业绩或破产；
- 金融交易（如衍生工具）；
- 欺诈性转让；
- 一般违反受托责任；
- 披露不充分；
- 内幕交易；
- 投资或贷款决定；
- 并购方案（目标方、投标人）；
- 代理内容；
- 资本重组；
- 股份回购；
- 股票发行。

供应商可能会起诉：
- 反垄断（在供应商提起的诉讼中）；
- 商业干扰；
- 国际合同争端；
- 侵犯版权或专利；
- 欺骗性贸易行为。

什么一般规则规定管辖买方对目标的债务和侵权行为的潜在责任？

传统的规则是，如果一家公司将其全部资产出售或以其他方式转让给另一家公司，继承人不对前人的债务和侵权责任承担责任；相反，这些债务和能力仍然是销售实体的责任。事实上，这是结构化资产并购而不是股票购买对买方的关键优势之一，如第五章所讨论的。然而，即使在资产并购中，继承人也可能在下列情况下承担责任：
- 如果它已明示或默示同意承担赔偿责任；
- 如果继承人仅仅被认为是前人的延续；
- 如果交易是为逃避赔偿责任而设计的欺诈行为。

劳动合同还有一个例外。如果继任者购买了前任的资产并保留其雇员，继任者当然也必须承认前任所承认的工会并与之讨价还价，并与这些雇员保持现有的雇用条件。现有合同也可能造成继承权问题。各州法律在债务和责任的承担方面可能有所不同,因此审查人员必须了解将管辖交易的特定成文法或判例法。

法院越来越有可能根据"产品系列的连续性"或"企业的连续性"这一一般不可持续规则的例外情况,认定继任赔偿责任,特别是在产品赔偿责任索赔方面。第一种例外情况适用于继任者收购同一产品线的制造商的情况。第二种例外情况适用于继承人继续前任企业的情况。

面对咄咄逼人的原告律师团,以寻求更多的资金,公众和法院都在寻找责任方,寻找承担原告伤害费用的人,而没有其他途径可以挽回损失。法院对公司的胜诉要求很高,要求企业继承人承担产品责任损害赔偿,包括在某些情况下的惩罚性损害赔偿。这一趋势在石棉制造商的案件中尤其令人震惊,他们几十年来为实现阶级和解而进行的斗争一直持续到今天。因此,尽职调查审查员必须了解有关赔偿和惩罚性损害赔偿的继承者责任的法律现状。

保险公司正在处理的保单和案件怎么办?

每一份保险单必须审查,以确保未决的赔偿损失索赔将得到承保。什么是可推论的?每次事故和总事故的责任限额是多少?惩罚性赔偿是被政策排除还是被国家法律排除?该政策是否包含监管或其他除外条款?对大公司来说,可能存在过度重叠的政策;所有政策都必须根据这些问题加以检讨。(这可以分包给专门从事基于保险的风险分析的公司,提供在他们被保留之前,他们会被审查是否有可能扼杀交易。)

审查保险单时的另一个考虑因素是,保险单是针对发生的索赔还是针对提出的索赔。在保险单取消或终止后,索赔保险单的承保范围继续有效,并包括在承保期间发生的索赔,不论这些索赔是否在该期间向保险公司报告。索赔保单只包括在保单有效期内实际向保险公司提出的索赔。此外,根据某些政策,只有在尾部是购买的。尾部保单是一种特殊的保单,购买该保单是为了继续承保否则将被终止的保险。重要的是,审查人员应确定卖方保单的性质,并确定任何可能因在保单期间未向保险公司发出索赔通知或未购买尾部而导致的潜在问题。

此外,保险公司正在处理的案件也应该被压缩。审查人员应确定保险人是否已根据权利保留作出陈述(即保险人同意支付或提供法律代表,但不影响其以后拒绝承保的权利),如果保险人已初步拒绝承保年限,或如果索赔的损害赔偿包括惩罚性或3倍损害赔偿,这些可能不被承保。

在尽职调查的背景下,律师如何确定特定诉讼对收购公司是否重要?

在通过尽职调查请求收集信息之前,律师必须确定什么诉讼具有决定性。诉讼的实质性决定,如同尽职调查的其他方面一样,将是相对的。一场500万美元的诉讼,即使有可取之处,在10亿美元交易的背景下,也可能意义不大。

另外,如果买卖双方不能就如何处理这个案子达成一致意见,即使是一个财务风险很小的案子也可能危及一笔 2 000 万美元的交易。

在评估针对一家中型公司的未决诉讼时,25 万美元的实质性临界点可能是合理的。此外,无论财务状况如何,某些类型的案件都值得密切关注。例如,一个产品责任案件看起来可能是许多案件中的第一个,应该受到密切关注,即使这一案件的财务风险微不足道。

在评估潜在诉讼的潜在成本时,公司应考虑庭外和解的选择。最近,越来越多的公司发现,许多诉讼是由公司的行政人员、内部和外部法律顾问甚至一些公司董事的失误和偏执造成的。许多公司,例如摩托罗拉,已经成立了专门的小组来降低诉讼成本,并且正在探索替代性纠纷解决(ADR)的可能性。ADR 是一个法律领域,在这个领域里,绕过或补充法院的小型诉讼,以比通常的法律成本低得多的速度快速解决纠纷。这也可能产生隐性收入,因为许多公司维持昂贵的法律诉讼,而这些诉讼可以被廉价的 ADR 程序所取代,而且即使在收购谈判过程中,案件也能轻松、迅速和廉价地解决。

诉讼人应该审查哪些重要信息?

在尽职调查请求中,律师应要求提供一份符合既定重要性标准的所有悬而未决或威胁采取的行动的摘要。摘要应包括以下内容:

- 各方的名称和地址;
- 诉讼程序的性质;
- 开始日期;
- 地位、寻求的救济和提供的解决办法;
- 沉没成本和估计未来成本;
- 保险范围(如有)。

就这些行动提出的任何法律意见还应提供下列内容的摘要:

- 私人或实体提出的所有民事诉讼;
- 政府机构的诉讼或调查;
- 涉及目标公司或其任何重要雇员的犯罪行为;
- 税务索赔(联邦、州和地方);
- 行政行为;
- 所有调查。

此外,律师应要求提供过去 5 年中与政府机构,如司法部(DOJ)、生态环境局(EPA)、联邦贸易委员会(FTC)、税务局(IRS)、职业安全与健康管理局(OSHA)、劳动部以及卖方所受的任何其他监管机构(市、县、州或联邦)的所有实质性相关资料的副本。如果公司通过证券交易所或股票市场(纽约证券交易所、纳斯达克等)出售股票,则应收集与上市机构的所有重大通信。如果目标本身有子公司,则也应要求提供子公司的所有相关信息。

在这些信息都收集好之后,诉讼分析又是如何进行的呢?

在实际分析开始之前,负责审查的个人必须确定谁来分析哪些索赔。高度专业化的索赔应指派给对所涉领域最了解的律师进行审查。

个别审查人必须安排接收关于任何其他相关索赔的诉状和文件。此外,审查者应该有权接触那些代表目标人的律师。然而,这可能是困难的。即使在以合作为特征的收购中,获得所有相关的诉状也可能是具有挑战性的。如果目标公司由一个以上的律师事务所代理,尤其如此。

负责诉讼分析的个人必须与代表目标公司的律师建立特别良好的工作关系。在某些情况下,应谨慎处理与外部律师的沟通,因为该公司可能会看到其法律工作的一部分因收购而消失。在更多的情况下,对于规模较大的目标公司,诉讼由全国各地的几家公司处理,必须征询所有这些公司的意见。在某些情况下,审查案件卷宗并与目标的外部律师简短磋商就足够了。在其他情况下,外部顾问必须更多地参与分析过程。审查人员应特别谨慎地接受目前处理案件的目标外部律师所作的陈述;这些代表可能过于乐观了。

最后,审查人员应系统地评估每一个悬而未决的重要案件,应为待处理的负债或追偿分配一些数字,并应包括行政人员的时间成本。对于由外部律师事务所代表目标处理的诉讼,审查人员应评估案件是否得到了有效的处理。即使是一个没有价值的案件,如果由一个没有经验或不重要的公司或从业人员处理,则也会造成重大的风险。

审查者应该首先考虑哪些情况?

审查人员应该只关注最坏的情况——那些如果发生,可能会对被收购公司的总体业务产生负面影响的情况。调查还应查明和研究涉及同行业其他公司的其他已知案件。例如,假设一个法院裁定该行业中一家公司的商业惯例构成欺骗性贸易惯例或其他违法行为。如果目标公司处于同一行业,从事或可能从事同一业务,则即使该公司不是所涉诉讼的当事方,也可能对该公司的未来业务产生重大影响。

当今诉讼热点有哪些?

环境法仍然特别不可靠。管理这一领域的主要联邦法律是《综合环境反应、赔偿和责任法》(CERCLA),又称《超级基金法》。这项法律侧重于土地和水的使用引起的环境责任。一些州已经颁布的环境保护法规对污染责任人的财产设置超级留置权。这种影响深远的补救办法的存在要求在尽职调查期间考虑到州和联邦的环境法律,并且审查者必须与环境法律的状况保持一致。

此外,还有一个法律领域将环境问题与产品或制造过程中消费者或工人安全问题结合起来。一些热点领域包括：

- 过去三十多年来，石棉一直受到诉讼。一些公司遭受了广泛的惩罚性赔偿要求。
- 油漆和黏合剂，这些物质可能会引起因接触挥发性有机化合物而造成人身伤害的索赔。
- 农药，可根据中毒指控提起诉讼。
- 其他化学品，如铍（用于制造用于航空航天和国防的轻质合金项目）、甲醛、一氧化碳、碳氢化合物和异氰酸酯（石油公司因吸入而被起诉）、二氧化硅和甲苯二异氰酸酯。

这份清单绝非全面。几乎任何一种化学物质都可以被证明是不健康的。一些州的法规仍然促使工人和消费者更容易起诉制造商的产品缺陷，即使制造商保持很高的安全标准。一些州已经实施了改革，但仍然存在司法地狱——在这些司法管辖区域，诉讼繁重，判决和判刑严厉。

药品危险区怎么办？

诉讼密集的领域包括抗生素、减肥药、疫苗损伤、激素替代疗法等。

在评估公司可能面临的环境责任时，收购者应从何着手？

在进入细节之前，收购方应进行广泛的环境风险分析。一般来说，在拟议的收购中有两种环境问题值得担心：对资产负债表产生不利影响的环境问题和对财务预测产生不利影响的环境问题。任何一种都可能破坏买方希望达到的经济利益。

资产负债表环境问题和财务预测环境问题有什么区别？

资产负债表问题源于买方因收购业务而承担的已披露或未披露的负债。这种责任通常包括清理由卖方或卖方前任之一造成的混乱的费用。费用包括清除被污染土壤或净化被污染地面的费用，不仅包括买方购买的场地，而且还包括倾倒企业产生的危险物质的邻近财产或偏远地点。

此外，在《超级基金法》下，高级职员、董事甚至股票持有者都可以对清理费用承担个人责任，而造成公共垃圾场污染的公司则要对此类清理费用承担连带责任。最后，即使最终经营或控制受污染财产的有担保贷款人也可能承担此类清理费用。因此，买方必须处理这些问题，而不仅仅是从己方观点出发；买方还必须考虑贷款人会做何反应。

除清理费用外，公司还可能对因饮用受污染的地下水而患病或死亡的第三方或其财产受到公司设施污染的第三方承担赔偿责任。

财务预测问题对公司实现其预测现金流和收益目标的能力产生不利影响。它们通常出现在被收购公司有不遵守适用的空气或水排放标准的历史的情况下。如果尽职调查过程披露了此类经营问题的历史,则持谨慎态度的收购者需要计算使公司合规并保持合规的成本。这可能涉及大量未编入预算的资本成本(采购所需的排放控制设备)或增加的运营成本(确保违规设备的运行符合适用的环境标准),或两者兼而有之。在极端情况下,买方的勤勉可能会披露公司(或某一特定工厂)无法按照环境法进行经济运营。

什么类型的收购最有可能带来重大的环境问题?

典型的资产驱动型杠杆收购涉及制造商,可以说最有可能引发更高的环境担忧。然而,环境问题绝不局限于制造业。仓库、零售企业和服务公司可能拥有在墙壁绝缘或管道包装物中含有石棉的结构,在许多类型的设施中可能发现充满多氯联苯的电力变压器,在任何经营或曾经经营卡车或轿车车队的企业中可能存在地下发动机燃料箱。所有这些情况都是常见的环境麻烦制造者,使得环境问题成为许多收购者共同的"衣柜里的骷髅"。

在被收购的公司中,最主要的环境问题是什么?

任何勤奋的买家都应根据全面的环境检查表对目标公司进行尽职调查,或聘请环境顾问进行尽职调查,但一定要对顾问做彻底的背景调查。尽职调查要求买方或其代表对潜在关注的某些关键领域保持敏感:

- 目标企业是否使用或产生任何有毒或有害物质?最常见的是用于电力变压器的多氯联苯和商用溶剂,如油漆稀释剂和脱脂剂中的多氯联苯,它们是强致癌物,如果溢出,则很容易迁移到地下水中。来自各种工业过程和油漆的重金属(如铅、砷和镉)也被认为是有毒或有害的。
- 是否有任何危险废物运出场外处置?
- 是否有可能含有有毒废物的泻湖或沉淀池?
- 是否有地下储罐可能已经泄漏并将其内容物(取暖油、汽油)排放到地下水中?
- 石棉是否存在于任何结构中(作为墙壁的绝缘、管道包裹或其他)?

为什么买方要担心危险废物被运出房舍?

如果这些危险废物被运到一个已经或可能被宣布为联邦《超级基金法》管辖区内的垃圾场,买方则可能会承担一项可能相当大的潜在责任。即使买方购买的是资产而不是股票,这种负债也可能会转移到买方身上。而且,如果实际上买方并不打算继续从事与前任相同的业务,即使买方明示不承担赔偿责任,也可能承担赔偿责任。

《超级基金法》责任带来了哪些特殊问题?

首先,《超级基金法》可以刺破企业的面纱。高级职员、董事甚至股东都要承担个人责任。其次,清理成本可能是巨大的——远远超过所购买资产的价值。再次,在一个共同场址产生倾倒废物的公司的责任既是连带责任,也是数人责任;从理论上讲,每一个向该场址排放有害废物的人都有责任进行整个清理工作。最后,最终确定责任可能需要数年时间。

在收购后,买方可以做些什么来预防环境诉讼?

■ 尽职调查要求收购方聘请环境咨询公司对目标公司进行环境责任审计。贷款人越来越多地要求提供这种审计报告,以表明基本没有环境问题,以此作为放款的条件。尽管环保署放宽了《超级基金法》下的贷款人责任,但贷款人仍然保持谨慎。

■ 确保卖方的保证足够宽泛:(1)因场内或场外污染而产生的环境责任;(2)所有造成污染的行为,不论该行为在采取时是否违反任何法律或标准。第二点很关键,因为《超级基金法》责任可追溯到现代环境保护法通过之前所采取的行动,当时无证承运人将此类废物运往无证地点并不违法。

■ 确保环境保证书和任何代管或抵消权尽可能长时间地存在,在发现污染并追溯到该公司之前,可能需要数年的时间。

通常环境许可需要吗?

需要。与水质、空气排放和有害废物有关的联邦、州和地方许可证和同意法令应仔细检查,以确保它们在交易交割后仍然有效。此外,至少在一个州(新泽西州),在实际转让任何工业或商业设施时,为了使卖方将有效所有权转让给买方,必须给予或正式放弃对清理计划或任何清理过程的州批准。

新出现的法律问题

在尽职调查中,哪些新出现的法律问题值得关注——这些问题可能是买家从未想过的,但可能会损害公司的利益?

随着全国各地的法院提供法律理论,建立新的先例,废除旧的先例,这样的问题不断出现。这种新的法律理论的清单不可能是完整的,但这里有几个问题需要考虑:

■ 对于下属的不法行为,公司负责人能在多大程度上被追究责任?这种代理理论正在不断地被检验。

■ 顾问能在多大程度上依赖管理者的言论?管理层在多大程度上可以依赖顾问?律师—委托人特权的性质正在迅速变化,法院要求双方都持更多的怀疑态度。

■ 一个公司可以因同一行动被起诉多少次?对可以要求惩罚性赔偿的原告人数有限制吗?

■ 辩护律师针对哪些领域?你可以访问美国司法协会的网站(Justice. org;前身是美国审判律师协会),看看他们在讨论什么热门话题。

- 履行控制权变更条款是否会给离任或即将上任的首席执行官带来不合理的薪酬？如果是这样的话，监管机构（如美国国税局）或股东可以试图以董事和高级管理人员未能履行其受托人的注意义务为理由起诉董事和高级管理人员。由于首席执行官薪水过高是一个值得关注的问题，所以要确保避免让这个问题长期存在于你的交易中。

监管机构和法院在认定高管薪酬是否合理时，考虑的因素有哪些？

监管机构通常不会介入高管薪酬问题，除非税务部门对薪酬的可抵扣性提出疑问。如果支付给私营公司股东的薪酬过高，则他们可以对此提出疑问。以下是税务法院根据美国会计师协会确定向股东支付的赔偿是否合理时使用的问题：

- 无关的外部投资者会认为赔偿合理吗？
- 补偿金额与分红金额相比如何？
- 薪酬与公司的盈利表现比较如何？
- 薪酬水平是事先安排好的，还是以企业利润为基础的？
- 公司所在行业的典型薪酬水平是多少？

如果薪酬方案接近公平交易中支付的金额，则可能经得起美国国税局的审查。

黄金降落伞（golden parachute）付款呢？

黄金降落伞支付给高级职员、股东或其他高报酬的个人的报酬是否取决于公司所有者身份或控制权的变更。根据《国内税务法典》第280G条，超过接收方基本金额3倍的部分付款不能作为补偿由公司扣除。（基准金额为所有权或控制权变更前5年的平均年化应支付薪酬。）因此，举例来说，如果一名官员在过去5年平均每年领取50万美元的薪金，而他的降落伞是200万美元，那么公司只能从降落伞数额中扣除150万美元作为薪金开支。此外，受助人将对超过的金额征收20%的税。最后，值得注意的是，根据经2017年《税法》修正的《国内税务法典》第162(m)条，任何超过100万美元的赔偿金一般都不能给公司减税。（关于合并情况下补偿问题的更多信息见第九章。）

交割后的尽职调查

尽职调查程序何时适当结束？

尽职调查迅速完成固然重要，但尽职调查的努力确实应该延伸到结案之前，直至结案之后。该流程所施加的纪律——处理业务复杂的现实——永远不应放弃，而且在交割日没有对收购协议进行修订，涵盖未完成的尽职调查项目，这是一项罕见的交易。

许多收购协议都包含一个降低条件，以便向买方保证，在交割日，目标将是同一目标，从法律和财务的角度看，买方在合同中讨价还价。作为交割的一个条件，降低条件要求卖方延长其陈述（承诺）期限，即在交割日期之前没有发生任何重大不利变化。

买方的终止交易清单可能是广泛的，使买方和卖方都感到紧张，因为它规定了随后的有效成交。许多人宁愿等到一切都完成，然后在交割时（而不是交割前）签署收购协议。

根据大多数收购协议，在下列情况下不要求买方交割：
- 卖方违反了任何契约；
- 卖方及目标的任何陈述和保证在交割日作出时或在完成日期均不真实，或类似于在交割日作出时均不真实。

如果陈述和保证在签署之日是真实的，但由于在签署之后发生的事件或由于在签署之后发现的违约行为在截止之日不再真实，则本条件为买方提供了一种逃避。

在交割时进行最后尽职调查的意义有两个方面：
- 第一，亲身参与尽职调查过程的个人将对他们所研究的业务领域具有特别好的洞察力，在新所有权下的收购后"重新启动"初期，他们可能会被要求回答问题或提供指导。在尽职调查过程中，总会有一些未完成的事情，必须在交割后解决。他们应该列出并分配给人解决与完成日期，指派某人跟进。
- 第二，在买方或卖方对另一方提出索赔的情况下，索赔的解决可能回到一个应有注意的问题上——一方是否向另一方披露或提供了文件或有关事实。如果收购协议未能确定被告应当知道的信息，则必须审查尽职调查程序以确定责任所在。为此，保持关于尽职调查过程和结果的完整书面报告绝对至关重要。

交割后如果出现诉讼则怎么办？

如果在签署后发生诉讼，则终止条款的条件将不适用。这就是为什么在结账前进行负债风险分析，并在最后一刻继续进行尽职调查非常重要的原因。

在我们的例子中，卖方仅保证截至收购协议之日不存在任何诉讼。由于陈述在作出时是真实的，因此并不存在因签署后事件违反诉讼的情况。终止交易条件将使卖方有义务在交割日作出相同的陈述。然而，在此条件的基础上，如果新的诉讼、债务或其他签署后降低了目标的价值或生存能力，买方则将会终止本协议。有关此主题的更多信息见第七章。

收盘后勤勉是否持续显著？

是的。事后尽职调查工作有双重意义。

第一，亲身参与尽职调查过程的个人将对他们所研究的业务领域有特别好的洞察力，他们可能在收购后在新的所有权下重新启动的最初阶段被要求回答问题或提供指导。

第二,在买方或卖方对另一方提出索赔的情况下,索赔的解决可回溯到尽职调查问题,即一方是否向另一方披露或提供了文件或有关事实。如果收购协议未能确定被告应当知道的信息,则必须审查尽职调查程序,以确定责任所在。为此,保持关于尽职调查过程和结果的完整书面报告绝对至关重要。

归根结底,尽职调查的目的是将风险降至最低。为了预测未来的财务、经营和法律问题并保护自己,收购方必须首先检查所有收购的共同问题,检查目标行业的共同问题,最后检查目标公司的风险。首先,在寻求收购候选人时,收购方可以青睐那些在风险管理和法律合规方面有强大计划的公司。此外,收购方可以尝试通过其他方式将交易的风险降到最低:

- 收购方可向以下经纪人咨询责任保险保护收购公司的董事和高级管理人员免受与收购有关的风险,并与保险提供商签订协议。由于董事和高管责任保险提供商雇用了专门预测风险的精算师,因此收购者可以从与他们的交谈中学到很多东西。保险公司是那些寻求限制风险的人的天然盟友。
- 此外,收购方可以确保其尽职调查阶段包括一般认为根据普通法显示的所有应有谨慎步骤。
- 如果在标准尽职调查过程中出现疑点,收购方则可以聘请私人调查人员进行确认。
- 收购人可以在记录当事人之间协议的文件中列入保护性条款。
- 收购方可以构造交易以最小化其风险。
- 收购方可以确保其签署的各种交易相关协议包括针对收购前条件导致的收购后损失的充分保护。
- 最后,收购人可以获取陈述和保证保险,由此可以直接向保险公司追偿由于卖方违反交易文件中的陈述和保证而造成的损失。

再加上彻底的尽职调查,这些步骤有助于确保收购的长期成功。

结 论

尽职调查为任何收购方提供了两个明显的好处:

- 第一,亲身参与尽职调查过程的个人将对他们所调查的财务、运营和法律领域获得很好的洞察力。在新所有权下的收购后重新启动期间,他们可能会被要求回答问题或提供指导。(在尽职调查过程中,总会有一些未完成的业务项目,必须在结束后解决。应该列出这些问题,将其分配给需要解决的人,并附上完成日期,还应该指派专人进行跟进。)

■ 第二,在买方或卖方对另一方提出索赔的情况下,索赔的解决可能回到一个尽职调查问题——一方当事人是否披露了某些事实或提供了某些文件。如果收购协议未能确定被告本应知道或了解的信息,则尽职调查程序将提供书面线索,以确定责任所在。收购方进行了彻底的尽职调查,并记录了他们的努力,将准备好迎接这一挑战——以及更重要的挑战,即迎接新合并的公司未来的风险和机遇。

附录 6A

保密协议样本

绝密
【日期】

收购公司,

公司总部所在地

纽约州,纽约市

致董事会:

在考虑与卖方公司(以下简称"公司")或其股东可能进行的交易时,你方已要求提供有关该公司的信息,以便你方对该公司进行评估,进行收购该公司的谈判。作为获得此类信息的条件,您同意按照本函的规定处理由公司或代表公司向您提供的有关公司的任何信息(包括所有数据、报告、解释、预测和记录),以及由您或其他人编写的包含或反映此类信息的分析、汇编、研究或其他文件(在此统称为"评估材料")。术语"评估材料"不包括:(i)除由于你或你的董事、各位高级职员、员工、调查员或顾问的披露外,公众通常可获得的信息,或(ii)在非保密的基础上,您可以从公司或其顾问以外的来源获得,前提是该来源不受与公司的保密协议的约束,或(iii)在由公司或代表公司向您提供信息之前,在您拥有的范围内,前提是该信息的来源不受与公司就该信息签订的保密协议的约束;或(iv)该信息是您通过您的雇员的工作而独立获得的,而该雇员没有直接或以直接的方式向您披露该信息。

您特此同意,不会以任何方式使用评估材料对公司不利。您还同意评估材料仅用于上述目的,并且您和您的顾问将对这些信息保密五(5)年,然而,(i)任何此类信息可能被披露给您的董事,为了评估本公司与您之间的任何此类可能交易而需要了解此类信息的您的顾问、高级职员、雇员和代理人(双方的理解是,您应将此类信息的机密性质告知这些董事、高级职员、雇员和代理人,您应指示这些董事、高级职员、雇员和代理人以一致方式对待此类信息,并应承担与您在本协议项下相同的义务),以及(ii)此类信息的任何披露均可在本公司书面同意的情况下进行。您应对您的代理人或雇员违反本协议的任何行为负责。

此外,未经本公司事先书面同意,您不向任何人披露,并指示该等董事、高级管理人员、雇员和代表不得向任何人披露本公司或其股东与您之间正在就一项或多项可能交易进行讨论或谈判的事实,也不得向任何人披露与任何此类可能交易有关的任何条款、条件或其他事实,包括其状态。本函中使用的"人"一词应广义地解释为包括不限于任何法人团体、公司、集团、合伙企业或个人。

此外,您在此承认您了解并且会建议您的董事了解本函主题事项的高级职员、雇员、代理人和顾问,美国证券法禁止任何拥有与本函主题事项相关的重要非公开信息的人购买或出售本函所述类型交易的一方公司的证券,或在可以合理预见该人可能购买或出售此类证券的情况下向任何其他人传播此类信息。您同意您不会,并且您将使上述每个人不会违反上述法律或任何州的类似法律的任何规定。

您特此承认,向您提交评估材料是考虑到您的以下协议:(i)自本信函日期起三(3)年内,您或您的任何关联公司或您控制下的相关人员将不会就您(或您的任何关联公司)与本公司或其任何证券持有人之间的交易作出任何公告或提交任何建议,除非本公司事先书面同意提交此类建议,您也不会直接或间接地通过购买或其他方式,通过您的附属公司或其他方式,单独或与他人一起获得、提议收购或同意获得,自本函签署之日起三(3)年期间内,未经该等许可而获得本公司任何投票证券或直接或间接的权利或选择权,以及(ii)对于因您或您的董事、高级职员、雇员、代理人或附属机构实际或据称违反本协议而根据联邦和州证券法产生的任何责任、损害或费用,您将对本公司的任何董事、高级职员、雇员、代表或附属机构以及本公司的任何"控制人"(如《1933年证券法》中所定义的术语)进行界定。您还同意,公司有权在任何违反本款规定的情况下获得衡平法救济,包括强制令。

如果您没有在合理的时间内进行本函所述的交易,您应立即将包含或反映评估材料中所包含的任何信息的所有书面材料(无论是否由公司准备)重新交付给公司,并且不得保留该书面材料的全部或部分的任何副本、摘录或其他复制品。您或您的顾问根据评估材料中所包含的信息准备的所有文件、备忘录、笔记和其他文字应予以销毁,并应由监督销毁的授权人员以书面形式向公司证明此种销毁。

尽管我们已努力在评估材料中包含我们认为与您的调查目的相关的已知信息,但您理解我们不对评估材料的准确性或完整性作出任何陈述或保证。您同意对您从评估材料中得出的所有结论承担全部责任,公司或其代表不对您或您的任何代表因使用我们或我们的代表提供的评估材料而产生的任何责任。

如果法律程序要求你方披露任何评估材料,你方应及时通知我方此类要求,以便我方寻求保护令或其他适当的补救措施,或放弃遵守本协议的规定。在获得保护令或其他补救措施的情况下,您应尽一切合理努力确保披露的所有评估材料将被该保护令或其他补救措施涵盖。无论获得此类保护令或其他补救措施,或我们放弃遵守本协议的规定,您将只披露评估数据中法律要求您披露的部分。

本协议应受美国纽约州法律管辖,并按其解释和执行。

未经我方事先书面同意,你方对本协议的任何转让均属无效。

双方进一步理解并同意,公司未能或延迟行使本协议项下的任何权利、权力或特权,应被视为放弃该等权利、权力或特权,也不应因任何一次或部分行使该权利、权力或特权而排除其他或进一步行使任何权利、权力或特权。

如果您同意上述约定,请签署并退回本函一份,本函即构成双方对本协议主题的约定。

此致

卖方公司

签名： 职务：

证实并同意：

收购公司

签名： 职务：

日期

附录 6B

尽职调查清单

注意:这只是一个样本,不应将其用作详尽无遗的指南,而应酌情对每项交易进行修改(例如,公共发行与私人收购)。例如,对公司资本化的尽职调查在资产出售中可能不如在股票出售中那么重要。本文件请求清单不包含涉及知识产权、环境和就业问题等的特殊部分。关于包括这些要素的清单,见《并购尽职调查的艺术:导航关键步骤和发现关键数据》(*The Art of M&A Due Diligence: Navigating Critical Steps and Uncovering Crucial Data*)一书。

文件

公司文件

公司注册证书(CI)包括所有修订、名称变更、合并。配置项在确定搜索不动产所有权的名称时特别有用。应特别注意不要忽略名称的变化,例如,"Rocket Airlines Inc.""Rocket Air Lines, Inc."和"Rocket Airlines Corp.",它们很可能是非常独立的法律实体。注册日期和注册状态也很关键。在不同的州,不同的公司可能有相同的名称。

规章制度查找控制条款的变更。许多附则包含"毒丸"条款,旨在对控制中的变化施加限制,或使这种变化对潜在的收购者来说非常昂贵。

备忘录特别是寻找过去的收购或兼并以及其他影响资本的交易信息,这将有助于追踪资产和股权的所有权。确保现任董事和高级管理人员的选举和任命在董事会会议记录中得到适当反映,所有流通股的出让金已得到适当授权。

财务报表

按地点编制资产细目(土地、建筑物、设备、库存、车辆以及如果未从中央办事处开出账单,则为应收款项)。考虑所提供的数据是否足以可能用于美国证券交易委员会填写,以及是否需要预估财务报表。检查脚注,进一步查询现有债务、租赁、养老金、关联方安排和或有负债的信息来源,特别是在杠杆收购中要考虑目标公司的债务。

工程报告

试着找到"建成后"的图纸,特别是在没有勘测的情况下,审查环境问题或其他可能需要重大资本支出的问题。

关于公司产品的市场研究/报告

这些内容可以是内部编写的,也可以是外部顾问编写的。就上市公司而言,如果调查结果很重要,可在公司年度报告或年度报表的管理层讨论和分析部分提及,也要检查年度报表 10-KS 和代理。

关键无形资产

专利、商标、商品名称和版权。这些项目通常涉及"注册"或"提交"的权利,可以在美国专利商标局搜索,如果是版权,则可以在华盛顿特区国会图书馆搜索。然而,这些权利可能尚未提交。此外,公司经常拥有其他一些关键的无形资产,如商业秘密,而这些无形资产在任何地方都没有申报,尤其是从事高科技(包括人工智能)、软件等业务的公司。应注意对这些物品的状况和保护方法进行调查,审查所有相关的商业秘密、专有技术和许可协议。(关于人工智能的更多信息见第三章"估值和建模"中的清单。)

许可证。无论是由政府还是由私人第三方颁发的许可证,对于公司是否能够合法经营其业务可能是绝对必要的。买方应确保所有这些必要的许可证都是有效的,并且在收购交易中这些许可证可以随时转让或保持有效。在特定领域获得特别顾问或专家的建议(例如,在广播许可证的情况下获得 FCC 律师的建议)通常是有用的。

关键有形资产

抵押贷款。如果这些是重要的,要求关闭活页夹,找找欠债的票据或其他证据。在国际发展银行(IDB)或其他准公共融资的情况下,要求提供结案资料,并确保审查契约等。

不动产和个人财产的所有权文件。审查所有权政策和在所有权上产生任何产权负担的文件,以及公司收购资产的契据或卖据。如果资产是通过股票购买或合并获得的,则应找到在资产所在司法管辖区域以及在公司注册国提交适当的公司文件的证据。

不动产和资产鉴定。要求卖方提供公司拥有或租赁的每一个设施或不动产的完整地址(包括县),并使用以下类别列表描述每一个此类设施(如果合适,请注明不止一个类别):

- 公司办事处;
- 生产、制造或加工设施;
- 仓库或储存设施;
- 配送设施;
- 售楼处;
- 修理或保修工作设施;

- 公寓或其他住宅不动产；
- 未开发不动产；
- 任何其他设施。

如果拥有，卖方则应注明"O"，并提供记录所有权的完整法定名称；如果租赁，卖方则应注明"L"，并提供出租人的全称。卖方在任何此类设施中是否有库存并注明"I"。

卖方应指出任何此类设施中是否有供应商寄售的任何货物、产品或材料（称为"Supp C"）。卖方应提供上述公司资产所在的每个地点的完整地址（包括县），包括任何客户的每一个设施，或公司寄售原材料、货物、产品或库存的加工商，以及拥有此类资产的一方的名称，包括任何此类客户或加工商。

将实际单据与所有权保险进行比较，查找应检查的《统一商法典》记录上的产权负担、地役权、第三方权利和个人财产负担。如果有疑问，请派人到现场。还记得Cascade International吗？其创始人维克多·G.因森迪（Victor G. Incendy）在1991年失踪，原因是该公司不仅夸大了销售额和利润，还夸大了其拥有的商店和化妆品柜台的数量。通过将财务记录与国家税务记录和行业规则进行比较，外部消息来源能够确定，夸大至少300%。后来的调查发现，这是一个保守的估计。

合同

供应和销售协议。这些是否符合公司未来的业务要求？审查所要求的可转让性、期限和支出。（有些长期经销合同在合并后会继续存在，但在资产并购后则无法继续存在。）

就业和咨询协议。这既涉及收购方希望保留的当前关键员工，也涉及过去员工或收购方不希望保留的员工的索赔风险敞口，还应审查这些敞口，以发现它们是否限制保留了专有信息（如客户名单）。

租约。获取法律描述，特别关注期限和到期日期、续期权利、租金以及与可能包括公司所有权变更的转让有关的特别条款。

许可及补给协议。寻找与延伸、扩展、争议和禁止解释有关的对应关系。特许经营关系很可能是暴风雨。有特许经营机构吗？注意转让条款和创造房东留置权的条款。是否需要事先同意？这些是否足以满足业务的要求？

贷款协议。审查条款、意图和可转让性条款，以确定是否需要再融资或取得贷款人对收购的同意。应审查明细表和展品，以收集有关公司资产和结构的有用信息。

股东协议。审查条款及其对预定交易的影响，如果协议继续有效，则审查其对未来交易的影响，即登记权和反稀释权或异议权。

赞助协议。这些对赠予者是可以扣税的，对接受者是免税的吗？

与劳工相关的协议。获取并研究所有会不适当地限制管理层选择权的不寻常条款的协议,检查福利、离职和工厂关闭条款。

- 协议在出售时终止,还是对买方有约束力?
- 协议是否规定仲裁?[29]
- 他们是否有约束买方的条款?
- 公司目前是否遵守协议?
- 是否有任何协议即将到期?买主会想重新谈判吗?(可能需要通知)可能发生罢工吗?
- 是否会引起合同解释一般性问题的不满?

与管理层的协议

- 有黄金降落伞吗?
- 是否存在补偿过高的情况?(与高管薪酬公司当前薪酬研究进行比较。)

担保协议或其他赋予其他当事人取得公司资产权利的协议,审查融资报表或完善的担保权益的其他证据。从事这一业务的专业服务机构进行留置权搜索通常是发现《统一商法典》融资纪录报表的最有效的方法,但有时也有必要对照卖方的特定资产,而不是对照卖方本身的名称,检查记录的第三方利益。例如,船舶或飞机等资产上的担保权益在特别登记处(在通常的《统一商法典》留置权查询范围之外)是针对特定船舶或飞机本身而不是针对拥有公司而记录的。

销售和产品保修协议。审查与管理层提供或持有的此类文件的描述或理解不同的条款,审查可能是非法和/或不可执行的条款,审查公司的赔偿义务。

选定一致内容。这是一个有用的手段,可以发现过去的问题可能会再次出现。

收购协议。审查以前的收购协议中有关未解决的条款,即竞业禁止条款和赔偿义务。

养老金和利润分享计划。检查所有计划和信托文件中的细节,审阅人事手册和任何政策手册。

- 表格 5500;
- 概要计划说明(SPD);
- 精算估值;
- 审计师报告和随附的管理报告;
- 投资管理人协议;
- 信托保险和债券;
- 投资合同;
- 投资政策;

- 应计、无准备金负债；
- 附带福利。

福利计划。要意识到这方面的潜在责任可能很大，而且计划的评估需要专家的指导。看看信托保险和债券。

多雇主计划。如第七章所示，这些可能是一个主要问题。

递延补偿计划和股票期权计划。《减税与就业法案》创设了一项新的《国内税务法典》条款第83(i)条，该条款可将以"合格股票"形式支付给"合格公司"雇员的补偿的征税推迟至多5年。一个合格的公司是一个私人公司，它有一个书面计划，授予股票期权或限制性股票单位(RSUs)在美国的雇员至少80%的职责。合格股票必须由公司雇员在行使股票期权或结算RSU时接收。

补充或超额养恤金计划
- 计划免除了艾丽莎的责任吗？
- 未来的法律会影响成本还是收益？
- 预计会有大额索赔吗？
- 公司账簿上的储备金是否足够？
- 计划是否可以终止或修改？
- 薪酬状态有什么福利吗？
- 这些福利实际上是由保险提供资金的吗？

保险单
查看所有策略，并至少提出以下问题：
- 政策是否涵盖了风险暴露的领域？（考虑让风险分析顾问来审查这个非常技术性的领域。）
- 免赔额是多少？
- 每次事故的责任限额是多少？总共多少？
- 惩罚性或3倍赔偿是否被保险单或州法律排除？
- 保单是为发生的索赔还是提出的索赔而写的？
- 必须购买尾部以扩大覆盖范围吗？
- 是否有权利保留条款？
- 是否有监管免责条款？
- 董事和高级职员责任保险呢？
- 环境责任呢？

公司管理层提供的关键信息
金融信息。对公司过去的运营和财务表现进行分析，记录任何计划的实质性变更。在进行这种分析时,请记住最新的税务和会计变化。例如,根据现行财务会计准则委员会的规则,公司可以报告其对当前损失如何抵消未来收益的预测,即使不能确定损失将触发抵消的税务优惠。根据以前的规定,公司不能报告此类预测,理由是这些预测不一定会实现(另请参阅第五章)。

公司各类产品和业务部门的相对盈利能力。与同行业中类似规模的公司进行比较。

公司证券的所有权。公司现有所有人的追踪所有权(如果是私人持有)。检查必须解除以允许交易的现有质押或留置权。

诉讼事项

现有合同下的潜在违约或潜在诉讼。尽可能多地进行鉴定,并获得弃权、同意等。要求汇总所有未决或可能发生的重大法律行动:

- 各方的名称和地址;
- 诉讼程序的性质;
- 开始日期;
- 目前状态;
- 寻求的救济;
- 估计实际费用;
- 保险范围(如有);
- 就这些行动提出的任何法律意见。

还应为下列事项提供摘要:

- 私人或实体提出的所有民事诉讼;
- 政府机构的诉讼或调查;
- 涉及目标或其任何重要雇员的犯罪行为;
- 税务索赔(联邦、州和地方);
- 行政行为;
- 所有调查;
- 所有威胁诉讼。

索取过去5年中与政府机构的所有重要通信的副本。按可能重要程度的粗略顺序,这些建议包括以下几点:

- 律政司;
- 国内税务署;
- 证券交易委员会;
- 美国环境保护署;

- 劳工部；
- 联邦贸易委员会；
- 职业安全和健康管理局网站；
- 平等就业机会委员会；
- 公用事业佣金；
- 联邦能源管理委员会。

可能影响公司业务的最近或即将发生的法律或法规变化。评估风险和潜在的不符合性。别忘了州法律，尤其是税法。这些可以为新的所有者提供支持。想想第13号提案，1978年加州宪法修正案，40多年后仍然有效。它将财产税定为评估价的1%，将评估下调至1975年的水平，并将每年的增幅限制在2%。当属性在新的所有权下的时候，它将被重新评估，买方根据购买价格纳税。

产品积压、采购、库存和定价政策。 公司是否准确地跟踪了一个公司的货物流动？伪造记录会助长大规模的欺诈计划。这方面的经典案例包括 Crazy Eddie Stores 和 Miniscribe Corporation，前者的创始人埃迪·安塔尔根据新泽西州纽瓦克的美国律师的说法，创造了一家公司的"巨大泡沫"，后者的管理人员将砖头运给经销商，并将其记为销售额。

在就购买或处分资产或留置权进行谈判之前。 买方可能希望将其计划处置的不动产出售给另一实体（如附属合伙企业），以避免获得承认，或为向询价人提供提前投资回报的手段。

索要的慈善捐款。 估值是否准确？如果不是，这可能导致美国国税局的挑战。

来自外部来源的关键信息

市场和产品研究。 无论公司是否进行过市场和产品研究，咨询独立研究总是一个好主意（请参阅第二章了解源列表），还应尝试从监管机构获得产品测试数据。联系主要客户，以确定他们的满意程度和他们运行的测试程序的副本。

资本确认。 从公司的股票转让代理确认未偿还的资本。

留置权搜查

收购人将希望通过查询公共记录来确认不存在留置权或判决。注意，要查询的债务人名称往往难以确定。

- 曾用名——关于事后获得抵押品的4个月规则——不能依赖债权人；
- 虚构姓名或其他虚假信息；
- 连续语句有时必须在州或地方一级进行搜索。在这种情况下，可能需要执行以下操作：
  - 在搜索公司和产权公司之间进行协调（有时没有完成）；

- 参考《统一商法典》和相关程序,以确定所涉国家是否有额外的或不寻常的查询要求;
  - 获得贷款人或借款人的批准。

下令搜查。给搜索公司或产权公司发一封信,列出名称、地点、费用和截止日期,并索取所有找到的留置权的副本。将一份副本发送给客户和贷款人或借款人的法律顾问。

审查搜查。您的客户买什么、卖什么、骗什么、贷什么?某些设备、货物和无形资产是不是应该是免费的和清晰的?它们对业务至关重要吗?如果是这样的话,注意那些物品的留置权。

- 如果某些有担保的债务要继续存在,则可以预期相关的《统一商法典》-1S 会出现在搜索报告中。
- 如果有担保债务在交割时被清偿,卖方必须提供《统一商法典》-3 或相关方的其他要求形式的解脱书。
- 鉴定是怎么说的?承诺或融资方案是怎么说的?
- 检查报告中的姓名和管辖范围。审查发送给以下单位的《统一商法典》-1S:
  - 债务人;
  - 担保权人;
  - 日期(5 年规则);
  - 担保品描述。

与贷款文件、合同和销售单据中的附表进行比较。当地律师通常需要留置权查询的副本,以便发表优先权意见。

搜索失败。查收结果是电报或电话更新,留置权检索和公司良好的信誉证明,通常很难比收盘前几天更接近,但应尽一切努力以可能的最新降值为基础收盘。

债权人支票

或有负债。如果有担保的债务不能清偿,则取得担保文件,以了解例如是否允许产生购置债务,施加相关留置权、合并、控制权变更或出售资产。是否有累赘的契约?是否允许提前付款,是否有罚金?(请参阅第四章。)

确认主出借人不存在违约,确认出租人(房东)没有违约。

认识到不寻常的或潜在的问题。这里的关键是细节和好奇心。

- 卖方的关联公司是否被命名为担保权人?
- 债务人的姓名是否不完全正确,但必须相关联?

其他搜索

- 对产品或产品名称可能侵权的专利和商标搜索;

- 所有公司子公司的良好信誉证书,不论是活跃的还是不活跃的;
- 业权搜寻/业权取得保险;
- 企业自有不动产评估及完善;
- 由保险公司或为保险公司进行的任何设备评估。

文档列表

[公司名称]的初步文件和资料索取清单

特权和机密

[草案(日期)]

下面所有提及"公司"的地方包括[公司名称]及其每一附属公司或分部。

Ⅰ.公司记录

1.公司章程和文件,至今已修订。

2.公司最近5年的会议记录(包括会议记录中未列明的向成员提交的报告副本)。

3.公司发行股票之账簿、账簿及其他记录。

4.公司可用的最新组织结构图副本,包括公司拥有低于100%权益的所有实体或投资。

5.公司及其每个子公司的明细表:名称,有资格开展业务的司法管辖区域,拥有或租赁不动产的司法管辖区域。

Ⅱ.公开备案和财务信息

1.本公司过去5年(或现有最早日期)经审计的综合财务报表及其附注。

2.公司自上次审计以来各季度的中期财务报表。

3.公司最近的内部财务报表(即自上次季度报表以来的期间)。

4.最近5年与本公司合并或被本公司收购的企业经审计的财务报表。

5.公司当前的内部预算、经营及财务计划和预测以及与任何长期预算、资本发展、重组计划或战略计划有关的任何报告或文件,包括与系统和运营有关的任何计划。

6.本公司在最近5年内编制和使用的任何私募发行备忘录或发行通告。

7.公司独立会计师或内部审计师于最近5年内就会计控制制度、会计方法及其他程序致管理层之年度或其他函件或报告。公司内部审计师、律师或其他有关类似会计事项的任何其他报告。

8.公司及其年度经州或联邦税务机关审计的纳税申报表一览表,以及与之相关的认定函副本。未结纳税年度列表。请指定美国国税局或类似机构是否已表明可能存在与未结纳税年度相关的索赔。

Ⅲ.公司协议

1.证明本公司或本公司持有权益的任何合伙企业的借款(包括银行信贷额度)或

担保,或与本公司借款或担保有关的担保的所有协议或文件。

2. 证明公司其他财务安排的所有文件和协议,包括出售和回购或回租安排、资本化租赁、不动产和其他分期付款购买、设备租赁等。

3. 向非全资子公司、公司拥有权益的合伙企业或其他第三方贷款或提供营运资金的任何协议。

4. 在过去5年中,公司与贷款人的重要通信,包括公司或其核算师编制的任何合规报告以及贷款人提供的任何弃权书。

5. 限制额外负债或出售,租赁或转让(通过股息或其他方式)公司资产或股本的任何协议(前面描述的除外)。

6. 与本公司作为一方证券有关的,或本公司股东之间的,或股东与本公司之间的所有合同,包括:(i)与本公司证券的购买、发行、转让或投票有关的任何协议(例如,股票期权计划、股票期权协议格式、私募协议、登记权协议或认购协议);(ii)所有股东协议、表决权信托或其他与公司股份出售或表决权有关的限制性协议;以及(iii)任何协议,根据该协议,任何人拥有与公司已发行或未发行证券有关的任何权利(例如,购买或出售的权利、优先购买权、登记权、期权、认股权证或可转换证券)。

7. 公司作为一方的任何合资企业、股东、合伙或其他管理、经营或咨询协议。

8. 本公司在过去5年(或更早,如果本公司就任何剥离或收购有任何重大持续承诺)订立的所有剥离或收购协议及相关文件,包括与本公司提出的任何重大剥离或收购有关的所有文件。

9. 公司重要客户名单,列出过去3年每年购买的美元金额,以及与这些人签订的合同副本。

10. 公司作为一方的所有分销协议和材料分销合同(或任何形式合同)副本的清单。

11. 材料供应商名单以及最近两个会计年度从每个所列来源的采购量。公司的材料供应合同副本以及与材料供应商的任何通信,包括与唯一来源供应商的协议和通信,与潜在供应或库存问题有关的任何报告或内部备忘录的副本。

12. 公司拥有或租赁的所有主要财产清单。公司作为承租人或出租人的所有不动产和个人财产的重要租约副本,有关公司拥有或租赁的财产的所有抵押及相关协议或其他担保协议的副本。

13. 公司业务中拥有或使用的所有专利、商标、商号、版权等("知识产权")的清单,简要说明使用情况、注册号、注册签发日期、许可使用该知识产权的任何人的姓名以及此类安排的简要说明;任何第三方就任何知识产权主张或威胁主张的说明。

14. 所有与竞争、非竞争、非邀约、许可、地域安排、分销或特许有关的,公司作为一方的重要协议的副本,以及任何哈特-斯科特-罗迪诺提交的文件。

15. 公司与其任何关联公司或子公司之间的税务分享协议副本。

16. 公司重大保险单明细表。

17. 公司产品保证书格式。

18. 过去两年的客户投诉记录。

19. 公司最近3年编制的材料研发报告。

20. 本公司作为一方的任何重大合同和协议(前文未作说明)。

Ⅳ. 职员

1. 所有实质性雇佣协议、咨询协议、留任协议、代理协议、竞业禁止协议、集体谈判协议以及公司作为一方的类似协议,包括高管雇佣合同。

2. 公司的所有奖金、退休金、利润分享、股票期权、奖励性薪酬、养老金和其他员工福利计划或协议。提供一份所有未到期期权和认股权证的明细表,列明期权和认股权证的持有人、发行日期、行使价格、到期日、发行时标的股票价格及其他重要条款。

3. 过去5年中的任何罢工、非正常劳资关系、停工或与雇佣相关的程序的列表。

4. 所有与本公司签订的或与本公司有关的董事、高级职员或拥有本公司5%以上普通股的受益所有人参加的合同或协议。与公司与任何董事、高级职员或公司普通股5%以上的受益所有人之间的任何其他交易有关的所有文件。

5. 与公司高级职员和董事的赔偿安排,包括任何相关保险单的说明。

Ⅴ. 政府规制与环境遵从

1. 公司所有重要的政府许可、执照等清单(已获得或待获得)。

2. 与监管机构的任何通信,提交给监管机构的报告或公司与监管机构之间的其他通信。

在过去5年内涉及重大监管事项,包括与[特定监管机构]有关的任何函件、备忘录或其他通信。

3. 与影响公司业务的现有或未决政府法规有关的任何通信、备忘录或其他通信,包括与任何拟议立法有关的任何通信、备忘录或其他通信。

4. 任何有关环境问题以及遵守环境法和政府法规的信息,包括任何受污染财产的描述、溢漏、对第三方的责任、当前或未来的环境补救努力、潜在责任方信函和行政命令。

5. 废物产生记录的副本,包括产生登记、危险废物清单以及与废物处置场所(包括多氯联苯废物处置场所)有关的任何通信、指示或命令。

6. 与公司有关的所有环境审计、检查、调查、问卷和类似报告(内部或外部)的副本,包括公司法律顾问委托的任何副本。

Ⅵ. 法律事项

1. 影响公司或其任何相关官员或董事的任何未决或威胁的重大诉讼、行政诉讼或政府调查或询问的时间表和状态报告,包括所有此类未决或威胁事项的简要描述(争议金额和处理事项的律师姓名等)。

2. 在过去 3 年内与律师就未决或威胁诉讼或已解决或以其他方式终止的诉讼达成的任何备忘录或通信。

3. 任何重要的同意法令、判决、其他法令或命令、和解协议或其他协议。

公司或其任何高级职员或董事是一方或目前受约束,要求或禁止任何未来活动。

4. 在过去 3 年中,公司或公司律师致公司独立公共会计师或任何监管机构的所有关于公司或其各自的高级管理人员或董事可能涉及的重大诉讼的信函,包括最近的实际日期的更新。

Ⅶ. 其他重要信息

1. 由公司、投资银行家、商业银行家、工程师、管理顾问、会计师、联邦或州监管当局或其他人准备的对公司的任何近期分析,包括评估、市场研究、未来计划、信用报告以及其他类型的财务或其他报告;

2. 在过去 3 年中进行,承担或完成的客户档案研究和任何其他主要研究项目的副本;

3. 过去 3 年发布的新闻稿;

4. 过去 3 年向股东提交的任何报告或通信记录;

5. 对董事和高级职员问卷的答复;

6. 产品宣传册和其他营销材料;

7. 上一财政年度的积压和定购简要记录;

8. 公司最近 3 年的事故报告副本;

9. 公司高级管理人员认为对公司业务具有重要意义的,或在披露公司业务和财务状况时应予以考虑和审查的任何其他文件或信息。

注意:根据交易记录中涉及的公司类型添加其他特定请求。

附录 6C

附加说明的初始文件和资料要求清单

律师事务所的初级助理通常会收到一份文件请求清单，类似于以下附加说明的初始文件和资料要求清单，并被指示开展尽职调查。可惜，此环节往往没有多少解释说明，比如为什么需要某些文件，以及助理应该查找哪种类型的信息。为了帮助助理面对这种情况，本书注释了一个请求清单样本，以帮助助理理解为什么他们要查看某些类型的文件，以及从这些文件中筛选出哪些类型的信息是重要的。通常，助理并不是在寻找具体的信息，而是寻找任何看起来不同寻常或令人费解的信息——所谓的警示红旗。此外，助理应审阅所有文件，注意可能禁止或阻碍交易或公司未来计划的繁琐条款——障碍。警示红旗和障碍应该引起其他团队成员和客户的注意。

Ⅰ. 公司文件

A. 母公司（"公司"）的直接和间接子公司（"子公司"）以及前身公司的公司注册证书，包括所有修订和重述。

■ 你应该向公司注册州的州务卿索取存档的所有文件（例如，长期良好的信誉证书）。你应该将从州务卿收到的文件与从公司收到的文件进行比较，以检查是否有出入。在调查开始以及结束时，你都要取得该公司良好的信誉证书。

■ 将公司注册证书与相关公司法规进行比较。

■ 公司注册证书是应审查的第一份文件，因为该文件会提供许多重要信息，例如，公司的法定名称、公司存在的期限、公司的权力、公司授权股本的历史记录、优先购买权的存在以及对股票发行或企业合并的限制条件。此外，章程也是检查公司会议记录所显示的授权股票的日期和数量的重要依据。

■ 对于公司来说，了解其资本结构是非常重要的，包括有表决权的股票数量、表决权和优先权，特别是在交易需要股东批准的情况下。例如，你需要知道手头的交易是否需要股东的绝对多数票。你还应检查有关股东批准要求的适用州法律。

■ 关于附属公司，贵公司可能会被要求发表意见，即公司拥有的每一个附属公司的数量与其所声称的一样多。了解授权股本的数额是支持这一意见的第一步。

■ 如果你的公司被要求认为目标公司或发行人已正式注册成立，你应将章程和规章制度与公司注册成立时以及章程或规章制度被修订时有效的注册成立州的法律进行比较（如果修订的话）。你必须确定这些文件是否根据当时管辖的州法律得到适当采纳和修改，以及它们是否完全有效。

- 你应该仔细检查有关优先购买权的规定。若有此规定,则应审查每一次的股票发行。股东的优先购买权必须已被正式放弃或考虑在内。
- 检查以确保章程不包含对公司行为的限制,例如,股票的销售或其他转让,某些类型证券的发行,债务的产生,反收购条款,或对你的交易的其他障碍。这些类型的限制也可能影响你的客户可能有的任何未来计划。
- 根据交易的不同,你可能必须修改或消除公司注册证书中的某些条款。

B. 本公司及附属公司的规章制度。

- 规章制度通常包含大量有关公司办事程序的信息。仔细阅读每家公司的规章制度,确保交易没有程序障碍。
- 你需要了解修改规章制度的程序,公司管理人员的权力,股东和董事是否可以通过书面同意行事,以及董事和管理人员的赔偿。
- 还要检查投票要求,会议所需的通知,是否可以免除通知,是否允许召开电话会议(股东和董事均可参加),需要股东批准的行动类型,以及公司治理的一般机制。
- 了解选举、罢免和更换董事和高级职员的程序也很重要。你需要核实董事和高级职员是否已被正式选举,是否已批准会议记录和决议(如董事),并已签署交易文件(如高级职员)。
- 将附例与相关的公司法规进行比较。
- 根据交易情况,你可能必须修改或删除附例中的某些条款。

C. 在过去 5 年中,本公司及各附属公司的任何会议所分发的记录册及所有资料。

- 你应该审阅董事会和所有委员会的会议记录以及股东会议记录。
- 在审阅会议记录之前,你应该熟悉任何可能包含对公司行为的限制、投票要求等内容的股东协议或投票协议。
- 你正在检查董事和股东所采取的行动是否符合章程、章程规章制度、股东协议和州法律。
- 如果贵公司认为公司应成立,请检查组织会议记录和成立时有效的州法律,以确定是否遵循了成立时有效的程序,是否适当地采用了公司证书,是否适当地采用了公司章程,是否适当地批准了认购协议,是否适当地批准了首次股票发行。
- 确保你了解公司是如何形成的,谁是最初的股东或出资人,以及他们贡献了什么。干净的收据、注销的证书等应该有。公司是否收到了应该收到的对价?
- 每当董事授权或发行证券(包括期权和认股权证)时,已修订章程。
- 或采取了其他重大行动(如批准重大合同,雇佣和离职安排,养老金计划,贷款,收购以及涉及高级职员、董事和主要股东的交易),验证是否遵循了适用的证券法、州法、章程和规章制度规定的程序,包括董事是正确选出的,每次会议都是适当的和适当召开的，出席会议的法定人数是适当的，并且记录了赞成该行动的适当百分比的票数（这适用于董事和股东会议）。

- 核实现任董事和高级职员，严格按照选举时有效的章程、规章制度和州法律选举。
- 如果公司保存详细的董事会会议记录，那么会议记录册可以很好地提供公司运营、重大交易和协议、诉讼以及其他商业事务的概览。注意警示红旗。如果公司没有保留详细的董事会会议记录，则这一事实本身就可能是一个警示红旗。
- 如果有同意代替会议，则检查必要的表决是否得到满足。
- 核实没有采取任何行动解散公司或其子公司。
- 如果你发现公司没有适当地采取行动，清理工作将是必要的，由董事或股东通过批准行动。

D. 本公司及各子公司之股票账簿、股票分类账及其他发行记录。

- 你正在检查该公司的未发行股票是否已被正式授权、有效发行，以及是否已全部支付和不可估价。
- 目标是跟踪股票发行、转让、注销和交换。有时创建一个流程图是有帮助的。检查股票发行是否正确经董事会授权，并符合章程规章制度和联邦及州证券法。
- 账簿中所述已发行的股票是否已得到适当记录？
- 股票账簿中标明为未流通股的股份总数是否符合公司财务报表中标明为未流通股的股份数？
- 如果有公司转让代理人或登记员，获得一份显示流通股数量的证明，并将其与财务报表中的数字进行比较。
- 有没有回购股票？是按照州法律完成回购的吗？
- 取得公司独立公共会计师出具的股票已全部支付的证明；否则，你将不得不回顾公司过去几年的财务报表。

E. 公司在美国和其他地方有资格开展业务的所有司法管辖区域的列表。

- 你应该从每个外国司法管辖区域取得良好的信誉证书，以检查该公司是否具有适当的资格。
- 此外，你应该检查州法律，以了解外国司法管辖区域对公司施加的所有要求。
- 考虑是否需要退出任何州或作为交易结果在新的州取得资格。
- 如果该公司在其他国家开展业务，你可能还需要向外国司法管辖区域的当地律师查询。

F. 公司最新的组织结构图副本，包括所有子公司和公司拥有低于100%权益的任何其他实体或投资。

■ 组织结构图提供了对公司和子公司结构的基本理解和操作。在你的调查过程中,它将会变得非常有价值,因为你可以弄清楚谁可以为你提供某些文件,谁将会对某些问题的采访有帮助。

G. 公司股东之间或股东与任何公司之间有关公司管理、所有权或控制权的任何和所有协议,包括投票协议、优先否决权、优先购买权和注册权。

■ 寻找潜在的障碍,如投票协议、优先购买权、优先购买权和登记权。这些协议可能影响公司控制权的潜在变更或其股票的可转让性。看看这笔交易是否会触发这些累赘条款中的任何一项。在紧密控股的公司中,股东之间可能存在复杂的协议,包括回购股票、发行更多股票等协议。几乎所有这类协议在公开发行时都有复杂的登记权。

■ 如果预期的交易是出售股票,则确定是否将要求购买人订立此类协议(如投票协议),或在适当情况下此类协议是否可转让。

■ 审查任何股东权利计划。

H. 最近 5 年向公司股东提交的报告或其他重要通信。

■ 阅读这些通信,以确保你和你的客户知道所有已向股东披露的重要信息。

■ 寻找警示红旗。

II. 金融信息

A. [如果公司是公众公司:公司及其子公司向证券交易委员会提交的所有文件在过去 5 年中。][如果该公司是非上市公司:公司及其子公司过去 5 年经审计的综合财务报表及其附注,以及自上次审计以来各季度的中期财务报表。]

■ 这些文件将帮助你了解公司的业务。

■ 如果是上市公司,你将审阅年度报告(10-K 表)和季度报告(10-Q 表)。10-K 表和 10-Q 表将包含大量关于运营、财务和管理层对这些结果的看法的披露[管理层对财务状况和运营结果的讨论和分析(管理层讨论与分析)]。上市公司每年提交一份委托书。除了这些定期提交的文件外,上市公司必须在表格 8-KS 上披露非常事件。

■ 审阅这些文件,以确保你和你的客户了解所有向股东和公众披露的重要信息。寻找警示红旗。

■ 财务报表的脚注将载有关于股票期权、债务和资本结构的信息,确保你理解所有的脚注。

■ 审查脚注中讨论的所有协定。

■ 你应该寻找并获得任何重大损失或异常好年景的解释。

■ B. 任何一家公司在最近 5 年内所拟备及使用之私募发行备忘录或发行文件。

■ 同样,这些文件提供了有用的信息。

■ 在了解公司的过程中,应该进行审查,其中最需要关注最近的文件。

■ 请注意风险因素部分。使用它作为一个检查表,以确保你已经抓住了所有潜在的问题。

C. 如果该公司是公众公司:任何附表 13D* 或 13G① 在过去 5 年里提交给公司的。

■ 在收购中,买方会想知道谁拥有目标公司的股票,以及每个股东拥有多少股票。这些信息将帮助买方分析获得股东同意交易的可能性。

■ 审阅这些文件以了解公司资本结构。

D. 当前的内部预算、经营和财务计划以及与任何长期预算、资本发展、重组计划或战略计划有关的任何报告或文件,包括与系统和经营有关的任何计划。

■ 内部预算和预测有助于了解管理层对公司当前和未来前景的看法,并有助于突出管理层关注的领域。寻找警示红旗。

■ 查看内部预算是否与公司公开声明的内容相符。假设是否过于乐观?公司是忽视问题还是掩盖问题?这种审查可能会揭示披露问题,例如,产品积压。

E. 最近 5 年与本公司或其任何子公司兼并或收购的任何企业的经审计财务报表。

■ 特别关注脚注。他们可以提供一份关于公司所有事情的清单,包括信贷协议、债务结构、资本结构、薪酬、期权和租赁。对财务报表的所有审查都是如此。

F. 各公司独立会计师或审计师在过去 5 年内就各公司会计控制系统、会计方法及其他程序向管理层发出的所有年度或其他信件或报告。

■ 寻找警示红旗,特别是在犹豫、限定意见或警告方面。

G. 任何公司,其内部审计师、法律顾问或其他有关重大会计事项的报告(如与公司会计人员变更、存货减值、可疑账款准备金增加有关的备忘录,或为董事会准备的其他报告)。

■ 这些报告很有帮助,因为它们突出了公司过去曾遇到的问题。寻找警示红旗。作为调查的一部分,你将希望注意到已采取了哪些步骤来解决问题并防止其再次发生。

H. 经州或联邦税务机关审计的公司及其年度报表清单,以及与之相关的认定函

---

* 附表 13D 是根据《1934 年证券交易法》必须提交的表格。一般情况下,这份表格必须在收购后 10 天内提交,如果股东的所有权超过 5% 的门槛。它要求披露收购人的身份和背景、收购目的和资金以及收购人关于发行人的计划、协议和谅解。

① 附表 13G 是根据《1934 年证券交易法》必须提交的表格。通常,这份表格必须由每一个登记类别有投票权证券的 5% 的受益所有人每年归档和更新。此表格要求披露所有人的身份和持有量。

副本。未结纳税年度列表。说明美国国税局或类似机构是否已表明可能存在与未结纳税年度有关的索赔。

- 在被调查公司的运营中或与特定的拟议交易有关的情况下,寻找重大的潜在负债。
- 把这些文件提交给你团队的税务专家。
- 搜索避税港。几家搜索公司有一项服务可以提供这种类型的搜索。不过,请记住,虽然避风港是合法的,但也会引起公众的负面关注。考虑潜在声誉风险。

Ⅲ. 重大公司协议

可能存在对公司业务或拟议交易产生重大影响的协议。你的目标是发现商业和法律风险。在大多数情况下,你希望确保实质性协议仍然有效。你应该考虑的一些项目如下:(a)该词含义;(b)本公司在该协议项下的义务及法律责任有哪些;(c)如何限制公司行动;(d)违约事件有哪些;(e)实质性违约的后果是什么(例如,交叉违约、终止);(f)合同是否可转让;(g)如何终止协议;(h)管制条文是否有任何改变;(i)是否需要任何同意;(j)是否触发任何通知规定;(k)总暴露量是多少;以及(l)有哪些类型的赔偿条款;等等。此外,考虑获得一份高级官员证书,证明重大协议仍然有效,并且没有被修订或修改(除随后的修订中所规定的情况外)。此外,若有必要,则可与交易对手核实重大合同。在审阅会议记录时,你应该再次检查重大合同是否得到董事会的批准和授权。最后,确保你已经审阅了材料协议的完整副本,并且副本是完整的。在公开募股的情况下,你必须确定哪些配偶协议应作为注册声明的证物归档。

A. 证明公司,其各子公司或公司持有合伙权益的任何合伙企业的借款(包括银行信贷额度)或担保的所有协议或文件。

- 第一,重要的是确定公司所欠或已担保的金额、债务条件以及支付的金额和时间。你的客户的计划是什么?它会偿还债务吗?检查还款和提前还款规定有处罚吗?
- 第二,审查这些文件,确保交易没有障碍。例如,合同可能是不可转让的,或者某些契约可能限制交易。默认事件可能由交易触发。
- 在进行融资时,请记住,证券的销售通常被视为协议的转让。在这些文件中,你在寻找障碍。如果有障碍,你的客户可能不得不重新谈判条款。
- 确定可能需要的任何同意,并确保先前获得的任何此类同意或弃权以适当的形式进行。
- 债务工具通常包含肯定和否定的契约(例如,对组合、发售、资产出售、支付股息等的限制),这些契约会显著限制客户对公司运营或待决交易本身的计划。

B. 本公司及其每一附属公司在过去5年内与贷款人的重大通信,包括本公司或其任何附属公司或其审计师编制的任何合规报告。

- 审阅此函件,以确认公司没有拖欠贷款,并且与债权人之间没有未解决的问题。

寻找警示红旗。

C. 所有与公司证券相关的合同,包括股票期权计划、股票期权协议格式、私募协议、登记权协议、认购协议、投票协议、认股权证协议等。

- 审阅这些文件,以确认你的客户知道这些文件的存在,以及其中的重要条款。寻找障碍和警示红旗。
- 你应该熟悉购买公司股票的期权或其他权利的未偿还总额。
- 根据这些文件,公司的义务是什么?

D. 对本公司或其任何子公司具有重要意义的所有抵押或其他担保协议的副本。

- 根据目标或发行人,可能有几笔或几千笔抵押贷款。如果有许多抵押贷款,在审查所有这些协议之前,与其他团队成员讨论是否有一个有效的方法来减少审查的抵押贷款的数量。例如,你可能决定只检查涉及某一最低美元金额的抵押贷款。另一个选择是随机选择一个百分比的抵押贷款。
- 概述按揭的主要条款,包括所拥有财产的地点和性质、债务期限、付款金额、付款到期日以及任何可能影响交易的契约或障碍。
- 确定重大抵押项下是否存在争议。
- 搜索《统一商法典》,以检查公司注册地州、执行办公室所在地州以及主要业务或设施所在地州的留置权。
- 请注意,对于某些资产,如飞机,有特殊的登记处需要检查。
- 检查财务报表。
- 哪些资产是你的客户最感兴趣的?检查这些资产的留置权。

E. 向非全资子公司,本公司拥有权益的合伙企业或其他第三方出借资金或提供营运资金的任何协议。

- 寻找警示红旗,障碍——任何协议是否涉及相关方?
- 公司的总风险敞口是多少?

F. 证明其他财务安排的所有文件和协议,包括出售和回购或回租安排、资本化租赁、不动产和其他分期付款购买、设备租赁等。

- 寻找警示红旗,障碍——任何协议是否涉及相关方?
- 公司是否同意在未来履行或不履行某些行动?
- 公司的敞口是多少?

G. 本公司或其任何子公司作为一方的任何合资企业、合伙企业或其他材料管理、经营或咨询协议。

- 公司的义务和责任是什么?待处理的交易将如何影响这些协议?

H. 本公司于过去5年订立的所有剥离或收购协议。

- 哪些条款仍然有效？
- 公司的持续义务是什么（例如，赔偿，禁止竞争）？

I. 公司及其每个子公司的重要客户和供应商名单，列出过去 5 年中每年购买或出售的美元金额，以及与这些人签订的合同副本。

- 通常情况下，物质关系可能不会被记录下来，你需要与公司官员面谈。考虑你的客户是否想要记录这些关系。
- 销售或供应是否可能中断？物价预期是上涨还是下降？
- 看一看是否任何一个单一的客户或供应商在每年购买或销售的总额中占很大的百分比。与这些客户或供应商签订的合同条款是什么？如果这些关系终止了会怎么样？任何此类集中应提请买方注意或在招股说明书中披露。
- 审查有关警示红旗和障碍的合同。

J. 公司或其任何子公司作为一方的所有分销协议和材料分销合同（或任何形式合同）副本的清单。

- 见 III. 1.
- 审查有关警示红旗和障碍的合同。

K. 材料供应商名单和材料供应合同副本以及与材料供应商的任何通信，包括与唯一来源供应商的协议和通信（如有）。

- 这些合同是否涵盖了公司对未来的要求？

L. 所有主体属性的列表。公司或其任何子公司作为承租人或出租人作为一方的不动产和动产的所有重大租赁的副本。

- 如果不动产是一项重要资产，不动产律师应审查这些文件。
- 实际单据应与所有权保险进行比较。
- 你正在检查产权负担、第三方的权利等。
- 关于租赁物业，总结每项租约的关键条款（例如，期限、租金和物业的平方英尺）。
- 审查拟议交易是否在租约中触发任何妨碍交易的条款。
- 有续约权吗？控制权变更后会发生什么？

M. 公司或其任何子公司作为一方的所有与竞争、禁止竞争、许可、地域安排、分销或特许有关的重要协议的副本。

- 障碍和警示红旗——公司是否有累赘的义务，还是依赖于无法执行的条款？
- 你可能希望咨询反垄断律师。
- 这些协议将来会涵盖公司的需求吗？

N. 公司及其任何子公司之间的税务分享协议副本。

- 这些文件应提请你团队中的税务专家注意。

O. 本公司及其子公司现行有效的重大保险单明细表。
- 是否涵盖所有风险领域（例如，环境、产品责任、董事和高级管理人员）？
- 你应该检查每一份重要的保险单。
- 免赔额是多少？
- 有责任限额吗？
- 存在哪些类型的排除？
- 有时应聘请专门从事风险分析的公司。

P. 本公司及其主要子公司的产品保证书格式。
- 寻找重大或有负债等警示红旗。
- 公司的赔偿义务是什么？

Q. 公司在过去两年中有关客户投诉的记录。
- 寻找警示红旗，比如投诉模式。

R. 任何重大外币兑换协议，包括但不限于任何套期保值协议以及衍生工具交易摘要。
- 鉴于时代，你必须确保你理解这些协议以及对公司的暴露和风险。

S. 本公司或其任何附属公司为一方当事人的所有重大合同和协议（先前未作说明）。
- 确保你已要求目标或签发人向你提供你可能忽略的任何文件的副本或未记录的任何协议或关系的副本。

T. 与本公司或附属公司签订的或与本公司或附属公司有关的所有合同或协议，公司或子公司或公司及其子公司普通股超过5%的任何受益所有人为一方。
- 对关联交易的关切是，这些协议的条件可能比公平协议更优惠。若情况属实，则终止该等协议可能会对本公司的业务造成不利影响。
- 审查这些文件，就像审查任何没有内幕人士或大股东作为一方的类似文件一样。

U. 与公司董事或高级职员或公司普通股5%以上的受益所有人的应收账款或应付账款（包括贷款）有关的所有文件。

V. 与任何公司的高级职员和董事的赔偿安排，包括任何相关的保险单。

Ⅳ. 政府管制

你必须了解影响公司业务和运营的重大法规以及拟议交易。是否需要任何监管机构的批准或同意？交易和/或公司业务是否存在任何必须解决的监管问题？是否存在任何可能对公司业务产生重大影响的未决或威胁的监管程序？

A. 过去 5 年向监管部门提交的文件。

- 是否需要与交易有关的任何备案或批准？

B. 过去 5 年内与监管机构就重大监管事项进行的任何通信或其他通信，包括与适用监管机构有关的任何通信、备忘录或其他通信。

- 你应审查与监管部门的所有重大通信。

C. 与影响公司业务的现有或未决政府法规有关的任何通信、备忘录或其他通信，包括与任何拟议立法有关的任何通信、备忘录或其他通信。

- 拟议的立法可能会对公司的业务产生什么影响？
- 遵守任何这类新法例的成本会是多少？

D. 公司及其子公司的所有政府许可、执照等的清单。

- 你通常必须咨询专家法律顾问——联邦通信委员会、食品和药物管理局等。
- 交易对许可证、执照等有什么影响？许可证和执照是否可以转让？你的客户必须重新申请此类许可证和执照吗？

Ⅴ. 法律事项

- A. 影响任何公司或其任何高级管理人员或董事的任何未决或存在潜在威胁的重大诉讼、行政诉讼或政府调查或查询（包括但不限于税务和海关事项）的时间表和状态报告，包括所有此类未决或威胁的诉讼、程序等的简要描述（争议金额和处理事项的律师姓名等）。
- 审查诉讼文书的首要理由是确定或有负债的总额和负债的可能性。还要找找西装的式样。公司似乎存在哪些类型的问题？
- 了解任何正在进行的重大诉讼、调查或询问的范围，以及潜在的后果，包括金钱损失，你很可能需要咨询处理这个案件的诉讼律师。
- 你可能需要审阅投诉和诉状，并与诉讼律师讨论曝光问题。如果索赔是非常专业的，你可能必须咨询该领域的专家律师（例如，环境）。
- 很多时候，你不能依赖提供给你的信息，你也应该通过其中一个搜索服务进行独立搜索。
- 潜在负债是否在保险范围内？

B. 在过去 5 年内就未决或威胁诉讼或已解决或以其他方式终止的诉讼与律师的任何备忘录或与律师的通信。

- 如果你被告知某项纠纷已经解决，确保审查签署的和解协议。

C. 任何公司或其任何高级职员或董事作为一方或受其约束的，要求或禁止任何未来活动的任何重大同意法令、判决、其他法令或命令、和解协议或其他协议，无论何时发布。

■ 寻找交易的障碍。此外,在收购中,你需要了解是否有公司可能不从事的活动。这很重要,因为你的客户可能有相反的计划。

D. 过去 5 年内,公司或律师或任何公司致公司会计师或任何联邦或州监管机构的所有信函,涉及公司(或其任何高级职员或董事)可能涉及的重大诉讼,包括最新日期的所有更新。

Ⅵ. 其他重要信息

A. 由任何公司、投资银行家、工程师、管理顾问、会计师、联邦或州监管当局或其他人准备的任何公司或子公司的任何近期分析,包括评估、市场研究、未来计划和预测、信用报告以及其他类型的财务或其他报告,包括详细说明公司或任何子公司新部门计划的报告。

■ 这些文件会让你洞察到别人是如何看待公司的。检查这些分析是否有警示红旗。

B. 经公司高级管理人员判断,对公司业务具有重要意义或在披露公司业务和财务状况时应予以考虑和审查的任何其他文件或信息。

■ 寻找警示红旗和障碍。

C. 最近 5 年有关公司的新闻稿、刊物或重要文章的副本。

■ 寻找警示红旗。

D. 对最新的高级职员和董事问卷的答复副本。

■ 就公开发行而言,必须包括有关公司高层和董事的信息、他们的薪酬和雇员福利,以及他们与公司承销商进行的重大交易,发行人律师应审阅已填妥的问卷,并将其与注册声明中的披露内容进行比较。

E. 产品宣传册和其他营销材料。

■ 寻找警示红旗。试着确定这些材料中是否有任何看起来令人误解或不准确的内容。

■ 如果适用,则将更多的技术资料与面向销售的文档进行比较。工程师通常可以更坦率地说出关键产品的缺点。

■ 有关客户的信息不得采用书面形式;可能有必要与营销人员面谈,以确定公司客户群的实力。

附录 6D

VDR 文档示例索引[30]

	页码
A. 会计数据	1
E. 环境数据	9
F. 设备数据	12
H. 人力资源数据	14
I. 国际化数据	20
L. 法务数据	30
P. 专利数据	42
R. 研究与开发数据	43
T. 商标数据	44

注意事项：

VDR 文件已按如下颜色编码：

绿色：开放存取。黄色：仅限尽职调查团队访问。

红色：只有内外部法律顾问才能访问。

A. 会计数据

黄色 A.1	2018 年度合并资产负债表
黄色 A.2	2018 年度合并后资产负债表
黄色 A.3	2019 年度合并资产负债表
黄色 A.4	2019 年度合并后资产负债表

E. 环境数据

概述

E.1　文件：概述手册

绿色	设备概述
红色	设备描述
绿色	排放数据
红色	意外事故与受伤数据

E.2　文件

| 绿色 | 工厂描述 |

红色	基本信息
黄色	许可证
红色	审计报告

F. 设备数据

工厂设备

F.4 文件

绿色	关键事实
绿色	照片
绿色	主要设备
绿色	生产流程
绿色	工业产品
绿色	操作许可清单

H. 人力资源数据

福利信息

绿色	H.1	长期残疾计划文件
绿色	H.2	医疗报销计划文件
绿色	H.3	家属报销计划文件
绿色	H.4	退休收入计划文件
绿色	H.5	个人计划文件
黄色	H.6	小时工退休收入计划（修订中）
绿色	H.7	牙科福利汇总——综合医疗计划

I. 国际化指数

法国

负债或信贷安排

绿色	1.1	负债或信贷安排——债务合同（公司贷款）
绿色	1.2	负债或信贷安排——担保/安慰函/本票/质押/按揭/其他留置权

税务

绿色	1.3	税务——已交税金

雇佣情况

绿色	1.4	员工人数
绿色	1.5	员工总薪酬（按部门或职能划分）
绿色	1.6	员工工资清单（显示管理人员薪酬）

L. 法务数据

L.1　文件：产品责任诉讼

红色　　　　　美国产品责任概述

红色　　　　　美国产品责任历史——法律费用

红色　　　　　美国未决诉讼的法律费用

红色　　　　　诉讼费用

红色　　　　　案件明细表

红色　　　　　索赔明细表

红色　　　　　信用证

L.2　文件：其他诉讼或索赔（又见相关商标文件）

红色　　　　　破产诉讼

绿色　　　　　劳工报酬索赔经验

L.3　文件：影响企业运作的监管条例

黄色　　　　　《公平包装和标签法》

黄色　　　　　《联邦有害物质法》

黄色 L.6　　　租赁

L.7－L.12　　未经使用

个人使用的设备

黄色 L.14　　公司发放的手机

黄色 L.15　　公司发放的手提电脑

合同

绿色 L.20　　研发合同

　　　L.21　　未经使用

　　　L.22　　未经使用

　　　L.23　　研发合同

数据处理（包括许可）

软件许可

　　　L.24　　未经使用

绿色 L.25　　研发合同——保密协议清单

　　　L.26－L.27　未经使用

绿色 L.28　　软件许可——软件——应付账款系统

收购或合并合同

　　　L.618－L.633 未经使用

黄色 L.634　　　XYZ 公司收购

黄色 L.635　　　ABC 公司收购

黄色 L.636　　　购入纽约公司一定数额的股票(2019)

黄色 L.637　　　购入新泽西公司一定数额的股票(2015)

黄色 L.638　　　兼并证明书

UV 公司和 X 公司的兼并

公司记录

黄色 L.639　　　企业档案——(2 卷,1 本股票凭证及 1 本股票转让总账)

L.640—L.650 未经使用

黄色 L.651　　　企业档案(2 卷)

　　　L.652　未经使用

黄色 L.653　　　企业档案(3 卷)

　　　L.654　未经使用

黄色 L.655　　　企业档案(2 卷)

P. 专利数据

红色　　　　　　P.1 专利清单

R. 研究与开发数据

R.1　文件:研究与开发概述

绿色　　　　　　概述

绿色　　　　　　建筑设施

绿色　　　　　　产品开发过程

绿色　　　　　　研发能力

绿色　　　　　　研发组织

T. 商标数据

红色　　　　　　T.1 文件

1. 打印(并更新)世界范围内的商标注册和商标申请(以商标;由业主;更新)

2. 打印商标

红色　　　　　　T.2 文件:打印未决冲突(选定与销售额超过 500 万美元的产品有关的商标)

　　　　　　　　T.3—T.6 未经使用

红色　　　　　　T.7 文件:商标产权负担:独家许可、同意和协议

注释

1. 审计师独立性的定义见 210.2－01 节第 210 部分第二章专题 17，https：//www. law. cornell. edu/cfr/text/17/210.2－01。注意 2018 年 5 月 2 日，证券交易委员会发布一份用于贷款和债权人—债务人关系方面厘清审计师独立性相关规定的提案（提议取消不影响独立性的安排），https：//www. sec. gov/rules/proposed/2018/33－10491. pdf。

2. 此处回答由诺基亚公司已退休的并购经理比尔·布兰德福德提供，本书序言曾介绍过他。

3. 可扩展商业报告语言是金融信息的通用语言，用于证券披露以及其他用途，例如，会计供应链方面的交易性信息。最近，29 场股票交易，总共 22 000 家公司曾使用这种语言（https：//www.xbrl. org/the-standard/why/xbrl-for-securities-filing/）。在美国，如果 2018 年小型公司披露简化法案生效，一些小型上市公司可能不再需要使用可扩展商业报告语言。

4. https：//www. sec. gov/forms。

5. 此定义基于约翰·H. 博德利（John H. Bodley）《文化人类学：部落、国家与全球系统》（*Cultural Anthropology：Tribe，State，and the Global System*）第六版中所著内容。Lanham，MD. AltaMira Press，Rowman & Littlefield Publishers，2018。

6. 同注释 5。

7. 见一般数据保护规定，颁布于 2016 年 4 月 27 日，生效于 2018 年 5 月 25 日，https：//eur-lex. europa. eu/legal-content/EN/TXT/HTML/? uri=CELEX：32016R0679 &from=EN。

8. 大部分欺诈性转让的州法令都基于《统一欺诈性转让法案》，该模范法由全国统一州法律委员会议协商制定。联邦破产法，见第 11 章、第 5 章第 3 分章第 548 节，欺诈性转让和债务。

9. 见《美国法典》专题 15，第 2A 章，第 1 分章（国内证券），第 77a 条，见 https：//www. law. cornell. edu/uscode/text/15/77a 以及 https：//www. law. cornell. edu/uscode/text/15/78a。

10.《美国法典》专题 15，第 2B 章（证券交易），https：//www. law. cornell. edu/uscode/text/15/chapter-2B。

11. 在 2016 年特拉华州衡平法院 Trulia 股份有限公司股东诉讼案 WL 270821（特拉华州衡平法院）中，该法院声明不再接受仅违反披露法的原告诉讼，宣称从此以后该类诉讼都要附带其他指控。这使得这类案件的立案急剧减少（因为法院都不受理），但是仅违反披露法的案例都被推到其他各州法院和联邦法院，见 https：//www. law. com/newyorklawjournal/sites/newyorklawjournal/2017/11/13/impact-of-trulia-on-merger-litigation-in-state-and-federal-courts/。

12. S-4 表说明："本表适用于 1933 年的证券管理条例（'证券管理条例'）下的证券发行规定：(1)（本章 230.145 节）第 145 条规定 a 段下指明的一类交易；(2) 各州现行法律下不会要求征集选票或即将被收购的公司的证券持有者的同意的兼并；(3) 发行人或另一实体的证券交换要约；(4) 依据此项登记声明获取的任何这类证券的公开再发行或再发售；或者(5) 通过(4) 登记在一份登记声明上，在(1) 中列出的不止一种交易。"https：//www. sec. gov/files/forms-4. pdf。

13. 欲详细了解并购诉讼中的索赔请示及抗辩概况，见考夫曼、吉尔丁和罗宾斯有限责任公司（Kaufman，Gildin，and Robbins，LLC）2018 年证券诉讼：索赔请示及抗辩。这份原始资料列出了十几节并购诉讼中可能用到的证券法，以及对应这几节法规条文的抗辩，包括尽职调查，https：//

www. securitieslosses. com/Securities-Arbitration-and-Litigation_PC/Securities-1-Securities-Arbitration-and-Litigation_PC. shtml。

14.《董事职责:神话、现实与预防》——全美企业董事联合会蓝带委员会(华盛顿:美国全国公司董事协会,2006,2013)。

15.《美国联邦法规》专题17第2章第240部分A子部分第240.10b-5节,https://www. law. cornell. edu/cfr/text/17/240. 10b-5。

16.《美国联邦法规》专题17第2章第240部分A子部分第240.10b-5节,https://www. law. cornell. edu/cfr/text/17/240. 10b-5。

17. 见安·O. 奥拉查宝(Ann M. Olazabal)和帕特丽夏·S. 阿布丽尔(Patricia S. Abril):"在10(b)案例中鲁莽作为一种精神状态",《纽约大学法律和公共政策学报》(*New York University Journal of Law and Public Policy*),2015年第18卷第305页,http://www. nyujlpp. org/wp-content/uploads/2015/09/Olazabal-Recklessness-As-a-State-of-Mind-in-10b-Cases-18nyujlpp305-. pdf。

18. 所引全文如下:"提问后,得到的答案正确便心满意足,就此放手,而不查明记录去分辨答案是否真的正确完整,这样做能充分查明事实吗? 我认为这一程序就已经不充分了。"https://law. justia. com/cases/federal/district - courts/FSupp/283/643/1906035/scott v. BarChris Construction Corporation,283 F. Supp. 643 (S. D. N. Y. 1976)。

19. 见《关于世通公司证券诉讼案》(*In re WorldCom, Inc.*) 294 F. Supp. 2d 431 (S. D. N. Y. 2003),http://worldcomlitigation. com/courtdox/2005-03-21OrderDenyRobertsSJMot. pdf。注意一些安然诉讼案见第11节的指控(比如,见此诉辩状:http://securities. stanford. edu/filings-documents/1020/ENE01/2002610_r19x_013624. pdf)。欲了解安然公司和世通公司案件不久之后的分析文章,见理查德·A. 斯佩尔(Richard A. Spehr)等,《证券法第11节:最新趋势的入门与更新》(*Securities Act Section 11: A Primer and Update of Recent Trends*),Mayer,Brown,Rowe & Maw律师事务所(Mayer,Brown,Rowe & Maw LLP),华盛顿法律基金会(Washington Legal Foundation),2006年,http://www. wlf. org /upload/0106CLNSpehr. pdf。

20. 安然公司的董事会报告[威廉·C. 鲍尔斯(William C. Powers)等,《安然公司董事会的特别调查委员会调查所得的报告》(*Report of Investigation by the Special Investigative Committee of the Board of Directors of Enron Corp.*),2002年2月1日]声明,摘录:"董事会,特别是审计与合规委员会,有责任最终监管公司的财务报告。本报告中所讨论的财务报告造假最主要的责任在于管理,该委员会参与者认为,如果当时董事会更有进取心、更警惕,这些造假可以并且应该更早被制止或被发现。"(http://news. findlaw. com/wsj/docs/enron/sicreport/cover. html。)更多相关评论见美国参议院政府事务委员会政府调查常设小组委员会《董事会在安然公司倒闭中所扮演的角色》(*Role of the Board of Directors in Enron's Collapse*)(2002年7月8日),文中声明,摘录如下:"董事会对雷珀特公司交易某些方面认识不足,然而,这并不能为其对这些交易的处理辩护。这种认识不足最多能证明董事会的尽职调查和独立调查不足是安然公司的关键罪责"[引自《吉尔哈特工业公司诉史密斯国际公司案》(*Gearheart Industries v. Smith International*,741 F. 2d 707,719 5th Cir. 1984)。欲了解世通公司独立董事报告,见丹尼斯·R. 贝雷斯福德(Dennis R. Beresford)等,《世通公司特别调查委员会调查报告》(Report of Investigation by the Special Investigation Committee of WorldCom Inc.)(2003年3月31日),得出该公司存在监督失职(http://news.findlaw.com/wsj/docs/worldcom/bdspcomm60903rpt.pdf]。世通公司的后续独立报告,见理查德·布里登(Richard Breeden),"信任重建",2003年8月26日,https://www.sec.gov/Archives/edgar/data/723527/000119312503044064/dex992.htm。

21.《关于世通公司证券诉讼案,No. 02 Civ. 3288 (DLC),2005 U. S. Dist. LEXIS 4193 (S. D. N. Y. Mar. 21,2005)》的法庭,否认了一位独立董事的基于尽职调查的即决判决动议。见 D. 安东尼·罗德里格斯(D. Anthony Rodriguez),《构建外部董事的第11节"尽职调查"辩护》(Building the Section 11 "Due Diligence" Defense for Outside Directors),美国律师协会,https://www.americanbar.org/publications/blt/2012/07/02_rodriguez.html。

22. 见《遏制扩散:改革支离破碎的证券集体诉讼体系的建议》(Containing the Contagion: Proposals to Reform the Broken Securities Class Action System),美国商会法律改革协会(US Chamber of Commerce Institute for Legal Reform),2019年2月,https://www.instituteforlegalreform.com/uploads/sites/1/ContainingtheContagion_Paper_WEB_FINAL.pdf,也可见于《证券集体诉讼最新趋势:2017年全年一览》(Recent Trends in Securities Class Action Litigation: 2017 Full Year Review),http://www.nera.com/content/dam/nera/publications/2018/PUB_Year_End_Trends_Report_0118_final.pdf。一份较早期的文件内容也展现出证券集体诉讼在增加。"An Empirical Study of Securities Litigation after Worldcom",Retgers Law Journal,Vol. 40,no. 2,2009,https://papers.ssrn.com/sol3/papers.cfm?abstract_id=1303634。

23. 欲了解为独立董事专门定制的指南,见 D. Anthory Rodriguez,Building the Section 11 "Due Diloigence" Defense for Outside Directors.

24. 标准有露华浓标准(Revlon)(一旦公司开始运作,董事会有义务为股东争取到最佳价格)、优尼科标准(加强审查,以判断决策是否合理、适当)、完全公平标准(确保公平对待少数股东和多数股东),以及经营判断法则(谨慎和忠诚的义务)。但是要想达成以上任何一条标准,诉讼当事人必须克服免责的障碍,免责是指公司高管和董事如果没有参与冲突就可免予担责。正如埃克特·西曼斯律师事务所(Eckert Seamans)的弗朗西斯·彼勒吉(Francis Pileggi)所说,"法庭曾援引最近特拉华州最高法院《关于基岩医疗股份有限公司股东诉讼案》,对于露华浓标准、优尼科标准、完全公平标准或经营判断法则适用的主张,仅索求损害赔偿金的原告仍必须向受免责宪章条款保护的董事提出无法免责的索赔要求,动议才不会被驳回。"见他2017年5月26日的博客,题目为"见优尼科标准的诉求不满足第23.1条规定"。

25. 富理达律师事务所(Foley & Lardner)[自2018年4月1日后,现称为富理加代尔律师事务所(Foley Gardere)]十年前曾说过(在"并购中董事会的角色"中,2007年):"与处理目标公司董事职责的大量案例相比,处理交易买方董事特定职责的案例数量少得可怜。"

26. http://www.scotusblog.com/case-files/cases/south-dakota-v-wayfair-inc.

27. "标的物"管辖权可能包括破产、海事问题、知识产权或互联网通信。关于管辖权、提起诉讼,见乔纳森·I·布莱克曼(Jonathan I. Blackman),"最高法院重申公司被告仅'在内',受制于属人管辖权",佳利律师事务所(Cleary Gottlieb Steen & Hamilton LLP),2017年6月14日,https://corpgov. law. harvard. edu/2017/06/14/supreme-court-reaffirms-corporate-defendants-subject-to-personal-jurisdiction-only-at-home/。非美国交易方的案例,见拉尼尔·萨珀斯坦(Lanier Saperstein),"美国法院管辖范围:长臂管辖权与国际礼让说",德汇律师事务所(Dorsey & Whitney),2018年1月10日,https://www. dorsey. com/~/media/files/uploads/images/cle-20180110-presentation-to-visiting-delegationv5. pdf? la=en。

28. 这些信息主要来源于韦莱韬悦。见"保险市场现状:董事及高管责任",2018年4月12日,链接为 https://www. willistowerswatson. com/en/insights/2018/04/directors-officers-insurance-marketplace-realities。

29. 美国最高法院,《Epic 系统公司诉路易斯案》(*Epic Systems Corp. v. Louis*)。法院于2018年5月21日对此案作出裁决,发现这类协议具备强制执行性。此裁决对雇主更有利,因为相比于风险性与费用更高的替代方案,即诉讼,雇员更愿意选择仲裁,https://www. supremecourt. gov/opinions/17pdf/16-285_q8l1. pdf。

30. 摘自纽约巴特尔·福勒公司(Battle Fowler)的一份清单。注:储存在虚拟数据室的文档以及描述这些文档的菜单,提供了尽职调查的具体证据,美国监管机构把这些内容视作企业合规性的重要方面之一。美国司法部指导性文件企业合规性程序评估(美国司法部,刑事法庭,2019年4月),第8页,"设计周到的程序应当包括任一收购目标企业的全面尽职调查。并购前尽职调查使得收购方公司能更准确地评估每个目标企业的价值并协商所有腐败或不当处理成本归目标企业负担。"该文档链接为 https://www. justice. gov/criminal-fraud/page/file/937501/download。

第七章 谈判收购协议和意向书

引 言

所有收购交易的法律核心就是收购协议。尽管一项谈判的开端是起草意向书（或其简缩版，叫术语表），但最有可能决定交易成败的便是收购协议。[1]

但这种说法并不是要贬低意向书的重要性。尽管有些律师不喜欢意向书，并坚持要求直接进入最终协议程序，但这种做法只能被当作例外，而非常规操作。因此，本章将首先讨论这项至关重要的文件在收购情境中的目的和使用方法，在附录7A中有一个意向书的模板。然而，这一章的绝大部分内容是关于收购协议以及其带来的最基本的谈判问题的。附录7B含有典型并购协议的主要规定，并附有关于其主要内容的分析性评论，也指明了可供买方或卖方备选的方案。[2] 收购过程中还有诸多问题都必须就这些复杂的协议进行谈判。其中有些纯粹是法律问题，最好完全交给法律顾问处理，而另一些则是律师通常不会也不应该被要求或期望处理的商业问题。本章将重点讨论后者，同时介绍并购谈判的主题。亘古不变的事实是，经验丰富的法律顾问是无可替代的。

本章分析的样本协议一般由买方准备。该样本协议内容全面，并包含许多有利于买方的条款。因此，其中许多规定可能不会出现在卖方编写的文件中。事实上，除非卖方聘用的是缺乏经验的律师代理，否则买方不可能期望得到本合同样本中的所有内容。但从买方的角度来看，这是一个很好的起点。此外，用于收购一家上市公司的文件可能与本章所述文件大不相同。这些文件的差异性将在一般性讨论中和酌情在协议本身内容中加以标注。

在开始讨论之前，我们不妨关注一下一个人称"智能合同"的新事物。事实上，"智能合同"这种新事物并不是与交易有关的传统人类约定事项（在并购交易中依然不可或缺），而是一系列用于自动执行该交易中的某些步骤的计算机程序。[3] 例如，一份传统的合同中有一个条款说，卖方将根据未来的利润获得收益，这时则可能会有一个"智能合同"或计算机程序设置来实现通过银行自动提款。[4]

关于使用电子签名的指导意见,见第八章"交割"。

意向书

什么是意向书?

意向书,或 LOI(又称谅解备忘录)是一种书面工具,它阐述了即将进行合同谈判的双方各自的初步意见。在大多数情况下,这类意向书不具有约束力,除非有某些特定的规定,例如,保密条款、分配费用或禁止与其他法人谈判的规定(一种排外性或非售条款)。本章末尾的附录 7A 中罗列了典型的意向书的条款。由于每笔交易不尽相同,所以意向书的范围也是变化的。附录 7A 可以被当作通常会出现在意向书中的事项的模板清单。

意向书的目的是什么?

意向书以书面形式记录了交易的基本条款,直到交易进行到这一步,这些条款都是交易双方讨论和早期谈判的主题。意向书通常会列出交易的拟议结构,价格和支付方式(现金、票据、股份),作为价格一部分转让的票据或股份条款,以及交易的其他重要但概略性的特征,如拟议的时间、代表和保证的范围以及终止条款。

意向书还规定了完善交易的条件,除了一些其他条件外,包括的内容还有:需要的监管批准,担保协议、法律意见,以及最重要的即完成尽职调查和执行双方都满意的最终文件等。

意向书是否伴随着具有约束力的法律义务?

不一定。大多数意向书都明确规定,该意向书并不产生为促使交易完成的约束性义务。但是仅仅简单陈述意向书在某一特定区域不具约束力,可能不足以使它没有约束力。协议具有约束力的法律检验标准是当事人根据具体情况确定的意图。有些法院认为,持有不具约束力意向书的当事方有义务真诚地与另一方谈判最终协议,即使在意向书没有明确规定这种义务的情况下也是如此。

此外,如果当事各方在已就大多数实质性问题达成了协议,并且预估交易不会出现太多意外的情况下,可能会考虑订立一份具有充分约束力的意向书——尽管法律顾问往往会建议不要这样做。而且,即使是关于不具约束力的意向书,当事各方通常也设法就有关保密和费用承担及诸如非售条款的事情(见下面的讨论)。

如果意向书没有约束力,是否还真的需要它?为什么不直接着手合同本身呢?

除极少数情况外,还是建议使用意向书。

第一,有时双方还没有准备好正式合同——例如,如果收购者正在等待融资,意向书可以确保交易的选择权。

第二,意向书可以防止交易流向第三方。由于双方在现阶段原则上就基本交易条件达成一致,他们有动机保护他们在交易中投入的时间和费用,而且意向书的某些有约束力的规定为他们提供了这样做的机会。例如,经验丰富的买方并不想在卖方到处向其他潜在买方报价的时候充当备胎。因此,买方可能希望从卖方处获得一份非售条款,正如之前提到的那样。不过,这要通过一项协议条款实现,该条款要求卖方在规定的时间内不得与其他当事方进行谈判,以便让买方有适当的机会谈判具有约束力的协议。

第三,意向书可以防止误解。交易各方必须花费大量时间和金钱来完成尽职调查、谈判和起草合同。意向书协议使他们能够在支付谈判最终文件的费用之前就基本条款达成一致。谈判过程的稍后阶段,在谈判确定初步地位的最终协议和在断然回绝对方收复失地的努力时,一份精心起草的意向书往往能派上用场。该文件可以阻止"修改"既定的长期条款的企图,因为这一企图可能导致双方甚至在达成最终协议之前就相互产生恶意。

第四,意向书可以帮助达成交易。虽然意向书通常不是具有约束力的协议,但其执行过程往往会产生一种道德承诺,即交易者应该根据所概述的条款尽最大努力完成交易。在投入精力谈判一份意向书之后,交易双方都不想成为导致交易无故终止的那一方。

然而,意向书的非约束性可能具有弊端。由于起草文件时无意使其具有约束力,一些当事方会掩盖细节,或因急于阻止另一方抢占先机而匆忙起草意向书。如果一方仓促行事,则他可能忽视文件中的细节。当这些细节随后在最终文件中浮出水面时,一方若想试图"修改"意向书,就可以被视作一种不诚信的迹象。因此,老话是有道理的,即欲速则不达。

跳过意向书是个好主意吗?

只有在一些罕见的情况下这个做法是可以的。如果意向书有可能被泄露给目标公司员工,或者如果意向书的存在会使事情不必要地复杂化或减缓事情发展速度,那么直接签订一份正式协议可能是最好的选择。此外,如果有任何一交易方是上市公司的话,签署意向书则可能被认为是重要的,并且需要发布公开陈述——而在达成交易之前,交易的某一方甚至双方可能都不会欣然接受这种情况。

意向书应该何时执行?

大多数情况下,交易双方会在收购方完成了基本的财务尽职调查,但还未开始尽职调查的其他方面(管理和运营、合法和规范以及业务)的情况下执行意向书。这样的时间安排减少了当事方在就基本业务条款达成原则协议之前产生巨额费用的可能性。然而,在有些行业中,如果不进行更全面的尽职调查,买方实际上则无法在财务条款上采取更犀利的手段。这些行业可能包括与服务有关的行业。服务业的关键资产与人有关,因此属于无形资产。同时,像那些存在着大量的不确定性或意外情况的行业也包括在内。

如果买卖双方对意向书有不同的期望,会发生什么情况?

今天仍然被引用的 1987 德士古(Texaco)诉鹏斯(Pennzoil)一案的法院判决结果[5],突出展示了当买卖双方对意向书产生的各自义务有不同理解时可能会带来问题的严重性。本案中法院面临的主要问题是,鹏斯通过盖蒂(Getty)石油公司的主要股东戈登·盖蒂(Gordon Getty)与盖蒂石油公司签订的谅解备忘录是否属于对鹏斯收购盖蒂石油公司具有约束力的合同。德士古认为这笔交易还没有约束力,于是趁机以更高的估值收购了盖蒂。法院认为,鹏斯的谅解备忘录事实上具有约束力,对德士古公司的侵权干扰行为作出了 102 亿美元的判决。在德士古公司的一系列上诉之后,此案以 30 亿美元的价格达成和解。德士古公司因该事件被迫破产。

在这方面,还有哪些其他法院案件具有启发性?

从 20 世纪 90 年代末以来的一系列案件中也出现了类似的问题:克劳斯(Krauth)诉讼特里卡德有限公司(Telecard,Ltd.)案(1995)[6],在多因素分析的基础上发现了一份有约束力的意向书;霍升(Hoxeng)诉讼托皮卡博通公司(Topeka Broadcomm, Inc.)案(1996)[7],因为双方的行为反映了约束的意图而发现了一份有约束力的意向书;思科罗核磁共振有限公司(S. Colo. MRI,Ltd)诉讼医联盟公司(Med-Alliance,Inc.)案(1999)[8],因为双方有效地放弃了最终书面协议的要求而发现意向书具有约束力。[9]

同样,特拉华州最高法院最近在西加科技公司(SIGA Technologies,Inc.)诉雅典娜医药公司(PharmAthene, Inc.)一案中的裁决,确立了在特拉华州法律中的一项权利,即有权因恶意违反谈判协议(以不具约束力的条款清单的形式)而寻求损害赔偿。这种结果十分常见,足以表明在起草意向书、条款清单或谅解备忘录时需要谨慎行事。[10]

谈判者如何在不被起诉的情况下保持他们退出协议的自由?

在撰写意向书时,各方应界定可以退出谈判的条件和不可退出谈判的条件,以及在非法退出的情况下该付出的违约赔偿金数额(如果有的话)。双方还应当事先就进行平行谈判的自由达成一致,确定合同的非排他性(而不是包括非售用语)。在意向书中列入这类条款可能有助于避免产生侵权责任,因为它们支持这样的结论,即双方当事人并不打算在其交易条款方面达成具有约束力的协议。

收购协议

通常由谁来负责起草最终收购协议?

习惯上,买方控制协议的起草,维护这一特权也符合买方的利益。起草者确定初步讨论框架,并可以通过控制起草的速度来调整谈判的速度。此外,起草者应该确保纳入所有最重要的规定和保障措施,并要预防对方为随后合法销毁协议播下种子的行为。

作为买方,如果发现卖方试图从你手中夺取对文件的控制权,并想要用自己的团队来制作协议文件,不要感到惊讶。虽然这样的解释听起来很有说服力:"我们尊重你作为起草文件的买方的正常特权,但我们的业务十分复杂,预计接下来会发生重大的变化,所以我们自己起草文件似乎更合理不过。"

不要被这个论点所左右,不管卖方是多么好心。其中更重要的是,买方要保护其控制文件起草的惯有权利,买方的律师也要善于抓住重点,来制止篡夺控制权的企图。只有那些目光短浅的买方才试图通过让对方起草合同来节省法务费用。首先,这笔费用的节省是虚幻的,因为如果允许卖方起草协议,从买方的角度来看必须进行大量的重新起草工作才能使协议对自己有利。此外,如果谈判基调的变化和对谈判节奏失去控制,从长远来看,很可能使买方付出更大的代价。在每次谈判协议的新条款时,买方都要靠卖方律师并不那么"温柔的慈悲"来起草变更。即使是心地善良的卖方律师也可能很难摆脱他们作为利益对手的本能,所以他们不会去把那些将保护买方利益的事情写进文件中的。

假设在一次拍卖中有多个买方,那应该由谁起草协议?

当某公司通过拍卖过程来出售(这在今天已成为常态)的时候,卖方通常会提交合同第一稿供买方评论。买方提交对目标公司的投标及其对草案的意见,在这种情况下,通常不存在意向书,而是当事人直接进入收购协议。[11]

收购协议的主要目的是什么?

最终协议将阐述买卖双方对交易的几乎所有法律理解。理想情况下,收购协议可以完成以下五个基本目标:

(1)它规定了交易的结构和条件。

(2)它公开了目标公司运营的所有重要法律性的以及许多财务性的细节,还有交易完成前各方的评论。

(3)它要求双方尽最大义务完成交易,并要求卖方在交易达成前不得对目标公司作出任何重大的改变。

(4)它规定了如果在交易结束之前或之后双方发现了本应在协议或讨论中更早披露但没有适时披露的问题则会发生什么情况。

(5)它包含了每一方交易结束的最终条件(交易结束前必须发生的事情),以及交易结束前每一方的评论。

与典型的意向书不同,收购协议是一个完全有约束力的协议。一旦签署,如果没有法律上可接受的理由,那么未能完成交易的一方可能要承担损害赔偿责任。

协议的谈判在很大程度上是双方在交易完成前或交易完成后对因交易目标的法律(和某些财务)缺陷而出现的经济损失风险进行分配的一种努力。例如,如果当事人在合同签订后发现法律问题(例如,对目标公司提起的重大诉讼,或目标公司的主要厂址被确定为有毒废物倾倒场[12]),则可能会产生这样的问题:是要求买方完成交易,从而承担损失风险,还是说卖方会因买方不被要求完成交易而蒙受损失?

如果因为影响到整个产业的一系列新的进口关税政策变化,目标公司原本光明的财政前景突然变得黯淡的话,上述同样的问题也可能被问到。类似的情况还有,如果在交割之后买方发现了在交割时存在但在协议中没有适当披露的赔偿责任,那么是买方将遭受损失,还是它将能够根据最终协议中的赔偿规定从卖方那里获得损害赔偿?一份全面的协议将使答案清晰明了。在这种情况下,协议的陈述和保证条款就显得特别重要,本章也会强调与其相关的内容。

在谈判收购文件时,买卖双方真正关心的是什么?

卖方和买方处于两个完全不同的立场,如表7—1所示。

表7—1　　　　　　　　　　　卖方与买方的主要目标

卖　方	买　方
达成交易——越快越好	交易与否的自由权利
交易后概不退款	如有严重意外,可以退款

一旦双方就交易的关键实质性方面(价格和条款)达成一致,卖方就希望尽可能确定至少两件事:协议签署后,交易将尽快完成;并且买方不会因为任何事后事件而要求退还任何款项。

买方的关切点与卖方的相反。如果发现目标公司存在任何法律、财务或业务缺陷,买方则希望拥有放弃交易的灵活性。成交后,买方想要确认的是,如果有因为卖方未事先向买方披露的法律或财务问题而造成的经济损失,买方将得到精确到一分一厘的赔偿。但这种情况与交易完成后经营目标公司的业务风险不能混为一谈:一般的经济衰退、新的竞争以及交易完成后的管理失败,这些都是明智的买方在收购时就知道自己可能要承担的风险。但是,买方会设法保护自己免受目标公司业务中隐藏的缺陷问题的影响。这些缺陷包括任何悬而未决的诉讼、责任或环境问题(仅举几例),这些都是在交易前未披露而致使目标公司的实质价值低于成交价格的问题。

在这样截然相反的目标下,买卖双方很难达成一致。不出意外,买方将尝试增加其在交易结束前可退出交易的灵活性。然而,有了这种灵活性,协议便只是获得目标公司的一种选择,而不是一种在法律上约束买方收购目标公司的合同。如果买方真的想要购买目标公司,则它应该愿意在合理的范围内承担相应的法律义务。

另外，卖方永远不能确定交易是否能完成。原因很简单，因为在任何交易完成之前都有太多超出买卖双方控制的条件必须得到满足。（后面将更详细地讨论这些条件。）此外，尽管卖方总是希望出售目标公司后概不负责，但绝大多数私人公司在出售时至少要附加一个适度的交易后保护条款。因此，如果目标公司不是卖方交易前所描述的那样，理性的卖方通常会勉强地向买方提供少量的保护。

在风险分配的过程中，如果交易完成后发现目标公司未披露的法律缺陷，谁应该承担其带来的相关损失风险——买方、卖方，还是两者兼而有之？有正确答案吗？

这就要看怎么谈判了。聪明的卖方会说：

> "你看，在你签任何东西之前，我们将毫无保留地展示我们的一切。你可以和我们的管理层、会计和律师谈谈。你可以尽心情出力。如果你发现问题，我们将在谈判中协商出一个双方都能接受的解决方案。所有不确定的问题都是你们购买和拥有这家公司的风险——基于这个前提，告诉我们，你愿意出多少钱购买我的公司。一旦我们完成交易，公司和风险就都归你了。"

而精明的买方的回答大致如下：

> "我们的合同安排应该促进我们双方在交易结束前尽力发掘问题。只有当你分享部分或全部未披露的问题的风险时，你才会有强烈的动机去查找所有的问题。无论如何，如果在我们共同的努力之下交易目标仍因不明问题遭受分毫损失，而此时又由买方承担全部风险的话，那么这实际上就是在额外增加我们的购买价格。最终，我们可能会付出比目标公司实际价值更高的代价。我们的价格是基于交易目标没有任何实质性的未披露的问题前提之上的。我们愿意出一份力，但从某种程度上讲，如果我们进行了广泛的尽职调查，但结果还是蒙受损失的话，则是很荒谬的。这种损失可以如此巨大，以至于我们所付出的价格远远超过了我们所购买得到的价值。当然，你不会在这种情况下还强求一个不公平的价格吧。"

其实其中真正的问题是：目标公司的合理价格是多少？这个问题的答案取决于交易双方的谈判前提。

买方可以用以下两种方式确定价格：(1)根据预估的风险来确定价格，即按原样收购的价格，该价格可能低于卖方愿意保留部分或全部风险时的价格。(2)确定一个以卖方保留部分风险为前提的较高价格，如图7-1所示。

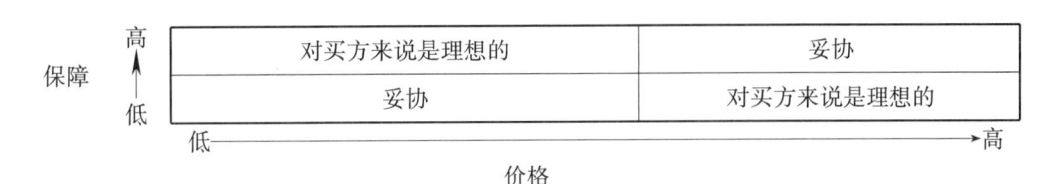

保障 高↑↓低	对买方来说是理想的	妥协
	妥协	对买方来说是理想的

低 ←———————— 价格 ————————→ 高

买方想要高保障和低价格；卖方想要低保障和高价格

图7—1 保障措施——价格谈判矩阵

第一种选择（即原样收购、低价格、低保障）对于熟悉目标公司的买方，或者确认目标公司不会从事可能产生特别责任的活动（例如，违反环境法或产品责任）的买方来说，这种选择是可以接受的。然而，这种选择依然是一场赌博。

第二种选择（高价格、高保障）更为普遍。在大多数私营公司的销售中，卖方承担着目标公司缺陷的风险的很大一部分，因此交易的定价也相应调整。

话虽如此，然而卖方也不应该不断地被那些无关紧要且并不属实的事情不停纠缠。每个人都知道，在进行收购时，没有哪家公司是完美的，在适当的时候，它在法律和财务记录上的瑕疵无疑会浮出水面。因此，虽然一般的规则是，卖方担负出售后责任，但这种责任通常是有限制的，出售后的问责一般会规定卖方承担责任的具体期限，并要求买方将其索赔仅限于重大问题。

增加保障措施以保证最高价格合理的惯例有意义吗？有意义，原因有三：

- 第一，原样收购的交易可能迫使买方降低购买价格，即使过后能索赔的可能性不大。买方在原样收购基础上提出的价格，对于卖方而言，就算考虑到担心交割后的过多纠纷，也是无法接受妥协的。

- 第二，让卖方与买方共同承担风险，将为买卖双方提供强烈的动机，促使他们在协议签署或交易完成前发现问题。利害攸关的双方进行彻底的调查可以减少索赔发生的可能性。

- 第三，如果在交易结束前发现了问题，可能会导致价格调整，即使对原样收购也是如此。从逻辑上讲，因为问题是在交易完成后出现的，所以交易价格应该不受影响。

这并不意味着每个卖方都应该在这个问题上让步，并同意承担所有交易完成后的风险。在某些情况下，卖方可能更愿意接受较低的价格，以免去承担交易后不利的风险。我们也不应该理所当然地认为定价一定会反映原样收购的风险。如果遇到了渴望交易的买方，或对其评估损失风险有信心的买方，卖方可能收获两全其美的结果——高卖价，以及几乎或根本没有事后风险，在竞争性投标情况下更是如此。最终，风险的分配将更多地取决于各方的议价能力和谈判技巧，而不是定价理论的精确性。

协议的组成部分

协议的主要组成部分是什么？

典型的协议主要组成部分如下：

(1) 介绍材料；

(2) 转让的价格和机制；

(3) 买卖双方的陈述和保证；

(4) 买卖双方的盟约；

(5) 交割条件；

(6) 赔偿；

(7) 终止程序和补救办法；

(8) 法律上的错误。

买方和卖方的一般关切点如何反映在收购协议中？

各方的主要关切点集中在协议的两个部分：交割条件部分和赔偿部分。前者列出了在双方有义务完成交易之前必须满足的条件，从而决定了买方或卖方是否可以"不受惩罚地"退出交易。赔偿部分规定了双方对交易完成后发现的与目标公司有关的问题的赔偿责任（如果有的话）。这两部分一般都与协议的前面的陈述和保证以及盟约两部分有关联。

介绍性材料

转让的介绍性材料和定价机制涵盖了什么？

在法律文件中，描述每一方当事人的意图往往是有用的。如果在协议中列出双方的意图，可能有助于在发生争议时对协议进行解释。因此，在介绍协议时加上一系列引述已成为一种习惯，这些引述陈述了协议的目的和协议的当事各方。介绍性材料的法律意义通常次于各方在执行协议时对其目标的轶事描述。

协议的下一部分列出了协议中最重要的实质性业务要点、价格和转让机制等内容。这一部分将交易的结构确定为股票处置、资产处置或合并，并描述了将财产从卖方转移到买方的转让机制。当事方也可以在本部分中规定由买方支付定金的要求，或者由买方履行的其他担保义务。

在资产收购的情况下，这部分要明确指出哪些资产将转让给买方，以及更重要的是，卖方的哪些债务将由买方承担。在合并的情况下，这部分包含交换股东收到的每股对价、合并的其他条款、存续公司的身份、合并的章程、管理幸存公司的规章制度，以及董事会的组成和高级管理人员的姓名。当然，对于资产购买和合并，本部分也应该确定卖方将收到的对价的性质以及相应的付款时间。

通常，这部分将包含有关公司间负债的条款，以及存续公司必须如何偿付这些负债，或卖方如何免除这些负债并在交易中将其资本化为额外权益等内容。

有关定价问题的详细讨论，请参见第三章。

陈述和保证

协议的陈述和保证部分的目的是什么？

在协议的这一部分内容中，卖方会对目标公司的法律和财务状况、要转让的财产以及卖方完成交易的能力做出详细的陈述。陈述和保证反映了截至协议签署之日的情况，它与附录一起（参见附录和附表的讨论），旨在向买方披露业务的所有重要法律和许多重要财务方面的情况。卖方还保证交易本身不会对被转让的财产产生不利影响。有些陈述和保证与目标公司的法律条件无关，但其目的是向买方提供信息。例如，卖方可能陈述它已附加了目标公司的所有主要合同的列表。买方就其完成交易的法律和财务能力以及某些其他有限陈述和保证作出类似陈述和保证。

买方应意识到，提供收购融资的贷款人将要求买方对收购目标作出广泛的陈述和保证，并以此为融资的条件。如果收购协议不包含卖方的类似陈述，在出现违约的情况下稍加追索，买方则将承担贷款违约和卖方违约造成的任何直接损失的双重风险。在某些情况下，如果对业务没有充分的陈述和保证，则可能更难获得足够的融资。买方应尽一切努力预测借贷人索要的陈述和保证，并试着在收购协议中包含关于这些方面的措辞。

如果买方或卖方发现另一方的陈述或保证在任何重大程度上是不真实的，则可以退出协议。因此，所陈述的项目越少，另一方能退出协议的风险就越小。此外，只有当卖方违反了协议中的陈述或保证时，卖方才必须赔偿买方在交割后出现的问题。再次，陈述和保证越少、范围越窄，对卖方的风险敞口就越小。由于这些原因，协议的谈判在很大程度上围绕陈述和保证的范围展开。

卖方如何缩小其陈述和保证的范围？

卖方可以通过以下方式试图减少陈述和保证造成的风险敞口。第一，卖方可能会坚决拒绝就特定项目，例如应收账款或某些子公司的财务状况或债务等作出任何陈述或保证。

第二，卖方可能拒绝就对交易或目标不重要的事项作出陈述和保证，或可能试图仅"就其所知"作出陈述和保证。为了保护自己，卖方可能设法在它所能表达的每一个地方插入"重大"一词，或具有相同效果的词藻。例如，它可以说它只披露"重大责任"或"重大诉讼"，或者它知道公司没有违反法律而构成的"重大不利变化"（简称MAC），或者会对公司产生的"重大不利影响"（简称 MAE）。

"重大"一词出现在陈述和保证中是什么意思？

俗话说旁观者清。虽然法院在具体案件中对"重大信息"作出了界定，但这个概念仍然模糊不清。随着时间的推移，会计概念的变化也增加了神秘性（见表7-2，"财务会计标准委员会"，简称FASB）。一般来说，判例法认为，所谓"重大信息"，是指那些对于一个正常、谨慎的投资者来说关系到决定是否进行特定投资的重要信息。[13] 在许多情况下，合同各涉事方都会一致同意，一个所谓的"重大"事实必须是对目标公司以及作为其一部分的任何子公司业务具有重要意义的。强调这一用语的目的是确保这一事实的重要性关系到被收购的整个企业，而不仅仅关系到母公司或单个子公司。

表 7-2　　　　财务会计标准委员会（以下简称 FASB）关于"重大性"的说明

> 自1980年以来，FASB已经提出了三个关于重大性的定义，并恢复了第一个定义。
> 概念2。最早的定义，从1980—2010年有效（可能在2019年恢复），出现在《财务会计概念陈述2》(Statement of Financial Accounting Concept No. 2)中，该陈述将重大性定义为"在具体环境下，会计信息的遗漏或错报的严重程度，可能会使根据该信息做出判断的理性人因该遗漏或错报而改变或受到影响"。
> 概念8。这一定义在2010年被更狭义的（针对企业实体的）《财务会计概念8》(Statement of Financial Accounting Concept 8)所取代，该陈述指出"如果省略或误报该信息，就会影响用户根据特定报告实体的财务信息作出的决定，那么该信息就是重大的。换句话说，重大性是与实体相关的具体方面，其基础是信息在单个实体财务报告中所涉及的性质或规模，或两者兼而有之"。
> 概念8的建议修正案。在2015年，FASB对概念8提出了如下修正案："重大性是一个法律概念。在美国，法律概念可以通过立法、行政或司法行动建立或改变。审计委员会观察但不公布关于重大性的定义。目前，委员会观察到，美国最高法院在美国证券法反欺诈条款的背景下对重要性的定义大体陈述如下：如果遗漏或误报的事项很可能被一个合理的资源提供者视为已大大改变了信息的总体组合，则该信息就是重大的。"2015年的更新修正来自两个具有里程碑意义的法律案件：TSC工业（TSC Industries, Inc.）诉讼诺斯伟公司（ Northway, Inc.），426 U. S. 438(1976)和贝斯柯公司（Basic Inc.）诉讼莱文森（Levinson），485 U. S. 224（1988）。然而投资者们反对这种做法，理由是它将重大性问题纳入了法律领域，而不是会计领域。*
> 概念2——复用版。2017年，FASB投票用与财务会计准则委员会概念表述2《会计信息的定性特征》相似的语言来修改现行第三章"有用财务信息的定性特征"以及财务会计准则委员会概念陈述8《财务报告的概念框架》中对重大性的定义。† 这一修改版在2018年8月成为最终版。
> 因此，也就是在这个非常重要的关于重大性的问题上FASB又回到了原点。

* http://www.sec.gov/news/speech/deane-speech-rulemaking-process.

† http://www.fasb.org/jsp/FASB/FASBContent_C/ActionAlertPage&cid=1176169442224&rss=1&pf rue. This discussion pertains only to the United States. For a global history of materiality, see H. Gin Chong, "A Review on the Evolution of the Definitions of Materiality", *International Journal of Economics and Accounting*, 6 (2015): 15—32.

为了减少产生分歧的可能性,双方当事人常常设定一个美元门槛值,来对特定情况下的所谓"重大性"加以定义。例如,买方将不要求对所谓重大性合同进行陈述,而是要求披露所有涉及金额超过指定美元数额的合同。同样,买方可以要求披露所有超过一定数额的负债。使用数字往往能对披露的信息进行精确规范,在很多方面也为卖方提供了防护。如果有一个门槛值,比如说,10万美元的负债,卖方就可以肯定地认为价值9.5万美元的未披露债务将不会在以后的纠纷中被视为"重大"债务。

买方如何以及在何种程度上能够抵制陈述和保证范围的缩小?

一般来说,拥有一个内容尽可能广泛的陈述和保证符合买方的利益。然而,不合理的披露要求可能会威胁到交易的完成,对大型、复杂目标公司的卖方施加压力,要求其进行全面披露,可能会使卖方担心。在交易完成后,卖方可能因不经意间未能披露的小问题而影响到交易的完成或背负不公平的负债。

此外,任何打算购买一个企业的人必须认识到,企业就跟经营企业的人类一样并不完美。因此,与企业的经营或所有权有关的各种问题,包括诉讼、债务或违法行为,都是买方必须接受的作为拥有企业的条件的一部分。因此,在大多数交易中,买方将允许卖方将所陈述的事项的范围限制在单独的或集中的重大性事项上,但是,在适当的情况下,买方也会就美元门槛值进行谈判,要求披露更多而不是更少的信息。

卖方缩小陈述和保证范围的不同动机有哪些?

在谈判中,买方了解卖方的真正关切点是很重要的。卖方可能只担心披露大量详细信息所需的时间和费用问题,在其看来,这些信息对买方并不重要,或者在交易的时间压力下根本无法获得;或者,卖方可能更担心作出的陈述和保证会增加买方退出交易的风险;或者说,卖方最担心的问题可能是关于违反协议中陈述、保证和约定的事后责任。

买方如何应对这些不同的动机?

只有在陈述或保证的内容确实无关紧要的情况下,买方才应该把对时间和费用的担忧当作是合理的。记住,卖方在这些问题上的谈判人员很可能是其内部律师或技术人员,他们更担心的是交易的范围不够精确,而不是交易的范围过宽。如果时间确实是一个关键因素(相对于双方的谈判点而言),买方的律师则应该谨慎行事,并运用良好的判断力,只能同意减少繁冗但并不重要的陈述和保证。

然而,买方也应该顾及卖方的合理担忧。买方可以解决交易未能完成或交易后债务的风险,同时要求包含非常宽泛的陈述和保证,并附加较低金额的门槛值。买方可以向卖方解释,表示希望卖方可以非常广泛、深入地披露交易项目,以便买方可以自己决定什么样的问题具有重大性。大多数买方更喜欢自己定义相关信息的重大性与否,而不是把它留给目标公司的卖方律师或高层。这些人对"重大性"的理解可能与买方不同,并且可能不知道买方对目标公司或被收购资产的某些法律或财务方面的具体关切点。

卖方还应被保证,其进行广泛披露的行为不会增加终止交易或事后责任的风险。买方可以同意不终止交易,并陈述卖方无须赔偿买方,以提供必要的保证,但发生严重违反陈述、保证或承诺的情况除外。总之,买方必须仔细考虑卖方的立场,确定其真正的利益,并创造性地处理这些问题,而不是简单地将谈判视为一场关于"重大性"一词是否对特定的陈述或保证造成影响的争论。

陈述和保证中经常出现使用"据其所知"和"正常经营范围中"这些术语的目的是什么?

这些术语只是双方同意缩小卖方所要求的陈述和保证的范围的另一种语言表达方式。"正常经营范围中"一词通常出现在陈述和保证中,用以排除陈述中的某些事项。例如,卖方可能不需要披露在正常经营范围中签订的供应合同,或者不需要披露在正常经营范围中产生的负债。"正常经营范围中"的定义将取决于被收购的特定公司的正常实践及其所属行业,其中包括常规交易的正常性质和规模。一般来说,它可以被定义为不包括卖方没有定期和一致地从事的业务活动。为了进一步澄清,双方可以在收购协议中列举卖方的一般业务活动内容。在这里很重要的一点是,所有性质、价格或规模特别的交易都应被包括在上述陈述和保证中。

"据其所知"(也称为知识限定词)这个词也有类似的功能。卖方可能要求其所需陈述的诉讼案件仅限于据其所知的诉讼,这样卖方就不需要绝对地陈述和保证不存在重大诉讼。卖方经常辩称,该短语应用于修饰其他陈述和保证。

在每个关键时刻,买方都应该问,"据其所知"这个修饰语是否恰当?事实是,通常并不恰当,但在存在诉讼威胁及第三方侵犯版权和专利的情况下,买方往往也只能默许其存在。除了这些少数习惯领域外,买方应坚决抵制卖方试图将陈述建立在自己那方认知的基础上的做法。因为这样的陈述和保证只是在告诉买方,卖方不知晓任何问题,那么这样一来,只有在卖方知道的问题没有被披露时,买方的权益才受到保护。因此,卖方所谓"据其所知"陈述的效果是将所有无从知晓的缺陷风险都分配给买方。

从哲学的角度来看,卖方的认知与买方的关键问题并不相关。买方的关键问题是"我即将得到的公司是否与我所付出的价格相匹配?"如果买方发现其收购的公司存在重大缺陷,那么即使卖方并不知道买方出价过高是事实,这一事实也不会对买方起到任何安慰作用。因此,除非买方愿意承担与违反陈述和保证有关的重大风险,否则应谨慎对待卖方使用"所知"的行为。

如果交易完成后发现违约行为,而卖方坚决拒绝对买方进行赔偿的话,那么"据其所知"这个限定词可以被当作是一种对卖方的妥协。卖方至少应该对其知道但没有披露的问题进行赔偿。

关于"据其所知"这个短语还有其他一些问题。首先，我们讨论的是谁"所知"？谨慎的卖方会试图将"其所知"限制在少数人的范围内，比如目标公司的高管。理论上，争论会是这样的："如果一个卡车平台上的装货工人碰巧听到关于目标公司的坏消息，或他本就知道些坏消息，但我们却没有事先听取他的意见……我们可不想因为类似这样的事情被追究责任。"除了可以避免出现任何类似这样的荒谬提议外，大型组织谨慎地对公司"所知"的事情进行陈述也是有其他好处的。

因此，接受"据其所知"陈述的买方往往会允许卖方对其将就知情度被测试的人员进行限制。买方应确保所有掌握有关目标公司重要信息的人都被包括在选定的高层管理人员范围内。因为这种做法将迫使卖方盘问与协议目的有关的高层人员。

另一个问题是，"据其所知"一词是否意味着卖方有义务调查此事；也就是说，它是否认为，卖方的"所知"应该是建立在它通过一定的努力来确认没有任何问题存在这个基础之上的？这个问题通常的答案是，卖方的询问将仅限于卖方已经拥有的信息。如果买方想要规定卖方有义务对向买方陈述的事项进行合理调查的话，那么它应在"据其所知"之前加上"经调查后"这个短语。

如果卖方声称不知道或没有能力获得有关陈述或保证的主题的信息，则该怎么办？

在通过重组和杠杆收购迅速改变公司所有权的情况下，卖方往往没有机会熟悉其出售公司的细节。因此，如果听到卖方有如下说法并不稀奇："我对这家公司真的不太了解，所以我不想在这些陈述和保证上冒太大风险，我不想对太多的事情或太多的细节进行陈述。"

从卖方的角度来看，这可能是合理的，但买方不应对此主张给予过多的重视。在每一笔交易中，卖方都希望减少因违反陈述或保证而造成的损失。卖方对目标公司了解不够，加之可能也没有足够的时间来熟悉目标公司的运营细节，这种不安全感或许会加剧卖方的担忧。然而，卖方的知情度与违反陈述和保证的风险的合理分配并不一定相关。如前所述，如果违约造成的损失由买方承担，那么买方其实是在支付更高的买价。卖方的知情度不应影响买方对提高价格是否合理这一问题的解决。

这种情况下，给卖方的恰当答复可能如下：

我们当然理解您的担忧，但我们的担忧更少是深入了解目标行动的基础。真正的问题是，如果业务中存在未披露的重大缺陷，谁应该承担风险？当然，对于谁应该承担风险我们有不同的看法，但让我们谈谈什么是重要的，而不是我们每个人现在对公司的了解。我们之间的协议应该在结构上为我们双方提供激励，尽最大努力挖掘问题，增加我们对公司的了解，在我们关闭之前，而不是等待问题随后浮出水面。那么，如果真正稍后出现问题，无论是在我们签字后还是在我们关闭后我们都需要决定风险应该存在于何处。

这样的回答能够指出双方的真正利益,并将避免主题偏离到谁对公司最了解,或者谁能对公司最了解上。

有时,卖方在没有绝对肯定其真实性的情况下对作出具有法律意义的重要陈述持模糊态度。更重要的一点是,双方应认识到,陈述和保证不是对其缔造者诚信度的测试。如果一方作出了它并不确定的陈述(当然,前提是它不知道该陈述事实上是不真实的),就不能被准确地指责为不诚实。为了减少交易中的法律风险,尽可能多地对陈述和保证的准确性进行核实是有意义的。然而,其中总会存在某种程度的不确定性。但如果交易双方认识到,这些陈述不是对诚信的测试,而是一种分配风险的法律手段,那么这个过程就会变得更易于管理,也更少受到情绪化决策的影响。

当事各方对目标公司的了解何时可能有关?

卖方承担与违反陈述和保证有关的风险可能基于这样一个事实,即卖方,而不是买方,是最了解目标公司的。对于任何违反陈述和保证而产生的损失风险,其合乎逻辑的风险评估人和责任承担候选人是卖方。

然而,在某些特殊情况下,卖方可能会很有说服力地辩称,买方对目标公司有更多的了解,应该更愿意接受与交易相关的风险。例如,在管理层收购中,管理层将拥有目标公司的最多股份,并且已经运营目标公司多年,这时管理层很有可能被说服接受目标公司陈述和保证存在不准确性的风险,因为管理层处于对该风险进行评估并基于此做出商业决策的最佳位置。正如在定价方面所讨论的那样,将风险转移到管理层方面不一定是公平或合乎逻辑的。如果潜在的问题导致损失,承担损失的管理层买方就是在支付额外的购买价格。这一结果的公平性与管理层的知情状况没有多大关系。

此外,这一推理并不适用于大多数管理层收购,因为通常最终是发起人、投资银行或贷款方——而不是管理集团——拥有大部分股权。与管理层不同,他们对于陈述和保证的准确性没有确定的基础,他们应该更不愿意接受因管理层无意中忽视了正确评估陈述和保证的准确性而产生的风险。

是不是有些陈述和保证比其他的更重要?

是的。关于财务报表、诉讼、未披露负债和税收的陈述通常是最重要的。如果买方被迫只能就其绝对需要的东西获得赔偿,那么它至少应该尽全力要求卖方对这些问题作出切实的陈述和保证。对违反财务陈述的行为进行保护是买方最不该默许的一点;买方只应该在完全了解并承诺承担相关风险的情况下才作出此让步。一般而言,经审计的财务报表最能反映目标公司的整体情况,任何未披露的重大问题都会导致该报表陈述被违反。

附录或披露附表的作用是什么？

"附录"是陈述和保证的重要组成部分。通常所有附录都与特定的陈述或保证相关，并列出陈述中所有的例外情形。例如，一项陈述可能规定，"除附录 A 列出的以外"，目标公司没有未披露的负债；或者陈述表示"除附录 B 所述情况外"，不存在可能对目标公司产生不利影响的诉讼；又或者陈述中写着"除附表 C 所列外"，没有重大性质的合同，或没有涉及金额超过规定金额门槛值（例如 100 000 美元）的合同。这时附表 C 将会包含一份清单，该清单会列出所有符合陈述中所述标准的合同，这些合同要么是重大性质的，要么是涉及超过规定金额门槛的。

然后，根据设计，附录列出了买方在其尽职调查中需要调查的所有项目，以预测交易的定价和融资。这些附录是尽职调查的关键部分，因为它促使卖方就目标公司的所有有关方面作出陈述，而附表就构成了目标公司简明扼要的法律和商业概要。

使用例外事项列举来创建附录的做法可能看起来很奇怪，但它仅仅是一种实用的绘图工具。另一种方法是将目标公司的每一份文件纳入收购协议，但这将使协议显得繁冗复杂。使用基本合同加附录是一种更简单、更实用的方法，因为前者包含了双方的协议条款，而后者提供了关于目标公司的重要信息。

准备冗长的附录需要耗费时间，而这一点通常可能会被卖方用来作为减少陈述和保证范围的理由。当卖方准备好合同时，有关附录也会相应备好，并通常跳过陈述和保证。

当买方提交的修改协议中有明显的强调陈述和保证内容时，卖方会说：

> "我们当然理解你的担忧，但我们对目标公司的运营了解得比你们更少。其实真正的问题是，如果业务中存在未披露的重大缺陷，谁来承担风险？当然，对于谁应该承担风险，我们有不同的看法，但是让我们来讨论真正核心的问题，而不是浪费时间来探讨现在我们各方对公司的了解程度。我们之间的协议应该建立在这样的基础上：激励我们双方现在，也就是在交易完成前，尽可能地挖掘问题，并以此来增加我们对公司的了解，而不是等到问题出现之后才这样做。然后，如果稍后真有问题出现了，无论是在我们签约之后还是在我们完成交易之后，我们都需要找出风险出自哪里。"

在需要快速签字的时候，这种策略会给买方的律师带来压力，他们的客户会问，"我们真的是在要求你拿出很多不必要的废物吗？"首先，律师在准备陈述和保证时应知道什么是适用的时间压力。这样做之后，他或她必须做好捍卫各种请求的准备。解决这个问题的一个办法是同意签订合同，但是同时要给卖方额外的时间准备附录。修改后的附录如有重大问题,买方保留放弃交易的权利。在这里要提醒一句:不要给卖方预留太多时间,否则你会在交易结束前一晚收到修改过的附表。

如果目标公司是,或即将成为上市公司,是否应使用附录?

如果目标公司是一家上市公司,或者买方有意将目标公司上市,建议买方最好使用披露陈述,而不是附录或披露附表,以避免公开披露。披露陈述的用途在于,作为一份单独的文件,它可以以其他方式列出收购协议附录或附表中的所有项目。然而,由于披露陈述是一份独立于收购协议的文件,根据证券法,目标公司可能不需要向证券交易委员会[14]提交披露陈述。

约定事项

约定事项的主要用途是什么?

合同的约定事项部分规定了双方在签约至交易完成期间就其行为所承担的义务。为了方便谈判,最重要的约定事项会涉及卖方在正常范围内经营公司的义务,但在签字和成交期间经双方同意的个别情况除外。在陈述和保证中,卖方向买方保证自本协议签署之日起目标公司的法律特征不变;在约定事项部分,卖方本质上同意不做任何实质性的改变,除非业务正常运作需要。

通常情况下,除协议具体允许的变更外,只有在买方同意的情况下才能对约定事项内容进行更改。然而,在征求买方的同意方面,通常也有必要要求买方不可以"不合理地拒绝同意"来对其行为加以限定。这种限定应谨慎使用,以确保达到其有限的目的;也就是说,在少数特定情况下,卖方可能会被要求采取某些行动以保护目标公司,而买方不得阻止这些行动,除非这些行动会对双方交易产生重大影响。

许多律师认为,这一限制从来就不合理,因为只要交易完成的条件得到满足,买方就有义务购买目标公司。因此,买方应控制在交易完成前的任何非常行为。但是,这一立场必须与下列考虑加以调和:如果卖方对公司某一特定领域的商业行为有很大的顾虑,放宽限制可能是缩小双方差距的唯一途径。如果"合理同意"这个词很麻烦,那么通常可以用更详细的语言来定义卖方在何种情况下可以做本协议不允许的事情。

交割条件

交割条件在收购协议中起什么作用？

本章末尾附录 7B 所示的格式协议包含买方或卖方在完成交割前必须满足的典型条件。

协议通常为交易双方设定单独的交割条件。如果买方完成交易的条件不充足，则买方将有权终止协议，而无需对卖方承担损害赔偿责任。同样，如果卖方的条件之一不满足，卖方则将没有义务完成交易。在适当的情况下，可以确定一个适用于当事双方的条件。但是，一个这样的共同条件可能需要获得主管部门的同意；另外，还要确保不存在任何会阻碍交易完成的诉讼或行政裁决。任何一方都可以放弃一项条件，并在另一方未能满足所有条件的情况下继续完成收购。

交割条件如何影响买卖双方的主要关注点？

交割条件是协议的第一部分，解决了双方的两大主要关切点之一。交割条件这部分内容规定了双方在不受法律惩罚的情况下终止合同的能力。例如，如果目标公司或卖方不满足任何条件，买方则将有权终止合同。

其中最重要的条件是"取消条件"，取消条件使得买方的交割义务取决以下两个因素，在以下两种情况下，买方将不需要执行交割义务：(1)如果卖方违反其任何约定事项；(2)如果有任何关于卖方和目标公司的陈述和保证在被作出时就不真实，或在交割时不真实，或似乎在交割日期作出。在出现陈述和保证在签署之日是真实的，但在截止日期不再是真实的情况时，此交割条件给买方提供了终止交易的机会，不管这种不真实性是因为在签署之后发生的事件，还是因为在签署之后发现了违约行为。

取消条件的作用是向买方保证，在交易完成的时候，目标公司将正如买方在合同中所要求的那样从法律和财务上跟之前一模一样。由于买方在不满足任何取消条件的情况下不需要完成交易，该条件将促使卖方分摊在签约至交割期间因任何不利变化而导致的损失风险。中期亏损可能会降低目标公司的价值，而取消条件允许买方重新谈判一个映射变化的更低价格。

格式协议要求有一名公司高层人员的公证来说明在交割日期之前陈述和保证在所有重大方面都是准确的，提供这样一个公证是交易完成的条件之一，但它还有另一个非常重要的作用：它是对交割前的所有陈述和保证的重述。

如果这项公证不准确，则该不准确性将构成对陈述或保证的违反，并可能导致买方根据协议的赔偿条款要求卖方承担责任。在没有高层人员公证的情况下，买方可能无法防范在签字和交割之间发生的某些不利事件。例如,如果发生了重大责任性事件,并且在交易完成前就发现了该事件,那么由于交割条件将无法满足,买方可以放弃交易。但如果该事件没有被发现,双方可能完成交割,因为据他们所知,所有交割条件——包括关于未披露债务的陈述和保证是真实的条件——都得到了满足。很明显,买方需要的不仅仅是一个交割条件来完全隔离未发现的问题。要求卖方陈述交割条件已得到满足的做法,将允许买方将卖方未能满足条件的行为视为对陈述的违反。如果买方因此类违约而获得损失赔偿,则凭该公证,买方将免受未发现问题造成的损失。

什么是融资退出条件,什么时候适用?

融资退出条件(有时也称为融资意外情况)规定,如果买方无法为交易融资,则不需要交割。这是对买方完成交易的义务方面的一个非常宽泛的赦免,卖方必须谨慎应允这样的条件。在收购交易中,很可能出现这样的情况:卖方在很长一段时间内没让目标公司面对市场出售,并为此支付了大量费用,结果却发现买方未能获得必要的融资。由于这些原因,卖方应该抵制使用融资退出条件,或者,在必须使用融资退出条件的情况下,卖方至少要做到保证降低风险。

卖方最初的立场应该是,如果买方对融资有信心,则它应该愿意承担无法顺利获得融资的风险;也就是说,不应该存在融资退出条件。接下来,卖方可以尝试要求买方在签订合同之前做好融资承诺。这种策略有效控制了卖方在贷款人拒绝完成交易的情况下的风险。此外,双方将提前知道,基本交易金额是提供贷款的融资人可以接受的。另一种做法是要求买方在合同签订后的指定天数内提供融资承诺(或已执行的贷款协议)。在这样做之后,融资退出条件就消失了。这种方法可能更受买方欢迎,因为买方通常不希望在签订合同之前就向贷款方支付可能非常昂贵的承诺费用。此外,如果买方因为无法实现承诺而放弃交易,卖方则应尝试要求买方支付卖方相应的费用。

至少,卖方应该知道拟议的融资结构是什么。例如,将投资多少股本?有多少必要的夹层债务和优先债务?买方对贷款人的利率和股权要求有何预期?有了这些信息,卖方的财务顾问可以帮助评估拟议融资的可行性。不用说明的一点就是,卖方应当要求买方在一项约定事项中尽其最大努力获得必要的资金。

许多合同不包含融资退出条件,因为如果买方是一家没有资产的空壳公司,即使违反合同,卖方提起的诉讼也不会对其造成重大损失。因此,卖方应调查买方的经济实力,并询问谁将承担买方的合同义务。

综上所述,买方对获得退出融资条件有着浓厚的兴趣。通常,融资失败的原因超出了买方的控制范围,所以买方在这种情况下需要保护。此外,在利率波动期间,合同签订时可融资的交易可能在交割时间到来时却不能继续融资,因为新的利率可能会给目标公司带来过高的财务负担。被迫在交易中投入更多股本的买方,可能没有所需的资金,或者可能不再觉得这笔交易有吸引力。当所有其他方法都失败时,如果买方拒绝完成一笔没有融资的交易,则它应该设法以违约金条款的形式为自己的风险敞口设定一个金额限值。

卖方应尽早就这一有争议的条款作出强调说明,而这一说明通常是放在意向书中的。另外,买方最好让这个问题继续发展下去,直到卖方通过签署意向书在情感上对交易更加坚定。一旦意向书签署,卖方也可能是官僚主义(如果不是合法)地承诺出售,这样的承诺常常更容易带来妥协。交易各方必须针对这一问题制定一项认真针对各方具体关切点的解决办法,通常可以通过调整:(1)提供融资承诺的时间;(2)买方未能为交易融资的后果达成妥协。

什么是重大不利变化?

买方的典型交割条件之一是卖方的财务状况没有发生重大不利变化。[15] 如果出现了普遍的商业低迷,或者卖方所在行业出现了导致其财务状况恶化的特定问题,那么谁来承担风险呢? 如果不利的变化显然会发生,但只是在交易结束之后,则又该怎么办呢?

买方放弃交易的权利通常不取决于目标公司财务状况恶化的原因。一些卖方试图把一般或特定行业的经济逆转的风险转移给买方,但买方通常能成功地抵制这种企图。然而,卖方的争论点并非毫无道理。在买方显然从经济低迷后财务状况的意外改善中获益的时候,卖方仍然必须交割。那为什么买方只获得经济上行的好处而不分担经济下行的风险呢?

这个问题的根源在于交易双方签订了一份迫使其在还未准备好交割时就完成交易的协议。卖方受益是因为除非卖方有重大性问题浮出水面,否则买方有法律义务完成交易。另外,买方锁定了交易目标。然而,如果出现重大问题,买方则可以终止或重新谈判收购。但从卖方的角度来看,它已经放弃了经济上行(这应该反映在买价中)的利益,但仍保留了经济下行的风险,直到交易完成。因此,如果双方的期望被证明是准确的——例如,在矿地上开采出应有的石油——买方就会得到好处。但如果出现新的重大诉讼,买方则可以逃避。换句话说,一旦合同签订,买方就是目标公司所有者,但其前提是目标公司情况继续向好。

正是由于这个原因,最近许多卖方试图将风险转移到买方的日期改为合同签订之日。他们的理论是,买方必须接受一个平衡的经济交易——在签约之后无论是好是坏都得接受。只要(1)签署日期的陈述和保证在交割时是准确的,并且(2)卖方不违反其关于交易即将完成的行为承诺,买方得到的就是所谓它想要的目标公司。

这一论点具有逻辑上的吸引力,尤其是在签署协议和完成协议之间有一段很长的过渡期的时候,比如说,由于需要获得监管部门的批准而出现等待期。如果卖方要推动这一点，则它还必须愿意放弃在过渡期间的任何收益。

尽管该论点合乎逻辑，但卖方面临着一场艰苦的战斗。在这种情况下，传统习惯胜于雄辩。买方可能会极力抵制："交易不是这样做的""嘿，你仍然控制着公司的运营"或者"我给出的价格没有考虑到这类风险"。因为传统舆论是站在买方这一边的，所以卖方可以预期它必须放弃一些重要的东西才能赢得支持。但是在签约到交割的过渡期只有30到60天的情况下，那就不值得去争取了。

卖方的论据可能过于牵强。买方很少会被期望承担其他交易后不利变化的风险，如新的诉讼、重大未披露的债务或重大未投保的意外损失。目前也并不存在用来区分一般性衰退造成的财务恶化和其他类型的风险的逻辑标准。在任何情况下，买方都必须抵制卖方的这一企图，因为买方可能无法在负面事件面前完成其融资。在这种情况下，给买方贴上未完成交易的损害赔偿标签似乎不公平，特别是在卖方知道它是在一个高杠杆交易中出售目标公司，并且买方已提前获得融资承诺的情况下更是如此。

为了更好地控制在交割前发生的可能会损害公司财务状况的事件，交割条件里应该要求目标公司的"前景"将不会出现"重大不利变化"。如果没有这样的条款，则买方将有义务在这些不利的情况下交割。卖方在这个时候经常会争论"前景"这个词太过模糊。其实卖方应有的正确反应应该是将"重大不利变化"的定义更加具体化，而不是试图混淆概念，将风险转移给买方。当然，对于谁应该承担目标公司前景发生明显变化所带来的损失风险，并没有一个正确的答案，而且也可能出现买方愿意承担不利事件的风险的情况。

如果买方意识到在陈述和保证中存在重大违约情况，但仍然继续进行交割，则会发生什么？

对于这种重大违约情况，买方将被阻止提出损害赔偿要求，原因是买方已事先知情。在这种情况下，买方很可能已经相应地协商了价格，或者不认为对陈述和保证的违反实质上改变了交易的基本条款或可取性。

赔偿条款部分

为什么会有赔偿条款部分？

赔偿条款的目的是规定在协议一方违反陈述和保证或未能遵守其承诺的情况下，另一方可以要求损害赔偿或采取其他补救行动的条件。这一部分通常包括关于赔偿要求的程序方面的规定以及当事各方参加任何可能引起赔偿要求的法律程序的权利。实际上，赔偿条款这部分补充了当事各方的一般法律权利，因为这一部分通常列出了当事各方可能有权获得的各种赔偿的具体规定。

在涉及私营目标公司的协议中,赔偿条款被认为是特别必要和可取的,原因有二:一方面,这些公司通常不会公开披露其风险,因此买方通常希望得到一些保证,即当这些风险出现时,他们不会受到指责;另一方面,按照定义,私人公司只有少数所有者可以根据赔偿条款承担责任。对于上市目标公司来说,情况则正好相反,因为卖方的所有权分散,而且公开披露已经提供了一些保护,所以通常不存在赔偿。[16] 在交易者希望效仿公开交易的案例中,其作出的私人股本(PE)协议中,赔偿条款也越来越少。

为什么需要设立赔偿条款部分?当事人不能简单地依靠他们的一般法律权利吗?

如果出现违反陈述、保证或特定法律约定事项的情况,双方则将有权收取损害赔偿金或采取其他法律行动。但是,这些权利往往是含混不清的,而且并不总是包括当事各方可能认为有权得到的各种赔偿。例如,赔偿条款通常会明确规定,所有损失包括合理的律师费和自付费用,将由被赔偿方收回。但这通常不是一般判例法的结果。此外,赔偿条款载有具体规则,这些规则对赔偿方参与可能引起赔偿要求的诉讼,以及有关陈述和保证在交易完成后存续时间长短等问题都有具体规定。

赔偿条款部分还管辖不构成违反陈述和保证的事项,虽然这些事项在签署协议或交割时已明确向买方披露,但买方仍希望在这方面得到保护。例如,卖方可能在其尽职调查过程中发现,根据《联邦超级基金法》,目标公司存在重大的潜在环境索赔,或者由于目标公司生产的特定产品而导致的不可保诉讼索赔持续不断。由于卖方向买方披露了这一事实,所以卖方并没有违反与这些事项有关的陈述和保证。然而,赔偿条款可能还是会将与披露事项相关的风险分配给卖方。

买方在多长时间内受到赔偿保障?

这一问题通常可以用另一种不同的方式来表达:陈述和保证在交易完成后能持续多长时间?如果没有相反的具体规定,就不清楚这些陈述和保证是否有效。因此,赔偿期限的长短往往是实质性谈判的主题。理论上,适用于违反合同行为的诉讼时效可以管辖合同项下的索赔,但在大多数情况下卖方认为法定期限过长。

买方应要求至少两年的赔偿期限。作为一种备用立场,如果卖方拒绝(而且一般都会拒绝的),买方则可以建议继续赔款,直到买方收到收购后运营的整个会计年度的经审计的财务报表。基于为目标公司的第一个完整会计年度准备财务报表所需要的时长,买方可在收购完成后获得长达15个月的补偿期。

还有一点:规定双方对于该期间发现的所有违约行为,而不仅仅是实际发生的损失都将得到赔偿,是很重要的。例如,某个在过渡期间由第三方引起的诉讼案件可能在该过渡期结束后依然没有得到妥善解决。然而,只要该索赔是在过渡期间提出的,其受赔偿方在收购交割后仍应有权索赔。

本协议项下的追偿时效是否适用于本合同项下的所有索赔？

时间限制不应适用于涉及对约定事项的故意违反，或对陈述或保证的故意违反；不应减免卖方因故意违规的风险。根据适用的联邦、州或地方法律，有关税收的陈述和保证通常在整个期限内有效。

对于买方如何以及何时可以就赔偿损失提出索赔，是否有任何限制？

通常是有的。卖方通常不希望在交割后处理少数小额索赔；相反，如果买方将任何声称的损失汇总起来，直到达到最低金额，则会更容易一些。因此，双方通常会认同一个"赔偿篮筐"，即赔偿条款中规定的赔偿金额，即作为买方在根据赔偿条款获得损害赔偿之前必须达到的损失值。买方通常能成功地指出，与篮筐无关，卖方本就应该赔偿因违反约定事项或故意违反陈述和保证而造成的损失。

赔偿篮筐弥补了买卖双方之间的差距，并允许双方就交易后的责任问题进行合理协商。卖方通常会辩解说："你买了我的公司，好赖都是你的。"对此，标准的买方回应是"我们理解我们正在接受未来公司经营业务中的风险，但我们的完整预期是我们所购买的目标公司与陈述和保证中所述没有太大偏差"。交易双方都必须预想到交易中会出现问题，并意识到对不完美的部分进行锚铢必较的补偿是不现实的。购买价格应将双方对目标公司期望有重大偏差的因素考虑在内。然而，由于违反陈述和保证而产生的重大损害可能会导致买方为目标公司支付过高的费用。如果问题发生在签约或交易完成之后，而不是在交易完成之前，这一偶发事件不应使买方处于比双方在交易完成之前就知道该问题的情况下糟糕得多的境地。

赔偿篮筐的金额及其运作的确切机制，常常是买卖双方进行大量谈判的主题。对交易双方，尤其是买方来说，在谈判过程的早期就承诺一个确切的金额是不明智的，因为赔偿篮筐的灵活性可以成为一种谈判工具。例如，看似难以解决的问题，往往可以通过调整赔偿篮筐的一个或另一个特征来解决，包括篮筐金额数值，或即使这个问题与赔偿篮筐毫无关联。

与赔偿篮筐有关的最常见的问题是什么？

第一个问题是赔偿篮筐的大小。历史上，小型交易中的篮筐资金中值约为10％，但这个篮筐金额是与交易规模相关的，规模较大的交易的篮筐资金较少（例如，购买价格的1％，又例如，1亿美元的交易是100万美元）。[17]

关于赔偿篮筐的下一个问题是，一旦超过门槛值，买方或卖方之中谁应该承担篮筐的金额。在一个"零钱赔偿篮筐"里，从1美元开始累计，一旦达到赔偿金额，卖方就要对所有的累积损失负责。例如，如果一个零钱篮筐门槛值是100万美元，而买方遭受了150万美元的损失，那么卖方是否要承担全部150万美元的赔偿责任？相反，双方可能会同意"免赔额篮筐"，即卖方只对超过门槛值的损失负责。例如，如果一个免赔额篮筐是 100 万美元,而买方遭受了 150 万美元的损失,那么卖方是否只对超过篮筐金额的 50 万美元负责?

目前有一种令人相对信服的观点认为,在达到篮筐门槛值以内,买方和卖方应该将损失平分。赔偿篮筐是促使买方进行充分尽职调查的激励因素,因为赔偿篮筐条款要求买方承担因违反陈述和保证而造成的很大一部分损失。平分篮筐金额的责任对卖方具有相同的尽职调查激励,因为如果超过了篮筐门槛值,卖方将被要求支付初始篮筐金额的一部分。如果篮筐的金额没有被平分,买方则可能合乎常理地担心卖方将不会勤奋地挖掘问题,因为卖方是受篮筐保护的,特别是如果篮筐的金额很大的话。

另一个问题涉及最低索赔。因为卖方不想为小的索赔而烦恼——不管索赔的数量有多少——所以卖方通常会要求以下额外的保护:如果索赔金额低于指定金额(所谓"最低金额"),那么买方将不能提出索赔。卖方可能坚持认为,此类索赔甚至不能算入赔偿篮筐累计中。当然,买方理所应当会抵制这种手段,尤其是当最低金额与目标公司的业务规模相当时。此外,如果这些较小的索赔累计总额很大,买方则可能会要求卖方进行赔偿。

当涉及陈述和保证内容时,篮筐金额(basket amount)、最低金额和"重大"一词之间的关系是什么?

如前所述,为了限制卖方对无关紧要的事项或对被收购公司正常的业务现象进行索赔,许多陈述和保证只要求披露"重大事项",或对目标公司及其作为一个整体的子公司的业务具有重大意义的项目。在没有一个具体的金额门槛值来定义什么是所谓"重大"的情况下,关于买方必须遭受多大的损失,才能声称存在违反包含关于重大性限制的陈述的行为这一点就不清晰。如果目标公司存在多个法律问题,并给买方造成了重大的总体损失,但其中没有任何一个属于违约并对业务产生重大不利影响的问题,那么这种关于重大性的限制可能会对买方造成不公平的结果。

篮筐金额对这一切的确切影响尚不明确。也许有人会说,篮筐金额是"重大"一词的数字化定义。因此,如果篮筐金额为 100 万美元,因违反单一保证而造成的少于 100 万美元的损失,可能不会被解读合同的法院视为对整个公司具有重大意义的损失。但是,如果在陈述和保证所涵盖的五个领域中有索赔,并且平均每个价值 75 万美元,那么情况又会如何呢?假设该协议被解读为只有超过 100 万美元的损失才是重大的,那么买方将遭受 375 万美元的损失,并且对卖方没有追索权。这一结果可能并不合理,但不幸的是,在缺乏任何其他指导的情况下,它似乎是合理的。如果当事各方不希望使用篮筐金额作为对重大性的定义,则它们应在协议中进行说明。

使用篮筐和最低金额规定是否可以消除在陈述和保证中包括重大性限制的需要?

"重大"一词的定义模糊问题可以通过以下运用"篮筐金额"和"最低金额"的概念

的方式来解决：除非由此产生的损失超过最低索赔金额（例如，5万美元），否则将不被视为违反陈述和保证，而且在所有可能的索赔加起来达到篮筐金额之前，买方不会进行任何赔偿。这样一来，卖方可以确信，目标公司业务中相对较小的缺陷不会导致单独或整体出现索赔风险，而且双方都将对赔偿条款的预期有更好的了解。

卖方在此必须格外小心。陈述和保证的重大性限制还有另一个作用：它们限制了买方在签字和交割之间终止交易而不受惩罚的可能性。如果重大性限制被全部取消的话，那么买方甚至可以主张目标公司业务中存在一个较小的法律缺陷，其造成的损失等于最低金额，并据此表示卖方作出的陈述和保证并不与"交割日期相符"。可以补救这一问题的办法是，要么（1）按照通常情况，将协议中的重大限制只限于这一目的，要么（2）将这些限制排除在外，并要求潜在损失等于篮筐金额，或等同于在买方被允许终止交易之前达成一致的其他数字。

后一种解决方案对买方来说可能是很冒险的做法。篮筐金额经常是谈判和操纵的主题，与纳入单个陈述或保证的重大性概念几乎没有，或完全没有关系。由于买方对目标公司或该行业非常了解，或者是因为它对参与收购的管理层有极大的信心，买方可能会把在交易完成后出现的未知或未披露问题的风险评估为很小。买方也可能觉得自己捡到了便宜。在这种情况下，由于存在对损失预估的投机心理，买方可能愿意默许一个非常大的篮筐金额。

另外，买方可能会觉得，如果在交割前确实出现了问题，那么买方应该可以有权利重新评估来判断其在损失远未达到篮筐金额之前就购买目标公司的决定是否明智。为了解决这个担忧，买方可以选择给"交割条件"设定一个不同的门槛值，或者像在大多数情况下那样，为了"交割条件"部分，可以把重大性注意事项保留在陈述和保证中。

赔偿是否足以保护双方，或托管或抵销权的存在是否必要？

除非赔偿方具有信誉，否则单是赔偿是没有意义的。各方应尽力确保赔偿方有足够的经济实力。要核实这一点的话，交易方在一定程度上可以依据买方及其所有者就其各自的财务状况所作的陈述和保证来判断。在对卖方履行义务的能力有怀疑，或者目标公司有很多股东的情况下，建议买方将购买价格的一部分托管起来，作为卖方在赔偿条款下义务的担保。典型的代管通常（但不总是）持续至存续期，在最终确定卖方应根据合同的赔偿部分承担责任后，买方有权使用托管资金。

如果卖方收取的是延期付款，买方则还可以设法获得权利，用应当支付给卖方的款项来抵消因卖方违反合同条约而造成的损失。协议可以允许在最终确定责任之后，或在买方虽然尚未确定卖方的责任但的确遭受了损失时抵销。后一种安排与协商赔偿请求的各方的正常立场相反——通常情况下，赔偿方拥有这笔钱的控制权，遭受损害的一方必须提起诉讼才能获得这笔钱。也是因为这个原因，卖方通常会激烈地也很成功地争取到当即的抵销权。

在缺乏具体抵销条款的情况下，于大多数司法管辖区内，买方似乎没有法律权利在最终确定赔偿责任之前不向卖方支付款项。如果在确定上述赔偿责任之前，卖方的票据付款被扣留，即使买方在合同项下有单独的索赔权，法院也可能给予卖方即决判决，迫使买方按照条款支付票据本金和利息。

在赔偿方面，卖方有什么特殊的顾虑吗？

卖方的大部分问题在前面的文本中都有涉及，因为篮筐金额、存续期和最低金额都是双方非常关注的问题。另外，很显然的是，卖方将尽量完全避免所有的赔偿责任。

在目标公司是私人控股的情况下，卖方争论的主旨往往是加强这里概述的基本论点，即谁承担拥有企业的风险，而其附加论点是，如果目标公司是一家上市公司，则陈述和保证不会在交割后继续有效。如果目标公司发行了公共证券，并且定期向证券交易委员会提交了公开报告，拥有较长的审计财务报表历史，那么这种说法就更有说服力。对上市公司采用不同处理方式的一个主要原因是，要对数百甚至数千名股东提起诉讼是不切实际的。这种负担通常不会出现在私人控股公司的出售中。尽管如此，在公开竞争场合下，买方显然愿意在没有赔偿的情况下也参与交易，加之通过拍卖程序出售公司的现象（稍后将讨论）越来越普遍，这使得卖方在越来越多的情况下可以避免赔偿。

当卖方有多个股东时，卖方应该：(1)设法限制每个股东的"多重"责任，即如果某一个股东不能满足其赔偿责任，那么也不该由另一股东承担责任。(2)卖方应确保某特定股东对陈述和保证的违反——例如，某股东未能拥有或传达其所售股份的良好所有权——将不会对其他股东产生责任。

卖方还应主张对责任加以限制。大多数买方会同意将责任限制在支付的购买价格上，一些卖方已经成功地主张设置比购买价格更低的责任上限——有时甚至将责任上限设置为托管金额（尽管在欺诈或欺骗的情况下不是这样）。

最后，卖方应该密切注意他们所接受的作为付款一部分的票据的条款。为了安抚高级贷方，卖方票据通常处于从属地位（见第四章的讨论），并会包含一些条款来限制卖方在出现付款违约时提起诉讼的能力。当有潜在的索赔时，买方不应被允许利用这一条款来拖延付款（即造成付款违约）。从属条款的存在是为了保护高级贷方的利益，而不是为了允许买方使用卖方的资金为赔偿诉求提供资金；由于潜在的赔偿责任，卖方在票据项下的救济限制不应适用于买方的推定抵销。

是否有任何特殊的事项，即使他们已被披露，如诉讼，买方仍可以获得赔偿？

有的。在尽职调查的过程中，买方往往会发现一些它将寻求价格调整或要求具体赔偿的事项。典型的例子有目标公司没有相应的赔偿保险、其资产负债表上存在不寻常的诉讼或存在重大的环境问题。

收购前进行的业务在交割完成后出现诉讼怎么办？

在资产交易中，买方通常不承担此类诉讼的风险，并会对因卖方造成的任何损失获得特定的赔偿。

在合并或股票收购的情况下，许多合同都包含专门保护买方免受此类损失的赔偿。即使在没有具体保护的情况下，买方至少也可以这样进行争论：这种诉讼是一种未到期的诉讼，它存在未披露的责任并构成了对保证的违反，或者说该诉讼本身是一种未披露的责任，适用一般赔偿条款。

在就这一问题陷入长时间的谈判之前，双方应将重点放在针对这类损失的特定诉讼保险赔付上。在这方面，保险赔付的存在可能使双方的损失变得无关紧要。在大多数情况下，保险是以"索赔"为基础的；也就是说，被保险人在保险期间的索赔损失得到保护。如果是这样，目标公司的保险单将在正常情况下提供保护，那么期望卖方赔偿这种损失就是不公平的。至关重要的是，双方要避免出现承保缺口以防止发生旧保单（因为它是针对索赔制定的保单）和目标公司的新保单（因为它只根据在保险期间发生的事件来承保索赔）都无法对合法索赔进行赔付的情况。当目标公司是一家企业集团的一部分，并只在一份涵盖卖方企业集团所有成员的单一保单下共同承保时，更有可能会出现承保缺口。

是否存在任何情况可能使对卖方提出的索赔十分困难或不受欢迎？

有的。这可能是因为存在大量的出售股东，所以一旦发生索赔，将很难追踪这些股东（无论出于何种原因，保留或托管都不是一个合理的选择），也可能是因为双方期望由卖方来管理交易后的业务，或者双方将有持续的业务关系。还有一些其他情况，例如，买方可能希望获得一个比卖方可能愿意同意的更长的赔偿保护时间。当涉及交易后争议和赔偿时，所有这些情景都制造了挑战性。当然，买方仍然希望因损失得到赔偿。因此，交易的一方或双方考虑采用"陈述和保证保险"的做法可能是合理的。

什么是陈述和保证保险？它是如何运作的？

"陈述和保证保险"（RWI）保护被保险人免受因卖方对交易协议中的陈述和保证的意外和未知违反所带来的损失。"陈述和保证保险"可以完善赔偿方案，或者可以作为买方的唯一追偿依据。该金融产品已经问世约 15 年，但近年来势头强劲。交易者通常不会在交易一开始就考虑使用"陈述和保证保险"。然而，随着交易过程中商业风险的范围越来越清晰，"陈述和保证保险"对收购方的吸引力可能会越来越大。

作为支付保险费和相关费用的固定预付款的交换条件，保单可以减少或消除卖方对应计利润、准备金或或有负债担保的需求。此外，买方可以直接向保险公司而不是向卖方追偿，这在卖方的信誉较低或卖方是"友好的卖方"，或者买方必须与之保持积极的未来工作关系时很有帮助。最后,如前所述,在收购一家上市公司时,买方通常不会得到赔偿保险的保护。然而,收购方可以通过购买"陈述和保证保险"来达到类似的效果。

"陈述和保证保险"的典型条款是什么?

"陈述和保证保险"涉及的费用一般有两个主要组成部分:保险费和可扣除的金额。其中,附加的前期成本可能包括承销费、尽职调查费以及其他政府税收和费用(例如,州剩余行税)。

至少在目前的市场上,2%—3%的溢价是比较常见的,尽管也可能高达 6%。其实际金额将取决于保险人对风险的评估、陈述和保证的质量、保留、承保限额和保单期限等因素。保单的可扣除额一般为企业价值的 1%至 3%。关于基本陈述和保证的承保期限,"陈述和保证保险"的期限一般为 5 年或更长,也就是说,其期限要远远长于卖方所采用的 12—24 个月的赔偿期限。因此,如果收购人要为一笔 1 亿美元的交易办理价值 1 000 万美元的保险,它可能需要支付 20 万至 30 万美元的保费,以防范超过 200 万美元的损失。保费上限为 1 000 万美元,期限为 5 年。

协议终止条款的目的是什么?

"协议终止条款"规定了交易任何一方在何种情况下可以终止交易以及终止交易的后果。该条款内容通常也包含交割必须完成的日期。如果由于一方的行为或不作为而未能在该日期前完成交割,有能力实现交割的一方通常则可以选择终止合同并以违约为由起诉另一方。

本条款部分还允许一方在因为发现另一方严重违反陈述、保证或约定事项而导致无法满足降级条件的情况下终止合同。如果一方已经明确在任何情况下都没有交割的义务,那么它就不应该等到终止日期才终止合同。

协议的终止条款部分还将规定胜诉当事人因对方违反合同而可获得的损害赔偿的任何限制条件,以及守约方可获得的任何特殊救济,如强制履行的规定。它还规定了买方债务的担保要求以及卖方可以求助于担保的条件等。

协议中仲裁条款的优点和缺点是什么?

人们常说的仲裁的好处——比如迅速而廉价地解决争端——可能使仲裁成为一种令人满意的机制。通过这种机制,收购协议的各方可以行使其权利。正如第六章所讨论的,"替代性纠纷解决机制"(简称 ADR)正在获得法院和公司的认可。但是,在此应当指出的是,仲裁带来的好处也可以被其风险所抵消。

仲裁最适用于解决经济后果不严重或涉及技术性问题(如存货估价)的争端,而这些问题往往不属于初审法官的职权范围。即使是后一种情况,当事各方也应考虑,仲裁节省的时间和金钱是否比司法解决的保护更重要,特别是涉及的金额可能是诉讼费用的很多倍的时候。在仲裁利大于弊的情况下,仲裁条款的起草应尽量减少仲裁的负面影响。

通过仲裁能迅速解决问题的一个因素是其使用了非司法或法外的决策者。仲裁员的日程安排通常比法院的更为开放和灵活。然而,仲裁员可能有偏见或缺乏能够做出适当决定的对法律或对涉案主题的知识。这一缺点可以通过仔细起草来减少。例如,如果协议指定的仲裁是根据"美国仲裁协会"(简称 AAA)的规则进行的,则双方必须从提供给他们的一份或多份仲裁员名单中选择 1 名仲裁员。但这些仲裁员可能无法令人满意。为了避免这种情况,收购协议可以指定另一种选择仲裁员的方式,例如,让各方选择自己的仲裁员,然后让各方共同选择第三名仲裁员。

第二个有助于提高仲裁速度和降低仲裁成本的因素是缺乏证据开示。在某些情况下,缺乏证据开示可能不是一个严重的缺点。例如,如果交易各方对公司的账簿和记录有足够的了解或接触,可能不需要进行证据开示就可以解决有关这些文件的争议。即使对某一特定问题需要证据开示,仲裁仍可能是替代法庭程序的可行办法。各方可以起草协议,并允许一些证据开示,但证据开示不能太多以至于让仲裁程序堪比司法程序,此外,可以根据仲裁员的决定确定证据开示的范围。

在起草仲裁协议时,双方应设法预见未来的所有争端。如果对所有分歧都广泛要求仲裁,各方可能被禁止向法院寻求紧急禁令救济。然而,狭义的仲裁条款可能导致涉事方要求在法庭上提出反诉,从而复杂化而不是简化了分歧的解决。

当事人订立仲裁协议,还应当考虑有关司法管辖区的控制法。某些司法管辖区(如加州)不太可能像其他司法管辖区那样限制仲裁条款的适用范围。在这些司法管辖区,法院往往会解释狭义仲裁条款,要求对当事人既未提及也无意仲裁的问题进行仲裁。

在此提出一个警告:在并购领域,仲裁程序,即使是在美国仲裁协会法庭之前,如果是由通常参与诉讼法庭程序的律师进行,也会非常昂贵。同时交易双方应认识到,从事替代性纠纷解决机制业务的律师事务所现已很普遍,而且利用其服务解决纠纷的效率很高。

出售公司的拍卖程序对合同谈判过程有影响吗?

有的,它们可能会产生重大影响。在拍卖过程中,卖方雇用一个投资银行家以出价的方式出售目标公司。投资银行家准备了一本描述目标公司的"书",将其发送给多个潜在收购方(有时超过 100 家),并向这些潜在买方征求报价。在投资银行家筛选掉不可接受的初始报价后,其余的买方可能会收到一份格式合同,并被告知,投标应与格式合同一起提交,并附上买方任何的修改要求。买方会被明确警告,在评估投标的竞争性时,大量的修改要求将被认为是有负面影响的。通常情况下,在进行首次投标之前,买方接触目标公司管理层的机会有限,尽职调查的机会也受到严格控制。不用说,格式合同通常不向买方提供任何赔偿,并只提供有限的陈述和保证。通常,为了使合同类似于典型的、合理的买方合同,需要对其进行大量的修改。

在这个过程中,买方应该如何反应?在这里我们没有明确的答案。如何反应将完全取决于买方购买目标公司意愿的强度,以及它对目标公司足够了解到可以承担收购风险的信心。即使买方愿意承担这样的风险,合同中也应提及某些相应的问题,而且买方必须坚持拥有进行彻底的尽职调查的机会,其原因如下:

● 首先,买方必须记住陈述和保证的双重目的。陈述和保证不仅提供了赔偿的依据,而且确立了买方如果在交割前发现法律缺陷时拒绝成交的权利。买方应该使其陈述和保证能够确保,如果发现法律问题,买方则可以终止合同而不受惩罚。

● 其次,买方有权保护自己以免受出价过高的风险。问题是要将上述行动推进到何种程度。

竞标过程通常会对许多买方产生有意的心理影响。买方律师可能会听到:"不用给我完美不缺的合同,只要在里面规定我需要的最少的保护就行。不要说得太多,别弄得我第一轮就被淘汰了。"买方往往认为律师对合同的保护力度过大,害怕律师会错失这笔交易。但是,如果(1)之前列出的前两点在合同中都有体现,(2)这宗交易的价格是按原价计算的,(3)买方对风险有充分的了解,那么买方尽量使合同简化的做法就可能真是明智的。

如果需要额外的保护,对卖方违反陈述和保证中涉及财务报表、未披露债务、税收和诉讼内容的行为,买方可能要求卖方进行赔偿。买方可以用慷慨的最低金额和篮筐条款将这一要求简化,以使卖方更容易接受。

● 最后,买方不应被假定的竞标程序和投资银行家的严厉警告所愚弄。虽然大多数买方确实会按照前面描述的方式提交合同修改意见,但最后内部人士会告诉你,在大多数情况下,决定结果的是竞标者提出价格和其可信的成交能力,而不是合同条款内容(假设条款都是合理的)。如果买方对目标公司的业务或其法律方面存在顾虑,应毫不犹豫地表明,并要求在获得完全接触管理层的机会和充分尽职调查的机会后,依然保留可以主张进一步变更的权利。买方会提交一份可靠的投标书,并表明希望有机会与卖方面对面地谈判合同条款,而且这样的情况很普遍。

另一种比较受欢迎的做法是采用相对较大的加价幅度,并建议在尽职调查完成后进行面对面谈判时,双方可以降低合同金额。这种方法是有建设性的,因为卖方通常会与排名靠前的两三个投标人协商合同。无论买方送来什么信息,都将是谈判的起点。即使买方愿意接受最低限度的保护,在一开始就朝着自己想要的结果去布局也是很重要的。

拍卖程序的主要优点是什么？

拍卖仍被普遍认为是确保获得最高价格的最佳方式——至少在牛市期间是这样。这样的看法可能驱使卖方使用相同的拍卖方法出售公司的部门或子公司。此外，如果是竞标程序的结果，谁又能指责企业高管认同的交易价格存在问题呢？

拍卖过程也为卖方节省了时间和精力。一般情况下，卖方可能前后与数十位潜在买方打交道，而其中很多可能是从来不会下手购买任何东西的买方，所以卖方最后只能与两三个有心的潜在买方进行严肃的谈判，而拍卖过程能帮卖方避免这种情况的发生。卖方必须非常小心地监督投资银行家与投标人交易的方式。卖方应该参与谈判，因为大多数严肃的买方都有推迟谈判的理由——他们通过中间人就实质性要点进行谈判，而这个中间人可能有也可能没有权力达成交易。

从附属集团收购

当买方收购作为一个更大的公司集团一部分的子公司的一个部门的资产或其股票时，有什么特殊的方面需要进行谈判吗？

对于在这种情况下出现的许多问题，买方都应当加以处理：

- 买方是否获得了将目标公司作为独立企业运营所需的全部资产，或者目标公司是否有一些关键资产位于该集团的其他位置？
- 与卖方是否有任何特殊的、有利的合同或管理关系必须继续（例如，供应或采购合同），或有哪些不利的关系必须终止？这对于买卖双方来说都是至关重要的。作为定价的一部分和完成交易的诱因，一方可以向另一方提供有利的长期合同。
- 集团是否有可以持续一段时间的行政服务提供给目标公司？在许多情况下，卖方集团提供法律、会计、账单和其他行政支持，以及共享的办公室和仓库空间。除非在交割时可以找到替代解决办法，否则协议中应包括以商定的费用在特定的时间内继续提供这些服务的条款。
- 最后，交易所依据的目标公司财务资料是否明确考虑到需要提供前面各段所述的服务或其他安排？

涉及上市公司的交易

收购目标为上市公司时，收购协议会有所不同吗？

是的。上市公司交易中的收购协议与私有目标公司的收购协议有很大不同。这些差别可分为两类:(1)在涉及私人公司的协议中存在但在涉及上市公司的协议中通常不存在的条款;(2)通常不存在于私人公司协议中,却出现在上市公司协议中的条款。

哪些条款通常在私人公司的协议中存在,但在涉及上市公司的协议中不存在?

收购一家上市公司而非私人公司的最大困难之一是,从实践的角度来看,不可能在交割后的几个月或几年内追踪到所有公开出售股份的股东。这对收购协议有影响。在涉及上市公司的协议中,陈述和保证在交割后无效;如果在交易结束后发现违约,买方则不受保护。简而言之,就是没有赔偿条款,而这主要是因为,针对数百或数千名股东进行索赔的做法会被认为是不切实际的。因此,买方必须依赖联邦证券法要求的实质性披露原则,并将其作为评估目标公司法律和财务风险的基础。一般我们会认为,这些披露(如果严重失实,则可能会导致高层管理人员和董事承担刑事和民事责任)以及证券法要求的审计财务报表历史,提供了目标公司法律/财务历史的可靠凭证。

因为陈述和保证在交割后会无效,外加存在广泛的公开披露,所以陈述和保证在上市公司交易中往往要简短得多。它们更多的是作为一种组织尽职调查的手段。然而,买方不应该太过于被迷惑以至于同意取消陈述和保证。正如本章多次重复的那样,这些条款还有另一个作用——如果买方的陈述、保证和约定事项在重大方面被违反,这些条款为买方终止交易提供了依据。因此,虽然许多详细的披露被删除,但关键概念必须保留。本章末尾的格式协议介绍部分讨论了在上市公司交易协议中应保留的关键部分。

哪些条款只出现在上市公司收购协议中?

第一,本协议将包含具体的陈述和保证,以此陈述有关各方已遵守所有适用的证券法,同时以此陈述根据这些法律作出的披露均具有实质准确性。

第二,协议将规定交易的具体形式,例如,合并、要约收购或两者形式的结合,以及各方在准备、审查和提交必须提交给证券交易委员会(SEC)的文件方面的责任。

管理层收购的谈判和记录

管理集团与外部融资或投资者集团之间的谈判过程是怎样的?

典型的涉及外部财务合作伙伴的管理层收购需要至少三次独立但协调的谈判:(1)管理层和财务合伙人之间关于他们关系性质的谈判,(2)由管理层和财务合伙人同卖方组成的团队进行收购谈判,(3)与债权人的谈判,该谈判通常由财务合伙人扮演主导角色,但管理层也会参与谈判,因为管理层了解公司业务及其融资需求,而且贷款方也希望管理层继续参与谈判。

由于第二次谈判和第三次谈判都需要管理层和财务伙伴之间的密切协调和相当程度的相互信任,第一次谈判应尽可能在最早的阶段完成,但第一次谈判往往会被推迟。与大多数杠杆收购一样,管理层收购通常是在紧迫的时间压力下进行的,但是管理层和财务合作伙伴可能是第一次会面,而且可能只是为了进行收购而会面。所以他们之间的问题是很难解决的,而且是涉及基本的利益和负担的分配以及管理团队自尊的问题。

一般情况下,财务合作伙伴可能连如何管理公司都不懂却想要获得特别多的股权,买方管理层通常对此很难接受。因此,在与卖方和贷款方谈判的同时,买方管理层和财务合作伙伴也要想办法解决他们之间的关系问题。在某种程度上,即使有足够的时间和提前接触,这种情况也是不可避免的,因为买方对于卖方谈判的条款,或对于贷款方强加的义务不能完全预见,而且谈判将涉及责任或利益在收购方之间分配的变化。但这种情况也可能带来好处,因为在谈判过程中,管理层和财务合作伙伴都开始认识到,在使交易顺利完成方面,彼此双方是多么重要。

谈判的第一步是达成对管理层和财务合作伙伴之间关系条款的共识。虽然这通常是一个口头协议,但有时管理层和其财务合作伙伴可能会签署一份书面的"公司成立前协议"。

公司成立前协议应解决哪些问题?

该协议应该解决如下四个主要问题:

(1)进行收购的条件。各方自行承担费用或如何分摊费用;如果交易没有完成,则双方都不会对对方负责,双方都不会与第三方谈判,有关对方的资料将会保密,双方将尽其努力完成收购,以及双方在收购谈判中的责任(即财务方可能承诺尽最大努力或合理努力获得融资)。

(2)各方对被收购公司的所有权。

(3)各方对被收购公司的经营活动以及对公司的出售或再融资所拥有的表决权或否决权。

(4)董事会的组成。

公司成立前协议中是否有不应包含的条款?

作为尽职调查的一部分,贷款人很可能坚持要求看到任何书面的公司成立前协议。一些人会建议,关于诸如指明由哪一方为必要的贷款提供个人担保的应变计划,这样的细节应采用口头协议的方式,而不是写在书面协议中,因为书面协议会削弱管理层在贷款人面前的地位。

如果没有公司成立前协议，则管理层和投资人的意见是如何表达出来的呢？

这些意见随后会被处理为口头理解和惯例，最终在收购之后可能会简化为书面的各种协议，例如，雇用、咨询和股东协议，以及目标公司的公司章程和细则等。对这样的非正式协议的采用，通常是管理层和投资者群体之间关系更加健康和成功的标志，因为大多数管理层收购成功的关键因素是信任和合作。无论如何，在早期阶段就把所有的东西都书面化几乎是不可能的，因为从某种程度来讲，双方是在处理短暂协议，试图将口头协议精确为书面语言的做法，可能会导致争论、拖延、不信任，甚至可能导致合作关系在还没有开始之前就破裂。

对公司决策的典型控制分配是什么？

同样，决策分配也会因控制交易的一方、彼此的需要程度以及彼此的信任程度而有很大的不同。讨论过程往往反映一种基本的利益划分倾向：管理层倾向于从保存、扩张和满足公司运营需要的角度来考虑，然而，财务合作伙伴倾向于考虑先满足贷款人来实现收购，然后通过支付股息、出售股票或资产剥离来实现盈利。

管理层可能会根据董事会的意见做出"正常经营范围内"的决定，其中，董事会成员的组成最初可能在双方之间平分，但会随着事态的发展而偏向某一方。有时，董事会成员按持股比例分配。如果管理层拥有不到50%的股份，则它可能会受到"影响重大交易的股东投票绝对多数条款"的保护，例如，出售公司、公开发行股票或再融资。如果财务合伙人没有持有大部分股份，它可以坚持在一段时间后出售其权益，或者在满足某些条件的情况下让公司上市。一个拥有少数股权的投资人也将就某些信息权和治理条款进行谈判，以达到至少为企业的运营方式设立一道屏障的目的。

管理层的价值如何被锁定——例如，如果关键人物离开或死亡？

管理层杠杆收购中两个非常重要的因素是：

- 与关键人员签订3年或5年的雇用合同；
- 主要执行官的人寿保险。

可以通过雇用和股东协议来安排薪酬和股权分享，这样关键经理人留在公司的话就能获得一切利益，而不会有任何损失，因此，他们自愿离职的风险可以降到最低。

主要执行官的人寿保险应该始终是任何管理层收购计划的一部分。没有任何金融奇才能够替代一个了解业务的强势CEO，尤其是在收购融资可能会让公司负债累累的时候。贷款人通常会要求为首席执行官投保人寿保险，或许还会要求为一两名其他人士投保。即使贷款人不作此要求，任何与管理层合作的金融集团也可能会作出这样的要求。这本书的资深作者几年前在给一个卖方提供咨询时注意到，买方（即CEO）吸烟并咳嗽得很厉害。该作者成功地坚持作出如下主张：在未取得以收购贷款金额给关键执行人（当时称作"关键人"）投保的情况下，不得进行交割。该交割也因此主张被推迟,直到获得保险之后才完成。而在两周后,买方(即 CEO)去世了。

雇用协议

除了股权,管理层通常还能获得哪些其他好处?

在试图将一个部门或子公司出售给第三方或管理者之前,卖方必须确保其管理者签署了雇用协议,而且要确保这些合同符合实际情况,同时充分涵盖奖金、假期、股票期权等。这样的协议让管理者们在公司被出售的时候仍然与公司保持关联。

管理层收购经理是否应该签订雇用协议?

一般来说,经理们应该接受这样的协议,因为它们往往能防止新老板突然终止合同。此外,为该交易融资的机构,包括贷款人,可能会坚持这样做。另外,经理们在签署"不参与竞争的广泛条款"(也被称为非竞争条款)时应保持谨慎,这些条款将在很长一段时间内阻止他们为竞争对手工作。公司想要签订非竞争条款是出于保护其业务的强烈心理,而如果员工必须同意这样的条款的话,他将希望,如果这一条款对其造成了困难的话,能在非竞争期间得到补偿,并希望将非竞争时间加以限制,譬如限制为 1 年,以及限制可能受影响的范围。尽管如此,许多州(如加利福尼亚)的法律趋势是,除非雇员在可以自由谋生的基础上获得非常可观的报酬,否则不执行非竞争条款。在这种支持员工的州,如果经理辞职,投资人最好能设置限制经理挖走公司客户(或客人)、员工等权利的非招揽协议。

与参与管理层收购的经理签订收购后雇用协议的典型条款是什么?

雇用协议应当载明雇用期限、报酬和奖金数额以及可以解除高级管理人员职务的条件。

雇用合同期限可以是固定的,也可以根据"常青"条款("evergreen" provision)逐年延长,除非一方在每年合同开始前的限定期限内发出相反通知。

雇用合同将规定基本工资。该合同规定,工资可以采用指定的增量,或根据相关调整增长,例如,根据消费价格指数的增长而增长。该合同还可能要求高管从公司的税前利润或超出预期水平净收入的部分中获得一定比例的收益。合同还可能包括现有的奖金计划以及特别养老金或股权计划,并可能保证具体的福利水平。

大多数雇主是掌握着主动权的,这意味着雇主可以在任何时候以任何理由辞退雇员,而且几乎不会因此而进一步承担任何责任义务。而且,在限制员工任意终止合同关系的就业合同中,雇主仍然有权以正当理由终止合同,这些正当理由通常至少包括在就业过程中的故意不当行为或重大疏忽,在就业过程中的欺诈或犯罪的定罪。正当理由可能包括其他事项，但雇员的利益点在于限制所谓的终止合同正当理由的基础。如果雇主有权以非正当理由解雇雇员，雇员可通过一次性或定期领取底薪的方式，或在他的基本工资之外再领取其他款项的方式来获得补偿。即使在雇员没有资格获得遣散费的情况下，对雇主来说，提供某种形式的报酬是一种很好的做法，但前提是让雇员签署一份免责陈述，据此放弃将来因签署陈述之前的事项起诉雇主的权利。在任何情况下，都应在雇用协议中对遣散协议条款的基础加以规定。例如，如果雇员找到一份新工作，那么新工作的工资是否会减少雇主在解雇他时根据条款需要支付的金额。

如果雇员连续伤残一段时间，本合同保护雇主和雇员。如果雇员伤残或死亡，雇员或其遗产则可在伤残或死亡后获得福利。

雇用合同中还可能包括哪些条款？

其他雇用合同条款可规定：

- 管理人员在指定城市工作，不需要搬迁；
- 管理人员收到一辆公司配备的汽车；
- 公司支付俱乐部会员资格和其他费用；
- 提供其他特殊福利，如有保障的休假政策或竞选公职的权利。

员工也可以通过谈判达成延期支付协议。延迟支付收入可以给个人带来财政和税收方面的好处。或许，员工还能够协商出一个有偿的资金延付协议，而该补偿资金可以由保险或特殊信托支付。

需要注意的是，确保你没有沿袭那些包含可能被视为过度的补偿条款的协议。这些条款可能会对公司声誉造成损害，比如2018年，华特迪士尼公司（Walt Disney Corporation）就有52%的股东投票（不具约束力）反对首席执行官鲍勃·伊格尔（Bob Igor）3 630万美元的薪酬方案。在2019年5月的一次国会听证会上，女继承人艾比盖尔·迪斯尼（Abigail Disney）称该薪酬是一个"道德问题"。

由交易引发的遣散协议的利与弊是什么？

有时，雇员如未获得雇用合同或拒绝订立雇用合同，则须订立遣散协议。遣散协议（有时被称为"黄金降落伞"）将规定，如果员工因公司控制权的变动而被解雇，将获得相当于他的年薪2到3倍的补偿。如果雇员选择在这种情况下离职，他也有权获得可观的遣散费。这种协议在上市公司管理层收购中出现的情况比在私人公司中更为普遍。

但是这样的协议可能会给雇员带来强烈的不合作甚至是破坏性的动机，即雇员可能因此想要促成解雇的发生从而获得遣散费，也因此损害雇主的利益。作为参与管理层收购的代价之一，管理层通常被要求放弃或缩减其"黄金降落伞"保护，而且这种情况并不少见。

"黄金降落伞"可能会给雇主带来严重的税收后果(见以下各段落),而且也可能引发公司治理方面的担忧。管理层薪酬(包括遣散费)是每个股东代表大会召开季节性股东决议的共同主题。[18]

"黄金降落伞"的税收惩罚是什么?

根据现行法律,如果公司向雇员支付"额外降落伞薪酬",公司则不可以从中扣款,员工在支付正常收入税的同时还要缴纳"额外降落伞薪酬"20%的不可抵扣的消费税。

"额外降落伞薪酬"的定义很复杂。通常情况下,"额外降落伞薪酬"是付给高层管理人员的,相对于员工之前的薪酬而言是额外的报酬,而且该报酬取决于公司控制权的变更。控制权变更的定义宽泛到足以包括友好的买方与雇员达成补偿协议的情形。根据《国内税收法规定》(IRC)第83条,产生应纳税赔偿的管理股权参与将与黄金降落伞规则下的所有其他赔偿一起,因为被当作"额外降落伞薪酬"而可能被征收附加税。

股东协议

在收购结束时或之后不久,通常建议收购方与股东达成一项协议。如果收购后的实体是合伙企业,合伙协议将包含类似的条款。

企业的购买者签订股东协议的主要原因是什么?

如果买方在公司成立前的协议中没有这样做,股东协议将允许买方做以下事情:

- 为额外的股权或债务提前获得承诺;
- 获得决定谁将成为企业的所有者的控制权;
- 指定他们各自对企业治理的法律权利。

为什么买方想要获得决定谁将成为企业的所有者的控制权?

我们可以推测的是,买方完成交易的主要原因之一是他们独特的个人和集体优势。他们希望和自己的团体一起做生意,而不是与其他个人或实体做生意。在管理层收购(有或没有外部投资者集团)中,企业未来成功的一个关键因素是即将经营企业的人员所拥有的股权的多少。因此,特别是在收购完成后的早期阶段,买方希望将企业的所有权限制在那些活跃的员工或初始投资者群体的成员之中。此外,收购方投资者也会有类似的担忧,所以他们通常会要求,只要他们的贷款仍未偿还,管理层和初始投资者群体的股权就会保持在一定水平。

有哪些典型的方法来限制目标公司的股权?

股东协议将包含"可转让性限制",即对股东可以向其转让股票的个人或实体的限制,以及包含股票可以转让的时间段,或者股票可以转让的方式。例如,为了给自己一个机会使企业站稳脚跟,股东们可能会同意,在一段特定的时间内,通常是在交易完成后的 1 至 5 年,隶属于公司的股东不得将股票转让给附属公司以外的任何人,以及隶属于自然人的股东也不得将股票转让给配偶或子女。管理层股东甚至可能被锁定更长的一段时间,这段时间可能长到只要他们继续受雇于公司就要被锁定。

相反,对于管理层股东,股东协议也可以规定,在他的雇佣关系终止时,公司或其他股东将有权购买被终止雇员的股票。这样规定的一个好处是,该雇员所购买的股票可以卖给公司的另一名员工。这里所谓的另一名员工包括被解雇的员工的接替者,这样做可以增强接替者好好表现的动力。另一个好处是,股票不必继续留在被解雇或心怀不满的前雇员手中。

这些针对股票可转让性的限制是否具有法律效力?

如果这些限制背后有正当的商业目的,与合理的商业目的相关,而且没有股东被诱骗或被迫同意该限制的话,那么这种限制一般是有法律效力的。然而,限制的范围越广,法院就越有可能认为这种限制是一种"对财产转让的非法限制"。此外,大多数州的法律要求以股票证书上的图例形式注明存在转让限制,以方便其对不知道存在这些限制的第三方受让人实施这些限制。

管理层可能希望在股东协议中加入其他的所有权限制吗?

在管理层相对于其他股东处于少数地位的情况下,就可能需要一些保护措施以防止其权益被稀释,或至少保障其能对何时、向谁发行额外股票产生一定的影响力。

通过股东协议,管理层可以获得选择以相同的价格和条款购买这些额外的股票或其中的一部分的权利,否则这些股票将被出售给第三方或实体。它还可以在发行这种额外股票方面获得某些协商一致的权利(见下文讨论)。

股东协议如何建立公司治理的框架?

股东协议可以有如下条款:(1)股东提前约定投票表决他们的股份,以维持一定的治理结构,(2)要求通常属于董事会或总裁管辖范围内的某些事项由股东进行管理,或者(3)规定在某些特定情况下,常规的董事会或股东多数决定原则(如适用)将不足够促成决议。

第一类条款的一个例子是,股东同意他们将行使自己的权力,通过和修改公司章程,以维持一个特定人数的董事会,以及他们将投票选举由各股东集团提名的董事代表。在典型的大多数股票由一个投资者团体持有的 MBO 案例中,股东协议将规定,股东在任何时候都要投票表决他们的股份,这样就可以维持一个特定的董事会。比如说,董事会由 5 名成员组成,其中 3 名由投资者集团提名,另外 2 名由管理层集团提名。

第二种类型的条款的一个例子是,各方同意,关于解雇某些行政管理人员或与集团附属公司的任何合同,或发行股票等事宜必须取得股东批准,而这些通常是由董事会处理的事项。

第三类条款的一个例子是,股东赞成,若未经全体股东的同意,或者未经比适用的州公司章程规定的比例更多的股东的同意,公司不能从事某些重大交易,例如,合并或出售公司的大部分资产。

在大多数州(如果不是在所有州的话),也有必要在公司的注册证书或公司章程中列出第二类和第三类条款。例如,《特拉华州法典》第141条和第216条分别规定:(1)每个特拉华州公司的业务和事务应由其董事会管理,除非公司的注册证书另有规定;(2)除非公司的注册证书或章程另有规定,否则除选举董事以外,经股东批准的所有事项均应以多数投票通过,而且选举董事应以多数投票通过。在这种情况下,股东协议还应规定,作为公司成立证书或适用的公司章程的一部分,股东将投票表决他们的股份,以采纳和保持这些类型的条款。

投票协议可执行多久?

该事项受公司所在州的公司法管辖。例如,在特拉华州,此类协议的有效期仅为10年,但在投票协议期满前2年内的任何时间,股东可以按照自己的意愿将该协议延长,每次延长的时间不超过10年。然而,通过使用诸如不可撤销的代理等手段,可以在比投票协议所允许的更长时间内锁定股东投票。

在股东协议中通常有哪些附加的财务承诺?

因为在大多数情况下,特别是在杠杆收购中,买方不打算对公司做出进一步的股权贡献,所以股东协议通常不包含任何追加资本要求的条款。然而,当公司处于一个不稳定的行业或者收购的杠杆率很高时,应该认真考虑要求采用股东承诺为公司贡献额外的股本的方式,为公司提供贷款,或为公司提供个人担保。除了触发这种承诺的条款外,应该将所有股东集团(例如投资者集团)协助其他股东取得资金以履行其承诺的条款也纳入股东协议中。

股东协议中典型的退出策略有哪些?

下列是与股东变现其投资机会有关的主要条款:
- 根据股东所同意的用投票赞成某一股东团体(比如投资者股东群体)或者是占所有股东一定比例的团体所建议的正常独立合并或资产出售的表决条款;
- 向任何第三方或实体出售股票的权利,但公司或其他股东有权以第三方提供的相同条件购买股票(一种"优先购买权");
- 股东向其他股东出售股票的权利;
- 股东"跟随"其他股东的权利,即要求第三方要约人按比例购买每个股东的股

票,而不是从原受要约人手中购买相同数量的股票;
- 任何股东或股东集团强迫其他股东,即向第三方要约人出售其股份的权利;
- 股东或其继承人在死亡、伤残或终止雇佣关系时向公司出售其股票的权利;
- 股东要求公司在公开发售中登记其股份的权利。

从管理层的角度看,在终止雇佣关系后,"买卖"安排的谈判关键点是什么?

以下是其关键点:

- 强制性与选择性的要求。管理层希望有一个强制性的义务,或者最好是一个"固定不动的"义务,特别是在死亡或残疾的情况下。
- 价格。管理层希望获得公平的市场价值,最好是在任何时候,或至少在死亡、残疾、退休或无故离职的情况下。
- 确定价格。管理层至少希望在回购开始时有机会获得独立评估。
- 支付条件。管理层希望支付周期尽可能短,最好在交割结束时以现金支付(特别是在死亡或伤残的情况下)。
- 付款保障。如果收购价格很高,或者收购贷款协议对公司可以进行的非保险回购金额的上限很低的话,管理层则会希望公司购买人寿保险,如果可能的话,还要购买伤残保险,以便为回购提供资金,除非支付保费会对公司造成削弱性影响。在其他涉及延期付款的情况下,管理层希望得到这样的保护,即在未解决的付款违约事项中和在从公开发行的收益中提前付款的情况下,有机会让股票回归,而不受转让限制。

与每一项合同安排一样,每一当事方必须认真考虑与谈判中的各项条款有关的税务后果。

结 论

合并、收购或买断的相关文件为将来详细记录交易的最重要事宜提供了依据。通过遵循本书的指导原则,交易撮合者可以确保其预期目标是明确的——这对任何投资活动来说都是一个良好的开端。

附录 7A

意向书样本

绝密
（日期）

目标公司

纽约州，纽约市

企业办公园区

致董事会：

本意向书规定了收购公司(以下简称"买方")与目标公司(以下简称"本公司")订立最终合并协议(以下简称"合并协议")的基本条款和条件，以便买方对本公司进行合并(以下简称"合并")。预计合并将于_____当日或之前完成，或在双方商定好的其他日期完成。

收购价格

根据合并协议，合并完成之后，本公司的售股股东将以每股股份自本函发出之日起，各股本公司发行的普通股和优先股（以下简称"股票"）作为交换：

(5)以现金方式进行交易，金额为_____美元($ ____)；且

(6)合并后存续的公司中的优先股，具有清算优先权，金额为_____美元($ _____)，并包含本合同附录 A 中所列条款。

交割条件

完成合并应满足以下条件：

(a)各方应获得政府当局和机构以及第三方的批准和同意；

(b)买方和本公司应在_____当日或之前签署一份明确的合并协议，该协议包括双方可接受的有关陈述、保证、条件和赔偿等条款；

(c)确认所有陈述和保证的真实性及准确性，以及所有条件是否满足；

(d)合并应在_____当日或之前完成；

(e)买方及其指定的若干个公司管理层成员在签署合并协议的同时，也要签订双方皆满意的雇佣合同；

(f)自_____［上次经审核资产负债表的日期］起，公司及其子公司的业务按照惯例正常经营，且公司及其子公司的业务、发展前景、经营状况、收益、资产或财务状况不得发生重大不利变更；

(g) 买方应获取一定数量的融资，并以其满意的条件进行合并；[且]

(h) 自_____[上次经审核资产负债表的日期]以来，本公司除定期派发优先股股息以外，不得派发任何股息进行赎回或类似分派，或进行任何股票拆分、资本重组或任何类别的股票发行。

总则

在签署本函件之后，直到_____之后，本公司同意并应尽其最大努力确保其高级管理人员、董事、雇员、代理商和股东，不会以任何方式直接或间接地与买方以外的任何人进行任何讨论协商，或向除买方以外的任何人提供信息，其中所谓的信息主要指提供任何与出售公司股票、其子公司的股本、出售公司或其子公司的全部资产或实质上全部资产、与其任何部分或全部业务有关，或公司或其子公司与任何其他方的业务合并或合并事项相关的信息。你方应及时通知买方有关上述事项的任何询价或建议。[如果本公司或其高级管理人员、董事、雇员、代理商和股东违反了这一段中的协议，且买方未完成合并的话，则买方除了可采用其他补救措施外，还有权从公司收取买方已发生的所有实付费用（包括适用的律师费以及与融资有关的费用）。]

除非事先征得另一方明确的书面同意，否则本信函的任何一方或任何第三方不得向公众披露本信函或信函中所述的拟议销售的存在，但是法律另有规定的除外。

自协议生效日期起及之后，在合理的事先通知下和在正常工作时间内，本公司将授予每一位买方及其代理商、雇员及被指定人士，充分和完整地去查阅本公司及其子公司的账簿、记录和人员的权利。除了法律或法院指令可能要求的情况以外，所有如此获得的信息（不是已经公开的）都需保密。

[除本协议另有规定外]各方将自行承担与拟议中交易有关的所有事项的费用。如果这项拟议中的交易，因违反不征集其他报价或与其他买方谈判的协议以外的任何原因而不能完成，任何一方都不用对另一方的任何费用负责。

由补偿方、通过补偿方或在补偿方的保护之下，对于任何经纪人或发现者提出的索赔，各方都将对另一方进行保护、辩护，并使其不受损害。

除了（i）与本提议的机密性及本公司及其子公司的业务运作相关，(ii)不与他人协商或以其他方式来寻求出售本公司或其子公司的协议，以及(iii)各方将自行承担与本函件有关的开支的协议外，本函件并不对任何一方产生具有约束力的法律责任，并且本协议仅代表各方的当前意向。

如因任何原因，_____没有签署最终的合并协议，任何一方都可以终止谈判并终止本函件，并且不用对任何其他方承担责任。

你在下面的签名应表明你同意上述合同意向书。我们期待着与你在这笔交易上进行合作。

特此修函

收购方公司

由：_____

该收购方：副总裁，负责战略规划

同意并接受_____ 日期_____

目标公司

由：_____

该目标公司：_____

附录 7B

典型的合并协议和陈述

以下条款和章节是在合并过程中所使用的收购协议的典型内容。

序言

第一条　企业合并

第1.1节　合并

第1.2节　股东大会

第1.3节　合并章程的备案；生效时间

第1.4节　合并的效力

第1.5节　公司注册证书和章程

第1.6节　董事

第1.7节　高级管理人员

第1.8节　合并的间隔结构

第1.9节　采取必要的行动

第二条　股份的转换和交换

第2.1节　股份转换

第2.2节　持异议的股东

第2.3节　股份转让登记簿

第2.4节　股票凭证的结汇

第2.5节　合并付款的确定和支付

第三条　交割

第四条　卖方和目标公司的陈述与保证

第4.1节　组织机构；子公司以及其他所有者权益

第4.2节　授权

第4.3节　目标公司及其子公司的资本化

第4.4节　目标公司及其子公司的证券所有权

第4.5节　财务报表和预测

第4.6节　缺少未披露负债

第4.7节　应收账款

第4.8节　最新库存

第4.9节　偿付能力

第4.10节　债务

第4.11节　公平意见

第4.12节　产品、服务保修和留存

第4.13节　公共责任和财产损失索赔准备金

第4.14节　保险

第4.15节　持有或租赁的不动产

第4.16节　固定资产；租赁资产

第4.17节　产权及相关事宜

第4.18节　知识产权

第4.19节　企业所需资产

第4.20节　附加合同

第4.21节　客户和供应商

第4.22节　竞争业务线

第4.23节　限制性公约

第4.24节　账簿和记录

第4.25节　银行账户

第4.26节　员工福利计划；劳动关系

第4.27节　诉讼

第4.28节　遵守法律

第4.29节　不违规；合同内容

第4.30节　非法支付

第4.31节　经纪商和发现者

第4.32节　缺少某些变化或事件

第4.33节　所提供信息的准确性

第4.34节　提交给美国证券交易委员会的报告

第4.35节　投资用途

第4.36节　经销商及特许经营权

第五条　买方的陈述与保证

第5.1节　组织

第5.2节　授权

第5.3节　不违规；合同内容

第5.4节　诉讼

第5.5节　经纪商和发现者

第5.6节　业务

第5.7节　所提供信息的准确性

第六条　卖方与目标公司的约定事项

第6.1节　业务的处理

第6.2节　收盘前活动

第6.3节　提案；披露

第6.4节　附加的财务报表

第6.5节　应收账款的附加汇总

第6.6节　买方所展开的调查

第6.7节　通知

第6.8节　查阅纪录

第6.9节　股东大会

第6.10节　持异议的股东；通知

第七条　买方约定事项

第八条　买方、目标公司与卖方的约定事项

第8.1节　政府备案

第8.2节　公示

第九条　关乎买方义务的条件

第9.1节　遵守协议

第9.2节　截至交割日陈述和保证为真实

第9.3节　第三方的命令和合同内容

第9.4节　公司行为

第9.5节　卖方和目标公司律师的意见

第9.6节　无重大不利变化

第9.7节　诉讼

第9.8节　融资

第9.9节　产权保险

第9.10节　持异议的股东

第十条　卖方和目标公司的义务条件

第10.1节　遵守协议

第10.2节　截至交割日陈述和保证真实

第10.3节　第三方的命令和合同内容

第10.4节 公司行为

第10.5节 买方律师的意见

第10.6节 诉讼

第十一条 税务事项

第11.1节 陈述、保证和承诺

第11.2节 纳税义务的支付

第11.3节 赔偿

第11.4节 交割后的义务

第11.5节 其他保证和协助

第11.6节 审计事项

第11.7节 卖方可能要承担的某些税务索赔

第十二条 陈述的存续；赔偿

第12.1节 卖方所作出的赔偿

第12.2节 尚存公司所作出的赔偿

第12.3节 重要性

第12.4节 赔偿的存续

第12.5节 对索赔及损害赔偿的限制

第12.6节 第三方的索赔

第12.7节 对被赔偿方的税款赔偿

第12.8节 抵消权

第十三条 竞业禁止

第十四条 终止

第14.1节 因未能按时交割而终止

第14.2节 违约；补救措施

第14.3节 强制履行

第十五条 杂项

第15.1节 定义

第15.2节 费用的支付

第15.3节 对本协议的修正或豁免

第15.4节 转让

第15.5节 负担与利益

第15.6节 经纪商

第15.7节 完整协议

第15.8节　管理法

第15.9节　通知

第15.10节　副本

第15.11节　权限累积

第15.12节　条款的可分割性

第15.13节　进一步保证

第15.14节　机密信息

第15.15节　撰写及披露

第一条　企业合并

以下是关于合并协议（以下简称"协议"）第一条中通常会包含的重要项目的讨论。下面列出的小标题，覆盖了本文中经常涉及的主题。

第1.1节　合并

第1.2节　股东大会

第1.3节　合并章程的备案；生效时间

第1.4节　合并的效力

第1.5节　公司注册证书和章程

第1.6节　董事

第1.7节　高级管理人员

第1.8节　合并的间隔结构

第1.9节　采取必要的行动

协议第一条通常(a)描述合并将如何完成（"合并"），(b)确定哪个公司的合法存在即将终止和哪个公司将成为合并过程中的"存续公司"，以及(c)确定用于规范存续公司合法存在的州法律。本节还包含关于双方公司成立（符合国家公司法律要求）的当事人协议，以获得他们对合并的认可。

即将被合并（即将不存在）的公司承诺经常性地召开股东特别会议，并尽最大努力来争取股东对合并的认可。在即将被合并的公司是一家公开持股的公司时，这些承诺往往会更加详细，因此，必须向其股东提供一份股东签署的委托书或信息陈述。

协议规定，一旦即将被合并公司的股东支持合并，同时协议中第Ⅸ条和第Ⅹ条里所包含的额外公司行为和条件都已经得到满足的话，那么合并章程就会被提交到每个公司注册成立时所在州的州务卿（或类似当局）对应办公室。合并将在文件提交后生效。关于合并的效力，可以参考商业公司法（用于管理参与交易的各个公司的企业存续的）中的一节内容来确定。有些州会规定，如果在合并完成之后，存续公司不再存在或居住于该州境内，则该存续公司必须指定1名法律程序相关文件的送达代理商。这一要求的目的,是使该州的债权人能够继续对正在消失的公司有追索权。合并不会影响债权人的权利或对任何一家公司的财产留置权产生影响;即将被合并的公司的留置权和债务将会成为存续公司的义务。

双方在本条中规定,哪些公司条款和章程适用于存续公司,以及在合并完成后,是否会对这些文件进行任何的更改或修正。存续公司的高级管理人员和董事的身份也可能会被识别出来。

为了保持结构上的灵活性,买方可以建议加入使得买方有权因税收、财务或其他原因重组交易的措辞。由于交易结构上的改变可能会对卖方产生重大不利影响,例如,如果合并方向从下行流动变成上行流动,那么买方和卖方必须就能解决各自关切点的方案达成一致。

第二条 股份的转换和交换

下面的讨论涉及合并公司的股份转换和收购价格转移的机制。以下这些小节标题提供了一般情况下本节内容会涉及的主题。

第2.1节 股份转换

第2.2节 持异议的股东

第2.3节 股份转让登记簿

第2.4节 股票凭证的结汇

第2.5节 合并付款的确定和支付

本条内容描述了各个合并公司的股份转换方式,同时也对存续公司在合并完成后剩余的流通股数量进行了说明。它还描述了每个持有非存续公司股票的人将收到的现金或证券对价的性质。

如果即将被合并的公司有不同的股东群体,那么买方可能担心,股东根据特定司法管辖区的法律来行使异议权或估价权时的话,可能会带来一些潜在影响。在可能发生行使异议者权利的交易中,买方应包括一项条款,该条款可以说明合并对该等股东权利的影响,并可以强行规定,卖方及目标公司有义务就股东行使其异议权或估价权所进行的一切沟通向买方作出通报。通报义务应经常包括在保险条款中。买方也应设法为自己争取指导所有谈判和程序(与这些权利有关)的机会。

本节内容还介绍了退还和交换股票凭证的方法,使得即将消失的公司股东能够接收合并支付款项。对于高度集权的目标公司,这可能仅仅涉及卖方将证书交给买方,买方向卖方支付商定的合并对价。然而,在涉及公开上市的目标公司或目标公司拥有大量股东的情况下,证书的提交方法会稍许复杂一些。买方和目标公司同意,目标公司的股票转让登记簿将在特定时间内关闭,这通常是向州务卿提交合并证书的时间,而且股东必须将其证书交给负责支付合并款项的支付代理商。通常情况下,在合并完成的同时,买方会同意将合并对价的全部金额转移到一个由支付代理商来提供服务的账户。接着,账户中的资金会在目标公司股东交出股票凭证后被支付给股东。关于支付合并对价的时间以及提交合并证书的讨论,参见第五章。

如果目标公司有未偿还的优先股、期权、认股权证或可转换为普通股的证券,则买方应在本条中就合并事项对此类证券的影响作出相关规定。在处理这些证券时,买方主要考虑的是,要尽可能地通过合并来消除任何第三方可能获得存续公司普通股的机会,并同时消除其相应股权不会因行使或转换任何该等证券而受到任何稀释的可能性。这可以确保买方在合并后立即拥有存续公司 100% 的普通股。在某些情况下,此类证券的条款要求存续公司尊重持有人获得普通股的权利;而其他证券只是在合并的情况下,未能提供终止条件。作为买方完成交易这一义务的条件之一,买方应始终尝试包含所有此类证券持有人的协议,以便在交割时将该类证券交回并注销。

第三条　交割

本条提供了交易完成的日期、时间和地点("交割")。通常来讲,当事双方会同意在买方的法律顾问办公室完成交易。交割通常在清晨开始,这样资金的电汇就可以在联邦电汇下午关闭之前完成。另外,在交易结束时,双方还同意交付收购协议所要求交付的所有文件和文书(与管理合并的有关职员一起提交合并证书的日期称为"截止日期")。关于交割程序的更详细讨论参见第八章。

第四条　卖方和目标公司的陈述与保证

由于本条中包含的陈述与保证内容非常全面,所以根据交易规模或目标企业的性质,它在某些情况下可能是不完全适用的。

在收购上市目标公司时,没有必要将所有这些陈述与保证都包括在内。正如前面所提到的,上市公司文件中的陈述与保证较少的原因是,在交割后,通常没有人会因为虚假陈述或违反保证而起诉。对于买方而言,指望从数以千计的公众股东手里收回资金是不切实际的。因此,一些对买方不太重要的陈述与保证,或者那些与买方终止收购协议的能力没有直接关系(由于目标公司的某些不利变化)的陈述与保证,经常会被省略。例如,在收购公开交易的目标公司时,通常会省略以下卖方/目标公司的陈述与保证:

第 4.4 节　目标公司及其子公司的证券所有权

第 4.9 节　偿付能力

第 4.10 节　债务

第 4.12 节　产品、服务保修和留存

第 4.13 节　公共责任和财产损失索赔准备金

第 4.18 节　知识产权

第 4.19 节　企业所需资产

第 4.21 节　客户和供应商

第 4.22 节　竞争业务线

第 4.23 节　限制性公约

第 4.24 节　账簿和记录

第 4.25 节　银行账户

第 4.35 节　投资用途

第 4.36 节　经销商及特许经营权

以下是在合并协议中卖方/目标公司的陈述和保证部分常用的典型语言。

卖方和目标公司向买方陈述并保证如下：

第 4.1 节　组织机构；子公司以及其他所有者权益

目标公司和卖方都是根据其成立的司法管辖区的法律而正式成立、有效存在和信誉良好的公司。在卖方交付给买方("披露声明")的偶数日时，披露陈述的第 4.1 节里列出了每个人的姓名(定义见第 12 条)，在此期间，目标公司或任何其他子公司(合并后)有权直接或间接地持有或收购 10%或以上的股本权益或投资，或账面价值超过＿＿＿＿美元($＿＿＿＿)("子公司")的股本权益或投资。每个子公司均按照其成立或组织的司法管辖区的法律，经过适当地组织而有效存在，并享有良好的声誉。目标公司及子公司各自具有公司或其他必要的权力和权威，以拥有和租赁其财产和资产，以及继续经营当前的业务。而且，各目标公司及子公司具有适当资格或许可，因而能够作为外国公司或其他实体来开展业务。因此，非常有必要去进行这种资格或许可认证，以确保其拥有或租赁的财产，或者由其经营业务的性质，在各司法管辖区均具有良好的信誉。目标公司虽然没有这样的资格或许可，但是拥有良好的信誉且不会造成"重大不利影响"的情况除外。就本协议的目标而言，"重大不利影响"一词是指会对目标公司及其子公司整体的财务状况、业务、收益、资产、发展前景或状况等产生重大不利影响的任何事件。披露陈述的第 4.1 节列出了每个司法管辖区的名称，在这里，目标公司和各个子公司得以成立并符合经商资格。目标公司已向买方交付了其真实的和准确的公司注册证书和章程副本、每个子公司真实和准确的公司注册证书副本或其可比较的宪章文件和章程。除披露陈述第 4.1 节中规定的以外，以及除了其目前拥有的附属公司的股本外，目标公司或其任何子公司都不拥有任何其他股权投资或其他利益。

收购协议中的惯例是为了让卖方和目标公司确保卖方、目标公司及其子公司会得到适当地组织，并且都能够有资格在相应司法管辖区里开展业务。如果卖方或目标公司没有适当地组织，那么收购协议可能没有约束力，因为它无权以公司法人身份来执行文件。这种陈述的效用经常在理论上有所争论，但很少经历过反复磋商。辩论的基础是以下这些问题：如果协议对卖方或目标公司没有约束力，你将向谁以及为了什么提起诉讼？其答案并不是唯一的；买方可能会以个人陈述失实的缘由来起诉签署文件的人，即使他已经不太可能获得大笔赔偿。更重要的是，买方当然有权退出交易，而且该项权利是买方要求进行此项陈述的主要原因。

买方也应谨慎地了解子公司是否经过适当地组织，并具有开展业务的资格，以确保子公司在特定管辖范围内开展业务或维持诉讼的能力。

本条款中对子公司的定义非常广泛，因为它可能包括那些目标公司对其只拥有少量股本权益的实体。根据特定情况，卖方可能希望增加一个10%的所有权要求，以避免对其可能不太熟悉的实体做出陈述和保证。此外，卖方可能希望从此定义中明确排除对目标公司不太重要的实体。

第4.2节 授权

由目标公司或卖方执行、交付和履行的协议，以及此处预期要执行、交付和履行的任何工具或协议（包括但不限于[列出将在交割时或交割之前执行的重要协议]）（相关文书），以及据此进行的预期交易的完成，已经根据具体情况，由目标公司董事会及股东和卖方公司董事会适当地进行采用和批准。目标公司和卖方拥有所有必要的权力和权威，执行、交付和履行本协议及相关文书（如适用），以及完善本协议和相关文书中预期的交易。本协议已于截止日期前完成，并且每项相关文书均将代表卖方和目标公司得到适当、有效的授权、执行和交付。而且，自交割日起，本协议及相关文书将会是目标公司和卖方的有效且有约束力的义务（如适用），并可根据其各自的条款对目标公司或卖方（视情况而定）执行。

卖方和目标公司通常习惯于向买方陈述，表明该协议已得到适当的授权并且具有可执行性。当然，买方有权知道卖方和目标公司是否已采取了所有必要的措施来授权协议以及对完成交易至关重要的任何文件（称为"相关文书"），以便确保此类文件具有约束力。此类相关文书可能包括竞业禁止协议、与某些其他资产有关的单独购买协议，以及其他因为包含交易双方之间特殊协议而不属于股票购买、资产购买或合并协议范围的文件。

该陈述最重要的方面是它与协议和相关文书的可执行性有关，因为这将直接影响到买方依据这些文件所享有的权利。

如第4.1节所述，这里也会出现类似的问题。如果卖方违反了此项陈述，买方可以追回哪些损害赔偿呢？如果违约是由于卖方或目标公司的签字人无权约束该方而发生的，那么买方可能有理由针对签字人（如果签字人虚假陈述了他或她的权限）或针对签字人代表其签署文件的一方来提起诉讼（如果该方知道虚假陈述，或者如果该方的行为在签字人看来造成了权威的表象）。此外，如果买方或目标公司因未由授权代理商签署协议而拒绝完成交易,那么,如果其行为给人一种权威的表象,或者买方或目标公司在签署后批准了该协议,则买方可能会迫使卖方或目标公司来完成交易。对交易条款进行部分履行的行为——例如,申请监管批准、允许持续地进行尽职调查或按照买方的要求来遵守目标公司作出的某些陈述——可能会令人相信卖方内部已经批准了该交易。但是,无论如何,买方都有绝对的权利拒绝完成交易。

在卖方表示协议可以执行的情况下,卖方可能还会要求对某些超出其控制范围的未来事件提供例外赦免。例如,适用破产法或衡平原则的法院可能不会遵守文件中的明示条款,而法院会这样做的前提是这些条款不符合破产法或衡平原则。尽管卖方可能有理由将这一例外情况包括在内,但让买方来承担这种风险似乎是不公平的。如果在某些方面确实不能对卖方强制执行这些文件,那么买方至少应该能够针对这种虚假陈述来追讨损害赔偿,而不是在破产的情况下被迫放弃权利。

第 4.3 节　目标公司及其子公司的资本化

(i)在目标公司股本中,已获授权的总发行股份包括_____股普通股股份,每股面值_____美元($ _____),其中总发行股份有_____股[及任何其他股份,例如优先股]("公司股本")。公司股本中,已发行的股票均已得到适当授权、有效发行,并已缴足股款且不可评估,并且没有违反任何人的优先购买权,或任何发行人在发行该股票时所依据的协议、法律或法规。各子公司中已获授权的总发行股份列于披露陈述中的第 4.3(i)节。子公司中已发行股票均和已发行股份单位已获正式授权、有效发行,并已缴足股款且不可评估。目标公司及其所有子公司均未出现任何违反联邦或州证券法或任何其他司法管辖区的证券法的行为,例如,发行任何违规证券,或是,其已经或计划将采取的任何行动会引起索赔诉讼。

(ii)除披露陈述的第 4.3(ii)节中所列情况以外,在本报告发布之日,没有任何性质的、与目标公司及其所有子公司的任何担保或虚假担保权益有关的期权、认股权证、认购书、可转换证券、安排、协议或承诺,无论是口头或书面形式的,并且对于目标公司股本及其所有子公司股本的投票,不存在投票信托或其他协议或谅解书。

要求卖方就目标公司及其子公司资本化作出的陈述很少会成为谈判焦点;相反,买卖双方之间的讨论通常是围绕所陈述事项的事实情况进行的。买方要了解其购买目标公司股本(包括子公司的股本)的影响,还必须了解目标公司及其子公司的资本结构。

第 4.4 节　目标公司及其子公司的证券所有权

(i)除披露陈述的第 4.4(i)节中所列情况以外,卖方对本公司股本中所有已发行股份拥有良好且有效的所有权,且无任何索偿、留置权、按揭、收费、担保权益、产权负担及其他任何形式的限制(除了根据本协议外)。卖方不是任何其他限制此类股份转让的协议、文书或谅解书的任何一方或受约束方。

(ii)除披露陈述的第4.4(ii)节中所列情况及根据本协议规定以外,每个子公司的已发行股本单位,均为披露陈述的第4.4(ii)节中列名为所有者的人士拥有,各情况下均不受优先购买权及无任何索偿、留置权、按揭、收费、担保权益、产权负担及其他任何形式的限制。

通常来讲,买方签订收购协议就是在收购整个公司。因此,至关重要的是,买方必须知道其正在购买目标公司的所有已发行的资本证券,并且在交易完成后,没有人可以挑战其所有权。

第4.5节 财务报表和预测

(i)卖方已向买方提供了目标公司及其子公司截至该年度(填写最近5年的会计年度末)经审计过的综合财务报表(包括资产负债表、损益表、股东权益变动表和财务状况变动表)的真实及完整的副本,并附有目标公司的官方独立审计师截至该日期和时间段的相关意见(统称为"财务报表")。财务报表及其附注合理地展示了目标公司及其子公司在该日期的综合财务状况、综合经营业绩以及每个股东的股东权益和财务状况的变化。目标公司及其子公司在按照一般公认会计原则(以下简称"GAAP")进行会计核算的期间内,与上一期间相一致,除非官方独立审计师附有意见。卖方已向买方提供了目标公司及其子公司未经审计的合并资产负债表的真实、完整的副本,该副本的日期为[填写最近的一个季度或财政期间的日期]("最近的资产负债表");也提供了截至该日期和时间段的相关目标公司及其子公司的损益表、股东权益变动表以及财务状况变动表(统称"未经审计的财务报表")。该类未经审计的财务报表公平地呈列出目标公司及其子公司在该日期的财务状况以及目标公司及其子公司截至该时间段的综合经营业绩、股东权益及财务状况的变动。该类未经审计的财务报表是根据一般公认会计原则编制的,所以会采用与以往一致的时间段,并且均会被简化,也会按照先前惯例作出年终调整,但是未经审计的财务报表并不包含一般公认会计原则所要求的任何或全部附注。

(ii)卖方已向买方交付了截至(填写合适信息)财政年度时,真实且准确的目标公司的预计资产负债表的副本,以及截至该期间预计收益和现金流量的相关报表(以下简称"预计财务报表")。预计财务报表是合理的,数据是准确的,并且此类预测所基于的假设为此类预测提供了合理的基础。用于编制预计财务报表的事实数据,在所有重大方面都是真实且准确的。

通常来讲,买方必须要求卖方作出的最重要的陈述是,按照一般公认会计原则,目标公司的综合财务报表必须公平地反映目标公司的财务状况。在收购协议中,几乎所有其他陈述都在某种程度上与目标公司的财务报表有关。例如,在公认会计原则要求的范围内列入目标公司资产负债表上的应收账款、存货、不动产、有形资产、无形资产和负债有关的陈述等。因此,虽然财务报表陈述在格式上已经有了一些标准,但它们对买方来说依然是至关重要的,因为买方的整个投资决策要么基于目标公司的整体财务状况,要么基于目标公司的某些财务特征,如经营业绩或净资产。通常,财务报表会是确定目标公司收购价格的最终依据。虽然也存在一些财务报表对买方的投资决策不那么重要的情况(例如,在收购1家初创公司时),但这类报表通常是至关重要的。

财务报表的陈述通常不是激烈谈判的主题。在这一陈述中,谈判最核心的方面通常是有关这一陈述所包括的财务报表的种类和这类财务报表所涵盖的时间段。例如,作为陈述对象的财务报表,是否包括资产负债表、经营报表、财务状况变动表和股东权益变动表呢?卖方是否能够保证涵盖5年的历史财务报表的准确性呢?另一个讨论领域可能涉及编制财务报表时的具体问题,这些问题要求买方准予一般公认会计原则中的某些例外情况。这个问题通常在买方意识到目标公司的会计问题时就已经出现了。然而,一般公认会计原则中的例外情况可能会降低财务报表的可靠性。对于买方是否有权获得某些财务报表,或者买方是否应该接受没有按照一般公认会计原则所编制的报表这个问题,其答案都取决于在达成交易之前卖方向买方提供了哪些关于目标公司的信息,以及买方在决定收购目标公司时主要依靠的是哪些因素。

在大多数情况下,卖方会向买方提供目标公司的预计财务报表。如果买方在这种情况下需要依靠卖方,则较为谨慎的做法就是让卖方保证在准备预计财务报表时所采用假设的合理性,以及此类预测所依据的财务数据的准确性。这种陈述经常是经过协商的,并且肯定会比从卖方那里获得关于目标公司历史财务报表的陈述更有难度。而这样做的原因是,无论预测的基础多么合理,预测始终是后见之明。例如,如果在交易结束后1年内,目标公司未能达到预期,则买方可能会声称其违反了此项陈述。鉴于目标公司收盘后的表现,买方可能会认为这些预测显然是基于不合理的假设。与所有其他涉及历史财务数据的决定一样,是否应该采用这种陈述,在很大程度上取决于买方在决定收购目标公司时对这些预测的依赖程度。如果买方严重依赖预测,且如果目标公司是一家经营历史不长的公司,情况很可能就是这样的,那么就应该采用这类陈述。此外,这种陈述通常会出现在贷款协议中,而贷方将能够从买方就此陈述而将诉讼权归还给卖方的行为中获得更多的安慰。

第4.6节 缺少未披露负债

截至本公告日期和截止日期,除了在日常业务过程中发生的磨损以外,目标公司及其子公司绝对没有任何性质的债务或负债(但是在最近的资产负债表或其附注中反映、保留或以其他方式披露,或者在披露陈述的第4.6节中规定,或者在披露陈述的任何其他部分中进行了适当的披露的除外),无论是应计的、绝对的、偶然的或有其他方式的(无论是否到期),或超过了_____美元($_____)。

总体上来说,不存在未披露的负债是指目标公司及其子公司中任何和所有负债的总括的陈述,主要指没有反映在目标公司最近的资产负债表或其附注中的那些负债;或者是指没有根据收购协议来进行披露的所有负债的任何其他陈述。精明的卖方不应该在没有摩擦的情况下同意这类陈述。首先,为什么现在应该要求卖方(在对目标公司做出多次陈述之后)对买方可能未要求其披露的某些信息进行担保呢?答案是与风险转移有关的。谁应承担买方遗漏所产生的风险呢?这个问题没有明确的答案,除非卖方同意以下概念,即一般情况下,卖方要保证"最近的资产负债表"包括任何种类或性质的所有负债,否则这种陈述仅仅能够为买方提供更多的慰藉。

如果卖方未做出那样的一般保证,则买方应该注意,它没有必要在按照一般公认会计原则编制的目标公司资产负债表上披露很多负债。例如,在因为负债的性质而无法确定负债的数量(例如诉讼结果不确定)时,一般公认会计原则就无须披露(请参阅ASC 450)。[19] 如果目标公司会承担表外负债,则此项陈述为买方提供的就不仅仅是保证了。

这种陈述涉及的另一个方面可能难以与卖方达成一致,那就是该陈述所涵盖的时间段。在最近的资产负债表的日期之后,买方通常希望能够防范重大负债。对于卖方而言,这可能是个问题,因为在那段期间里,它没有财务报表可供采用。截至交易完成时,卖方也许能够提供当前的资产负债表。如果无法做到这一点,并且如果买方未能说服卖方在最近的资产负债表日期之后的一段时间内担保,则买方必须把约定事项(业务经营的正常过程参见第6.1节)或条件(重大不利变化参见第9.6节)作为其解决未披露负债的方式。

鉴于该陈述存在这种性质,如果不把最低限度的未披露负债排除在陈述之外,那就有点过分了。因此,这种陈述形式应该包含一个空白的待定排除金额。此类排除的金额(美元)是可以协商的,这通常取决于目标公司及其子公司的规模。例如,在收购一家非常大的公司时,收购者会发现很难证明只排除1 000美元的未披露负债是合理的。

第4.7节　应收账款

卖方已经或将要在交割时向买方交付目标公司及其子公司在[填写适当的日期]的所有应收账款清单("应收账款")。该清单在所有重大方面上是真实、正确和完整的,并且该清单规定了此类应收账款的账龄。目标公司及其子公司的所有应收账款,均代表其在一般和正常经营范围中按照过去的惯例所进行的实际销售或实际提供的服务。自最近的资产负债表发布之日起,(A)根据目标公司或其子公司在编制最近的资产负债表时的有效做法,并且没有发生需要实质性增加以下比率的事件:(i)不可收回的应收账款准备金;(ii)目标公司或其子公司的应收账款,以及(B)就账龄而言,此等应收账款的构成并无重大不利变化。在与任何账户债务人的任何书面协议中,不存在任何关于应收账款的金额或有效性的争执、索赔或抵消权,或者在最近的资产负债表日期之后所设立的任何其他应收账款,但是总计不超过未收回账款准备金的应收账款除外。在最近的资产负债表日,截至本公告之日和合并生效日期之时,目标公司及其子公司的所有应收账款(如果有)在过去、现在及将来分别是有效的和可收回的;且在与应收账款制造者达成的任何书面协议中,不存在与该应收账款或任何证明该等账款或有效性的票据的金额或有效性有关的任何争议、索赔或抵消权。

如果"最近的资产负债表"反映了大量的应收账款,则买方应该要求有该类陈述,以便获得对目标公司及其子公司的应收账款可收回的特殊保护。根据要收购的公司类型,有时不需要有关目标公司应收账款的陈述。例如,如果要收购的公司就其所有应收款项订立了一份保理协议,则这种陈述可能是完全没有必要的,或者说在很大程度上简化了这种陈述。相反地,在怀疑账户可收回性的情况下,买方购买资产可能会要求卖方保证买方具有收取应收款的能力。

第4.8节 最新库存

在最近的资产负债表中所反映的目标公司及其子公司,按照综合基准计算的存货,只包括状况良好以及在正常经营范围中可出售或可使用的项目,但如最近的资产负债表所载的存货储备足以作此用途,则属例外。根据一般公认会计原则,该等存货在最近的资产负债表上以成本或市场价格中较低者计价。

如果被收购的公司从事制造或以其他方式参与商品的分销,无论是零售还是批发,买方都必须让卖方就目标公司及其子公司的库存作出具体陈述,这是极其重要的。买方需要了解最近的资产负债表上反映的库存价值与库存状况之间的关系。已过时或可能过时的项目应保留在最近的资产负债表上。此外,买方要知道财务报表上的存货估值是否反映了其实际价值,这一点很重要。因此,卖方表示存货是按照一般公认会计原则按成本或市场价格中较低者计价的,这将向买方保证存货是以最保守的方式计价的。在某些情况下,买方可能包括一种表述,即特定的美元金额是目标公司库存的最小价值。这种类型的陈述在资产收购中更为常见。

第4.9节 偿付能力

卖方和每个目标公司及其子公司在本合同日期和紧接在截止日期之前将是有偿付能力的。"偿付能力"是指,就一个实体而言,(i)其财产的公允价值超过其债务总额,(ii)在其债务到期时有能力进行偿付。

需要从卖方那里获得有关目标公司及其子公司的偿付能力陈述的主要原因之一便是提供收购债务的贷款方通常会要求买方提供这种陈述。除此之外,这种陈述在收购一家破产公司时可以作为明显的定价影响条件。尤其是在杠杆收购中,贷款方主要关注的问题之一就是杠杆公司的偿付能力,因为从资不抵债的公司进行权益转移(例如,授予贷款方的担保权益)是可以避免被定性为欺诈性转移行为的。尽管杠杆化的存续公司相对于目标公司可能处于更不稳定的地位,但是由于这种陈述提供了最初的基础,所以买方将试图在偿付能力问题上满足其贷款方的要求。

与卖方的偿付能力有关的陈述,旨在保护买方在获得目标公司及其子公司的交易中免予被定性为存在欺诈性转让行为。买方将卖方包括在偿付能力陈述中的决定必须基于以下条件:卖方的财务状况,目标公司及其子公司在多大程度上构成卖方资产的大部分,以及在出售目标公司及其子公司后卖方偿还到期债务的能力如何。

第 4.10 节　债务

披露陈述的第 4.10 节中列出的所有借款负债协议,以及与目标公司方为当事人或设保人的工业发展债券有关的所有协议,在所有重要方面都是真实且准确的。除披露陈述的第 4.10 节中所规定的情况以外,此类协议的义务均不会因完成这一拟进行的交易而加速,本协议的执行或交易的完成也不会因此而加速。因此,根据此类协议,本协议可能会导致任何情况的违约。

此类陈述可以用来分解"最近的资产负债表"中与借款相关的债务部分。它还要求卖方去确定一些债务项目,这些主要指因本协议预期交易的完成而可能加速的债务项目。由于此类陈述有着收集信息的目的,因此通常是不可协商的。

第 4.11 节　公平意见

目标公司已收到日期为[本协议生效日期]的[独立的和国家认可的投资银行家的名称]提供的意见,并已向买方交付了该意见的副本,截至该协议的生效日期。从财务角度来看,在合并过程中,目标公司的普通股持有人所接受的每股对价对目标公司的普通股持有人是公平的。目标公司认为依赖于该意见是合理的。

如果目标公司有相当数量的股东或者是一家上市公司,买方则应该尝试采用这一陈述。买方应要求目标公司获得公正的意见,因为在合并完成后,买方将继承目标公司的法律责任,其中包括股东针对目标公司或其高级管理人员和董事而发起的诉讼,以及指控合并价格不足而可能导致的负债。如果股东行使持异议者的权利或评估权,并直接起诉目标公司,或对目标公司所赔偿的高级管理人员或董事提起了衍生诉讼,则可能会导致负债。

关于信赖的陈述中的最后一句,倾向于从目标公司中牵引出任何可能损害观点有效性的事实,例如,未向投资银行家披露的事实,或对可能倾向于观点的利益冲突的了解。有几个因素使得这种信赖类陈述非常重要。首先,投资银行家通常会要求提供公正意见方面的赔偿,并且在合并后买方将会继承目标公司对其投资银行家的任何责任。其次,尽管目标公司可能会争辩,说买方可以根据协议中对目标公司的陈述和财务调查来评估意见的合理性,但是买方并不了解编制和交付公平意见的所有情况。因此,买方不应对公平意见的过程以及目标公司试图使自己确信其所提出的意见是合理的方式保持沉默。

第4.12节 产品、服务保修和留存

除披露陈述的第4.12节中所披露的以外,与最近的资产负债表日期或之前发生的销售有关的任何和所有的产品保修索赔的金额,均不得超过准备金金额。该准备金是根据一贯采用的一般公认会计原则来进行编制的;并且目标公司认为,考虑到其知悉的与其保修相关的任何及所有情况以及其为产品保修索赔所实际支付的金额,该准备金是充足的。关于目标公司及其子公司出售的产品或服务,它们的唯一的书面或口头明示保证包括但不限于[插入"保证"],如披露陈述的第4.12节中所述。

目标公司及其所有子公司所提供的产品和服务保证,可能会使买方承担巨大的责任。根据一般公认会计原则,卖方必须在资产负债表上有"足够的"准备金来支付此类负债,但是这一标准是一个非常主观的标准。因此,一个谨慎的买方应该让卖方明确保证"最近的资产负债表"中此要素的准确性,此外,应告知买方目标公司所做出的任何及所有保证和持有的准备金,以便买方可以自行决定目标公司的准备金是否充足。在某些情况下,买方可能需要特定的陈述,以指明为满足特定产品保修下的索赔而支付的年度金额。把赌注押在平均数法则上,买方也许能够得到某种程度上的安慰。

第4.13节 公共责任和财产损失索赔准备金

在最近的资产负债表中包括的公共责任、财产损失和人身伤害准备金的金额是根据一贯采用的一般公认会计原则而编制的,目标公司合理地认为该准备金是足够的。

如果可以预见到目标公司或其所有子公司所承担的风险可能会超过其保险单的限额,则买方可能会担心此类责任。与第4.12节中讨论的产品保修准备金类似,关于此准备金是否充足的判断是一个主观判断。

第4.14节 保险

披露陈述的第4.14节中列出了与目标公司及其子公司有关的所有当前有效的保险单、保险承诺书或自我保险计划的完整且准确的明细表。该保险是在财务上稳健且信誉良好的保险公司的,应该按照与目标公司及其子公司从事业务类似的公司的惯常做法和标准来抵御此类人员伤亡、风险和意外事件和判定其种类和金额。每个此类保单和承诺书的承保范围是完全有效的,并且目标公司或其子公司或卖方都尚未收到任何关于此类保单或承诺书的要求取消索赔或不允许续签的通知,或不允许任何此类索赔或保费实质性增加的通知。目标公司、卖方或子公司均不了解以下事实或事件的发生:(i)合理地构成对目标公司或其子公司的任何与行为或业务运营有关的索赔的依据,或者说在目标公司或其子公司的业务或披露陈述的第4.14节中所规定的任何保单或承诺书里所涵盖的任何资产或财产,且根据该保单或承诺书,将大大增加应支付的保险费,或(ii)在其他方面,根据该保单或承诺书,将大大增加应支付的保险费。

为了保护其收购的资产不受各种损害索赔的影响,关于目标公司保单的陈述,对于买方来说是很重要的。由于买方可能不知道目标公司应该投保哪种类型的保险,因此,卖方应保证目标公司拥有针对目标公司及其子公司业务的所有常规保险。卖方通常不会对这一部分的陈述进行争论;卖方最困扰的是,买方希望保证此类保险的保费不会因卖方可能知道的事件或索赔而大幅度地增加。那么,卖方如何确定哪些事件会增加保费呢?在一种明显的情况下(例如,卖方最近已经认识到其产品具有致癌性),卖方应该意识到,当这一事实引起其保险公司的注意时,其保险费显然会大幅度地增加。买方还应调查这一保单在收购后是否会继续有效,因为许多保单会因目标公司控制权的改变而失效,或者在某些情况下,买方可能会谨慎地加入卖方的陈述,说明这一保单在收购之后将持续有效。

第二个重要的考虑因素就是这个保险单是"已提出索赔"的保单还是"已发生索赔"的保单。这些类型的保单之间的区别在于,"已提出索赔"的保单仅涵盖在该保单完全有效期间内向保险公司提出的索赔,而"已发生索赔"的保单则涵盖了在任何时间提出的所有索偿,但须在保单完全有效期间内发生导致能力丧失的事件。最后,如果保险是业务的一个重要方面,并且保险的某一部分包括自保,那么买方在分析企业运营成本时就应该将这一因素考虑在内。如果买方希望继续进行自我保护,则买方应要求卖方进行合作以获取必要的监管批准,从而继续为目标公司的业务提供自我保障。

第4.15节 持有或租赁的不动产

在披露陈述的第4.15节中,有目标公司及其所有子公司拥有或租赁的所有不动产的完整且准确的清单或描述(包括位于该不动产的固定装置的一般说明,以及不属于目标公司及其所有子公司的任何此类固定装置的具体标识),这就意味着其已经同意(或拥有选择权)去购买、出售或租赁,或者说其可能有义务购买、出售或租赁,以及与此有关的任何产权保险或担保政策。在租赁情况下,应特别说明出租人、许可方或其他授予人的姓名、在其下所涵盖的大致面积、基本年租金和与此有关的其他已付或应付金额以及其他条款的摘要。所有此类不动产租赁的真实副本,包括每年超过_____美元($_____)的租金总额[不包括因固定资产税(或其中增加的部分)、保险、运营成本或公共区域支出而向第三方支付的费用](包括所有的修改和订正)已在此日期之前交付给买方。除了披露陈述的第4.15节中所规定的情况以外,任何此类不动产的出租人均无需同意完成本协议中拟进行的交易。

通过确定目标公司及其所有子公司拥有或租赁的每项房地产,房地产计划可以用于支持买方的尽职调查工作,在请求披露租赁信息时,应考虑年租金支付中的美元门槛值,它将决定目标公司必须披露的租赁信息。对于较小的目标公司,可能根本不包含任何阈值,而这就要求披露所有不动产的租赁信息。

此陈述还旨在引起以下两者的信息披露:(i)目标公司及其所有子公司已发生的定期付款或资本承担的义务,以及(ii)可能需要房东同意才能避免因收购而终止租赁的那些租赁约定事项。租赁承诺和收购协议将对目标公司的现金流量要求产生影响,但是在对目标公司财务报表的审查中,买方可能看不到租赁承诺和收购协议。

买方应该要求提供年度租赁付款信息,以准备现金流量分析。此外,这一披露将有助于买方确定目标公司和子公司房地产的融资能力,以及需要获得房地产评估以帮助融资的买方。

第4.16节　固定资产;租赁资产

(i)披露陈述的第4.16(i)节中,列出了目标公司及其所有子公司拥有或租赁,已同意(或有选择权)购买、出售或租赁,或者可能有义务购买、出售或租赁账面价值超过_____美元($_____),或者要求每年支付超过_____美元($_____)的租金的所有设备、机械和其他有形动产的完整且准确的清单或描述,并且在租赁的情况下,应该特别指明出租人、许可方或其他授予人的姓名、在其下所涵盖的大致面积、基本年租金和与此有关的其他已付或应付金额以及其他条款的摘要。租金总额超过_____美元($_____)的该等资产的所有租约的真实副本(包括对其所有的修改和订正)已在本合同生效日期之前就交付给买方了。目标公司及其子公司拥有或租赁的所有该等资产的账面价值,合计不超过_____美元($_____)。

(ii)除了披露陈述的第4.16(ii)节中所规定的情况以外,任何该等有形个人财产的出租人、许可方或其他授予人,都无须同意完成本协议中拟进行的交易。

与第4.15节中有关房地产的陈述一样,该陈述引起了由目标公司及其所有子公司拥有或租赁的、价值或年成本超过给定的美元门槛值的每项有形个人财产的披露。在不动产的陈述中,买方可以合理地请求这些信息。这些信息主要指目标公司及其所有子公司拥有的每项不动产信息;而与不动产的陈述有所不同,请求披露每项未达到美元起付额度的有形个人财产的做法,将对卖方施加不合理的负担,并且如果无意中遗漏了一项资产,则可能会使卖方承担失实陈述的风险。

这种风险将促使卖方为获得更高的美元门槛而与买方进行谈判。买方可以确定它可承受的自有资产的账面价值的美元门槛值,但必须要求较低的租赁义务金额,因为后者将直接影响现金流量的预测。在任何情况下,买方都应该将门槛建立在它认为的、与任何融资相关的资产的个体价值上,该融资为收购价格融资而可能需要的任何融资。

第4.17节　产权及相关事宜

(i)除第 4.17 节第二段中所包含的例外情况以外,目标公司或其所有子公司拥有或者在所述交易生效之后将会立即拥有良好的、可出售转让的产权(或者说,在没有提供良好的、可出售转让的产权保险政策的司法管辖区内,在没有提供良好的、不可销售的产权的司法管辖区内,或者在提供良好的、可销售的产权的司法管辖区内,或者在提供实质上等同于某种质量的产权的司法管辖区内),或者说在某些方面有效的租赁权益:(a) 反映在最近的资产负债表中的所有财产和资产,或者目标公司或其所有子公司在适当的最近资产负债表日期之后获得的所有财产和资产;(b)受 ASC 842 定义中的经营租约约束,并且未反映在最近的资产负债表中的所有财产或资产,以及(c)目标公司及其所有子公司在各自开展业务时拥有或使用的所有其他财产和资产。上一段中提及的所有财产和资产,目前都由目标公司或其所有子公司拥有或持有,并且在交易完成之日或在此之后将由目标公司或其所有子公司持有,并且不存在任何产权缺陷或异议、抵押、留置权、质押、收费、担保权益、购买期权或任何其他种类或性质的产权负担,但以下情况除外:(v)尚未到期和尚未缴纳的当期税款的留置权;(w)留置权、所有权瑕疵及地役权,无论是单独还是总体而言,均不会大幅度地降低或干扰其所受或受其影响的财产的价值或干扰其使用,或以其他方式造成的重大损害拥有、租赁或使用该财产的实体的运营,或对该实体的此类财产的使用产生重大损害;(x) 抵押债务的抵押和留置权,而该等债务在最近的资产负债表上反映为负债;(y) 在日常业务过程中产生或发生的机械师、承运人、工人、修理工和其他类似的留置权;以及(z)如披露陈述的第 4.17(i)节所述。

(ii)目标公司及子公司所拥有或租赁的所有厂房、构筑物、设施、机械、设备、汽车、卡车、工具以及其他财产和资产,包括但不限于目标公司或其所有子公司反映在最近的资产负债表上,或者在最近的资产负债表的各个日期之后收购的,它们在结构上是合理的、没有卖方已知的缺陷并且具有良好的经营状况和维修状况(正常经营范围中的日常非物质维护除外),且可以按照与其当前使用方式一致的方式来使用。

(iii)根据目标公司及子公司各自的条款,目标公司及其子公司(作为承租人)租赁不动产和/或个人财产所依据的所有租赁合约均属有效,并可由目标公司或其所有子公司强制执行;正如披露陈述的第 4.17(iii)节中所述的情况,除由目标公司或其所有子公司转租的财产以外,从每份该类租约的原定租期开始之日以来,目标公司或其所有子公司就一直处于和平租赁状态;除本句的第二个条款中所规定的与转租财产有关的租赁以外,目标公司及其所有子公司拥有的任何不动产或个人财产均不存在租赁或其他占有性权益;根据每份该等租约的条款而必须缴付的所有租金或其他款额,均已缴付;而且据卖方所知,根据任何该等租约,目标公司及其所有子公司并没有任何违约(或在发出通知后、时间流逝或两者均构成违约的事件)、放弃或延期目标公司及其所有子公司在该等租约下的任何义务。

(iv)除披露陈述的第4.17(iv)节中所述的情况以外,目标公司及其所有子公司拥有或租赁的任何不动产,均不受任何政府法令或出售命令的约束。或者说,据卖方所知,不存在针对目标公司及其所有子公司或任何部门所拥有或租赁的任何不动产,没有任何谴责或征用权未决程序以及威胁。而且,目标公司及其所有子公司均未作出承诺或者收到任何口头通知或书面通知,以表示任何公共机构或实体希望取得或使用那些由目标公司及其所有子公司或公司任何部门所拥有或租赁的不动产,无论是暂时地或永久地。对于地役权、通行权或者其他公共或准公共的用途或出于任何其他目的,也不存在任何悬而未决的、以书面形式或公开形式威胁的程序。或者说,据卖方所知,有可能对以下方面造成不利影响的程序,正如目标公司及其所有子公司所拥有或租赁的任何不动产中的任何部分,分区分类自此合同签订之日起生效。在交割日当天,目标公司及其子公司所拥有或租赁的不动产,应该没有任何的管理、租赁、维修、担保或服务责任,但是在公用事业以及正常经营范围中所产生的责任除外。

(v)根据他们各自的条款,那些与目标公司及其子公司的业务地点或业务运营有关的、所有的通行权、地役权、证书、许可证和授权(以任何方式存在的),在所有的重要方面均是信誉良好的、有效的及可执行的。除了披露陈述的第4.17(v)节中所述的情况以外,目标公司及其所有子公司均未违反(且各自均已遵守)任何政府机构的任何可适用的分区、建筑或其他法规、法典、条例、法令、通知或命令。这些与占用、使用、维护不动产,或其任何重要部分有关的可适用的分区、建筑或其他法规、法典、条例、法令、通知或命令,主要指目标公司及其子公司所拥有或租赁的不动产,或者各宗地的任何重要部分。而且,在本合同日期,无论出于何种目的,用于目标公司及其子公司所拥有或租赁的不动产的改善措施,均不会违反任何该等法规、法典、条例、法令、通知或命令。

在本合同生效之日,目标公司及其子公司拥有并应保持所有证书、入住证明、许可证及授权有效,它们都是用于操作和维护目标公司及其子公司所拥有或租赁的不动产的,且适用于目标公司及其子公司所拥有或租赁的不动产的所有用途。除了披露陈述的第4.17(v)节中所述的情况以外,在目标公司及其子公司所拥有或租赁的不动产的任何部分里所安装或设置的任何设备,均不得违反任何政府当局的任何法律、条例、命令、规则或要求,而且违反该等规定将会对目标公司及其所有子公司所拥有或租赁的不动产或各宗地的任何部分产生不利影响。

目标公司及其子公司拥有的财产所有权,对于核实所收购资产的价值和融资能力是非常重要的。因为按照经营租约来租赁的资产,一般来说是不会披露在资产负债表上的,且如果目标公司的租金低于市场利率,特别是如果目标公司的租赁权益是可抵押的,则这些资产可能代表着重大价值。所以说,将这些资产纳入产权申述的范围是有用的。

在担保的基础上预付资金的收购贷款人,将要求买方就其担保贷款资产所有权的质量进行广泛的陈述。因此,买方应尽可能从卖方那里获得留置权和产权负担,以获得更多的安慰。重要的是,不仅要在披露陈述中引出可能影响买方获得足够融资能力的所有留置权,而且买方还必须仔细审查已披露的留置权,并评估留置权对目标公司及其子公司资产可融资性的损害程度。通过仔细检查,可能会发现留置权的存在,而这些留置权会限制可销售性,并阻止买方向其贷款方提供优先担保权。一旦确定了这些留置权,买方就可能想要解除某些留置权以作为交割条件。

作为让卖方安排现有留置权的另一种选择[如第(i)段的第二句所述],买方可以允许例外情况,即"留置权、所有权和地役权的缺陷,无论是单独的还是整体的,都不会对受其影响或受其影响的财产的价值造成实质性减损或干扰,或者以其他方式对拥有、租赁或使用此类财产的实体的业务运营造成实质性损害,或者通过此类实体,来对此类财产的使用情况造成实质性损害"。此外,通过提及超过特定金额的留置权或附加权,可以使实质性标准更加明确。然而,相对于卖方,尽管实质性的例外情况可以为买方提供充分的保护,但贷款方可能会认为这是不可接受的。而采用例外情况的买方必须愿意承担这样的风险,即贷款方可以通过某些贷款陈述和约定,要求解除对卖方或买方都不重要的留置权。

第(ii)段及第(iii)段的陈述旨在向买方保证:拟收购的资产处于良好的经营状况,而目标公司及其子公司的租约可以强制执行,且不会违约。

第(iv)段及第(v)段试图进行核实,以判断是否存在任何可能阻止买方使用不动产(主要指目标公司和其子公司在过去就已经使用过的已购不动产)的违规行为或诉讼程序。通过实施/执行实质性标准,卖方可以限制对现有侵权行为的陈述。买方很可能承认这一点:一个有用的折中立场,可能是要求陈述任何违规行为都不会导致损害赔偿的裁决,或者要求支付超过特定金额的费用来补救违规行为。

第 4.18 节 知识产权

(i)披露陈述的第 4.18(i)节中列出了一份完整且准确的清单,其中包括(如适用)美国(包括美国各个州和地区)所有的注册或失效日期、序列号或注册号或专利号;外国注册商标、服务商标和商品名称;未经注册的商标、服务商标和商品名称;商标、服务商标和商品名称申请;产品名称;外观设计;未到期专利;待审的和已提交的专利申请;当前的和活跃的发明披露;准备披露的发明;商业机密;注册版权;以及目标公司及其所有子公司拥有或许可,并且已经同意(或可以选择)购买、出售或许可,或者可能有义务购买、出售或许可的未注册版权(统称"知识产权")。对于上述每个项目,在披露陈述的第4.18(i)节中都列出了:(a)目标公司及其子公司在其中的权益范围;(b)在哪些司法管辖区,或者由哪些司法管辖区注册、提交或发布了每一项专利、商标、服务商标、商品名称、版权和许可证;(c)可以证明目标公司及其子公司权益的每份协议及所有其他的文件,包括但不限于许可协议;(d)任何第三方在其中的权益程度,包括但不限于任何担保利益或许可证;(e)可以证明其中任何第三方的利益的每份协议及所有其他的文件。

(ii)除了披露陈述的第4.18(ii)节中所规定的内容以外,在每一个知识产权的项目中,目标公司及其子公司的权利、所有权或利益,都不存在重大不利留置权。

(iii)除了披露陈述的第4.18(iii)节中所规定的内容以外,对于所有的发明、商业机密、专有信息,目标公司及其子公司均享有一切权利、所有权和利益,并且拥有非侵权制造、使用或销售(视情况而定)所有产品时所需的所有其他知识产权。它主要指的是,目标公司及其所有子公司在其开展当前业务的过程中制造、使用或销售的产品和服务的组成部分时是必需的,或者在目标公司及其所有子公司准备预编财务报表时,对于拟制造、使用或销售的产品、产品组件及服务是必需的。

(iv)除了披露陈述的第4.18(iv)节中所规定的内容以外,对于所有的商标、服务商标、商品名称和产品名称,目标公司及其子公司都享有所有的权利、所有权和利益。在目标公司及其所有子公司开展其当前业务的过程中,在非侵权使用所有此类商标、商品名称时,这些权利、所有权和利益是必需的。或者说,目标公司及其所有子公司在准备预编财务报表时,对于拟制造、使用或销售的产品、产品组件及服务,拥有这些权利、所有权和利益也是必需的。

(v)除了披露陈述的第4.18(v)节中所规定的内容以外,在目标公司及其所有子公司开展其当前业务的过程中,对于非侵权出版、复制、准备或已经准备了衍生产品、分销、公开演出、公开展示及进口所有受版权保护的作品时所需的所有材料版权,目标公司及其子公司均享有所有的权利、所有权和利益。或者说,在准备预编财务报表时,对于出版、复制、准备或已经准备了衍生产品、分销、公开演出、公开展示及进口所有受版权保护的作品是必需的。

(vi)除了披露陈述的第4.18(vi)节中所规定的内容以外,在任何时间段内,目标公司及其所有子公司均不承担目标公司或其所有子公司的责任。这些责任是受法律约束的,目标公司及其所有子公司不得侵犯任何专利、商标、服务商标、商品名称或版权,或者不得盗用他人的任何知识产权,或者不得从他人处收到与此有关的任何通知、指控、索赔或其他主张,或者不得采取任何不正当竞争行为。

(vii)除了披露陈述的第4.18(vii)节中所规定的内容以外,目标公司及其所有子公司均不得向他人发送或以其他方式传达任何通知、指控、索赔或其他主张、或他人挪用目标公司及其所有子公司的任何知识产权,或他人的任何不公平竞争行为的任何消息、指控、索赔或其他主张,或知悉该等他人现时、即将或已威胁的专利、商标、服务商标、商品名称或版权侵权,或他人的任何不公平竞争行为。

(viii)(a)目标公司及其所有子公司目前正在出售或打算出售或使用的任何产品、许可证、专利、工艺、方法、物质、设计、零件或其他材料,均不侵犯任何其他人所拥有或持有的任何权利;(b)没有针对目标公司及其所有子公司的索赔、诉讼或其他程序悬而未决或受到威胁,这些索赔、诉讼或其他程序与该实体销售或使用任何此类产品、许可、专利、工艺、方法、物质、设计、零件或其他材料的权利相抗衡,并且此类索赔不会受到第三方根据使用陈述提出的许可要约的直接威胁;且(c)任何专利、配方、发明、装置、申请或原理,以及任何法规、法律、规则、规章、标准或法令,都不会产生实质性的不利影响。

(ix)在知识产权方面,目标公司及其所有子公司均未缴纳任何类型的备案或记录费用、印花税、或转让税、或其他费用、成本或税款,而且除了披露陈述的第4.18(ix)节中所规定的内容以外,目标公司、任何子公司或与合并事项相关的买方均无需缴纳任何类型的备案或记录费用、印花税、或转让税、或其他费用、成本或税款。

知识产权陈述要求披露目标公司及其所有子公司在其业务中使用的所有知识产权,并旨在向买方保证,该知识产权或者目标公司或其子公司对知识产权的使用不会侵犯第三方的权利。起草陈述书的目的是要涵盖任何可能会对目标公司或其子公司产生不利影响的现有或未决的知识产权。例如,如果目标公司的价值在很大程度上取决于其拥有特定专利或以特定商标销售其产品的能力,则这种陈述可能是极其重要的。

第(ix)项旨在引出有关可能与交易有关的备案或转让费用的信息。如果目标公司及其子公司持有大量的外国知识产权,则这些费用的数额可能足以让买方试图要求卖方来支付部分费用。

第4.19节　企业所需资产

除了披露陈述第4.19节所述的内容以外,目标公司及其子公司共同拥有或租赁所有的资产和财产(无论是直接地或间接地),并且其共同作为所有许可证和其他协议的当事方。在任何情况下,这些许可证和其他协议均为目前正在使用的,或者是合理需要的,即对其使用主要用于开展目标公司和子公司当前正在进行的业务和运营。而且,目标公司、卖方的任何股东,以及他们的任何附属机构(任何目标公司及子公司除外)均未拥有任何用于进行目标公司及子公司的业务或经营的资产或财产。

尽管卖方针对目标公司及其子公司可能拥有的具体资产、负债以及其他协议、权利和义务作出了所有的其他陈述,但是如果没有这种广泛的陈述,买方就没有办法知道它是否获得了经营目标公司及其子公司当前业务所需的一切信息。如果买方通过资产收购，或者作为另一家公司的分部所运营的业务来收购一家公司，则这种类型的陈述便是至关重要的。例如，如果目标公司或其子公司的业务所需的某些设备或服务是由卖方或其子公司提供的，在不更换此类设备或服务的情况下，买方将无法经营其业务，且其成本很可能远远超过卖方或其子公司提供这些设备或服务所产生的成本。

第4.20节 附加合同

除了本协议其他条款随附的披露陈述中列出的其他项目以外，披露陈述的第4.20节中还指出了截至本协议生效之日的以下内容：

(i)目标公司及其所有子公司为一方的每项协议，主要指涉及或可能涉及目标公司及其所有子公司未来每年的总付款额(无论是对于货品或服务的担保或赔偿而造成的债务偿还，还是其他事项)为_____美元($ _____)；

(ii)目标公司及其所有子公司每笔用于资本支出、资本增加或资本改善的尚未支付的承担额超过_____美元($ _____)；

(iii)任何雇用目标公司及其所有子公司的任何高级管理人员、或雇员、或前高级管理人员、或前雇员的雇用合同(但对于任何雇员而言，在通知发出的30天或比这更短的时间内，可以终止且无须承担责任的合同，并且在合同终止后不再支付任何款项的合同除外)，据此合约，可能需要在此日期之后的任何时间里支付超过_____美元($ _____)的款项；

(iv)目标公司及其所有子公司的任何股票期权或股票增值权的计划或安排；

(v)目标公司及其所有子公司的任何抵押或其他形式的担保债务；

(vi)目标公司及其所有子公司的任何无抵押债券、票据或分期付款债务，其未付余额总计超过_____美元($ _____)，但是不包括在日常业务过程中产生的贸易应付账款；

(vii)对目标公司及其所有子公司因借款或其他原因而承担的任何义务所作的任何担保，但不包括在日常业务过程中进行的托收背书、作出的担保或信用证，以及其他总计不超过_____美元($ _____)的担保；

(viii)除了日常运营过程中的业务运作以外，目标公司及其所有子公司就任何资产(存货除外)的购买、出售、处置或租赁而订立的任何协议(包括期权)，而该等资产的账面价值超过任何单一资产_____美元($ _____)的账面价值或合计为_____美元($ _____)的账面价值。

(ix)目标公司及其所有子公司为订约方的任何合同，由于以下原因，目标公司及其所有子公司有义务或有可能支付总计超过_____美元($ _____)的或有款项，或者因先前收购其他公司或其任何部门分支的业务、全部或大部分资产或股票而产生的款项；

(x)与任何工会订立的任何合同,而目标公司及其所有子公司为该合约的一方;

(xi)目标公司及其所有子公司为合约一方的任何合同或拟议合同,包括但不限于转让、许可证、专有权转让、"雇用工作"协议、特殊佣金、雇用合同、采购订单、销售订单、抵押和担保协议。目标公司及其所有子公司是合约的一方,并且其中(a)包含目标公司及其所有子公司的任何权利的授予或其他转让,即任何发明、商业机密、专有信息、商标、服务商标、商品名称、版权或任何指定名称的其他知识产权的授予或其他转让(无论是现有的、追溯的、预期的还是偶然的),不论在订立此类合同时,该发明、商业机密、专有信息、商标、服务商标、商品名称、版权、实物或其他知识产权是否已经存在,或者(b)包含目标公司及其所有子公司作出的承诺,即支付款项以及与获得、实践或使用任何发明、商业机密、专有信息、商标、服务商标、商品名称、版权、首次确定有独创性的作品实物,或任何指定名称的其他知识产权有关的任何一次性付款、特许权使用费或其他对价,而不考虑是否曾经支付或收到过该等一次性付款、特许权使用费或其他对价;

(xii)与卖方,或者与目标公司及其所有子公司的任何高级管理人员、董事或雇员订立的任何合约,(a)在整个合约期限内的付款总额至少为_____美元($_____),或者在任何12个月的时间内的付款总额超过_____美元($_____),或者(b)其条款不是独立的条款;或者

(xiii)目标公司及其所有子公司并非在日常业务过程中订立的任何其他合约、协议或其他文书,而该等合约、协议或其他文书对目标公司或其子公司的财务、业务、收益、发展前景或条件具有重要的影响,并且不会因为本条款的第(i)条至第(xii)条(首尾两款包括在内)的内容而被排除在外。

除非各方在披露陈述的第4.20节中另有规定,否则披露陈述的第4.20节中提及的所有合同、协议和其他文书的真实、完整的副本,迄今已由卖方交付给买方,或将在交易结束前至少10个工作日交付给买方。所有此类合同、协议和其他文书,均可由目标公司或作为其当事方的子公司根据其条款强制执行,但是其可执行性可能会受到适用的破产、重组、无力偿债、暂停执行或其他类似法律(无论现在或是以后生效)、或一般股权原则的影响。

这是一种信息收集陈述,旨在识别目标公司及其子公司的所有重要合同关系。根据正在谈判的交易类型,卖方可能不愿意作出这种陈述,因为履行披露义务所需的工作量过大。卖方可以转而告诉买方,欢迎在卖方公司的办公室审查所有合同和其他协议。但是,就像任何其他基于访问而非识别的陈述一样,买方应自行承担责任,风险自负。因此,谨慎的买方会要求卖方识别所有此类单据,并在必要时提出要约,以协助卖方准备披露陈述。

此陈述中的美元门槛值金额是特定于交易的,这里采用了与前面讨论过的相同的考虑因素。

第4.21节 客户和供应商

在披露陈述的第4.21节中,列出了(i)一份真实且准确的清单,它包括:(a)目标公司及各子公司在截至[填写最近的财政年度结束日期]的财政年度内的销售额最大的十位客户,及(b)目标公司及各子公司在截至[填写最近的季度末]的三(3)个月内的销售额最大的十位客户,显示在截至[填写最近的财政年度结束日期]的财政年度内以及在截至[填写最近的季度末]的三(3)个月内,对每个该等客户的大致总销售额;(ii)一份真实且准确的清单,包括:(a)目标公司及各子公司在截至[填写最近的财政年度结束日期]的财政年度内的采购量最大的十家供应商,以及(b)目标公司及各子公司在截至[填写最近的季度末]的三(3)个月内的综合采购量最大的十家供应商,分别显示在截至[填写最近的财政年度结束日期]的财政年度内和截至[填写最近的季度末]的三(3)个月内向每家该等供应商采购的大致总额。除披露陈述的第4.21节中所述的范围以外,目标公司及其所有子公司与披露陈述中指定的任何客户或供应商的业务关系并未发生任何重大不利变化。除了披露陈述的第4.21节中指定的任何客户或供应商以外,目标公司及其所有子公司在[插入协议日期前的12到18个月的适当时期]内,没有任何客户占其销售额的5%以上,也没有任何供应商在该期间向其购买超过5%份额的商品或服务。

根据目标公司和子公司业务的性质,买方可能会同意在"统一的基础上"披露最大的客户和供应商。这种陈述的主要原因是要确定业务对单一的个体或一小部分客户或供应商的依赖程度。

第4.22节 竞争业务线

除披露陈述的第4.22节所述内容以外,无论是直接地或间接地,卖方的任何联属公司均不可以拥有任何权益(持有用于投资目的的,不超过5家公开持有及上市公司证券的股份),亦不是目标公司及其所有子公司的竞争对手、出租人、承租人、客户或供应商的高级管理人员、董事、雇员或顾问,或是以其他方式收取酬金。

在某些情况下,由于卖方的业务性质,似乎没有必要要求卖方去签订某种竞业禁止协议。然而,对于买方来说,确保没有由卖方经营或控制的、与目标公司或其所有子公司竞争的隐藏公司的这一做法,可能仍然是有用的。这一陈述提供的保护是有限的;卖方可能会根据卖方的内部信息或者仅仅因为其拥有更多的资源,而对目标公司或其所有子公司的业务产生不利影响。买方应该事先被予以警告,尽管它收到了这一陈述,但考虑到特殊状况下的实际情形,卖方可能仍然是一个竞争对手。

第 4.23 节　限制性公约

除披露陈述的第 4.23 节所述内容以外,在任何地理区域,目标公司及其所有子公司均不是任何限制他们从事任何业务或者与任何人或其他实体竞争的协议、合同或约定事项的当事方。

买方必须了解限制目标公司及其子公司运营的那些协议。许多买方在收购目标公司时,期望目标公司的业务可以在地域上有所拓展。在某些情况下,买方可能会依赖于这一预期,以至于将这种拓展包括在其预测之中。因此,买方应该仔细审查因为这一陈述而披露的任何协议。

第 4.24 节　账簿和记录

(i)目标公司及其子公司的账簿及其他财务记录在各重大方面均是完整无误的,并且都是按照良好的商业惯例保存着。

(ii)目标公司及其子公司的会议记录簿(先前向买方及其律师提供的会议记录簿)载有所有会议的准确记录,并且准确反映目标公司及其子公司董事会的股东、董事及任何委员会的所有其他的重大公司行为。

(iii) 在截止日期之前,买方已经有权或将要有权查阅以上第(i)项和第(ii)项中指出的所有此类记录。

第 4.25 节　银行账户

披露陈述的第 4.25 节,包含目标公司或其子公司拥有账户的每家银行、储蓄机构和贷款机构或其他金融机构的真实且正确的名称列表,包括现金缴款账户或保险箱,以及所有被授权在其平台上取款或进入该账户的人员姓名。

第 4.24 节和第 4.25 节是用于确认信息准确性的陈述,主要指在通常情况下提供给买方的与其尽职调查工作相关的信息。

第 4.26 节　员工福利计划;劳动关系

(i)"员工计划"一词,应该指的是任何养老金、退休、利润分享、递延补偿、奖金或其他激励计划,任何医疗、视力、牙科或其他健康计划,任何人寿保险计划,或任何其他员工福利计划,包括但不限于已修订的 1974 年的《雇员退休收入保障法案》("ERISA")第 3(3)条中所界定的任何"员工福利计划",以及在任何外国国家或外国地区,涵盖目标公司或任何受控实体的任何员工福利计划("外国计划")。目标公司或任何受控实体出资、参与或受约束的任何员工福利计划,目标公司或任何受控实体的员工都有资格参加或获得福利,但是政府赞助的任何计划或政府要求的任何福利除外。披露陈述的第 4.26(i)节中列出了每一个员工计划,并确定了截至本陈述日期的每个员工计划(外国计划除外),主要指《雇员退休收入保障法案》的第 3(35)节中定义的固定福利计划("固定福利计划")或《雇员退休收入保障法案》的第 3(37)节中定义的多雇主计划("多雇主计划")。就每个"固定收益计划"(Defined Benefit Plan)而言,该计划截至[插入日期]的未备资金的应计负债,是由该计划的精算师在持续计划基础上根据该计划最近一次精算估值中使用的精算方法和假设而确定的,它不得超过该计划的资产。披露陈述的第4.26(i)节里确定了每一个员工计划,这些计划声称是根据《美国国内税收法》(定义见下文)的第401(A)节规定的合格计划。就每个"多雇主计划"而言,披露陈述的第4.26(i)节规定了目标公司或受控实体截至最近一个会计年度最后一天的12个月内对该计划应做的贡献。就每个"外国计划"而言,披露陈述的第4.26(i)节规定了目标公司或受控实体截至本协议日期之前的最后一个计划年度内对该计划应做的贡献。目标公司已经或将在交易结束前向买方交付在本协议日期有效的下列文件:(A)任何员工计划(外国计划除外)的真实、正确和完整的副本,包括对其的所有修订,该员工计划是员工养老金福利计划或福利给付计划[《雇员退休收入保障法案》的第3(1)节或第3(2)节所指的内容];如果是任何不成文的员工计划,则说明其(B)关于前面陈述的(A)条款所述的任何计划或计划修订案;(1)美国国家税务局(Internal Revenue Service, IRS)在1974年9月1日之后发出的最新决定函(如果有的话);(2)所有信托协议或其他的资金协议,包括保险合同;(3)关于每个固定收益计划,所有终止任何此类员工计划的意向通知以及所有与任何此类雇员计划有关的、养老金担保公司(PBGC)均未免除三十(30)天的披露要求的可报告事件通知;(4)最近的精算估值、年度报告、摘要计划说明、重大修改摘要和年度摘要报告(如果有的话),以及(5)每一个外国计划所提供利益的真实、正确、完整的摘要,以及与之相关的最新财务信息的精算估值。

(ii)截至本协议日期:

(a)根据经过修订的《美国国内税收法》("守则")的第401(a)节,声称符合资格的每个雇员计划均是从截止日期起具有资格,而根据守则第501(a)节,该等计划下的任何信托均可免除缴纳所得税。对于任何尚未提交给美国国税局的计划修正案,追溯固化期尚未到期。员工计划在所有方面均符合美国所有其他适用法律(包括但不限于《雇员退休收入保障法案》《就业年龄歧视法》《美国残疾人法》《家庭休假法案》和《减税和就业法案》)以及任何适用的劳资协议。除了由参与者或受益者提交的福利索赔或拒绝福利的上诉外,没有任何针对任何员工计划的诉讼、法律行动、调查、索赔、反索赔、待决程序、威胁。

(b)对于任何员工计划,不存在任何被禁止的交易(在《雇员退休收入保障法案》的第406节和/或守则的第4975节的含义内)。该交易可能会根据《雇员退休收入保障法案》的第502(i)节的评估,使目标公司或任何受控实体承担重大责任或民事处罚,或根据守则第4975节征收实体税。卖方、目标公司、任何受控实体、任何员工计划的任何管理人员或受托人(或上述任何一方的代理商)均未参与任何交易,或者以可能使目标公司或任何受控实体因违反受托责任或其他职责的方式行事或不作为(主要指《雇员退休收入保障法案》或任何其他适用的美国法律规定的受托责任或其他职责)。本协议和相关文书所拟进行的交易不会是也不会导致任何被禁止的行为。

(c)在1974年9月1日以后,并没有任何固定收益计划被终止或部分被终止。

(d)由于卖方、目标公司或任何受控实体在交割日期之前采取的任何行动,对于任何员工计划、或由目标公司或受控实体共同控制下(按守则第414节的含义)发起的任何员工福利计划,没有或预计将产生对养老金担保公司(PBGC)的计划终止责任或者对任何的多雇主计划的撤销责任。养老金担保公司没有提起也不会提起任何终止任何员工计划的诉讼。除了披露陈述的第4.26(ii)(d)节所述的内容外,自[插入日期][符合《雇员退休收入保障法案》第4043(b)节及其相关规定的含义]以来,没有任何与员工计划有关的可报告事件,也不存在使得养老金担保公司可能终止任何员工计划的任何条件或一系列情况。

(e)截至本合同日期,就每一个员工福利计划而言,《雇员退休收入保障法案》和本规范要求的所有文件都已及时提交,且其要求的所有通知和披露都已及时提供给参与者。

(iii)除了披露陈述的第4.26(iii)节所述的内容外,目标公司和各个受控实体已经及时、足额支付全部雇员计划(包括多雇主计划)的条款所要求的所有款项,同时应该确保,在截至本协议日期前的最后一个计划年度和之前的所有计划年度,对该类计划的供款支付都已完全到位。到该计划年度结束时,只要及时支付了该计划年度的欠款,任何员工计划(外国计划除外)均不存在累计资金短缺的情况(如《雇员退休收入保障法案》的第302条和本规范第412条所定义的内容)。此外,根据本协议[插入约定事项相互对照],从本协议日期先前结束的上一个计划年度到协议截止日期的期间,目标公司及各受控实体已支付、或应及时支付、或已累计、或将累计要求支付的所有金额(根据员工计划的条款所要求的款项),将作为员工养老金福利计划的缴款。

(iv)外国计划中不存在任何事实状况会对目标公司和受控实体的整体业务、资产、收益、财务状况或发展前景产生重大不利影响。

(v)根据守则第404节或第162节的规定,对所有员工计划的所有缴费、或与所有员工计划相关的所有应计缴费均可扣除。根据守则第511节、第512节或第419A节的规定,任何员工计划的任何金额或任何资产均不应作为无关的企业无关联营业课税所得。

(vi)不存在任何会导致投保福利的员工计划的保费成本大幅增加的事实,或导致提供自我保险福利的员工计划的福利成本大幅增加的事实。

(vii)不存在任何向退休了的前员工提供医疗、残疾、人寿或其他福利的员工计划。

除了披露陈述的第4.26(v)节中所述的情况外,不存在任何可以被视为目标公司及其所有子公司的员工代表的工会。不存在与工会或协会达成的、或未决的,成为目标公司及其所有子公司的任何或所有员工的独家谈判代理商的协议或申请书;在本协议签订日期起两(2)年内的任何时间,都没有这种悬而未决的申请书。而且,据卖方所知,在本协议签订日期的两(2)年内的任何时间,没有任何工会或其他团体试图代表目标公司及其所有子公司的任何员工作为其独家谈判代理商;且在本协议签订日期起的两(2)年内的任何时间,除例行申诉事项外,没有任何针对目标公司及其所有子公司的工人罢工、停工或其他问题,或据卖方所知,不存在威胁目标公司及其所有子公司的行为,也没有任何此类工人罢工、停工或其他劳资纠纷(例行申诉事项除外)。

在目标公司及其所有子公司拥有大量员工的情况下,这种特殊的陈述便显得极其重要。在近几年里,与员工福利和相关计划有关的潜在责任性事件急剧增加。因此,很重要的一点便是,买方要确保目标公司及其所有子公司维护的员工计划符合现有规定,并且拥有足够的相应的用途资金储备。(有关员工福利和其他薪酬问题的进一步讨论,请参阅第九章。)

第4.27节 诉讼

除了披露陈述的第4.27节中所述的内容外,不存在任何可能会产生重大不利影响的行动、诉讼、程序或待决调查,或者在卖方和目标公司进行适当问询后所知,不存在可能会产生重大不利影响的威胁;卖方或目标公司不存在任何可能会导致任何此类影响的合理依据,且目标公司及其所有子公司并未违反任何法院或任何联邦、州、地方,或者其他政府部门、委员会、董事会、当局、机构或媒介的任何可能产生重大不利影响的判决、命令、令状、禁令或法令。

一般来说,即使存在针对目标公司或其子公司的悬而未决的或有威胁性诉讼事件,并且会产生重大不利影响的话,卖方在向买方作出相关披露时不会存在太大困难。然而,卖方较难作出陈述的那部分其实是,卖方是否有合理的依据来判断任何可能导致重大不利影响的行为存在与否。虽然可能没有未决索赔或有威胁性的行动,但买方想要知道卖方、目标公司或其所有子公司是否采取了任何可能导致重大不利影响的行动。例如,如果在签署收购协议之前目标公司是故意违反对其业务至关重要的合同,在合同的另一方并没有意识到违约的情况下,也就不会提出索赔。如果没有这一特殊的陈述,卖方就不必披露这一事件。不足为奇的是,卖方通常不愿意评估它的哪些行为可能会导致索赔,以及可能会产生重大不利影响,或者也不愿意基于这一评估做出担保。卖方可能会争辩说,哪怕是常规经营行为也可能会造成重大不利影响。或者卖方可能表示不愿意因为其公司的董事、高级管理人员和员工所知的事项而承担责任。与其他陈述一样,其中实质的焦点就是风险分配。聪明的买方会简化这一陈述过程以安抚卖方,但仍会寻求进行披露,因为卖方应该知道它的哪些经营行为将构成或可能会构成重大不利影响,并且卖方始终可以选择对这些行为进行披露,而不是只臆测其可能带来的后果。

第4.28条 遵守法律

(i)目标公司及其子公司遵守并已根据所有联邦、州、市或地方的宪法规定、法律、条例、规则、法规及命令来提交与其目前进行的业务有关的所有文件。

(ii)目标公司及其子公司拥有开展各自当前业务所需的所有政府许可证、许可证及授权(以下简称"许可证")。所有该类许可证均属完全有效,任何该类许可证均不存在违规行为,且并无任何待决诉讼或(据卖方所知)威胁要撤销或限制任何该类许可证。除了披露陈述的第4.28(ii)节中另有披露外,所有此类许可证均在披露陈述中列出。

(iii)除了披露陈述的第4.28(iii)节中所述内容外,在过去的5年内,目标公司及其所有子公司均未收到任何涉嫌违反或潜在违反任何该等宪法条文、法律、条例、规则、规例或命令(不论是否已纠正)、或任何禁令、或政府命令或法令的通知。

(iv)除了披露陈述的第4.28(iv)节中所述内容外,目前或过去都不存在以任何形式与目标公司及其所有子公司的业务有关的环境问题。在本协议中,"环境问题"是指(a)向环境中引入的任何污染,包括但不限于任何污染物、刺激性物质、或污染物、或其他有毒或危险物质(不论该等污染在当时是否构成违反任何联邦、州或地方的法律、条例或政府规章或法规的行为)。这些种类的物质以任何形式溢出、排放、泄漏、喷射、漏出、注入、倾倒或释放在任何工作场所或任何介质中,或暴露在任何工作场所或任何介质中,包括但不限于空气、土地、地表水或地下水,或因生产、运输、处理、排放、储存或处置废物、原材料、危险品、有毒材料或任何种类的产品,或因储存、使用或处理而产生的任何类型的接触任何有害或有毒材料,或其他物质行为,从而导致目标公司及其所有子公司因此可能会,或已经对某些当事人负责任,或目标公司及其所有子公司的任何资产可能因为这类事件遭受或已经受到任何留置权的影响的事件;或(b)不符合任何联邦、州或地方的(上述任何事项或与上述任何事项相关的)环境法、规则、法规或命令的行为。

买方可以限制第(ii)条款中所包含的陈述,但不包括"不会产生实质性不利影响的、未能获得的任何此类证书、许可证和授权"。

同样地,买方可以同意限制第(iii)条款的范围,在5年的限制之外加上"这将很可能合理地导致罚款或损害赔偿责任总计超过_____美元($_____)"这一句话。

鉴于纠正环境问题可能产生的巨大成本,第(iv)段中的环境陈述是极其重要的。由于过去20年来立法和司法的重大发展,粗心大意的买方可能会发现自己肩负着清理前任造成的环境问题的义务。这类问题包括从清除建筑物中的石棉到因地下储水池泄漏而变得必要且昂贵的地下水净化项目，不一而足。

第 4.29 节　不违规；合同内容

除了披露陈述的第 4.29 节中规定的内容外，卖方和目标公司双方签署、交付和履行本协议和相关文书，以及在完成本协议和相关文书规定的任何交易时，卖方和目标公司现在不会、将来也不会：

（i）违反卖方或目标公司注册证书或公司章程细则的任何规定；

（ii）违反任何条文，或随着时间变化而违反任何条文，或导致任何一方加速或有权加速履行义务（无论是在发出通知或时效中止后，或两者兼而有之），或根据任何按揭、留置权、租赁、协议、许可证、约定事项、许可证、文书、法律、命令、仲裁裁决、判决或法令的任何条文，对目标公司及其所有子公司的任何财产设定或施加任何留置权、押记、质押、担保权益或其他产权负担。目标公司及其所有子公司是一方或约束其或其任何财产的一方，总而言之，任何这类违规、加速、创造和强加行为的影响将会导致目标公司或其所有子公司承担超过_____美元（$_____）的债务；

（iii）违反目标公司及其所有子公司受约束的任何法律、命令、判决或法令；

（iv）违反目标公司及其所有子公司受约束的任何其他任何类型或性质的限制，或与其相冲突，或其任何资产可能受到约束，而所有这些违法行为或冲突的影响将导致目标公司及其所有子公司的总负债超过_____美元（$_____）；

（v）构成有可能终止目标公司及其所有子公司所受约束的协议的事件，如果在任何此类情况下，单独或与所有其他此类事件一起，可能会产生重大不利影响；或

（vi）要求获得任何政府委员会、董事会、监管机构、或行政机构、或当局、或其他监管机构的同意、证书、许可证、通知、申请、资格、豁免或任何类型的其他行动、授权、命令或批准，或向任何政府委员会、董事会、监管机构、或行政机构、或当局、或其他监管机构提交文件或注册登记。

这项陈述是相当有用的，因为它清楚地列出了在完成收购协议中所设想的交易后买方在经营业务时应关注的各种事项。陈述的效用在于，它使买方能够在交易结束前解决交易的每一个不利后果。例如，许多协议规定，在目标公司或其所有子公司（视情况而定）的控制权发生变化时，协议将会终止。提前通知这些协议的金额数量和性质，使买方有机会制定实施置换合同。此外，在卖方成功获得此类合同内容之后，某些合同内容的披露可能会促使买方限制其交割义务。

买方应仔细考虑美元门槛值的金额，因为低于门槛值的项目不会被披露，并且可能会导致存续公司承担同等金额的债务。

第 4.30 节　非法支付

对于目标公司或其子公司的业务，目标公司及其所有子公司、或者依据目标公司

所知的目标公司的任何高级管理人员或董事、或者任何子公司的任何高级管理人员或董事、或者目标公司及其所有子公司的任何雇员、代理商或代表，均未直接或间接地进行任何非法政治捐款、未记录在目标公司或其子公司的账簿书册及档案记录内的公司基金支付款项、虚假记录在目标公司或其子公司的账簿书册及档案记录内的公司基金支付款项，以个人身份将公司资金支付给政府官员的款项，目的是影响他们的行动或他们所代表的政府的行动，以便在寻求业务或许可证方面获得优惠待遇，或者从公司资金中获得特别优惠或非法支付以获得或保留业务。

这一陈述的目的，是要确定目标公司及其所有子公司是否支付了任何违反法律（如《反海外腐败法案》）的款项，或没有准确反映在目标公司或其所有子公司的账簿书册及档案记录上的任何付款。此外，披露这些付款可能会揭示目标公司或其子公司业务的某些方面的脆弱性，或者为了获得优惠待遇而继续支付此类款项的必要性。

第4.31节　经纪商和发现者

对于本协议中拟进行的交易，卖方、目标公司及其所有子公司或者卖方、目标公司及其所有子公司的任何股东、高级管理人员、董事或代理商，均未代表卖方、目标公司及其所有子公司向任何经纪商、发现者或代理商承担任何经纪费用、发现者手续费或佣金，但[经纪商或发现者的姓名]除外。此类费用和佣金将由卖方支付。

这种陈述可以保护买方免于承受目标公司及其所有子公司支付（与收购有关的）某些费用的义务。买方和卖方可能会同意分担部分费用，但买方当然不希望义务支付任何它没有意识到的费用或没有包括在其收购价格计算中的费用。

第4.32节　缺少某些变化或事件

除了披露说明书的第4.32节中所反映的或此处特别陈述的情况外，自最近的资产负债表日期以来，目标公司及其所有子公司均未

(i)在正常经营范围之外开展其业务；

(ii)发行、或出售、或签约出售其任何股票、票据、债券或其他证券，或任何购买该等证券的选择权，或就该等股票、票据、债券或其他证券订立的任何协议；

(iii)修订该公司注册证书或章程；

(iv)曾经拥有或作出任何资本开支或资本承付款项，以获取或建造个别及合计超过＿＿＿＿美元（$＿＿＿＿）的任何财产、厂房或设备；

(v)在任何重大方面，与其过去的业务惯例不一致的方式进行任何交易，或以与其过去的业务惯例严重不一致的方式开展业务；

(vi)发生(A)总金额超过＿＿＿＿美元（$＿＿＿＿）且由保险承保的任何损害、毁坏或类似损失；或(B)总金额超过＿＿＿＿美元（$＿＿＿＿）且不在保险范围内的任何损害、毁坏或损失；

(vii)遭受任何经销商、客户或供应商的任何损失,或者依据卖方、目标公司和子公司所知的任何预期损失,或改变与任何经销商或供应商的任何合同安排,该等安排造成的损失或变更将会(或在加上所有其他此类损失或变更时将会)产生重大不利影响;

(viii)导致任何重大负债或义务(绝对的或偶然的),或产生任何重大开支,但在正常经营过程中可能导致的开支或产生的开支除外,以及本分段的第(iv)款中所述的资本支出除外;

(ix)目标公司及其所有子公司的业务、经营、收益、财产、负债、发展前景、资产或财务状况、或其他方面发生的重大不利变化,且未发生可能产生重大不利影响的事件;

(x)关于目标公司及其所有子公司的股本,进行宣布、拨备或支付任何股息或其他分配(不论是现金、股份、财产或其任何组合);

(xi)赎回、回购或以其他方式收购其可转换为其股本或可交换为其股本的任何股本或证券,或就此订立任何协议;

(xii)出售任何非正常经营范围中的应收账款、或任何应计负债,或注销任何应收票据,或应收账款或其部分是无法收回的,但是反映在最近的资产负债表上并有足够的准备金的部分除外;

(xiii)购买或处置、或者签约购买或签约处置、或者授予或接收购买或出售的期权,即价值大于_____美元($ _____)的任何单一资产、或合计大于_____美元($ _____)的任何财产或资产;

(xiv)增加应该支付或即将支付给目标公司及其所有子公司的高级管理人员或员工的薪酬,或根据任何奖金、保险、养老金或其他福利计划,或根据为上述人员或雇员、或与上述人员或雇员达成的任何安排,而增加支付或应该支付给上述人员或雇员的金额。但是正常的年度增长或因应用那些关于员工薪酬的现有计划、协议或政策下的现有公式而导致的增长除外。

(xv)对任何集体谈判、奖金、利润分享、薪酬、股票期权、养老金、退休、递延薪酬的通过或修订,或者其他有利于员工利益的计划、协议、信托、基金或安排;

(xvi)在目标公司及其所有子公司遵循的任何重要会计原则、重要会计程序、或重大会计惯例发生变更(如果有的话),或应用该等原则、程序或惯例的方法发生变更[除非注册地所在国的一般公认会计原则发生变更];

(xvii)对库存的减价或收缩作出任何规定(在正常经营范围之内,以及与过去一贯做法一致的情况除外),或对目标公司及其所有子公司的存货价值减值的金额总计超过_____美元($ _____);

(xviii)解除任何留置权或者支付任何债务或负债(不论是绝对的、应计的、或有的或其他的),但最近的资产负债表上显示的流动负债以及其后产生的流动负债除外;

(xix)对目标公司及其所有子公司的任何财产或资产(不动产、个人财产或混合财产、有形资产或无形资产)进行抵押、质押或受制于任何留置权,但本协议第4.17节规定排除的留置权除外;

(xx)原材料或供应物资出现任何严重短缺的情况;

(xxi)以低于其公平价值的价格作出任何馈赠、或出售、转让或交换任何财产;或

(xxii)签署或订立任何协议或谅解书,以进行上述任何事宜。

从最近的资产负债表日期开始,为了"降低"目标公司及其子公司的财务状况,买方应该从最新的资产负债表日期开始,让卖方对自该日期以来没有落实的某些事件进行陈述。如前面所述,进行该缩减行为的目的是向买方保证,在截止日期,目标公司将从法律和财务方面与买方在合同中谈判的要求是相同的。因为从最新的资产负债表之日至交割日这段时间内没有相应的财务报表,但是对买方来说,了解这段时间内企业的运营情况是非常重要的。此外,买方应要求卖方承诺在截止日期或在此之前不会违反本陈述(见第6.1节)。第4.32节包括有关事项的陈述。这些事项虽然与财务报表没有具体关系,但提供了与目标公司正在进行的业务有关的重要信息,例如,陈述要求披露原材料或供应物资的任何物资短缺情况。当然,买方必须根据其目标公司的业务状况来调整这一陈述。

第4.33节　所提供信息的准确性

卖方或目标公司在本协议、披露陈述中,或者卖方交付给买方的并在此协议所提及的附件、附表、清单或其他文件里作出所有陈述或担保都没有误导性。而且,根据本协议提供或将提供的任何证书中、或与本协议拟定的交易相关的任何陈述中,均不包含、或将包含任何对重大事实的不真实陈述。卖方或目标公司、或者卖方或目标公司的代表,均不包含、或将包含任何对重大事实的不真实陈述;同时,自提供该证书之日起,卖方或目标公司、或其相应代表在作出该陈述或保证时,不存在任何遗漏重大事实陈述的行为,也不会因此导致任何重大性事件的发生。卖方、目标公司及其子公司承诺,据其所知,在本协议签订之前或签订当日,卖方已经以书面形式向买方披露了所有可能会对目标公司及其所有子公司造成重大不利影响的事实。

买方将要求卖方作出这一陈述,以保证买方用于评估目标公司及其子公司所依据的信息是准确和完整的。这种表述通常被称为"10b-5陈述",因为其语言与美国证券交易委员会颁布的规则10b-5非常相似。

与第4.6节中关于未披露负债的陈述类似,本陈述中的最后一句话通常会把给买方提供应了解的所有信息这一责任转移到卖方身上。虽然卖方通常不愿意做出这样的陈述,但它可能会从下面的事实中获得一些安慰,即在之前的陈述中,卖方已经告诉了买方所有其可能已知的与目标公司和其子公司有关的情况。

第4.34节 提交给美国证券交易委员会的报告

买方已收到目标公司根据10-K表格向美国证券交易委员会提交的全部年度报告以及所有其他报告和文件的完整副本。所谓其他报告和文件包括根据10-K表格要求以及根据《证券交易法》的第13(A)或15(D)条的规定,卖方必须提交的所有其他报告或文件的所有修订和补充。该等报告不包含任何重大虚假陈述或任何重大事实的错误陈述,也没有遗漏任何必要的事实,而且报告中所载的陈述在任何重大方面都不具有误导性。

这一陈述仅仅适用于要求向美国证券交易委员会提交报告的已上市的目标公司。买方必须确保目标公司已经履行了向美国证券交易委员会提交报告的义务,并且目标公司提交的文件中包含的陈述是真实的,没有误导性。如果不能获得这一陈述,买方可能会在成交后承担重大责任,因为目标公司可能会成为股东诉讼或美国证券交易委员会强制执行裁决的对象。

第4.35节 投资用途

卖方收购[描述卖方将收购的买方公司的证券]仅出于其自身的投资目的,而不是为了转售或分销。卖方同意不会出售、转让或以其他方式转让或质押[描述卖方将收购的买方公司的证券],或其中的任何权益,除非其转让行为符合针对此类证券的相关转让规定和限制条件。

当卖方接受买方部分地以证券支付收购价款时,买方应要求卖方提供特定的投资陈述。卖方作出的陈述,将给向卖方出售证券的行为定性为私募提供了依据,也从而使该证券不必根据《1933年证券法》和适用的州证券法进行注册登记。然而,有了这一陈述并不意味着就满足了证券法规定的所有豁免要求,尤其是在获得这些证券的人为数不多的情况下。

第4.36节 经销商及特许经营权

(i)在披露陈述的第4.36(i)节中包含一份清单,这份清单包括:(a)截至本协议签订之日,经卖方授权以"＿＿＿＿"的名称来经营店铺的特许经营者、或经销商、或者能够将该特许经营人或经销商与卖方联系起来的其他类似名称("特许经营商"),(b)于本协议签订日期的前1年内与卖方、目标公司及其所有子公司终止关系的所有特许经营商,以及(c)在本协议日期的前一年内成为特许经营商的所有个体户。该清单是真实、正确和完整的,并且包括每个现有特许经营协议的到期日期。卖方要使买方有机会审查卖方、目标公司及其所有子公司与每个特许经营商之间所有协议的真实且准确的副本。除了披露陈述第4.36(i)节中所述的内容外,卖方、目标公司及其所有子公司与每个特许经营商之间的每项协议(a)均已由该特许经营商正式适当和有效地授权、执行和交付,并且该特许经营商具有有效和约束力的义务,该特许经营商可根据条款强制实施,但可适用的破产、重组、资不抵债、延期偿付或其他类似法律,或与债权人权利一般相关或受其限制的法律或衡平原则所限制的除外,并且(b)不违反任何可适用的法律或法规,(c)不与任何其他协议的规定相冲突。

(ii)除了披露陈述第4.36(ii)节所述的内容外,卖方、目标公司及其所有子公司与任何特许经营商之间的所有协议,都不存在任何违约行为,也不存在任何已披露,或因随着时间的推移,或两者兼而有之的事件将会构成违约行为,并且具有或将会产生重大不利影响。本协议的执行和交付以及本协议预期交易的履行不会导致对卖方、目标公司及其所有子公司和任何特许经营商之间任何协议的违约事件。

(iii) 除了披露陈述第4.36(iii)节所述的内容外,根据所有适用的法律法规,包括但不限于美国联邦贸易委员会的法规以及监管特许经营业务销售的任何州和/或地方机构的相关规定,每个特许经营商都获得了特许经营权。自[插入协议日期前18个月的日期]以来,卖方未向任何个人或实体提供特许经营权。

如果目标公司在经营业务时已获得特许经营权或经销协议,买方将希望获得与这些安排条款有关的具体披露。这一陈述旨在要求卖方对其与特许经营商和分销商的合同关系的健康状况进行披露,要求目标公司作出能够证明其遵守美国联邦贸易委员会法规的陈述是很重要的,因为目标公司可能要对任何未能遵守美国联邦贸易委员会披露要求的行为负责。

第五条　买方的陈述与保证

买方向卖方和目标公司作出如下陈述和保证:

第5.1节　组织

买方公司,是根据其成立时所在司法管辖区的法律来正式成立、有效存在且信誉良好的公司。买方已向卖方交付其公司注册证书和章程的真实且准确的副本。

第5.2节　授权

本协议的执行、交付和履行,以及本协议中拟定由买方签署、交付和履行的任何文书或协议(包括但不限于,[列出买方将在交割时或交割之前签署的重要协议])("买方相关文书"),以及本协议中拟进行的交易的完成,均已由买方公司的董事会和股东正式采纳和批准。买方拥有执行、交付和履行本协议和买方相关文书,并完成本协议和买方相关文书中拟定交易的所有必要权力和授权。本协议已由买方正式有效地授权、签署和交付。截至交割日期,买方的每一份相关文书都将由买方正式有效地授权、签署和交付。在截止日期,本协议和买方的相关协议都是或将是买方有效且有约束力的义务,可根据各自的条款对买方强制执行。

第5.3节　不违规;合同内容

除了披露陈述的第5.3节所述内容外,本协议及相关文书的签署和交付,以及由

买方在此完成的任何拟进行的交易,现在不会且将来也不会:

(i)违反买方公司注册证书或章程的任何规定;

(ii)违反任何条款,或随着时间的推移而违反任何条款,或导致任何一方加速履行任何义务(无论是在发出通知后或随着时间推移后,还是在两者兼而有之后),或根据买方作为合约一方的任何抵押、留置权、租赁、协议、许可证、约定事项、证书、文书、法律、命令、仲裁裁决、判决或法令的任何规定而导致产生或施加任何留置权、押记、质押、担保权益或其他产权负担,总的来说,所有这些违规、加速、创设和征收税款的后果将会使买方承担超过_____美元($_____)的债务;

(iii)违反买方必须遵守的任何法律、命令、判决或法令;

(iv)违反任何其他限制或与其发生冲突,这些限制主要指买方会受其约束或买方的任何资产可能受其约束的任何种类或性质的其他限制,而所有违反该类限制或与其相冲突的后果将会导致买方承担合计超过_____美元($_____)的总负债;或

(v)要求任何政府委员会、董事会、监管机构或行政机构、或其他监管机构的任何同意、证书、许可证、通知、申请、资格、豁免或任何形式的其他行动、授权、命令或批准,或备案或注册登记。

第5.4节 诉讼

据买方所知,不存在任何针对或关于买方或其各自财产或业务的行动、诉讼、法律程序或待决调查、或威胁,也不存在可能会对买方完成本协议或相关文书中拟进行的交易的能力产生不利影响或限制的类似事件;而且,买方没有可以断定可能导致这种不良影响存在的事实依据。

第5.5节 经纪商和发现者

买方或买方公司的任何股东、高级管理人员、董事或代理商均未代表买方就本协议拟进行的交易向任何经纪商、发现者或代理商承担任何经纪费用、发现者费用或佣金的任何责任,但[经纪商或发现者的姓名]除外,其费用将由买方支付。

第5.6节 业务

买方从未从事除了买方组织或本协议条款规定以外的任何活动。

第5.7节 所提供信息的准确性

买方在本协议、披露陈述中,或由买方交付给卖方并在本协议中提及的附件、附表、清单或其他文件中,不包含任何具有误导性的陈述或保证。而且,根据本协议,由买方或其代表提供或将要提供的任何证书中不包含任何不真实陈述;同时,在作出该陈述或担保或提供或将提供该证书之日,与本协议拟进行的交易相关的所有证书都没有遗漏关于任何重大事实的陈述。

买方的陈述和担保一般与第四条中卖方和目标公司的陈述是相同的。但是,作为

收购方的买方,是没有必要对卖方和目标公司做大量的陈述和担保的,因为被收购的是卖方的企业和资产,因此卖方的大多数陈述和担保都适用于买方。

在某些情况下,买方可以利用空壳公司作为收购方,以此来完成对目标公司的收购。如果结构得当,这一战略可能允许双方避免根据1974年的《哈特-斯科特-罗迪诺反托拉斯改进法案》提交并购前的通知。第5.6节中关于买方业务范围的陈述对卖方是有用的,因为它向卖方保证,空壳公司在完成收购方面应该没有太多的合同限制。

在买方不是空壳公司的情况下,卖方可能应该将关于买方的其他陈述包括在内。例如,与买方财务报表有关的陈述以及自此类财务报表日期以来没有发生某些变化或事件,可能会使卖方确信买方有能力去完成交易。

第六条 卖方与目标公司的约定事项

第6.1节 业务的处理

除了披露陈述的第6.1条所述内容或完成本协议拟进行的交易所需的情况外,自本协议签署和交付之日起至交割日止,卖方应促使目标公司和每一家子公司(a)尽最大努力维持目标公司和子公司各自目前的业务组织状态大致完好;(b)保持目前开展各自业务所需的所有外国、联邦、州和地方的批准、许可证、证书、资格和授权有效;(c)尽最大努力维持与员工、代理商、分销商、特许经营商、许可证持有人和客户各自之间的关系,并保持他们的商誉;以及(d)在未经买方事先书面同意的情况下,采取任何可能会导致违反本合同第4.32节规定的任何陈述的行动。

买方使用"商务行为"的约定事项来确保卖方不会做出或促使他人做出任何可能会(a)改变正在购买的业务,(b)降低该业务对买方的价值,或(c)给买方造成与其正在收购的业务有关的意外责任或问题的任何事情。这一点很重要,因为买方可能已经根据目前存在的业务运营和业绩,为目标公司商定了一个可接受的收购价格。如果卖方允许必要的许可证或执照,或者卖方与分销商、员工或特许经营商的业务关系失效,则其商业价值可能会缩水。如果不受这种公约的限制,卖方则可以在正常业务过程之外采取一些行动,这些行动会损害目标公司的财务状况或者目标公司对买方的价值,从而使买方的估值变得毫无意义。在这种情况下经常出现的一个问题便是,如何定义在正常经营范围中所做的行为。由于大多数协议没有包括这一用语的定义,买方应熟悉可适用的判例法,以便了解其在管辖购置协议的管辖权中的用法。

在商定这一陈述时,卖方应确保,在本协议签署日期至交割日期之间,除目标公司或其子公司在正常经营范围中通常不会发生的项目外,卖方无须征得买方的同意。第(d)小节包含第4.32节中陈述的所有项目,因此,卖方要对目标公司及其所有子公司采取对企业持续运营极其重要的行动时,可能需要先征求买方的同意。为了方便卖方采取此类行动,卖方可能会要求买方同意,不能够以不合理的原因拒绝同意此类行动。

虽然这种措辞可能看起来无伤大雅，但在某些情况下，它可能会导致买方当时并不想看到的后果。由于州法院没有始终如一地解释所谓"合理性"的标准，因此买方可能无法使其商业判决与当地判例相协调。那么，有一种常见的策略便是，买方可以在其初稿中提出同意书，然后，如果卖方提出要求的话，则添加对所谓"合理性"的定义标准，并以此作为谈判点或表明其诚意。

第6.2节 收盘前活动

在交割日期之前，卖方应在买方的适当配合下促使目标公司（同时目标公司也应该促使各子公司尽其最大努力）获得任何政府机关或机构、或者其他第三方的同意、授权或批准、或豁免。所谓其他第三方包括但不限于其业主和贷款方以及披露陈述的第4.29节中所述协议的当事方（目标公司或其所有子公司除外）。卖方应该要求这些其他第三方同意、授权或批准（包括但不限于放弃披露陈述第4.29节中描述的任何协议下的任何违约行为所需的任何同意、授权或批准）本协议拟定的交易以及相关文书规定的交易、或与完成该等协议有关的交易。

一旦买方通过卖方在第4.29节中披露的方式获知完成收购所需的各种同意书，买方通常会试图要求卖方尽其最大努力来获得此类同意书，因为卖方在促成交易方面存在利害关系，所以它应同意迁就买方，但其前提是卖方在这种情况下这样做是合理的。买方应该明确的是，"尽最大努力"并不应该包括花费金钱。

第6.3节 提案；披露

在交割日期前，目标公司和卖方(i)不会直接或间接通过其任何高级管理人员、雇员、代表或其他方式，就目标公司及其所有子公司的全部或大部分资产或业务、或其任何部分的相关问题，来征求或鼓励任何收购股份的书面询问或建议，以及(ii)对于在本协议日期或在此之后发生的收购任何股票、或收购目标公司及其所有子公司全部或大部分资产或业务、或其任何部分的任何询问或建议，将立即以口头形式和书面形式通知买方。

本约定事项旨在(a)防止卖方在签署收购协议至交割日期期间另外选择更好的买方，以及(b)随时向买方通报任何其他买方发出的询盘情况。从买方的角度来看，卖方已承诺向买方出售货物，并且应该集中所有努力与买方达成交易，而不是继续对其他潜在竞标者示好。此外，收购协议是一份具有约束力的合同，买方已承诺在满足交割的所有条件的前提下进行购买。因此买方既可能得益于作出此类承诺，同时也可能承担在正常的事件过程中目标公司业务恶化的风险。所有权的一个好处是有机会对所有物进行出售以赚取利润。美国鹏斯公司诉德士古公司（Pennzoil v. Texaco）一案高度宣传了这样一个事实，即一旦卖方和买方之间的合同承诺到位，这一利益就属于潜在的买方。

第 6.4 节　附加的财务报表

在交割日期之前,目标公司应尽快(但不得迟于每个季度结束后的＿＿＿天或每个月结束后的＿＿＿天)向买方提供(i)在最近的资产负债表日期之后结束的每个连续季度期间,未经审核的综合季度资产负债表以及目标公司及其子公司的相关损益表、股东权益变动表和财务状况变动表;(ii)在最近的资产负债表日期之后的每个连续的月度期间,未经审计的合并月度资产负债表及相关月度报表,包括目标公司及其子公司的损益表、股东权益变动表和财务状况变动表。该等财务报表应是完整、准确和正确的,并应公允地反映目标公司和子公司截至每个季度或月度期末的财务状况(视情况而定),按照一贯适用的一般公认会计原则(脚注除外),按照符合过去惯例或本协议预期的正常年终调整,公允地列报当时结束的每个季度或每月的经营业绩。

第 6.5 节　应收账款的附加汇总

在交割日期之前,目标公司将于切实可行范围内尽快(但无论如何不得迟于下文所述的适当月度期限结束后＿＿＿天)对于最近的资产负债表日期后的每个连续月度期,向买方提交目标公司及其子公司于每个该等月度期间结束时所有应收账款的真实且正确的摘要。

第 6.4 节和第 6.5 节允许买方在签署收购协议后,通过重新审查卖方提供的月度和季度财务报表来监控企业的运营情况。这对买方来说非常重要,尤其是在财务报表显示出其业务发生重大不利变化的情况下。在这种情况下,买方没有义务进行交割,因为其交割义务的惯性条件是目标公司业务中没有任何重大不利变化。有关重大不利变化的进一步讨论,见第 9.6 节。

第 6.6 节　买方所展开的调查

卖方和目标公司应(且目标公司应促使其子公司)在正常营业时间内,并在合理的事先通知后,允许买方的高级管理人员和授权代表自由和完全地访问目标公司及其子公司的办公室、厂房、财产、账簿和记录,以便买方有充分的机会对目标公司及其子公司的业务、运营、资产、财产以及法律和财务状况,进行买方认为合理的、必要的或适宜的调查;卖方、目标公司及其子公司的高级管理人员应向买方提供买方不失合理要求的、有关目标公司及其子公司的业务运作、资产、财产及法律及财务状况的额外财务数据及运营数据及其他资料。在交割日期之前,或如果本协议终止的时候,除非适用法律另有要求,否则买方应始终对根据第 6.6 节获得的有关目标公司及其子公司的所有信息保密。并且,如果本协议终止,买方则应以文件形式向目标公司及其子公司返还所有此类信息,且不得以任何方式使用根据本第 6.6 条获取的任何信息,或致使因该等信息而对目标公司或其子公司产生重大不利影响。

本协议中规定的卖方、目标公司及其子公司的陈述、担保和协议应是有效的,无论买方是否进行了任何调查。

"调查"约定事项确保卖方将与买方合作,为买方对目标公司及其子公司的尽职调查审查提供准入和后勤支持。重要的是,买方应包括本约定事项的最后一段,这样卖方不能试图阻止买方因实质性违反卖方或目标公司的陈述而对卖方采取行动。因为卖方可以声称,由于在对目标公司及其子公司进行调查期间,买方已经发现或本可能发现违约行为,所以卖方应免于承担对此类虚假陈述的任何责任。

第 6.7 节　通知

卖方应立即通知买方(i)在本协议日期之后和交割日期之前,卖方、目标公司及其所有子公司收到的、与违约或事件有关的任何通知或其他通信。尤其是在该违约或事件在通知后或随着时间推移,或两者兼而有之后,都将构成违约的情况下,或该违约事件会导致卖方或目标公司的任何担保或陈述,在任何实质性方面是不真实的或有误导性的情况下,更是如此,以及该违约事件所涉及的目标公司及其所有子公司是其中一方的任何其他重大合同、协议或文书,(ii)来自任何第三方的任何通知或其他通信,声称本协议拟进行的交易需要或可能需要该第三方的同意;(iii)目标公司或其子公司的业务、运营、收益、发展前景、资产或财务状况的任何重大不利变化;或(iv)卖方或目标公司在交割日期之前收到的与买方业务有关的任何信息,据卖方或目标公司所知,构成(或可能构成)或表明(或可能合理地表明)违反买方在本协议或与本协议项下交易有关的任何其他文件中作出的任何陈述、保证或承诺。

"通知"约定事项规定,卖方有责任通知买方任何潜在的、实质性违反卖方陈述和保证的行为。一旦接到此类通知,买方有权以不符合交割条件为由,主张违约并放弃交易。但是,如果卖方能在交割前纠正违约行为,买方就没有权利退出交易。

第 6.8 节　查阅纪录

在交易完成后,买方应有权出于正当的商业目的,合理地获取卖方与目标公司及其子公司相关的业务和税务记录(包括编制纳税申报表)。就任何此类目的而言,卖方同意与买方合作交流此类记录中包含的信息,并处理审查、上诉和诉讼事项。

在目标公司及其子公司的许多记录与卖方的记录合并的情况下,该约定事项可能是很重要的。在这种情况下,卖方不可能将这些记录转交给买方,因为这些记录也可能与卖方拥有的其他公司有关。

第 6.9 节　股东大会

目标公司应根据其公司规章、章程及适用法律,在切实可行的范围内尽快采取行动:

(1)根据适用法律准备和分发委托书材料(以下简称"委托书"),并在本协议日期后(尽快但不迟于[插入日期]),出于审议和表决的目的来正式召集、发出通知、聚集和

召开股东特别会议(以下简称"特别会议"),并根据[目标公司注册州的商业代码名称]代码来签订本协议;

(2)在委托书(定义见下文)中包括董事会的建议,即目标公司股东投票赞成批准和通过本协议;以及

(3)尽其最大努力:(a)获取并提供其要求包括在委托书中的信息;(b)在目标公司收到其经审计的截至[插入年度]年度的财务报表后[插入天数]内,向美国证券交易委员会提交委托书的初步版本,并向买方提供副本,以及在与买方协商后,迅速对美国证券交易委员会对委托书及其任何初步版本提出的任何意见作出回应;(c)安排委托书在切实可行范围内尽早邮寄给其股东(但不迟于[插入天数]);以及(d)取得公司股东对本协议所需的批准。尽管买方及其任何高级管理人员、董事、雇员或联属公司均未就该委托书与买方进行任何磋商,但对目标公司或其股东所提供的任何资料,买方及其任何高级管理人员、董事、雇员或联属公司均不承担任何法律责任,但委托书中任何一方以书面形式向目标公司提供或确认其准确性的任何信息除外。

(4)不时对委托书进行必要的修改、补充或修订,以确保委托书中不包含在任何重大事实上,以及不包含在当时和根据其所处的情况下是虚假的或误导性的任何陈述,或遗漏陈述任何必要的重要事实,以使其陈述不虚假或具有误导性。在向目标公司股东提交委托书的任何此类修订、补充或修订之前,此类修订、补充或修订应提交给买方批准。尽管获得上述批准,买方或其任何高级管理人员、董事、雇员或联属公司,均不会就此向目标公司或其股东承担任何责任,但有关修订、补充或修订所载的任何资料除外。该等修订、补充或修订中的任何人已向目标公司提供书面资料或确认该等资料的准确性。

在收购权益证券公开交易的目标公司时,目标公司必须遵守所有相关规定,尤其是证券交易委员会颁布的有关委托书和必要的股东大会的规定。不遵守这些规定,可能会使目标公司面临股东诉讼或监管执法行动。另外,买方还希望对目标公司规定一项积极义务,以征求委托并获得股东的批准。

有些时候,在交割时,买方可能会要求获得卖方或目标公司的会计师发出的一封冷冰冰的安慰信,以确认委托书中的财务信息。买方提出这一要求的目的,是想要减少委托书中所列财务信息出现错误的可能性,从而降低股东在起诉存续公司时胜诉的可能性。

第6.10节 持异议的股东;通知

目标公司将根据[引用目标公司注册地所在州商业法的相关章节],立即告知买方持异议的目标公司股东发出的通知或提出的要求。

如果目标公司的大部分股东都在寻求评估权,那么没有买方愿意成交。如果这些

股东获得的每股价格都高于买方支付的价格,则可能使存续公司承担相当多的责任。因此,如第9.10节和下文的讨论所述,为了使买方根据第9.10节行使其不完成交易的权利,买方必须了解目标公司是否有任何持异议的股东存在。

第七条　买方约定事项

买方应立即通知卖方:(i)买方在本协议日期之后、在交割日期之前,收到的与违约或事件有关的任何通知或其他通信,尤其是在通知后或随着时间推移,或两者兼而有之后,将构成违约的情况下,或该违约事件会导致卖方或目标公司的任何担保或陈述,在任何实质性方面是不真实的或有误导性的情况下,更是如此。(ii)任何第三方发出的任何通知或其他通信,声称需要或可能需要获得与本协议规定的交易相关的第三方同意,或(iii)买方在截止日期前收到的与卖方、目标公司或其子公司的业务有关的任何信息,据买方所知,这些信息构成(或将构成)或表明(或将表明)违反卖方或目标公司在本协议中或在与本协议拟定的交易有关的任何其他文件中所作的任何陈述、担保或契诺。

与陈述相似的是,卖方的约定事项数量通常远远超过买方的约定事项数量。通常情况下,卖方至少会要求买方发出与其要求相同的"通知"。一种有用的手段(对买方和卖方都有利)就是,要求在第一方当事人知道对方违反特定陈述、保证或约定事项的情况下通知对方。这一义务的效用在于(特别是对卖方来说),如果任何一方在交割之前就已经暴露出违约行为,那么这一方在交易完成后就会没有明显的优势。

第八条　买方、目标公司与卖方的约定事项

第8.1节　政府备案

买方、目标公司和卖方应相互合作,向对合并具有管辖权的任何联邦或州机构、当局或机构(国内外)提交任何必要的申请、报告或其他文件,寻求与任何此类机构、当局或机构进行必要的磋商并促使其迅速采取有利行动。在不限制上述规定的一般性的情况下,买方、目标公司和卖方应在实际可行的情况下,在本合同日期后的十五(15)天内,尽快根据1976年的《哈特-斯科特-罗迪诺反垄断改进法案》(以下简称《哈特-斯科特-罗迪诺法案》)提交必要的文件,并应相互合作以确保尽早终止适用的等待期。

该约定事项要求买方、目标公司和卖方在提交任何政府文件或申请时要共同努力以促成目标。买方和卖方应使用这种类型的一般性约定事项,然后指定必须提交的特定文件,即《哈特-斯科特-罗迪诺法案》中关于合并的文件、美国证券交易委员会的文件、州政府文件等。

第8.2节　公示

买方、目标公司和卖方在就合并或相关文书、或本协议项下拟进行的交易发布任何公开公告之前将相互协商,且任何公开公告只能在卖方和买方双方都同意的时间和方式下进行,但任何一方都有权在其合理认为有必要遵守外国、联邦或州法律的情况下发布此类公告。

买方和卖方必须了解对方关于收购目标公司的宣传计划,以便能够协调他们的行动。如果存在相互矛盾的报告或误导性陈述,就可能会对交易或交易的一方造成极大的伤害。例如,媒体上相互矛盾的报道可能会扰乱对目标公司的管理,甚至可能会损害其正在进行的业务。更重要的是,如果涉及的实体中有一个或两个都是上市公司,过早的新闻报道可能会产生责任,这些报道可能会被指控操纵市场或误导股东和投资者。如果可能的话,买方和卖方应该联合发布新闻稿,或者至少在发布新闻稿之前就仔细审查这些新闻稿。

第九条　关乎买方义务的条件

买方履行本协议的义务以及本协议项下买方将要在交割日完成的交易,应在交割日之前或在交割日时,满足本条第九节规定的各项条件;在适用法律允许的范围内,买方可以书面形式全部或部分免除该等条件。

第9.1节　遵守协议

卖方和目标公司都应遵守并履行本协议要求双方在交割日期或交割日之前遵守和履行的条款、条件、行为、承诺、契诺和义务;买方应在交割时收到一份由卖方出具的证书,该证书注明交割日期,并由卖方公司总裁或副总裁签字。

如果卖方或目标公司未能履行收购协议规定的义务,这一条件便使得买方有机会放弃收购。与第9.2节所述截止日期的陈述和保证相比,尽管这一条件没有那么关键,但如果卖方或目标公司违反了对买方和目标公司估价至关重要的约定事项,则该条件为买方提供了一个有价值的"退出"机会。例如,目标公司有义务获得交易所需的所有监管批准,这通常源于收购协议中向买方作出的约定,目标公司仅在日常和正常过程中开展业务的义务也是如此。由于不履行这些约定事项可能会损害目标公司的价值,因此买方必须确保其在这种情况下放弃交易的权利。

对高级管理人员证书的要求是基于这样一个前提,即在任何高级管理人员签署此类证书之前,该人员将进行调查以确定其准确性,并且可以起草该证书,以包含表明这一点的陈述。

这一条件可以在没有实质性标准的情况下起草。然而,卖方通常要求加入重要性限定符。考虑到该条件本身和它所指的约定事项及其他协议的广泛措辞,这一立场是合理的。因此,买方应准备接受"在所有重大方面履行协议条款",认可这是对其利益的充分保护。类似的限定符将会出现在下面的第9.2节规定的条件中。

第9.2节　截至交割日陈述和保证为真实

本协议中规定的卖方和目标公司的所有陈述和保证,在交割日期和截至交割日,在所有重大方面都是真实和正确的,并具有相同的效力和作用;而且,买方应在交割时收到一份由卖方出具的证书。该证书注明交割日期,并由卖方公司总裁或副总裁签字。

本章前面已经深入地讨论了这种降低条件的重要性。从买方的角度来看,将陈述和担保降低到交割日期,是为了确保其收购的目标公司是其竞标的目标公司,并据此对其进行尽职调查。

第9.3节　第三方的命令和合同内容

(i)卖方和买方应完全遵守《哈特-斯科特-罗迪诺法案》的适用条款,如果根据该法案规定的任何或所有适用的等待期均已到期,或者如果存在买方可以接受的合理意见,则无需将此类文件提交给买方。

(ii)本协议披露陈述的第4.29节中所列的所有同意书和批准均已获得,且卖方和买方应已获得给予此类同意书和批准的适当证据,且这些证据应令卖方和买方及其各自的律师合理满意。

如果在交割前未获得所有必要的同意书,那么这一事实使买方可以放弃交易。例如,如果不能获得目标公司贷款人的同意,则可能会影响收购的定价或其可融资性,因为交易的完成可能使贷款人有权加速其债务或对目标公司的财产施加留置权。如果不能获得必要的政府同意进行收购,买方则可能无法按以前的方式经营目标公司的业务。

卖方应尽量将这一条件限制在政府同意的范围内,以完成收购协议规定的交易。卖方可以合理地主张,即任何按其条款加速的债务工具都应该由买方进行再融资。如果这一限制被接受,则买方完成交易的义务不应以此类债务持有人的同意为条件。显然,买卖双方必须就交割前获得的同意书达成一致。

第9.4节　公司行为

买方应已收到:

(i)卖方和目标公司董事会以及目标公司股东正式通过的决议副本一份,授权卖方和目标公司签署、交付与履行本协议和相关文书,并授权所有其他必要或适当的公司行为,以使卖方和目标公司遵守本协议的条款,并在每种情况下由卖方或目标公司的秘书或助理秘书(视情况而定)分别核证;以及

(ii)卖方和目标公司双方的秘书或助理秘书的证书。该证书应注明交割日期,即在执行本协议和相关文书以及与本协议或相关文书所述交易相关的任何其他文件,分别说明卖方和目标公司高级管理人员的任职情况和签名。

对买方的进一步保护,即收购协议和相关文件得到适当授权和交付,这是对授权这些文件的决议的审查。

第9.5节　卖方和目标公司律师的意见

在交割时,卖方应向买方、银行和/或为合并给予融资的其他金融机构("收购贷款

人")提供[卖方律师姓名]的意见书,日期为交割日期,形式和内容应符合买方及其法律顾问、收购贷款人和收购贷款人法律顾问的要求。该意见书的大意是:

(i)目标公司(a)是一家根据公司所在国法律正式成立、有效存续且信誉良好的公司,(b)具有作为外州公司经营业务的正式资格或许可证,且在其拥有或租赁的财产或其经营的业务性质使该等资格或许可证成为必要的每个司法管辖区内具有良好的信誉,同时,即使该公司在某些司法管辖区内不具备上述资格或执照,或未满足信誉良好的条件,但这些个别或整体情况也不会对交易造成任何重大不利影响,且(c)有充分的权力和权限开展其目前正在进行的业务,并拥有其现在拥有的财产和资产;

(ii)目标公司全权执行、交付与履行本协议和相关文书,并完成本协议和相关文书规定的交易;以及本协议和相关文书的交付和履行、本协议和相关文书规定的交易的完成,均已由目标公司采取所有必要行动正式授权;

(iii)卖方是一家根据其公司所在国法律正式成立、有效存续且信誉良好的公司,拥有签署、交付和履行本协议和相关文书以及完成本协议和相关文书所述交易的全部权力和权限;且本协议及相关文书的签署、交付和履行,以及本协议及相关文书拟进行的交易的完成,均已由卖方采取一切必要行动正式授权;

(iv)各子公司(a)是根据其组织管辖区的法律正式组建、有效存续且信誉良好的公司;(b)具有合法资格或获得经营业务许可,且在其拥有或租赁的财产或其经营的业务性质所属的各司法管辖区内信誉良好,该等资格或许可是必要的,同时,即使该公司在某些司法管辖区内不具备上述资格或执照,或未满足信誉良好的条件,但这些个别或整体情况也不会对交易造成任何重大不利影响,且(c)有充分的权力和授权继续其目前正在进行的业务,并拥有其现在的财产和资产;

(v)目标公司及其各子公司的授权、已发行和未偿付股本仅包括:(a)就目标公司而言,为_____股普通股,其中_____股为已发行流通股,以及_____股优先股,其中_____股已发行并流通在外,以及(b)就各子公司而言,如披露陈述第4.3节所述("子公司股票")。目标公司普通股和子公司股票的所有已发行股份均已正式有效授权和发行,已全额支付、不可评估且无优先购买权,且基于对目标公司组织文件、会议记录簿、股票登记簿和其他类似记录的审查,所有该等股份均为(a)卖方(就目标公司而言)和(b)如披露陈述第4.1节所述,就各子公司而言,在每种情况下,无任何索赔、留置权、抵押、押记、担保权益,任何种类的产权负担和其他限制,且不存在与目标公司及其所有子公司的未发行股本股份相关的未发行期权、认股权证、催缴股款、可转换证券或其他权利;

(vi)本协议和相关文书已由卖方和目标公司签署和交付,同时构成了卖方和目标公司各自的合法、有效和有约束力的义务,并可根据各自条款对双方强制执行,但(a)

由于此类强制执行可能受到欺诈性转让、破产、资不抵债、重组、延期偿付的约束,或者受到其他现行或今后生效的类似法律的约束,或者受到法律或衡平原则的约束,一般涉及或限制债权人的权利,以及(b)强制履行救济、强制令救济和其他形式的衡平法救济受某些衡平法抗辩的约束,并受法院的自由裁量权管辖,法院可就此提起任何诉讼;

(vii)卖方或目标公司签署、交付和履行本协议或相关文书,或完成本协议或目标公司拟进行的交易过程均不会违反卖方或目标公司及其所有子公司的公司注册证书或公司章程的任何规定,或据该律师在适当调查后所知,将不会造成以下任何情况的发生:构成冲突或违约;或导致任何债务或义务提前到期;或导致任何担保权益的产生或强制实施;或造成对目标公司及其所有子公司的任何财产或资产的留置权或其他产权负担;或造成对目标公司及其所有子公司作为一方的任何合同、承诺、协议、信托、谅解书、安排或限制的违反;或造成对目标公司及其所有子公司违反任何法规或法律,或任何法院或政府当局的任何判决、法令、命令、条例或规则;

(viii)据该律师所知,目标公司、卖方及其所有子公司均未参与或受到任何法律诉讼或其他法律程序的威胁,也未因违反任何法律或行政法规而招致或被指控或正在接受调查。而且据该律师所知,如果存在相反事实的话,则可能会损害:(a)目标公司及其所有子公司的业务或财务或其他状况,但在协议或披露陈述中明确披露的状况除外,或(b)目标公司和/或卖方完成协议或相关文书规定交易的能力;

(ix)除了本协议中明确披露的情况外,所有文件均已正式有效获得批准,因此卖方和目标公司签署、交付和履行本协议或相关文书,或完成预期交易,无须再向任何政府或监管机构提交、陈述或登记,或获得任何许可、授权、同意或批准通过本协议或相关文书;

(x)基于一系列事实,该类律师认为,由卖方或目标公司或其代表以书面形式向买方提供的所有资料,以及其作出的陈述中,并不存在任何对重要事实的不真实陈述,也不存在遗漏作出陈述所需的任何重要事实,所以这些资料是不具有误导性的。但律师也可以陈述,其并没有独立核实这些资料的准确性、完整性或公正性,而且该律师在审查资料时所固有的局限性及其掌握的知识亦是如此,或对此类信息的准确性、完整性不承担任何责任。

对于该意见书中包含的任何涉及美国或[该律师被授权执业的州]以外的司法管辖区的法律的任何事项,此类律师可依赖于具有公认声誉的当地律师的意见,来明确说明买方和收购贷款人是可信赖的。此类律师还可以明确地依赖卖方、目标公司和任何子公司的适当官员或适当的政府官员提供的有关事实的证明。

通常情况下,卖方和目标公司需要买方公司律师出具的意见书(见第10.6节)。该意见书应反映卖方公司律师意见书中的许多规定。尽管这些意见可能会由必须提出意见的律师进行大量谈判,但出于各种原因,这些意见还是有用的。首先,法律意见是一种尽职调查手段,其迫使律师仔细审查交易的重要方面。其次,律师不愿就某一特定问题发表意见,这便是发出了一个危险信号,从而允许当事人重新审查交易在这一方面存在的问题。最后,意见书给予被处理方对发表意见书的律师的法律追索权。在这方面,买方可能会被要求接受卖方或目标公司法律顾问的意见。买方应拒绝这一要求,因为买方对目标公司的总法律顾问的追索权可能等同于对存续公司的追索权。相比之下,外部律师的意见提供了针对独立来源的追索权,并且由于其潜在的责任和与卖方管理层的相对"距离",所以外部律师可能更勤奋努力,且在评估中较少有偏见。

在某些情况下,买方可能会被要求就某一司法管辖区法律的某些事项,接受总法律顾问的意见,因为在这种情况下,聘请外部律师是不切实际的或昂贵的。此外,就一般与目标公司业务有关的事项而言,外部法律顾问经常依赖目标公司总法律顾问的备用意见。例如,关于目标公司在其拥有(或对外租赁)资产的司法管辖区内是否有资质作为外国公司,或关于目标公司所进行的业务经营行为是否需要其拥有作为外国公司的资质等事项,总法律顾问可能会提供一份备用意见书。

该意见书也可在交易的早期阶段被用作谈判工具;而如果律师不愿意就预期交易或特定文件的可执行性发表意见,也可能会导致双方修改交易结构。

第(x)条提到有时候律师通常不愿发表意见的情况。但事实上,律师很少会接受如此高水平的责任。如果收购涉及上市公司,而且律师负责监督委托书的编写的话,那么律师可能会同意就委托书的准确性发表意见;否则,即使买方对卖方、目标公司和子公司提供的信息的准确性有合理的担忧,买方也无法从法律顾问那里获得任何有建树性的意见。如果交易的一方极其担忧交易信息的欺瞒性和准确性的话,则可以尝试说服卖方的律师在其意见书的末尾加入第(x)条,但是没有必要将此陈述当作法律意见书。

第9.6节 无重大不利变化

目标公司及其所有子公司的业务、经营、收益、发展前景、资产或财务状况均无重大不利变化,也未发生任何可能产生此类影响的事件。

正如前面讨论的,买方完成交易义务的一个惯例条件是,目标公司在交割前没有遭受任何重大不利变化。卖方应尝试将这一条件限制在目标公司及其子公司作为一个整体的条件下,因为买方不是零碎地购买目标公司及其子公司。卖方还应将重点放在"业务、运营、收益、发展前景、资产或财务状况"这一短语上,因为在某些情况下,买方可能没有就某个收益流或目标公司的前景进行谈判。例如,在以目标公司净资产为基础的交易中,没有对目标公司业务增长做出任何预测的卖方可能会辩称目标公司的"收益"和"前景"是无关紧要的,应将其从这一条件中删除,因为这笔交易的定价并不是以盈利倍数或贴现现金流为基础的。这似乎是有道理的,因为买方的投资决策只基于净资产的价值。然而,大多数买方会抵制这种做法,声称未来收益是投资决策的一个重要因素。相反,如果买方依赖预测,则应特别包括这种情况下的预测,将其作为衡量目标公司发展前景的标准。

至于什么会构成重大不利变化尚难定义,并且会因情况而异。一个很容易判断的所谓重大不利变化的例子便是,某个拥有单一生产线的目标公司已经失去了生产其产品的唯一原材料供应商。但是,如果某客户从目标公司购买的商品只占目标公司总收入的5%,那么流失这个客户所造成的损失就不那么重大了。因为这种定义通常含糊不清,所以即使在这种变化对目标公司造成不确定损害的情况下,买方也有机会退出交易,因为卖方通常不愿意在没有发生重大不利变化的基础上提起诉讼。当然,买方必须有一些真实的依据来相信已经发生了重大的不利变化。通常,卖方和买方试图根据任何重大不利变化重组交易。

第9.7节 诉讼

在交割时,卖方应该确保不应该存在以下情况:存在具有合法管辖权的法院或政府机构发布的任何有效的禁令、令状或初步限制令、或任何性质的命令,并会限制或禁止完成本协议规定的交易或其中任何交易;或存在以任何方式限制买方控制目标公司和子公司或其任何方面的权利的行为,或要求出售或以其他方式处置目标公司及其所有子公司的任何业务的行为,来完成本协议和相关文书规定的合并及交易,从而给目标公司及其所有子公司带来不必要的负担。而且,紧临交割日期之前,应不存在任何诉讼(包括处于未决状态的诉讼),也不存在受到任何政府或监管机构或任何其他人的威胁的情况。卖方应本着诚信的原则并在法律顾问的建议下对认为可能导致上述任何情况的事实,要求目标公司、任何子公司或买方支付实质性损害赔偿。

这个条件的效用是不言而喻的。它通常在以下情况下触发:收购不友好,潜在的诉讼人提起诉讼,禁止完成收购协议规定的交易,或政府机构因反垄断或其他政府关切而试图禁止交易。

第9.8节 融资

(i)买方应已根据[收购贷款人名称]承诺函中所载条款和条件收到融资收益。

(ii)在[收购贷款人名称]的承诺函中提及的此类融资安排的最终文件在形式和内容上均应使买方合理满意。

如果买方在签署收购协议前已获得融资承诺,则此融资条款是适当的。另一种办法是,如果当事方已商定买受人必须在某段时间内为交易提供资金,则这种办法是适当的,即在未获得承诺书或交易未在某一特定日期结束的情况下加入一项规定,使当事各方能够终止购置协议。

第9.9节　产权保险

[插入产权公司名称]，或买方合理满意的任何其他信誉良好的产权公司（"产权公司"）应按照现行版本的美国土地所有权协会（ALTA）表格 B20（或贷款政策表，在抵押权人的所有权保险的情况下）产权保险，披露陈述第 4.15 节所列的，位于美国、美国领土和属地以及加拿大的不动产和租赁不动产的公平市场价值，就以下事项向业主、承租人和抵押权人签发产权保险单（或无条件承诺）。除尚未到期和应付的税款留置权外以及买方不合理满意的其他例外情况，所有标准和一般例外情况均已删除或背书，以便提供完整的"扩展形式保险"。兹同意，如果为了删除或背书标准格式或一般例外情况，以便向业主、承租人或贷款人提供"扩展格式保险"，产权公司需要标准格式的卖方宣誓书，第 9.10 节中规定的条件应由卖方的授权人员提供此类宣誓书来满足。买方应在交割前至少十（10）天收到反映上述事项的无条件所有权保险承诺。

这一条件使买方感到欣慰的地方在于，目标公司拥有或租赁的不动产不存在产权瑕疵，因此可用于担保收购融资。卖方可要求本条件仅在购置款贷款人要求产权保险的范围内有效。另外，买方可以加强条件，使损害目标公司业务的产权缺陷的存在成为放弃交易的充分依据。如果产权保险不可用，并且不动产是目标公司业务的组成部分，那么这一条件将给买方一个重新谈判收购价格或退出交易的机会。

第9.10节　持异议的股东

持有目标公司普通股不超过[插入百分比]的股东应根据[目标公司注册州商业守则]准则第[　]节的规定选择异议股东的权利，并且目标公司应根据该准则就异议股东的权利采取所有行动。

在收购一个拥有众多股东的目标公司时，如果目标公司的股东在其股票价值上获得的价格高于该等股东在交易结束后提起的评估程序中支付的价格，买方应尽量限制其承担的责任。显然，卖方应协商一个足够高的百分比，以防止买方无正当理由放弃交易，买方应愿意承担一定程度的风险。在这种情况下寻求估价权的持有人的确切百分比取决于具体情况。

第十条　卖方和目标公司的义务条件

卖方和目标公司完成本协议的义务，以及卖方在交割日完成的交易，应符合本协议第十条规定的各项条件；在适用法律允许的范围内，卖方可以书面形式全部或部分放弃这些条件。

第10.1节　遵守协议

买方应在所有重大方面遵守并履行本协议要求其在交割日期或之前遵守和履行的条款、条件、行为、承诺和义务；卖方应在交割时收到买方发出的证书，注明截止日期，并由买方总裁或副总裁签署。

第10.2节 截至交割日陈述和保证真实

本协议中规定的买方的所有陈述和保证在截止日期在所有重大方面都是真实和正确的,具有相同的效力,如同该等陈述和保证是在交割日作出的,并且卖方应在交割日从买方处收到证书,注明截止日期,由买方总裁或副总裁签署。

第10.3节 第三方的命令和合同内容

(i)卖方和买方应完全遵守《哈特-斯科特-罗迪诺法案》的适用条款。根据该法案,如果任何和所有适用的等待期均已到期,或卖方可合理接受意见,即无须提交此类文件。

(ii)披露陈述第4.29节所列的所有同意和批准均已获得,且卖方和买方应已获得适当的证据,证明授予此类同意和批准,并使双方及其各自的法律顾问满意,该等同意和批准在交割日仍然完全有效。

第10.4节 公司行为

卖方应已收到:

(i)买方董事会和买方股东正式通过的授权买方签署、交付和履行本协议和相关文书的决议副本,授权所有其他必要或适当的公司行为,以使买方能够遵守本协议和相关文书的条款,并在每种情况下由买方秘书或助理秘书证明;以及

(ii)买方秘书或助理秘书的证书,注明交割日期,与本协议有关的任何文件的签署以及与本协议有关的其他文件的签署。

第10.5节 买方律师的意见

在交割时,买方应以卖方及其律师合理满意的形式和内容向卖方提供[买方外部律师姓名]的意见书,日期为交割日期,大意是:

(i)买方是根据其注册国法律正式成立、有效存续且信誉良好的公司;

(ii)买方有权签署、交付和形成本协议和相关文书,并完成本协议和相关文书规定的交易;以及本协议和相关文书的交付和履行,本协议和相关文书规定的交易的完成,均已获得买方所有必要行动的正式授权;

(iii)本协议和相关文书已由买方签署和交付,是买方合法、有效和有约束力的义务,可根据其各自的条款对买方强制执行,但以下情况除外:(a)此类强制执行可能受到欺诈性转让、破产、资不抵债、重组的影响,暂停偿付或其他现在或今后生效的类似法律的约束,或受到与债权人权利有关或限制债权人权利的法律或衡平原则的限制,以及(b)强制履行救济、强制令救济和其他形式的衡平法救济会受到某些衡平法上的抗辩和法院的自由裁量权的制约,法院可就此提起任何诉讼;

(iv)买方签署、交付和履行本协议和相关文书,或完成本协议和相关文书规定的交易的过程,均不会违反《公司注册证书》或《买方章程》的任何规定,或据该律师所知,

将不会造成以下任何情况的发生:构成冲突或违约;或导致任何债务或义务提前到期;或导致任何担保权益的产生或强制实施;或造成买方任何财产或资产的留置权或其他产权负担,或造成对买方作为一方的任何合同、承诺、协议、信托、谅解书、安排或限制的违反;或造成买方违反任何法规或法律,或任何法院或政府当局的任何判决、法令、命令、条例或规则;

(v)据该律师所知,买方没有参与或受到任何法律诉讼或其他法律程序的威胁,也没有招致或被指控违反任何法律或行政法规,也没有就任何违反法律或行政法规的行为接受调查。如果该律师认为该法律或行政法规遭到不利裁决,则可能会对买方完成本协议所述交易的能力产生重大不利影响或损害;

(vi)除了本协议中明确披露的情况外,所有文件均已正式有效获得批准,因此买方和目标公司签署、交付和履行本协议或相关文书,或完成预期交易,无须再向任何政府或监管机构提交、陈述或登记,或获得任何许可、授权、同意或批准通过本协议或相关文书;

(vii)基于一系列事实,该类律师认为,买方提供的所有资料以及其作出的陈述中,并不存在任何对重要事实的不真实陈述,也不存在遗漏作出陈述所需的任何重要事实,所以这些资料是不具有误导性的。但律师也可以陈述,其并没有独立核实这些资料的准确性、完整性或公正性,而且该律师在审查资料时所固有的局限性及其掌握的知识亦是如此,或对此类信息的准确性、完整性不承担任何责任。

对于该意见书中包含的任何涉及美国或[买方律师获准执业的州]以外的司法管辖区的法律的任何事项,买方律师可信赖令卖方合理满意的、声誉良好的当地律师的意见。该意见书应明确说明,以便卖方可以信赖这些意见。就事实问题而言,此类律师还可以明确地依赖买方的适当官员或适当的政府官员提供的证明。

第10.6节 诉讼

在交割时,买方应该确保不应该存在以下情况:存在具有合法管辖权的法院或政府机构发布的任何有效的禁令、令状或初步限制令、或任何性质的命令,并会限制或禁止完成本协议规定的交易或其中任何交易;或存在以任何方式限制买方控制目标公司和子公司或其任何方面的权利的行为,或要求出售或以其他方式处置目标公司及其所有子公司的任何业务的行为,来完成本协议和相关文书规定的合并及交易,从而给目标公司及其所有子公司带来不必要的负担。而且,紧临交割日期之前,应不存在任何诉讼(包括处于未决状态的诉讼),也不存在受到任何政府或监管机构或任何其他人的威胁的情况。买方应本着诚信的原则并在法律顾问的建议下对认为可能导致上述任何情况的事实,要求目标公司、任何子公司或卖方支付实质性损害赔偿。

第10.1节和第10.2节赋予卖方与买方在第9.1节和第9.2节下享有的放弃交

易的相同的权利。然而,由于买方与卖方订立的陈述和约定较少且不广泛,因此这种权利对卖方的价值通常低于对买方的价值。

第10.3节、第10.4节、第10.5节和第10.6节分别相当于第9.3节、第9.4节、第9.5节和第9.7节中给买方的撤销、同意和公司行为法律意见和诉讼条件。

第十一条 税务事项

第11.1节 陈述、保证和承诺

卖方和目标公司各自向买方陈述并保证:

(i)卖方、目标公司和各子公司已经提交或将在到期时提交到期日(包括延期)在交割日期当日或之前的所有年度和期间(及其部分)的所有联邦、外国、州和地方纳税申报表、税务信息申报表、报告和估算。所有此类申报表、报告和估算均已或将按照适用法律要求的方式编制,并反映或将反映目标公司或其子公司在所有重大方面的纳税责任,以及所有应缴纳的税款[如本协议第11.1节第(v)款所定义],以及目标公司和任何子公司收到的所有评估已经或将在到期时支付。

(ii)披露陈述第11.1(ii)节规定了目标公司和子公司已经或将要提交从[插入日期]开始到截止日期或之前的每个纳税期间或其部分的收入或特许经营税申报表的所有司法管辖区。

(iii)目标公司和各子公司已扣缴或将扣缴其各自员工的款项,并已提交或将提交截至截止日期或之前的所有期间(或部分期间)有关雇员所得税预扣、社会保障及失业税的所有联邦、外国、州及地方申报表及报告,以符合经修订和现行有效的《国内税收法》("法典")和其他适用的联邦法规的规定。

(iv)目标公司和子公司已在最近的资产负债表上支付或提供了足够的准备金,用于支付截至最近的资产负债表日期或之前的所有期间或其部分的所有联邦、州、地方和外国税收。

(v)"税收"是指所有净收入、资本利得、总收入、销售、使用、从价税、特许经营权、利润、许可证、预扣税、工资、就业、消费税、遣散费、印花税、职业税、保费、财产税或暴利税、关税或其他税项、费用、评估或任何种类的费用,连同任何利息和任何罚款、税收增加或任何税务机关("税务机关")对目标公司及其所有子公司征收的额外金额。

(vi)目标公司截至＿＿＿＿纳税年度的合并联邦所得税申报表已由美国国税局("IRS")审查或根据适用的限制性法规结案,以及针对上述目标公司及其经营业绩可纳入目标公司的合并联邦所得税申报表的任何子公司进行此类检查而提出的索赔、或作出的任何不足之处或评估,包括利息和罚款,均已支付或拨备。

(vii)除披露陈述第11.1(vii)条规定的情况外,就卖方所知,任何税务机关均未就任何逾期税款对目标公司及其所有子公司提出任何重大索赔或调查;除披露陈述第

11.1(vii)条规定的情况外,未放弃对目标公司及其所有子公司征收任何税款的任何适用的诉讼时效或延长时间。

(viii)目标公司及其所有子公司均未根据《法典》第341(f)条就截止日期或之前的任何纳税期做出签署或提交任何同意书。

(ix)在交割日当日或之前,未发生或将不会发生任何以下事项:要求目标公司或任何税务出租人的任何子公司根据《国内税收法》第168(f)(8)条签署的任何税收租赁协议进行赔偿,或要求卖方就目标公司及其所有子公司的资产进行赔偿的事件。

(x)在目标公司或其所有子公司与卖方或卖方合并集团的任何其他成员之间签订的任何和所有合并联邦所得税(或类似的)协议。该协议涉及目标公司或其所有子公司就其联邦所得税和其他税收支付的任何款项或债务,且截至交割日期,该等协议仍继续有效。尽管该等协议有任何规定,但在交割日,目标公司和子公司应免除其在本协议项下的所有责任和义务。

第11.2节 纳税义务的支付

(i)在卖方根据本协议第11.3(i)条作出赔偿的情况下,目标公司应在相关税务机关要求的时间内支付或安排支付目标公司和其任何子公司在交割日或之前结束的、所有期间或部分期间的未支付的单独(未合并)州、地方或外国税务负债,包括利息和任何罚款。

(ii)卖方应在相关税务机关要求的时间内优先支付目标公司和子公司的所有期间或部分期间的、所有未付联邦或合并的外国、州或地方税债务,包括利息和任何罚款,目标公司和子公司包含在综合收益中。

第11.3节 赔偿

(i)卖方同意赔偿买方、目标公司和子公司,使其不受以下方面的损害:(a)目标公司和任何资助机构在截止日期或在此之前结束的、所有期间或部分期间的、所有未支付的联邦或合并外国、州或地方税收义务,以及可归因于该等负债的任何罚款和利息;以及(b)目标公司和任何子公司在截止日期或之前结束的、所有期间或部分期间的、所有未支付的单独(未合并)州、地方或外国税收义务。在第11.3节项下规定的卖方义务金额应减去目标公司和/及其所有子公司因税收减免或损失、基数调整和/或收入、扣除、收益、损失和/或信贷转移而实现的任何净税收利益("净税收利益")的价值。为此,净税收利益的价值应由目标公司的会计人员使用合理的假设和估价方法来确定。

(ii)卖方应赔偿并使买方、目标公司、存续公司和各子公司免受因任何保证、陈述的不准确或失实陈述或违反任何保证、陈述而产生或导致的任何损失、责任、损害或费用(包括合理的律师费),卖方或目标公司在本第十一条中订立的约定事项或协议。

(iii)买方、目标公司、存续公司和子公司应赔偿卖方,并使卖方免受因买方违反其在第十一条中作出的承诺或协议,或因买方的任何保证、陈述中的任何不准确或失实陈述或其违反任何保证、陈述行为而产生或导致的任何损失、责任、损害或费用(包括合理的律师费),买方在第十一条中作出的承诺或协议。

(iv)卖方和买方应在对方发出书面通知后六十(60)天内,以支票或现金的方式履行各自对对方的赔偿义务。

(v)买方、目标公司和各子公司以及卖方特此同意,如果本协议的一方对另一方提出索赔,提出索赔的一方应向另一方提供其合理要求的、与此类索赔有关的所有账簿、记录和其他信息。

第11.4节 交割后的义务

(i) 截止交割日期的一段时间内,卖方应将目标公司和子公司的经营结果包括在其综合联邦所得税报税表中,以及卖方在截止日期后要求提交的任何合并或合并的外国、州或地方所得税报税表中;就目标公司和其各子公司而言,卖方应支付所有联邦、州的所得税,并应在该等申报表所涵盖的期间内缴纳本地和外国所得税(包括与之相关的利息和罚款)。

(ii)买方应促使目标公司和子公司在任何单独(未合并)州、外国或地方所得税申报表中,纳入自交割日期之前和之后开始的任何纳税年度的各自经营成果。在卖方根据本协议第11.3条作出赔偿的前提下,买方应支付或促使他人支付与目标公司及其所有子公司有关的任何此类申报表上显示为到期应付的所有州、外国或地方所得税(包括与之相关的利息和罚款)。

(iii)在截止日期当日或之前,卖方就目标公司或其所有子公司支付的所有退税或抵免应属于卖方财产(由于任何抵免的结转而产生的退款除外,在交割日期后因目标公司或其所有子公司的运营而产生的损失或扣减),买方应在收到此类退款或抵免后尽快将此类退款或抵免(上述情况除外)转给或补偿给卖方。买方、目标公司、存续公司及其所有子公司根据本协议第11.4(ii)条的规定,就目标公司及其所有子公司支付的任何外国、联邦、州或地方所得税的退款或抵免应属于买方、目标公司或其所有子公司(视情况而定)的财产,卖方应在收到任何此类退款或信贷后尽快向买方、目标公司或其所有子公司转寄或偿还。

(iv)目标公司或其所有子公司的任何损失、抵免或其他税项,包括但不限于净经营亏损、资本损失、业务、外国和其他税收抵免("税收属性"),这可能归因于目标公司或其所有子公司在交割日后的业务运营状况,而且包括此类税收属性在截止日期或之前结束的任何期间的任何结转,以及由此产生的任何退税,应属于目标公司。如果税务属性根据适用的财政条例被带回卖方的申报表,卖方将在收到目标公司提供的此类索赔信息后提交适当的退款申请。卖方收到的此类退款索赔产生的任何退款应由卖方作为目标公司的代理商接收,卖方应在收到退款后立即向目标公司支付此类退款。卖方在提出任何此类退款要求时产生的现金支付费用应由目标公司承担。

(v)如果卖方的任何选择或其他行动,或美国国税局或相关国家税务总局对截止日期或之前的纳税年度进行的审计导致目标公司及其所有子公司在截止日期之后的纳税年度的联邦、州或外国所得税负债增加,卖方应立即向买方支付此类增加的金额,但其前提是,卖方在收到目标公司(或其子公司,视情况而定)增加的责任到期应付的合理证据之前,不得要求卖方支付该等增加的金额,并应进一步规定,如果税务局或相关国家税务总局对买方、目标公司及其所有子公司的后续审计导致该等增加额的减少或消除,从而导致根据本段规定支付任何款项,买方应立即退还该等款项或其部分(视情况而定)以及按最优惠利率计算的利息自付款之日起至退款之日止。

(vi)根据统一报表 Treas. Regs. 1. 1502－32(e)(1),如果买方提出要求,卖方应根据合并的收益表,在目标公司最近一个纳税年度的第一天,即[＿＿＿]日,做出或促使目标公司就子公司进行视同股息选择。根据守则第 565 条,在向该等子公司重新派发同意股息后,同意股息由目标公司最近应课税年度首日([＿＿＿])开始至截止日期止。正如 Treas. Regs. 1. 1502－32(e)(1) 21 所定义的,卖方还应在不违反前一句要求的情况下,使目标公司和任何子公司在结算日的任何国内子公司的股票中不存在超额亏损账户。

(vii)在买方的合理要求下,卖方应向买方提供(i)根据 Treas. Regs. 1. 1502－33 对目标公司和各子公司的收益和利润进行的研究,以及(ii)根据 Treas. Regs. 1. 1502－32 来调整实际投资的计算结果,在没有陈述或保证的情况下,向买方提供截至交割日,目标公司和各子公司的股票或任何所有权权益。

(viii)在卖方提交合并的联邦所得税申报表(包括截至交割日的纳税期)之后,卖方应根据卖方的政策和 Treas. Reg. 1. 1502－2122 的规定,确定任何净经营损失或资本损失结转、慈善捐款结转的部分,或在卖方的综合联邦所得税申报表中未使用的业务和其他信贷结转,当每个此类公司不再是卖方合并集团的成员时,可分配给目标公司和目标公司的每个国内子公司。

(ix)如果(a)目标公司或其子公司根据本协议第 11.2(i)条支付任何单独(未合并)的州、地方或外国税务责任,包括利息和罚款;以及(b)目标公司根据第 11.3(i)条获得卖方的此类付款赔偿,然后卖方应按照以下方式向目标公司或其所有子公司进行偿付:根据第 11.4(ix)条,卖方应向目标公司或其所有子公司支付任何偿付款项,且应在卖方收到(x)付款通知或付款要求后三十(30)天内支付,(y)向税务机关提交的完整申报表或报告的副本,以及(z)所有支持性工作文件或其他适当保证的副本,证明税务责任减去第 11.3(i)条规定的任何净税收优惠的价值已正确计算并分配给卖方。

第11.5节　其他保证和协助

有时在交割日期之前和之后,买卖双方将无须进一步考虑:(i)签署并交付另一方可能合理要求的文件,以便更有效地完成本协议规定的交易,以及(ii)就与目标公司及其所有子公司有关的任何报税、税务调查或审计、司法或行政诉讼或其他类似事宜,提供另一方可能合理要求的协助和记录。

对于谁应该控制税务审计这一问题,至少有两种方法可以解决卖方和买方的顾虑。第11.6节和第11.7节是每种方法的示例。第一种方法相当直截了当,只要卖方完全保障目标公司免于承担与之相关的任何税收责任,买方就不会参与其中。第二种方法使买方有权在买方的风险敞口大于卖方的情况下控制税收竞争。在第十二条赔偿规定中的程序控制方面,讨论了每种方法的优点。

第11.6节　审计事项

卖方应负责并有权控制与交割日当天或之前结束期间相关的任何纳税申报单的审计,其费用由卖方承担。买方有权直接或通过其指定代表批准任何和解,但前提是,卖方可通过向目标公司提供对由此产生的任何税务责任的全额赔偿,以买方满意的形式和内容,以任何条款解决审计问题。

第11.7节　卖方可能要承担的某些税务索赔

(i)如果索赔是由任何税务机关提出的,或者在税务机关审查过程中,审查代理人似乎会提出调整,从而导致对目标公司或其所有子公司("目标集团")的索赔("拟议索赔"),根据适用法律有权解决或妥协该等拟议索赔的本协议一方("控制方")应该建议索赔提出之日起十(10)个工作日内以书面形式通知本协议另一方(以下简称"通知"),另一方("非控制方")可能根据第十一条就该建议提出索赔,承担任何责任。如果控制方是目标公司集团的成员,则应告知卖方;如果卖方是控制方,则应仅向目标公司发出通知。对于任何此类拟议索赔,控制方在发出相关通知后至少六十(60)天(或适用法律要求的更短期限)内不得同意该等拟议索赔或支付该等索赔。如果控制方对拟提出的索赔承担责任,则控制方无须就该索赔发出通知。未按本协议规定发出通知,不应影响非控制方在第十一条下的责任,除非该等未按规定发出通知的行为严重损害了非控制方对该等拟议索赔进行抗辩或要求退还与该等拟议索赔有关的已付款项的能力。

(ii)对于由控制方或非控制方根据本协议第十一条单独负责的拟议索赔所产生的税款,单独承担责任的一方有权拒绝提出的索赔,且如果已支付任何税款,则可以寻求收回任何此类税款("税收竞争")。该方可通过任何和所有适当的程序对此类税务争议提出异议,无论是涉及修改后的纳税申报单、退税申请、行政诉讼、诉讼、上诉或其他,且与之相关的另一方将执行并向进行税务争辩的一方交付或促使执行和交付或其指定人员为执行本款规定而由进行税务争议的一方合理要求的所有文书(包括但不限于授权书)。

(iii)对于非控制方应承担本协议项下一部分的税款("联合税"),根据本协议第11.7(ii)条的规定,控制方或非控制方均有权就此发起或维持税务争议,并经以下进一步修改:

(a)如果控制方在本协议项下声称的责任等于或超过拟议索赔的50%,则控制方可选择就此类联合税进行所有税务争讼程序,或将所有诉讼程序提交给非控制方。

(b)如果控制方在本协议项下声称的责任少于提议索赔的50%,则控制方应向非控制方提交所有税务争议程序的执行情况。

(c)如果税务争讼的所有诉讼程序均提交给非控制方,且非控制方拒绝进行此类诉讼,则控制方(除非其选择按照下文规定解决或不进行争议)将进行此类诉讼。税收竞争的所有成本将由控制方和非控制方按照最终评估联合税的比例分摊。

(d)如果进行税收竞争的一方("管理人")希望让与一项或多项联合税,并且能够妥协并通知另一方,则另一方必须酌情让步或同意此类妥协,否则,同意承担管理人的税收责任中超过让步或妥协金额的任何部分。不希望让步或妥协的一方将承担与税务争讼有关的诉讼程序的责任,并应承担其后发生的税收争讼的所有费用。

(iv)税务争讼的"费用"是指经理人在其担任经理人期间所招致的所有付现费用,以及另一方因经理人要求的与该税务争讼有关的日常服务或材料以外的任何合理费用。

(v)目标公司和卖方将在任何税务机关对目标公司进行的任何审计检查或任何税务争议中充分合作,包括但不限于提供记录、账簿或其他必要或有助于对任何人的主张进行抗辩的材料,有关目标公司和子公司的任何所得税申报表(合并或其他形式)的税务机关。

(vi)未经目标公司事先书面同意(不得无理拒绝同意),卖方不得同意结算任何会在交割日后的任何纳税期内对目标集团任何成员公司产生重大影响的任何此类纳税义务(包括但不限于征收所得税差额或降低资产基准或成本调整),除非卖方就任何此类和解的影响向目标集团作出赔偿。未经卖方事先书面同意(卖方不得无理拒绝同意),目标公司不得解决、和解或质疑与目标公司有关的任何税务问题,除非目标公司就任何此类和解的影响对卖方作出赔偿。

许多非税务律师只是略读收购协议中的税务部分,因为他们觉得这是极其深奥的。尽管这可能是不可避免的,但不应低估或忽视税收规定的重要性。第十一条用于收购目标公司,其联邦所得税申报表作为卖方综合纳税申报表的一部分进行备案。尽管目标公司的预损失联邦税务责任将自动包含在卖方的综合申报表中,但目标公司自身在交割前对其他各种税务机关负有责任。由于目标公司将在交割后提交一份涵盖交割前一段时间的纳税申报表,因此协议应要求卖方支付交割前可能由各税务机关征收的税款。这是合乎逻辑的,因为卖方在这段时间内从目标公司的收入中获得了利益。卖方和买方也有必要协调成交后的纳税申报以及退税或抵免的处理。

当同意赔偿目标公司在交割前的纳税义务时,卖方应要求其赔偿义务减去目标公司因提前丧失税务责任而实现的任何抵消性税收优惠的金额[见第11.3(i)条]。这至少在理论上是一个公平的结果,因为不应期望买方从赔偿条款中获得意外收益。反对这一规定的主要且相当有效的论点是,实际确定抵消的税收优惠在实践中可能相当困难。

第11.1节中规定的陈述和担保向买方保证,其不应面临任何类型的意外税务责任。

在目标公司不是卖方合并集团成员的情况下,第十一条的大部分内容可能是不必要的,买方应要求卖方在第四条中作出如下陈述:税务问题。在本协议中,"税"或"税收"是指所有净收入、资本利得、总收入、销售、使用、从价税、特许经营权、利润、许可证、预扣税、工资、就业、消费税、遣散费、印花税、职业税、保险费、财产税或暴利税、关税或其他税、费或任何种类的费用,连同任何利息和任何罚款、税收增加或任何税务机关("税务机关")对目标公司或其所有子公司征收的额外金额。

(i)除了披露陈述第＿＿＿＿条规定的情况外,目标公司和子公司已经或将在到期时提交截止日期或之前的所有年度和期间(及其部分)的联邦、外国、州和地方纳税申报表、税务信息申报表、报告和估计数,报告或估计已经到期。所有此类申报表、报告和估价均按适用法律要求的方式编制,所有应交税款均已在到期时缴纳。

(ii)披露陈述的第＿＿＿＿条规定了目标公司和子公司已经或将要为截止日期或之前的每个纳税期间或其部分提交收入或特许经营税申报的所有司法管辖区。

(iii)目标公司和子公司各自均已扣缴或将从其各自员工处扣缴款项,并已提交或将提交至交割日期或之前结束的所有期间(或部分期间)的员工所得税预扣税、社会保障和失业税的所有联邦、外国、州和地方申报单和报告,符合经修订和现行有效的《国内税收法》("法典")和其他适用的联邦法规的规定,以及其他适用的联邦、外国、州和地方法律。

(iv)目标公司和子公司各自已支付或在资产负债表上提供了足够的准备金,用于支付在＿＿＿＿日或之前结束的所有期间或其部分的所有联邦、州、地方和外国税款。目标公司的联邦所得税申报表上显示的任何联邦所得税净运营亏损金额均已根据《法典》和其他适用法律准确、适当地确定,且不影响本协议项下拟进行的交易。

(v)截至[插入日期]的纳税年度,目标公司及其子公司的单独和合并的联邦所得税申报表已由美国国内税务局("IRS")审查或根据适用的诉讼时效结束,以及因对目标公司及其任何子公司的此类检查而提出的索赔或作出的任何不足和评估,包括利息和罚款。

(vi)除披露陈述第＿＿＿＿条所述外,任何税务机关均未就任何逾期税款向目标公司或其子公司提出任何未决的重大索赔或调查,或据卖方和目标公司所知,威胁对目标公司或其所有子公司提出任何逾期税款;除披露陈述第_____条所述外,未放弃对目标公司或其所有子公司征收任何税款的任何适用的诉讼时效或延长时间。

(vii)目标公司及其所有子公司均未根据《法典》第341(f)条就截止于交割日或之前的任何纳税期做出签署或提交任何同意书。

(viii)除了披露陈述第_____条规定外,在交割日期当日或之前,未发生或将不会发生任何需要目标公司或任何税务出租人的子公司根据《国内税收法》第168(f)(8)条就资产签订的任何税收租赁协议进行赔偿的事件。

(ix)目标公司及其所有子公司从未,且目标公司及其所有子公司目前也不是与任何其他个人或实体分担任何税务责任或支付税款相关的任何协议的一方。

第十二条　陈述的存续;赔偿

第12.1节　卖方所作出的赔偿

尽管本协议有诸多其他规定,但在符合本第12条的条款和条件的情况下,卖方特此同意在成交日期后的任何时间,向买方、其任何子公司或关联公司(包括目标公司、尚存公司和附属公司)及其各自的继承人(如果有)、高层管理人员、董事和控制人(统称为"买方集团")就所有要求、索赔、诉讼或诉讼原因、评估、损失、损害、负债、费用和开支进行赔偿和辩护,并使卖方不受损害,这些辩护内容包括但不限于由买方集团或其任何成员合理招致或强加给买方集团或其任何成员的利息、罚款、律师费及各类开支,并且应该扣除买方集团任何成员就此收到的任何保险收益(所有此类金额扣除保险收益净额后,以下统称为"买方集团损害赔偿"),而且还包括因任何虚假陈述、违反任何担保或不履行或违反卖方或目标公司或根据本协议所包含的或根据本协议而作出的任何约定事项、义务或协议而直接或间接地对买方集团或其任何成员施加或招致的保险收益净额、披露陈述、相关文书或根据本协议或相关文书提供的任何陈述、凭证或其他文件(统称为"赔偿文件"),或任何构成此类违约的事实或情况。(根据本第12.1节提出的赔偿索赔应称为"买方集团索赔"。)

第12.2节　尚存公司所作出的赔偿

尽管本协议有诸多其他规定,但在符合本第12条的条款和条件的情况下,尚存公司特此同意在成交日期后的任何时间,向卖方及其各自的继任人(如果有)、高层管理人员、董事和控制人(统称为"卖方集团")就所有要求、索赔、诉讼或诉讼原因、评估、损失、损害、负债、费用和开支进行赔偿和辩护,并使尚存公司不受损害。这些辩护内容包括但不限于由卖方集团或其任何成员合理招致或强加给卖方集团或其任何成员的利息、罚款、律师费及各类开支,扣除卖方集团任何成员就此收到的任何保险收益(所有此类金额扣除保险收益净额后,以下统称为"卖方集团损害赔偿"),因任何虚假陈述、违反任何担保或不履行或违反买方根据本协议所包含的或根据本协议而作出的任何约定事项、义务或协议而直接或间接地为卖方集团招致损失，或任何构成此类违约的事实或情况。（根据本第12.2节提出的赔偿索赔应称为"卖方集团索赔"。）

买方集团损害赔偿和卖方集团损害赔偿将被赔偿方收到的任何保险收益纳入考量，以减少被赔偿方可追回的损害赔偿金额。另一项按理应该抵消被赔偿方可索赔的损害赔偿金额是尚存公司因此类损害而享有的任何税收优惠金额。很难确定直接由损害产生的税收优惠的确切数额的事实，几乎总是导致买卖双方忽略了这笔潜在的意外之财。

第12.3节　重要性

为确定第12.1节或第12.2节中描述的事件是否发生，如果需要买方集团损害赔偿或卖方集团损害赔偿（视情况而定），则应忽略任何赔偿文件中包含的任何陈述、保证、契诺或协议中的任何要求，即事件或事实是重大的、满足特定的美元最低阈值或具有重大不利影响，这是该事件或事实构成失实陈述或违反该保证、契诺或协议的条件（"重大条件"）。所有此类违规和失实陈述（通过忽略所有实质性条件确定）超过篮筐计划金额（如第12.5节所定义）。尽管有上述规定，第12.1节或12.2节（根据第十一条提出的赔偿要求除外）中描述的事件同样适用，否则将引起买方集团损害赔偿或卖方集团损害赔偿（视属何种情况而定）的索赔不应被视为已经发生，除非构成此类事件的单一失实陈述或违反担保、契诺或协议所导致的买方集团损害赔偿或卖方集团损害赔偿（视属何种情况而定）超过美元门槛值，但就本判决而言，所有因相同事实或事件引起的买方集团损害赔偿或卖方集团损害赔偿（视属何种情况而定）均应被视为单一索赔。

第12.4节　赔偿的存续

根据本协议提出赔偿要求的权利应在截止日期后二十四（24）个月内继续有效，但根据本协议(a)第4.4节提出的赔偿要求，或基于任何失实陈述或违反保证，而该保证在作出或声称时实际上已知为不真实的，或基于任何故意违反约定事项的情况，应继续无限期地存在，(b)第十一条应继续有效，直至(i)下列日期中最迟发生的日期为止；(ii)适用于任何税收赔偿责任及其延期或豁免的诉讼时效的到期日，以及(iii)任何此类税收责任最终裁定（包括行政和/或司法上的最终裁定）后九十（90）天，此后任何一方均无权根据本协议要求赔偿，除非向赔偿方递交列明赔偿要求所依据的事实的索赔通知，并在可能的情况下对索赔金额作出合理估计，否则任何一方均无权根据本协议要求赔偿。本第12.4节不影响本合同双方的任何其他义务，无论是在截止日期之前还是之后履行。关于该索赔的赔偿不应以索赔所依据的损失或责任在赔偿方根据本第十二条不再有义务赔偿之日之前实际实现或发生为条件。

卖方的赔偿义务在成交日期后存续时间的长短往往需要大量协商，其结果在很大程度上取决于交易的性质和双方各自谈判立场的强弱。买方应当要求卖方对其购买的证券的所有权进行无限期的赔偿。对于与纳税能力有关的赔偿，买方应要求卖方对尚存公司进行赔偿，直至目标公司不再遭受任何损失。在某些情况下，买方可能要求卖方在一般赔偿期之后在某些方面进行赔偿，如环境或产品责任问题。

第 12.5 节　对索赔及损害赔偿的限制

(i)不得根据本条第十二条支付任何赔偿金额，(i)除非(a)在卖方的情况下，卖方根据本第十二条负有责任的买方集团损害赔偿总额；或(b)在尚存公司的情况下，尚存公司根据本条第十二条负有责任的卖方集团损害赔偿总额超过_____美元（$_____）("篮筐计划")，否则不应支付任何金额作为赔偿，但是，如果篮筐计划不适用于(a)任何买方集团索赔或卖方集团索赔（视具体情况而定），该索赔基于任何失实陈述或违反担保，而赔偿方在作出或声称或故意违反约定事项时实际知道该担保是不真实的，或(b)根据第十一条提出的任何赔偿要求。如果买方集团损害赔偿或卖方集团损害赔偿超过篮筐计划金额，被赔偿方有权要求赔偿买方集团损害赔偿或卖方集团损害赔偿的全部金额（视情况而定）。

(ii)卖方在第十二条项下可能承担的买方集团损害赔偿的最高金额应等于_____美元（$_____）。

(iii)如果赔偿一方能够证明寻求赔偿的一方在该事件结束之日或之前已实际知晓，则一方不应对因与赔偿一方的虚假陈述、违反任何担保或不履行或违反任何契诺有关的事件而导致的本条第十二条项下的买方集团损害赔偿或卖方集团损害赔偿（视情况而定）承担责任。

(iv)在任何情况下，如果被赔偿方应向第三方追回根据本条第十二条向其支付的任何款项的全部或任何部分，该被赔偿方应立即向补偿方支付所收回的款项（从该款项中扣除它为促成该追回而产生的全部费用和被赔偿方根据本协定欠被赔偿方的任何额外款项），但不得超过该被赔偿方以前支付的任何金额。

(v)被赔偿方有义务在根据本第十二条收取或赔偿款项之前，勤勉且真诚地向任何适用的保险人提出买方集团损害赔偿或卖方集团损害赔偿（视情况而定）。但是如果被赔偿方在向适用保险人发出其索赔的书面通知后 1 年内仍未收到该保险人的赔偿，则该被赔偿方有权根据本条第十二条收取赔偿金。在这种情况下，被赔偿方应将其对该保险人的权利转让给补偿方。

(vi)除欺诈情况，第十一条或第 12.5(vii)节规定的情况外，本第十二条规定的赔偿及其条款应是任何被赔偿方对任何补偿方直接或间接造成的任何损害的唯一补救措施，这些损害是由于任何虚假陈述、违反任何担保或不履行或违反根据赔偿文件规定的任何契诺、义务或协议而造成的。

(vii)本第十二条或第十一条的任何规定均不得解释为限制本合同任何一方对任何其他一方违反要求在截止日期后履行的赔偿文件中所载或依据该另一方订立的任何约定事项或其他协议的非金钱衡平法救济。

赔偿条款通常对卖方存在最大的利害关系,如果保险单承保了买方集团的损害,那么卖方应该要求尚存公司向保险公司寻求买方集团损害的赔偿。此外,关于第 6.7 节和第七条中的约定,如果买方在截止日期之前知道卖方的虚假陈述或违约,卖方则不应对任何买方集团损害赔偿承担责任。

卖方应始终试图限制其赔偿风险。实际上,卖方不应对超出为目标支付的购买价格的任何金额负责。在谈判这一上限,可想而知的是每一个论点都被摆上了桌面以供审议。然而其结果,像任何其他极具争议的条款一样,取决于掌握王牌的一方。

第 12.6 节　第三方的索赔

根据本协议的任何规定,赔偿方在与第三方有关的索赔方面的义务和责任应遵守以下条款和条件:

(i)一旦任何被赔偿方收到通知,即买方团体索赔或卖方集团索赔(视情况而定)已对此类被赔偿方提出,如果有效,则赔偿方将承担本协议规定的赔偿义务,被赔偿方应立即以第 12.4 节所述的方式通知赔偿方该索赔;但是,如果被赔偿方未能根据本协议及时发出通知,则不得免除赔偿方根据本协议承担的赔偿义务,除非且仅在此种未履行造成买方集团损害或卖方集团损害(视具体情况而定)的情况下,赔偿方有义务比被赔偿方及时通知时承担更大的赔偿义务。

(ii)赔偿方或其指定人将有权(但没有义务)承担第 12.6(i)节所述任何索赔的辩护;但是,如果买方集团索赔有合理的可能性,尽管卖方提供赔偿,但仍有可能对尚存公司或买方集团的任何其他成员造成实质性的不利影响,则尚存公司或买方集团的该成员应有权选择自费辩护,并妥协或解决此类损害或损害的买方集团索赔。如果补偿方在收到根据第 12.6(i)节规定的索赔通知后 15 天内没有承担该索赔的辩护责任,则被主张该索赔的被赔偿方(在向补偿方递送表明该意思的通知后)有权(在向补偿方递送该通知后)代表补偿方并为其账户和风险承担该索赔的辩护、妥协或和解,但被赔偿方有权这样做。但是,未经补偿方书面同意,被赔偿方不得订立任何此类妥协或和解。在被赔偿方承担索赔辩护的情况下,被赔偿方应将任何此类辩护、妥协或和解的进展情况合理地告知补偿方。赔偿一方对未经其同意而进行的任何诉讼的任何和解不负责任,但如经赔偿一方同意达成和解,或如有不容复核或上诉的最终判决,则赔偿一方同意对任何该等诉讼的原告人作出赔偿,并使无损害的一方因该和解或判决而蒙受或承担任何损失或法律责任。不进行辩护的任何一方可以自费聘请其认为必要的额外的律师和其他顾问,承担辩护的一方及其律师将允许这些律师和顾问旁听对该索赔的辩护。

(iii)买方集团的任何成员应至少提前 30 天向卖方发出书面通知,然后该成员应放弃任何诉讼法规的规定,因为此类规定可能适用于尚存公司及其所有子公司在截止日期或之前的任何应税年度或期间(或部分)的应缴税款的评估。

对交易各方来说,可能极为敏感的一个领域是控制与赔偿主体索赔有关的诉讼。如果赔偿方拒绝承认其赔偿义务,则其自然没有权利控制诉讼。然而,如果赔偿方已接受其赔偿索赔的义务,则其可能希望控制诉讼程序,以便掌握自己的命运。如果买方对卖方的信誉感到放心,那么这应该不会对买方构成严重威胁。当然,在某些情况下,即使卖方的信誉很好,买方也可能还是希望能自己控制诉讼程序。例如,如果由于第三方的行为而暂时禁止尚存公司开展业务,买方则可能会认为卖方不会采取足够快的行动来解决问题。

在某些情况下,买卖双方可能在某一诉讼的结果上存在共同利益点。例如,诉讼可能涉及对尚存公司提出的许多索赔,其中只有一项涉及买方集团的索赔。在这种情况下,一种可能安抚买卖双方的办法是让损失最大的一方控制诉讼。

第 12.7 节　对被赔偿方的税款赔偿

本协议各方进一步同意,就第 12 条规定的付款或赔偿而言,此类付款或赔偿应包括根据美国任何联邦、州或地方政府或税务机关的法律,或根据任何外国政府或税务机关或政府分支机构的法律,在税后基础上使被赔偿方不受损害地支付与收到此类付款或赔偿有关的所有税款所需支付的任何金额。

在赔偿款项应向被赔偿方征税的情况下,买卖双方通常协商列入税收总额条款。这一概念的困难之处在于,如果不需要赔偿,赔偿方则可能会向被赔偿方收取税款,而这些税款是它本应承担的。

第 12.8 节　抵消权

如果卖方要依据第 12.1 节或本协议任何其他赔偿条款要求卖方向尚存公司支付款项,则尚存公司可以将卖方欠下的赔偿金额与[插入尚存公司有持续付款义务的票据所有权]中任何未偿还本金余额相抵消。

在涉及卖方已经同意接受代表尚存公司付款义务的票据,或接受作为目标公司购买价一部分的其他票据的收购中,买方可以尝试通过取消部分或全部此类付款义务来履行其获得卖方赔偿的权利。拥有良好信誉的卖方应该以以下几点事实为根据来设法抵制这一条款。一方面,只有在可以拿出不能提出上诉的最终判定来证明卖方有义务对买方集团的索赔进行赔偿的情况下,尚存公司才应获得抵消权。另一方面,如果拥有足够的资源,卖方应该有权利选择是免除买方的部分付款义务,还是简单地让买方支付现金。可以设想得到的是,支付义务要承担的利率可能远远高于现行的市场利率。拥有良好信誉的卖方不应因抵消条款而失去此项利益。

第十三条　竞业禁止

卖方同意,在截止日期("非竞争期")后的3年内,如果未事先获得买方书面许可的话,卖方则不得直接或间接从事目标公司和其所有子公司目前在美国或其他任何司法管辖区内已经开展的任何业务种类("业务")。卖方可以直接或间接收购任何直接或间接从事该业务的实体("被收购实体"),条件是:(i)归属于或从该业务中获得的总资产和总收入,不超过收购日期前一财年被收购实体及其子公司总资产和总收入的[插入百分比],或(ii)卖方在获得所有监管批准后,在合理的时间内(不超过6个月)合理努力剥离被收购实体。卖方亦同意,除非某些信息是能从公开信息中轻易确定的,否则,在截止日期后,卖方不会向任何人士或被收购实体披露或透露与业务有关的任何商业机密、其他机密或专有信息。这些信息包括但不限于与目标公司及其任何子公司,或与任何客户名单相关的任何财务信息。且卖方还同意,在截止日期之后,此类信息将构成目标公司及其子公司的专属财产。在竞业禁止期间,卖方同意不直接或间接招募目标公司或其任何子公司的员工为卖方或其关联公司工作,或为其提供顾问服务。买卖双方特此约定,在成交时支付给卖方的全部现金对价中,$＿＿＿＿代表本第十三条所载卖方约定事项的对价。

如果不竞争约定事项的结构不合理,则可能很难执行。会出现这样的困难的原因在于,基于公共政策理由,对于一项会对交易某一方自由开展工作的能力设置约束条件的合同制订约定事项,法院并不愿意使其生效。即使在该受约束的交易一方自愿同意接受限制,并接受了受约束的对价条件的情况之下也是如此。法院已宣布下列限制竞争条款无效:(a)持续时间过长,(b)地理上过于宽泛,或(c)对限制活动而言过于不确定或过于宽泛。因此,买方必须确保其竞业禁止条款就期限而言是具体的(通常是1到5年),延伸到有限的地理区域,并限制行业中的特定活动。例如,法院可能会接受一项在两年内限制卖方在加利福尼亚州销售或分销铝棒球棒的条款,但很可能不会接受一项在20年内限制卖方在世界任何地方销售或分销体育器材的条款。当然,在这些极端情况下,约定事项不竞争的强制能力就不那么明确了。买方要了解州法律下管辖收购协议的相关法院法规,并一定要在判例法与收购目标的需要之间取得平衡,以避免出现卖方在同一地区收购或开展类似的业务,并试图吸引目标公司的现有客户的忧患。

卖方还可能希望修改上文第(ii)款。该条款要求卖方在合理期限内剥离被收购实体,并规定了卖方只有义务以"根据情况而定的在经济上合理的价格"剥离被收购实体。

第十四条　终止

第14.1节　因未能按时交割而终止

本协议可在提前两(2)天书面通知(i)买方或卖方在[插入日期]之后的任何时间终止,或(ii)经各方共同同意在任何时间终止。除非本协议内容中另有明文规定,否则在本协议被终止时,本协议将被完全废弃,届时本协议的任何一方都不必对本协议承担任何责任或进一步的义务。如果由于卖方、目标公司或买方违反本协议中包含的陈述、保证或约定而导致本协议预期要完成的交易未能完成,那么本第14.1节不适用。在这种情况下,应采用本协议第14.2节的规定。

第14.2节　违约;补救措施

如果交易一方拒绝完成本协议所计划的交易,或者因为交易一方("违约方")出现了违约行为,或作出了违反本协议的任何陈述、保证或约定事项而导致无法完成本协议所计划的交易,则本条适用。在这种情况下,非违约方有权根据第14.3节寻求和获得强制履行权利,或向违约方寻求和获得金钱损害赔偿,而且其还可以寻求与本合同项下补救措施相关的法院费用和合理的律师费。

第14.3节　强制履行

如果任何一方未能完成或拒绝完成本协议所计划的交易,或者因为交易一方("违约方")出现了违约行为,或作出了违反本协议的任何陈述、保证或约定事项而导致无法完成本协议所计划的交易,则除本第十四条中提供的其他补救措施外,非违约方可寻求从有管辖权的法院获得针对违约方的强制履行命令,但必须在其获知该未履行、拒绝、违约或违约行为后的四十五(45)天内向该法院提出请求。此外,非违约方有权从违约方获得法院费用和合理的律师费,以执行其在本合同项下的权利。作为寻求本合同项下强制履行的条件,买方不应被要求提交[插入总购买价格的定义条款],但买方应做好相关准备工作并保证有足够的意愿和能力这样做。

终止部分既规定了终止收购协议的机制,也规定了针对收购协议不履行或违约方可用的补救措施。在某些情况下,卖方可能试图修改此部分内容,以限制其故意不履行义务后所需承担的责任。显然,在某些情况下,买方可能因为接受了这样的修改而处于不利地位。因此,与其他有争议的条款一样,其最终结果取决于卖方和买方之间的力量平衡。

在需要监管部门审批的收购中,买卖双方应考虑将第14.1节中的收购协议期限延长一段时间,以防审批过程比预期长。

第14.3节给予非违约方的强制履行的救济措施极难在法庭上执行。如果法院能够确定需要赔偿给无过错方的赔偿金额,则一般不会给予强制履行。

在收购上市目标公司时,应特别考虑终止部分。例如,目标公司的独立董事会委员会可能会根据情况决定将受托人排除在目标公司之外。受托退出权是指目标公司在成交前收到更有利的收购要约的情况下终止收购协议的单方面权利。在这种情况以及其他情况下,买方应该索要"分手"或"追加"费用,以补偿买方的受损和自付费用。以下是同时涵盖买卖双方的"有争议"费用的示例:

失责时的损害赔偿。如果目标公司或买方未能拒绝完成本协议所计划的交易,或因其任何违约或违反任何陈述(本条款的第3.5节中所载的)、保证、约定事项(本条款中所含的约定事项)或条件的行为导致未能完成本协议预期的交易,则(i)如果目标公司方是违约方,则目标公司应支付买方美元($),或(ii)如果买方是违约方,则买方应支付目标公司美元($)。在这两种情况下,这种赔偿付款都应考虑到非违约方所承担的费用、付出的努力以及失去的机会。交易双方一致同意,在这种情况下,很难完全确定任何一方可能遭受的实际损害,因此,这种赔偿的力度应足以取代任何此类的实际损害,并且应是考虑到全额和全部的违约损害赔偿,并且,在发生这种违约时,这种赔偿将成为唯一的补救办法。

第十五条 杂项

本条载有关于对协议的解释和根据协议采取行动的条款。虽然其中大部分条款一般不是由协议当事人谈判达成的,但有若干条款为买卖双方提供了宝贵的权利,并因此可能会受到交易各方更严格的审查。

第 15.1 节 定义

协议,参见第(i)条。

买方,参见第(i)条。

达成交易,参见第(iii)条。

截止日期,参见第(iii)条。

公司资本存量,参见第 4.3(i)节。

披露陈述,参见第 4.1 节。

财务报表,参见第 4.5(i)节。

一般公认会计原则,参见第 4.5(i)节。

重大不利影响,参见第 4.1(i)节。

合并,参见第(i)条。

最新资产负债表,参见第 4.5(i)节。

个人,在第 4.5(ii)节中首次使用,但未定义。

相关文书,参见第 4.2 节。

美国证券交易委员会,在描述第 4.33 条的段落中定义。

卖方,参见第(i)条。

子公司,参见第(i)条。

目标公司,参见第(i)条。

第15.2节 费用的支付

除非本协议及相关文件另有规定,否则买方应自付费用,卖方和目标公司应自付准备、签订和执行本协议及相关文件的费用。

第15.3节 对本协议的修正或豁免

经双方书面同意,双方可对本协议进行任何修正或修改。

第15.4节 转让

未经另一方事先书面同意,买方、卖方和目标公司均无权转让其在本协议项下的权利或义务;但买方可在未经卖方或目标公司事先书面同意的情况下将其在本协议项下的全部或任何部分权利转让给由其已经控股、正在控股或其参与控股的实体或任何收购贷款人,然而,卖方、目标公司和买方应签署必要的文件以实现此类转让。

第15.5节 负担与利益

(i)本协议对签订本协议的各方及其各自的继承人和受让人具有约束力,并在本协议允许的范围内使本协议各方及其各自的继承人和受让人受益。

(ii)如果卖方或目标公司未能履行其在本协议项下的任何义务,买方的唯一和独家追索权和补救措施应针对卖方或目标公司及其资产。在任何情况下,卖方或目标公司的任何高层管理人员、董事、股东或附属公司均不对卖方或目标公司在本协议项下的任何义务承担法律责任或权益责任。

(iii)如果买方不履行本协议项下的任何义务,卖方或目标公司在本协议项下的唯一和独家追索权和补救办法应针对买方及其资产。在任何情况下,买方的任何高级管理人员、董事、股东或附属公司均不对买方在本协议项下的任何义务承担法律责任或权益责任。

(iv)除非双方另有书面约定,否则本协议的意图是,协议各方不得为非本协议缔约方的任何人创设权益,或致使本协议被认为有利于非本协议缔约方的任何人。

买卖双方可以协商加入一项通常名为"负担和利益"的条款,将卖方在违反协议的情况下的权利限制在仅仅对买方采取行动,而不是针对买方的任何高级管理人员、董事或控股股东采取行动。假设购买目标公司实体已选择通过空壳公司或资本稀缺的公司完成了收购,那么这一条款通常应该规定,在交易失败的情况下收购方可以免于对卖方承担责任。

第15.6节 经纪商

(i)卖方及目标公司各自表示并向买方保证,根据卖方或目标公司或其代表就本协议或本协议拟进行的任何交易所作的安排,除应付费用外,并无任何经纪商或找寻人佣金或其他佣金或费用可由卖方或目标公司或其代表收取(请填上任何该等实体的名称)。

(ii)买方向卖方及目标公司表示并向目标公司保证,任何经纪商或找寻人均无权根据买方或其代表就本协议或本协议拟进行的任何交易作出的安排获得任何经纪佣金或寻获人佣金或其他佣金或费用,但与本次交易融资相关的应付费用除外。

第15.7节　完整协议

本协议和本协议提及的证物、清单和其他文件包含本协议各方就本协议拟进行的交易达成的完整协议,并取代之前所有与此相关的协议,无论是书面的还是口头的。

第15.8节　管理法

本协议受[插入国家名称]国的法律管辖和解释。

第15.9节　通知

一方在本项协议下发出的任何通知、请求、指示或其他文件,均须以书面形式面交或通过传真、电传、挂号或挂号信、预付邮资、要求的回执方式发送,地址如下:

致卖方:[插入卖方名称和地址];

复印件:[插入卖方律师的名称和地址];

致目标公司:[插入目标公司的名称和地址];

致买方:[插入买方名称和地址];

连同副本致:[插入买方律师的姓名或名称及地址];

致尚存公司:[插入目标公司收盘后的名称和地址];

并附一份副本给:[插入任何其他所需的当事方]。

或寄往该方书面指定以接收该通知的其他人或地址。按照前款规定邮寄的,自邮寄日期后10日为通知日期,视为已收到通知。

第15.10节　副本

本协议可一式两份或两份以上签署,每份均为正本,但均仅构成一份协议。

第15.11节　权限累积

除非另有规定,否则本协议所赋予双方的所有权利、权力和特权应是累积的,不得仅限于法律赋予的权利、权力和特权。任何一方未能行使本协议赋予的任何权力或坚持要求任何其他方严格遵守本协议,均不构成放弃任何一方要求完全遵守本协议条款的权利。

第15.12节　条款的可分割性

双方同意:(i)如果本协议的任何条款在具有管辖权的法院被判定为无效、失效或以其他方式不可执行的话,那么相应条款应具有可分割性;(ii)此类无效、失效或其他不可执行的条款应自动被与此类无效条款相类似的其他条款所取代,无效或无法执行的条款被有效和可执行的条款所取代;且(iii)其余条款应在法律允许的最大范围内继续执行。

名为"可分割性"的条款,虽然只是针对一个纯粹的法律问题,但也可能产生巨大的实际影响。该条款规定,如果解释协议的法院认为文件的某些部分无效、失效或以其他方式不可执行,则其余条款应视为可与无效条款分离,其余条款也因此仍可继续执行。当协议包含辅助协议时,这种法院判定结果尤其令人关注。例如,拿卖方在收购后不与买方竞争的约定事项来说,这里协议的可执行性不应取决于非竞争协议的可执行性,而可分割性条款有助于实现这一目的。

第 15.13 节　进一步保证

为了执行预期的交易,卖方、目标公司和买方同意,在交割日期后的任何时间,他们都会向交易的任意一方交付其可能合理要求的任何其他文书或文件。

第 15.14 节　机密信息

卖方、目标公司、买方及其各董事、高级管理人员、雇员、代理商、代表及合作伙伴(如果有)相互约定,他们将使用任何交易方根据本协议条款获得的与任何其他方、目标公司或其任何子公司有关的所有信息,或使用任何一方就本协议所述交易进行谈判或检查的过程中所获得的所有信息。除非法律另有要求,或因执行本协议的必要性或适当性,否则该等谈判或检查的过程中所获得的所有非公开信息都将被视为机密信息。在本协议终止的情况下,每一方将会向各方交付其从他处获得的所有文档、工作文件和其他材料,且无论该文档文件是从其他交易方处获得的,也无论该文档文件是在本协议执行之前还是之后获得的。且每一方都同意,它本身不得使用或披露,直接或间接获得或从本项下获得或以其他方式获得的任何信息,以及将全部此类信息保密,并且不会以任何有害于任何其他方的方式使用此类信息,但其前提是:(i)任何一方可以使用和披露已公开披露的任何此类信息(除该方或该方的任何关联方违反本第 15.14 节规定的义务而披露的任何此类信息)以及(ii)如果任何一方或一方的任何关联方应尽最大努力披露任何此类信息,并且应给予其他当事方机会,获得适当的保护令或其他令人满意的保密处理保证,以便披露需要披露的信息,则该方或一方的任何附属方可能被迫披露任何此类信息。

机密信息部分通常要求每一方对在跨行动过程中获得的所有信息保密。由于目标公司在签署协议时已经或不久之后将成为密集尽职调查审查的对象,所有卖方最初比买方更关心披露问题。卖方可以采取以下立场:如果双方未能完成交易,向买方提供的所有与目标有关的材料则都应退回或销毁。

第 15.15 节　撰写及披露

除本协议另有规定或预期外,本协议中描述的已由一方交付或将由另一方交付给其他方的所有证物、附表、书面材料或其他披露应参照本协议中与其相关的部分加以标识，并应由卖方的高级管理人员或法律顾问，以及买方的高级管理人员或法律顾问在第一页上签名或简签，除非如此指明并签署或草签，否则收到该等证物、附表、书面材料或其他披露内容的一方不应被收取有关其内容的通知。

注释

1. 本章受益于尼尔·D. 法利斯（Neil D. Falis）律师，他是韦莱韬悦公司（Willis Towers Watson）（公共有限公司，PLC）中的副秘书，感谢他对《并购结构的艺术：减轻金融、法律和税收风险的技巧》（*The Art of M&A Structuring: Techniques for Mitigating Financial, Legal, and Tax Risk*）（纽约：麦格劳-希尔公司，2004）（New York：McGraw-Hill，2004）的协议文档所发表的最初评论；另外，本章还受益于 Lane & Edison 的 Jack Feder 律师，他在原版 *The Art of M&A：A Merger/Acquisition/Buyout Guide*（纽约：Irwin 公司，1989）（New York：Irwin，1989）中撰写了关于收购协议的文章。Alexandra Lajoux 担任该书的项目经理。在原版《并购的艺术》（*Art of M&A*）中提出的一般性法则，在今天仍然是真实的和相关的，因此在这篇更新的文本中我们将继续进行讨论、发扬下去。

2. 本章的最新意见将由在纽约的美国艾金·岗波律师事务所（Akin Gump Strauss Hauer & Feld LLP）的高级法律顾问迈克尔·J. 克利格曼（Michael J. Kliegman）提供。

3. 有关此主题的更多信息，参见领英（Field Law）在 2018 年 10 月所发表的"How Do 'Smart Contracts' Fit with 'Traditional Contracts'"，网址为 https://www. fieldlaw. com/portalresource/smartcontracts? utm_source＝Mondaq&utm_medium＝syndication&utm_campaign＝View-Original。

4. 马克·比塞格先生（Mark Bissegger），"Smart Contract Applications in M&A：Earn-Outs"，Dealwire，2017 年 11 月 22 日，网址为 http://www. deallawwire. com/2017/11/22/smart-contract-applications-in-ma-earn-outs/。

5. 1987 年，宾索石油公司诉德士古股份有限公司一案[Pennzoil Co. v. Texaco Inc.，481 US 1 (1987)]。

6. 克劳斯公司诉 Exec. Telecard 有限责任公司，890 F. Supp. 269，293－95（S. D. N. Y. 1995）。

7. 和声公司诉博通股份有限公司（Hoxeng v. Topeka Broadcomm），911 F. Supp. 1323，1331 (D. Kan. 1996)。

8. S. Colo. MRI 有限责任公司诉 Med-Alliance 股份有限公司，166 F. 3d 1094，1099 (10th Cir. 1999)。

9. "企业谈判中的意向书：利用人质交换和法律不确定性促进合规"，《宾夕法尼亚大学法律评论》，第 162 卷（2014）：1237，https://scholarship. law. upenn. edu/cgi/viewcontent. cgi? referer＝https://www. google. com/&httpsredir＝1&article＝9438&context＝penn_law_review。

10. 2013 年 7 月 3 日，本顿·B. 博达维尔（Benton B. Bodaver）在哈佛法学院的公司治理和金融监管论坛上发表的《诚信：谈判协议的新领域》，网址为 https://corpgov. law. harvard. edu/2013/07/

03/good-faith-the-new-frontier-of-agreements-to-negotiate/。

11. 这一见解来自高级法律顾问 Michael J. Kliegman, Akin Gump Strauss, Hauer&Feld(有限责任合伙,LLP),他审查了本章的准确性和通用性。

12. 在 1980 年,通过了《综合环境反应,补偿与债务法案》(Comprehensive Environmental Response, Compensation and Liability Act, CERCLA),又名《超级基金》(Superfund),而在通过该法案的 40 年以后,也就是在 2018 年,有毒废弃物倾倒仍然是并购中的一个令人担忧的问题。例如,在如今的美国新泽西州(New Jersey),仍然有 100 多个活跃的毒性测试地点,参见 http://www.nj.gov/dep/srp/community/sites/。

13. 参见 TSC 工业公司诉北路公司一案[TSC Industries, Inc., v. Northway, Inc., 426 U.S. 438 (1976)],该案件认为"实质性问题是一个法律和事实的混合问题,就好像它涉及对一组特定事实适用的法律标准一样,而且,只有在已确立的遗漏'显然对一个投资者非常重要,以至于理性的想法在重要性问题上不能有分歧'的情况下,重要性的最终问题才能够通过简易判决'作为法律问题'得到适当地解决",网址为 https://www.law.cornell.edu/supremecourt/text/426/438。

14. 参见 Jeffrey B. Morlend,"Filed vs. Furnished",Sullivan & Worcester,September 18,2017。

15. 一些最近的案件判决表明,基于重大不利影响,取消交易可能是很困难的。正如一位法律专家所说,"由于特拉华州法院的高度重要性标准,以及当事人传统上更加倾向于起草模糊的 MAC 条款,所以说,从 MAC 条款中取消交易的历史可能性很低。"约翰·普林齐瓦利(John Prinzivalli) "Defining Materiality: Drafting Enforceable MAC Provisions in Business Combination Agreements Following IBP v. Tyson",《波多黎各大学商业法律期刊》(*University of Puerto Rico Business Law Journal*),vol. 8,2017 年 8 月,网址为 http://uprblj.org/wp-content/uploads/2017/08/8-UPRBLJ-162-John-Prinzivalli-Defining-Materiality-2017.pdf. 本文引用了 IBP v. Tyson Foods (2001); Frontier Oil Corp. v. Holly Corp., C.A. No. 20502, Court of Chancery (April 29, 2005), and Hexion Specialty Chemicals Inc. v. Huntsman Corp., 965 A. 2d 715, 738 (Del. Ch. 2008)。

16. 这一见解来自迈克尔·J. 克利格曼(Michael J. Kliegman)律师,前面引用了这一观点,并得到了其他出版来源的证实。例如,一个消息来源称:"公共目标公司——通常情况下,不会进行赔偿,因为公开披露提供了一些保护措施,不能向分散广泛的公众股东寻求追索权。" Ben Willis and Andrew Budreika, "M&A Academy: Indemnification", https://www.morganlewis.com/-/media/files/publication/presentation/webinar/2017/ma-academy/ma_indemnification-issues_5dec17.ashx?la=en&hash=709959FE162629EB2946BFD45168AE7D74A14A2C。

17. Alexander J. Wilson and David P. Creekman, "Indemnification Caps and Baskets in Private Company M&A Transactions: What's Market?" M&A Practice Brief, February 16, 2017, https://www.wyrick.com/news-publications/indemnification-caps-and-baskets。

18. proxymonitor.org.

19. ASC 450-2-25-2 中称,在"很可能会发生一个或多个确认损失事实的未来事件"以及"可以合理估计损失金额"情况下,必须报告或有损失,https://asc.fasb.org/section&trid=2127173。

20. 除了 ALTA 形式,还有其他形式可用于特定领域。在纽约、加利福尼亚、得克萨斯和伊利诺伊州,都有当地形式的产权政策。在佛罗里达州,除非被保险人要求持有人提供表格 B 的产权保险单,以确保市场的可销售性;否则,保险公司将出具一份表格或者一种不保证适销性的政策。詹姆斯·P.麦克安德鲁(James P. McAndrews),"History of Title Insurance and ALTA Forms",GPSolo Ereport,March,2012。

21. 引用于 Treas. Regs. are to the Code of Federal Regulations,Title 26,Chapter I,,Subchapter A,Part 1,以及特定章节。第一次引用的网址链接是 https://www.law.cornell.edu/cfr/text/26/1.1502-19。

22. https://www.law.cornell.edu/cfr/text/26/1.1502-19。

第八章 交　割

引　言

正如许多曾经失望过的交易者可以证明的那样,一笔交易在完成交割之前并不能被叫做交易。同时,其中还有许多人都曾经经历过眼看着一个令人心动的交易在接近成功的最后一刻失败的心痛——无论该交易的失败是由于法律上的细微差别还是情绪上的波动导致的。本章将讨论达成交割的主要因素——如一种交响乐表演般,其中许多单独的事项必须小心地同步,才能产生一个和谐的交易。

交割的基本条件

交割时会发生什么?
典型的收购交割有两大要素:
- 在典型的收购交割中,买卖双方按照收购协议进行股票或资产的合并或转让及交付。
- 在典型的财务交割中,贷款人根据特定的贷款协议或其他融资文件向买方作为借款人提供收购资金;买方同时将部分或全部资金汇入卖方,以支付购买价格。

当收购方有自己的资金供给时,这个过程会更简单,在这种情况下,不需要财务交割。在收购方出资的交易中,收购的最终交割完成步骤是向卖方支付签署的收购协议中指定的金额。

双方在交割完成前签署收购协议是否总是必要的?
不一定。有时,双方希望在交割时签署协议,这种做法通常被称为"签字与交割同步"。这种情况通常发生在买方在内部为交易融资的时候,因为在这种情况下不需要政府批准就可以完成交易,或者是因为交割必须在双方达成初步一致意见后快速完成——例如，为了利用即将到期的税法规则优势，或使卖方能够及时获得卖出收入，以偿还债务。在某些情况下，双方并未打算同时签字和交割，但最终还是这样做了，因为他们直到截止日期之前都未能达成一项基本协议。

如果交易非常复杂，而且需要政府批准或第三方融资的话，则双方就极有可能先签署意向书，然后谈判并签署收购协议，在满足"交易先决条件"（通常是正式起草的文件）并获得融资的情况下继续进行交割。政府机构在开始交易审批前可能需要一份签字的收购协议。类似地，贷款人可能要求在他们将其资源用于评估交易之前先确定交易条款，特别是当他们想知道卖方做出了什么样的陈述和保证，以及在违约情况下买方可以获得什么样的补救措施的时候。

能否在交割前签署融资协议？

大多数融资协议是在交割时签订的。然而，在此之前，借款人和贷款人将签署一份承诺书，或在条款清单上达成协议，列出贷款安排的基本条款。

交割需要多长时间？

交割过程可能只需要几个小时，也可能持续几天或几周，这取决于最终谈判的剩余谈判量以及双方满足交割先决条件的能力。结束会议前的一段时间往往被用于最后谈判执行文件的条款和条件，但也并非总是如此。在交易前已就交易条款进行谈判并最终确定的交割涉及以下方面：审查文件和确认已满足交割的先决条件，然后签署和交付文件，并在适当时实际收到资金。最简单的交割可以通过交换双方签署的文件而实现，而无须在统一地点召集各方。在这种情况下，电子签名通常是可以接受的。[1]

如果交易双方中有一方还未达到交割条件，是否依然可以进行交割？

可以的。这可以通过托管交割来实现，该方式允许双方在满足剩余条件的前提下继续交割。在这种情况下，可以执行交易文件并将其委托给指定的托管代理，该托管代理由交易双方选择，一旦满足未解决的条件，该代理将解除托管并将文件交付给双方。

或者，如果设置该不满足条件的一方同意放弃该限制条件并继续交易，则双方可以继续交割。在某些情况下，弃权方可能会要求一些额外的让步，如对购买价格进行增加或减少（视情况而定），或者要求对方保证在交割后满足该条件。如果未满足的条件如此关键，以至于如果不满足该条件，交易就会解除，那么谨慎的做法就是不交割，因为解除已交割的交易或解决未满足条件的成本可能远远高于未能交割的成本。

谁应该参与交割？

每一个负责在交割时签署文件的人，都应该在交割现场，或者从交割的预定到实际签字之间，以其他方式保持联系。如果签字人同时也是负责交易的人，他很可能在整个预交割和交割过程中都参与其中。另外，如果签署授权的个人没有以其他方式参与交易，他应该愿意并能够在交割出现延迟的情况下保持联系。每个对交易负有共同责任的个人都应随时审查文件,并参与有任何最终变更的谈判。

交易各方的律师通常会被要求参与最终谈判、准备和审查交割文件,如有需要,这些文件包括律师对某些事项的意见,如交易预期的税务影响。律师通常也会协调一封"取消条件书"。该取消条件书是由其中一家成员公司的高层管理人员签署的交易证明,承诺从签署日期起的所有陈述和保证在截止日期仍然是真实和正确的。

在其他地点的各方也可能需要参与,这取决于交易的性质。例如,涉及资产(而不是股票)转让的交易通常需要在交割时在资产所在地的联邦、州或当地登记办公室记录某些转让文件。同样,涉及不动产和个人财产的多州收购可能需要在许多地方备案。此外,作为交割的条件,这些司法管辖区的律师可能必须就转让的有效性提出意见。

如果交易涉及一个或多个合并,律师或其他合适的人必须在每个司法管辖区的州务卿办公室提交合并证书和其他文件,以实施合并。最后,如果转让的资产构成交易融资的担保,那么担保文件(如房地产的抵押)也将被记录,并将就此问题征求当地律师的意见。(一种重要的安全文件类型是在第四章讨论的《统一商法典》下的 UCC-1。)对所有这些非现场事件的有效协调是交易性交割会面临的更重要的组织性挑战之一。

交割应该在哪里进行?

交割应在对有关各方最方便的地点进行。在涉及融资的情况下,该场所几乎总是在主要贷款人所在的城市——通常是贷款人的律师办公室;否则,交割通常会被安排在交易一方的律师办公室进行。

办理交割手续的办公处应提供足够的服务、空间和电子通信(扫描、电子邮件),以及足够的秘书(和公证)人员,来促使完成交易文件以及完成交易的其他条件。这些设施和服务通常可以在律师事务所找到,因为这些律师事务所正是出于这些特定的目的而运营的。

如有可能,买方应认真考虑在同一城市的不同办事处分别处理交割和融资事宜。拥有两个办公地点(如果涉及几笔大型、复杂的融资,可能会更多)的实际目的是减少许多人在压力大的情况下被限制在同一空间时产生的混乱和紧张,它对买方也有战术意义。任何交割完成最困难的部分就是最后一刻的交易点谈判(以及重新谈判),其中包括主要交易点和次要交易点。最常见的情况是,让卖方和不同的贷款方保持实际距离。这种做法对买方是最有利的,因为这样买方就可以控制每个小团体接收到的信息流,并就共同关心的开放问题达成一致意见,从而使买方获得最大的利益。

这一点在债权人之间的关系方面可能显得特别重要。随着交割接近尾声,贷款人会越来越担心自己将要承担的风险情况——尤其是在高杠杆交易中更是如此——并且,贷款人会希望通过获得更多抵押品来确保贷款或部分股权,或通过实施更严格的收购后约定事项来改善自己的地位。在贷款人中存在一种明显的跟风现象,也就是说，无论某一贷款方成功让卖方做出何种让步，其他贷款人都会为自己提出相同要求。如果不让贷款人互相交谈，买方就有更好的机会来消除这种现象。

应该有多少员工参与支持交割？

每一方都应计划有足够的人手来处理交易的所有方面问题，从谈判存在的或可能出现的问题到执行完成交易所需的所有机制化任务。大部分任务将由律师和其他律师事务所的员工完成。交易双方的会计师和参与交易的企业实体的各种人员，特别是财务部门的人员，也需要在场，或者要确保很容易被联系到。

如果交易将由第三方提供资金，买方的律师应该为交易的公司方和每个主要融资部分建立独立的交割团队。如果交割是分散在几个不同的地理位置，这种做法将显得必要。每个交割团队应包含自交易开始以来主要负责该方面事务的律师及其他必要的律师和法律助理。有了足够人手的团队来处理细节，负责整个事务的律师将被解放出来，就大局提供建议，并在必要时对交易的不同方面进行故障排除。而制作定期的全员简报是让每个人都了解事态变化的好方法。

计划交割

为交割做准备的最好方法是什么？

早在交割之前双方就应准备一份或多份交割核对清单，列明交割所需的步骤和文件。如果交易者遵守核对清单和收购文件中列出的基本贷款和交割先决条件的话，则将大大增加交割的要求得到满足的可能性。

该核对清单应该：

- 列出每一项必须完成的任务，以便双方在法律和后勤上做好完成交易的准备，以及完成该任务的日期；
- 在适用的情况下，说明完成该任务所包含的文件；
- 列出一个或多个负责这项工作的人的名字；
- 包含状态说明的空间。

交割核对清单既是交易的路线图，也是交易的进度报告，但它也可能成为尴尬的来源，从而刺激那些负责制作或审查文件的人，因为他们未能在最后期限内完成任务的状况都会被记录在状态说明中。最后，交割核对清单是为交易准备交割备忘录的基础。

如何安排交割前任务？

第一个关注点就是应该如何处理某些交易参与方的文件和行为，因为这些人，要么不在交割完成现场，所以在交割时的作用有限；要么不受交易各方的控制。

负责确保交割按指定日期完成的人员,必须就可能需要多长时间才能获得所需的文档或完成必要的任务作出准确的评估,并且根据预计的交割日期从后往前展开工作,尝试建立一个可行的日程。

各当事方是否都应使用相同的核对清单?

至少,在各方到达预交割阶段前,他们应该按照相同的核对清单进行工作,但有以下情况例外。除了那些与卖方有所参与的融资事项以外,卖方不需要获知核对清单中其他专门用于交易融资的部分。所谓卖方在融资中有所参与的融资事项诸如将卖方律师信赖的信交付给贷款人,使其能够依赖该律师的法律意见,以及同意买方将其在收购协议项下的权利转让给贷款人。

卖方和贷款人也不需要获得涉及收购团体的组成和资本相关的核对清单。此外,交易各方可能存在希望在自己的团体范围内保密的特定任务或文件,其中包括单边保证函。因此,每一方都可能有多个核对清单——也就是,一个核对清单广泛列出它的所有顾虑事项,而其他一些清单是总体核对清单的压缩版,并会用来与其他交易一方或多方共享。后一类清单必须与交易其他各方一起制定,以便所有各方就在交割的每一阶段进行哪些活动达成一致,使各方在法律上和逻辑上做好完成交易的准备。

交割的各发展阶段是什么?

典型的复杂交割有三个不同的阶段:(1)预交割过程,(2)交割本身,(3)交割后事项。

预交割

在预交割过程中会发生什么?

在预交割过程中:(1)双方及其律师分发交割文件,包括执行文件的草稿,以便在预定的签署和出资日期之前进行最终审核和批准;(2)每一方均应确保其已满足或放弃所有交割条件;(3)双方协商并解决任何未决的交易事项。交易的大小和复杂性以及未决事项的数量(包括在最后阶段可能出现的新问题)将决定预交割阶段的长度。一项典型的复杂交易,即一种具有多层融资、多州联合以及需要多个第三方或政府部门认可的交易,很容易就会涉及长达一两个星期的预交割活动。

交易双方如何确认已满足或豁免了交割的先决条件?

至于需要通过交付文件来满足的交割条件,双方及其律师将通过审查有关文件,来确定该交割条件是否符合适用的收购协议或相关融资协议的要求。这些需交付文件有监管批准、业主弃权书、禁止反言证书和管理层雇用协议等。

在某些情况下,例如,在需要上述法律意见和取消信函的交割中,交付此类文件的各方或其律师在交付前将有额外的责任,即要确保协议中所列文件事实上已经交付,而且这些文件中提出的事实和法律事项是真实的。

例如,在提供法律意见之前,顾问将重新审查诸如《统一商法典》(UCC)留置权搜索、公司决议、信誉良好的证书、管理层证书等文件,并将验证诸如并购文件的归档、抵押贷款的记录和《统一商法典》融资陈述等操作是否已经完成。

当涉及其他交割条件时,如不存在威胁交易完成的未决诉讼,而且目标公司业务未发生重大不利变化的话,当事各方必须审查尽职调查过程中关于这些条件的结果,若有必要,则还要进行进一步的研究(例如,检查目标公司最近期间的可用财务报表),然后卖方可能需要做一个与先前讨论一致的取消陈述。

能详细说明一下卖方的取消陈述吗?

在收购协议中所作的陈述(通常在交易签署或交割完成之前)中,卖方要保证所出售公司的财务报表真实、准确地反映了公司的情况。在交割时所作的新陈述中,卖方必须说明,在财务报表陈述日到签署日之间,目标公司的财务状况、运营或前景没有发生重大不利变化。

买方不需要在不满足任何取消条件的情况下终止交易,因此该条款将把在签订收购协议至交割完成期间因任何不利变化而导致的损失风险分配给卖方。中期亏损可能会降低目标资产的价值,因此取消条件能允许买方重新谈判一个反映变化的更低价格。

交割时,公司高层管理人员必须(在证书中)证明在截止交割日,陈述和保证在所有重大方面都是准确的。提供此证明是交割的条件之一,但是它还有另外一个非常重要的作用:该证明也是对截止交割日的所有陈述和保证的重述。

如果高层管理人员的证明证书不准确,这种不准确性将构成对陈述或保证的违反,并可能导致买方根据本协议的赔偿条款让卖方承担责任。在没有高层管理人员提供证书的情况下,买方可能无法防范在签字和交割之间发生的某些不利事件。

例如,如果发生了重大责任事件,并在交割前被发现,那么交割条件将无法得到满足,买方可以因此放弃交易。但如果该事件没有被发现,双方可能会完成交割,因为据他们所知,所有交割条件——包括关于未披露债务的陈述和保证是真实的条件——都得到了满足。

很明显,买方需要的不仅仅是某一个交割条件来完全排除未发现的问题。要求卖方作出关于交割条件得到满足的陈述,将允许买方将卖方未能满足交割条件的行为视为对陈述的违反。如果买方因此类违约行为而获得损失赔偿,则凭该证书,买方将免受未发现问题造成的损失。

顺便说一句,高层管理人员的证书通常只代表公司,它不应构成个人宣誓书;否则,如果证书被证明不真实,即使公司管理人员没有过错,也可能要对买方承担个人责任。

买方或卖方如何确保其陈述和保证在截止日期是真实的？

交易各方的律师应定期与客户确认，没有发生任何重大事件会致使客户的陈述或保证不真实。一般来说，一旦发生任何重大事件，如卖方大客户的流失或有提起诉讼案件，作出保证的一方应及时通知其他交易方有关情况，以便可以在交割前协商对条款的适当豁免或修改。（当然，如果卖方能将这样负面的披露信息，连同目标公司良好发展的正面消息一同告知买方，有时也能减轻对买方的打击。）

此外，在交割前至少两到三天，律师应与相应的员工和客户代表逐行审查客户的陈述和保证。与这些陈述和保证无关的任何事实应作为例外纳入客户关于陈述和保证准确性的交割证书中，并应立即被提交给其他交易相关方进行审查。如果其他交易方同意接受带有这样例外的证书，则他们会被视为豁免了该交割条件（尽管他们可能没有放弃因违反陈述或保证而获得赔偿的权利）。

除了直接豁免现有文件中的条款外，豁免还能采取哪些其他形式？

对交割条件的豁免也可以通过接受包含与先前协商的不统一的条款的文件来实现，例如，采纳例外情况、作出假设或排除各方最初未考虑的事项的法律意见。除非这些新条款可以很容易地被纳入现有协议，否则最好的办法是创建新的书面豁免，让豁免方执行。

在交易预交割阶段，真正需要重新谈判的情况有多少？

有的时候，相当多！就像并购交易的绝大多数情况一样，双方应该准备好迎接任何事情的发生，这些事情包括：

- 卖方提起诉讼或出现税款不足评估；
- 卖方财务状况的变化；
- 买卖双方负责人的性格冲突尚未解决；
- 贷款人要求修改买卖双方之间的交易、要求提供额外的担保、要求买方筹集额外的股本，以及/或要求给予贷方股权回扣。

这些难以想象的事件能够并且确实在发生，交易各方可能也因此需要就基本的业务问题进行重新谈判。因此，买方和卖方在交易结束前应做好适当妥协的准备，并确定好哪些条款是不可协商的。

在交割周的谈判中谁最有影响力？

首先，交易各方为处理交割事宜成立的各处办公机构，增加了他们为促使交易进入这一阶段所投入的资源，这给参与交割的所有人带来了巨大的关联感和动力。因此，各方都有一定的妥协空间。然而，并不因为双方都在快速接近终点线，就意味着双方的议价能力就一定相等。在之前的谈判过程中形成的杠杆差异可能会在交割周持续存在。然而，对于交易各方之间的权力关系是否会发生哪些程度的变化，目前不存在什么硬性规定。

例如,买方可能理所当然地认为,因为交割完成而获得收入的美好画面正在卖方的头脑中翩翩起舞,所以,卖方应该很容易就屈从于贷款人的任何要求。但事实上,卖方可能正在重新考虑这笔交易,并抵制对收购协议进行任何修改,以此迫使买方陷入无法完成交割的境地。相反,买方可能认为(或知道)它正在廉价地购买目标公司,因此可能会采取一切必要措施来实现快速交割。

什么是预交割演习?

预交割演习就是交割前的彩排,最好不早于交割前 3 天,也不晚于交割前一晚进行。双方律师主持演习;他们的客户和其他人员将根据需要出席。随着时间的推移,预交割演习过程变得更加电子化,这也许并不令人感到意外,但这一演习过程的基本要素保持不变。

在过去,交易各方通常会在谈判桌上把所有有关交割的文件排列开来,以便其他有关交易方能够确信,这些文件所包含的交割条件已得到满足。这些文件通常被装在一些用"马尼拉纸"做的文件袋里,而且这些文件袋会被放在一个长长的金属文件夹里。为了交割时节省时间,双方将在预交割演习中准备尽可能多的文件,从而确保所有交割条件将尽早得到满足,以及确保在交割当日任何形式的在线资金拨划或销售收益也可以顺利入账。在审查完交割文件和交割核对清单后,各方将确定交割前在法律和后勤方面必须完成的任务。不过,有时候交易各方会列出一个次要的未完成事项清单,并同意在交割后再解决该事项的现象也并不罕见。

今天,这个过程的大部分是通过电子联系和电邮方式完成的。律师将转发所有相关文件的 PDF 复印件,客户通常会签字(再一次,这一过程通常通过"DocuSign"等电子签名服务实现的)。律师将在交割日期之前交换这些签名,其中律师有得到明确指示:收到此类签字的律师应将文件托管,直到传输该签字的律师明确书面授权(通常是通过电子邮件)发布该签字为止。因此,尽管过去那种交割文件"作战室"的日子可能已经一去不复返,但整个过程大体上还是相同的。电子化交易趋势中最大的例外是涉及银行融资或房地产转让的交易。其中部分原因是《统一商法典》的遗留规则,这样的交易仍然需要实际的签名——通常是多份副本——这些签名都是需要实际保留或通过适当渠道存档的。

在涉及第三方融资的交易中,贷款人及其律师甚至可能要求进行两次或更多的预交割前演习,即一次演习涉及自己的融资,一次演习审查交易的公司方(如果适用的话),还有涉及交易的其他融资部分的演习。

交割

交割当天会发生什么?

假设双方进行了一次预交割演习,通常会发生以下三种情况:

(1)文档准备:当事人和他们的律师会对任何修订过的或新产生的文档进行审查,双方将执行任何先前未执行的文件,所有未标明日期的文件将会被标注日期,所有之前本该召开的董事会议将被召开,以及任何修改的文件或签名必须在当地律师发表意见之前提交给他们。

(2)文件核对:双方将根据交割核对清单审查交割谈判桌上排列的所有文件。

(3)资金和文档交付:当所有律师都认同所有交割条件已经得到满足或豁免的时候,他们会指导客户各自的代理转账或归档/记录文件(按照约定同时进行或按这样的顺序进行),如适用,律师将认为交割谈判桌上的所有文件已按照交割核对清单和其他支配协议中规定的顺序交付。

在涉及第三方融资的交易中,交易的哪一部分最先交割?

理论上,所有的交易都应该是同时进行的。然而,实际上,在确认交易合作方的那部分工作已经完成之前,贷款人通常不会放贷。也就是说,贷款人会要求交易达到以下条件:股票或销售单据已经交付,合并证书已经归档,证券和所有权文件已经妥善记录。

一项交易的交割实际需要多长时间?

根据交易的复杂程度、不按照计划或日程的事情的多少以及交易各方和其律师在提供合理的过渡性安排,替代方案和食宿方面有多少善意、耐心和独创性等,一项交易的交割可能高效地在一两个小时完成,也可能拖好几天。

交割应该定在哪一天?

最好是选择星期五或假期前一天以外的任何一天。如果未能在周末或假期之前的预定日期完成交割,双方就会陷入尴尬的境地,因为他们不得不工作到非工作日或者是整个非工作日都要工作,而且直到下一个工作日之前,他们都不能转移或投资资金,同时伴随而来的是所有相关人员个人生活的中断(对那些交割非必需员工来说,这可能显得尤为麻烦)。

能导致交割脱轨的常见逻辑混乱有哪些?

一些最头痛的问题的出现源于未能做到以下几点:

- 请当地律师随时待命,对文件在最后时刻的更改进行审查,因为这些更改可能

包含由于时间的流逝而导致的重大错误,所以需要对这些错误进行修订、修改或豁免才能实现交割;

- 当地律师提供文件副本或其他事项,这些文件或事项是发布律师意见的条件;
- 向由适当司法管辖区预先批准的合并条款;
- 有专人随时准备对文件归档或记录,这些文件包括合并文件、《统一商法典》表格(如 UCC-1s)以及按照 UCC-1s 要求需要从记录外删除的抵押贷款和终止条款;
- 有足够的员工对文件进行最后一刻的修改;
- 进行了预交割演习,并对所有非变更文件进行了执行演习;
- 在交割总部机构有足够的法务人员来协商最终文件,也要包括当地律师的法律意见;
- 在转让所有权之前确保资金安全;
- 获得正确的转账指示;
- 确定电汇的时间,或者安排银行在正常营业时间以外的时间开通电汇业务;
- 及时完善所有交割前的公司重组(如子公司合并到母公司,解散已倒闭的子公司,或提交修订宪章);
- 让税务律师审查最终条款和文件,以确保税务规划目标没有因最后一刻的重组或起草而受到不利影响;
- 从适当的司法管辖区取得所需的合格证书或其他认证文件。

拥有恰当的提前计划这一点即使不能完全避免失败的话,也可以避免大部分的失败。

UCC 表格到底是什么,以及它们应该在哪里归档?

正如在第五章注释 7 中介绍的,UCC 表格是附属于《统一商法典》的文件,也是由"美国法律协会"和"全国统一州法律联盟"制作的立法模板。最常见的 UCC 表格是 UCC-1 或"融资陈述",这些表格被用于有担保贷款,贷款人使用 UCC-1 对某一担保品或某一企业或个人的全部资产设置一个留置权。[2]

UCC 允许债权人通知其他债权人将债务人的资产作为担保交易的抵押品,其中使用的方法是向一个特定的备案办公室提交一份公开通知(融资陈述)。[3] 备案地点通常是公司所在州的州务卿办公室——也就是说,如果该组织是在一个州注册的,那么备案地点就是该组织所在州。如果该机构没有注册,而且存在一个以上的营业地点,那么备案地点便是执行总裁办公室(总部)所在州。最后,在个人或独资经营者的情况下,备案地点可以是该个人居住的州。

完善担保权益或农业留置权需要向州务卿办公室备案,但是备案或记录相关不动产抵押却需要向县书记或指定的其他办公室备案。如果抵押品是提取物或要砍伐的木材,或如果融资陈述是作为固定资产备案的,而且抵押品已成为或将成为固定资产,这样做也是有必要的。

在大多数情况下,融资陈述是在有担保交易交割时提交的。但是,在贷款交割之前,最好提交融资报表,并按照表格对债务人进行检索,以查找其他债权人的现有备案。

电汇

什么是"资金电汇"?

"资金电汇"是通过计算机传送的一系列借记和贷记的付款方式。美国国内电汇是通过美国联邦储备系统进行的,该系统在美国分为 12 个区,每个区有一个主要的联邦储备银行和无数的分支银行。这种资金的实际转移发生在联邦储备银行和分支机构的账簿上。国家间的资金电汇是通过一系列的借方和贷方在代理行之间直接转账实现的。

境内电汇是如何进行的?

要进行电汇,买方和卖方所使用的银行都必须是联邦储备系统的成员,并且交易双方必须在一家联邦储备系统银行或一家成员银行开设账户。买方或贷款人电汇资金时必须向其银行提供卖方的名称、卖方银行的名称、要贷记的账户的身份,以及在美联储系统中能识别卖方身份的美国银行协会(ABA)账号。

在确认客户资金后,始发成员银行或所谓转账方将通知其储备银行,从转账方的账户中扣取贷记给成员银行受让方或所谓收款方。如果转让方和受让方在两家不同的储备银行均有账户,转让方的储备银行将向受让方的储备银行发出授信申请,向后者授信。然后,受让方的储备银行将通过联邦储备银行的官方转账系统联邦电汇(Fedwire)向受让方的账户中存入任何特定金额。现在联邦电汇的平均价值是 500 万美元。[4]

始发银行如何确认客户资金?

所有要汇出的资金必须在汇出前收回。因此,如果支票存款覆盖的电汇尚未清算的话,那么转账将被延迟或阻止。从本质上说,汇出行是在保护自己免受适用于暂停付款指令的项目的影响,以确保最终付款生效。这样的项目包括保付支票和银行支票。通常推荐使用"立即可用的资金"或"联邦资金",这样的资金意味着用于汇款的资金已被收回。

电汇的最终付款时间是什么时候?

一旦受让方收到该款项的到账通知,即当美联储电汇从其联邦储备银行支付款项的时候,被视为最终付款,并且,除下文所述的情况外,卖方有权使用该资金。

转让人通知其储备银行从其账户取款后,转让人可否做出撤回电汇资金的要求?

如果转让方的撤销请求是在储备银行有合理的机会按照其要求撤销的情况下提出的,则储备银行可停止电汇行为。如果收到请求太迟,但转让方仍然希望撤销转账的话,储备银行则可以要求受让方的储备银行请求受让方返还资金。然而,因为储备银行将只用对自身缺乏诚信或未能对客户进行常规服务的行为负责,所以,如果受让方拒绝返还资金的话,储备银行则将不承担任何责任。

当日预支付给卖方的电汇订单的截止时间是什么时候?

虽然没有任何一家储备银行会保证能在要求的日期内完成资金的转账,但是一般来说,下午3点是转账发起银行的截止时间。此外,储备银行可在有指示的情况下在闭市后进行电汇。这种情况通常发生在紧急情况或大笔资金转移的时候。提交国际电汇订单的最后期限通常是下午12:30。

境内和国际电汇资金有什么区别?

对于一笔国际电汇,美联储不能抱有绝对安逸和安全的心态,因为国际电汇通常需要更长的时间。此外,使用国际电汇还有临时付款的问题。具体来说,借记账户的银行通常保留收回贷给客户相应银行贷款的权利。在客户账户透支过度的情况下,可能会导致在决定何时支付最终款项时出现问题。

要求通过电汇付款对卖方来说优、缺点分别是什么?

对于卖方来说,为了在交割日获得销售收益,电汇付款是仅次于现金交易的最佳方式,因为一旦转让方的请求被其储备银行接受,联邦储蓄银行就承担了最终付款后的风险。

电汇付款的一个潜在缺点是它可能存在收款的延迟。由于账户协议的原因,卖方银行在收到联邦储蓄银行的转账后可能不需要立即将该金额记入卖方账户。联邦法律要求受让人立即将款项记入受益人的账户。然而,它对于"立即"的含义却并没有作出明确规定。卖方最好熟悉其银行账户协议的条款。此外,卖方可以在收购协议中明确指出,只有在卖方的个人账户收到转账后,买方的资金交付义务才算完成。

交割时,卖方是否可以接受现金或电汇以外的付款方式?

基本上有三种银行签发的支票对接受它们的卖方来说几乎是毫无风险的:(1)保付支票,(2)银行本票以及(3)银行支票。[5] 虽然每一种支票都有一些与众不同的特点,但所有这些支票的设计都是为了让收款人放心,即让收款人确信,指定的付款人银行一定会支付应付款项。

- 保付支票是一种经付款人银行证明的工具支票,它不受止付令的约束。根据《统一商法典》规定,作出证明的银行对未兑现支票承担个人责任,而其客户则承担次要责任。

- 银行本票与保付支票是类似的。当银行开出银行本票时,银行同时作为支票金额的付款人和受款人。与保付支票一样,银行在签发银行本票时即被视为已接受本票付款,客户不能终止付款。卖方无法得到付款的唯一风险是开票行在付款之前破产。即使在这种破产情况下,如果该银行是联邦存款保险公司(FDIC)的成员,那么该支票可获得高达 10 万美元的赔付。

- 银行支票给卖方的安全感远不及保付支票或银行本票,因为与这两种支票不同的是,银行支票的开具行并不承担付款金额(也就是开具行并不承诺在开票时就按指定金额付款);相反,开票行只在实际出示支票时才支付。尽管存在这种差异,《统一商法典》仍将银行支票视为现金等价物,而且只有当开票行是交易的直接参与方时,它才能终止付款。只有在欺诈或票据被盗的情况下,客户才可以要求停止支付银行支票。

交割后

交割后通常还有哪些事项?

交割后任务通常分为两类:文件分发和收尾。

文件分发

文件分发需要计划。尽管参与交割的各当事方通常都希望离开谈判桌(无论该谈判桌是实际存在还是虚拟的)时能获得一整套正式的交割文件,但这是不现实的。首先,交割各方对交割文件的要求都不一样。某些参与方不应接收到其他参与方该接收的文件,有些参与方需要原始文件,而另一些参与方只需要扫描 PDF 文件(或相同文件的副本)。其次,在其他地点持有或执行的某些文件,只能在交割的时间和地点通过电子传输获得,或者根本不能获得。最后,文件的绝对数量可能妨碍对执行文件进行分类和扫描,以导致不能在当事各方离开谈判地之前将文件送到他们手上。

然而,从某种程度上来说,每个参与者都应该收到其有权获得的一套完整的交易文件。过去,在某些交易中,最初分发原件和(如有)副本之后,将产生一个合并文件集,其中包含一套完整的文件索引,并被装订成一册或多册。这些文件集可能是平装的,或者,如果经费得到客户批准的话,可以用书脊上印有字母的针孔封皮永久性地装订起来。收购文件通常与融资文件分开装订。

正如预交割演习变得越来越数字化一样,交割后的文件分发也越来越数字化。今天，采用一个主 PDF 文件，其中包含所有交割的文档，并可以使用电子书签进行索引，以跳转到特定的文档，这样的文件分发方式并不少见。有时，这些文件可能超常规得大，无法通过电子邮件发送。在这种情况下，使用提供安全传输大文件的服务来发送文件是很典型的做法。

无论交割后的文件分发是通过物理方式还是电子方式完成的，如果在交割前使用了良好的交割文档核对清单的话，那么最终的文档组装和分发工作将会容易得多。当完成更新时，核对清单可以转换为交割备忘录（它也可以作为交割文件集的索引），并可以添加交割前、交割时、交割后的交易简要记叙。即使收购和融资交割发生在不同的办公地点，也可以使用共同的交割备忘录。

收尾

第二个交割后的主要工作是收尾过程，该过程负责完成交割时未完成的任何任务。收尾可能包括下列事项：
- 附属文件的更正或修订；
- 抚恤金计划的终止或转移；
- 交割未得到的相关批准和认同事项的跟进；
- 完成资产负债表价格调整的截止日期审计并提供相关文件，或从延迟提交文件的司法管辖区收到截止日期的产权保险承诺或保单。

此外，对于存在必须对分散于多个司法管辖区的许多房地产进行抵押，或存在担保品位于外国的情况下，交割后可能会要求交易方完成抵押物品备案和担保利益的完善工作，该项工作完成的最后期限为交割日后的几个月。

在这两种情况下，在其他事情的压力和时间的流逝使完成这些工作变得更加困难之前，负责事后工作的个人应该努力尽快完成他们的任务。负责这些活动的各方应编制并遵守一份类似于交割核对清单设计的交割后核对清单。

结论

交易的交割通常是检查交易细节并确保所有各方都理解交易的最后机会。交割备忘录是为了记录在交割日之前发生的所有交易性事件。附录 8A 中的样板交割备忘录来自一项非常复杂的交易，它提供了一个有用的模板。

附录 8A

交割备忘录样本（包含交割文件的详细时间表）

塔吉特收购公司与塔吉特公司的合并。

2019 年 12 月 31 日

上午 9 点，东部标准时间

Ⅰ.概要

本备忘录描述了与收购（"收购"）塔吉特公司（Target Co. Inc）有关的主要交易，该目标公司是特拉华州的一家百货公司（"塔吉特"）；买方是霍丁思公司（Holdings，Inc），该公司也是特拉华州的一家公司（"霍丁思"）。霍丁思·塔吉特收购集团（Holdings；Target Acquisition Corp，TAC），是特拉华州霍丁思公司（Holdings，Inc）全资控股的子公司。塔吉特和卖方霍丁思有限公司（Holdings，Ltd）于 2019 年 10 月 1 日达成合并协议（"合并协议"）。霍丁思有限公司拥有塔吉特公司全部已发行和对外发行的股票。依据该协议，塔吉特收购集团将被合并入塔吉特公司。

为了在生效日期完成收购，投资方公司（以下简称 IC）的关联公司（称"投资者股东"）为实现所持股份的资本化，以 400 万美元价格购买了霍丁思公司 80 万股普通股。同时，IC 以追索权方式向霍丁思的某些管理人员（"管理股东"）提供了 100 万美元贷款。管理层股东以 100 万美元的价格购买了 20 万股的普通股，并将这些股票抵押给 IC，以确保偿还贷款。TAC 这样就被合并入霍丁思公司。

在生效日，霍丁思与贷款方银行（"银行"）签订了一份信贷协议。根据该协议，霍丁思获得了 4 000 万美元的定期贷款和最高 1 000 万美元的循环信贷贷款（"信贷协议"）。与此同时，霍丁思公司与投资银行集团（"投资银行集团"）签订了过渡性融资协议，根据该协议，霍丁思公司获得了 6 000 万美元的过渡性贷款（"过渡性协议"）。控股公司以 2 万美元的价格出售了 20 万股普通股的认股权证（"投资银行家认股权证"），该 20 万股份被出售给领导投资银行家股份有限公司（"领导投资银行家"）及其指定人员。

在生效日期后，霍丁思公司和领导投资银行家公司预计将签订一项证券购买协议（"证券购买协议"）。根据该协议，霍丁思公司将返还所持 2 万美元股份给领导投资银行家公司，而领导投资银行家公司将把认股权证返还给霍丁思公司。此后，霍丁思公司将以 2 万美元价格出售 20 万股普通股的认股权证给证券购买协议中所指定的买方（"买方"）（所谓"指定购买认股权证"），交付给买方的日期为 2024 年 11 月 30 日之前，其总本金金额为 6 000 万美元。（所谓"指定"）的控股公司将获得 6 000 万美元现金，根据过渡协议，它将用这笔钱来偿还 6 000 万美元的过渡贷款。

在生效时间之后，除了提供定期贷款、初始循环贷款和过渡贷款的资金，霍丁思公司还向 TAC 提供了 1 亿美元作为出资额。卖方收到 1 亿美元现金，再减去交易完成后需要支付的公司间贷款，A 系列优先股的赎回价值为 1 000 万美元，同时卖方获得一份授权其购买 4 000 股普通股的认股权证（"卖方认股权证"）。

交割发生在 2019 年 12 月 31 日（"生效日期"）东部标准时间上午 9 点。合并在向特拉华州议会提交合并证书之日起生效（"生效时间"）。

本部分内容中所有未定义的大写字母术语在协议中都有定义。信贷协议（CA）、过渡贷款协议（BFA）、证券购买协议（SPA）在协议内容中都有各自特定的含义。

Ⅱ. 交割前交易

在交割前采取了以下行动：

(1) 2019 年 10 月 1 日，Holdings、Target、TAC 和卖方之间的协议执行并交付。

(2) 2019 年 10 月 1 日，TAC、卖方和代理银行（"托管代理"）签订了一份托管协议，根据协议第 3.3 条，TAC 向托管代理存入了 100 万美元（100 万美元）。

(3) 2019 年 10 月 1 日，各控股公司董事会和 TAC 批准了合并和协议的条款，TAC 董事会批准了托管协议。

(4) 2019 年 10 月 1 日，目标公司董事会和卖方董事会分别批准了合并和协议的条款，卖方董事会批准了托管协议。

(5) 2019 年 10 月 2 日，卖方发布了一份新闻稿，宣布了控股、目标、卖方和 TAC 对合并条款的协议，并宣布了协议的执行。

(6) 2019 年 11 月 16 日，银行向控股公司提交了一份承诺函。根据该承诺函，银行同意提供 4 000 万美元的定期贷款和 1 000 万美元的循环信贷额度促进收购，并在收购后提供营运资金。

(7) 2019 年 11 月 24 日，首席投资银行家向控股公司提交了一份承诺书。根据承诺书，首席投资银行家承诺提供一笔过渡性贷款，总金额为 6 000 万美元。

(8) 2019 年 11 月 24 日，控股公司向首席投资银行家递交了一封保留函。根据该函，控股公司保留首席投资银行家出售票据和票据购买者认股权证。

(9) 2019 年 12 月 24 日，即交易完成前至少 3 个工作日，卖方根据本协议第 4.3 条向 TAC 提交了一份通知，其中列出了交易完成后应立即支付的公司间贷款的金额。

(10) 2019 年 12 月 28 日，公司董事会和控股股东通过了一项对公司注册证书的修订，授权发行 A 系列优先股。

(11)2019年12月28日,控股公司提交了一份修订和重申的公司注册证书,其中规定1 500股A系列优先股的票面价值为每股1.00美元。

(12)截至2019年12月30日,合并证书由TAC的总统签署并由该公司的秘书认证,由Target的总统签署并由该公司的秘书盖章和认证。

(13)2019年12月30日,控股公司董事会授权向卖方发行1 000股A系列优先股,其权利在修改并重申的控股公司注册证书中指定。

(14)2019年12月30日,卖方作为Target的唯一股东,同意本协议及合并证明。

(15)2019年12月30日,作为TAC的唯一股东,控股公司同意本协议及合并证明。

Ⅲ. 交割文件及交易

以下文件在生效日期或之前送达,但所有此类文件均视为在生效日期送达。除非另有说明,所有文件的日期均为生效日期,并在纽约市交付。与交割有关的所有交易应视为同时完成,因此,在交割生效之前,任何交易均不生效。已执行文件的副本(或影印本,或必要的任何版本)将于交割完成后分发,分发详情如下:

一份给投资方公司(简称IC);

一份给霍丁思公司(Holdings);

一份给卖方;

一份给塔吉特公司(Target);

一份给银行;

一份给领导投资银行家公司(LIB)。

影印本分发详情如下:

一份给投资银行家公司律师(IBC);

一份给卖方律师(SC);

一份给银行律师(BC);

一份给投资者公司律师(ICC)。

Ⅳ. 交割文件一览表

1. 目标公司和其子公司以及卖方的良好的信誉、条款、章程以及职责

1.1. 2019年12月3日,由特拉华州州务卿认证的公司注册证书和所有最新修订证书。

1.2. 日期为2019年12月3日的特拉华州州务卿证书,证明塔吉特(Target)是一家真实存在的公司,并在特拉华州法律下具有良好的信誉。

1.3. 特拉华州州务卿的电传,注明生效日期,更新了上面第1.2项所述的信息。

1.4. 加州和纽约州务卿分别于2019年12月1日和2日签发的证书,证明塔吉特公司有资格开展业务,并在这两个州有良好的信誉。

1.5. 用于更新上文第 1.4 项日期所述信息的加利福尼亚州和纽约州州务卿的电传或口头同意。

1.6.（a）－（b）目标公司下属子公司（以下简称"子公司"）的章程或公司注册证书或其他组织文件,以及经管辖区域当局证明的所有最新修订：

（a）纽约塔吉特有限公司子公司（纽约）；

（b）特拉华州塔吉特公司子公司（特拉华）。

1.7.（a）－（b）第 1.6 项所述的当局证明,证明各附属公司均为实际存在的法人团体,并有良好的信誉。

1.8.（a）－（b）由第 1.6 项所述当局的电传或口头同意,更新上文第 1.7 项所载的资料。

1.9. 2019 年 12 月 3 日,由特拉华州州务卿认证的卖方公司注册证书和所有修订证书。

1.10. 特拉华州州务卿出具的证明,日期为 2019 年 12 月 3 日,证明卖方是一家现有的公司,在特拉华州法律下具有良好的信誉。

1.11. 特拉华州州务卿的电传,注明生效日期,更新了上面第 1.10 项所述的信息。

1.12. 目标公司秘书证书,日期为生效日期,包括该公司的注册证书和公司章程、该公司的选举、在职和高级职员的签名等,并证明该公司的董事会和股东根据本协议第 8.4 条就该交易作出的决议。

1.13. 卖方秘书证书,日期为生效日期,包括卖方公司的注册证书和公司章程、该公司的选举、在职和高级职员的签名等,并证明该公司的董事会和股东根据本协议第 8.4 条就该交易作出的决议。

2.1. 霍丁思公司和 TAC 良好的信誉、条款、章程以及职责。

2.1. 霍丁思公司 2019 年 12 月 21 日由特拉华州州务卿认证的公司注册证书及其最新修订。

2.2. 特拉华州州务卿出具的证明,日期为 2019 年 12 月 21 日,证明控股公司是一家真实存在的公司,且在特拉华州法律下具有良好的信誉。

2.3. 特拉华州州务卿的电传,注明生效日期,更新上面第 2.2 项所列的信息。

2.4. 2019 年 12 月 22 日,加利福尼亚州和纽约州州务卿的证明,证明控股公司有资格经营业务,并在这些州有良好的信誉。

2.5. TAC 公司 2019 年 12 月 10 日由特拉华州州务卿认证的公司注册证书和所有最新修订。

2.6. 特拉华州州务卿出具的证明,日期为 2019 年 12 月 21 日,证明 TAC 是一家真实存在的公司,在特拉华州法律下具有良好的信誉。

2.7. 特拉华州州务卿的电传,注明生效日期,更新上面第2.6项所列的信息。

2.8. 霍丁思公司秘书证书,日期为生效日期。证书包括该公司的注册证书和公司章程、该公司的选举、该公司高层管理人员的签名等,并证明该公司的董事会和股东根据本协议第9.4节5.01(e)、(f)和(h)部分的信贷协议和过渡协议部分内容作出决议。

2.9. TAC公司秘书证书,日期为生效日期。证书包括该公司的注册证书和公司章程、该公司的选举、该公司高层管理人员的签名等,并证明该公司的董事会和股东根据本协议第9.4节5.01(e)、(f)和(h)部分的信贷协议和过渡协议部分内容作出决议。

2.10. 塔吉特公司(存续公司)秘书的证明,日期为生效日期,证明该公司董事会根据本协议中信贷协议和过渡协议第5.01(e)、(f)和(h)部分内容作出决议。

2.11. (a)—(b)第1.6所列出的子公司秘书证书。证书包括该公司的注册证书和公司章程、该公司的选举、该公司高层管理人员的签名等,并证明该公司的董事会和股东根据本协议第9.4节5.1(e)、(f)和(h)部分的信贷协议和过渡协议部分内容作出决议。

3. 主要文件

3.1. 合并协议,日期为2019年10月1日。

3.2. 合并证书。

3.3. 托管协议,日期为2019年10月1日。

3.4 证书编号PA-1-1,证明持有1 000股A系列优先股。

3.5. 卖方登记权利协议。

3.6. 卖方保证。

3.7. 信贷协议,连同其附表和附件。

3.8. 塔吉特公司担保协议,在银行之间充当代理人,并为贷款人和塔吉特公司的可估价利益服务。

3.9. 条款(a)—(b)所列出子公司担保协议,在银行之间充当代理人,并为贷款人和条款(a)—(b)所列出子公司的可估价利益服务。

3.10. 霍丁思公司承诺协议。

3.11. 第8号证书证明持有100股,构成塔吉特公司所有已发行和对外发行股票的股份,以及经正式认可的股票权力。

3.12. 塔吉特公司承诺协议。

3.13. 证书(a)—(b)证明1.6中所列各子公司的所有已发行和对外发行股份,以及经正式认可的股票权力或其他转让方法。

3.14. 个人股票质押协议,由各股东和管理股东签署,以银行为受益人。

3.15. 证明所有已发行和发行在外的普通股的证书,以及各股东正式认可的股票权力。

3.16. 抵押贷款。

3.17. 塔吉特公司签署的加入协议。

3.18. 2019年12月27日的私募备忘录。

3.19. 2019年12月30日私募备忘录的补充。

3.20. 过渡协议。

3.21. 过渡补充约定事项。

3.22. 高级附属过渡补充协议。

3.23. 过渡补充登记权利协议。

3.24. 由霍丁思公司签发给领导投资银行家公司的认股权证。

3.25. 霍丁思公司与投资银行集团之间的次级质押协议。

3.26. 银行与投资银行集团之间的债权人协议。

4. 与托管代理有关的文件

4.1. 由卖方和TAC根据《托管协议》第4(a)条签署的联合书面通知,表明合并已经完成,并指示托管代理向塔吉特公司支付托管保证金和由此产生的利息。

4.2. 塔吉特公司从托管代理处收到的金额为1 025 000美元的款项,收到日期为生效日期。

5. 与遵守合并协议有关的文件

5.1. 卖方公司总裁的证书,日期为生效日期,依据本协议第8.1条和第8.2条,以及本协议中规定的陈述和保证,对本协议进行遵守和履行。

5.2. TAC副总裁的证书,日期为生效日期,根据本协议第9.1条、第9.2条及第9.7条,以及本协议中规定的陈述和保证,对本协议进行遵守和履行,以及对TAC的业务、财务和运营状况的陈述。

5.3. 根据本协议第8.9条,由持有购买塔吉特公司普通股期权的每个人执行的发行。

5.4. 塔吉特公司的第7号证书,证明向卖方发行的1 000股塔吉特公司普通股,以及可能需要的股票转让印花税。

6. 与遵守信贷协议有关的文件

6.1. 霍丁思公司首席执行官和首席财务官根据信贷协议第5.1(d)条签署的关于陈述和保证以及无违约事件的执行证书。

6.2. (a)－(d)项覆盖个人财产的《统一商法典-1》(UCC-1)融资陈述和完善美国知识产权担保权益的适当文件如下:

(a)霍丁思——加州州务卿;加利福尼亚州洛杉矶县书记官;纽约州政府;及纽约

市市政局；

(b)塔吉特——加州州务卿；加利福尼亚州洛杉矶县书记官；纽约州政府；及纽约市市政局；

(c)纽约塔吉特子公司——纽约州政府；及纽约市市政局；以及

(d)特拉华州塔吉特子公司——特拉华州州务卿；特拉华州纽卡斯尔县书记官。

6.3. 塔吉特公司总裁出具的证明，证明塔吉特公司的所有债务已根据信贷协议第5.1(o)条支付或再融资。

6.4. 根据信贷协议第5.1(s)条，任命加利福尼亚州的CT公司系统为CT公司、霍丁思公司、塔吉特公司和各子公司执行服务的代理。

6.5. 根据信贷协议第5.1(t)条，为霍丁思公司及其合并子公司编制的形式上的交割日期资产负债表。

6.6. 根据信贷协议第5.1(y)条，贷款基础报告的日期应不超过在生效日期前2天。

6.7. 根据信贷协议第5.1(b)条，评估公司对塔吉特公司不动产和个人财产的公平市场价值和有序清算价值的评估。

6.8. 塔吉特公司和其子公司根据信贷协议第5.1(d)条执行的书面承诺。

6.9. 根据信贷协议第5.1(k)条，霍丁思公司和塔吉特公司的首席财务官和会计发出的偿付能力函。

6.10. 根据信贷协议第5.1(p)条进行银行信贷审核。

6.11. 借款人根据信贷协议第6.3条提供的同意证明。

6.12. 支付或赔偿赋税留置权(纽约市为1 000万美元；纽约州为500.00美元)的证据。

7. 塔吉特公司出租人的许可、豁免和禁止反悔证明，以及和房地产事宜

7.1. 出租人有限公司的许可，出租人向纽约塔吉特子公司出租位于纽约州纽约市某主要街道的设施。

7.2. 根据本协议第8.8部分，关于业主在加利福尼亚州的财产所有权保险政策，日期为生效日期。

7.3. 贷款人在加利福尼亚州财产的产权保险政策。

7.4. 产权保险问卷。

7.5. 禁止反悔的证书。

7.6. 调查。

7.7. 卖方向产权保险公司的赔偿。

7.8. 信托公司抵押贷款的解除。

7.9. 卖方关于污水排放的协议。

8. 保险

8.1. 根据信贷协议第5.1(x)条指定代理人作为附加被保险人的保险批单。

9. 与履行过渡协议有关的文件

9.1. 霍丁思公司副总裁出具的证书,根据过渡协议第3.1.4条,证明持股人满足过渡协议的某些条件。

9.2. 霍丁思公司和投资银行集团之间的权证回购函协议,日期为生效日期。

10. 律师意见

10.1. 卖方律师(简称SC)意见,日期为生效日期,根据本协议第8.5条、信贷协议第5.1(mm)条和过渡协议第3.1.8条,SC向霍丁思公司、代理、首席投资银行家和约定事项受托人发出的意见。

10.2. 投资者律师(以下简称ICC)意见,日期为生效日期,根据本协议第9.5条,ICC给出的意见。

10.3. ICC的意见,日期为生效日期,根据信贷协议第5.01(c)条,ICC向代理提出的意见。

10.4. ICC的意见,日期为生效日期,根据过渡协议第3.1.7条,ICC向首席投资银行家和约定事项受托人提出的意见。

10.5. 加利福尼亚律师的意见,日期为生效日期,根据信贷协议第5.1(v)条,加利福尼亚律师向代理提出的意见。

10.6. 版权律师的意见,日期为生效日期,根据信贷协议第5.1(w)条,版权律师就商标和版权在美国的注册向代理和霍丁思公司提出的意见。

10.7. 银行律师(简称BC)的意见,日期为生效日期,根据信贷协议第5.1(u)条,BC向贷款人提出的意见。

11. 与投资方律师(IC)和管理层股东有关的文件

11.1. 塔吉特公司和该公司总裁约翰·史密斯之间的雇用协议。

11.2. 约翰·史密斯作为各管理层股东指定委托代理人的权力。

11.3. 由各管理层股东签署的总计100万美元的追索权票据(原件交付给IC)。

11.4. 由管理层股东签署的以IC为受益人的质押协议。

11.5. 交叉收到IC和作为各管理层股东指定委托代理人的约翰·史密斯关于收到票据的确认信息。该票据为11.3中所述合计金额为100万美元的票据。

11.6. 霍丁思公司、投资者股东和管理层股东之间的股东协议。

11.7. IC与塔吉特公司之间的管理咨询服务协议。

11.8. IC和银行签署的并且适用于两者的债权人协议。

11.9. 以 IC 为受益人的追索权本票的信函,日期为生效日期,由 IC 发给管理层股东的律师。

12. 霍丁思公司和塔吉特公司的融资以及合并款项的支付

12.1. 交叉收到霍丁思公司和投资者股东的确认信息。其中,霍丁思公司签署确认收到 400 万美元,投资者股东确认收到第 1—4 号证书证明的霍丁思公司 80 万股普通股。

12.2. 交叉收到霍丁思公司和管理层股东的确认信息。其中,霍丁思公司签署确认收到 100 万美元,管理层股东确认收到第 5—8 号证书证明的霍丁思公司 20 万股普通股。

12.3. 交叉收到卖方和霍丁思公司的确认信息,日期为生效日期,卖方确认收到根据(b)合并协议第 3.2 条和(b)陈述中规定的金额为 1 亿美元的合并付款的(a)现金部分;根据(c)编号 PA-1 证书,霍丁思公司确认收到(i)1 000 万美元作为发行 1 000 股 A 系列优先股的对价,以及确认收到(ii)证明持有塔吉特公司 1 000 股普通股的证书。

12.4. IC 确认收到 300 万美元作为规划费。

13. 贷款的融资和权证的出售

13.1. 金额为 4 000 万美元的定期票据(原件交付给贷款人)。

13.2. 金额为 1 000 万美元的循环票据(原件交付给贷款人)(交割时仅借款 100 万美元)。

13.3. 交叉收到贷款方和霍丁思公司的确认。贷款方确认收到定期票据和循环票据,以及霍丁思公司确认收到 4 100 万美元。

13.4. 交叉收到投资银行集团和首席投资银行家确认收到投资银行认股权证和过桥票据,确认收到 6 000 万美元的持股。

V. 提交公司合并证书

当所有当事方和他们的律师都确认第四节中所列的文件是完整和有序后,根据《特拉华州公司法》,合并证书已被提交到特拉华州州务卿办公室。

注释

1. 参见 Dechert LLP, "M&A Documentation in the USA", Lexology, May 25, 2018, http://www.lexology.com/library/detail.aspx?g=9fd46b1d-d441-4796-906e-099ca04d7125。在美国,有两套法律体系管理电子签名和电子记录的合法性。在联邦一级,2000 年,《全球和国家商业法案》(ESIGN)中有电子签名。在州一级,有一些州法律,这些法律一般以 1999 年修订的《统一电子交易法》(UETA)为基础,参见 DLA Piper, A Short Primer on Applicable US eSignature Laws, May 2, 2018, http://www.dlapiper.com/en/us/insights/publications/2018/05/esignature-and-epayment-

news-and-trends-1-may-2018/a-short-primer-on-applicable-us-esignature-laws/。

2. Daniel W. Lias,"What You Need to Know About Common Uniform Commercial Code（USS）Forms," Wolters Kluwer,June 7,2018,http：//ct.wolterskluwer.com/resource-center/articles/what-you-need-know-about-common-uniform-commercial-code-ucc-forms.

3. 这一解释的来源是得克萨斯州州务卿办公室,参见 awww.sos.state.tx.us/ucc/index.shtml。每个州都有类似的解释。有关特拉华州的解释,请参见 http：// corp.delaware.gov/uccform/。

4. http：//www.federalreserve.gov/paymentsystems/fedfunds_qtr.htm.

5. 这些类型都有变种,参见 Gene Elerding,Partner,Manatt,Phelps & Phillips,LLP,and Ted Teruo Kitada,Senior Company Counsel,Wells Fargo Bank,N.A.,May2012,http：//www.jdsupra.com/legalnews/the-check-book-a-guide-for-check-disp-09983/。

第九章　合并后的整合和资产剥离

引　言

并购交易完成交割后,许多买方和卖方都感到如释重负。因为他们知道,涉及战略、估值、融资、结构设计、尽职调查和谈判等的工作都已成为过去。但对于有战略性眼光的收购方而言,并购交易的完成也是一个新的开始——将两家公司整体合并。

一份典型的收购公告会陈述,一家公司会对另一家公司进行收购是为了利用其某种特定的资源——例如,在高新科技行业中的专业知识,正如我们在 2018 年 7 月康明斯发动机公司(Cummins Engine's)收购电气化领导者高效动力传动系统公司(Efficient Drivetrains, Inc.)案例中所见的那样。[1] 或者收购方可能是为了寻求更广泛的利益,如德国电信公司 T-Mobile 在 2018 年 4 月宣布与美国无线运营商斯普林特(Sprint)合并就是为了促进二者共同进入 5G 时代。[2]

但不管促成交易的原因是什么,大多数收购都需要将两家公司的所有资源、流程和职责进行全面整合。因此,在整合阶段,虽然被收购公司的许多方面事项与战略无关,但仍然需要更密切地被关注。那些梦想着与其他公司并肩合作实现科学突破的收购方会发现,他们也得担心如何设计工资单系统和成百上千类似的琐事,而要处理这些细节,需要全面、详细的综合计划。

与此同时,公司及其利益相关者需要做好公司的子部分或其资产会因收购而被出售的准备。这种可能性也应该成为合并后计划的一部分。

本章简要解释了并购后整合和剥离的基本概念,并对并购交易交割之后关于关键资源、流程和责任的信托管理提供了一般性指导。我们的解释将基于董事会这样较高的层面。而关于更接地气的管理工具指导,本系列中的其他书籍将会有帮助。[3]

整合的基本概念

什么是并购整合？

"并购整合"一词主要指的是在两家或两家以上的公司拥有共同所有权后，将这些公司进行艺术性的"结合"。但这项工作的完成不能是纸上谈兵，而是要落实。并购指的是促成有"结合"需求的公司之间进行合并或收购交易，整合指的是将促成两家公司作为一个整体运作的要素进行"结合"。一个人要想很好地实践并购整合的艺术的话，就必须在实践中学习——或者至少从已经这样做过的类似公司那里学习。

当然，营利性公司并不是唯一参与合并和资产剥离的实体。协会、慈善机构、大学、工会和政府机构也可以合并——在此仅举这几个例子。而合并和收购也并不是唯一能激发整合技能的交易类型。合资企业、战略合作或部分收购也可能需要做一些整合工作。最后，有时候整合可能非常复杂，而且涉及多个公司的整合。这一章的大部分内容将强调只涉及两家公司的标准合并或收购，偶尔也会提到其他适用类型的合并或收购。

难道不是所有的买方和卖方都依赖于并购后整合吗？不然收购一家公司而不进行整合有什么意义呢？

正如在第二章中所解释的那样，企业出于各种动机进行收购，但并非每一项收购交易都涉及整合。

并购后必要的整合程度和整合性质在一定程度上取决于整合要实现哪些目标。例如，实现运营协同这个目标，要比改变课税状态这个目标得到更多的整合关注。尽管如此，对大多数收购方来说，某种程度的整合还是必要的。

对于一个被收购的公司或者它的一个子单位来说，进行整合管理与对其分离管理相比的好处在哪里？

如果收购方有收购该公司的战略理由，某种形式的整合则将是其成功的必要条件。然而，如果收购方收购一家公司的理由是出于财务方面的，那么整合可能就不是特别有用。（有关战略收购方与财务收购方的更多信息见第一章。）

在整合方面，财务方法和战略方法的区别是什么？

财务收购方无意将被收购公司的资源、运营或技术整合到自己的公司中。财务收购方通常是（但不总是）在收购基金，与其说他们是在管理，不如说他们是在监控自己收购的资源。

因此，财务收购的做法是将每个被收购的公司视为一个单独的实体。以科尔伯格·克拉维斯·罗伯公司(Kohlberg Kravis Roberts & Company,KKR)的收购为例，买方试图通过在短时间内实施更高一级的、自上而下的管理策略来增加被收购公司的价值。财务收购可以是相当多样化的。尽管这些交易可能以收购方的专业知识为基础，但收购方不需要通过将被收购公司整合到收购方的运营中的方式来产生良好的并购后回报。

相反地，战略性收购的做法是将每一家被收购的公司视为其企业家族的新成员——无论其行业是不是多样化的(如伯克希尔哈撒韦公司，一家通用电气公司)，还是集中的(如思科，一家通用动力公司)。战略性收购(通常称为合并)通常涉及同一行业或相关行业的公司合并。同一行业的合并可以降低成本(通常通过扩大采购规模或裁员来降低工资成本)和/或增加收入(通常通过增加客户基础)。

合并后计划

实施合并后计划的时间窗是什么？

从来没有人对此时间窗提出过最低限度，但有一些咨询公司提出了最高限度。实际上，整合可能需要长达 1 年的时间，但是更成功的做法是在 6 个月内完成，在 3 个月内(或者更确切地说，"100 天"内)完成是最关键阶段。

我们有充分的理由认为，如果收购方为增加每单位股票价值(可能是通过某种形式的整合)而等待的时间越长，那么后面偿还购买每单位股票所支付的溢价的成本也就会越高。

在获得了最初的意外之财之后，并购通常会有多成功？大多数并购最后都失败了，这是真的吗？

这个问题的答案取决于你如何定义失败。如果你不确定该如何下定义，别担心，因为会这样做的人不止你一个。在过去的半个世纪里，学者们发表了数百篇有关并购后财务表现的研究报告，但几乎没有学者以完全相同的方式来定义失败——或者相反地，定义成功。

就平均状况而言，并购对股价的影响是中性的，有些公司的股票会损失价值，而有些公司的股票会获利。达顿商学院院长罗伯特·布鲁纳的研究被视为这个领域的经典之一，他对 100 多项并购研究进行了全面回顾，发现总体而言：

- 出售公司的股东获得了丰厚的回报。
- 来自买方和卖方的股东加起来获得了可观的回报。
- 买方的股东通常能获得预期的回报率。[4] 在一项近期的研究中，德国拜罗伊特

(University of Bayreuth)大学对1950—2010年间的55 399项交易中的合并后回报率数据进行了分析,这些数据是从之前的33项并购研究中选取的。该项研究指出,并购交易明显地不会对一个公司的成功产生积极的影响,但该研究同时也指出,用来测量并购的类型和时间框架的数据影响了并购交易的成功与否。斯宾塞·斯图尔特(Spencer Stuart)和科罗拉多大学(University of Colorado)博尔德分校的桑杰·巴加特(Sanjai Bhagat)博士进行的一项早期研究发现,在其研究期间(1990—2002年)最成功的并购,都采用了"人力资本的最佳做法",比如,发现并奖励关键人才,并迅速进行整合。[5]

根据这项研究,哪些因素有助于合并的成功？因此在公开宣布合并时应强调哪些因素？

可以促成合并成功的因素有很多。以下是一些常被引用的成功因素,以及一些可能使用的发布新闻稿语言:

- **战略动机**。"两家公司有近乎一半的收益来自重叠的地理市场和网络,这为获得显著的网络效率和协同效应创造了机会。"
- **明确与核心业务的关系**。"我们的核心业务是在服装零售领域提供优质的客户服务。我们收购这家备受尊敬的服装特许经营公司有助于创造我们的传奇。"
- **经济定价**。"我们将以每股27美元的价格收购这家公司。这个价格是基于我们内部财务人员的分析得出的,并获得了该行业的外部专家提供的建议。"
- **谨慎的现金或债务融资**。"我们将以现金支付该购买价格。为了给这笔交易融资,我们凭借良好的信用评级,以优惠的利率贷了一笔款。我们未来的现金流将支持偿还这笔贷款。"
- **高效的整合规划**。"这次整合将需要100天。这份备忘录描述了我们将采取的行动以及对这些行动负责的人。"

有关突出战略动机的发布新闻稿示例,见附录9A。

合并后计划应该包括哪些内容？

这在不同行业和不同情况下差别很大。显然,合并后计划应包括以下三个要素:

- 新公司的目标;
- 资源、系统和职责的整合(或者,在某些情况下剥离或终止)等操作将如何支持这些目标的实现;
- 整合的时间表。

例如,涉及两家医院的合并后计划书可能会说,这两家医院希望扩展它们为当地社区提供的服务范围。那么实施合并的细节可能包括如何组织董事会、管理层和工作人员;医务人员如何获得认证;谁将负责临床政策的制定;如何处理预算、会计、应收账款和债券约定事项;将改变、扩大或削减哪些临床服务;以及采用何种护理模式。更完整的整合计划可能还包括如何对两家医院的使命、价值和愿景进行合并。此外,该计划还将包括说明两家公司的信息技术将如何合并,以及根据收购协议,哪一方将对可能出现的任何安全问题负责。

有些合并后计划从来没有得到实施,或者被执行得很糟糕。企业合并后的策划者如何避免出现这一问题?

以下"并购计划清单的15个问题"可以帮助负责整合计划的高级管理层人员看清他们是否走在正确的轨道上:

(1)这些计划是否符合交易的内在逻辑?
(2)该计划是否明确了公司将如何支付这笔交易?
(3)是否有同时涵盖短期(少于5年)和长期(5年或以上)的书面计划?
(4)短期计划和长期计划是否相吻合?
(5)规划过程是否得到了受计划影响最大的高级经理和雇员的参与?
(6)这些计划是否考虑到两家公司的经营和文化现状?
(7)高级经理和董事会是否审阅了计划文件?
(8)高级经理和董事会是否利用这些计划来做决定?
(9)这些计划是否有适当的政策支持?
(10)计划是否有足够的资源支持(包括任何必要的培训)?
(11)计划是否明确了执行进程的衡量标准和进展里程碑?
(12)这些计划是否找到了能够实现这些目标的个人或团体?
(13)计划是否已分发给所有有关各方?
(14)是否有一个内部沟通计划的程序?
(15)是否有一个外部沟通计划的程序?

对这15个问题的答案都应该是"是"!

整合计划的沟通

买方和卖方如何阻止在交易前、交易中、交易后来自各方利益相关者的谣言浪潮?

一般来说,计划合并的公司应在达成合并协议后尽快公开宣布合并计划。这个公告应该向公司的全部利益相关者和大众发布。

继这个最初的公告之后应该是一系列定期的沟通,通过信件、备忘录、会议和任何其他可用的媒介介绍交易的每个阶段。一旦交易接近完成,或完成并制订了计划,收购方和被收购的公司都应将计划(以简单的格式)传播给所有利益相关者群体,为每个群体制定一份特殊的立场陈述。

新公司成立之前,从销售和购买两方面准备面向客户的技术是很重要的,这些技术包含从公司网站到社交媒体展示。这可能是收购方公司控制和拥有社交媒体面和身份的时机,并使其在拓展战略中成为"移动客户端友好型",甚至是"移动客户端优先型"的公司。

交易各方在整个积极整合的时期内必须持续进行沟通,整合一般长达 12 个月。那么,最佳策略就是,在整合前端时期就建立一个定期流程,以方便与利益相关者就合并后进展事宜进行沟通。通过进行与关键领导的视频对话,可以帮助员工通过非语言线索来评估领导者,以及他们所代表的企业文化。[6]

在合并后整合的每个阶段,新公司的管理层应通过所有适当的媒介与所有利益相关者进行沟通,如图 9-1 所示。

合并后公司名称

在决定新合并公司的名称时,需要考虑哪些因素?

一个公司的名字以及该公司旗下品牌的名字,可以构成其价值的很大部分。当一个公司的名字也是其唯一的品牌名称时,选择一个新名字就显得尤为重要。一位研究人员认为,当美国"联合航空"在 2010 年将"大陆航空"并入自己的品牌时,它就失去了一个依靠大陆航空发展的机会。[7] 一家公司收购另一家公司时,可以采用以下四种基本方法:

- 保留收购方的名字;
- 采用卖方的名字;
- 用两个公司的名字组合成一个新名字;
- 创建一个全新的名字。

根据一项研究,前三种是最常见的,而其中采用组合名字的收购是最成功的。[8]

为什么大多数公司在合并或收购后保持名字不变?

在被收购公司的声誉与收购方公司旗鼓相当甚至声誉比之更高的交易中,通常会出现更改公司名字的现象。而在大多数并购交易中,被收购公司规模较小,知名度低于收购方的公司。

这四种不同方法的优、缺点是什么?

让我们一个一个来看:

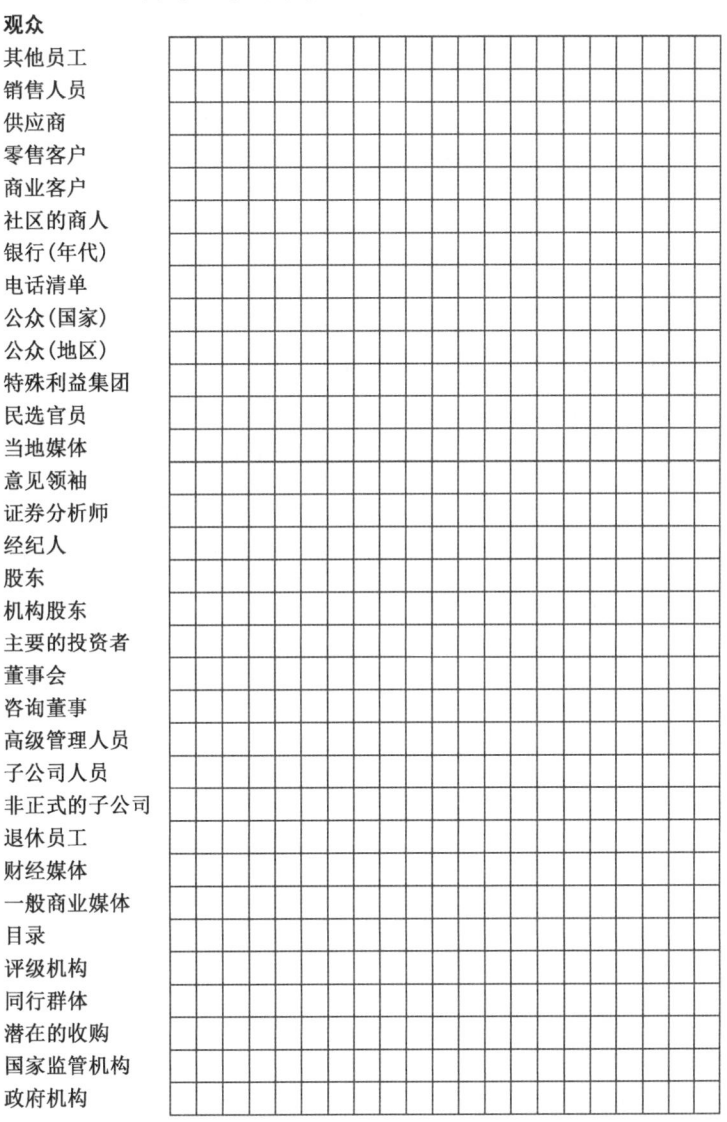

观众 \ 媒体	信笺	能力宣传册	特别宣传册/传单	新闻发布	特别新闻工具包	季度报告	年度报告	特别通讯	定期通讯	推广项目	杂志/简报	个人会议	特别活动	广告-金融	广告-通用	广告-贸易	内部会议	对外集团会议	公司网站	视频	其他
其他员工																					
销售人员																					
供应商																					
零售客户																					
商业客户																					
社区的商人																					
银行(年代)																					
电话清单																					
公众(国家)																					
公众(地区)																					
特殊利益集团																					
民选官员																					
当地媒体																					
意见领袖																					
证券分析师																					
经纪人																					
股东																					
机构股东																					
主要的投资者																					
董事会																					
咨询董事																					
高级管理人员																					
子公司人员																					
非正式的子公司																					
退休员工																					
财经媒体																					
一般商业媒体																					
目录																					
评级机构																					
同行群体																					
潜在的收购																					
国家监管机构																					
政府机构																					

资料来源:纽约吉恩·格罗斯曼(Gene Grossman)、西格尔和盖尔(Siegel and Gale)提供。

图9—1 观众媒体沟通矩阵

■ 对于那些收购普通公司的知名公司,或者对于被收购公司与收购公司非常相似,而合并被收购公司的品牌并不会带来任何好处的情况,保留收购方的名字通常是一个明智的选择。[9] 该方法主要的缺点是被收购公司的员工会有一种失落感。对于整个公司和它的所有者来说，还有一个纯经济性的问题：如果卖方公司像大多数值得被收购的公司一样拥有知名度，那么卖方公司商标名称的价值可能会连同它可能拥有的所有商标价值一起缩水。

- 对于需要从卖方公司获得声望的收购方来说，采用卖方的名字是有好处的。这种方法的主要优点和缺点与第一种方法相同，但是其中收购方和卖方的角色相反。
- 把两个公司的名字放在一起，不管其中有没有缩略词，都能增强双方公司的自豪感。另外，这种方法也带来了双重身份的挑战，因为新名字既要在公司内部也要在公司外部被理解。
- 创建一个全新的名字可以避开这种挑战，但同时也制造了另一种挑战：如何称呼新公司。在新合并的公司面临的所有沟通性挑战中，这一挑战是难度最大的。(事实上，图9－1所示的综合沟通矩阵网格最初是作为宣布公司名称更改的网格开发的。)在这种情况下，潜在的失落感会增加1倍。无论是被收购方还是被收购方的员工都可能会有一种被遗弃的感觉。而且，客户可能会不喜欢，甚至会认不出合并后公司的名字。

买卖双方如何决定是否使用旧名或新名？他们该如何创建新名字？

有时对新合并的实体命名的最佳方法是显而易见的。如果一家成功的大公司收购了其所在行业中一家苦苦挣扎的小公司，那么收购方的名字就应该保持不变，尤其是如果收购方在过去几年内已经改变了名字的话，那么更应该如此。然而，通常情况下，做出选择并不是那么容易的事。

合并公司最好指派一小群管理人员来专门研究这个重要的问题。命名新合并公司基本上有12个步骤(见表9－1及其后的讨论)。

表9－1　　　　　　　　　　命名新合并公司的步骤

(1)把现在的名字与公司的未来展望进行对比； (2)确定利益相关者的需求和期望； (3)为新名字制定标准； (4)制作出一系列的备用名字列表； (5)审查或筛选名字以形成简短的列表； (6)进行初步的法律搜索； (7)以全球市场为目标，进行图形和语言两方面的属性评估； (8)选择最终的候选名字； (9)获得使用该名字的最终合法许可。 (10)寻求董事会和(或)股东的批准。 (11)为新名称创建一个图形系统。 (12)制订沟通计划。

* 旧的雪佛兰(Chevy Nova)品牌在西班牙语市场上遭到了报道性的嘲笑，因为"Nova"一词意味着车无法运行。

第一步：把现在的名字与公司的未来展望进行对比

负责命名的管理人员可以诚实地问自己，现有的公司名称（不管是单独的还是合并的）是否充分传达了新公司将提供的产品和服务的范围。公司在扩张吗？它是否计划出售非核心业务？公司想要表现出什么样的品质？

第二步：确定利益相关者的需求和期望

管理人员或他们的代理人（指定的雇员或顾问）可以采访每个利益相关者的代表，以了解他们对合并企业的看法。这些利益相关者包括客户、供应商、股东、债券持有人、贷款人、雇员和公司总部所在社区的人们。

第三步：为新名字制定标准

关于制定新名字的标准，管理者应确保该标准尽可能多地与公司各方面的要求相适宜。以下是一个公司名字的十大重要属性的快速核对清单：

- 是否描述了合并后公司的核心业务？
- 是否适宜子公司的产品、服务和地理位置？
- 是否涵盖了公司现状，同时为公司未来的发展留下空间？
- 公司的利益相关者是否可以接受？
- 是否与众不同而非陈词滥调？
- 是难忘而非晦涩难懂？
- 是否符合了可读性强而非绕口令的标准？
- 听起来真实还是稀奇古怪？
- 其含义能自圆其说还是言过其实？
- 是否合法？

第四步：制作出一系列的备用名字列表

制作公司新名字列表就是最大限度地发挥创造力的时候了；在这时候，决策小组可能希望将更多的员工和（或）外部顾问包括在内，进行头脑风暴。在生成可能的名字列表时，管理人员可以使用关键前缀、后缀和单词片段来暗示一般的公司形象属性，例如，"Uni"表示集中，"Max"表示规模，或者"Excel"表示质量。而有些行业偏好特定的主题。例如，最近的一项研究发现，2/3 的银行名称包含以下五个单词之一：state（国家）、first（第一）、national（国民）、trust（信任）和 savings（储蓄）。[10] 为了扩充名字列表，可以采用计算机编程生成随机名字。[11] 在最后，这个名字列表应该包括多达数百个大型复杂公司的名字。

第五步：审查或筛选名字以形成简短的列表

接下来，经理们应该把这个列表精简到只含有 25 到 35 个可接受的候选名字。

在这个过程中，他们应该记住，没有任何一个名字可以满足所有的标准。衡量标准的优先与否是由高级管理人员来确定的。管理者可能会为每个想要的属性分配分数，为最重要的属性分配额外的分数。他们还可能认为，备选名字如果在某些关键问题上不合格将意味着自动落选，即使该备选名字的总得分很高也是如此。

第六步：进行初步的法律搜索

虽然获得法律许可的过程可能是漫长而令人沮丧的，但一个完整的公司名称必须受到法律许可、注册和保护，并与管理其使用的法规保持一致。根据企业规模及其市场范围，管理人员必须在国家、州和(或)地方一级进行初步搜索，以确定名单上的名字是否合法。(有时搜索工作必须基于国际化规模一个国家一个国家地进行。)在这一点上，发现大多数名字已经被占用是相当典型的。另外，确保网站网址的唯一性也很重要。因为即使在没有名为"XYZInc."的法律实体的时候，一些网域收集器也可能已经占用了"XYZInc.com"这个网址。

第七步：以全球市场为目标，进行图形和语言两方面的属性评估

在缩小选择范围的过程中，经理们应该开始感受与这些名字生活在一起的感觉。在这一点上，他们应该开始特别注意名字的外观和发音。被选中的名字必须适用于各种包括视觉和听觉的媒介，因为它将出现在报纸、杂志和互联网上，以及一系列的表格、信件和标识牌上。人们还可以在广播、电话和谈话中听到这个名字，有时候还涉及多种语言。

第八步：选择最终的候选名字

到这一步为止，一个公司可能会有十几个最终入选名字。这时，就是做出最后的选择了。有一种方法是每次拿出两个名字对比，然后从中只选择一个名字，这个过程被称为"成对比较"，之后继续依据到目前为止列出的属性对该被选名字进行评估。到最后，只有一个名字会被保留下来。成对比较是一种可用于有关整合的许多方面的技术，而不仅仅是用于名字选择。有关成对比较的指南请参见附录9E。

第九步：获得使用该名字的最终合法许可

在选择好名字后，经理们应该要求他们的法律顾问开始起草文件，以获得使用这个名字的合法权利，以及与之相关的任何图像和网域地址，并等待董事会和股东的批准。正如我们将要讨论的，商标和服务标记都有经济价值，所以获得该名字的最终合法许可是一个重要的步骤。

第十步：寻求董事会和(或)股东的批准

在大多数情况下，更名需要得到董事会和公司所有者的批准。在寻求批准的过程中，管理者应该披露他们选择新名字的标准和过程，以及新名字可能带来的好处。

第十一步：为新名称创建一个图形系统

一旦新名字被选中并通过审核，就需要为其设计一个图形系统。该系统将包含诸

如其形象标识、符号、字体和颜色配比等视觉元素,以此来方便在所有可预见的应用过程中表达该名字。

第十二步:制订沟通计划

经理们应该确定何时宣布公司更名,以便给重新印刷和重新订购诸如表格、信件、笔和标识牌等相关材料,以及网站的变更等留出时间。在宣布名字变更之后,公司应该只使用标有新名字的供应品。名字变更的发布(有时与合并的公告同时发布)不仅应通过通常的沟通渠道,还应通过特别邮件或专门针对特定利益相关者关注点的会议发布。公司应该确保在其网站上有关合并的内容中包括有关新名字的信息。有关公司合并的常见问题之一是"新公司的名字是什么?"[12]

最后,举证责任将落在公司新主人身上,他必须证明公司名字和商标的价值将在新旗帜下继续存在,并确实茁壮成长。

文化整合

包含在公司名字中的价值观也可以被称为公司的文化,甚至是公司的灵魂。

那么关于公司文化,合并之后会发生什么?

相信人有灵魂的人也很容易相信公司有灵魂。这是已故的肯尼斯·韦斯特(B. Kenneth West)的观点,他就这个问题写了很多有说服力的文章。[13]

企业灵魂的体现在于文化,而文化是更容易分析和管理的。正如第六章"尽职调查"中提到的,文化是一种影响人们信任、思考和行为的力量。如前所述,在一个组织中,它可以形成:

- 态度/心理过程(人们的感觉和想法);
- 行为(什么样的行为得到执行和奖励);
- 功能(人们如何做事);
- 规范(哪些规则得到实施);
- 结构(如何组织和重复前面的事项);
- 符号(哪些图像和短语有特殊意义);
- 历史(哪些故事和传统会传给下一代)。[14]

以上所有元素都趋向于在一个文化环境中同步。例如,如果一个公司文化形成的态度是规避风险的,那么其行为、功能、规范、结构、符号和历史也是如此。

文化冲突真的经常会导致合并后问题吗?

是的。例如,公司文化经常因为风险而发生冲突。趋向于规避风险的公司(更老、更成熟的公司)可能会被称赞为谨慎,同时也可能会被批评为被动;相反,接受风险的企业(通常属于规模较小、成立时间较短的公司)可能要么被标榜为傲慢,要么被标榜为崇尚创新。在所有的企业合并中,最大的挑战之一就是找到平衡两种企业文化的方法。

许多合并案例被引用为文化差异,如亚马逊(Amazon)和全食超市(Whole Foods)的合并(2018)。[15] 判断文化整合成功与否是需要时间的。而一些被认为是失败的文化整合案例有:

- 斯普林特(Sprint)和纳克斯泰(Nextel)(2005)[16];
- 惠普(Hewlett Packard)和康柏电脑(Compaq Computer)(2002);
- 美国在线(AOL)和时代华纳(Time Warner)(2001);
- 奔驰(Diamler-Bentz)和克莱斯勒(Chrysler)(1998)。

分析师认为,这些案例中的大多数收购方(先列出来的)比被收购方或被合并方的公司更不愿承担风险。

而所谓的文化整合成功的案例有雷诺(Renault)对尼桑(Nissan)的投资。该整合将法国和日本文化结合起来,并促使这一联盟走向全面合并(截至2018年底)。一项针对该案例的早期研究报告指出:"这两个公司进行了交叉培训,并从各方公司委派了文化大使。"[17]

一旦与买方达成协议,应如何处理文化一致性的问题?

买方应设法了解其所收购公司的文化,并制订使这种文化与自己的文化相一致的计划。买方不应该理所当然地把自己的文化强加给被收购的公司,而是应该努力把对方视为重要的文化因素传承下去。像"免费咖啡"等福利或"月度最佳员工"等公司传统可能是需要保留的重要因素;消除这些文化传统似乎是对对方员工的不尊重。对地域文化的敏感性也很重要。例如,硅谷的员工对于那些包括承诺在合并后继续留任的雇用合同("黄金手铐")会相对更加抵触。[18]

收购方可能希望将规划文化整合的矩阵作为一种工具,就像高缇(Timothy Galpin)和马克·赫恩登(Mark Herndon)在其作品中所描述的那样,而该矩阵简化后的版本如表9—2所示。

表9—2　　　　　　　　　　　规划文化整合的矩阵

	关键的相似之处	关键的不同点	整合的行为	整合时间	整合的责任
策略					
价值					

续表

	关键的 相似之处	关键的 不同点	整合的行为	整合时间	整合的责任
人员配备					
沟通					
培训					
规则和策略					
目标和措施					
奖励和认可					
决策					
组织结构					
其他					

资料来源：改编自高缇（Timothy Galpin）和马克·赫恩登（Mark Herndon）《并购完整指南：支持各级并购整合的处理方法》第三版（旧金山：Jossey-Bass，2014）。

对于参与合并整合的公司来说，什么是"变更管理"？[19]

变更管理强调的是人员方面的变更，而且如果能在这方面处理全面得当的话，就可以增加整合成功的机会。一些常见的变更管理模式[20] 有：

- 布里奇斯（Bridges）的过渡模型（放手、中立、新开始）；
- 科特（Kotter）的理论（从创造紧迫感到改变现状的八个步骤）；
- 库伯勒-罗斯（Kübler-Ross）的变化曲线（否认、愤怒、讨价还价、沮丧、接受）；
- 勒文（Lewin）模式（解冻、改变、再冻结）；
- 麦肯锡（McKinsey）的 7-S 模式（战略、结构、体系、共同价值观、风格、员工、技能）；
- 普罗赛（Prosci）的 ADKAR 模型（意识、欲望、知识、能力、强化）；
- 萨提尔（Satir）模式（旧的现状、抵抗、混乱、整合、新现状）；
- 塞勒（Thaler）和桑斯坦（Sunstein）的"助推"方法（逐渐呈现变革）。

据普罗赛所说，包含变更管理的项目实现其目标的可能性是其他项目的 6 倍。[21] 变更管理应该被编织进整合计划，而不是作为一个单独的工作流程存在。无论使用哪种模式，变更管理活动都应该对整合工作中确定的任务和操作起到支撑和应援的作用。

当整合领导者将变更管理合并到他们的整合计划中时，需要考虑哪些技巧？

如果实施整合的经理是没有经过认证的变更领导者，或者没有接受过变更管理方面的培训，则可以在组织中找个人协助建立一个包含变更管理原则的整体项目计划，以确保整合的顺利实施。

推动有意义的变更的关键是在变更的早期就让领导层参与,也就是要让领导层了解支持变更举措的好处和必要性。例如,来自收购方公司的欢迎信息可以促进被收购公司的员工对收购方建立信任。

而评估和识别出抵抗整合变更的区域的工作,是在整合计划开始之前就应该完成的一项活动。例如,变更领导者可以利用从尽职调查中获得的深度见解,来识别像文化契合度的差距这样可能表明有抵抗变更的领域。

虽然合并公司之间可能存在文化差异,但采纳被收购公司的某些传统或举措可以率先缩小这种差异。例如,如果被收购的公司之前存在着遵守"星期五着便装"的规定,那么也许这种做法也可以成为整个新公司的一项传统。

虽然变更管理看起来是建立信任的一个小的、不重要的步骤,但是最终它可以带来更大的、更重要的改变。也就是说,与被收购公司的沟通必须透明、诚实和直接。

在组织内作出变更决策后,人们需要承担责任,变更决策也需要被执行。就拿一家大型跨国公司收购了一家小型自主创业公司为例:在收购之前,员工拥有完全的管理能力,可以将软件加载到他们的办公电脑上;但作为一家全球性公司的一部分,其员工是不允许这样做的。对于新员工来说,这种变化似乎是有限制性的或是官僚主义的,但是如果理解这种政策背后的风险考量和原因的话,就有助于推动变更被接纳;然而,也不仅仅如此。强化信息系统、随机审计或删除系统管理特权可以确保长期变更的进行。

墨菲定律在这里是如何适用的呢?

墨菲定律(Murphy's law)指出,如果某件事可能出错,则它就一定会出错。这就是为什么在整合项目上进行情景规划显得很重要的原因。[22] 在项目管理中最好的工具之一就是蒙特卡罗模拟法(Monte Carlo simulation),它将帮助你思考什么因素可以毁掉你的交易。各种随机事件都可能发生,而且其发生的速度和造成的结果可能参差不齐。就可信的情景进行想象,并把自己带入其中将提高你的预测能力。

使命、政策、道德准则和愿景陈述整合

在合并后,关键文件如使命和愿景陈述、道德准则或公司政策会发生什么变化?

首先,我们来看一些定义。

整合使命陈述的主要目的是提供身份和焦点。一份使命陈述通常会说这样的话:"这就是我们今天从事的事业,正如我们目前的产品/服务所展示的那样。"这个宣言通常有广泛的受众,其中包括普通大众以及公司的所有利益相关者。

愿景陈述为组织提供方向和动力。一个愿景陈述(有时被称为愿景和价值观陈

述)通常会说,"这就是我们想要为这个世界做出的改变,在我们追求我们的使命和坚持我们的政策时,它也是时刻鼓舞着我们的重要目标。"这种表达很少会超过一句话,而且通常会出现在公司的委托书中。[23] 大多数大公司都有全面的道德准则。事实上,2002 年的《萨班斯-奥克斯利法案》(Sarbanes-Oxley Act)要求所有的上市公司都必须拥有这些道德准则。

该法案颁布的最终规则将"道德规范"一词定义为旨在合理地阻止不法行为的书面标准,并旨在促进以下行为的发生:

- 诚实和合乎道德的行为,包括对个人和职业关系中存在的实际或明显的利益冲突进行合乎道德的处理。
- 在注册人向委员会提交的报告和文件中,以及在注册人作出的其他公开通信中,应充分、公正、准确、及时和可理解性地披露信息。
- 遵守适用的政府法律、法规和规章制度。
- 及时向本守则内部认定的适宜人员报告违反本守则的行为。
- 具有遵守该道德准则的自发性。[24]

政策陈述是用以支持道德规范的。任何政策陈述的主要目标都是确保道德和法律行为的规范性。一份政策陈述会说:"这是我们的经营方式。我们所有的员工都必须遵守这些规定。"几乎所有公司都为其业务的某些方面制定了政策陈述。

假设收购方想要发展和传播新的使命、政策、道德和/或愿景,以适应其新的身份,那么它应该怎么做?

当然,两家公司都应该在合并后的规划会议上专门讨论这个问题。该问题的答案会根据两家公司的情况而有所不同。

如果收购方已经制定了完全适用于被收购公司的陈述,而同时被收购公司没有自己的陈述,整合的工作将会很容易。这样的整合将仅仅是一个用收购方的陈述教育被收购公司员工的问题。另外,如果两家公司都有陈述,则可能需要做出更大的努力才能整合。

管理层必须先确定谁将起草这些陈述。所有的使命陈述都应由高级业务管理人员编制,因为使命陈述属于业务范围;而政策陈述(或行为守则)则应由高级法务工作人员编制。愿景陈述应该由首席执行官和董事会制定,而且该制定工作最好是基于对公司潜在未来有感觉的外部专家的建议进行的。

除此之外,每个陈述的制定都应该一步一步地进行。起草陈述的工作小组应先获得可比较的陈述,并据此开展工作来确定适合公司情况的陈述内容和风格。使命和愿景的陈述可以很简短,但行为准则陈述要长得多,而且后者往往有许多具体政策的支持。正在努力在这一领域进行改善的富国银行(Wells Fargo)制定了一套道德准则,其中提到了38项额外政策。该银行的网站上也有一个道德准则的门户链接。[25]

对于如何为新公司起草合并后的使命陈述这一点有什么额外的指导吗？

如果两家公司从事完全不同的业务，为了保持合并后业务的连续性，最好不要干扰它们各自的使命陈述，或者至少做到暂时不要对其进行干扰。但是，如果这些公司从事需要整合其使命的有关业务，交易各方可以，而且应该考虑为新合并的实体起草一份全新的使命陈述。创建新的使命陈述的工作不应该从一块白板开始；相反，它应该从现有的陈述开始。合并后的整合团队（或其指定的代理，如公共关系经理或顾问）应该先盘点出公司产生的所有正式的自我描述，这不仅包括使命陈述和愿景陈述，而且包括广告口号。

如果这些陈述已经广为传播，那么以其为基础加以利用的做法比完全抛弃它们要明智得多。但是，如果它们没有得到广泛的传播，则可以酌情加以利用或丢弃。

最后，新合并的实体应以过去的陈述为基础努力制定出一套适用于两家公司的新陈述。

关键资源、流程和职责整合

顾及一个公司的品牌的做法固然很重要，但是在合并后继续做生意的情况下又该怎样做呢？收购方如何才能管理所有相关细节？

首先，确定每个公司的资源、流程和职责，并决定是否要将它们进行整合这一点很重要，参见附录9B以关键资源（人力、财务、有形和无形的/知识性的）、关键过程（主要流程如管理系统，支持流程如信息技术以及内部财务控制）和关键职责（对各利益相关者的承诺）为特征的资产清单。

其次，对于要整合的每个区域，需要确定以下事项：
- 需要做什么（任务和子任务）；
- 谁必须这样做（任务所有者）；
- 所需的资源（额外津贴）；
- 所需信息（战术数据）；
- 需要的洞察力（战略性的问题）。

关于这些事项的整合计划工作表见附录9C，整合时间表见附录9D。然而，在使用这些工具之前，如果拥有更多的指导可能会更有帮助。本章将给出关于如何整合关键资源、关键过程和关键职责的指导。它还将更深入地研究薪酬制度，因为这一现象涉及一个公司的三个方面：它奖励的是一种资源，它需要一个过程，它构成了一种职责。最后，本章将讨论有关合并后资产剥离的问题。

资源整合

人力资源的整合

合并后人力资源管理的一般原则是什么？

在合并之后，收购方需要对特定的人员群体进行整合，如销售团队、高层管理团队甚至董事会。对这些群体的每一项整合工作都会带来特定的问题。为这种整合提供模板超出了本章的范围，但是读者可以自行使用参考资料。[26]

人力资源人员通常什么时候参与合并工作？

大多数公司只会在整合阶段涉及人力资源（HR），但有些公司甚至在规划阶段和尽职调查阶段就涉及人力资源。[27]正如前几章所述，有时候出于重要的财政原因，这也是一种建议做法。

也就是说，HR将在整合阶段之前和整合期间完成最密集的工作。当两家公司合并它们的人力资源时，它们也会合并其人力资源政策，例如，招聘、留用、补偿、培训和发展的方法，以及（有时候是立即性的）再就业辅导。[28]关于人力资源政策运营的并购整合计划见表9-3。

表9-3　　　　　　　　　人力资源运营的并购整合计划

进行整合计划的启动会议
人力资源整合计划
规范人力资源政策
整合人力资源流程
员工关系
绩效考核和评估
员工争议的解决
员工投诉的调查
并购整合的沟通
员工离职的报告
关于员工关系的相关法律法规
均等就业机会（EEO）
职业安全与卫生条例（OSHA）
福利管理
福利取向
在欢迎晚会上介绍薪酬/福利
福利转换和注册
医疗
牙科
假期（各国差别很大）

续表

```
        福利计划管理
        与福利有关的法律法规
        401(k)
        健康和福利
        新员工招聘流程
        合同终止过程
    补偿
        工作规划和重新设计
        被收购方的规划和公司职位
        设置工资标准
        管理薪酬变化
        绩效评估和晋升空间
        股权/非现金补偿
        销售补偿
    工资
        假期工资和管理
        工资管理
        会计核对
        与财政部的沟通
        工资支付周期
    招聘/安置职工
    设施管理
        办公室/不动产整合
        更新网站/合同、租约数据库
        向公司转让租约
        获得被收购方的人员配置计划
    组织内部发展/培训
人力资源基础设施整合
    人力资源信息系统(HRIS)中的员工设置
        为被收购方建立部门号码
        收集被收购方员工信息
        在HRIS数据库中输入被收购方的EE数据
        为被收购方提供公司服务
        为被收购方提供公司内网接入
人力资源沟通计划开发
人力资源合同和承诺
```

资料来源:收购多家公司的一家美国中型电信公司使用的人力资源核对清单,已获得使用许可。

收购方如何整合目标公司的雇佣政策和数据?

目标公司可以在带有工资单组件的人力资源系统中捕获其雇佣政策和雇佣数据。收购方可能希望立即将这些数据迁移到自己的系统中。但收购方必须首先确保数据是"干净"的,也就是说,该数据应该是完整、相关和准确的。与此同时,员工必须继续得到报酬。因此,在合并后的最初阶段,可能需要同时维护两个系统,或者至少要维护工资系统。最终,收购方的系统可能会得到应用,并可能得到升级,这时候可能也是在私有或混合(非公共)云中实现具有安全雇用数据的最实用的人力资源系统的好时机。

这里列出的人力资源核对清单中，福利、补偿和工资显然是重要的部分。有关合并补偿计划的更多信息，请参见本章末尾。

财务资源的整合

收购方和卖方如何整合其财务资源？

这意味着要将他们的财务资源合并起来（例如，合并其现金储备），然后通过会计和财务控制来跟踪控制。

- 将财务资源进行合并。公司的主要财务资源是现金、股票和债券。这些资源的存在形式是银行存款余额、股票和债券。交割完成后，收购经理必须立即接管被收购公司的资源，即要转变银行账户，重新命名股票和债券凭证。只要保证收购方有足够的财务控制权力，这种转变便是一个相当简单的问题，收购方可以将其委托给自己的首席财务官及其团队来解决。即使在对等合并中，为了便于财务转变，也应该指定交易双方中的某一家公司充当收购方的角色。

- 跟踪控制财务资源。现金、股票和债券的最优价值当然是它们的可流动性，即可用于支出或支付（现金），或用于交换（股票和债券的购买或出售）。对于财务资源的流动性，在任何时候甚至是合并后，都必须加以跟踪和控制。

- 财务跟踪的主要工具是财务会计。第五章中关于"结构"部分的内容，解释了关于收购必须如何编制报告才能符合"财务会计准则委员会"（FASB）根据"公认会计准则"（GAAP）为上市公司制定的某些会计实践准则。

- 财务控制的主要工具是一套被称为"内部财务控制"的程序。有关内部财务控制的更多信息，请参见对于关键程序整合的讨论。

无形资源的合并包括哪些方面？

对于合并之后的无形资源，必须像对待财务资源那样进行合并和跟踪。

- 整合无形资源。附录9B列出了一些被认为需要进行合并的无形资产。对这些问题进行讨论将超出本章的范围。下一节将讨论合并或者收购后如何处理公司名称和品牌名称的问题。

- 跟踪无形资源。第五章讨论了收购有无形资源的公司后会出现的会计问题。

对品牌同一性的整合

公司合并后的品牌名称会发生什么变化？当公司名称发生改变时，品牌名称也必须改变吗？

如前所述，通常公司名称并不是被收购的唯一品牌，许多公司拥有其他品牌。一个公司通常会通过将自己的身份（例如，通过视觉标识或共享产品名称）强加在一系列不同的产品上来建立品牌效应。相反，有时一个公司拥有的单一的、强大的品牌可能成为该公司的名称或其形象的重要部分。（直到今天，人们仍然把Alphabet定义为谷歌的母公司，因为后者更广为人知。)[29]

有时候，收购方选择不将自己的企业身份与他们开发或收购的任何品牌联系起来。这种使子公司保持其品牌独立性的做法，有利于收购方在今后需要出售子公司时拥有更大的灵活性。不依赖于母品牌的自主品牌可能会被多次易手，但是消费者只会注意到某品牌本身，而不会注意到其背后变化的品牌所有者。这样的现实给最好的产品品牌带来了有价值的连续性元素，见表9—4。

表9—4　　　　　　　　　三种品牌间的相处模式

母品牌≥所有品牌（母品牌会出现在其下所有品牌中）
母品牌≠所有品牌（子品牌独立自主）
母品牌≤所有品牌（母品牌是根据某品牌重新命名的）

当品牌价值独立于品牌所有者的身份的时候，为什么收购方依然必须在合并后努力保持品牌同一性？难道收购方就不能什么都不做吗（譬如说）？

收购方需要记住，当他们购买一个品牌（即拥有一个品牌产品或产品线的公司）时，他们就是在购买以下四样东西：品牌的定义（其承诺的价值）、品牌的文化（品牌的前所有者是如何兑现品牌的承诺的）、品牌的基础结构（通过广告、分销、营销、动议和销售网络对内和对外向品牌提供的支持），最后，也是最明显的，就是该品牌以名称和商标（通常由商标和/或服务标记保护）来表达的视觉形象。只要这些元素发生变化，品牌的价值就会发生变化。而且，有时一个收购组织并不能有效认识到它正在收购的品牌的价值。[30]

收购方如何在并购后的整合过程中保持品牌同一性？

收购方可以通过将品牌放在首位、将整合放在第二位来保持品牌同一性。新合并的公司的管理层不应该说"让我们把广告营销工作都结合起来"，或者说把其他品牌支撑结构结合起来，并认为对某一个品牌有用的东西对另一个品牌也会有用，因为这样的做法会毁掉一个品牌；相反，管理者应该说"让我们打造这个品牌"。换句话说，管理者应该把整合作为一种手段，而不是目的。在打造一个品牌的过程中，收购方应该特别尊重品牌现有的名称和商标，以及它们对员工和其他人的意义。

有形资源的整合

有形资源该如何整合？

从资产负债表的角度来看，这些有形资产通常会被合并。因此，除了包括金融资产（例如，现金、有价证券和应收账款）外，合并资产负债表还将包括工厂、设备、存货和土地的综合价值。

除了在资产负债表上被合并以外，这些有形资产是否曾经从运营的角度被实际合

并过？

当两家公司出现整合运营时，工厂、设备和存货这些因素可能全部或部分被合并。当然，土地和不动产不能进行实际合并，但是土地使用的租赁或所有权条款可以进行合并。

工厂

如何将工厂进行实质性的合并（而不仅仅是在资产负债表中进行合并）？

我们先来定义一下其中的关键术语。工厂是进行生产操作的一个确定的地理位置，它通常是基于制造业背景定义的。工厂的主要资产包括不动产、厂房结构（地基、建筑、框架和相关的改进）、设备（用于生产、通信、控制和管理）、产品运输资产（如管道、输送机械、码头）、布线和仪表（用于电力供应、通信和控制的操作），以及软件设施。在服务业中，工厂可以是执行服务的地理位置。服务业工厂的例子有计算机处理设施、分行设施和电话操作。

在制造业和服务业中，工厂可以通过许多不同的方式进行整合，从工厂的交割到通过共同的整合系统合并工厂日常运营。

与工厂合并相关的主要成本是什么？

在合并工厂时，工厂主可能面临与下列各方面有关的费用：资产分配（包括环境方面的），员工的调动、终止和/或招聘，实物资产投资或支持整合的软件的投资，为迎合整合而进行的重新设计的产品和/或服务。此外，如果工厂合并涉及裁员，收购方则可能不得不花钱进行新的营销活动以保持商誉。最后，关闭或迁移工厂操作可能会导致流失某些客户群体，或增加针对某些客户的运输和配送成本（请参阅本章最后一节关于履行对员工的承诺的内容）。

设备

如何对设备进行实际整合？

除非设备是可移动的或独立的，如叉车、卡车、办公设备和家具，否则对设备进行物理整合是不常见的。进行合并的公司往往相互距离遥远。即使在日常运营已经合并的情况下，购买和安装新设备（如果资金允许的话）也比从中断的运营系统中移除、运输和安装旧设备要好。此外，除了为替换作用而采购设备外，还可能为提升公司系统而购买一些设备，例如，为促进系统和运营的一体化而采购设备。

还要注意的是，被收购企业的所有者可能会保留一些设备，或用于自留，或另作转卖。他们也可能希望保留个人财务（包括设备）供自己使用，而这些东西不会随公司出售而被转让。

在公司收购中，与设备整合相关的主要估价问题是什么？

所有在收购后仍将继续使用的设备，应按使用时的公平市场价值进行重新核算，并相应地计入资产负债表。"使用时的公平市场价值"指的是,设备的运输、组装和设置成本应被包括在设备的估值中,因为如果设备是按单位被独立收购的,那么该设备的收购方将不得不承担这些成本。估价人可能在将设备视为全新的基础上减去其经济和物理损耗价值,然后依此来确定更换或复制某设备的费用(包括安装和运输费)。这种衡量设备价值的做法是很恰当的。

大多数其他设备(特别是任何可被移动或重新定位的设备——通常指那些被收购实体的设备)应按公平的市场价值进行估价,或者按反映在出售或处置时将实现的预期价值(可能为负值)的方式进行估价。然后,买方可以将搬迁和重新安装设备的相关成本进行支付或资本化。被收购设备交付时的公平市场价值,外加买方在合并后运营中对其投入使用的成本,应与该设备完全融入新运营后的公平市场价值对等。

合并设备的成本带来的影响是什么?

被收购实体和/或收购方持有的某些设备的价值可能会与处理或转让该设备的相关成本(前文所述属于使用时的公平市场价值的运输、安装和设置费用)冲销。

库存

在合并资产负债表和收购实践中,作者对评估和合并库存有什么建议?

收购方的库存通常总是以较低的成本价值或以批发市场价值来展示的。如果库存中的某些货物过时了,可能需要折价出售,或者需要更多的时间来出售的话,那么对这些货物的价值进行一些向下调整的做法应该是恰当的。如果有必要的话,则应在尽职调查过程中对被收购实体的库存进行审计,并按当前公平的批发价值对其进行评估。

对于大型库存,即使是混杂的库存,也可以使用抽样技术对其进行估价,即可以将抽样的一组库存的市场价值与该同等库存的当前账面价值进行比较,以实现估价达到合理的精确度。

例如,一项被收购的救助运营业务在其资产负债表上报告了 25.603 5 亿美元,作为其废旧零部件库存的成本基础。而从其 10 万件库存中抽取 5 000 件产品(按原价计算为价值 245 199.10 美元的库存)作为样本,然后发现这 5 000 件库存在批发拍卖中的市场价值为 250 619.50 美元,这就产生了 1.022 106 的市场与账面价差比。因此,整个库存可以根据市场与账面价差的比率来估价,即该批库存的实际估价应为 2 616 751.50 美元。

对于大量存货,即使是具有异质性单位的存货,也可以使用抽样技术,通过比较一组抽样单位的市场价值与这些相同单位的当前账面价值,以合理的精确度对存货进行估价。例如,一项被收购的打捞业公司在其资产负债表上报告了 256 035 万美元,作为其库存的旧零件的成本基础。从 100 000 件物品中抽取 5 000 件作为样本(按原价计算为 245 199.10 美元),则这些物品的现价(批发拍卖价)为 250 619.50 美元。这使得账面价值比为 1.022 106。因此,全部存货可根据这种成本与账面比率计算为 2 616 751.50 美元。

土地或不动产

两个不同公司的土地或不动产如何在合并资产负债表上估值和"合并"?

被收购公司实体的不动产应当按照公平的市场价值进行估价。通常情况下,估价方会对每一块不动产地块进行分别估价,但该估价也与同一实体共同拥有的该地块周围土地有关。

合并两家公司的土地或不动产时,需要考虑哪些估值问题?

拥有共同所有权可能会带来毗邻的两处房产的价值增加。而如果某一特定不动产的预期用途发生变化,则可能会降低该不动产的价值,特别是如果该不动产将在被收购后出售,而且该不动产的未来用途将需要一些修改或补救措施的时候,以盈利为目的的生产经营相关用地可能比等值的其他土地更有价值,尤其是在该地块处于被充分用于生产经营的情况下。

信息技术的整合

在整合两家公司的信息技术平台这一明显重要的资源之前需要了解什么?[31]

要整合两家公司的信息技术平台,首先要理解这笔收购交易的基本原理。收购方为什么要收购这家公司?是为了通过覆盖一个新的地理区域扩大其销售地域范围吗?是为了把被收购公司的信息技术当作提升收购方目前状况的一个补充性技术工具吗?对于这些问题的不同答案,也都有相应不同的信息技术(以下简称IT)整合路径可以采用。

让我们来对这两种目的进行探索:

■ 进入新的地理区域:收购方极有可能想要携带自己的销售人员,并将 IT 投资用于现有平台上进行培训,以及通过将数据转移到现有平台来获取现有客户信息。最重要的 IT 整合要素就是确保快速、完整地向员工提供培训和相应的工具,并确保新公司 IT 平台支持 HR 和员工访问需求,与此同时,还要确保数据不会丢失,以便这些员工保留他们的客户基础。

■ 补充性技术工具(扩展 IT 投资组合):如果收购方是为了购买一种新工具,则在整合之前必须了解该工具的安全性,以避免给收购方的现有网络带来任何漏洞。检测其安全性的方法有执行安全评估或进行第三方代码扫描等。

当然,一个公司进行收购还有许多其他目的。IT 整合的一般性前提是,首先要了解该公司收购的到底是什么,以及收购的目的是什么,然后要确定维护新环境的安全性和完整性。

同样重要的是,这时候还需要一个由来自两家公司人员组成的资源团队,该团队将专注于(和投资于)传达整合策略。确保有专属资源来驱动整合活动的进行是至关重要的。如果可能的话,这些人应该是被专门委派的(有报酬的专职人员),或者至少要有他们根据建立的整合时间线完成活动的必要激励。

最后,用于协同捕获的整合预算和时间线至关重要;它通常被最小化,但如果对其没有完全理解,则可能会造成许多问题,整合的成本也会因此迅速增加,外加如果没有获得可靠的资金和资源的话,就会影响协同捕获的进行。

作为一个重要的里程碑,在收购后的第 1 天到第 100 天之间,哪些是需要重点关注的关键 IT 项目?

任何交易的第 90 天至第 100 天都至关重要。

- 首先,这段时期为新实体定下了基调,即为其文化、其雇员组成以及为合并两个实体的速度奠定了基调。
- 其次,这段时期通常涉及合并财务报告。
- 最后,这一时期通常是确定新合并公司高层领导的时期。

此外,这个时间框架对信息技术至关重要。人员之间需要能够有效地协作,技术平台需要保持安全,企业不能失去生产力。然而,技术是所有整合活动的支柱,因此,不能停滞不前。如何达成这一平衡,应该是交易结束后首要关注的领域。

为了说明这一点,表 9—5 给出了 30 天、60 天和 90 天以上里程碑计划的样本。

表 9—5　　　　　　　　30 天、60 天和 90 天以上里程碑的计划时间线样本

30 天	60 天	90 天以上
·建立安全的临时网络连接 ·初始员工平台访问权限 ·电子邮件(地址簿/日历同步) ·确定非豁免时间报告 ·启动评估 ·安全 ·网络/电信 ·电话 ·软件许可证 ·数据中心 ·IT 盘查 ·供应商	·安全补救:缓解计划;关键项目处理 ·长期网络连接计划 ·补救使用寿命到期的设备 ·终端用户支持策略 ·合并电信计费(典型的协同作用) ·IT 合同合并(典型的协同作用) ·SW 证书许可/校准 ·邮件迁移	·安全修复完成 ·活动目录整合 ·最终用户支持策略的实施 ·现有的长期网络 ·确定电话路线图 ·数据中心计划(关闭/合并)

有关技术的更多看法,请参见本章后面的"合并后的一些一般性技术考虑"一节。

流程整合

在前面讨论人力资源的合并时,提到了人力资源合并的流程,并购交易后还需要考虑哪些其他的合并流程?

首先,管理结构(汇报程序)非常重要,它们是分享权威和沟通的手段。其次,需要合并的重要流程包括产品或服务设计、生产和供应流程。最后,内部控制也是一个关键的过程。本节内容将涵盖所有这些要点。

管理结构的合并

合并公司意味着合并它们的管理结构,那么这样做最好的方法是什么呢?

为合并公司建立一个新的汇报结构需要两个条件:了解公司过去的模式,以及了解新合并公司的潜在模式。

为了了解公司过去的组织结构,管理者应该努力获取这两个组织的最新组织结构图表,并通过访谈对它们加以了解。如果没有结构图表,只进行访谈也可以。从这些结构图表和访谈中得到的信息可能看起来像是旧新闻,但实际上它们是合并公司未来的基础。这些方框、线条和虚线不仅揭示了过去的经验,而且也揭示了未来对责任和关系的期望。

下一步是超越过去,进入未来,建立一个新的结构。其中有一些不言自明的道理。这种结构应该基于公司的业务需求,而不是基于能否让某些人乐于接受的理论。"正确"的结构不仅关乎员工的舒适度,也关乎其与公司经济环境的契合度。没有任何结构能绝对确保人们行为的准确性;一种结构的存在只会使工作更容易或更难完成。经验,而不是理论,将永远是最好的仲裁者。

组织结构的基本类型是什么?它们有多普遍?

实际的组织结构差别很大,只要研究一下"纽约世界大企业联合会"(Conference Board in New York)提供的几百个代表性图表就可见一斑,但是我们还是能够做到确定组织结构的五种基本类型:

- 职能性的;
- 地域性的;
- 细分市场的;
- 产品/服务的;
- 部门性的。

这些结构中的任何一类都可以与所谓的"集群框架"共存,而这种框架是通过项目来对人员进行组织的。

在职能性组织结构中,员工会被分配到不同的部门或专业,如会计、销售、工程师、制造、营销、采购和销售等。这对于新成立的小公司来说很常见。

在地域性组织结构中,员工的工作是按照地理区域来组织的。

在一个细分市场组织结构中,客户起着决定性作用,但重要的不是客户的地理位置,而是客户的身份背景。因此,一家金融公司可以根据事业性机构客户和营利性机构客户的对比来进行组织结构设计。

在产品/服务组织中,会依据其与特定产品或服务的相关职责将功能性专家进行分组。

在部门性组织中,相似产品会被分组到各独立的部门(或战略业务部门)。这种高度分散的组织结构在大型复杂公司中一直是占主导地位的。

当两家公司有非常不同的汇报模式时,该如何将其整合?

如果想要遵循阻力最小原则,那么采用最复杂的组织结构模式将更占优势。因此,部门性组织结构将优于产品/服务或职能性结构,同时产品/服务性结构将优于职能性结构。这些组织结构就像俄罗斯套娃,可以独立存在,但也可以包含更小的结构。一个部门性结构(最大的套娃)可以轻易地包含一个产品/服务性结构(第二大的套娃),而后者可以很轻易地包含地域性和/或职能性结构(最小的套娃)。

但规划并不能决定一切。正如透过本书能观察到一样,很多其他因素也可以发挥作用,例如,公司规模的大小。大型收购方可以,并且通常会将他们的组织结构模式强加于他们所收购的更小、更弱的公司。

这种做法可能会引起失望;很少有员工喜欢改变。要想被采用的新结构能带来积极效果的话,必须保证这种新结构既能顾及从旧的结构中产生的期望,同时也能满足新合并的组织的需要。

以下是一些需要记住的重要检查点:

- 汇报流程的适当性;
- 人员配备以及其经验水平是否足够;
- 明确授权和职责。

哪种组织结构更能带来经济效益?是那些与中央层级结构相关的组织,还是那些与扁平化、分散化层级相关的组织?

两者都可以带来经济效益,但是这些组织类型以不同的方式获得收入。权力集中化结构可能与削减成本有关(例如,"总部冻结招聘新员工的工作"),而权力下放可能与增加营业额有关(例如,"西海岸分部将领导一项新计划")。添加或删减管理层结构会增强这种对比。如果一个中层经理在花钱之前必须寻求批准,他会倾向于减少投资额,但这样做也会减少收益额。同理,如果一个经理没有花钱的限制,她可能倾向于增加投资额,如果投资成功了,这样做就会增加收益额。

对于合并后的整合,采用分层的中央层级结构还是扁平的分散式结构,哪一种基本选择更好?

中央层级结构能使整合工作变得容易得多,因为它使管理人员能够在整个组织中发布通用的政策,提供财务和技术支持,并解决单位与单位之间的冲突;相反,极端的分散式结构会使整合工作变得更加困难,除非组织内部已指定了一个权威职位或部门,该指定职位或部门有权力创造和传播相关政策及用于分享或重新分配资源的网络。

另外,中央层级结构并不能保证一定带来成功。在"母公司不给力"的情况下,总部的政策对整个公司来说可能是错误的,或者它可能无法向其下属各单位提供足够的、正确的支持;相反,在"母公司给力"的情况下,总部知道如何克服权力分散带来的挑战,并做到在没有中央层级结构的情况下把各单位连接起来。[32]

为什么并不是所有的母公司都能做到为他们要整合的各单位增加价值呢?

其潜在的原因可能包括如下几点:太多的严格控制,没有足够的沟通和支持,对业务缺乏了解,关注错误的问题,聘用或提拔错误的经理,以及追求错误的绩效水平或衡量标准。

简而言之,合并后的管理规则就像其他类别的管理工作一样需要判断力,但是它更关注与技术和工具整合有关的独特挑战。这也是我们下一个要讨论的主题。

管理人员可以用什么实际行动来完善整合工作?

在合并之后,指定的经理可以努力确保公司的各个部门在一定程度上共享空间、目标、标准和/或服务。

共享空间

共享空间如何帮助或阻碍并购整合工作的进行?

多年来,办公室设计师都认为开放的办公空间可以改善面对面交流的质量,团队协作和创新也会因此得以改善。然而,最近的实证研究却得出了相反的结论。一项最近的研究称,开放式办公设计可能"触发人类对社交场合的自然反应,即远离办公室,转而通过电子邮件和即时通信工具进行互动"。[33]

共享目标

共享目标如何帮助并购整合工作的进行?

共享目标可以在一段时间内促进两个或多个部门单位的整合。如果为新产品的开发制定精确的时间表和程序的话,则可以促使组织的不同部门以小组或集群的形式一起工作,以实现在目标日期前完成开发工作。或者,举另一个例子,一个提高股东价值的 5 年计划(如果员工薪酬与股价挂钩的话)可以在未来 5 年里让整个组织的目标保持一致。如果共享目标的部门单位越多,完成目标所需的时间越长,那么整合工作的完成度就越高。

共享标准

共同的标准如何促进并购整合工作的进行?

共同的标准可以在整个公司内创造一种凝聚力,这样的共同标准是一体化的本质。在并购整合中有用的共同标准类型包括操作程序、技术规范、道德价值观、内部控制指导方针,以及最重要的员工绩效标准——用可比较的衡量方法获得可比较的奖励,以此来实现在整个公司内设定可比较的绩效标准。

例如,无论一个公司如何定义它的子部门单位(无论是根据功能、地理区域、客户细分、产品/服务和/或部门来定义),它都需要找到一种方法来衡量其所属单位的财务绩效。制定绩效标准并没有一种固定的方法。事实上,有好几种可行的方式,这些方式包括以成本为中心、以利润为中心、以投资为中心或以剩余收益的生产者为中心等。[34]

共享服务

共享服务如何促进并购整合工作的进行?

共享服务可以帮助消除分层结构中的重复服务设置。例如,可能只有总部有会计工作人员,而不是每个单位都有其自己的会计工作人员。对法律、公共关系、信息处理也是如此——共享服务列表的内容实际上是无限的。

共享服务的经典方式是使用共有的员工群体,这个共有群体通常是位于总部的工作人员。另一种共享服务的方式是为非运营活动创建共享服务部门,并允许其他业务部门从该部门购买服务。

使用共享服务与共用总部员工有何不同?

总部人员提供服务通常是在垄断条件下进行的:所有部门单位必须使用公司的中央服务,其产生的费用由总部决定,并由整个公司承担。这种模式就像是整个镇上唯一的游戏模式。相比之下,共享服务模型采用公平竞争模式。公司各部门的主管和他们的主要员工与共享服务部门就他们将获得的服务和支付的价格进行谈判。如果他们对公司共享服务不满意,就可以到外面去购买相应的服务。与共用总部员工模式不同,共享服务部门不是以成本为中心的,而是以利润为中心的。在这种情况下,企业总部仍有一定的作用,但该作用仅限于在战略和治理的高级领域。

对产品或服务的设计、生产和供应的整合流程

如果两个合并的公司生产和/或分销相同的产品和/或服务,则它们应该如何整合这些运营活动?

退后一步,先把每家公司的质量控制程序进行比较是一个好主意。质量控制有几种不同的方法,如果两家公司有不同的系统,就需要将它们整合起来。

有哪些质量改进系统可以用来改进合并后的运营操作?

可以考虑采用一个标准的基准系统,例如,用于确保"设计、开发、生产、安装和维修"等方面质量保证的 ISO 9001 体系模型,该体系更新于 2015 年。[35] 国际标准协会(International Standards Organization,ISO),是由 161 个国家或地区的国家标准协会组成的网络组织,其总部位于瑞士日内瓦,负责协调各种系统并发布相应的完成标准。在特定国家的特定行业中也有其他的基准系统。[36]

什么是 ISO 9001 系列标准?它们如何帮助企业整合工厂运营?

ISO 9001 系列标准是确保设计、制造和供应系统质量的指导方针。该系列标准是由世界各国的国家标准机构根据近 3 000 个技术咨询小组的建议共同确定的。全世界有近 10 万个企业在使用这些标准。

该系列标准在医疗器械、石油、石化和天然气工业以及软件工程等领域也有具体应用。[37]

怎样合并工厂?

第一,如前所述,管理者可以为合并活动采用"一套通用的系统和标准"。

第二,管理者可以在工厂之间"建立更紧密的联系"。新的联系可能来自共同的信息系统、库存控制、供应关系、管道或铁路联系。

第三,管理层可以"追求更多的垂直整合",在不同的生产阶段设立不同的运营重点。譬如,有些工厂可能专门生产特定的零部件或中间产品,而其他工厂则更侧重于生产制成品,或为当地或区域市场加工和包装产品。

第四,当某生产线出现产能过剩时,公司可以关闭一些生产运营活动,并将其中某些生产活动和物资从已关闭的运营线转移到其他工厂。

第五,公司可以在工厂之间进行生产分配转移,使各工厂更专注于其子产品的生产,或使其服务于更窄的地域范围或客户基础。

合并后关闭工厂的主要优点和缺点是什么?

这取决于公司的运营状况。如果存在产能过剩或严重冗余,关闭工厂则可能是具有改善经济效益意义的做法。然而,收购方应牢记关闭工厂的相关经济成本,这些成本往往被视为要从盈利中扣除的一项重大一次性支出。

而且,工厂太少可能会造成风险和效率低下。在多个地点设立生产基地可以降低运营风险,同时提高生产的灵活性和效率。"9·11"事件发生后,许多公司开始在最关键的业务部门进行裁员。

因此,当需求较低时,选择暂时性地将一些选定的小部门单位完全关闭,可能会比选择长期性地将一些较大的部门单位部分闲置更有效率。

最后，关闭工厂可能会造成声誉损失，这种损失最终会影响公司经营的底线。

内部财务控制的整合——一个关键的流程

到底什么是内部财务控制？为什么在合并后这些控制很重要？

内部财务控制是公司用来确保其财务报表可靠性的一个流程。在一个夫妻经营的微型企业中，这些控制流程可以非常简单，比如，只要保持支票簿的账目平衡，并要求每个支票上有两个签名（来自两个所有者）即可。在一家大型上市公司，这些控制流程可能涉及采用数千种程序。

美国证券交易委员会（SEC）对"财务报告的内部控制"的定义如下：

由注册机构的首席执行官和首席财务官，或执行类似职能的人员设计或在其监督下进行，并由注册人的董事会、管理人员和其他人员实施的程序，其目的是为财务报告的可靠性提供合理的保证，并根据公认会计原则为外部目的编制财务报表。"财务报告的内部控制"包括下列政策和程序：

（1）保存记录：该记录应该以合理的细节准确且公正地反映注册机构资产的转移及处置；

（2）提供合理的保证：确保按照公认会计原则进行必要的交易记录，以便编制财务报表，并确保注册机构的收入和支出仅根据其管理层和董事的授权进行；

（3）提供合理的保证：防止或及时发现可能对财务报表产生重大影响的非法获取、使用或处置登记人的资产的行为。[38]

根据《萨班斯-奥克斯利法案》第404条款，所有上市公司都必须有内部控制流程，并让其管理层和审计师对该流程进行评估。关于管理层的评估，美国证券交易委员会对执行该第404条款的规则规定："对公司财务报告内部控制的评估，必须建立在能充分评估其设计合理性和测试其经营有效性的程序之上。"

该协议特别指出，"对财务报告的内部控制的有效性的评估必须有证据支持，这些证据包括有关内部控制的设计和测试过程的文件。"

适用该等评估的控制流程（再次引用美国证券交易委员会最终规则中的原文）包括：

- 对账户的启动、记录、处理和调节的相关控制；
- 包括在财务报表中的交易类别、披露等；
- 与非例行和非系统交易的发起和处理相关的控制；
- 与选择和执行适用的会计政策有关的控制；
- 与欺诈的预防、识别和检测相关的控制。

而审计人员对控制流程的评估及其评估内容所依据的标准是PCAOB的《财务报告内部控制审计标准》。该标准是与《财务报表审计》相结合的（AS 2201）。[39]

特雷德韦委员会（Treadway Commission）的赞助组织委员会（COSO）除有其他标准外，还有一个内部控制的框架。[40,41]

COSO的内部控制框架有五个相互关联的组成部分：

- 控制环境；
- 风险评估；
- 控制活动；
- 信息与通信；
- 监测活动。[42]

显然，在合并之后，这些都很重要。

COSO是如何定义控制环境的？

在2013年的控制框架中，COSO对控制环境的定义如下：

- 企业展现出对正直和道德价值的承诺。
- 董事会独立于管理层，并对内部控制的发展和表现进行监督。
- 在董事会的监督下，管理部门建立了为实现目标的结构、报告流程及适当的权力和责任。
- 企业展示出一种致力于吸引、发展和保留符合发展目标的有能力的个人承诺。
- 在追求目标的过程中，企业要求个人担当起他们对内部控制的责任。

一个小企业的收购方在第一天就能通过内部控制系统，也就是现金方面，做些什么呢？

从收购完成之日起，收购方就应当接手被收购企业的全部现金收入和支出的控制权。收购方应该在每个区域都建立一个新的核对（或锁箱）账户，并将所有收款存入该账户。只有收购方指定的个人才能使用这个账户，此外，应建立一个单独的现金支出核对账户，用于支付工资和应付款项。

将收入和支出分开记账是有道理的，但听起来很复杂。它到底是如何发挥作用的呢？

通常情况下，被收购公司的财务管理部门会申请每周将资金转到支出账户（工资和应付款项的核对账户），并提供适当的理由，如工资或给供应商付款（按名称和发票号码）。收购方指定的经理人应按要求收集所有收据并将资金转入该现金支出账户。

收购方还可以使用哪些技巧来建立财务控制？

除了为收入和支出设立单独的账户外，收购方还可以建立一个预算程序和提出一个签字人级别的要求。

编制预算的程序因公司而异，但它通常包括一个对未来12个月的收入来源和费用支出的预测，以及对资产负债表变化的预测。一旦收购方和被收购公司就这个预算达成一致，他们就可以依据该预测对被收购公司的每月进展进行监督。如果有变化或趋势表明预算是不准确的,收购方则可以要求预算管理人员对其进行修改。如果修改不尽人意,则可以更换管理人员。

签字人级别要求也会因公司而异,因为重大性的级别会因公司的规模而异。例如,在一个价值为 100 万美元的公司里,1 000 美元的支出可能需要一名管理人员签字,但在一个价值为 10 亿美元的公司里,则没有这个必要。以下是一家销售水平介于这两个极端之间的中型公司的签字人级别要求示例。在这个示例中,被收购公司是独立于收购公司经营的,并且有自己的高级管理团队。

签字人级别要求样本

(1)所有超过 5 000 美元的支票必须由被收购公司的高级财务官和首席运营官签署。
(2)所有超过 25 000 美元的支票必须由收购方公司的一名员工联合签署。
(3)所有超过 100 万美元的销售合同或潜在负债超过 100 万美元的销售合同,都需要收购方的首席执行官或首席执行官指定的经理签字。
(4)所有高层管理人员的薪酬(由工作职能或名称定义)必须得到收购方公司首席执行官的批准。

该系统适用于小公司或大公司的下属部门单位。一个有很多部门的大公司则需要一个更复杂的现金控制系统,而且应该向有相当水平经验的会计师事务所进行咨询。

关键职责整合

并购交易后应考虑哪些关键责任?

宣布收购的新闻稿应明确表示,新公司将履行对客户、员工和股东的承诺。有关提到这些利益相关者的发布新闻稿样本见附录 9A。

对客户的承诺

在合并后,公司通常会继承对客户的哪些承诺?

正如前面所提到的,每个公司在进行合并时都向不同的个人和团体(包括客户)做出了一系列独特的承诺。有些承诺是书面形式的,有些是非书面形式的;有些承诺是合同性的(法律强制执行),有些是盟约性的。在进行合并时,各公司也必须合并这些承诺,而这样做的第一步就是定义这些盟约是什么。

为了履行对批发商和分销商(他们是直接的批量购买者)的承诺,整合团队的第一步工作将是检查公司整合后继承的与这些客户的所有法律协议。对于涉及交易的所有产品或服务,合并公司需要知道,每个公司承诺了在什么时间以什么价格向哪些客户提供多大的量。合并公司还应该知道可能适用于这些条件的任何例外或豁免条件。

为了履行对零售客户(他们进行的是间接和少量购买)的承诺,整合团队的第一项业务就是研究该公司向公众发表的所有承诺,如空间广告中所使用的口号。如果要说这些口号有什么价值的话,那就是它们不只是文字,而是承诺。

更简略地来说,管理者可以参考在《负责任商业原则》中名为"尊重股东之外的利益相关者"一节中列出的清单。该清单是由"科村(Caux)道德资本主义圆桌会议"提出的。本章末尾附录 9F 转载了该文件,它是来自美国、欧洲和日本的先锋企业管理者们达成的共识,而且这些管理者们定期开会讨论全球商业道德。

为什么在合并后兑现对现有客户的承诺如此重要?

首先在道德层面,遵守诺言是人类已知的最古老和最基本的道德原则之一。其次,在法律层面,信守承诺是防止诉讼的好方法。最后同样重要的是,从经济层面来说,客户是公司经济价值的关键驱动力,现有客户比未来的客户更有价值,尤其是在合并之后买方市场盛行的时候。

通常情况下,维持现有关系比吸引新的关系更容易,成本也更低。业务评估师在将购买价格分配给各种金融、有形和非有形资产时就认可了这一事实。在分配无形资产的价格时,他们对现在和未来顾客的价格分配是不同的。

更普遍来说,除合并后的价格分配之外,对当前关系分配的价值比对未来关系分配的价值要高得多。无论是从收入计算的角度,还是从成本置换计算的角度来看,这个观点都是正确的。当评估人员能够确定直接来自客户的收入时,他们会使用收入计算法来评估客户关系,而当他们不能确定时,就会使用重置成本法。在重置成本法中,评估人员假定企业愿意花在吸引新客户上的钱就等于现有客户的价值。同样地,在分配市场营销和销售费用时,由于现有关系而产生的收入和/或重置成本,往往高于由于未来关系而产生的收入和/或重置成本。

合并能给现有客户带来什么好处?该如何传达这些好处?

合并宣言经常声称,合并将扩大产品范围和/或通过规模经济和新技术来降低产品价格,客户将因此受益。有时,新公司会在其网站上的常见问题的第一个问题"为什么会发生合并?"中,承诺给客户带来的好处,并回答有关合并后银行名称这一至关重要的问题,参见表 9—6。

表 9—6　　　　　　　　　欧德兰银行和海湾银行合并常见问题（摘录）

> **为什么海湾银行要与老路线银行合并？**
> 海湾银行（Bay Bank）和老路线银行（Old Line Bank）都是强大的地方金融机构，它们为马里兰州的客户提供一对一的个人服务。通过合并这两家机构，海湾银行的客户将获得更多的产品和服务，同时获得马里兰州 9 个县的 26 家提供全面服务的分行使用权。
> **合并是否已获得所有必要的批准？**
> 是的。这笔交易已经得到了相关监管机构以及老路线股份有限公司（Old Line Bancshares，Inc.）和海湾合众银行有限公司（Bay Bancorp，Inc）股东的批准。海湾银行分行将于 2018 年 4 月 14 日以老路线银行的名义开业。
> **海湾银行会改名吗？**
> 是的，根据合并协议的条款，海湾银行名称将改为老路线银行。
> **我什么时候能看到银行改变的迹象？**
> 2018 年 4 月 14 日，你会看到所有海湾银行分行的名称都被换成老路线银行。
> **老路线银行是什么身份？**
> 老路线银行是一家以马里兰州为基地的银行，其总部位于马里兰州的鲍伊。1989 年，老路线银行在马里兰州华尔道夫成立。从成立之日起，老路线银行就走出了一条稳步发展的道路，拥有 28 家分布于 9 个县市的分行。老路线股份有限公司是老路线银行的母公司，其在纳斯达克资本市场（NASDAQ）上市交易，股票代码为 OLBK。老路线银行的使命是促进我们所服务的社区的发展和繁荣。通过设立分支银行和增加运营利润来提高股东价值和增长，这是我们建立战略计划的基础。
> **"老路线银行"的名字是怎么来的？**
> 1776 年，在独立战争的第一次主要战役中，马里兰州赢得了"老路线州"的别名。如果不是"马里兰 400 团"，就不会有独立战争的发生。在乔治·华盛顿将军下令撤退后，"马里兰 400 团"仍然选择了牺牲自己，让大陆军得以脱险。马里兰的士兵团因此被称为"老路线"，并被誉为大陆军的救星和独立战争的导火索。为了向那些勇敢的马里兰人的贡献和英勇的牺牲致敬，老路线银行骄傲地选择了这个名字。
> **那我的海湾银行账户现在会怎样？**
> 目前不会有任何变化，一切照常。你可以继续像以前一样使用你的银行业务。我们计划在 2018 年 6 月 1 日整合两家银行的运营系统。

资料来源：http://www.oldlinebank.com/old-line-bank-and-bay-bank-merger-faq。

法律方面的客户关系问题

客户诉讼通常是因为什么问题？

除了违反《反垄断法》（通常由监管机构代表客户和/或竞争对手提起）外，客户诉讼中常见的问题包括：

- 合同纠纷；
- 产品或服务的价格或质量问题；
- 讨债；
- 欺骗性贸易行为；
- 不诚信或欺诈；
- 延期/拒付款项；
- 贷款方责任。

有出现过客户提起阻止合并进行诉讼的情况吗？

这种情况很少见，但确实会发生，通常情形是一个私人集体诉讼与一个政府诉讼如影随形，也就是政府律师会做大部分的诉讼工作，然后原告律师跟踪工作。

对股东的承诺

公司在合并后通常需要向其股东履行哪些承诺？

公司发行股票必须遵循一定的标准。在私人控股公司，这些标准通常在股东协议中有体现。在上市公司中，该标准会出现在联邦和州的证券法以及证券交易所上市规则中。向社会公开发行股票的公司，必须按照上市前发行文件和上市后财务报表的规定披露有关信息。它们还必须授予普通股的持有者一定的投票权，该投票权通常由代理人行使——因此有了"代理投票"这个术语。除这些强制性的和法律上可执行的承诺之外，公司还可以自愿做出并遵守一些承诺，并将其作为公司章程、公司治理准则或其他公司政策的一部分。

合并后的整合团队究竟如何才能确保新公司满足这些对股东的承诺呢？

在涉及私人控股公司的合并中，内部或外部的法律顾问应该检查公司与其所有者签署的全部协议，询问各公司在什么时间什么条件下向哪些所有者承诺了哪些权利。

在涉及上市公司的合并中，法律顾问需要知道公司在该司法管辖区的证券法方面的立场情况，例如，在美国，州和联邦证券法下的情况。

对于那些有通用法律顾问或其他内部律师的公司来说，来自公司法律顾问协会（acc.com）或公司治理协会（societycorpgov.org）的资源可能会有所帮助。而当需要聘请外部律师时，像"马丁代尔·哈贝尔评级"（martindale.com）这样的资源可以用来指导如何选择有证券法经验的法律公司。

专攻证券法的律师了解这类事项的最新进展，并经常向客户（和潜在客户）推送总结主要趋势的信息。证券监管机构，如美国证券交易委员会（SEC.gov）也会定期发布新的和未决的规则。

除了遵守证券法外，还应该有哪些通常的道德考量？

关于股东关系的道德规范问题，并购后整合经理可以从一些参考文件中获得启发。如前面提到的《负责任企业原则》（见附录9F），就可以被当作企业基本承诺的完美核对清单。

说到这里，我们应该认识到，实际上，现如今只有少数的股票交易是由机构或个人有意识进行的。如今，指数交易、交易所交易基金和/或算法交易等交易法，能有效地自动执行大多数基于预先确定的公式买入/卖出/持有决策，因而这些交易并不能反映某一公司在任何整体意义上的意志。[43]

合并后的财务报告是否应包括符合非公认会计准则的财务信息？为什么要或为什么不要这么做？

合并后的报告应该包括一系列对股东有用的信息。有些符合《公认会计准则》（GAAP），但有些则不符合。（回想一下刚刚讨论的股东价值计算。）

《非公认会计准则》(non-GAAP)的数据对股东来说也是可取的,因为会计数据可能受到会计惯例的限制,而随着时间的推移,这些惯例可能会失去经济意义。然而一旦《非公认会计准则》措施导致滥用情况,这些措施最终会被禁止使用或被在公认会计准则下进行改革。致使"安然公司(Enron)欺诈案"发生的资产负债表外实体就是一个例子。而且,为了涵盖所有的基础前提,证券法要求《非公认会计准则》必须服从《公认会计准则》的披露准则,这样投资者才能了解它们的背景。[44]

其中有一个例外:对企业合并交易中交易双方之间交换的《非公认会计准则》措施的预测。如果这些预测具有重大意义,且披露时必须遵守联邦证券法的反欺诈和其他责任条款,则该等预测中包含的财务措施将被排除在非公认会计准则财务措施的定义之外,因此不受规则约束。[45]

建立股东价值

从一般的战略角度来看,管理者如何在并购后增加股东价值?

不管股票价值是如何计算的,似乎都有一些通用的策略来建立公司股票的价值。以下是可以采用的三种策略:

■ 以持续的盈利增长为目标。就实现股东价值的方式而言,盈利增长的方式要优于成本削减,而非盈利增长的方式要优于裁员。实现盈利增长的公司的股票升值幅度比只削减成本的公司要高得多:通过盈利增长获得的1美元,比通过削减成本获得的1美元对股东更有价值。当然,在某些情况下,削减成本和裁员可能是企业最好的选择。

■ 外部和内部交替增长。在追求增长的过程中,公司可以购买或创造增长值。显然,当公司已经进入整合阶段时,它已经选择至少在某一种情境下购买而不是创造增长值。但在每一次大型收购之后,公司都会回到起点,并面临同样的问题:我们是应该继续收购增长值,还是应该花时间创造增长值?大多数公司会交替使用这两种策略,从收购时期过渡到内部增长时期,就像农民轮耕一样。这些公司在进行新的收购之前需要花时间整合重大收购项目。同样,在这个问题上没有唯一正确的选择。有些公司可能适合完全依靠内部的增长,有些则适合持续不断的收购。

■ 制定和披露良好的公司治理实践。能够落实良好治理的公司董事会,很可能也具备监督合并后财务表现所必需的独立性和专业知识。良好的治理实践包括(但不限于)董事会及其关键委员会(如审计委员会)的独立性,制定和披露高管评估和薪酬程序,以及对股东投票不施加不适当的限制。虽然在缺乏其中某些或所有这些治理实践的情况下,某些公司依然可能会在很长一段时间内取得成功,但拥有这些良好的治理实践往往与企业积极的股价表现相统一,而且许多商业灾难可以部分归咎于缺乏其中的一个或多个治理实践。

有没有合并公司时可以考虑采用的治理指导方针模型?

当今美国最全面、最严格的治理标准是纽约证券交易所治理标准,也就是该标准第 303A 节名为"公司治理"的部分内容。[46] 其他国家也有类似的文件。国际证券委员会组织(IOSCO)[47] 和董事学会全球网络工作组织(GNDI)[48] 等在全球范围内发布了自己的治理标准,并对其全球成员的多样性观点进行了总结。

哪些并购后财务指标对股东来说是最重要的?

股东将根据资产负债表、损益表和/或股票价格的数据来判断销售增长、盈利增长以及几个关键的增长比率状况。

在涉及债务融资的收购中,股东可能会关注涉及债务的比率数据,即

- 流动比率(流动资产/流动负债);
- 负债比率(总负债/总资产);
- 负债产权比率(总负债/总股本);
- 净营运资本(流动资产减去流动负债)。

如果合并是通过股本融资的,那么股东可能会关注涉及股本的比率:

- 每股股票的收益(净收益－优先股股息/普通股);
- 价格/收益(普通股市价/每股收益);
- 权益比率(股东权益总额/总资产);
- 普通股股东权益回报率(净收益－优先股股息/普通股股东的平均权益)。

如果一个公司通过发行更多的股票来支付合并费用,就可能会稀释股票的价值,那么该公司如何减轻人们对这个问题的担忧?

首先,要直截了当地说明股价稀释的问题。股东们会注意到这个问题的,所以你不妨主动指出问题并解释一下。可以这么说,公司未来的收入前景会很好,然后解释一下该如何实现这些美好前景。

有反对稀释的规定吗?

没有,但有些规定要求披露和/或批准可能稀释的交易。例如,在共同基金领域,美国证券交易委员会作出了如下规定:任何共同基金董事会在与未在美国证券交易委员会登记的信托基金或账户进行合并交易的时候,要确保该基金股东的权益不会因合并而被稀释。[49]

你能列举一个成功就并购后关于股权稀释问题进行沟通的案例吗?

表 9—7 提供了合并后关于稀释问题的新闻稿的摘录。

表 9—7　　　　　　　　　　　　　解决稀释问题的马拉松专利新闻稿

> 2018 年 4 月 4 日
> 环球比特投资有限公司(Global BIT Ventures,GBV)增加了对 1.5 万张图形处理器(GPU)卡的非稀释性收购,使其显卡产品算率增加了 1 倍以上。
> 洛杉矶,2018 年 4 月 4 日(环球新闻)马拉松专利集团(纳斯达克:马拉),(马拉松或该公司)当日宣布,该公司已经修改了即将收购环球比特投资有限公司的条款。环球比特投资有限公司是一家开发加密货币的数字资产技术公司,简称 BBV。
> 公司董事会认定,自原合并协议签署之日起,两家公司的经营活动发生了重大变化。此后,该公司在魁北克租赁了 2.67 万平方英尺的专用设施,购买了 1 400 家比特大陆蚂蚁矿机(Bitmain Antminer S9)比特币矿商,并将这些矿商投入全面生产。该公司还购买了四项与买卖双方传输和交换加密货币有关的专利。此外,该公司目前拥有 525 万美元现金。
> GBV 与根据安大略省法律成立的炼金大师公司(Alchimista Inc.)完成了一笔交易,包括收购拥有 15 000 张图像显示卡的显卡服务器,其中 11.1 万张正在生产中。服务器由 GBV 以可转换票据的形式支付,该可转换票据将在与 GBV 合并完成时转换为公司普通股股份。这些股份将来自根据合并向 GBV 股东发行的 7 000 万股公司普通股,因此,不会对公司股东的所有权进一步稀释。

资料来源:http://ir.marathonpg.com/press-releases/detail/1176。

利用股权为交易融资的行为是导致股权稀释的一个原因。你能就股权融资和债务融资的区别发表一下看法吗?

当然可以。正如本书前面提到的,有四种常见的合并融资方式。下面根据公司对这四种融资方式使用的频率列出如下顺序:现金融资、股票融资、现金和股票的组合融资,以及票据和现金和/或股票的组合融资。其中每一种支付策略都会对公司股权的价值产生不同的影响。

全现金交易对股权的影响

全现金交易带来的不同影响取决于收购方是用自己的现金还是用借来的现金进行交易。总体而言,与股票融资交易相比,现金融资交易在长期(5 年)内对股价有更积极的影响。不过,收购方应避免承担过多债务。正如第四章所解释的那样,如果债务融资的交易使收购方的债务股本比达到 0.75 或更高,就会被认为是一种高杠杆交易(HLT)。此类交易往往对股票价值产生负面影响。

全股票交易对股权的影响

这种交易带来的影响也因融资来源而异(在本例中是指股票的来源)。收购方在用股票交换卖方股票的过程中,可以发行新股,也可以说服现有股东与卖方股东交换股份。

- 第一种情况(发行新股)可能会导致股权稀释。
- 第二种情况(使用现有股份)可能表明收购方知道其股票定价过高。

这两种可能性都可以解释为什么股票交易后的整体股价不如现金交易后的股价。

现金加股票交易对股权的影响

如果收购方在支付中同时使用现金和股票,对合并后补偿的影响可能是积极的,也可能是消极的,如前所述,这取决于这些融资的来源。

应急交易对股权的影响

有时,收购方会向卖方提供票据,承诺在其达到某些财务目标的前提下,向卖方提供额外的付款或利息。显然,从股东的角度来看,这种融资模式虽然很少被采用,却是很理想的手段。如果该财务目标没有实现,那么公司(及其股东)将不支付任何费用。如果目标实现了,那么公司(和它的股权价值)一定会提高。如果公司业绩目标与股价或与股价相关的比率挂钩的话,这种情况就更为突出。

总之,收购交易可能对收购方的股价产生负面或正面的影响,而这种影响的好坏在一定程度上取决于这笔交易的融资方式。交易完成后,管理者要做的是尽其所能确保股东得到最积极的结果,同时承认、解释并努力纠正对现有股东造成的任何负面影响,而不是寄希望于新一代企业主的出现。

对员工的承诺

公司在合并后通常需要向员工履行哪些承诺?

就像对待客户、供应商、股东、债券持有人和贷款人一样,管理人员应审查所有未履行的与员工的合同承诺。在理想情况下,这将是第二次审查,即在此之前必须先经历良好的尽职调查(见附录 9A)。

作为一个总体的概述,科村(Caux)道德资本主义圆桌会议提出的《负责任商业原则》被再次证明是有用的。

在科村提出的所有原则中,该原则是最长的,它提出了各种积极的雇用价值观,其中包括创造就业机会、健康和安全、福利、透明度、响应性、公平、包容和培训等。如果合并公司在这些领域做出了承诺,那么它必须遵守这些承诺。如果新公司没有在这些领域做出承诺,那么它应该考虑这样做的原因,而这些原因将在本章的其余部分讨论。

为什么对员工做出并遵守承诺很重要?

再一次,就像其他利益相关者的情况一样,这个问题的答案涉及伦理、法律和经济。违背诺言不仅是错误的(有时是违法的),而且很可能带来负面的经济后果。例如,一些重要员工可能会因为他们对新公司失去了信任而选择离开公司。

如果员工离开了,新公司就不能雇用新的员工来代替他们,或者将他们的工作外包吗?

新公司可以选择这么做,但是这两种做法的代价都是昂贵的。现有员工已经通过招聘和培训。用资质相当的员工取代他们在经济角度并不可取,因为这通常意味着,公司必须再次为相同职位的招聘和培训支付费用。

此外，员工离职也会产生成倍的消极效应，无论这种离职是自愿的还是非自愿的。例如，留下来的员工可能会对那些失去工作的员工感到内疚——要么是由于他们（作为管理者）解雇了别人而感到内疚，要么是由于他们自己的工作被保留下来而感到内疚。

一些收购方会选择转向外包，但这种做法并不是"灵丹妙药"。管理人员要花很多时间与承包商就预期进行沟通。此外，承包商也有自己的开销，他们的员工或特聘人员的小时费率反映了这一费用。

如果被收购公司已经将其技术管理外包出去了怎么办？

那么收购方将需要决定是继续沿用其中一部分还是全部的外包商。可以外包的功能包括员工记录和支付（人力资源和工资单系统）、销售和服务（CX 软件）、客户账单（企业资源规划和财务系统）和采购（供应链和资产管理系统）。保留这些外包项目可能是合并成功的至关重要条件。

裁员的经济效应是什么？

一般来说，裁员的结果是一个相当平衡的等式：从积极方面来说，减少了支付工资的开支；而消极的一面是，会有提前退休计划的费用、遣散费（通常作为一次性支付费用）、残疾索赔等。此外，对士气的影响通常是负面的。最后，员工裁减通常会使公司的生产力下降。

对于合并后裁员，退休基金委员会是如何反应的？他们是否会因为合并可能导致裁员而投票反对合并？

退休基金委员会不应该为现有雇员的利益投票，他们应该为已退休人员的利益投票。根据《职工退休所得保障法案》（ERISA），该法案全面覆盖了关于私营部门雇员退休基金方面的规定——受托人有积极维护受益人利益的义务。这可能意味着退休基金委员会投票赞成合并，即使合并会导致裁员。

当员工起诉公司时，他们起诉的原因有哪些？

员工诉讼问题，按大致的发生频率排列如下：

- 非法解雇；
- 歧视；
- 违反雇用合约（非解雇方面的）；
- 骚扰或羞辱；
- 员工福利；
- 诽谤；
- 工作环境安全问题。

合并后，管理人员还应该注意哪些法律和监管问题？

在美国，退休基金仍然是一个重要的领域，根据《职工退休所得保障法案》，作为雇员退休基金规划的管理者，公司对现在和过去的雇员负有特殊的责任。在该法案被提出 40 多年后的今天，它再次受到了美国三大政府部门的关注。

■ 在五三银行（Fifth Third Bancorp）诉杜登赫费尔（Dudenhoeffer）134 S. Ct. 2459（2014）的案件中，最高法院使得原告更难挑战其公司养老基金委员会向公司股票的投资。[50] 这项裁决提高了申诉的标准，并促使随后的几个下级法院也采取了同样的做法。

■ 美国劳工部 2018 年 4 月生效的新规定简化了《职工退休所得保障法案》下的伤残索赔申请程序。[51]

■ 财务会计准则委员会（FASB）于 2018 年 3 月就修改固定福利规划的披露要求进行了投票表决。修改后的披露要求明确规定，在对资金不足（包括没有资金）的退休金计划的汇总信息进行披露时，应该同时把预计受益义务（PBO）和累积受益义务（ABO）这两个基准作为基础。

集体谈判协议的存在对并购后管理有何影响？

显然，在涉及工作时间、安全和人员配备等工作条件方面的问题中，集体谈判协议是新管理层义务的主要来源。此外，一些协议规定，公司在变更控制权时必须与员工进行协商。在这种情况下，员工在交易完成前的杠杆作用可能有助于保持或改善员工的工作条件。由美国劳工组织谈判达成的协议，是由国家劳资关系委员会（NLRB）执行的，该委员会的作用是为解决冲突提供替代性争议解决方案。[52]

在合并后阶段，职业培训和发展可以发挥什么作用？

执行培训计划，是使收购方公司和被收购方公司的员工确信他们的工作是有保障的最快方法。这些培训计划应该包括以下两个方面：

一方面，新合并公司的管理人员可以从教育所有员工新合并公司的价值观、愿景和使命着手。尽管这些培训内容的框架主要来自收购方，但该内容应该同时反映出两家公司的历史。

另一方面，在公司易受攻击的整合阶段，信息安全方面的培训对于防止网络盗窃尤其重要。员工应该通过培训得知如何避免打开可疑电子邮件或共享密码。从合并后的第一天起，新公司就应该对公司网络进行持续监控。

新合并的公司应该考虑哪些合并后的搬迁问题？

在公司总部、工厂或分公司的搬迁过程中会出现五个问题。对这五个问题按其重要性排序如下：为什么要搬迁？要搬迁去哪里？哪些人员会被要求搬迁？收购方将如何处理搬迁事宜？收购方将提供什么样的支持？此外，还应该传播有关新地点的事实和数据。比较性的信息可以减轻搬迁带来的冲击和创伤，甚至可能使搬迁更具吸引力。至少，它能让员工做出正确的决定。

在任何情况下,收购方都应该制定详细的搬迁政策,该政策包括搬迁后的费用报销和工作保障。有几家公司提供了与此相关的信息。位于加州尔湾(Irvine)的经济研究所(ERI)是一家老牌公司,该公司对加拿大和美国9 000个城市的生活成本进行了比较。[53]

搬迁政策的一个例子是什么?

通用汽车(GM)的搬迁政策就是一个很好的例子。根据目前与汽车工人联合会(United Auto Workers)签订的合同,通用汽车公司最低支付5 000美元的标准搬迁费,以及3万美元的增订搬迁费。[54]

合并后的补偿:一个复杂的问题

在合并后整合薪酬计划或设计新的薪酬计划时,规划师应考虑哪些不同的薪酬要素及薪酬安排?

薪酬要素基本有四个:

- 基本工资,也叫底薪,它是一个固定数额的现金,通常每年确定一次,并按周或(在小公司)按月支付。对于大多数员工来说,这是其薪酬中占主导地位的部分(尽管对于大公司的高管来说,他们的薪酬中有很大一部分是基于绩效的奖励性薪酬,基本工资对他们并不重要)。
- 奖金用于奖励员工过去的优异表现,通常以现金和/或股票的形式一次性支付给员工。奖金通常按年确定数额和支付。一些公司将他们的奖金称为激励性薪酬,但薪酬纯粹主义者坚持将激励性薪酬这个术语定义为,根据预先确定的计划而不是事后发放的薪酬。
- 激励性薪酬是由于员工(或他们的团队、部门或公司)达到了预定的绩效目标而发放的薪酬。这种薪酬可以是现金和/或股票(直接授予或期权),其形式是多变的,而且也存在根本不被支付的可能性。激励性薪酬可能是按年和/或按长期支付的,具体由公司相关条款决定。激励性薪酬通常被作为"递延薪酬"发放。其发放资金通常被存入一个按标准利率增值的托管账户(如国库券)。
- 福利包括养老金、医疗保险、就业保障、休假时间,以及董事会级别的责任保险。福利还可能包括额外津贴或补贴性消费,如使用公司配备汽车的福利。

此外,在合并过程中或合并后,可能还会出现许多的特殊薪酬安排。

- 通过使用"竞业禁止协议",公司迈出了留住高层管理人员所需作出的众多努力中的第一步,这样不仅留住了人才,还可以防止他们加入(或成为)新公司的竞争对手。

- 通过使用"签约奖金"(称为"握手金"),公司可以提高高管人员的积极性。
- 通过使用"遣散协议",公司可以承诺员工在其失业时给予补偿。
- 通过"控制权变更计划"(在普通的遣散协议之外提供的),公司同意在合并或收购后裁员时向员工支付薪酬。在高层管理人员中,这些与并购相关的离职补偿被称为"黄金降落伞";而在较低层员工中,这些补偿被称为"锡制降落伞"。
- 通过"保留协议"(也被称为"黄金手铐"),公司承诺,如果员工留在公司达到一定要求的年限,公司将给予奖励。
- 最后,收购方可能会在成功整合资源后向所有员工发放"整合奖金",就像阿拉斯加航空公司(Alaska Airlines)在2018年成功整合维珍美国航空公司(Virgin America)后所做的那样。

所有用于这些基本薪酬要素和所有特别薪酬安排的资金总和一般被称为薪酬总额。现在大多数咨询公司都提供全面的薪酬规划服务。

当两家公司合并时,他们应该在多大程度上合并他们的薪酬规划?

这取决于新公司是会采用整合经营还是会采用独立分开经营。正如本书前面所解释的,并不是所有的收购都会带来公司间的整合。如果收购方收购一家公司只是出于财务原因(而非战略原因),那么它可能会选择将其薪酬规划分开管理。而且,即使收购方出于战略上的理由收购一家公司,并确实计划对其资源和系统进行整合,收购方的领导层可能仍会决定将薪酬的某些方面内容保持独立管理(尤其是当这些方面涉及公司核心行业以外的领域时)。

考虑到所有这些因素,薪酬规划的负担通常由收购方母公司及其子公司共同承担,在典型的常见情况下:

- 母公司将确定一项政策,该政策规定高管薪酬中有多少将以股票形式支付(例如,以其工资的5倍),以及管理人员将如何获得(通过奖励或购买,如果是购买,那么购买是强制性的还是自愿性的)这部分薪酬。而公司各子部门将鼓励并强制执行母公司的股权政策。
- 母公司将确定基本工资的预期竞争力(低于市场、等于市场、高于市场),而各子公司将确定其参与竞争的劳动力市场(当地的、区域性的、全国性的)。
- 母公司将出台奖金政策,而子公司决定谁将获得奖金。
- 母公司将为获得激励性薪酬设定业绩目标。该业绩目标的实现可以基于各种指标(包括会计比率、股票价格、定性因素和/或可自由支配的因素)和估值方法(经济增加值、现金流的投资回报或其他模型),而各子部门将选择是把奖金发放给部门、团队还是个人。母公司也有责任确保薪酬计划不会以牺牲道德行为为代价来激励短期的绩效表现。

- 母公司将确定一项福利政策,而各子公司将管理执行该政策,并根据合同或法律的需要偶尔作出例外决策。

母公司有权力制定统一的政策和目标,而且它们应该尽可能地这样做,但是也有例外情况。

为什么一个新合并的公司想要为它的各部门制定不同的薪酬规划?

- 因为这些单位可能有非常不同的支付环境。
- 对于类似的工作,不同行业的基本工资可能不同。此外,在一个成熟的行业中,企业将采用更大比例的基本工资形式,而不是奖金或奖励类的可变工资形式。
- 工资支付可能有地区差异。
- 当一家采用巨额奖金的公司与另一家没有奖金的公司合并之后,其奖金支付规定可能很难保持一致。
- 激励薪酬的目标因公司类型而异。大型上市公司通常会使CEO的薪酬在1到3年周期内与股东总回报挂钩[55],而新成立的公司往往更关注销售增长情况。
- 激励计划可能反映管理哲学的差异:重视正式与非正式、定量的与定性的。
- 福利可能是另一个在合并后有必要保留其差异性的领域。假设在谈判阶段,收购方同意让被收购方公司的高层管理人员保留一定的特权,但同时收购方非常清楚,自己的高层管理人员不会享有同样的特权。如果这就是双方之间达成的协议,那么收购方将别无选择地接受这些附加条件,并向心怀嫉妒的员工解释说,这是无法改变的"祖父条款"。此外,合并某些福利(如退休计划)可能还会受到监管方面的限制。

所有这些差异可能叠加在一起,导致公司之间与合并后的子公司之间形成鲜明对比。例如,一个成熟的、集中的、资本投资大、利润率稳定、技术变化小而且竞争对手少的企业,应力求做到以下几点:

- 高层管理的深度;
- 以固定工资为主;
- 适度激励;
- 适度参股;
- 可自由支配的评估。

而另一类极端便是,一个不稳定的、业务分散的、资本投资小、利润空间有限、技术变化重大而且有许多竞争对手的企业,应该争取以下目标:

- 少量的高级管理深度;
- 以可变工资为主;
- 大量激励;
- 大量参股;

- 客观评估。

难道没有可以适用于所有类型公司的通用薪酬准则吗？如果有，会是什么样的准则呢？

这样的准则是有的，因为良好的薪酬规划是有普遍原则的。以下是一些已经被企业和薪酬规划界广泛接受的原则。

该做的：
- 鼓励所有层次员工真正参与持股；
- 薪酬与绩效挂钩；
- 在股东回报价值和产品/服务质量两方面同时对高层管理人员进行奖励；
- 确保薪酬在当地市场具有竞争力；
- 通过升职、认可和加薪来表达对员工的感激之情。

不该做的：
- 向高级管理层奖励过多的、可重新定价的股票期权；
- 不顾一切地提高工资；
- 使用多种基准，而不仅仅是会计指标（可以操纵）或股票价格（可以受到外部事件的影响）；
- 过于依赖"四分位数"之类的基准，四分位数基准的特点是，只要每个人都试图保持在高位，该基准就会自然而然地不断上升；
- 签署在某些情况下可以支付大量赔偿金的赔偿合同。

合并后高管的薪酬水平通常会发生什么变化？为什么？

合并后，所有员工的薪酬水平往往会上升。这并不奇怪，因为合并会让公司变大，而大公司往往会比小公司付给高层经理更多的薪水。然而，公司规模并不是决定工资水平唯一的因素。通过收购实现扩张的公司，其高管薪酬增幅系统性地高于通过内部扩张实现扩张的同等规模同行。

合并后薪酬上涨有两个原因：第一，通过加薪比减薪更容易实现企业合并后的平等。如果 A 公司和 B 公司的高管做着类似的工作，但 A 公司高管的薪酬更高，那么合并后 B 公司高管的工资更有可能被提升到 A 公司同等高管的水平，而不是相反发展。第二，还有前面提到的特殊的并购薪酬安排，如"握手金""黄金降落伞""黄金手铐"等。在很多情况下，这些元素的总成本可能高达数千万甚至数亿美元。

2017 年的《减税和就业法案》如何影响美国的薪酬规划实践？

如第五章所述，其主要的影响是降低了公司和个人的税率，但也有其他的影响。例如，对实行了 25 年多的"100 万美元薪酬扣除上限"的改变。根据先前的法律，即《国内税收法规》(IRC) 第 162(m) 部分内容规定，除非是经独立的薪酬委员会批准的激励性薪酬,否则公司不得扣除发给某些管理人员的超过 100 万美元的薪酬。新税法保留了第 16(m)部分内容,但取消了激励性薪酬例外的上限。新税法还扩大了受该规则影响的高管职位范围和受影响公司的数量。

"黄金降落伞"计划的现状如何?

《国内税收法规》第 280G 条将超额的降落伞薪酬定义为一笔相当于或超过高管过去 5 年平均"W-2 薪酬"的 3 倍的薪酬。《国内税收法规》第 4999 条规定,在这种情况下,对超过平均年薪的金额征收 20% 的消费税[56],并拒绝公司就该金额进行税收减免。[57] 自 2011 年以来,随着《对黄金降落伞的发言权》和《对薪酬的发言权》的出现,股东们已经就降落伞计划以及委托书中出现的主要薪酬计划进行了公开投票。尽管股东在薪酬投票上的话语权总体上是正面的,但近年来,"黄金降落伞"审批的失败率一直在上升,从一位数上升到两位数。[58] 这一结果似乎源于"不投票"代理顾问的建议,而这一建议主要基于被否决的"降落伞"中税收总额的存在。[59]

那么在控制权变更时触发的股票购买权或期权呢?它们算是降落伞的一部分吗?

算的。如果由于控制权变更而授予股票期权,就可能构成"2003－68 收入程序"规定的"降落伞支付",该程序为这种情况下的股票期权估值提供了指导。其中可能包括任何起到金色降落伞作用的股东权利反收购安排。[60]

如果收购方向被收购的公司经理发放签约奖金(握手金),那么怎么预防这些经理第二天就拿着奖金走人?

收购方可以通过在管理者的合同中增加"后端条款"或"收回条款",来防止"握手金"变成"跑路金"。通过使用后端条款,公司可以延迟支付部分承诺的款项,转而在合同期后期阶段对其进行支付。在收回条款中,收购方可以在经理的雇用协议中规定,如果经理在合同到期前离职,则他(她)必须偿还全部或部分奖金。对于第二种策略可以分层实施,对提早离开的行为加重处罚。例如,一份为期 4 年的合同可能会设定以下罚款体系来偿还价值为 400 万美元的签约奖金:

- 一年内离职:退还 400 万美元;
- 两年内离职:退还 300 万美元;
- 三年内离职:退还 200 万美元;
- 四年内离职:退还 100 万美元。

这些保留条款通常被称为"黄金手铐"。另一种类型的"黄金手铐"是本书前文讨论过的"竞业禁止协议"。

对薪酬计划的整合：一个战略性概述

假设两家公司想合并他们的薪酬体系，他们应该怎么做？

一种非常简单的方法是将薪酬的基本要素（基本工资、奖金、激励性工资和福利）与各合并公司过去的做法和合并后企业高级管理层未来的需要进行对比。通过权衡这些因素，规划者可以提出一个将两者都考虑在内的过渡策略（参见表9-8）。

表9-8　　　　　　　　　　合并后薪酬规划的矩阵样本

薪资要素	A公司过去	B公司过去	AB公司未来	过渡性战略
基本工资	低于市场	与市场齐平	与市场齐平	·提高A公司工资水平；维持B公司工资水平
奖金	无	大量的	最小化	·本年度维持现状，然后在B的系统基础上对所有人进行适度的奖励，但要减少。
激励性工资	无	无	大量化	·设计绩效工资制度。 员工：如果单位利润达到目标，额外增加20%。 高级管理层：如果达到公司总资产回报率的目标，则额外增加30%。
福利	平均水平福利计划（自助餐厅）；大量的、灵活的福利计划；没有津贴	健康和退休福利低于市场水平，奢华的津贴	健康和退休福利与市场水平相当，适度的津贴	·改善B公司的健康和退休计划，减少B公司的津贴，提升健康保障。协调5年以上的休假政策，将欧洲最长休假时间从6周减少到4周，将美国最长休假时间从2周增加到4周，提供支付选择。
特殊工资	工作一年以上	工作6个月以上	工作一年以上	·延长B公司的员工服务周期

注意：这是一个示例，而不是范例。计划者应该使用他们的术语，做出他们的选择。

一个规划者如何确保一个新规划的财务可行性？

规划人员需要考虑新合并公司的财务状况。虽然新公司的财务状况将部分取决于两家合并公司之前的财务条件，但其也将有自己的财务动态。

除了受到合并价格和相关费用的影响外（如第五章所述，这可能是实质性的影响因素），新公司的财务状况自然也会受到交易融资方式的影响。

四种常见的合并融资方式，按其被采用的频率高低排序如下：现金、股票、现金与股票的组合以及票据与现金与（或）股票的组合。每一种支付策略都会对新公司的财务状况产生影响，进而影响到新公司的薪酬体系。

(1) 全现金交易后的薪酬支付。如果收购方用自己的现金为交易融资,根据其所使用的现金数量,这对薪酬计划的影响可能会很小,尤其是当收购方所使用的现金来自一个完整的金库时,这种融资方式对薪酬规划的影响更小。在这种情况下,规划师们可以尽情发挥其规划才能。如果收购方借入现金为交易融资,则该交易很可能是一项高杠杆交易,或叫 HLT。"高杠杆交易"指受保存款机构对某一业务的信贷延伸或投资,这种融资交易涉及对现有公司的买断、收购或资本重组等。并且高杠杆交易要满足以下条件之一:

- 该交易导致企业负债对资产的杠杆率高于 75%。
- 该交易使目标公司的负债至少翻倍,并导致负债与资产的杠杆比率高于 50%。
- 该交易是由银团代理或联邦银行监管机构指定为高杠杆交易的。

高杠杆交易之后,企业的薪酬规划不应该是现金密集型的,因为公司将需要现金来偿还债务。激励性薪酬应以股票或股票期权的形式支付,并且要以现金流的改善为前提。

(2) 全股票交易后的薪酬支付。如果收购方通过发行新的股票进行股票交换来为交易融资,这笔交易则可能会导致股权稀释。在这种情况下,薪酬规划者应该谨慎地向经理人授予更多股票或股票期权,除非公司能够回购自己的股票(在股权联营的情况下,这是很困难的)。在采用股票薪酬可能会导致股权稀释的情况下,公司可以考虑采用"影子股票支付法"(根据股票表现支付)。

(3) 现金和股票交易后的薪酬支付。如果收购方采用了现金和股票相结合的融资方式,那么这笔交易对合并后薪酬的影响可能为零,除非现金是借来的(在这种情况下,高杠杆交易的警告可能适用)或者发行了大量股票(在这种情况下,要注意股票的稀释出现)。

(4) 应急交易后的薪酬支付。如果收购方采用向卖方提供票据的方式融资,承诺卖方将基于合并公司的"或有事项"(比如实现销售增长 20%)获得额外资金或利润,并购后的薪酬结构应让管理者有机会实现这些"或有"目标。作为合并后公司的所有者(也是合并后的股东)的经理们最关心的是,能够获得实现业绩目标所需的权力、自主权以及资源。显然,绩效薪酬计划中的绩效目标应该与提供给卖方的票据中设定的获利目标同步。

最后,规划者如何确保一个新的薪酬计划在情感上的可行性呢?

合并会带来很多负面情绪:失落、焦虑、嫉妒。规划者需要确保他们的薪酬计划可以带来与此相反的结果:收益、安全、公平。要做到这样的最好方法之一就是争取积极的可比性。新合并公司的员工可能不会得到与以前相同的薪酬,但应该差不多或更好。

以 AB 公司(如表 9—9 所示)的员工为例。尽管两方员工都能从总体薪酬的其他积极调整中获益，但是曾经属于 A 公司的员工还是会感伤其福利的减少，而曾经属于 B 公司的员工还是会害怕他们的奖金被逐步取消。但如果事实是，在这种情况下，A 公司员工可以获得很多好处：加薪、奖金和额外的激励性薪酬；而 B 公司的员工获得了奖金和福利，那么管理层就应该帮助员工认识到这些积极的方面，而不是消极的方面。这个例子（以及任何类似的合并后薪酬计划）需要传达给员工的信息是："你的薪酬与过去不一样，但它还是有可比性的，而且在某些方面比之前更好。"换句话说，管理者不要只是实践你的薪酬理念，而是要宣扬它！当然，薪酬制度的改变不会随着新的薪酬计划而结束。随着时间的推移，管理人员将希望不断调整他们的薪酬制度，以适应不断变化的现实。不过，我有一个忠告：用涨工资来认可员工的价值是一种非常昂贵的手段。薪酬在吸引、留住和激励员工方面的作用是有限的。有意义的工作、价值感和晋升的机会在这些方面也必须发挥作用。如果没有这些条件，再多的加薪、奖金、激励、福利和特殊待遇都无法留住员工。相反地，最优秀和最聪明的人会带着他们的才能去别处。

规划者如何确保新的薪酬规划在技术上的可行性？

薪酬规则经常变化，似乎每一天都会有一些新规则，或规则的一些新的解释改变着薪酬计划的技术细节。因此，薪酬规划人员应该依靠公司内部的专业专家，经常也要依靠公司外部的专家，来了解基本工资、奖金、激励和福利薪酬的会计和法律处理方面的最新变化。

福利支付是特别复杂的，以至于许多雇主使用外部供应商来维持他们的福利项目状态。但是外包并不能免除雇主对员工的义务——无论是对其长期雇用的员工还是新聘用的员工。并购的买卖双方往往都没有意识到，目标是到底存在多少种不同的福利支付，以及每种福利支付所包含的义务。

对福利计划的整合

有哪些不同类型的退休金计划？

有两种类型的退休金计划：合格的（即符合某些联邦标准并有资格享受税收优惠待遇）和不合格的。其中，合格的退休金计划又有以下两种：固定收益计划和固定缴款计划。

"固定收益计划"通过一个公式来确定收益总额，并要求雇主在向该计划缴款时满足某些精算师确定的标准。而且雇主的缴款必须足够支付到期的债务。

"固定缴款计划"是一种有较短期要求的退休金计划。在该计划有效的年份里，有一个按年计算的最低供款要求。这些退休金计划可以采取分红的模式——无论这些模式有或没有工资延迟[著名的401(k)计划]——这样的退休金计划通常有可变的缴款标准。

这两种合格的、固定的退休金计划都受到税法规定的缴款上限的限制。从更广泛的意义上说,它们要服从由财政部管理的《国内税收法规》(IRC)和由劳工部管理的《职工退休所得保障法案》(ERISA)的相关规定。

如果买方和卖方都有"固定缴款退休金计划",则应该如何将其合并?

这是一个复杂的领域,最好在逐个计划的基础上对其加以理解。让我们以最常见的固定缴款退休金计划——"401(k)计划"为例,那么整合方法将取决于收购方是收购了被收购公司的股票还是收购了其资产。在涉及资产收购时,退休金计划必须保持独立,而且被收购公司的退休金计划必须由卖方管理。在涉及股票收购时,有三种方法是可行的:保留交易双方的退休金计划,终止被收购公司的退休金计划,或将两个计划进行合并。

- 要保留双方的退休金计划,收购方只需确保每个公司提交自己的表格(表格5500),并确保该表格满足联邦政府对保险性质和覆盖范围的要求。保留原有的退休金计划的一个好处是其覆盖范围不会出现中断,因为两个计划继续存在。如果两个退休金计划的年限相同,收购方则可以用一个完整的日历年使两个计划达成一致;如果计划的年限不同,收购方则应检查其时间表,它可能会更短。

- 终止被收购方的退休金计划需要一年的等待期。美国国税局的"继承者计划"规定,如果收购方公司有超过2%的员工,在收购后的一年内参加了另一个固定缴款退休金计划(员工股票期权计划除外),那么被收购公司的退休金计划将被取消。即使雇主遵守了2%的上限,它也必须支付制裁罚款,以防止这些雇员被征税。

- 合并两个公司的退休金计划可以节省管理费用,但是合并过程会很复杂,因为需要将资产从旧计划转移到新计划中。在这个过程中,员工会有一段时间被排除在他们的退休金计划之外,这段时间通常是2周到4个月。在这段时间里,旧簿记员对账户进行最后清点,然后股票被出售,钱被转移到新的簿记员手中。当员工可以再次使用该计划时,他们可能不得不重新选择投资计划。有时员工之前投资的钱会被自动转移到与原计划最接近的新计划中。在停工期间,员工通常不允许贷款、取款或选择新的投资。但是,他们还要继续履行其缴款、贷款和偿还义务。不过《萨班斯-奥克斯利法案》(Sarbanes-Oxley)的退休金管制条款对此增加了限制。

显然,在美国,企业的退休金计划受到许多联邦法律的约束。那么其他的福利计划呢?

其他福利计划与退休金计划(但程度较轻)一样要受到许多法律的约束,而且医疗和福利计划也要遵守税法和雇员退休保障制度。

除了上述法律外，还有什么其他适用的法律吗？

实际上并不存在真正的薪酬法，但是存在相当多的就业法规，而薪酬规划者必须掌握其基本原理。在遵守州和联邦法律的前提下，公司必须按最低工资标准或比其高的标准向员工支付工资，同时必须缴纳适当的税务，履行合同，避免歧视行为等。确立这些原则的许多法律是众所周知的，并且它们与合并后的情况没有特别的关联。

美国国税局或其他机构可以以向高管支付过高薪酬为由起诉某公司吗？

可以的。对于美国国税局（IRS）来说，监控公司支付给股东员工的工资扣减是很正常的，尤其是在少数人持股的公司。税务局可以声称薪酬不合理，并迫使公司对"不可扣除的股息"金额进行重新定义。

而对于这个金额，法院并没有可以使用的指导方针来确定服务的实际价值，法院判决都是根据具体案例作出的。

美国国税局和法院会依据什么来判定薪酬是否合理？

法院会询问以下问题以判断支付给股东的薪酬是否合理：

- 不相关的外部投资者会认为这笔薪酬合理吗？
- 该薪酬金额是否与股利支付金额一致？
- 该薪酬是否与公司的盈利表现一致？
- 该薪酬水平是否基于公司利润（而不是预先设定的）？
- 该薪酬是否与公司所属行业的薪酬水平一致？

对这些问题的肯定答案越多，薪酬方案越有可能经受住美国国税局的审查。

合并后的一些一般性技术考虑[61]

在合并后，有哪些工具可以增强员工的协作？

合并后的成功与否部分取决于员工的生产力和协作力，而这两者又取决于技术。幸运的是，近年来，促进协作的技术工具的数量和可获得性都在增加。如今，企业团队不仅可以通过电子邮件和电话会议进行交流，还可以通过视频（如 Skype 或 Zoom）或群组消息应用程序进行交流。而且，在 Wi-Fi 和网络接入建立之后，其中的许多新技术都相对容易建立。

你对合并后的 Wi-Fi 系统有什么指导意见吗？

公司的技术规划应该让员工能至少在 30 天内使用 Wi-Fi 网络。而这项技术规划应该安全（第一位的）且快速地完成。合并后的时期内公司变化频繁，而且可能存在混乱现象，所以公司网络系统特别容易受到攻击。因此，建议对网络访问权限的开关系统进行谨慎规划。

那员工的访问权限呢？

同样，企业必须有一个能让新员工进入公司系统当中的详细规划，而对于会计和财务人员来说，这个可进入系统应该包括他们所需要的财务系统。为了提高生产效率，合并后公司的员工必须能够访问完成工作所需的信息。

如果两家公司使用不同的云基础设施，则会发生什么？

在前6个月，应该对合并后公司的云基础设施进行评估。各公司现有的云基础设施可能会被保留，也可能会被小心而安全地迁移到收购方的云基础设施中。但是合并也可能是一个给被合并公司创建新的云基础设施的机会。这些新的云基础设施可以是私有的、公用的或混合的，但是在任何情况下企业都必须对其安全性进行监察。

合并后必须对哪些数据库进行管理？

主要的数据库基本上有三个：员工数据库、供应商数据库和客户数据库。

(1) 员工数据库

如今，大多数公司都使用一个人力资源信息系统(HRIS)，有时甚至不止一个。如果收购方的公司规模远远大于被收购的公司规模，那么收购方就会直接延用其人力资源管理系统。但在对等并购中，可能需要采用一种混合的方式，即收购方人力资源信息系统中的部分内容会被保留，而其他部分会被目标公司的系统所取代，此外，也有可能采用全新的系统。[62]

(2) 供应商数据库

拥有许多关键供应商的公司，例如，全球性的制造业公司，通常通过供应商数据库来管理其与这些供应商的关系。《2010多德-弗兰克法案》出台之后，美国的矿物业管理规定出现了相互冲突现象，这使得类似数据库这种工具变得更加重要。尽管曾因一次法律质疑而被削减了执行力度，但该法案仍然有效。[63] 这样的法案和其他类似的法规促使企业密切关注其供应链上的供应商。除此之外，企业还通常会选择使用跟踪物流(物流系统)和资产(资产管理系统)的系统来进行补充管理，而企业对这些系统的选择应该以当前的实际考虑(与集成和运营相关)以及战略考虑为基础。

(3) 客户数据库

在交割后的最初几个月，新公司的最佳选择可能是延用其现有的客户数据库。但在交割后的第一年或第二年，合并后的公司可能想要建立一个主客户数据库。建立这样的数据库可能会花一段时间，因为清理数据需要时间。如果合并后的公司还没有采用主数据库，那么最好的做法是将主数据移到能够提升客户体验(CX)的系统中。客户体验系统是部分涉及技术，部分涉及运营的，它旨在分析和优化客户与企业的整个互动,以及客户对公司的看法。客户体验系统使销售人员、客户服务代表和经理能够优化与客户的交互。为合并后的公司选用的客户体验系统应该放眼当下,以满足全球化的需求,并为未来客户体验作出布局。

对数据库的合并是否总是必要的?

在获得准确可信的数据之前,收购方和目标公司最好保持各自独立的财务系统。但一旦员工、供应商和客户数据集被清理和优化完毕,这些数据就可以被放入一个整体系统。有了准确的员工数据库和供应商数据库,以及一个主客户数据库,合并后的公司就可以使用企业资源规划(ERP)系统进行财务管理,该资源规划系统通常位于安全云中。为了做到这一点,公司必须有一个准确的账户表,即用于记录交易的所有总分类账户的清单。这类账户可以使用数字、字母或两者的结合进行编码。[64]

要做到这一点的另一个需求是准确的主客户数据库,这在各数据库被整合到一个客户体验系统之前是必要的。

并购后,收购方为什么要以及如何协调信息技术实践?

在合并或收购的组织中提高员工的生产力应该成为收购方的一个目标。在并购后的前6个月,交易双方应该努力协调个人电脑、手机和其他设备的信息技术实践(如品牌选择)。大多数情况下,这些实践只会落到交易双方其中一家公司身上,通常是收购方。在这样的情况下,被收购方公司的员工会从收购方那里接收工作电脑、电话和其他设备,这些设备通常是全新的,以便确保安全访问公司系统和技术。

在这个过程中需要什么样的文档?

既然技术网络、系统和数据库已经被建立和选定,那么对其中的应用程序、数据库、系统、硬件、服务器、许可证、网络和供应商等信息进行记载就非常重要,这是记录合并公司的企业架构的开始。有了(更)干净的数据,就有机会在合并后的公司中实施有意义的数据治理,这个过程可以利用有关收集、保留、使用和保护数据的相关协议,特别是涉及受监管(如"欧盟的一般数据保护法规")约束的个人数据的协议。

关于合并后的技术性资源有什么最后的建议吗?

首先,这不仅仅是关于技术的问题,而且是关于人的问题。在制作挽留员工的计划时,重要的是要把具有经验和知识的技术人员放在首位,以便其在合并后的公司中发挥其技术优势。另外,正如前面提到的,在某些高新技术文化中,如硅谷,员工对"黄金手铐"式的限制条件是有抵触心理的。

合并后公司第一年的计划不太可能是理想的,但每年对其更新一次将使该计划变得相当可靠。最后,合并后的公司应该制订一个稳健的业务连续性计划,而且该计划应该使用更新的业务流程和选定的系统。

到那时,通过实施强大的分析来挖掘额外的收入机会,包括那些已经预计可以证明合并的合理性的机会。有了(更)干净的数据和系统,就更有可能找到新客户,增加现有客户的钱包份额,并建立新的客户体验。最后,分析还可以用来提高操作效率和降低成本。

资产剥离

我们讨论过在合并后解雇员工的问题。那把整个公司的某个部门卖掉又会怎样呢?这种情况发生的频率有多高?[65]

这取决于你想要采用的剥离时间线有多长。很少有公司会选择在收购后就立即剥离业务部门(除非他们被反垄断监管机构强迫这么做),但同时很多公司最终还是会选择对其业务部门进行剥离。这一过程很难在很长一段时间内追踪,因为公司及其部门总是在进行重组和重命名的。

公司通常会对其业务以及该业务与公司整体战略的一致性进行重新考量——这些战略本身会随着时间的推移而改变——并找出那些不再符合战略需求并需要被剥离的业务或团队。2018年,德勤(Deloitte,是美国四大会计师事务所之一)对1 000名高管进行了调查访问,其中70%的受访者表示,他们计划在未来一年内剥离业务。[66]

在任何年份里,有近一半收购发生的原因是由于卖方正在对其公司的部门进行剥离。考虑到大多数大公司在外部和内部都有增长的事实,我们有理由认为,大约一半的资产剥离来自收购,而不是内部增长。根据这种逻辑,我们可以得出这样的结论:随着时间的推移,大约1/4的收购最终会被剥离。但在大公司中,这一水平似乎要低一些。本书的作者拉杰科斯在对1985年10大并购的20年跟踪研究中发现,即使在20年后,也只有少数交易以资产剥离告终,而且大部分资产剥离只是部分进行的。

资产剥离有哪些类型?

资产剥离有三种基本类型:出售剥离、拆分剥离和分裂剥离。其中一些可能需要持续使用一种所谓的"卫星发射战略"。

什么是出售剥离?

"出售剥离"是目前最常见的资产剥离类型(通常被看作资产剥离的代称),是将公司的一个或多个部门单位出售给另一个公司。例如,2017年,雅培制药(Abbott Laboratories)将其医疗操作系统业务出售给强生(Johnson & Johnson),美敦力(Medtronic)将其病人医疗保健和康复业务出售给卡地纳健康(Cardinal Health)。

什么是拆分剥离?

"拆分剥离"是指公司为剥离或拆分一个或多个部门单位而进行的某一系列交易。

这种拆分剥离通常选择将公司具有共同主题的一小部分部门单位转变为一家独立公司,并将该独立公司的股份出售给投资公众。最近的例子有惠普(Hewlett-Packard)对企业业务进行剥离,创建了惠普企业(Hewlett-Packard Enterprise),以及雅培制药对其品牌制药业务进行剥离,成立了艾伯维(AbbVie)。

有时剥离先于合并,有时剥离紧随合并。

拆分剥离单位既可以按已拆分成的各单位出售,也可以被合并成一个拆分单位出售。这一过程通常先是以特别股息的形式按比例向股东分配股票,然后是以拆分单位名义进行首次公开发行股票(IPO)。一种常见的拆分剥离是"IPO 拆分剥离",即公司直接进行首次公开募股,而不向股东分配股份。如果母公司在首次公开募股中保留权益,则这种形式可能被称为"资产剥离式的首次公开募股"。

什么是分裂剥离?

"分裂剥离"是指一个公司分裂成两个或更多独立的公司。这与出售剥离或拆分剥离不同,因为它涉及整个公司,而不仅仅是一两个部门。

最著名的分裂剥离案例涉及原美国电话电报公司(AT&T)。1984 年,AT&T 在司法部反垄断部门的命令下解散,分裂为一家电信公司(也就是现在的 AT&T)和一家处理本地电话的地区贝尔公司(又名小贝尔公司)。然后在 1996 年,通过收购获得增长的 AT&T 公司再次进行了分裂(这次是自愿的),理由是其业务复杂性超过了整合带来的好处。有趣的是,在这次分裂之后幸存下来的一个分公司"朗讯科技"(Lucent Technologies)在 1996 年对其一项业务进行了拆分剥离。而另一个公司 AT&T 无线(AT&T Wireless)在 2001 年的拆分剥离后于 2005 年并入了辛格勒无线(Cingular),然后在 2007 年重新命名为 AT&T 移动(AT&T Mobility)。2007 年,Cingular 正式更名为 AT&T。

另一个很好的例子是摩托罗拉公司(Motorola Inc.)。摩托罗拉公司通过将手机和有线机顶盒业务拆分剥离形成了摩托罗拉移动公司(Motorola Mobility),该公司将其手机基础设施业务剥离给诺基亚西门子通信公司(Nokia Siemens Networks),并将剩余的公共安全业务更名为摩托罗拉解决方案公司(Motorola Solutions Inc.)。摩托罗拉移动后来被谷歌收购,再后来又被卖给了联想(Lenovo)。

并购后资产剥离的动机通常是什么?

资产剥离的原因各不相同。公司某个部门单位可能会因为表现不佳而会被出售、拆分或分裂,卖方希望以此来止住亏损浪潮。相反,某个部门单位也可能因为可以卖出高价而被当作皇冠上的宝石出售。最后,也是让企业最不情愿接受的资产剥离原因就是为了安抚监管机构而将企业的某个部门贴上待售标签。例如,司法部或欧盟的反垄断部门等监管机构可能会将此作为批准合并的条件。又如,当陶氏化学(Dow

Chemical)与内穆尔公司(E. I. du Pont de Nemours & Company,简称"杜邦")合并时,欧盟要求其出售某些资产作为批准该交易进行的条件。

收购方如何决定何时剥离哪些资产?

通常,一个公司购买其他公司的终极目的是将一些部门单位出售,并持有剥离选择权,直到相关业务进一步发展或直到该行业整合成一个利于出售的市场。为每一项"资产剥离"方案设定一个量化标准似乎有些冷酷无情,因为资产剥离的决定会给人们和社区的生活带来破坏性的改变,而且这种改变并不总是好的。然而,在做任何决定时,既要用心,也要用脑。如果进行资产剥离是有必要的,那么它迟早会发生;真正高尚的收购方不会回避这个问题,而是会履行本章前面讨论的企业责任,以人性化的方式实现资产剥离。一个本身完整的纯数据化的量化考量方法,可以帮助收购方做出保留还是出售的决定,它还有助于给被收购的公司设定一个合适的价格。资产剥离期权具有可量化的价值标准,并且可以很容易地进行计算(见表9-9)。

表9-9　　　　　　　　　　对资产剥离期权的估值

> 据加拿大多伦多邓迪联合公司管理合伙人肯·史密斯博士和马里兰大学罗伯特·史密斯商学院的亚历山大·特里安提斯教授的说法,资产剥离期权具有可量化的价值标准。
>
> 在此,我们以虚构的* PJP集团为例,假设这家大型企业集团正考虑收购另一家拥有大量房地产的公司。如果收购成功,则PJP计划在两年内开发一块位于中央地段的地产用作分销设施。根据该地产的预期用途,PJP对其估价为2 000万美元。市场状况必然会导致该房地产的价值在未来两年出现波动。然而,如果该公司的业务前景变坏,分销设施预计将无法盈利,该公司将能够迅速以至少1 500万美元的价格出售这块土地。
>
> 为了在对收购进行估值时将这一剥离期权的价值考量在内,PJP的管理层使用了一个简单的两年二项模型。管理部门假设公司的房地产价值(不考虑资产剥离方案)每年要么升值50%,要么贬值40%。在最坏的情况下,两年后这片土地对公司的价值只有720万美元。实际上,剥离期权为两年后的房地产价值设定了1 500万美元的下限,从而降低了收购的风险。
>
> 尽管在收购第一年结束时,用作其分销设施的房地产的价值对于JPJ来说可能只有1 200万美元,但是如果在收购后第二年结束时它还能值这个价格的话,那么这时候以1 500万美元将其卖掉并不是最佳选择。如果经济环境有所改善(届时该土地作为分销设施的价值将上升到1 800万美元),公司则更愿意保留对该土地的开发权,直到第二年年底。
>
> 在第一年结束时,等待剥离的增加值达到71万美元。总的来说,剥离期权将该土地的当前价值从2 000万美元提高到2 277万美元。当然,估值背后的逻辑以及对资产剥离期权的实践仍然是具有指导意义的。

* PJP是一个基于真实案例的虚构组合。该内容是根据亚历山德拉·拉杰科斯(Alexandra Lajoux)所著《并购整合的艺术》中"合并资源、流程和责任指南"(纽约:麦格劳-希尔出版社,2006)部分内容更新的,而且在这里的引用得到了肯尼斯·W.史密斯(Kenneth W. Smith)和亚历山大·J.特里安蒂斯(Alexander J. Triantis)的许可。肯尼斯·史密斯和亚历山大·J.特里安蒂斯:收购中尚未开发的期权价值,《合并和收购》,1994年11月/12月,第22页。

如表9-9所示,一个全面的分析是以公司的战略目标以及每个业务单元如何对该战略作出贡献为基础的,而这样的全面分析形成了决定剥离哪些业务单元(如果有剥离需要的话)的基础。一旦指定某业务单元为剥离对象,就应准备相关业务案例,概述决定对其进行资产剥离的理由。业务案例将包括剥离的战略原因、支持剥离的财务状况,以及需要进行剥离的具体方面。这些具体方面应指出哪些资产、服务和人员将被剥离。一旦业务案例得到公司内部的批准,就可以开始执行剥离的过程,该执行任务通常是分配给公司的并购职能部门的。

收购方能随意进行资产剥离吗?什么类型的限制会在这里发挥作用?

作为被收购公司的新主人,收购方在整合或分离已收购的资源方面有很大的灵活性。但是,对其的某些限制可以而且经常适用。最常见的限制来自买卖双方在合并前签订的合同。

在人力资源方面,卖方公司可能已经签署了对裁员行为进行限制或惩罚的劳动协议,而这份协议的法律效力可能会延伸到公司控制权变更后。在实物资产方面,卖方可能已经保证不出售作为抵押品的资产。其他的限制来自保护不同的股份持有人团体的利益的联邦或州法律。在理想情况下,所有这些限制都会在收购交割前的尽职调查过程中被解决。

资产剥离的流程和收购的流程不是一样的吗?就只是方向相反而已?

虽然有许多步骤与收购流程相似,但资产剥离的准备工作可能要复杂得多,因为其中涉及的业务单元,必须从卖方公司现有的组织、职能和服务中剥离出来,并被转变成买方及其职能部门和服务部门所有。

资产剥离出售准备的一个关键步骤是识别所有共享服务,例如,那些通常提供给公司内部业务单位的服务,其中,包括IT、HR和财务服务。根据公司的结构,其业务单位可以共享工程、制造和采购,出售方应该对这些服务进行分析,并将其包含在共享服务列表中。

卖方应该通过在不公开的情况下为每个业务单元建立一个小团队来完成这些识别工作,该小团队代表向业务单元提供服务的每个功能区域,为了组成这个小团队可能还需从总公司业务团队中剥离一名高层员工。这个小团队应该识别所有这些涉及剥离的服务,并为卖方的尽职调查做准备,预估潜在买方会提出什么问题。这些问题可能也就是卖方当初在购买将要剥离的业务部门时所提出的问题。

有时,被剥离的业务单位会向卖方公司未被剥离的业务单位提供服务。在这种情况下,负责剥离的小团队还应该识别这类服务,并制订在卖方公司业务单元内替换掉这些服务的计划。

如何对这些共享服务进行文档记录?

这个小团队识别的所有服务都可以列在一个称为"过渡服务协议"(TSA)的文件中。关于识别出的每个服务种类,做到以下几点是很重要的:准确定义服务是什么、它对业务单元的成本是什么(这可能可以在业务单元的预算/财务数字中找到),以及对正在转换的业务单元终止服务的建议日期是什么时候。

在与买方公司打交道时，使用过渡服务协议的目的是什么？

过渡服务协议可以用作教育和谈判的工具，指导潜在买方关于被出售业务单元的哪些服务需要转换到买方的服务，被出售的业务单元为这项服务支付了多少钱，以及对终止该项服务的建议日期。买方在了解了企业的共享服务以及业务单位支付的成本后，才能与卖方公司协商提供哪些服务以及服务的持续时间。在某些情况下，协商内容会涉及被出售的业务单位向卖方公司提供的服务。

对于提供给要出售的业务单元的共享服务，在实际出售之前可以做些什么，来将服务最小化和/或将其转换到买方公司的时间最小化？

由于除为资产剥离而组建的小团队之外，其他人还不知道可能会进行资产剥离，因此在不对资产剥离进行披露的情况下，卖方可以多次启动一些聪明的项目来使该共享服务成为被出售业务单元的一部分。例如，可以以降低成本的名义启动一个对共享服务/工具实施分散化处理的项目，并选择将被剥离的单位作为第一个在新服务/工具上实施的单位。

在资产剥离过渡过程中，应该如何对待被转移到买方手中的人员？

这个问题答案的关键词是沟通，沟通，沟通。有一个如下的案例，一个拥有许多资深员工的业务部门被卖给了一个总部位于不同国家的买方。来自卖方和买方公司的核心业务部门，如人力资源、IT和房地产业务部门，在剥离工作开始的第一天和之后就做了许多彻底的工作；又如，定义了是否有任何会发生变化的事项及内容，创建了专门记录这些变化的网站，并举行了全体会议来介绍这些变化。然而，很多员工仍然非常担心资产剥离对个人的影响，并向管理层表达了自己的担忧。为了回应这个问题，公司业务部门举行了非正式的午餐会议，在这个会议中员工可以当面提问或表达他们的想法。虽然并没有提供什么新的信息，但这样实际的互动大大减少了受影响员工的恐惧和担忧。所以，对于这个问题，就一句话，沟通，沟通，沟通！

如果一家公司的高级管理层知道该公司可能要对某部门进行剥离，那么它是应该向员工披露该消息，还是应该等待做出最终决定之后再说？

在这个问题上，沉默是金。的确，员工有权利在合并之前、合并期间和合并之后得到关于所有重大性问题的充分、及时和持续的信息，但推测性信息并不被认为是重大的，例如，《劳工调整和再培训通知法》（WARN ACT）就不包括这方面的内容。该法案要求公司至少提前6个月的时间通知员工关于某些类型的裁员信息（参见表9—10）。关于一个单位可能被剥离的假设性信息应该属于"不问不说"的范畴。

表 9—10　　　　　　　　　　　**《劳工调整和再培训通知法》:基本条款/要求**

> 通过要求雇主提前 60 个工作日以上通知员工有关工厂关闭和大规模裁员的信息,《劳工调整和再培训通知法》保护了工人、他们的家人和社区。提前通知可以给工人及其家庭一些过渡时间来适应将要面临的失业,寻找和获得其他工作机会,并在必要时参加技能培训或再培训来获得在就业市场上的竞争力。《劳工调整和再培训通知法》还规定要向州政府通报下岗职工规模,使其能及时提供有针对性的职工援助。
> 　　当一个工厂或操作单元关闭超过 6 个月,或在某一就业地点有 50 名或更多员工失业超过 30 天时,就需要"有担保工厂关闭"。当裁员长达 6 个月或更长时间,受影响员工达到 500 名及以上时,或受影响员工数量在 50—499 名之间,但占到员工总数 33% 以上时就会出现规模有担保工厂关闭。受影响员工人数是指在 30 天(某些情况下是 90 天)内被解雇的总人数。
> 　　《劳工调整和再培训通知法》不适用于临时设施的关闭,或员工只在活动进行期间被雇用的某项活动的完成。如果裁员是由于一家摇摇欲坠的公司倒闭、不可预见的商业环境*或自然灾害造成的,《劳工调整和再培训通知法》也要求企业"提前 60 个工作日以上通知"。
> **员工的权利**
> 　　工人或其代表和地方政府单位可以提起个人或集体诉讼。美国地区法院执行《劳工调整和再培训通知法》的要求。作为最终判决结果如何,法院可能会允许工人方索赔合理的律师费。
> **合理提供援助**
> 　　有关《劳工调整和再培训通知法》的大概信息,可从"就业和培训管理局"(ETA)的网站上获得概况介绍和雇主指南。
> 　　《劳工调整和再培训通知法》的具体要求可以通过阅读该法案本身获得,见《国际公法》100-379 (29 USC 2101 et seq)。
> 　　如需其他帮助,请登录"就业和培训管理局"(ETA),http://www.doleta.gov/lay-off/warn.cfm。
> **惩罚/制裁**
> 　　违反《劳工调整和再培训通知法》规定的雇主,应向每名员工支付与违反规定期间拖欠的工资和福利等额的赔偿金,赔偿金覆盖期限可高达 60 天。同时赔偿金覆盖期限可以减去雇主提前发出通知的时间段,赔偿金额也可以减去雇主已经主动支付给雇员的任何付款。

资料来源:美国劳工部,就业法指南。

类似地,欧洲许多国家或地区都有工人委员会,它们有专门的要求和程序来保护受影响的雇员。

如果经理们必须回答这类问题(比如涉及泄露信息的问题),而且资产剥离计划确实处于制作之中,那么要记住以下一些原则:

■ 诚实。当被问及时,不要否认。(一句"无可奉告"就够了。)根据具体情况,另一种回答是,公司的战略团队在不断地考量公司的战略,以及如果将不符合该战略的某业务单元出售会带来的影响。因此,听到传言并不意味着传言中的业务单元会被出售。

■ 谨慎。不要主动提供不必要的信息。

■ 实用。让你的交流变得有用。例如,如果会被剥离与否的决定取决于一个部门的生产力或盈利能力,那么这些因素应该被标记出来,以引起员工的即时关注。

如果高级管理层已经知道要剥离某一个部门,那么它应该什么时候告诉员工?又应该告诉他们多少相关内容呢?

诚实、谨慎和实用的原则在这种情况下也适用,但不应该采取沉默对待。一旦计划确定,沉默就不再是金。即时、全面和频繁地披露是这种时候应该遵循的规则。

对于被出售的业务单元不再是卖方公司的一部分,而是成为买方公司的一部分的第一天(通常称为第一天),可以做些什么准备?

为资产剥离做好准备工作是成功完成资产剥离的关键条件。当公司控制权发生变化时,第一天的计划应该做得非常详细。该计划不仅需要对实际的交易执行和资金往来(如果存在的话)进行定义,还要对以下各个方面的细节进行定义:人力资源(例如,从第一天以后员工的薪酬制度将是怎样的);信息技术(员工将如何登录到他们的电脑,以及他们将能够访问卖方公司和买方公司的哪些网站信息);财务/运营(例如,将如何处理从第一天至整个过渡时期的业务)。在剥离完成的第一天之前,这些具体的计划可以有细致到以小时为单位的单独的步骤。而且这些计划应该紧随公司控制权的变化,并涵盖所有涉及来自买方、卖方和受影响的员工的信息资源。

对被出售的业务单元所占据的地理位置与卖方公司的其他业务单位所占据的地理位置可以做什么?

在理想情况下,被出售的业务单元将在剥离第一天之后立即从任何共享的站点移出。然而,有时候因为地理位置本身的特殊性,对剥离的业务单元进行转移显得没有经济可行性,所以就可能要求对共享的站点进行"细分",以求更长久地支持两个公司的发展。在这种情况下,必须考虑采用包含诸如下面安全措施的详细分析和规划:为共享站点的买卖公司双方设立不同的入口、不同的标识和标识阅读器、不同的电话和信息技术基础设施,以及用于区分两家公司的不同标牌。

如何确保在第一天之后的过渡阶段成功完成剥离转换?

从第一天直到共享服务的成功转换为止,都需要卖方和买方对转换过程的管理。

典型的流程包括一个全面的高级过渡团队。该团队由买方和卖方的高级管理人员组成,负责管理过渡、审查过渡成本、解决问题等。诸如人力资源、信息技术、财务和运营等职能部门,也应该有其共享的团队,以便在这些职能范围内对其各自的职能和服务的过渡进行管理。

结　论

无论收购方是选择保留公司的全部资产还是剥离其中的部分资产,一些道德和法律上的责任还是存在的,收购方必须对此谨慎权衡。久而久之,企业社会责任会使包括股东在内的所有利益相关者受益。

附录 9A

强调战略动机的合并后新闻稿样本

新闻发布会

A 公司购买 B 公司的客户和网络系统

对客户和网络系统的收购拓展了服务领域，巩固了收购方的市场实力

城市，日期。为中小型企业提供本地、长途和网络服务的 A 公司今天宣布，它已经签署了一项协议，将以 2.13 亿美元现金收购 B 公司，并承担大约 400 万美元的资本租赁义务。

根据收购协议条款，A 公司将购买 B 公司，该购买内容包括 B 公司的资产和客户。双方预计在获得必要的政府和其他批准后，将于 2019 年第三季度完成该项交易。

收购巩固了市场实力

通过收购 B 公司的网络资产和客户基础，A 公司将成为西方现金盈利能力最强的公司，也是最"有竞争力的本地交换运营商"（CLECs）之一。合起来的话，两家公司的年营业额将超过 3 亿美元，而且该数字是在未计入合并协同效应前的基础上得出的，2019 年其预估"息税折旧摊销前利润"（EBITDA）将超过 1 亿美元。两家公司约 60% 的收入来自重叠的地理市场和网络，这个事实给两家公司创造了显著的网络效率和协同效应的机会。此次收购将使 A 公司的大都市服务地区从 18 个增加到 23 个，并将其服务的州从 5 个增加到 8 个。

最重要的是，合并后的公司将享有重要的战略优势，这得益于 B 公司的 8 个市场、2 200 英里（160 000 光纤英里）的都市区域网络，该网络将直接进入 580 多座主要商业建筑。许多其他有竞争力的本地交换运营商正在争先恐后地寻找替代网络，以应对联邦通信委员会（FCC）最近增加网络租赁成本的规定。A 公司通过收购 B 公司的城域网，成为第一家将自己与这种不可预测的电信监管格局隔离开来的公司。

A 公司的首席执行官约翰·多伊（John Doe）说："这些强大的都市光纤网络将大大增强我们的运营实力，并给我们带来一个相对于其他本地运营商来说有意义的、可持续的竞争成本优势。"

除了城域网，A 公司还将拥有并运营 B 公司独特的长途网络，而该网络是该地区最大的长途网络之一。这个网络的价值体现在一份"蓝筹股名单"上，该名单上的其他运营商都从 B 公司租借网络链接，以访问他们的客户。

多伊补充说："我们渴望改善这个网络，并加强我们与那些依赖我们提供的连接的群体的关系。"

客户利益

"我为我们的客户感到高兴",多伊继续说道,"我们将提供一个更强大的区域和本地电信网络替代方案,而且我们将以更好的装备来提供独特而强大的高带宽数据产品,而这些方面对于我们服务的商业客户越来越重要。"

完成整合后,A公司将扩展B公司目前提供的产品和服务,也就是B公司的业务项目将包含A公司提供的产品和服务,同时也会包含那些为较小的业务客户量身定做的产品和服务。这样做将增加重要的新服务领域的潜在市场。多伊说:"我们期待向B公司的客户介绍A公司的品牌服务,我们在本公司服务的每个主要市场都配备有当地的客户服务人员。"

"对于B公司的员工和客户来说,这是一个极好的机会。"B公司的执行副总裁兼首席运营官鲍勃·史密斯(Bob Smith)说,"A公司是我们尊敬的运营公司,它有着良好的成功纪录。"

注:本新闻稿是根据一个中型规模的合并案例的实际新闻稿制作的。

附录 9B

关于资源、流程和职责的"资产"核对清单样本

每个公司都是由宝贵的资源、流程和职责组成的。在收购一家公司之后,重要的是要确保管理层不忽视任何这些方面的"资产"(广泛使用这个术语)。每个公司都有自己的资产清单,但下面这个核对清单可能会有所帮助。

实物资产

*设备(包括计算机硬件和软件)

办公室设备

工厂设备

*库存

成品

半成品

*土地

材料

矿物

生产、储量、位置、开发地图

房地产

*分公司大楼

*工厂大楼

*在建工程

*房地产——其他类别的

金融资产

从资产负债表来看

*金融资产

现金

投资证券

应收账款

预付所得税

其他预付费用

递延费用

其他金融资产
　　商誉
　　长期应收账款
　　对关联公司的投资
　　之前收购的商誉
　　针对银行业——通过未偿贷款而外放的债务
对于其他常见的资产负债表资产，如财产、厂房和设备，请参阅"实物资产"。
金融负债及股权 *
　金融负债
　　应付账款
　　债务
　　针对银行业——银行持有并欠客户的现金存款
金融股权 *
　流通在外的普通股
　流通在外的优先股
　留存收益

从损益表来看

总收入
　增长趋势
净收入
　增长趋势

知识性资产

合同（指有利合同，否则就是债务）
　雇用协议
　特许经营协议
　竞业禁止协议
文化
　汇报关系（真实与正式的）
　策略和程序
　此分类法中未涉及的任何其他文化因素
无形的营销资产
　公司知名度
　品牌知名度

服务标志(公司标识使用权)

　　商标(公司名称使用权)

无形的生产资产

　　版权

　　优惠供应商合同

　　专利

　　产品设计

　　产品质量

　　生产成本

　　生产速度

　　生产标准

　　软件

　　商业秘密

人力资产(人)

下列各类个人的知识、经验、能力、领导能力和/或团队合作能力：

　　董事(包括董事长)

　　首席执行官/首席运营官/总裁

　　其他高级经理

　　销售人员

　　其他员工

也可以参见"组织资产"部分内容中的"人力资源职能"。

组织性资产(活动)

这里描述的"基础设施"的质量

　　约定事项和承诺

　　　所有人力资本相关的关系网络和外部关系

　如果一个合同是不利的和/或破裂的，对公司来说，它可以从资产变成负债。

主要功能

管理系统

　设计、生产和供应的流程

　　分销渠道

入站物流(适用于制造业，参见"支持功能"下的"购买功能")

　　收货

　　存储

物料搬运
　　仓库
　　库存控制
出站物流
　　配送
生产功能
适用于生产研发功能的质量控制政策
　　实验室笔记本
　　发明披露表格
销售功能
已建立领土
支持功能
会计功能
　　簿记
　　财务
　　内部审计
通信/营销功能
　　营销
　　公共关系
公司行政功能
　　总部行政
设施功能
　　设施管理财务功能
融资功能
　　融资（发行股票、借款）
　　资金管理（取款/存款；保险箱）
人力资源功能
　　奖励和激励员工的绩效
　　　基本工资
　　　奖金
　　　退休金
　　　福利
　　　特殊的支付安排

认可项目(奖项和荣誉)
　保留(保留关键品质：相关知识、经验、能力)
　招聘(寻求相关知识、经验、能力)
　解雇/退休
　绩效管理
　职业发展
　继任计划
　培训
信息技术功能
　硬件、软件和内部通信系统
　　邮件
　　电话(局域网、广域网、路由器、交换机)
法律性功能
　合规程序,包括内部行为准则(另见"外部关系资产"中的"监管关系")
采购功能——有关供应商关系的政策
　内部财务控制
＊控制环境
　实体组织结构的适当性及其提供必要信息以管理其活动的能力
　关键经理职责定义的充分性及其对这些职责的理解
　主要管理人员的知识和经验是否符合他们的职责
　汇报关系的适当性
　根据变化的条件对结构进行修改的程度
　雇员人数充足,特别是在管理和监督方面
风险评估
控制活动
信息/通信再融资
监控
使命、愿景和战略
　使命宣言
　愿景宣言
　战略计划文件
外部关系资产
如果其中任何一个具有相应的功能,请参见其在"组织资产"下的功能。

客户关系
　　品牌信誉
　　服务信誉
　　主要客户(根据 SAS131 要求)
　　主要地理区域(SAS131)
股东关系
　　增加市场份额/支付股利的声誉
　　股东持股的稳定性
债券持有人的关系
　　偿还债务工具的信誉
　　债券评级
银行关系
　　放款人收取的利率
　　信用评级
供应商关系
　　有利的合同(另见"知识性资产"下的"无形生产")
社区关系
　　社区项目
公共关系
　　公司名称声誉的再公开问题,另参见"知识性资产"下的"公司名称的声誉"
　　监管关系游说(如果有的话),另参见"支持功能"下面的"法律功能"
履行合同和承诺的历史

　　* 带有星号的术语会出现在资产负债表上。没有星号的术语不会出现在资产负债表或任何其他传统的财务报表上。然而,不带星号的术语通常会和资产负债表一起,在"管理层讨论部分"和"10-K 报告的分析部分"被讨论,尤其是当这些术语代表内容处于高风险状态时。

附录 9C

对计划工作表的整合

下面提供了一个简单的模板，用于将项目管理原则应用到收购整合当中。

表 1

关键业务流程：						
*主要整合活动	优先级	任务/子任务	任务所有者	先决条件	需要的战术数据	相关的战略性问题
	• 第一天	1.				
	• 100 天	2.				
	• 6 个月	3.				
	• 第一年	4.				
	• 最终	5.				
		6.				
		7.				
		8.				
		9.				
		10.				
	• 第一天	1.				
	• 100 天	2.				
	• 6 个月	3.				
	• 第一年	4.				
	• 最终	5.				
		6.				
		7.				
		8.				
		9.				
		10.				
	• 第一天	1.				
	• 100 天	2.				
	• 6 个月	3.				
	• 第一年	4.				
	• 最终	5.				
		6.				
		7.				
		8.				
		9.				
		10.				

附录 9D

一家中型规模公司收购的整合时间表*

收购的任务、团队和时间表样本

团队的任务

促进新收购组织的员工顺利融入 XY 公司，并使其职能事务顺利过渡到 XY 商业计划、目标和战略中。

收购整合团队

- 跨职能团队成员

—玛丽·戴维斯 >> 工资/福利一体化和组织结构图

—莎伦·彼得斯和公关公司 >> 营销传播

—阿尔·玛里弗斯 >> 计算机要求/语音数据接口/网络/云基础设施

—杰夫·科次 >> ISO 9000/客户服务/合同/设备/环境

—萨姆·威尔逊/托尼·罗宾斯 >> 交易整合与销售预期

—鲍勃·史密斯 >> 金融机构的变化

—菲利克斯·埃尔南德斯 >> 网站集成与交易建模

—苏珊·艾沃利 >> 集成进度跟踪/收购方单点联系

收购整合团队

* · 路障

——与收购方的混乱、重复的沟通

　　——可通过良好的内部流程解决

——收购时为了员工整合而进行的消防演习

　　——可以通过与交易方更紧密的沟通来解决

——连接问题-电子邮件和互联网可访问性

　　——可以通过同步戴维斯/威尔逊/艾沃利来解决计时问题

——文化的整合

　　——可通过更多的人力资源和销售管理团队的持续良好沟通来解决

——公司整体数据库的开发

---

* 资料来源：佛罗里达州的一家中型公司。其中使用名字为虚构的。经许可使用（2018 年）。由资本专家服务有限责任公司（Capital Expert Services，LLC）联合创始人约翰·霍塔（John Hotta）进行了审查和改进。

——需要整体系统,以方便更快地访问客户社区
——与实施团队就各工厂的需求/销售目标的沟通
　　——积极响应需求

* 为计划整合而召开的团队会议记录。

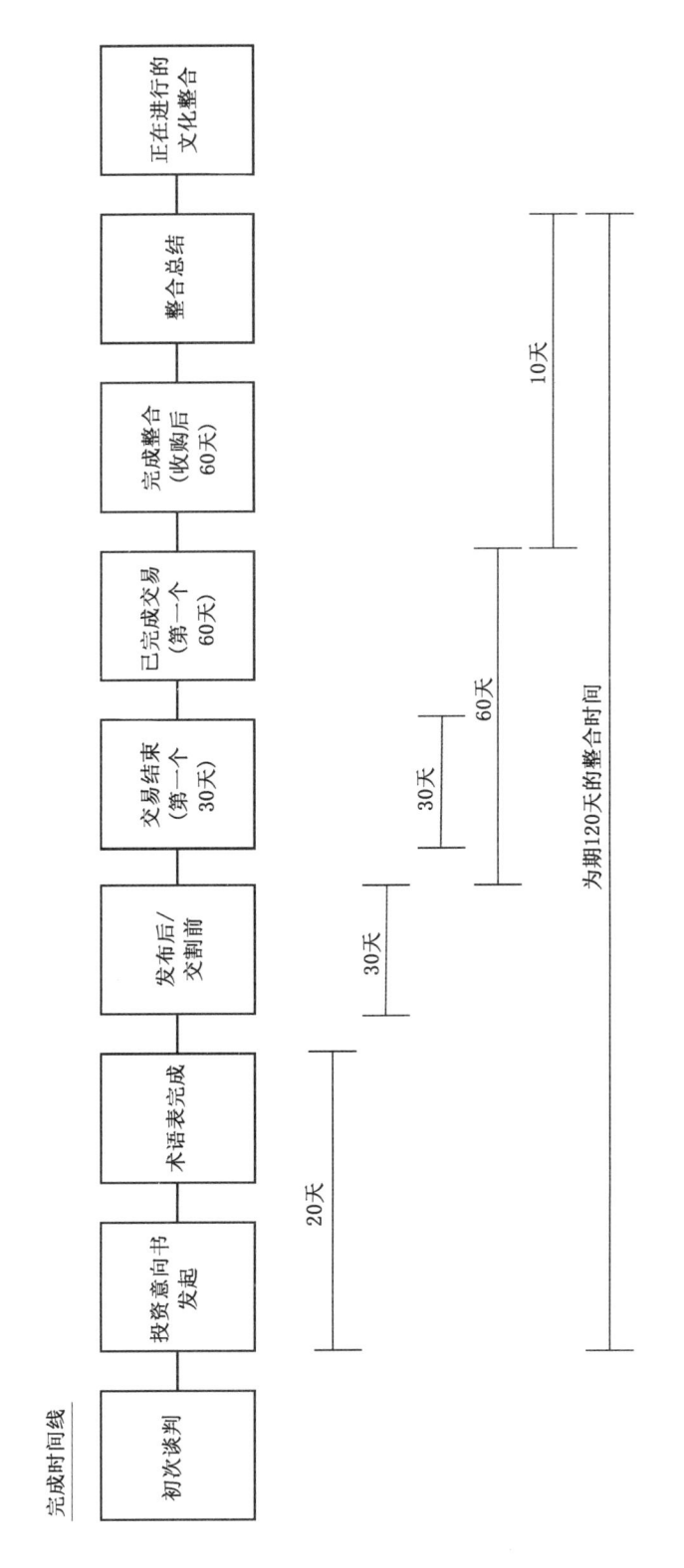

图1 收购整合流程计时

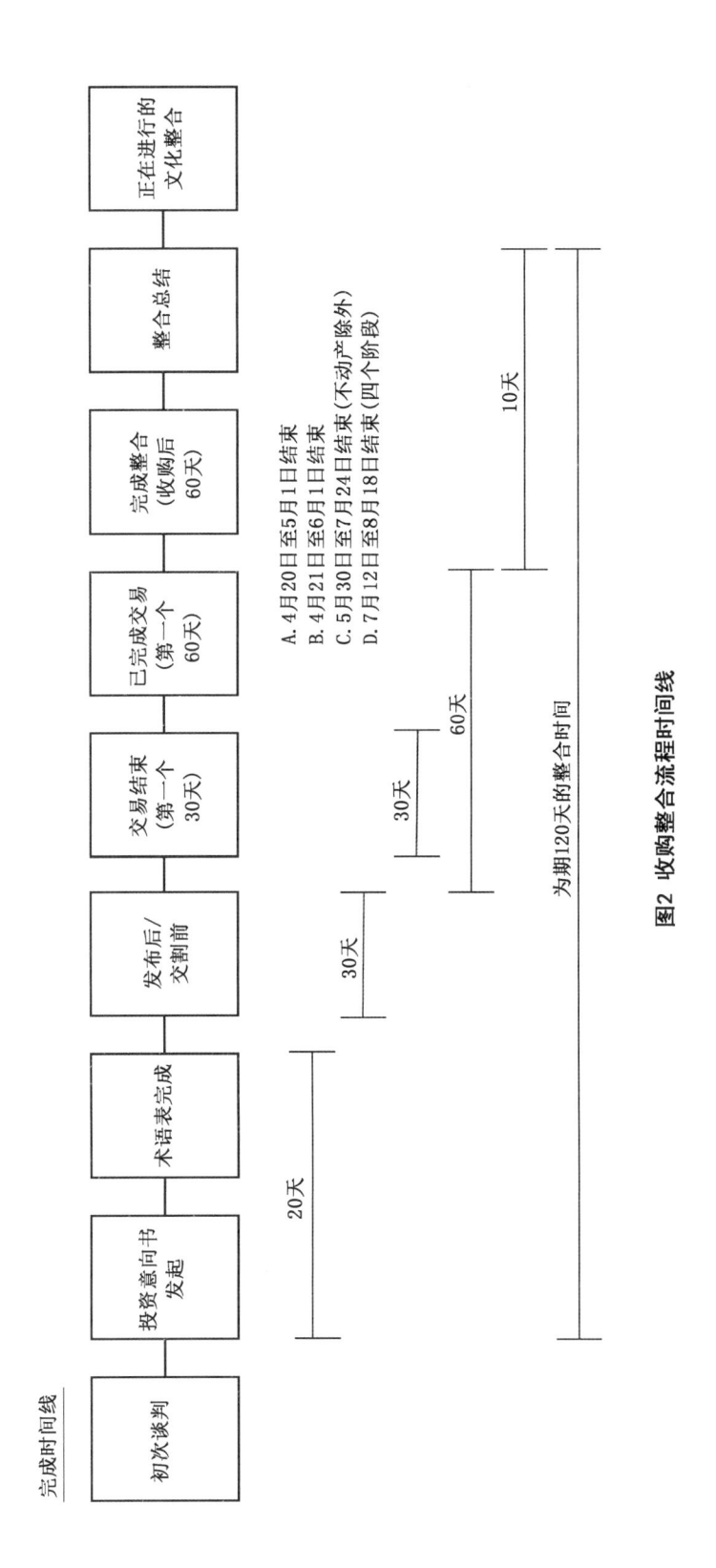

第九章 合并后的整合和资产剥离 545

完成时间线

```
初次谈判 — 投资意向书发起 — 术语表完成 — 发布后/交割前 — 交易结束(第一个30天) — 已完成交易(第一个60天) — 完成整合(收购后60天) — 整合总结 — 正在进行的文化整合
```

20天 — 30天 — 30天 — 60天 — 10天

A. 4月20日至5月1日结束
B. 4月21日至6月1日结束
C. 5月30日至7月24日结束（不动产除外）
D. 7月12日至8月18日结束（四个阶段）

为期120天的整合时间

图2 收购整合流程时间线

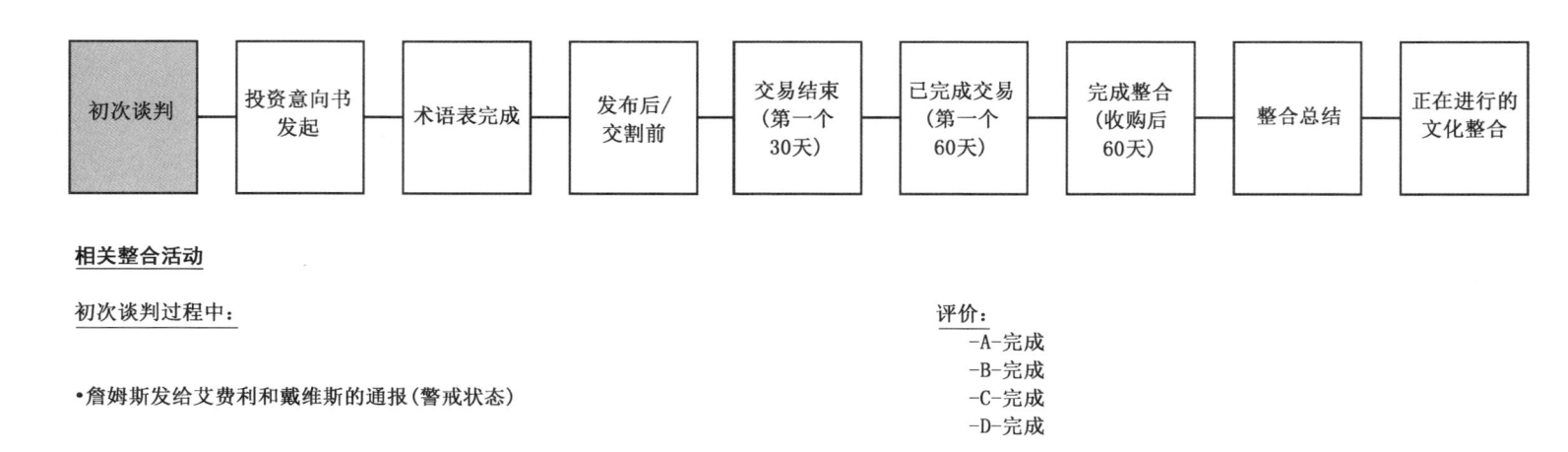

546 并购的艺术

```
初次谈判 → 投资意向书发起 → 术语表完成 → 发布后/交割前 → 交易结束（第一个30天）→ 已完成交易（第一个60天）→ 完成整合（收购后60天）→ 整合总结 → 正在进行的文化整合
```

相关整合活动

初次谈判过程中：

- 鲁姆斯发给艾费利和戴维斯的通报（警戒状态）

评价：
- A-完成
- B-完成
- C-完成
- D-完成

图3 收购完成时间线（1）

第九章 合并后的整合和资产剥离 547

```
初次谈判 → 投资意向书发起 → 术语表完成 → 发布后/交割前 → 交易结束(第一个30天) → 已完成交易(第一个60天) → 完成整合(收购后60天) → 整合总结 → 正在进行的文化整合
```

相关整合活动

在启动投资意向书期间：

- 詹姆斯向艾弗利/戴维斯发出通知
- HR信息收集 (当前员工和工资信息) (戴维斯)
- 通知接收方开始现场培训 (戴维斯)
- 市场和传播 (MC) 团队准备新闻稿和新客户信函 (彼得斯)
- MC团队使用网站、社交媒体和视频向利益相关者传达关键信息
- 信息技术解决了互联网连接和命令电路所需 (艾弗利)
- 艾弗利更新收购通信录，并分发给收购团队和整合团队
- 销售部为整合和收购团队准备新的设施文件

图4 收购完成时间线 (2)

评价：
完成D
开放：D
开放：C和D
开放：C和D
附图
开放：添加A和D

开放：A, B, C, D

548 并购的艺术

初次谈判 → 投资意向书发起 → 术语表完成 → 发布后/交割前 → 交易结束（第一个30天） → 已完成交易（第一个60天） → 完成整合（收购后60天） → 整合总结 → 正在进行的文化整合

相关整合活动

一旦投资意向书定稿：

- 宣布日期由詹姆斯决定并通知艾弗利/戴维斯
- 新收购公司的员工电话会议（戴维斯）
- 管理层针对发布的关于收购的内部声明（戴维斯）
- 确定初始现场员工入职培训（戴维斯）的日期
- 营销传播向当前和新扩展的客户数据库发送信函（彼得斯和公关公司）
- 营销传播向公众发布公告（彼得斯和公关公司）

评论：
开放：C, D
开放：C, D
开放：C, D
开放：C, D
开放：B, C, D
开放：B, C, D

图5 收购完成时间线（3）

第九章 合并后的整合和资产剥离 549

```
初次谈判 → 投资意向书发起 → 术语表完成 → 发布后/交割前 → 交易结束(第一个30天) → 已完成交易(第一个60天) → 完成整合(收购后60天) → 整合总结 → 正在进行的文化整合
```

评论

开放：全部
开放：B, C, D
开放：全部
开放：D
开放：全部

图6 收购完成时间线 (4)

相关整合活动

一旦投资意向书定稿：

- 销售提供对IT连接的需求（城市/州/邮政编码/联系人姓名/电话号码）（威尔逊）
- 收购金融机构过程、时机和交易标志使用的金融取向（詹姆斯/史密斯）
- 新收购方整合手册（艾弗利/戴维斯）
- 艾弗利建立的初步整合通信录
- 销售部通过填写新员工表格向IT提供新员工姓名、职位名称、电子邮件访问权限、笔记本电脑或台式电脑；IT部门对其进行恰当的排序（威尔逊）

```
初次谈判 → 投资意向书发起 → 术语表完成 → 发布后/交割前 → 交易结束(第一个30天) → 已完成交易(第一个60天) → 完成整合(收购后60天) → 整合总结 → 正在进行的文化整合
```

相关整合活动

一旦投资意向书定稿：

- IT部门为新员工指定计算机/电子邮件伴培训日期（里弗斯）
- 艾弗利更新设备图表并分发给收购和整合团队

评论

开放：全部

开放：C和ID

图7　收购完成时间线（5）

第九章 合并后的整合和资产剥离 551

```
初次谈判 → 投资意向书发起 → 术语表完成 → 发布后/交割前 → 交易结束(第一个30天) → 已完成交易(第一个60天) → 完成整合(收购后60天) → 整合总结 → 正在进行的文化整合
```

评论
开放：C和D
开放：全部

开放：D
开放：全部
开放：C和D

开放：B、C和D

图8 收购完成时间线 (6)

相关整合活动

<u>在发布前和交割后阶段：</u>

· 召开初始现场员工会议 (戴维斯、艾弗利)
· 介绍XY公司商业战略，新收购XY公司地点 (向所有员工分发战略的重要性、关键联系人)
· 组织结构图和XY公司地点 (向所有员工分发清单) (威尔逊、戴维斯、艾弗利)
· 在内部分发/讨论同化手册 (戴维斯、艾弗利)
· 在佛罗里达举办收购方负责人"期望会议"(销售/预测/整合流程/组织架构图/营销传播—标识/身份手册)(威尔逊/艾弗利)
· 信笔/名片的订做 (帕特里奇)

552 　并购的艺术

```
初次谈判 → 投资意向书发起 → 术语表完成 → 发布后/交割前 → 交易结束(第一个30天) → 已完成交易(第一个60天) → 完成整合(收购后60天) → 整合总结 → 正在进行的文化整合
```

相关整合活动

在发布前和交割后阶段：

- 与委托人确定客户服务呼叫路由，并确定开放计划 (科次)
- 启动计划 (包括标识)，要将ISO9000法规和相关环境问题包括在内 (科次)
- 确定合同管理计划 (科次)
- 赫尔南德兹对交易进行数据统计并向罗宾提出建议
- 启动针对人口统计数据的营销评估 (赫尔南德兹)
- 特拉维斯·罗宾斯为交易整合制订计划

评论：

开放：全部
开放：全部
开放：全部
开放：D
开放：C和D
开放：C和D

图9　收购完成时间线 (7)

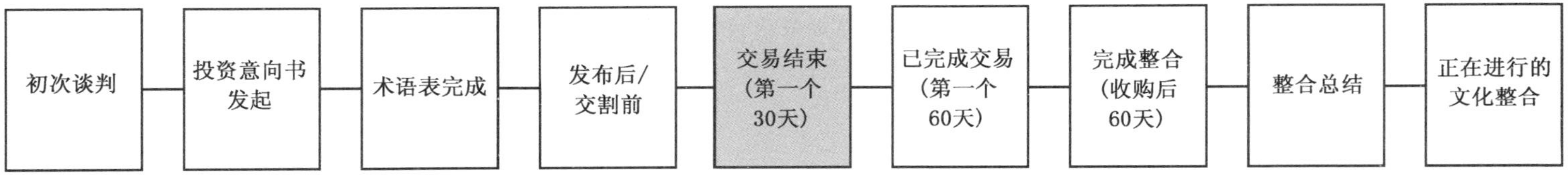

第九章 合并后的整合和资产剥离 553

| 初次谈判 | 投资意向书发起 | 术语表完成 | 发布后/交割前 | 交易结束（第一个30天） | 已完成交易（第一个60天） | 完成整合（收购后60天） | 整合总结 | 正在进行的文化整合 |

相关整合活动

<u>交易结束后（第一个30天）：</u>

- 为收购方（史密斯）建立银行账户
- 交易整合的执行（销售部，罗宾斯）
- 信笺纸的发行（帕特里奇）
- 名片的发行（彼得斯）
- 商标变更完成（所有文书）（彼得斯/史密斯）

评论：

开放：C和D
开放：C和D
开放：C和D
开放：C和D
开放：全部

图10 收购完成时间线（8）

相关整合活动

交易结束后（第一个30天）：
- 为被收购方公司所有员工进行电话应答培训（科次）
- 新合同管理计划生效（科次）
- 物理结构改变开始，ISO9000流程生效（科次）
- 电脑安装和现场员工进行电子邮件培训（里弗斯）
- 语音邮件的添加/对被收购员工进行培训（科次）
- 关于业务流程和支持这些流程的技术人员培训
- 对员工就如何防止网络漏洞进行培训

评论：
开放：全部
开放：全部
开放：全部
开放：全部
开放：全部
开放：全部

图11 收购完成时间线（9）

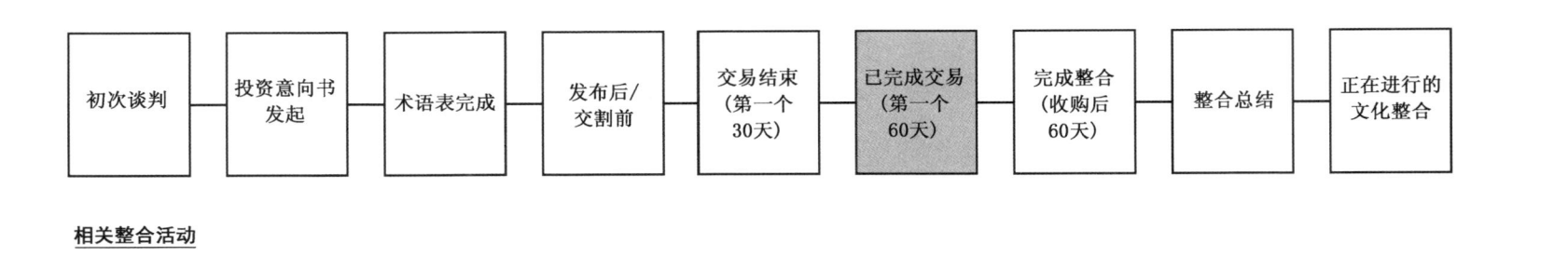

第九章 合并后的整合和资产剥离 555

| 初次谈判 | 投资意向书发起 | 术语表完成 | 发布后/交割前 | 交易结束（第一个30天） | 已完成交易（第一个60天） | 完成整合（收购后60天） | 整合总结 | 正在进行的文化整合 |

评论：

开放：C和D

开放：？
开放：？
开放：全部

相关整合活动

交易结束后（第一个60天）：

- 注册事宜和保险评估/合规（詹姆斯）
- 建筑
- 车辆
- 产品和服务通知（詹姆斯）
- 网站整合事宜（赫尔南德兹）
- 收购方员工培训（威尔逊/艾弗利）
- XY公司产品
- XY公司商业计划

图12 收购完成时间线（10）

初次谈判 → 投资意向书发起 → 术语表完成 → 发布后/交割前 → 交易结束（第一个30天）→ 已完成交易（第一个60天）→ 完成整合（收购后60天）→ 整合总结 → 正在进行的文化整合

相关整合活动

一旦完成整合：

- 为用于审查的收尾会议指定日期
- 与佛罗里达的被收购方（威尔逊/艾弗利）发布关于交易进展
- 向收购方（威尔逊/艾弗利）发布关于整合或其他问题的反馈调查
- 收集、整理和分发结果，并向销售部、执行管理部和收购方负责人公开相关问题（威尔逊/艾弗利）

评论：全部
开放：全部
开放：全部

图13 收购完成时间线（11）

附录 9E

成对比较

在整合期间，对操作行动进行优先排序是很重要的。而进行优先排序的一种可行的方法是，将提议的行动划分成一系列成对的单元来考虑，用成对成对的方法来选择最重要的一个，然后以这种方式创建一个等级排序。下面介绍的成对（以梯子为例）比较的基本知识可能会很有用。

引言

"成对比较"是一种分而治之解决问题的方法。这种方法让我们可以给一组事物确定一个相对顺序（排名）。在设计概念开发中，该方法常被作为给衡量标准分配权重的过程的一部分。

对梯子估价的考虑。在这个问题上，下列标准被认为是恰当的：

- 功能性；
- 耐久性；
- 质量；
- 可负担性；
- 可制造性；
- 可用性；
- 可维护性；
- 安全性；
- 市场性。

为了衡量这些标准，我们可以试图一次性解决所有问题，例如，讨论应该给所有标准分配什么权重。这可能非常困难。在有几十个标准的更复杂的问题中，分配权重可能成为一项无法克服的任务。一种替代的解决方法是将分配权重的问题分为两个步骤：

(1)"定性地"确定哪些标准更重要（给这些标准排序）。

(2)为每个标准分配一个"定量"的权重，以此来满足定性排序。

第一步可以使用成对比较的方法。对该方法的操作如下：

步骤1：确认要排序的标准

这个步骤其实早已经完成了。通常，这些标准可以从产品设计规范（PDS）开发过程中采用的功能要求和产品特性（PCs）中得出。如果你在评估概念时让产品设计规范随手可用的话，那么你就可以只使用主要的产品特性作为标准，就像我们在这里所做的那样。

步骤2：将各标准排列在 N×N 的矩阵中

对于梯子设计问题的矩阵将类似于表1。显然，我们只需要矩阵中的一个三角形。也就是说，由于行和列以相同的顺序包含完全相同的内容，因此该矩阵的一个三角形将包含与另一个三角形完全相同的单元格。

表1　　　　　　　　　　　　　　　建立成对比较矩阵

		A	B	C	D	E	F	G	H	I
功能性	A									
耐久性	B									
质量	C									
可负担性	D									
可制造性	E									
可用性	F									
可维护性	G									
安全性	H									
市场性	I									

此外，对角线本身并不重要，因为考虑一个标准对其本身有多重要根本没有意义，所以我们才需要看表2。

表2　　　　　　　　　　　　　　　确认矩阵中有用的部分

		A	B	C	D	E	F	G	H	I
功能性	A	—								
耐久性	B	—	—							
质量	C	—	—	—						
可负担性	D	—	—	—	—					
可制造性	E	—	—	—	—	—				
可用性	F	—	—	—	—	—	—			
可维护性	G	—	—	—	—	—	—	—		
安全性	H	—	—	—	—	—	—	—	—	
市场性	I	—	—	—	—	—	—	—	—	—

步骤3：将成对的事项进行比较

要将每一行中的事项与该行其余部分事项对比考虑。在这个例子中，我们从功能性和耐久性开始。这两者哪个更重要？

我们把每次成对比较中认为最重要的字母放在矩阵相应的单元格中。如果我们真的认为两个标准的的确确是同等重要的，就把这两个字母都放在单元格中，当然，还有其他填充单元格的方法。其中操作的关键是，无论选择哪种方式，都必须表明哪个项目更重要。

但是要注意的是，这是两者相比较，除了被比较的标准外，我们要完全忽略其他所有的标准。

假设我们认为功能性比耐久性更重要，那么我们可以把 A 放到矩阵的单元格 (2,4) 中，然后我们继续这样做，直到第一行全部完成；之后我们继续到第二行并重复，直到矩阵的上三角形被填满；最后我们就会得到表 3。

表 3　　　　　　　　　　　　　　填充矩阵中有用的部分

	A	B	C	D	E	F	G	H	I
功能性	A	—	A	C	D	A	F	A	AH	I
耐久性	B	—	—	C	D	B	B	B	H	BI
质量	C	—	—	—	D	C	F	C	H	C
可负担性	D	—	—	—	—	D	F	D	D	I
可制造性	E	—	—	—	—	—	F	E	H	E
可用性	F	—	—	—	—	—	—	F	FH	I
可维护性	G	—	—	—	—	—	—	—	H	I
安全性	H	—	—	—	—	—	—	—	—	H
市场性	I	—	—	—	—	—	—	—	—	—

要注意有两个字母的单元格。我们使用这一惯用表示法来表明被比较的事项在重要性上没有差别。

步骤 4：创建被比较事项的排列顺序

现在，我们只需创建一个所有涉及事项的有序列表，按照包含其标志字母的单元格数量进行排序，将得出如下结果：

(1) 安全性 (7)；

(2) 可用性 (6)；

(3) 可负担性 (6)；

(4) 质量 (5)；

(5) 市场性 (5)；

(6) 功能性 (4)；

(7)耐久性(4);

(8)可制造性(2);

(9)可维护性(0)。

结论

现在我们有了一个有关不同标准的相对重要性的排序列表。有了这个前提,我们现在开始考虑对这些标准附加我们想要的实际权重。这就是成对比较技术的内容范围,但是我们可以更进一步讨论一下如何分配实际的权重。

分配权重问题的约束条件有以下两个方面:

(1)所有权重比例的总和必须是100%。

(2)权重必须服从上述定性排序。

我们要么以一种完全临时的方式开始处理这个问题,要么尝试构造自己的解决方案。这个过程不可避免地需要一些反复的尝试,所以我们没有必要去寻找一次性就能获得实际权重的方法。

然而,我们可以尝试建立一组能够满足约束条件的初始值,然后不断调整这些值,直到所有利益相关者都满意为止。

得到初始值的一个非常简单的方法是假设所有权重之间呈线性比例,求解如下方程:

$$100 = 7x + 6x + 6x + 5x + 5x + 4x + 4x + 2x + 0x$$

因此,$x = 2.56$(约等于),而其中的系数是每个标准在矩阵中出现的次数,由此得出:

* 安全性: $7x = 18$

* 可用性和可负担性: $6x = 15$

* 质量和销售能力: $5x = 13$

* 功能和耐久性: $4x = 10$

* 可加工性: $2x = 5$

* 可维护性: $0x = 1$

注意:可维护性的"1"是通过对其他所有标准计算的四舍五入产生的。

这显然存在一些问题。例如,从严格意义上来说,在成对比较法中排名最低的事项的重要性总是为零的,这意味着我们不能臆测零重要性,我们可以完全忽略它。例如,假设"处理"作为事项的排名为零,如果因此对"处理"忽略不计,并重新进行成对比较,那么这时我们会发现"可读性"和"可移植性"现在的排名也成为零。这样的做法将很快导致一系列完全没有标准的情况。

不过,现在有了一个基准,可以据此展开有意义的讨论。这个基准指出,我们可以从每个标准中取几个点,并将它们转嫁给"处理"标准,从而得到概念评价矩阵中所示的实际权重。这样做可能就可以了。

然而,无论采用哪种做法,项目中的所有利益相关者都同意实际的权重才是关键的。

本部分内容由加拿大多伦多瑞尔森大学机械工程副教授菲利珀·萨卢塔里(Filippo A. Salustri)教授(salustri@ryerson.ca)提供。

附录 9F

负责任商业原则

引言

科村圆桌会议（CRT）原则为"负责任的商业原则"，制定了可接受的商业行为的道德规范。

信任和信心维系着自由市场，而有道德的商业行为则是这种信任和信心的基础。但商业诚信的缺失，无论是出现在少数企业还是多数企业中，都会损害这种信任，进而损害企业满足人类需求的能力。

2009年全球金融危机等事件凸显了在整个商界推行良好的道德实践的必要性。这种治理和道德上的失败是不能容忍的，因为它们严重玷污了负责任的企业为提高生活水平和增强世界各地个人能力所作的积极贡献。

过于自私地追求利润而不考虑其他利益相关者的做法，最终将导致企业失败，有时还会导致反生产力的监管。因此，商业领袖必须始终坚持道德领导，以保护可持续繁荣的基础。同样明显的是，如果资本主义要得到尊重，从而促进全球繁荣来自我维持，它就必须既负责任又合乎道德。因此，企业除了需要可以实际衡量其对利润和损失的标准外，还需要一个道德指南针。

科村圆桌会议（CRT）的原则

"科村圆桌会议"认为负责任的商业行为包括以下七个核心原则。这些原则承认，虽然法律和市场力量是必要的，但它们不足以指导负责任的商业行为。

这些原则植根于负责任的商业和更普遍的公平运作的社会的三个道德基础，即负责任的管理、为互惠互利而生活和工作、对人类尊严的尊重和保护。

这些原则也有风险管理的基础，因为良好的道德就是良好的风险管理。它们平衡了企业的利益和社会的期望，以确保所有人的可持续和共同繁荣。

CRT原则为负责任的企业提供了更详细的利益相关者管理指南，涵盖了企业成功的每个关键方面：客户、员工、股东、供应商、竞争对手和社区。这些涉众管理指南可以在下面的附件A中找到。

原则1——尊重股东之外的利益相关者

- 一个负责任的企业应该承认，它有责任通过它创造的财富和就业机会以及它向消费者提供的产品和服务来为社会贡献价值。
- 一个负责任的企业不仅为股东，也为其他利益相关者保持经济健康和生存能力。

● 一个负责任的企业尊重客户、员工、供应商、竞争对手和更广泛的社会利益,诚实和公平地行事。

原则 2——促进经济、社会和环境发展

● 一个负责任的企业应该认识到,在一个经济发展失败或缺乏发展的社会,企业不可能持续繁荣。

● 因此,负责任的企业应该为其所在社区的经济、社会和环境发展作出贡献,以维持其基本的"运营"资本——金融、社会、环境和所有形式的友好相待。

● 负责任的企业能有效和审慎地利用资源、自由和公平的竞争,以及创新科技和营商手法,从而改善社会。

原则 3——通过超越法律条文建立信任

● 一个负责任的企业应该认识到,一些商业行为虽然合法,但可能对利益相关者产生不利后果。

● 一个负责任的企业应该坚持遵守法律背后的精神和意图以及法律条文,要求自身行为超出最低法律义务。

● 一个负责任的企业总是坦率、诚实、透明地经营,信守承诺。

原则 4——尊重规则和惯例

● 一个负责任的企业尊重其所在社区的当地文化和传统,并遵循公平和平等的基本原则。

● 一个负责任的企业在其经营的任何地方都要尊重所有适用的国家和国际法律、法规和惯例,同时进行公平和竞争性的交易。

原则 5——支持负责任的全球化

● 一个负责任的企业,作为全球市场的参与者,支持开放和公平的多边贸易。

● 一个负责任的企业支持改革国内的规章制度——如果这些规章制度会阻碍全球贸易的话。

原则 6——尊重环境

● 一个负责任的企业保护环境,并在可能的情况下改善环境,避免资源浪费。

● 一个负责任的企业必须确保其运作符合最佳的环境管理规范,既符合当今的需要,又不影响子孙后代的需要。

原则 7——避免非法活动

● 一个负责任的企业不参与或纵容腐败行为、贿赂、洗钱或其他非法活动。

● 负责任的企业不参与或协助与恐怖活动、贩毒或其他与非法活动有关的交易。

● 负责任的企业积极支持减少和防止所有此类非法和违法活动的发生。

附件 A　利益相关者管理指南

科村圆桌会议(CRT)的"利益相关者管理指南"采用更具体的标准对 CRT 原则进行了补充，以期望获得更多关键利益相关者的参与支持。

关键利益相关者是那些为企业的成功和可持续发展做出贡献的人。客户通过购买商品和服务提供现金流，员工生产销售的商品和服务，企业所有者和其他投资者为企业提供资金，供应商提供重要的资源，竞争对手提供高效率的竞争市场，社区为企业提供社会资本和运营保障，环境提供了自然资源和其他必要条件。反过来，关键利益相关者的福祉和繁荣也依赖于企业，他们是道德商业行为的受益者。

1. 客户

一个负责任的企业会以尊严和尊重对待客户。因此，企业有以下责任：

(1)为客户提供符合其要求的最优质的产品和服务。

(2)在商业交易的各个方面公平对待客户，包括提供高水平的服务和补救产品或关于服务问题或客户不满的解决方案。

(3)确保客户的健康和安全得到保护。

(4)保护客户免受产品和服务对环境的有害影响。

(5)在产品和服务的提供、营销和广告方式上尊重顾客的人权、尊严和文化。

2. 员工

一个负责任的企业会尊重每一位员工，尊重他们的利益。因此，企业有以下责任：

(1)提供有助于提高生活水平的工作和薪资。

(2)提供有利于保护每个雇员健康和安全的工作条件。

(3)提供有助于提高每个员工作为公民、家庭成员及有能力和有爱心的个人的福祉的工作环境。

(4)在与员工分享信息时要公开和诚实，但要遵守法律和商业竞争的相关限制。

(5)倾听员工的意见，真诚对待员工的投诉和问题。

(6)避免歧视性做法，在性别、年龄、种族和宗教等方面提供平等的待遇、机会和薪酬。

(7)支持有不同能力的人在他们能够发挥生产力的工作场所就业。

(8)鼓励并协助所有员工发展相关技能和知识。

(9)要对失业的影响保持敏感，并与政府、雇员团体和其他机构合作解决关于任何员工混乱的问题。

(10)确保所有高管薪酬和激励措施都能促进长期地实现创造财富，鼓励谨慎的风险管理行为，并抑制过度冒险行为。

(11)避免非法使用或虐待童工的做法。

3. 股东

一个负责任的企业以谨慎和忠诚对待其股东,并以良好的信誉维护公司的最佳利益。因此,企业有以下责任:

(1)运用专业和勤奋的管理,以确保公平、可持续和有竞争力的股东投资回报。

(2)向股东披露相关信息,但要遵守法律要求和商业竞争的相关限制。

(3)节约、保护和增加股东财富。

(4)尊重股东的意见、抱怨和正式决议。

4. 供应商

一个负责任的企业以公平、诚实和相互尊重的态度对待供应商和分包商。因此,企业有以下责任:

(1)在供应商和分包商之间的关系中追求公平和真实,包括价格、许可和按照约定的贸易条款付款。

(2)确保供应商和分包商的活动不受胁迫和威胁。

(3)培养长期稳定的供应商关系以获得价值、质量、竞争力和可靠性等商业回报。

(4)与供应商共享信息,并将其整合到业务计划中。

(5)寻找、鼓励并优先采用雇用行为,尊重人权和有尊严的供应商和分包商。

(6)寻找、鼓励并优先采用符合最佳作业标准的供应商和分包商。

5. 竞争对手

负责任的企业参与公平竞争,这是增加国家财富并最终使公平分配商品和服务成为可能的基本要求。因此,企业有以下责任:

(1)促进贸易和投资市场的开放性。

(2)发扬对社会和环境负责的竞争行为,并体现竞争对手之间相互尊重。

(3)不参与反竞争或串通营商的行为,或为了确保竞争优势而收取可疑的报酬或恩惠的行为。

(4)尊重有形的和无形知识产权。

(5)拒绝通过不诚实或不道德的手段获取商业信息,如工业间谍活动。

6. 社区

作为全球化企业的公民,负责任的企业积极为其所在社区的良好公共政策和人权作出贡献。因此,企业有以下责任:

(1)尊重人权和民主制度,并在可行的情况下加以促进。

(2)承认政府对整个社会的合法义务,支持其促进社会资本的公共政策和做法。

(3)促进企业与社会其他部门之间的和谐关系。

(4)与寻求提高健康、教育、工作场所安全和经济福利标准的社区倡议合作。

(5)促进可持续发展,在节约地球资源的同时保护和改善自然环境。

(6)支持和平、安全和法治。

(7)尊重社会多样性,包括当地文化和少数民族社区。

(8)通过持续的社区投资与支持员工参与社区和公民事务,成为一个优秀的企业公民。

注释

1. 公司的新闻稿称:"EDI 先进的插电式混合动力和全电子技术组合,加上康明斯的行业领导地位和专注创新,将使我们能够在全球提供一流的产品、服务和支持。"参见"康明斯宣布收购电力和电力及混合动力传动供应商",2018 年 7 月 2 日,https://www.cummins.com/news/releases/2018/07/02/cummins-announces-acquisition-electric-and-hybrid-powertrain-provider,http://www.cummins.com/news。

2. "在 5G 创新周期的关键头几年,只有合并后的公司才有能力快速创建一个广泛而深入的 5G 全国网络",T-Mobile 在新闻稿中表示。"T-Mobile 和 Sprint 结合,加速 5G 创新和增加竞争",2018 年 4 月 29 日,http://investor.t-mobile.com/file/Index? KeyFile=393237761。

3.《并购的艺术》系列有关于战略、估值、融资、结构、尽职调查、整合以及不良并购和银行并购的个别标题。本章内容是部分基于该系列标题中的《并购整合的艺术:合并资源、过程和责任的指南》,第二版(麦格劳-希尔公司,2006)。

4. "企业并购是否会带来报酬",《企业并购实务研究》,台北:企业出版社,2004 年,第 30—66 页,参见 Robert F. Bruner,《来自地狱的交易:走出灰烬的并购教训》(John Wiley & Sons, 2005)。

5. Reinhard Meckl and Falk Röhrle. Do M&A Deals Create or Destroy Value? A Meta-Analysis, Research Gate, December, 2016 (University of Bayreuth, Bayreuth, Germany), https://www.researchgate.net/publication/322217484_Do_MA_deals_create_or_destroy_value_A_meta-analysis. The SpencerStuart/Bhagat study appears as an appendix ("Smart Money and Smart Bidders") in Dennis C. Carey and Dayton Ogden (with Judith Roland), The Human Side of M&A: Leveraging the Most Important Factor in Deal Making (Oxford University Press, 2004)。

6. 例如,看看这段关于 T-Mobile 和 Sprint 在 2018 年宣布合并的视频("等待我们",2019 年 1 月版),https://www.youtube.com/watch? v=1nsbmtwMrgY。

7.《并购后品牌重塑:品牌表现优于市场平均水平的教训》,Cardwell Beach,2015 年 8 月 26 日,http://www.carcleshow.com/rebranding-after-a-merger-or-acquisition-lessons-from-brands-outperforming-market-averages。

8. 参见 Jonathan Knowles 等人的《为什么融合公司身份可以增加价值》,《哈佛商业评论》,2011 年 9 月,http://hbr.org/2011/09/why-fusing-company-identies-can。

9. Tommy Hsu. 收购后的品牌应该被抛弃吗?[J]. 商业研究季刊,2017,9(1). 作者指出,他的研究结果表明,"如果消费者认为收购方和被收购方相似(如大陆航空公司和联合航空公司),收购方则应该终止被收购方的品牌,只保留自己的品牌。"此外,如果消费者认为这两家公司是不同的(像 Amazon. com 和 Zappos. com),那么两个品牌的名字应该保留,以服务于两个不同的市场。http://jbsq. org/wp-content/uploads/2017/09/September_2017_1. pdf。

10. Carol Gilhawley. "Time to Bank on a Name Change", ABA Marketing, July 11, 2017. Also see Brandon Kochkodin, What's in a Hedge Fund Name, Bloomberg, May 16, 2018, http:// www. bloomberg. com/news/articles/2018-05-16/what-s-in-a-hedge-fund-name-apparently-booze-boats-and-boston.

11. Stanislav Sinitsky. "Naming a Business: 7 Popular Business Name Generators", blog post, January 10, 2017, http://anadea. info/blog/7-popular-business-name-generators.

12. 例如,伯克希尔-哈撒韦公司(Berkshire Hathaway)的这个常见问题解答(FAQ)就介绍了其房地产投资组合中的一家公司与另一家公司合并并保留了公司名称,http://www. bhhscarolinas. com/ pdf / FAQPress. pdf。

13. B. Kenneth West. "Does the Corporation Have a Soul?" Directors Monthly, February, 2003. For a discussion of company soul in the context of M&A, see Lajoux, The Art of M&A Integration, op. cit. , note 3, p. 192.

14. 这一定义基于《文化人类学:部落、国家和全球体系》的作者约翰·博德利的著作,第 6 版(Lanham, MD: AltaMira Press, Rowman & Littlefield Publishers, 2018)。

15. 可查阅 Kate Patrick, "Mackey: Marriage to Amazon Poses Challenges as Cultures Mesh", Supply Chain Dive, October 16, 2017, http://www. supplychaindive. com/news/john-mackey-marriage-amazon-challenge-whole-foods-merger-culture/507300/。

16. 在达西·雅各布森的《被文化扼杀的六大并购案》中,这被认为是一桩文化问题交易,http://resources. globoforce. com/globoforce-blog/6-big-mergers-that-were-killed-by-culture-and-how-to-stop-it-from-killing-yours。

17. Steven H. Appelbaum. Cultural Strategies in M&As: Investigating Ten Case Studies. *Journal of Executive Education*, 2013, 8(1). http://digitalcommons. kennesaw. edu/cgi/viewcontent. cgi? referer=http://www. google. com/&httpsredir=1&article=1031&context=jee.

18. Tekla S. Perry. No-Poaching Pacts Broke with Silicon Valley Culture. *IEEE Spectrum*, 2014-05-08. http://spectrum. ieee. org/view-from-the-valley/at-work/tech-careers/nopoaching-deal-didnt-just-break-the-law-it-broke-with-silicon-valley-culture.

19. 这两个答案都是由全球科技公司 Avnet 的商业转型总监埃伦·欧文斯(Ellen Owens)给出的。欧文斯是并购标准委员会的成员,本书前面提到过。

20. 有关这些模型的更多信息,见 Ben Mullholland, "Eight Critical Change Management Models to Evolve and Survive", http://www. process. st/change-management-models/。

21. 一篇未注明日期的博客引用了 2016 年的一项研究,题为《变更管理与项目成功之间的关系》,http://blog. prosci. com/the-correlation-between-change-management-and-project-success。

22. Alexandra R. Lajoux and Antonio Nieto Rodriguez. "Project M&A"—10 Ways to Apply the

Science of Project Management to the Art of M&A. *Financier Worldwide*, 2016-08, http://www.financierworldwide.com/project-ma-10-ways-to-apply-the-science-of-project-management-to-the-art-of-ma/#.W99pNKjIU.

23. 百事公司2018年委托书中出现了愿景陈述的一个例子,如下:"有目标的业绩是我们的愿景,以实现一流的财务业绩,长远而言,我们会把可持续发展纳入我们的商业策略,为社会和环境留下积极的印记。"http://www.sec.gov/Archives/edgar/data/77476/000120677418000850/pep_courtesy-pdf.pdf。

24. 见《2002年萨班斯-奥克斯利法案》第406条和第407条要求的披露,2003年3月3日,www.sec.gov/rules/final/33-8177.htm。

25. Our Code of Ethics and Business Conduct, Wells Fargo, 2018, http://www08.wellsfargomedia.com/assets/pdf/about/corporate/code-of-ethics.pdfhttp://www08.wellsfargomedia.com/assets/pdf/about/corporate/code-of-ethics.pdf。

26. 关于整合销售团队、高级管理团队和董事会的具体指导,见Lajoux, The Art of M&A Integration, op. cit., note 3, pp. 119-127. Regarding board integration, there are three studies of note: Kevin McLaughlin and Chinmoy Ghosh, The Dynamics of Post-Merger Boards: Retention Decisions and Performance Effects (posted in 2019 on Research Gate); DHR International, Risks and Realities of Post-M&A Board Reorganization: Just How Vulnerable Are Directors Following a Merger? (a DHR International white paper, July, 2016); Johanne Bouchard and Ken Smith, "Advice for Effective Board Mergers", NACD Directorship, September/October, 2014。

27. Frank Roebroek. Early HR Involvement Is Critical for the Success of M&A Deals. *Trends in HR*, 2017-04-24.

28. 本章得益于已退休的蒙特利尔银行金融集团(BMO Financial Group)人力资源主管温迪·帕克斯(Wendy Parkes)的评论。

29. 这就是联合食品公司在1985年所做的,当时它将自己的一个收购品牌重新命名为萨拉李公司。如今,该公司是泰森食品公司的一部分。

30. 例如,一名观察人士表示,尽管联合航空公司使用了大陆航空的标志,但在收购之后,它失去了更多利用大陆航空品牌的机会,参见Beach, "Rebranding After a Merger or Acquisition", op. cit., note 7。

31. McKesson公司副总裁Jennifer Lee给出了这个问题的答案。

32. 这些术语最初是由新泽西州理工学院的阿洛克·查克拉巴蒂(Alok Chakrabarti)教授在美国国家科学基金会(National Science Foundation)的一项研究《组织因素》(Organizational Factors)中引入的,参见"Organizational Factors in Post-Acquisition Performance", IEEE Transactions in Engineering Management, vol. 37, no. 4 (November, 1990), pp. 259ff。查克拉巴蒂博士现在是新泽西州技术研究所的杰出教授和名誉基金会教授,http://management.njit.edu/people/chakrabarti.php。

33. Ethan S. Bernstein and Stephen Turban. The Impact of the 'Open' Workspace on Human Collaboration. *Philosophical Transactions of the Royal Society B*, 2018-07-02. http:// royalsociety-

publishing.org/doi/full/10.1098/rstb.2017.0239。

34. 这一观点来源于劳伦斯·戈登(Lawrence Gordon)。他是马里兰大学罗伯特·史密斯商学院"管理会计和信息保证学"教授，http://scholar.rhsmith.umd.edu/lgordon。

35. http://scholar.rhsmith.umd.edu/lgordon/home? destination=home。

36. http://www.iso.org/news/2015/09/Ref2002.html。

37. http://www.iso.org/about-us.html。

38. http://www.iso.org/iso-9001-quality-management.html。

39. 美国证券交易委员会，《管理层关于财务报告的内部控制和交易法案中披露证明的定期报告》，www.sec.gov/rules/final/333-8238.htm#iia。美国证券交易委员会目前就这一话题提出的常见问题，请参见 http://www.sec.gov/info/accountants/controlfaq.htm。

40. AS 2201：与财务报表审计相结合的财务报告内部控制审计，自 2007 年起生效，http://pcaobus.org/Standards/Auditing/Pages/AS2201.aspx。例如，除了内部控制框架外，它还有一个风险管理框架。COSO ERM 框架被组织成五个相互关联的组件：治理和文化，战略和目标设定，性能，评审和修订，信息、沟通和报告。《战略与绩效的企业风险管理》，COSO，2017 年 6 月，参见 http://www.coso.org/Documents/2017-COSO-ERM-Integrating-with-Strategy-and-Performance-Executive-Summary.pdf。

41. 当前的 COSO 标准可以概念化为防线：第一道防线是管理层制定的内部控制制度。第二道防线是一组额外的控制：财务控制、安全风险管理、质量检查符合性。第三道防线是内部审计职能，最终由外部审计师和监管机构检查。"利用 COSO 跨越三道防线"，http://www.coso.org/Documents/COSO-2015-3LOD.pdf。

42. Internal Control: Integrated Framework，COSO，2013，http://www.coso.org/Pages/ic.aspx。

43. 正如一位记者所指出的，"在任何时候，市场的大部分都不是由人来做决定的，而是由基于程序的计算机之间的交易决定的。"虽然 JP Morgan 最近估计，目前只有 10% 的交易是由基于 A 公司或 B 公司基本决策的人进行的交易构成，但这并没有确凿的数据。Zachary Karabell. How Technology Unsettled the Stock Market. *Wired*，2018-03-03，http://www.wired.com/story/how-technology-unsettled-the-stock-market/。

44. "当注册人提交非公认会计准则衡量标准时，它必须提交具有同等或更显著地位的最直接可比的公认会计准则衡量标准。"见美国证券交易委员会，《非公认会计准则金融措施》，参见 http://www.sec.gov/divisions/corpfin/guidance/nongaapinterp.htm。

45. 同上。

46. http://wallstreet.cch.com/LCM/。

47. 见国际证监会组织(IOSCO)关于"公司治理报告"的内容，2016 年 10 月，http://www.iosco.org/library/pubdocs/pdf/IOSCOPD544.pdf。

48. 见"优良治理的指导原则"，2015 年 5 月 6 日，出自董事全球网络协会文件，gndi.org。

49. 见"对注册投资公司持有的有价证券和其他资产的估值——选择投资管理部的参考书目"，

https://www. sec. gov/divisions/investment/icvaluation. htm。

50. Joseph C. Faucher and Dylan R. Rudolph. ERISA Stock Drop Cases Since Dudenhoffer: The Pleading Standard Has Been Raised. Trucker Huss, APC, 2017-12-13. http://www. truckerhuss. com/2017/12/erisa-stock-drop-cases-since-dudenhoeffer-the-pleading-standard-has-been-raised.

51. New Regulations Introduce Major Changes to ERISA Disability Benefits Claims Procedures, American Bar Association, May 1, 2018. http://www. americanbar. org/groups/labor_law/publications/ebc_news_archive/new-regulations-introduce-major-changes-to-erisa-disability-bene. html.

52. "NLRB Launches Pilot of Proactive Alternative Dispute Resolution Program", NLRB, July 10, 2018, http://www. nlrb. gov/news-outreach/news-story/nlrb-launches-pilot-proactive-alternative-dispute-resolution-program.

53. http://www. erieri. com/geographicassessor.

54. UAW-GM Center for Human Resources Joint Activity System (JAS), http://www. uawgm-jas. org/j.

55. 2015年提出、2018年底仍在等待执行的"薪酬与绩效规则"将绩效定义为3年期间的平均年度的股东总回报, http://www. sec. gov/rules/proposed/2015/34-74835. pdf。

56. 超过这一数额的公司提供了累计税收，这样雇员就不必支付这些额外的税收，但这种做法不受股东欢迎。

57. 有关美国国税局当前的解释，见 http://www. irs. gov/pub/irs-utl/goldenparachuteatg. pdf。

58. 关于"黄金降落伞"的投票表决失败率比每年同期增加了，2017年前9个月，为22.5%，即3 000家公司的黄金降落伞计划没有得到大多数股东的批准（相比之下，2015年和2016年的比例分别为7%和11%）。"Market Trends: Say on Pay, Frequency, and Golden Parachute Payments", Skadden Arps Meagher and Flom, 2018。

59. Albert H. Choi, et al. , "Shareholder Voting on Golden Parachutes: Determinants and Consequences", Virginia Law and Economics Research Paper No. 2018-13 (posted August 20, 2018). See note 56 for context on tax gross-ups. http://corpgov. law. harvard. edu/2018/08/20/shareholder-vote-on-golden-parachutes-determinants-and-consequences.

60. Matthew M. Friestedt and J. Michael Snypes, Jr. . Section 280G: The Law and Lore of the Golden Parachute Excise Tax, Part I: The Structure and Operation of Section 280G. *Journal of Compensation and Benefits*, 2017: http://www. sullcrom. com/files/upload/Friestedt_Journal_Compensation_Benefits_July_August_2017. pdf。

61. 本部分由 John Hotta 提供，他是资本专家服务有限责任公司的联合创始人，也是微软公司退休的高级主管。

62. 要获得关于 HRIS 系统合并的丰富指南，请访问 shrm. org（需要会员身份）。

63. 见美国证券交易委员会，"关于上诉法院裁决对冲突矿产规则的影响的最新陈述", 2017年4月7日, http://www. sec. gov/news/public-statement/corpfin-updated-statement-court-decision-conflict-minerals-rule。

64. 有关会计图表代码的示例,请参见 http://www.sba.gov/sbic/sbic-resource-library/accounting-valuation-standards/chart-accounts-sbics。

65. 这个结尾部分要感谢比尔·布兰福德,他是诺基亚并购经理(已退休),也是并购标准董事会成员。

66. The State of the Deal：M&A Trends 2018,Deloitte,2018,http://www2.deloitte.com/content/dam/Deloitte/us/Documents/mergers-acqisitions/us-mergers-acquisitions-2018-trends-report.pdf.

第十章 上市公司并购中的特殊问题

引 言

到目前为止,这本书已经对涉及各种公司形态的交易进行了探讨——无论这些公司的所有权状态是怎样的(私有、少数人持股或上市)。通过对能够影响上市公司收购事项的特殊法律因素和商业考量因素进行列举,以及对美国证券法进行重点讨论,本章内容应该能起到一定的导向作用。

上市公司给并购带来了明显的挑战。根据定义来看,这类公司的股权由公众持有——大量的股权所有者,包括持有大量股票的强大机构所有者。此外,从这些公司成立时的根本定义来看,这些公司会受到严格的监管,因为州和联邦监管机构会将他们自己视为公共利益的保护者。

本章首先介绍了与上市公司并购相关的一般原则和法律规则,其次介绍了获得上市公司控制权的两种主要方式——要约收购和代理挑战。(要约收购是指个人或团体通过现金、证券或现金与证券相结合的方式,以明显高于当前的市场价格,来收购目标上市公司的股份而进行的公开招标行动。代理挑战是指在股东大会上股东通过委托书来投票选举持不同政见的董事名单,从而实现控制权变更。)下文内容会对如何披露控制权的变更进行讨论。最后,读者将会看到一个关于反收购以及其相关州法律的简要讨论。(有关国际化层面的考量见第十二章。)

本章的大部分内容将聚焦于如何进行友好交易,这些交易包括自愿地协商出售上市公司全部或部分的股份。然而,这里引用的大多数规章制度也适用于通过要约收购或委托书征集这两种方式来直接与股东进行协商(而不是通过与目标公司的董事会进行协商)的敌意收购。值得注意的是,几乎所有向公众出售股权证券的公司(截至2019年[1],在美国的8 800家公司里,大约有一半的公司在美国证券交易所出售股权[2])在这一问题上都是比较脆弱的。因此,如果你是一家上市公司的董事、高级管理人员、雇员或顾问,这一章节便是必读内容。

总 论

什么是"上市"公司？为什么一家公司的"上市"情况会影响收购？

一般来说，上市公司是指向公众出售证券（股票和/或债券）的公司。基于上市公司对社会存在的影响，所以与私人持股公司相比，公开持股的公司会相对较多地受到联邦和州证券法的约束。

证券到底是什么？

在《1933年证券法》中，证券的定义大致如下：

> 石油、煤气或其他矿产小额利息滚存权，以及任何看跌、看涨、跨境、期权或任何证券、存款证或证券集团或指数的特权（包括其中的任何权益或基于其价值），以及在国家证券交易所订立的与外币有关的特权或特权；或通常来说，任何被认为是"证券"的权益和票据，或上述与任何一种证券有关的权益或参与证书、暂时或临时证书、收据、担保证书或认股证书或订购权或购买权等。[3]

当一家公司向公众出售证券时，它就会受证券法的约束。这些法律也会对涉及上市公司的交易产生影响，包括并购交易。

收购上市公司和收购私人公司之间的主要区别是什么？[4]

首先，让我们来关注一下它们的相似之处。在这两种交易中，买卖双方的董事会都必须履行州法律规定的谨慎和忠诚的信托责任。此外，本书前面讨论的所有阶段的基本原则——计划、估值、融资、结构、尽职调查和交割——都适用于这两种交易。

就差异而言，涉及上市公司的交易往往会更为复杂。收购上市公司所涉及的结构、时机、融资和谈判都深受联邦和州证券法的影响。要了解并洽谈上市公司的收购事宜，第一步要做的就是对管理交易的基本联邦证券法有一个大致的了解。这些规则不仅包括关于获得一家公司控股权益的规则（通过部分收购或对全部股份进行要约收购），还包括关于谈判披露、内幕交易和在收购目标公司5%或更多的普通股股份时提交某些文件的规则。由于这些规则涉及上市公司的任何收购活动都是在无隐私状态下进行的，这也使得交易的大多数细则很快就公之于众。

此外，要约收购的融资会受到某些特殊规则的约束，这使得这种融资方式比常规融资稍微困难一些。再者，在达成交易前必要的法定和实际延迟也为新的竞标者提供了大量机会。事实上,根据国家证券法的要求,出售公司的董事会可能需要向竞标者提供信息。但这可能意味着,一旦出现更好且可信的报价,董事会或许不再需要(甚至不被允许)向股东推荐约定好的交易。在任何情况下,股东都可以投票反对与买方的拟议合并,或将其股份以更理想的价格出售。因此,在上市公司的交易中,一旦出现其他出价更高的竞标者,董事会代表公司达成的协议效力就十分有限。

其中最大的挑战在于,目标公司的股票在报价期间仍可继续交易。一旦收购方向现有股东发出收购要约,股价就会上涨,套利者买进这些股票,希望随后能够以更高的价格卖出,这样的股票购入行为有效地降低了市场溢价。此外,由于对其出价的宣传,买方成了卖方吸引其他竞标者的幌子。这样做会使首位竞标者处于劣势,因为这个过程会产生大量的交易费用,例如,法律费用和会计费用,而且买方很可能还需要向贷款方支付大量资金来作为安排融资的承诺费。而且,在收购目标公司的同时,首位买方也可能会错失其他投资机会。

很讽刺的是,在上市公司的收购中,做决定的往往是那些不会长期待在该公司的人,他们不必确保公司成功运营或从其成功中获益。例如,在要约收购中,促成交易的股东是向收购方出售股份的股东。他们显然不会待在收购后产生的公司里。因此,他们可能对公司合并后的业绩及其对剩余股东、雇员、社区和其他各方的影响漠不关心。

由于各州法律保护"其他选区"(本章稍后讨论),因此董事会在答复要约时或许会考虑这些附带的利益方。

你能概述一下购买美国上市公司时适用的联邦和州法律吗?

美国属于联邦政府体制,包括联邦和州两部分。

在联邦层面上,证券法主要囊括在两部法律之中:第一部是前面提到的《1933年证券法》(通常简称为《证券法》),其中规定了上市公司的注册要求;第二部是覆盖面更为广泛的《1934年证券交易法》(通常简称为《交易法》),它规定了披露和归档要求。《证券法》规则载于《美国法典》第17编第230部分[5],《交易法》规则载于《美国联邦法规汇编》(US. Code of Federal Regulations)第17编第240部分。[6]

随着时间的推移,这些联邦法律的基本文本已经在美国证券交易委员会(SEC)的支持下获得了修订和扩充。该委员会是一个独立的联邦机构,依据《证券法》和《交易法》成立,旨在颁布和管理相关规章制度。联邦证券法中最有可能产生责任的两个主要部分是与证券发行相关的《证券法》第11条和第12条,以及与证券交易相关的《交易法》第10(B)条和第14条。在并购中,另一个常被提及的法律条款是《交易法》第16(B)条,该条款限制了"短线"交易,即那些在收到股票后6个月内就将其出售的行为。

对并购者们具有影响力的《证券法》存在一个最重要的扩展法案,即《1968年要约收购法案》(Tender Offer Act of 1968),其命名从于其最初的发起人,该法案也被称为《威廉姆斯法案》(Williams Act)。《威廉姆斯法案》及其修正案构成《交易法》第 13(D)条和 14(D)条(本章稍后讨论)。

在州的层面上,州法律规定了公司合并时必有的章程和细则。州公司法规定了州内公司章程的最低要求,其中包括公司董事和高层管理人员的责任和义务,如他们在经营业务中注意和忠诚的信托责任。

特拉华州常被用作各州公司法的原型,受此影响,联邦法律和州法律之间存在某种一致性。除此之外,公司法还受到另一种参考范本——《美国标准公司法》(Model Business Corporation Act)的影响,该范本在美国律师协会(ABA)[7]委员会的支持下仍在不断更新。

股东关于并购的诉讼处于一种什么状态?

大型上市公司合并案通常会招致指控其违反证券法的诉讼。表 10-1 重点介绍了十几条可能在并购索赔案中引用的联邦证券条款。[8]

表 10-1　　　　　　　　　　并购诉讼中典型的原告索赔

《1933 年证券法》
· 第 11 条——原告声称,在注册陈述中存在重大错报或遗漏。(索赔不需要知情者——适用尽职调查辩护。)
· 第 12 条——原告声称,在注册陈述中存在欺诈行为。
《1934 年证券法》
· 第 10 条——规则 10(b)5——原告声称,在证券买卖中存在欺诈行为。
· 第 14 条——规则 14(a)——原告声称,在代理陈述中存在欺诈行为;规则 14(e)——原告声称在一份收购要约中存在欺诈行为。

一般而言,证券集体诉讼可能由某些时下事件引发,如加密货币失效或信贷危机,但在典型的法律层面,诉讼通常暗指违反了下列某项条款:《1933 年证券法》中关于证券招股说明书的第 11 条,或以下《1934 年证券交易法》中的任何条款:第 10(B)条,涉及证券买卖的欺诈或欺骗行为;第 12(A)条,注册要求;或第 14(A)条,代理权征集。以上任何违规行为都可以在合并诉讼案中说明,但在最近的联邦集体诉讼案中,主要的指控是违反了第 14(A)条。

2017 年,特拉华州和其他州限制了仅披露信息的案件,联邦法院根据第 14 条提起的并购集体诉讼案激增,此后这种趋势仍在继续。在 2017 年和 2018 年,联邦法院近半数的股东集体诉讼案都涉及合并,并且援引了第 14 条[9](见图 10-1)。

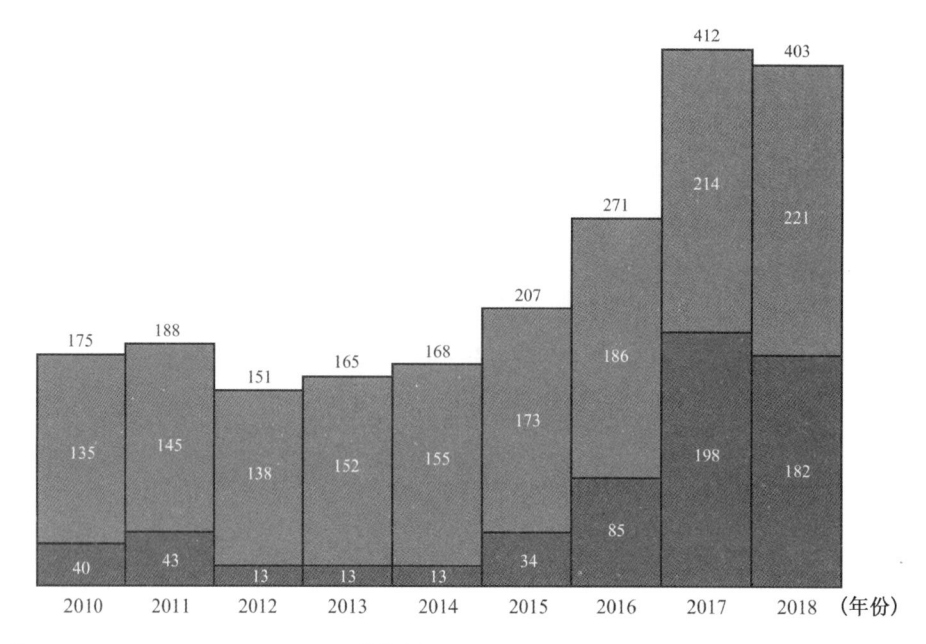

基于 2019 年 Cornerstone Research 的数据，见 https://www.cornerstone.com/Publications/Reports/Securities-Class-Action-Filings-2018-YIR。

图 10—1　2010—2018 年关于并购的联邦集体诉讼

年份	下段	上段	合计
2010	40	135	175
2011	43	145	188
2012	13	138	151
2013	13	152	165
2014	13	155	168
2015	34	173	207
2016	85	186	271
2017	198	214	412
2018	182	221	403

代理投票

代理投票系统是如何运作的？

股东会收到一份委托书，上面列出了需要股东投票表决的事项，并要求其就这些事项进行投票，然后通过计票的方式来决定各项事务的结果。这个过程听起来很简单，但实际上相当复杂——涉及代理律师、代理顾问、代理投票服务、过户代理人、选票计数器和投票检查员等。包括美国证券交易委员会的工作人员在内的许多人表示，该过程需要被改革。[10] 在 2018 年年末，美国证券交易委员会举行了一次圆桌会议来讨论投票过程、散户股东参与、股东提案和代理咨询公司等议题，并就这些议题征求意见。[11]

代理顾问的作用是什么？

代理顾问主要是为股东提供建议，并针对每年用于投票的代理卡中的各种事项来进行投票。持有许多公司股票的基金会利用这些服务来节省研究费用。他们有时会提出自己的一般投票指南，并要求代理顾问在特定情况下应用该指南，或者说他们可能会依赖采用顾问本身对某一问题的看法。

代理律师在并购中的作用是什么？

代理律师，顾名思义，主要是为了影响代理投票的结果而对市场进行拓展。它征集支持或反对代理事项的选票。此类公司可以由接受代理挑战的公司保留，也可以由挑战者保留。律师可以提供一般性的战略建议，或者具体研究哪些人是股东基础以及他们在做什么。律师还可以帮助处理股东沟通、代理顾问关系，以及与机构和散户股东的持续性关系。

过户代理人的作用是什么？

过户代理人负责保持跟踪拥有公司股票和债券的个人和实体。有时候，一家公司可以自己充当自己的过户代理人，但大多数过户代理人都是银行或存款信托公司。他们负责转让代理签发和取消证书以反映所有权的变化，并且也负责处理丢失、被盗或毁坏的证书。过户代理人也可以作为公司的支付代理人，向股票和债券持有者支付利息、现金和股票股息，或进行其他分配。此外，过户代理人还可以通过发送代理材料来充当委托代理人、通过在合并过程中交换公司股票或债券来充当交换代理人、通过在要约收购中投标定价股份来充当招标代理人，以及/或通过邮寄公司的季度报告、年度报告和其他报告来充当邮寄代理人。其中对许多功能的履行现在都已经实现了数字化，这也改变了过户代理人的工作性质。[12]

《多德-弗兰克法案》《萨班斯-奥克斯利法案》与并购

《多德-弗兰克法案》是如何影响并购的？

2010年7月，在一场金融危机后，《多德-弗兰克法案》（Dodd-Frank）被签署成为法律。在这场危机中，全球股票价值在不到一年半的时间里就缩水了一半。[13] 该法律包括许多监管银行的条款，特别是那些被认为具有系统重要性的金融机构（Systemically Important Financial Institutions，SIFIs）的大型银行。一篇研究论文发现，在《多德-弗兰克法案》通过之后，大型银行之间的合并频率有所增加，接近或略高于具有系统重要性的金融机构的阈值。[14] 然后，当唐纳德·特朗普（Donald Trump）的管理部门开始放松对银行的监管时[15]，有预测称，银行合并将会再次迎来热潮。[16]

《萨班斯-奥克斯利法案》是如何影响并购的？

2002年的《萨班斯-奥克斯利法案》及其要求的新披露规则和新证券交易所上市标准，将规范投资的注意力集中在内部审计控制、外部审计师和审计委员会的重要性上。[事实上，这部法律的正式名称是《2002年公众公司会计改革和投资者保护法案》（Accounting Reform and Protection Act of 2002）。]从本质上来讲，审计是指由独立专家对会计进行复核。

所有这些以审计为重点的规则造成的总体影响,便是增加了文书工作量和成本,但同时也减少了由于未发现的风险而导致业务失败的可能性。如第九章所述,在关于尽职调查的讨论中,收购方普遍受益于该法第404条,因为它提高了对内部控制的重视程度和对内部控制的记录,这有助于收购方在交易完成(交割)前简化其对财务方面的尽职调查。

值得注意的是,《萨班斯-奥克斯利法案》中的一个条款中[第306(A)条]对企业养老金计划的管理人员提出了以下要求:如果有任何"封锁期",即在此期间内不允许进入任何计划,那么必须提前30天通知计划参与者和受益人。不过,它对于涉及合并的公司则有较为宽松的标准,并不要求其提前这么长时间给予通知。[17]

注意义务和忠诚义务

国家法律规定的注意和忠诚的信托责任是如何适用于并购的呢?

一般来说,它们意味着董事和高级管理人员在做出买卖决定时必须谨慎行事,而且这样做时他们必须真诚地为公司的利益服务,而不是为他们自己的利益而批准交易。这三个概念的含义随着时间的推移而发展,所以不同的法院在特定的事项上作出的裁决也会有所不同。

具体而言,董事对公司负有注意义务,这意味着他是代表公司及公司所有者采取行动,所以董事要在获得所需的所有可用合理信息的基础上对所有相关情况进行评估——这包括对一个公司是否有可行的报告和合规系统进行评估,正如著名的凯马克(Caremark)案例[18]所暗示的那样——然后做出明智的决定。作为受托人,公司董事还应履行忠诚义务,为公司及其股东的最大利益行事。因此,董事被禁止进行欺诈或恶意交易,或进行掺有董事个人利益的交易。如果一名董事在某一特殊的公司交易中掺有个人利益,法院通常会将举证责任转嫁给该名董事,以证明该交易是公平的,并符合公司及其股东的最大利益。在2018年6月的Certisign Holding一案中,法院将忠诚义务定义为"多年来都一直持续存在的一项公共政策,它迫使公司高管或董事要强制性地、无条件地以及以最严格的态度履行这项义务,而且他们不仅要坚定地保护其所负责的公司的利益,还要避免做任何会对公司造成伤害的事情"。[19]

作为忠诚义务的一部分,董事负有诚实守信的义务。2005年8月,在特拉华州衡平法院审理的迪士尼案件中,财政大臣/大法官威廉·钱德勒(William Chandler)从广义上阐述了这一职责。"公司信托所要求的诚信不仅包括注意和忠诚的义务,就我上面所讨论的从狭义层面而言,它还包括真正忠实于公司及其股东利益所需的一切行动。"[20] 然而,后来的一个斯通诉里特案例(Stone v. Ritter,2006)认为,诚信的义务不是第三项义务,而是忠诚义务的一个子集。[21] 如果董事和高级管理人员履行了其注意和忠诚的受托义务,那么,即使他们的商业决策有缺陷,也会在州法院受到诉讼保护。这一司法概念被称为商业判断规则,即法院在股东起诉董事违反其对公司的信托责任的情况下适用的一种司法原则。其规则是,除非股东能够证明董事在做商业决策时没有对公司纪律给予应有的注意和忠诚,否则董事会将受到保护。如果董事以符合其应有的注意和忠诚义务的方式行事,则商业判断规则保护董事免予承担责任。

法律解释的细微差别使得信托责任和商业判断规则变得复杂。关于这一主题的主要法律论文长达 6 000 多页![22] 大多数大型律师事务所都会提供很好的关于这些概念和涉及它们的最新案例的指南。

由于信托责任主要是对股东承担的(虽然不是绝对的),因此大多数指控未能履行义务的案件都是由股东提出的,而且这些案件大多涉及上市公司。根据定义,这些上市公司比私人公司拥有更多、更分散的股权。对于涉及合并中董事和高级管理人员信托责任的案件,见本书的最后一章。

董事回应非邀约投标书的责任

法院用什么标准来判断那些投票出售公司的董事会的决定?

根据具体情况,董事在并购中的行为有四种主要标准。[23] 其中每一种标准都是专家详细分析的对象,所以超出了本章的范围。以下是对每一种情况的简单解释,从不严格到最严格依次列出:

(1)经营判断规则(business judgment rule)。在这一普遍标准下,法院不会对董事会的决定进行质疑。

(2)优尼科(Unocal)。根据这一标准,在竞争公司控制权(即收购威胁)的优尼科诉梅萨石油公司(Unocal v. Mesa Petroleum Co., 1985)一案(适用于争夺公司控制权,即收购威胁)中,董事只有在其对被感知威胁的反应与"威胁的程度相称"时,才能获得商业判断规则的保护。[24]

(3)露华浓(Revlon)。这一标准源于露华浓公司诉麦肯德和福布斯控股公司案(Revlon, Inc. v. MacAndrews & Forbes Holdings, 1986),适用于一家公司被出售的情况。它要求董事们设法为公司获得最优惠的销售价格。[25]

(4)完全公平(entire fairness)。这一标准是所有标准中最严格的,当交易的一方是"利益方"(例如,拥有控股权)时就会触发该标准。这是一项法律原则,它规定交易必须对所涉各方完全公平;它既需要公平的价格,也需要公平的程序。当交易包含对少数股东的保护时,该标准可能会被弃用。

公司董事会在收到收购要约时的主要职责是什么?

董事的主要职责是评估所有善意要约和建议公司行动,在有恶意要约的情况下,也要建议股东采取行动。根据前面提到的优尼科标准,他们可以采取合理的保护措施来保持公司的独立性。这就是说,董事不能拒绝考虑合理的报价,并期望受到商业判断规则的保护。

在前面提到的露华浓案中,法院将董事会的角色描述为:一旦做出出售公司的决定,董事会就是一个以价格为导向的"中立拍卖人"。(在私营公司中,决定出售给特定买方的人本身就是所有者,因此露华浓的责任是没有实际意义的。)一般来说,这意味着董事会应该优先考虑最有可能为股东带来更高回报的竞标者,因为董事对股东负有主要的受托责任。不过也有例外。州"选区"法规和对商业判断规则不断变化的解释,可以使董事会在回应要约收购时拥有更多的决策自由裁量权。

董事的注意义务如何适用于回应投标报价?

在这一标准下,董事的职责不仅仅是努力为公司作出最佳的决定,而是在经过仔细、知情的考虑之后才作出决定。在评价董事是否谨慎行事时,法院既考虑到决策过程,也考虑到实质性决定本身。

1985年,特拉华州的史密斯诉范·戈尔科姆(Smith v. Van Gorkom)一案对商业判决规则造成了打击,因为特拉华州法院认定,环联公司(Trans Union)的董事会,特别是其首席执行官杰罗姆·范·戈尔科姆(Jerome Van Gorkom)对批准和向股东推荐一项现金合并提案所采取的行动负有个人责任。法院认为他们无权受到商业判断规则的保护。即使范·戈尔科姆和其他董事会成员很可能有资格来决策,并且获得了比环联公司股份的市场价格更高的可观溢价。

范·戈尔科姆案的重要内容是,法院并没有主要关注最终决定(这对环联公司的股东来说,可谓是一个非常好的决定),而是强调了正确决策过程的重要性。董事必须做出明智的决定,并采取谨慎的措施,以确保他们的行动是负责任的。

什么是重大性事实?

重大性事实是指那些重要到足以影响普通投资者买卖决策的事实。参与上市公司交易的撮合者必须了解重要性这一概念。例如,本章将"重大性"一词用作形容词几十次。然而,就像证券法中许多重要的概念一样,"重大性"并没有一个硬性的定义。在当前的第8号财务会计概念公告(Statement of Financial Accounting Concept No. 8)中,美国财务会计准则委员会(FASB)指出:"重大性是一个法律概念。在美国,法律概念可以通过立法、行政或司法行动来确立或改变。委员会遵守但不公布重要性的定义。"相比之下，在第 2 号财务会计概念公告(Statement of Financial Accounting Concept No.2,)中，委员会对其最初定义标注到：

在经历了几次修订和挑战后，美国财务会计准则委员会宣布，其将于 2019 年发布一个新的关于重大性的定义，该定义将会以上文中这一定义为基础(有关历史记录请参阅第七章中的表 7—3)。

信托责任对上市公司的并购交易有什么影响？

一方面，这些职责会影响时机。董事会需要谨慎行事，而这将限制董事会迅速采取行动的能力，即使是面对友好的出价也是如此。通常可行的建议是成立一个特别委员会以及征求公平意见。

另一方面，根据法院的解释，这些职责可能会限制董事会采取行动的能力，它们要么消除了竞争投标的可能性——所谓的禁售期——要么消除了旨在(部分)挫败其他竞标者努力的其他安排(公司解体、附加费以及"禁止购物"条款)。这些安排是公开交易中谈判最激烈的条款之一。

基于上述原因，买方将尽量把竞标成功的风险值降至最低，且如果输给另一个投标人，买方将会想方设法地获得补偿。接下来的几个问题将会以董事会对股东的信托责任为背景来回答如何处理这些事项。

出售公司任命董事专门委员会来审查拟议中的交易的做法在什么时候是合适的？

指派这样的一个委员会自然是一个好主意，尤其在该交易是一笔重大交易的时候。此外，如果董事会的一些成员在拟议合并中拥有或可能拥有个人利益(例如，如果有管理层成员从购买或出售中获取个人利益)，那么这样做便是至关重要的。如果提议的交易非常复杂，则需要董事会仔细研究才能负责任地采取行动，成立一个专门委员会也是合适的。拥有一个对交易具有足够权力的专门委员会，往往会导致将证明交易不公正的责任转嫁给原告。如果原告有那方面的负担，那么它就更难让法院举行听证会，并针对合并的事项来发布"禁制令"(命令两家公司不要进行合并)。

专门委员会中律师的作用是什么？

律师应向专门委员会成员提供关于商业判断规则在公司管辖范围内的现行解释。此外，律师应就其行为的任何潜在责任及其范围向委员会提供建议，并根据公司章程、规章制度，以及董事和高级管理人员责任保险，告知可以在多大程度上对其进行赔偿或以其他方式保护。

律师应出席专门委员会的每一次会议，并应准备或审阅每次会议的记录。委员会的每个成员都应该审阅这些会议记录的准确性。如果拟议的交易可能吸引其他出价，专门委员会的律师则应准备向委员会提供建议，说明董事有义务为全体股东尽可能争取最佳的价格。律师还应向委员会提供咨询性意见,告知其考虑这些报价和技术的义务范围,以及这些报价和技术可以或不可以用来增加或限制投标机会。

哪些董事是适合成为专门委员会的成员?

专门委员会应由独立的或无利害关系的董事组成。该等董事不得在拟议的交易中有任何财务或个人利益,否则该等利益会妨碍他们公正行事的能力。

成立一个专门委员会有什么好处?

虽然不能保证专门委员会能够使董事会的行为合法化,但这样的一个委员会在为董事提供商业判断规则的保护方面可能非常有帮助,甚至可能是必不可少的。然而,应该注意的是,法院将密切审查有关董事会行为的事实,仅仅成立一个专门委员会并不能保护董事免于承担行为疏忽的责任。

一个专门委员会应该采取什么步骤,以确保对其行动负责和有效?

专门委员会应审查有关拟议交易的所有信息。这项审查必须是彻底的,且专门委员会成员应仔细询问提供这些信息的人,以确保这些信息是完整和准确的。委员会还应注意不要仓促行事,并应确保将其审议情况记录在案。最近的司法裁决表明,没有经过充分考虑而作出决定的董事,可能难以确定他们的行为是否足够谨慎,能够提供商业判断规则保护。

为了达到最佳效果,专门委员会应该允许接触并寻求公司投资者关系高级管理人员的观点,如果国际救济组织(IRO)在履行他们的职责时,他们手中就掌握着所有者的集体命脉——特别是主要机构所有者。

专门委员会是否应该保留独立顾问?

在并购的背景下,董事会专门委员会应该保留独立的法律顾问和财务顾问。

一个专门委员会是否应该征求公平意见?

是的,但意见必须是通过合格的、独立的来源(如投资银行、商业银行或评估师),并且必须由董事会审议予以补充。公平的意见既是决定是否接受要约的有用工具,也是获得商业判断规则保护的有用工具。然而,当交易中存在潜在的或实际的利益冲突时,法院还将审查交易,以确定完全公平。本章前面提到了这一点,这是对交易最严格的检验。

由于公平性通常取决于目标公司股东未来收到的价格,因此,对董事会来说,从投资银行家等专业人士那里获得公平选择权可能是非常宝贵的。然而,董事会有必要去询问专家,以确定他们的意见有合理的依据,并且不存在利益冲突。仅仅依靠公平意见可能不足以证明行使了应有的谨慎。

公平的意见应该表达哪些内容?

公平的意见应当描述专家在确定公平性时所使用的过程,并应当说明哪些事项已经调查和独立核实,哪些事项尚且没有独立核实。该意见还应说明正在支付的一项或多项费用以及所有可能的利益冲突。提供意见的公司,不应接受公平性意见或作为意见主体的交易的或有补偿,因为这样做意味着缺乏独立性。

如果法院判定某交易价格和/或过程是不公平的,则会发生什么?

如果法院完成了完全公平质询,并得出交易是不公平的结论,那么它必须确定哪一项义务(注意或忠诚)是责任的基础。[26]

收购方如何才能增加其比其他公司的出价更受青睐的机会?

锁定期权是指目标公司给予其偏爱的投标者优势的一种机制。锁定协议的授予与股票或资产有关。[27]

在股票锁定期,投标者获得购买已获授权发行但并未发行的股票的选择权。这一选择权在两个方面对投标人有利:如果行使选择权,则任何一个投标者都可以投票赞成交易;或者,如果另一个投标者为公司赢得了合同,则被看好的投标者可以通过将股票交付给出价更高的投标者来实现盈利。锁定的一个变体是反向锁定,即股东或管理层同意不将他们的股票投标给竞争对手。出于同样的原因,买方会试图通过购买股东手中的股票来获得期权,通常是那些持有大量股份的股东。与目标公司达成的股票锁定协议,从适用商业判断原则的法院那里收到的结果好坏参半。法院主要担忧的是,锁定可能会妨碍竞争性招标,从而限制股东从买方那里获得溢价。

法院最有可能在竞标过程结束时批准锁定,而不是在开始时就批准,特别是在没有其他投标者竞购该公司的情况下。

在资产锁定期(或"皇冠明珠锁定期")中,公司授予竞标者以与其全部市场价值可能相称也可能不相称的价格,来购买一项特别有吸引力的资产的选择权。如果其他竞标者也对"皇冠明珠"感兴趣,或者如果资产的损失会极大地改变公司的财务状况或发展前景,这样的做法可能会让他们望而却步。正如下面所讨论的那样,资产锁定协议通常会受到法院的负面性对待。

董事是否可以在不违反其信托责任的情况下通过锁定协议?

可以。锁定协议本身并不是非法的。然而,法院裁决认为,锁定协议通常必须推进或刺激投标过程,而不是妨碍或阻断投标过程。也就是说,如果锁定协议的目的是从某投标者那里获得更高的出价或以其他方式刺激竞争,那么董事会可能会使竞争环境更有利于该投标者。

然而,如果锁定协议的目的是通过明确地偏好一个投标者而非其他的投标者来抑制竞争性投标,那么董事会很可能会被发现违反了对股东忠诚的义务。

露华浓案就是这种情况。在露华浓案之后的案例中,法院已经明确地表示,不会允许董事会向一个投标者授予"皇冠明珠"的锁定期权,因为这一做法将会导致在投标仍活跃的情况下,其他投标者被排除在竞标过程之外的效果。

锁定协议是否会使投标者承担短期交易利润的责任?

如前面所述,根据《交易法》第16(b)条的规定,短线交易是不被允许的。投标者的利润不会受第16(b)条规定的短线交易限制,除非投标者在按照锁定协议购买股票之前,"实益拥有"目标公司10%以上的股票。一旦投标者获得了超过10%的股票受益所有人的内幕人士身份,则所有后续交易都将会受到第16(b)条的约束。

什么是实益所有人?

股权的实益所有人是指《交易法》第13d-3条中规定的,对证券拥有"投票权"或"投资权"的个人或团体。因此,实益拥有的股份,不仅包括直接拥有的股份,还包括一个人拥有或分享直接或间接的权力来投票或出售的所有股份。例如,受股东投票协议约束的所有股份将由作为协议一方的每一个人实益拥有。鉴于附表13D和13G下备案要求的5%的门槛,实益所有权的概念是特别重要的。因此,如果有一个由五个人组成的小组,小组的每个成员都拥有某类公司1%的股份,则该小组必须提交附表13D(如果该小组已同意作为一个整体投票或处置这些证券,则为附表13G)。此外,无论一个实益拥有者的购买行为是依据购买合同、行使认股权证或期权,还是转换可转换证券(规则13d-3)进行的,他或她都应该有权在60天内直接或间接地取得任何证券的实益。

具有讽刺意味的是,与英国等其他国家不同,美国上市公司的领导人没有绝对的权利知道谁是他们的实益所有者。当个人或机构通过经纪人购买股票时,他们有机会签署一份表格,来说明他们是否希望自己的身份保持隐私状态。除非他们特别指出自己是无异议的实益拥有人(Non-Objecting Beneficial Owners,NOBOs),否则他们会被视为有异议的受益者(Objecting Beneficial Owners,OBOs),且他们的身份仍然是隐私状态。(据报道,经纪人为他们的客户勾选了"有异议"框,以确保经纪人一直是知情的。)然后,持有者将会从经纪人处获取所有通信信息,而不是从公司获取,因为公司没有他们的直接联系信息。商业圆桌会议(The Business Roundtable)、国家投资者关系研究所(National Investor Relations Institute)、全国公司董事协会(National Association of Corporate Directors)以及其他团体组织已经要求美国证券交易委员会去审查这项政策,因为它阻碍了公司与其所有者之间的有效关系。

如果并购涉及向目标股东发行证券,这类证券是否可以自由转售,或者销售是否受到限制?

一般而言,这类证券类似于《证券法》第145条中规定的限制性证券,它意味着,当证券持有人收到一个要求他们接受新的或不同的证券以换取其现有证券的计划或协议时,就会出现要约、要约收购、要约出售或出售的状况。[28] 根据第145条,受《证券法》

登记要求约束的交易包括资产的重新分类、并购或联合以及转移。当涉及空壳公司时，参与者会被视为承销商。这就是说，也有例外的情况。正如对待所有的法律事务一样，交易者对此应征求合格律师的意见。

什么是附加费和违约金？

虽然这些术语都可以互换使用，但它们都有各自特殊的含义：

- 如果交易被任何一方终止（除非有原因），则需支付违约金。
- 附加费是指与目标公司达成的一项协议，即如果有新的竞标者篡夺了此次交易，卖方则将补偿买方的潜在损失。因为这些费用是目标公司的责任，所以中标者将不得不承担他们的经济负担。这一负担增加了其他投标的成本，从而阻碍了其他投标。
- 另一种协议是，如果交易被目标公司终止，则需支付违约金，但有原因除外。（当买方向目标公司支付费用时，这被称为反向终止费。）

这些费用的设计至少是为了补偿买方所有的自付费用。更常见的情况是，这些协议会包括为买方失去的时间和机会支付额外的费用等内容。特拉华州法院发现，在较大的交易中，收取交易额的3%或4%的费用并不是不合理的，而在较小的交易中批准的费用率甚至更高。[29]

违约金是否会受到法律挑战？

是的。该费用的数额不能太大以至于对其他竞标者造成很大的影响，否则它可能会被法院以变相的锁定安排的形式驳回。在该费用不是太高，但是根据现行的判例法，用于支付费用的协议被视为是为了吸引投标人的合理必要条件，或者是使其在面对竞争时保持对目标公司的兴趣，那么它很可能也会经受司法审查。如果目标公司授予该费用以换取"受托退出"条款（稍后讨论），或者买方允许董事会在一段时间内"收购"该公司，即试图寻找其他竞标者，则费用的可辩护性将会增强。还要注意的是，债权人——特别是处于破产程序中的公司——可能会在法庭上质疑这些费用。

什么是排他性谈判协议？什么时候可以使用？

排他性谈判协议是收购合同或意向书中的一项条款，它禁止董事会招揽或鼓励其他竞标。它经常出现在私人公司的收购协议中，也经常出现在上市公司交易中的收购协议里。

买方应该总是期望在意向书阶段要求达成这样的一份协议，而如果卖方选择了投标者，无论是拍卖过程还是已经完成的竞标战，卖方通常都会同意签订这份协议。然而，在某些情况下，例如，当买方是第一个到达现场的，或者它是管理层中的一员，或者它是为阻止恶意收购而出价的"白衣骑士"时，就应该避免签订这样的协议，或者至少应通过在协议中添加"受托退出"条款来缓和这种协议所带来的影响。

尽管没有法律要求一家公司在执行最终出售协议之前必须被出售，但无论是单独的条款还是作为一揽子计划的一部分(例如禁售期),当这些条款的影响足以挫败董事会作为中立拍卖人的这一角色,或者它们可能会导致向管理层等公司内部人士提供一个更便宜的价格时,法院对排他性谈判条款的态度并不友好。没有完成收购,再加上这些条款的存在,可能会导致某些人认为价格裁定不公平的争论,而其最终结果可能是在竞争对手或受害股东的要求下该交易会被法院禁止。

在特别恶劣的情况下,如果价格太低或董事会没有履行其职责,那么董事会成员可能会承担责任。(见本书最后一章"里程碑和最近的并购法律案例"中的范·戈尔科姆)。当董事会被要求去捍卫过程和结果对股东公平时,董事会未能成功地争取到更好的报价这一事实,就是交易公平的有力证据。

当然,买方会争辩说,它需要排他性的谈判条款,以避免因董事会吸引到出价更高的竞标者而致使交易失败时所产生的费用。回应方法是:给买方一笔违约金。

最后,董事会必须确定,投标者是否会拒绝在没有排他性谈判条款的情况下进行交易。如果是这样的话,且如果董事会对价格的公平性感到满意,那么排他性谈判协议对于确保股东获得一个良好的出售价格时,可能是可取的。

一旦意向书阶段通过,买方当然应该期待在最终协议中有一个排他性谈判条款。否则,为什么要签署协议呢?尽管协议中有这些条款,但由于其信托责任,董事会应避免应允一些事情,即它不得向竞标者提供与买方相同的信息。

值得重申的是,关于是否授予排他性谈判协议的决定属于董事会的商业判断权限。因此,要约的时机、周围的环境(恶意的投标者、管理层的买方等)、其他公平性的证据,以及该条款对股东达成最佳交易的必要性,都必须加以考虑。总的来讲,没有一成不变的规则。

什么是受托退出条款?

受托退出条款是协议中的一项条款。该条款规定,在收到一个更优惠的报价时,目标公司可以终止合并协议。在某些情况下,该条款只允许董事会在面临更有利的报价时不履行其推荐协议的义务。虽然法律对此规范尚不明确,但后一项规定可能是不必要的,因为如果得到一个更有利的报价,董事会则可能有拒绝继续推荐的信托责任。此外,从买方的角度来看,在协议中加入受托退出条款可能无关紧要,因为如果得到了一个明显更有利的报价,股东则很有可能不会批准买方的报价,或者拒绝在其要约收购中向买方出售股份。

信托退出条款要经过严格的法律审查,而且其中相关法律问题尚未明朗。2003年4月,当特拉华州最高法院在全护公司诉 NCS 医疗保健公司(2003年)(Omnicare v. NCS HealthCare, 2003)一案中发表其意见时,其势均力敌(3比2)的投票结果显示出司法意见的不同。多数人认为,在没有受托退出的情况下,目标公司董事会批准合并协议即违背了其信托责任,因为与其他因素(如股份锁定协议)相结合,由于没有受托退出,这宗交易得到了股东的批准。但在随后的几年里,这一决定受到了批评,以至于被称为有史以来"最糟糕的特拉华州法院意见"。[30]

并购的形式

上市公司和/或其目标文件的收购方必须填写哪些表格?

以下是在合并、收购或买断交易中最常提交表格的清单(包括私有化交易)。[31]

以下列表包括主要的表格或"附表"(因此被称为 SC 标签)[32],并附有尾注,以向读者介绍每种表格所要求的内容。

有关重大事件(如合并协议)的最新报道

8K 表格——上市公司必须在"重大性事件"发生后的 4 个工作日之内提交一份 8K 表格,其中一项是订立最终协议(第 1.01 项),另一项是购买或处置资产(第 2.01 项)。

要约收购与收购

SC 13D[33]——此表格披露了上市公司股票的"实益所有权"(在本章前面已有定义)。任何个人或团体如果已经取得了某类股权证券 5% 以上的股份——无论是通过要约收购还是其他方式——都必须在触发购买行为后的 10 天内提交。注:附表 13D 在原有附表 13D 所载资料发生任何"重大性变更"时,必须"迅速"修订。

SC 13G[34]——此表格是同一表格的简化版,适用于那些作为被动投资买入的银行以及不打算建立控制权的银行。

SC 14D2-9[35]——此表格由要约收购的目标公司在要约提出后 10 天内提交,表明其对要约的回应。(如果目标公司在加拿大,则提交 SC 14D-9F。)

私有化

SC 13E-3[36]——这是一份关于上市公司或子公司私有化的交易陈述。(另见 SC TO-I。)

通过委托书向股东传达信息

SC 14A[37]——此表列出了股东签署的委托书中所需的信息,其可以是合并代理或质询代理。

SC 14N[38]——由提名股东或团体提交,要求将集团的一名或多名被提名者纳入公司的委托书材料。

额外投标报价明细表

SC TO[39]——当购买将会导致拥有5%或更多的所有权时,则应提交申请。SCTO有以下三种类型：

- SC TO-C——如果接受要约将会导致一方拥有目标公司某类证券超过5%的股份,则应提交申请。("C"代表"沟通"。)
- SC TO-I——如果一家公司回购了自家公司的证券,则应提交申请。("I"代表"发行者"。)
- SC TO-T——如果发行者以外的其他人正在提交要约,则应提交申请。("T"代表"第三方"。)

由要约收购或其他交易而发行的股票

S-4[40]——此表格用于登记与业务合并和交易报价相关的证券。

要约收购基本信息

从技术上讲,什么是要约收购?

典型的要约收购(TO)是指,一家公司广泛征求以固定的价格(如每股23美元),在有限的时间内去收购另一家公司相当大一部分的公开交易的股份。该价格代表着当前市场价格(如20%)的溢价,并取决于股东提供固定数量的股份。[41]

对于一个试图通过在公开市场购买股票来获得上市公司控制权的公司来说,有一个问题就是：在某些情况下,这种收购行为可能会被视为构成要约收购。

什么是迷你型要约收购?

迷你型要约收购是指以不同于常规的要约收购价格(该价格不是溢价,而是低于市场价的价格)去购买少于5%的公司股份的要约收购。一旦股东同意投标股份,就像在常规的要约收购中那样,不可能收回。目标公司以及美国证券交易委员会都已警告投资者要拒绝这类收购要约。[42]除非进行了全面投标,否则这些迷你投标报价很少会真正成为收购价格,相反,这些迷你要约行为,只不过是针对以交易为目的的某些买方而实施的策略,即低买高卖的策略。

在要约收购或其他类型的上市公司收购中,控制权到底是如何转移的?

上市公司的收购可以通过"一步"交易或"两步"交易来完成。

在一步收购中,买方会组织一家收购子公司,并将它合并到目标公司中。一旦合并完成,目标公司股东将会获得现金(可能还包括承诺的额外现金票据),收购子公司的股东将会获得目标公司的所有股份。合并需要获得目标公司中股东的支持；而所需的股东支持的确切百分比将取决于目标公司的公司章程,并且可能低至普通股投票权的大多数。为了获得支持,目标公司将被要求向股东征集委托书,并在为交易事项投票而召开的股东大会上进行代理投票。委托书征集必须符合联邦证券法。

分两步进行的收购包括要约收购以及合并。[43]

● 在第一步中,买方会组织一家收购子公司,来对目标公司的股份提出收购要约。收购子公司可能会也可能不会被认作买方。[44] 通常情况下,要约的条件是要出售足够多的股份来给予买方足够的投票权,以确保第二步的合并能够获得支持。例如,如果要求目标公司有表决权的股份的大多数支持,则要约的条件是:在要约收购中,买方至少要获得目标公司的大多数股份。

● 在第二步中,买方获得了股东的支持,收购子公司并入目标公司里,收购子公司的股东成为目标公司的股东,目标公司中没有出价入股的原股东,将会获得现金。如果买方获得足够多目标公司的股份(在特拉华州中,要求为90%),合并则将不需要目标公司剩余股东的支持("简易合并")。[45]

在公开交易中,股份一定只能通过要约收购或合并才能获得吗?

不是的。买方可以在其开始要约收购或合并之前,通过股票市场进行普通购买行为(公开市场购买行为),也可以通过目标公司或与公司中一些主要的股东来签订收购协议以获得股份(锁定期安排)。然而,此类收购的时间和方法必须遵守联邦证券法。该法禁止在要约收购开始后进行某些交易,也可能将某些公开市场购买行为定性为要约收购。

与委托书征集相比,要约收购的主要优、缺点是什么?

时机是它主要的优点。要约收购最早可以在生效日期开始后的20个工作日截止,有时甚至更早[46];且不会被要求在文件生效之前就向美国证券交易委员会提交要约收购的相关文件。在要约收购结束时,买方将拥有对目标公司的控制权。

这与委托书征集形成了鲜明的对比。委托材料必须提交给美国证券交易委员会审查,审查时间为10天至30天。在美国证券交易委员会完成审查之前,很少会将这些材料发送给股东。股东大会通常在委托材料发出的至少20天后(取决于州法律和目标公司的规章制度)才会召开。为了确保股东获得材料,有机会审查委托材料并提交他们的委托书,通常至少需要20天。一般来说,获得控制权的时间是将委托材料最初提交给美国证券交易委员会后的45天到60天。

在友好的两步交易中,双方在什么时候签订合并协议?

合并协议是在要约收购生效之前签订的。这样做有几个原因:第一,如果合并协议是在要约收购生效之前达成的,收购子公司将能够使用某些类型的无担保贷款作为交易融资,否则这些交易将无法达成。第二,买方通常希望在产生要约收购的费用和风险之前,敲定与费用报销、违约金、锁定期安排等相关的协议。此外,根据目标公司的规章制度,支持第二步合并所需的股东票数百分比,可能取决于要约收购之前董事会的支持力度。反过来,董事会的支持可能取决于,买方是否同意在要约收购和第二步合并中向所有股东支付相同的款项。第三,目标公司董事会希望,通过约束买方在要约收购后迅速地完成合并,以确保所有股东得到公平的对待。

一般来说,在要约收购结束后多长时间会发生第二步合并?

如果双方都是特拉华州的公司,并且买方至少获得了目标公司90%的股份,则通常在要约收购结束后不久就可以完成合并。如果收购的股份较少,则买方必须促使股东投票才能批准合并。

几乎在所有情况下买方都不需要获得其他股东的任何赞成票,而因为他要拥有足够多数量的股份来确保要约收购后的支持,所以也不会征求代理人的意见。无论如何,买方都必须向美国证券交易委员会提交一份"信息陈述",并将其分发给股东。直到现金投标收购向证券交易委员会发送信息陈述10天之后,或非现金投标收购向证券交易委员会发送信息陈述15天之后,才能将其进行分配。[47] 股东必须在批准合并的公司行为的至少20个日历天之前,就收到信息陈述。而结果就是,在要约收购之后,合并的最短等待期为30天。[48]

什么是要约收购溢价,它们是如何计算的?

要约收购溢价是指要约中的"附加因子"——它是指在规定日期为超过既定市场价格的证券而支付的增量金额。然而,溢价是一个不断变化的目标。例如,目标公司股票可能以每股10美元的价格出售,而收购方可能打算出价每股15美元——溢价为50%。但到正式宣布时,股票价格可能已经上涨,这是因为股票基于谣言、猜测或关于未公开的内幕信息的贴心提示(即非法的内幕交易)而在公告前进行的交易。这样的交易往往会在合并之前就提高目标公司的股价,因此溢价——除非事先就已经衡量好——可能看起来会比实际情况要低。然后,在宣布之后,市场价格可能会提高,从而使溢价进一步降低。当收购方提出以每股15美元的价格购买售价为每股14.50美元的股票时,出售的动机就会大幅降低。

对于一家公司来说,什么是可接受的溢价?

在一个完美的市场中,可接受的溢价就是指市场能够承受的任何溢价。更合理地说,这个溢价将是一个超过目标公司管理层自身对股价在近期内合理升值幅度预测的价格。

在要约收购中,股东如何决定是否出售?

投资者需要确定两件事:
- 如何将溢价与公司未来可能通过更高的股价和/或股息获得的回报相比较?

- 投资者愿意为这些回报等待多长时间?

如果投资者的时间周期较短,则他可能会接受较低的溢价,即使他相信目标公司最终会带来更高的回报,长期投资者更有可能等待那样的回报,见表10－2。

表10－2　　　　　　　　可能对投标报价与管理层承诺的答复

长期持有者	
溢价低,时间长　可能	溢价高,时间长　合适
溢价低,时间短　可能	溢价高,时间短　可能
短期持有者	
溢价低,时间长　不合适	溢价高,时间长　可能
溢价低,时间短　可能	溢价高,时间短　合适

(在回应要约收购时,股东们会从现在就从收购方那里获得溢价,还是以后再从管理层那里获得溢价这两者之间进行选择。这张表展示了长期持有者和短期持有者在进行选择时的考量对比,其考量内容主要是关于他们认为公司在短期内会提供什么,以及他们认为管理层在长期过程中会承诺什么等。)

在开始要约收购时,有哪些实际的考虑事项?

开始要约收购的第一步是组建一个小组,并制定一个时间表,以说明每项计划的活动和负责人。

该团队的组建应该从保留1名交易商经理/投资银行家和1名独立会计师开始。最初,交易商经理和会计师将帮助审查目标公司的财务和业务,并就拟议交易的可取性/可行性提出建议。交易商经理还将负责大股东的招募,并负责与金融界的沟通,而且可能在要约收购实际开始之前协助买方积累重要的股票头寸。

经验丰富的律师将准备要约收购所需的许多法律文件,他们是团队中的重要成员。律师应熟悉联邦和州证券法、反垄断法以及可能适用于特定交易的众多其他法律领域。

此外,由于诉讼往往是要约收购的副产品,要约收购团队中的律师应该来自一家拥有强大且经验丰富的诉讼部门的律师事务所。

该团队的其他成员通常包括1名代理律师和1家存款信托银行,前者将负责安排交付要约收购的相关材料,并将联系股东募集他们的股份,后者将接收和支付投标证券。

在要约收购团队中,通常还包括一个证券转让或货运代理(该代理将作为投标股东的代理人来获得股份),以及一个财务印刷商(它能够迅速准备要约收购相关文件并提供必要的保密处理以避免过早披露拟议交易)。

投标人必须在要约收购开始之前就联系目标公司的管理层吗?

不一定——尽管不这样做就可能会导致投标人从友好或中立角色转移到敌对阵营角色。虽然要约收购可以在不事先向目标公司管理层披露的情况下开始,但这种方法给目标公司带来了巨大的压力,因为它要求目标公司在最短的时间内对要约做出回应或制定可行的防御战略。

收购要约人也可以选择与目标公司管理层进行联系并要求会面,同时也可以公开宣布其打算开始要约收购的意向。在这次会议上,收购要约人可能会试图获得目标公司管理层对拟议交易的批准和合作,也可能会施加额外的压力,表示除非目标公司管理层批准该交易,否则要约收购将以较低的价格进行。在任何情况下,公开宣布要约收购的公告,则要求要约人在宣布后 5 天以内要继续或放弃要约。

要约收购什么时候开始?

要约收购在投标者有下列任何行为之一的当日的上午 12 点 01 分开始:

- 在一份或多份报纸上刊登要约收购的长篇公告,载有所需资料[49];
- 在一份或多份报纸上刊登要约收购的概要广告,披露某些信息;
- 刊登或向目标公司股东提供要约收购相关材料的最终副本;
- 公开宣布某些信息:投标者的身份、目标公司的身份、要求购买的证券的数量和类别,以及所提供的价格或价格范围。

收购方何时必须提交一份附表 13D?

根据《交易法》规定,如果有投票权的股本证券的累积状况,可能代表着公司控制权的潜在变化,则无论这些证券是如何积累的,仍需披露这些信息。根据《交易法》第 12 条中登记的内容,拥有某类有表决权的股本证券的 5% 或以上股份的"实益拥有人",必须向美国证券交易委员会(以及该等证券交易的每家证券交易所)提交包含有关归档人员特定信息的附表 13D。在某人获得 5% 或更多的未偿付的有投票权的股本证券后的 10 天内,附表 13D 必须被提交给美国证券交易委员会,并发送给发行人和证券交易的每个交易所。

对于某些机构投资者(如银行、经纪自营商或保险公司),这一要求有所放宽,因为他们在正常业务运作过程中进行的购买行为并没有达到改变或影响发行者控制权的目的或效果;而且,对于在公司受《交易法》的约束之前,就拥有其股票的投资者们,这一要求也有所放宽。这些投资者只需在获得阈值所有者权益的日历年结束后的 45 天内提交附表 13G。附表 13G 是比附表 13D 格式简短得多的一种表格。

然而,如果该机构证券持有人改变了意图,并决定影响对公司的控制权,那么它必须在做出决定后的 10 天内提交附表 13D。[50] 在这 10 天期间,已经拥有的股份不能用于投票,并且所有者不能购买目标公司的任何额外股份。

当出现一个收购集团时,是否需要书面协议?

不需要。书面协议的存在不是必需的;协议本身的间接证据可能就已经足够了。第 13(D)条说明,在一定程度上,"当两名或两名以上人士作为合伙企业、有限合伙人、财团或集团收购或处置发行人的证券时,这些财团或集团应被视为以本款为目的而雇用的人。"

当两个或两个以上的人一起获得担保时,只需一个人进行备案。[51]

在收购的哪个阶段可以组建一个收购集团?

它可以在小组成员达成协议后尽快形成,即使这项协议只是初步的。在2017年的一个针对维权投资者集团[孤星价值管理有限责任公司(Lone Star Value Management LLC)和另外两个集团]的执法行动中,美国证券交易委员会指控该集团披露不足,因为该集团在针对分析师国际公司(International Corp.)时,没有及时披露其作为一个集团时的形成情况。[52]

组建一个收购集团,是否需要一份额外股份的收购协议?

不需要。共同持有某一类有表决权的股票,拥有5%或以上股份的股东之间达成协议,并在未来利用共同行动来进一步实现集团的目标,可能足以组成一个集团,无论执行协议的行为(如投票和获取股票)是否发生在协议签订的日期之后。

被收购公司的管理层是否会组建成为一个受第13(D)条约束的集团?

是的。如果目标公司的管理层以收购股份的身份行事,并且其成员拥有公司5%以上的股份,那么目标公司的管理层可以被视为一个集团。管理小组必须遵守所有的报告要求。

集团成员必须共同提交文件,还是说可以个别成员单独提交文件?

一个集团可以联合提交一个附表13D,或者每个成员也可以单独提交。个人联名提交文件是不对有关小组其他成员的信息负责的,除非他个人知道或有理由知道与另一集团成员有关的信息是不准确的。

如果买方未能遵守第13(D)条,则会发生什么情况?

在大多数情况下,股东和目标公司都可以因违反第13(D)条而提起诉讼,并要求赔偿损失。美国证券交易委员会可以根据第13(D)条的内容来发布"停止"令,当投资者不再被视为"被动"的情况下,未能从附表13G切换到附表13D,或未能在附表13D上披露集团的计划,或未能按照附表13D的内容,作为一个拥有超过5%的实益所有权的小组来提交文件,或未能及时修订附表13D以披露小组的持股情况。[53]

强制执行行动可能会导致废除(撤销交易的命令)或强制剥离;然而,当公司控制权受到争夺时,美国证券交易委员会通常不会采取这样的行动。

应该发送给股东什么样的材料?

股东应收到一份"收购要约",上面要列明要约的具体条款,以及一封"送文函"接受报价。收购要约的内容必须反映规则14d-6的要求。[54] 投标人还应公布、发送或向股东发出通知,以说明要约收购材料中的任何实质性变更。

要约收购材料是否需要披露目标公司可能向收购方提供的任何预测？

对这个问题进行过考虑的法院，已经采取了不同的方法，但是一般而言，他们要么认为没有义务对要约收购文件中的预测进行披露，要么认为只有在预测基本上确定的情况下才有义务进行披露。因为预测本身就是不确定的，所以后一种测试实际上可能没有义务去披露财务预测。然而，美国证券交易委员会的工作人员的立场是，买方必须在其要约收购文件中披露从卖方那里收到的任何财务预测。因此，大多数买方在报价材料中披露一些目标公司提供的预测。

有没有什么办法可以避免向美国证券交易委员会提交某些文件？

没有。但是，如果能够证明披露某些材料会对公司经营产生不利影响，且如果披露这些资料对保护投资者来说是不必要的，那么就有可能避免这些材料的公开披露。试图避免公开披露此类信息的公司必须寻求美国证券交易委员会的保密处理的命令。一般来说，如果主张适当的救济理由，美国证券交易委员会则将在有限的一段时间内对此类信息给予保密处理。

要约人在宣布其要约时应该使用什么样的免责陈述？

典型的免责陈述，通常以斜体字的形式出现在收购要约公告的顶部，内容如下：

> 本函件仅供参考，并不建议购买或出售[目标公司]的普通股股份，也不构成购买或募集出售[这类]普通股股份的要约。本函件中所描述的要约收购尚未开始，不能或者根本不能保证[收购方]将按本函件中描述的条款开始要约收购。收购要约将仅根据投标报价、相关的意向书，以及[收购方]预计在要约收购开始时就向美国证券交易委员会（"SEC"）提交的其他相关材料提出。[55]

收购要约必须保持多长时间有效？

收购要约必须连续开放至少 20 个工作日。这个 20 天的期限，应从要约收购首次公布、发送或提供给目标公司股东的日期开始计算。要约人一旦公开宣布想要开始要约收购，就必须在 5 天之内开始或者放弃要约收购。

此外，在宣布提高或降低要约收购价格或购买证券的百分比之后，收购要约必须在至少 10 个工作日内一直保持开放状态。

如果要约收购中的条款有任何其他变化，要约人则应将要约开放 5 个工作日，以便以合理的方式传播新信息，告知股东这些变化。

报价期可以延长吗？

可以，但买方必须在工作日上午 9 点之前宣布延期。在要约收购期满后的下一个工作日，公告必须说明已购买证券的大致数额。

一旦股东招标股份后，可以撤回吗？

投标股份的股东可以在要约收购期间随时撤回，但实际购买的股份除外。如果投标者尚未购买招标股份，也可以在自原要约收购日期的 60 天后的任何时间撤回投标股份。

什么时候必须支付投标证券？

要约人必须及时支付要约所需价款或者退还投标证券。

投标者是否能够以一个低于目标公司全部流通股/以发行股票的价格出价？

可以。但是，如果招标股份多于要约人想要购买的股份，则要约人必须按比例从所提交的股份中购买所需数量的股份。

要约人在要约收购中购买目标公司股份后，是否可以迅速获得对目标公司董事会的控制权？

可以。投标要约人和目标公司经常约定，在要约收购成功之后，要约人可以选举多数董事进入目标公司董事会。这样的协议允许要约人在没有召开股东大会的情况下获得对目标公司董事会的控制权。在新当选的董事获准就职的 10 天前，目标公司必须向美国证券交易委员会提交文件，并向有表决权的证券持有者传递关于这些董事们的信息，如果这些人是在目标公司股东大会上被提名为董事的人，则需要向股东们提供这些信息。

对要约收购中涉及的所有股东必须一视同仁吗？

是的。必须向所有参与投标股东支付相同的对价。要约必须向受制于要约的该证券类别的所有股东开放。虽然投标者不需要向每位股东支付相同类型的对价，但是投标者必须让每个股东都有机会在所提供的类型中进行选择。此外，每位股东必须获得支付给接受相同类型对价的任何其他股东的最高对价。因此，如果在这段时间内的任何时间，投标价格有所增加，则增加的金额必须支付给所有的投标股东，包括在价格上涨之前就已投标的那些股东和已购买股份的那些股东。

什么是招标期间的"短线招标"(short tendering)？

短线招标是指在要约收购过程中的卖空行为。当部分要约收购中股东投标股份比其实际持有的数量更多，并希望增加投标者实际接受的股份数量时，就会发生这种情况。

除非投标人或其所代表的投标方，在投标期间及在试行期结束后，对其所出售的股票(或等值股票)拥有所有权，否则其将被禁止投标行为。一个人只有在他持有该股票的净多头头寸的情况下，才被视为拥有该股票。美国证券交易委员会的规定也禁止"对冲招标"(hedged tendering)。对冲招标是指，股东在公开市场上出售股票时对一项以上的要约进行投标，或者在投标一些股票的同时在公开市场上出售其他股票。

那么,风险套利者是如何操作的呢?

风险套利者买入、卖出、借入或投标股票或股票期权,并通过其价格前后变动(通常是通过要约或要约传言)以产生利润。他们必须在证券法允许的范围内工作。然而,一些公司从接收与具体报价有关的内幕消息中获得了不公平和非法的优势。

要约人是否可以在要约收购中采用接受要约以外的方式购买股票?

不可以。在要约收购期间,除了按照要约以外,要约人不得直接或间接地购买或者安排购买要约目标证券。这一禁令还包括在要约收购结束或撤回之前不得私下进行协商购买。

在公开宣布之前,购买行为通常是被允许的,即使购买者已经决定进行要约收购,但无论购买协议是在什么时候签署的,计划在发售期间结束的购买协议都是非法的。

当并购交割完成后,新公司想要发布一则相关的"墓碑"(tombstone)广告*时,有哪些需要遵循的规则?

根据《证券法》第134条的规定,"墓碑"广告就是"不被视为招股说明书的通信"。[56] 这些广告必须只包含基本信息,不得包括照片。[57] 这些要求连同一些固有的传统的存在,也就说明了它们与墓碑广告的相似之处。

代理权征集

那些想要通过代理权之争来寻求控制权的集团,又该遵循怎样的规则呢?

他们必须遵守根据《交易法》第14条颁布的代理规则,该条款给征集下了定义,要求公司将股东名单的副本交给持不同政见者(竞选董事会席位的未经董事会提名的候选人),并要求披露投票结果。但是,第14条包括一些例外情况。

代理规则下的征集是如何被定义的?

狭义上来讲,该规则规定,股东可以公开宣布其打算如何投票以及为什么投票,而且不必遵守代理规则。一些主要的机构投资者,如加州公务员退休基金(the California Public Employees' Retirement System,CalPERS)组织,已经利用这一技巧来鼓励其他股东效仿他们的做法。

现行规则对股东通信的委托书"交付和披露"要求提供了广泛的豁免——除非征求委托书的人正在寻求代理授权,并在有待投票表决的事项中拥有重大利益,否则没有资格获得豁免。另外,将征集活动公开通知——通过出版、广播或向美国证券交易

---

* 在报纸等新闻媒介上刊载的募集证券广告。此种广告因形状类似欧美的墓碑而得名。——译者注

委员会提交书面材料的方式——给所有超过 500 万美元股票价值的实益所有者。[58]

股东可以通过大众媒体征集委托书吗？他们可以完全绕过美国证券交易委员会吗？

第一个问题的答案是肯定的，第二个问题的答案是否定的。在美国证券交易委员会中，已经备案了股东签署委托书的人，可以在不向所有在场股东交付股东签署的委托书副本的情况下征求投票。只要征集双方遵循在最终的委托书和最终招股说明书发布之后，才向被征集的股东发送代理投票卡的规则，那么他们才可以在公开提交给美国证券交易委员会初步委托书的基础上开始征集活动。[59]

股东可以以个人身份给持不同政见者和管理层候选人投票吗？还是他们必须和候选人站在一边？

现行代理规则要求对一个候选人或其他候选人进行投票。只有出席年会的个人才能混合搭配。目前，美国证券交易委员会仍在审查通用代理卡——允许在代理卡上使用——的概念。[60] 根据现行规则，如果持不同政见者提出简短名单（选举董事会的少数成员），那么它可以包括管理层的一名或多名被提名者，但前提是他们已表示同意。（持不同政见者的委派代表书和股东签署的委托书，不得包括管理层不同意的被提名者的姓名。）

在什么情况下公司必须向持不同政见者提供股东名单？

在一定条件下，如果股东提出书面要求，从事上市或私有化交易的注册公司则必须向股东提供一份股东姓名、地址和职位清单，其中包括同意的受益所有者的姓名（如果知道的话）。在所有其他情况下，注册人可以将这样的名单交给提出了请求的股东，也可以为他们邮寄材料。

代理投票披露的现状如何？

几种表格——包括 10-K、10-Q 和附表 14A——要求展示披露投票结果以及向股东提交通过的决议所需的投票。这一披露必须包括决议和董事选举投票的弃权票数、根据适用的州法律章程和附则条款，以及如何处理豁免的陈述。

私有化

什么是"私有化"？

私有化意味着退出公开股票市场。更严格地说，这是一种属于规则 13e-3 中的交易，也就是上市目标公司的某些现有股东或附属公司在收购目标公司后成为该公司的股东，目标公司也因此不再受《交易法》第 12(G)条或第 15(D)条规定的约束。由于某些股东可能同时属于交易的双方角色，所以规则 13e-3 要求向上市股东提供额外披露，以证明交易的整体公平性。这些披露包括对与交易有关的任何公平性意见和评估的全面讨论，以及目标公司对交易公平性的陈述。

此外，如果任何人购买了一家上市公司并将其私有化，则需要提交表格列表中所提到的附表 SC 13e-3。本附表必须由某些从事私有化交易的人士提交。附表必须由从事企业合并、要约收购或股票购买的任何公司或其联属公司提交，而它的影响是导致该公司的某一类别的股本证券由少于 300 人持有，或从证券交易所或市场摘牌。

要决定一个特定交易是否可以构成 13e-3 交易，在很大程度上取决于现有股东在目标公司中持有股票的百分比，或这些联属公司与目标公司的关系，以及这些人士在尚存实体中可能拥有的所有权百分比。

并购披露事项

在什么情况下，上市公司可以否认它正在进行合并谈判？

在依据《基本法》作出裁决之前，上诉法院第三巡回法庭（court of appeals for the Third Circuit）曾一度认为，在双方就交易价格和结构达成原则上的协议之前，合并提议和谈判并不是"重大性"的。在《基本法》中，最高法院驳回了这一所谓的"明线测试"，并认为，必须在考虑所有相关事实和情况后逐案评估合并谈判的重大性。该《基本法》裁决另一个重要的方面是，它主张重要信息会推动市场波动，而隐瞒这些信息可能构成市场欺诈。一些人认为，这一概念导致无法律依据的诉讼，但最高法院在 2014 年哈里伯顿诉艾丽卡·P. 约翰基金案［Halliburton v. Erica P. John Fund, 134 S. Ct. 2398(2014)］的判决中支持了该概念。

《公平披露条例》（Regulation Fair Disclosure，FD）在披露时间方面作出了明确规定。如果一个人知道公众尚不知道的关于公司的重要或"重大"事实——而且如果这个人将其告诉了其他人，那么该公司必须立即公开披露该事实。这一原则显然适用于任何有关可能合并的陈述。

公司何时有义务披露合并谈判？

一般情况下，重大信息的披露时间由公司自行决定，并受商业判断规则的保护。然而，受到收购猜测或股票交易不稳定的公司，通常也会受到来自经纪人、新闻机构、证券交易所管理人员、证券分析师和其他人的压力，并要求其披露合并提议和谈判。这一《基本法》裁决加速了在以上情况下自愿披露的趋势，尽管在某些情况下，公司采取沉默政策或对合并提议或谣言采取无可奉告的态度仍是可以接受的。

但是，公司在面临以下情况时可能不会保持沉默：(1) 存在肯定的信息披露规则

(如要约规定);(2)公司打算在公开市场买进自己的股票;(3)公司之前公开披露的信息不再准确(如公司公开否认与某一方进行合并谈判)或(4)流传的有关拟议交易的传言可归因于公司泄密。

披露同样适用于明显的信息泄露,即使泄漏责任不在于公司。在这种情况下,应该考虑各种因素,这些因素包括与证券交易所达成协议的要求、广泛的价格波动对股东的一般影响,以及广泛传播准确信息对市场的好处。如果公司选择披露谈判的存在或某些实质性内容,那么它必须保证其披露既不虚假也不具有重大误导性。

值得注意的是,如果该公司拒绝回应证券交易所的披露要求,或表示"无可奉告",则它可能会受到证券交易所的纪律处分。这种纪律处分可能包括公开通告公司违规行为、暂停公司股票交易或除名。

管理层是否需要披露有关潜在的合并或收购的询问?

管理层没有具体义务去披露有意收购公司或其股票的人的询问或联系。但是,如果继续深究,上述复杂情况即可适用。一旦达成原则上的协议,就必须对其进行披露。

内幕交易

谁是内幕人士或者什么是内幕?什么是内幕交易?

内幕人士是指高级管理人员、董事或主要股东(通常指持有公司10%以上股本证券的受益人)。内幕人士还可能包括在其工作过程中获得上市公司重大非公开信息的员工。这些个人对雇主及其证券持有人负有受托责任,在这些信息被市场释放和吸收之前,他们不得利用这些信息进行交易。此外,如果公司为了自身利益而向某些外部人员透露保密信息,那么这些知情的外部人员也可能成为临时的内幕人士。律师、会计师、顾问、投资银行家、金融印刷商和承销商都是参与并购的临时内幕人士。

内幕交易是内幕人士进行的交易。并非所有内幕交易都是非法的,只有基于非公开信息的内幕交易才构成违法。如果一种常见的内幕交易涉及合并和收购的信息,那么这笔交易可能会受到美国证券交易委员会的密切审查,并导致刑事起诉和非常严重的民事处罚。对内幕交易的第一次重大打击发生在20世纪80年代,当时的地方检察官鲁道夫·朱利安尼(Rudolph Giuliani)执掌纽约法院,他后来成为纽约市市长。而那些因为洞察了这个时代股票市场黑暗面的书籍,仍然很畅销。[61]

美国哪些法律禁止内幕交易?

美国证券交易委员会根据《交易法》制定的一条众所周知的规则10b-5适用于大多数内幕交易案件,该规则禁止在证券买卖中进行欺诈或操纵。10b-5中关于"使用

操纵和欺骗手段"的内容十分广泛,但文本非常简短。全文如下:

美国国会通过的《1988年内幕交易和证券欺诈执法法案》(Insider Trading and Securities Fraud Enforcement Act of 1988)对这一规则进行了进一步说明,该法案是打击并购信息相关内幕交易行动的一部分。1998年的《证券诉讼统一标准法案》(SLUSA)也提供了相关的指导。

在证券集体诉讼中,联邦法律或州法律哪一方有优先权?

2006年3月21日,在美林(Merrill Lynch)、皮尔斯(Pierce)、芬纳(Fenner)和史密斯公司诉达比特(Dabit)案[62]中,最高法院裁定,《证券诉讼统一标准法案》预先制止了"涵盖集体诉讼",该诉讼据称被纳入州法律,代表着那些不参与证券买卖的人,反而声称他们是因受骗而无法买卖证券。最高法院在此重申了联邦证券法适用和解释的长期政策考量,即"根据规则10b-5进行的诉讼在程度和性质上都与一般的诉讼不同,存在着风险"。

在要约收购中,还有哪些法律禁止进行内幕交易?

规则14e-3禁止利用要约收购中包含的内幕信息进行交易的行为,而且无论交易者是作为内幕人士还是内幕人士的"泄密者"。此外,《交易法》第16(b)条禁止任何管理人员、董事或持有发行人10%以上股票的股东在6个月内从发行人的证券买卖或卖空交易中获利,这就是所谓的短期利润规则。而且,股东从此类买卖或卖空交易中获得的任何利润必须支付给股票发行人。不管该人是否掌握了重要的内部消息,短期利润规则都适用。

已将其在某公司的股份交换为该公司收购方股份的股东,可否就违反第16(b)条提起诉讼?

可以。在1991年的戈勒斯特诉门德尔(Gollust v. Mendell)一案[63]中,美国最高法院肯定了原告的法律地位,即维亚康姆国际有限公司(Viacom International, Inc.)的股东起诉科尼斯顿投资公司(Coniston Partner)因涉嫌违反第16(b)条,在该公司持有10%的股份,此公司后来并入维亚康姆公司[目前是派拉蒙(Paramount, Inc.)有限公司的一部分]。法院裁定,原告持有母公司的股票,而母公司唯一的资产就是发行人的股票,这赋予了原告起诉的权利。不过,证券税务专家指出,"如果某合并交易只是为了获得现金,法院的推理则可能会导致适得其反的结果。"

要约人必须根据《交易法》第十六条提交文件吗?

是的。一旦要约人成为目标公司10%证券的受益人,根据第十六条的规定,要约人即为内幕人士,且他必须在成为内幕人士后10天内向美国证券交易委员会提交表格3。要约人必须就其所有权权益的金额及类型在表格3上予以披露。要约人在其对目标证券受益所有权有任何变更时必须提交表格4。表格4必须在受益所有权发生变更的任何一个月末之后10天内提交。表格3和表格4必须提交给美国证券交易委员会和交易目标证券交易所。所有须提交表格3及表格4的人员均须服从第16(b)条。

是否有适用于合并及收购条例能豁免第16(b)条规定的责任?

有的。根据第16b-7条,如果内幕人士根据公司合并或整合而获得或处置股份,且其中一家公司拥有另一家公司85%或以上的股份或合并资产[64],内幕人士可免于承担第16(b)条规定的责任。规则第16b-7条通常适用于完成部分要约后的第二阶段合并。

此外,不遵循常规的售卖或购销顺序的交易可以免除第16(b)条规定的自动责任条款。非常规交易,如期权交易、股份收纳和重新分类、将目标合并为白衣骑士和其他常受务实或主观测试的企业重组,可能使内幕人士免除责任,否则16(b)条规定的自动责任条款即可适用。根据这种替代检验,如果内幕人士无法接触到内幕信息,或者如果内幕人士无法干预证券发行人,则可免除责任。

什么是"披露或回避"理论,它又是如何应用的?

"披露或回避"理论适用于个人掌握有关其负有受托责任公司的大量非公开信息的情况。个人必须向市场披露有关信息,或回避买卖受影响公司的证券。在1968年经典的得克萨斯湾硫黄(Texas Gulf Sulfur)[65]案中,纽约上诉法院第二巡回法庭裁定,任何掌握重大内幕消息的人必须做到,要么尽量公开所有内幕消息(如果愿意,则可以进行交易),要么对信息保密,且不得进行交易。

实际上,披露或回避意味着弃权。要想有效地披露影响某一证券的重大进展,就必须使其传播范围足够广泛,以了解该证券的整个公开交易。大多数个人无法充分传播这些信息,披露本身可能会违背受托责任。如果内幕信息不完整或不准确,披露则可能会误导其他投资者,并会导致该披露行为需要根据美国证券交易委员会的其他披露规则单独承担责任。

什么是私取理论?它是如何被应用的?

私取理论认为,个人将为合法经营或商业目的所提供的信息进行秘密转换,利用该信息进行交易,以获取个人利益,这是违反证券法的行为。

在《华尔街日报》记者R.福斯特·怀南斯(R. Foster Winans)一案中,最高法院支持了挪用理论。怀南斯被控违反证券法,其中一项罪名是挪用雇主的信息,尽管这些信息并非关于雇主,也没有被用来买卖雇主的证券。[66]在怀南斯一案中,怀南斯在《华尔街日报》上发表的颇具影响力的专栏文章《华尔街之声(Heard on the Street)》中挪用了关于市场信息的内容和时间。

如果内幕人士不知道其所交易的信息是重要且机密的,那么他们还会被判为内幕

交易罪吗？

按照惯例,答案是否定的。第10(b)条对知情有要求。这意味着,要被认定违反规则10b-5,内幕人士必须"实际了解"欺诈或遗漏,或者"鲁莽行事,不顾事实真相"。此外,10b-5的司法解释往往集中于提交人对证券发行人或其他当事方的信托责任问题。但另一个关键的内幕交易规则——规则14e-3,没有包含这样的要求。

规则14e-3如何运作？

规则14e-3(a)禁止个人在掌握有关要约收购的重大非公开信息时进行交易,如果个人知道或有理由知道这些信息是非公开的,并且是直接或间接从下列任何人处获得的:提出要约收购的实体、要约目标公司、与这些实体有关联的任何人或代表两个实体行事的任何人。如果这样的信息从泄密者身上转移到领受人身上,那就违反了禁止泄密的法律。

什么是泄密？什么法律禁止泄密？

泄密是指出于交易或其他个人目的的有选择性地披露非公开的重要信息。法院解释了规则10b-5中关于禁止泄密的部分,尽管该规则并没有直接解决这个问题。规则14e-3对规则10b-5进行了补充,其中确实包含了一项适用于收购的反泄密条款。然而,这两条规则都没有包含泄密这个术语。《1984年内幕交易制裁法案》(Insider Trading Sanctions Act of 1984)明确规定了对泄密者的民事处罚。[67]

什么是泄密者？

泄密者是指为获得直接或间接利益,向他人提供重要的非公开信息,然后以此帮助他人利用所得信息进行证券交易的人。

什么是领受人？

领受人是指收到有关某只证券的非公开信息,然后进行交易的人。请注意,如果领受人随后将信息泄露给其他人(领受人成为第二级泄密者,然后可能会向其他人泄密,以此类推),那么领受人也可能是泄密者。

规则10b-5如何处理泄密？

只有在满足两个标准的情况下,规则10b-5才会禁止泄密:(1)泄密者违反了其对公司或其股东负有的义务(例如,作为高级管理人员和董事对公司及其股东负有受托责任);(2)内幕人士将直接或间接从披露中获得个人利益。

如果泄密者没有获得任何个人利益,他或她还会被指控泄密吗？

不会。但"利益"的释义十分宽泛。个人利益显然不局限于金钱收益,还包括泄密者声誉的提高,这极有可能会增加其未来收入。然而,最高法院表示,向亲戚或朋友泄露内部信息,然后让他们进行交易并返还礼物或部分收益作为回报,就跟泄密者本人进行交易一样。

根据规则10b-5,领受人必须与泄密者建立这样的信托关系吗?

并非如此,典型的领受人没有这种关系。但是,如果领受人知道或本应知道泄密者的违约行为,并且以沉默或不作为的方式参与违约行为,那么泄密者在随后进行交易或将信息泄露给交易方时,领受人就必须承担协助和教唆的责任。

规则14e-3如何处理泄密?

与规则10b-5相反,规则14e-3(d)在要约收购中包含了明确的反泄密条款(尽管规则14e-3中没有使用"泄密"一词)。规则14e-3(d)规定,某些人"传达与要约收购有关的非公开信息……"是违法的。在可以合理预见的情况下,此类沟通可能会导致[不当交易或泄密]。该规则的这一部分明确排除了"出于善意向某些个人作出的"沟通。

何时会触犯规则14e-3中的反泄密条款?

任何人在采取"实质性步骤"开始要约收购时就触犯了规则14e-3,即使要约实际上从未开始。实质性步骤包括要约人董事对有关要约收购的决议进行表决、要约人制订要约计划、安排要约收购融资、授权要约收购谈判以及指示准备要约收购材料等。

假设泄密者或领受人没有盈利呢?

这可以使法院更加宽容,因为泄密所涉及的金额是法院(特别是上诉法院)在作出判决时权衡的一个重要因素。

用债务为分两步走的公共交易融资

上市公司收购的融资与私人公司收购的融资有很大的差异吗?

一步交易的融资,包括将收购公司并入目标,它本质上与任何其他融资的收购是相同的(见第四章)。两步收购的融资方式(要约收购之后,将收购公司并入目标公司)略有不同。

两步交易的融资方式有何不同?

第一步的融资,即要约收购,必须遵守美联储的保证金规定。这些规定通常要求贷款人,包括银行、经纪人和其他机构,在贷款超过抵押品价值的特定百分比(通常为50%)时,不得直接或间接地以保证金股票(大多数公开交易的股票)担保贷款。

例如,如果收购子公司打算在要约收购中收购目标公司价值1亿美元的股票,则可以提供的最高担保贷款额度将为5 000万美元。这意味着另外的5 000万美元必须通过非担保贷款,例如,无担保债务或股权投资来融资。例如,无担保贷款可能是投资银行家提供的过渡性贷款,也可能是私人配售的债务。当然,目标公司的资产只有在合并后才能获得融资。

重要的是要知道,保证金规则甚至适用于间接担保债务;该规则适用与否将取决于交易的实质性质,而不是形式。因此,如果借款人除目标公司股票外没有其他资产,并且与贷款人约定不将该股票质押给任何其他贷款人,则该贷款可被视为由该股票间接担保。

如果收购子公司是一家空壳公司,它是否可以自由承担无担保债务,又不违反保证金规则?

不可以。美联储的立场是,如果放款人为了达到要约收购而向空壳子公司提供无担保贷款,则该贷款将被推定为由保证金股票担保,但须受 50% 的价值限制。这条规则有一个重要的例外:如果在要约收购结束前与目标公司签署了合并协议,则该条规则不适用。因此,在友好的两步交易的情况下,重要的是在要约收购之前签署一份合并协议,以便于要约收购的融资。如果没有合并协议,根据保证金规则,无法融资的金额可能必须由优先股或普通股融资,或由拥有大量资产的其他实体担保的贷款融资。

反收购

董事在回应主动提出的收购要约时,有何忠诚义务?

在对主动的收购要约进行回应时,目标公司董事会对公司股东负有忠诚义务,即要采取防御措施,来挫败违背公司及其股东最大利益的收购企图。然而,只有出于对公司及其股东福利的善意考虑时,董事才会谨慎地采取防御措施。

如果董事会采取部分防御策略以保持管理控制权,是否就违背了忠诚义务?

不是的。保护一家公司免受敌意收购以维持其控制权的动机,并不违背忠诚义务。然而,如果董事实施防御策略的唯一或主要动机是保持对公司的控制权,那么这就是不适当的。

董事会在决定对要约收购进行防御之前应考虑哪些因素?

在决定保护公司免受潜在要约收购之前,董事会应考虑以下因素:
- 现有大股东对防御的态度;
- 防御对公司股票价值的当前和未来影响;
- 如果采取防御措施,公司与友好投标人(白衣骑士)进行谈判交易的能力;
- 与所构成的威胁有关的防御措施的合理性。

董事会在什么情况下可以拒绝收购要约?

通常有三个理由可以拒绝要约并实施防御:(1)要约不充分(即目标公司董事掌握的信息使他们能够合理判断,公司的流通股本价值高于要约所提供的价值),(2)该要约不公平,因为那些不出价的股东将在日后收到较少的对价(例如,在前端加载的、两级要约的情况下),或(3)公司认为保持独立的经营运行会更好。

针对敌意收购,通常采取哪些防御措施?

在公司可采取的约 40 种防御措施中,最常见的是反垄断防御、重组防御、"毒丸"、章程和细则修正案、防御性销售或收购以及防御性付款。国家反收购法在防范敌意收购方面也可以发挥重要作用。

什么是反垄断辩护?

在一个典型的反垄断辩护中,目标公司指控一位投标者违反了所有权规则。例如,目标公司可以通过声称两家公司属于同一细分市场的电气产品来请求推迟收购出价。

重组防御的主要类型是什么?

常见的重组防御包括资本重组、自我标购和业主有限合伙。

资本重组如何作为收购防御措施?

资本重组用现金、债务工具或证券或优先股替换公众持有的部分未偿股本。这些交易可能会增加管理层和员工福利计划持有的有表决权股票的百分比,还可能增加个人股东的所有权水平,这些指股东保留自己的股票,而不是出售给公司回购。(事实上,资本重组被比喻为公共杠杆收购,因为流通股的数量随着公司的购买而减少,从而增加了剩余股东的持股比例。)

完成资本重组基本上有三种方式:

- 通过对公司股票的要约收购。
- 通过合并等交易,当计划生效时,子公司并入总公司。
- 通过对公司章程的重新分类修订。(这需要股东批准,可能涉及在发生某些事件时向股东发行期权,以购买资本重组后公司的股份。)

有时也有可能向股东发放巨额股息,通过债务为此类交易融资。这些行动中的任何一个都可以让最热心的追求者内心降温。

每种类型的资本重组都有其优缺点。在要约收购的情况下,速度是主要优势,因为不需要股东投票或委托书。由于《证券法》第 3(a)(9)条只影响现有的证券持有人,且不支付任何要求交换证券的报酬,公司也可以发行证券,而无需向美国证券交易委员会提交登记陈述。

资本重组一般都能经受住法院的审判。然而,法院不会支持那些看起来带有强制性成分的资本重组,即那些让股东没有拒绝参与的实际选择权的资本重组。

公司如何使用员工持股计划(ESOP)进行资本重组?

员工持股计划可以用作资本重组的工具。员工持股计划在公开市场或从公司购买股票,允许其员工和管理层拥有公司的一部分。通过借款收购股票,员工持股计划可以帮助为资本重组融资;它还可以以溢价直接从无关方购买股票,这使得它可以从敌对的竞购者手中购买股票。员工持股计划的缺点是:如果公司向员工持股计划发行新股,会稀释公众对公司的持股比例。

员工持股计划由受托人管理,受托人有义务为受益人的最大利益行事。如果受托人同时也是公司的管理者,则恶意竞购者可能会声称董事会存在利益冲突,并质疑其在收购企图期间发起员工持股计划的动机。我的建议是,要认清董事会在作为受托人实施员工持股计划的时候,并不是为了受益人的利益,而是为了抵挡竞购者和保护管理层。

如果受托人决定在敌意收购之前或期间购买更多的公司股票,那么在敌意收购之前实施股票期权,也可能存在利益冲突问题。然而,如果受托人能够在为所有员工持股计划参与者的最大利益行事的基础上,证明其决定的合理性,并证明必要的独立判断,则法律挑战是可以克服的。

资本重组涉及哪些问题?

如果一家公司进行了资本重组,导致其杠杆率过高或现金短缺,则该公司可能不再有财力应对意外的经济状况,甚至无法继续开展其预期业务。导致这种后果的资本重组计划受联邦欺诈性转让和转移法、联邦破产法和州法律的约束(见第四章和第十一章)。但是债权人和股东都可能会争辩说,公司已经资不抵债,或不能够再利用剩余的营运资金运作,或公司已经发生了超出其偿还能力的债务。

如果此类交易会损害公司的资本,大多数州会对公司进行股息分配、回购或赎回其股票的能力施加限制。这些公司状况可能会影响一家公司可能启动的资本重组类型。

如何进行自我标购?

自我标购是一种防御性措施,旨在挫败主动要约收购,或者至少是为了获得更高的价格。也就是说,会出现某公司宣布,它打算回购其已发行股份或部分股份,以防止要约人获得本公司的控股权益。如果不与其他技术相结合,例如,管理层、员工持股计划或其他大股东购买股票,那么股票回购作为一种防御策略很少有效,因为这些战术往往会导致将大量股票锁定在友谊企业手中。

公开市场回购如何阻止敌意收购?

通过在公开市场上回购自己的股票而不进行正式的收购要约,公司不仅可以提高其所有权水平,挤占敌意收购者,而且还可以维持或提高其股价,从而降低自身对竞购者的吸引力。这种购买,无论是由现金流、资产出售或借款融资,往往会减少潜在买方的利益同时转而增加其负担。

回购有哪些法律考量?

在实施回购计划时,董事必须满足商业判断规则,并遵守其他州和联邦法律,特别是规定发行人购买注册股本证券的 10b-18 规则。

"毒丸"是如何起作用的?

"毒丸"实际上是股东权利计划的绰号,这种战术涉及向股东发行购买证券的权利。这些权利只能在某些情况下行使(如收购企图),并可由公司以名义价格赎回,直至此类事件发生。毒丸的主要目标是在谈判投标时给予管理层杠杆作用,以避免对股东的不公平待遇(在强制性的两级收购或部分投标中),并确保收购的最低价格。

尽管毒丸通常不需要股东批准,但一些公司的股东已经提出了成功的代理决议,建议修改公司章程,要求股东批准其公司的股东权利计划,或对其全额赎回。

常见的毒丸有两种:翻转和后端。这些可能被合并在一个防御计划中。一种不常见的(在此也不赘述)就是可转换优先股和投票权毒丸。

用毒丸作为一种防御措施,通常已得到法院的支持,但由于其特殊的规定和目的,一些计划已被禁止。在执行这些计划时,董事必须能够在经过合理的调查后证明该措施是善意采取的,并且与所构成的威胁有合理的关联。

什么是翻转计划(flip-over plans)?

在本计划中,在触发事件发生时,每名普通股股东都拥有购买尚存公司股份的权利。触发事件通常是指单个购买者或一组特定数量的股票,或开始对公司股票的特定百分比进行要约收购。在触发事件发生后,公司会向股东签发允许他们行使和交易权利的证书。由于配股属于股息性质,一般不需要股东批准,尽管公司章程可能会强制要求这样做。

这种权利通常允许证书持有者在合并完成后以半价购买存续实体的股票,因此转换的效果是减少收购方的权益。这里存在盈余和亏损。由于这些权利通常可以在触发事件之前(并且通常在之后的短时间内)以名义金额赎回,因此在实际收购尝试之前投标人有动机与管理层进行谈判。但其中有一个陷阱:一旦收购要约发生,虽然权利可以赎回,但是它们可能会对公司与白衣骑士谈判的能力产生不利影响,因为它们会稀释白衣骑士未来的潜在股权。

因此,转换计划还应包括一项规定,即使触发事件已经发生,经董事会批准的交易也不会导致股东权利得以行使。这样的规定允许公司寻找一位白衣骑士。

什么是后端计划(back-end plans)?

后端计划类似于翻转计划,尽管其目标有所不同。公司的普通股持有人有权持有每股股票,在发生某些触发事件(例如,投标人收购 20% 的股份)时,有权将每股股票换成通常在较短时间内(例如 1 年)到期的票据;或者,该权利可以换成现金或优先股,或三者的组合。权利的价值可以从一开始就确定,也可以根据竞购者在收购企图期间支付或提供的每股最高价格的公式计算。

该计划的目的是在合并或企业合并的情况下，通过确保最低可接受价格，以使股东价值最大化，并保护股东免受重大少数股东权益对其他投标人造成的不利影响，即使没有合并结果也是如此。后端计划的目的不是防止收购，而是确保公司及其股东获得适当的谈判价值。

该计划通常规定，如果收购方在达到一定的所有权水平后，提出以该计划规定的价格购买剩余的已发行股份，则这些权利将无法行使。这些权利通常可以在指定的时间段（例如 120 天）内赎回，以允许投标人表达其完成指定交易的意图。

如果(1)该计划并非旨在阻止所有收购，(2)后端价格是在投资银行家的建议下达成的，并反映了该计划生命周期（例如，1 年）内的可变现价值，(3)该计划是对董事会察觉到的威胁的合理回应（例如可能进行的第二步合并）和(4)该计划似乎与股东财富最大化的目标有关，则该计划可能会得到法院的支持。

章程和细则修正案如何帮助公司阻止收购？

章程和细则修正案一般不会阻止收购企图，但它们确实提供了保护，使人们免受胁迫性和滥用性的收购策略之害。这些修正案还可能减缓收购进程，使公司董事有更多的时间作出反应和进行谈判。提议的修正案必须得到股东的批准。

股东通过的任何修正案将同样适用于公司管理层和任何收购股份的投标人。在通过修正案时还有另一个重要的考虑因素：如果股东拒绝这些提议，公司则可能看起来——实际上也可能是——更容易被竞购者收购。

有哪些防御性的章程和细则修正案？

最广泛使用的章程和细则修正案包括绝对多数条款、公平价格条款、或有累积投票条款、交错董事会条款、防御性同意要求/业务通知和特别会议条款以及特殊类别的股票。

什么是绝对多数条款？

公司可以通过章程修正案，要求超过简单多数（绝对多数）的股东批准某些事项，如任何合并或企业合并。这种防御有几种有效的变体，其中之一是要求大多数无利害关系的股东——大多数少数股东——批准交易。为了保护绝对多数条款，应当有一项条款，要求获得绝对多数票，才能修改章程的绝对多数条款。

绝对多数条款的缺点是什么？

绝对多数条款的一个缺点是，它们在适用于友好收购的同时也适用于敌意收购。因此，在某种程度上，这样的规定可能会阻止敌意竞购者，且他们也可能会使友好收购的谈判变得更加困难。作为一个部分补救措施，此类规定可与一项规定相结合，即如果董事批准合并，简单多数就足够了。

一些公司会发现自己被绝对多数条款中不必要的宽泛条款所束缚。

什么是公平价格条款？

公平价格条款是绝对多数要求的一种变体，它要求特定的绝对多数权，以批准拟议中的合并，除非投标人向少数股东支付公平的价格。通常情况下，公平价格是指等于或超过竞标者在合并前收购公司股票时支付的最高价格。这项规定的目的是确保两级收购对股东的公平性。

或有累积投票如何起到防御作用？

累积投票允许股东以其拥有的股份数乘以被选举的董事人数进行投票；股东的所有潜在投票可以加在一起，并为特定董事投票。

或有累积投票，如果加上交错的董事会，可能会为不赞成合并的少数股东提供一个工具，以阻止或推迟竞购者董事名单的选举。例如，章程修正案可能规定，当投标人获得公司某一特定百分比的股份（例如，35%或以上）时，累积投票将生效。在这种情况下，与章程修正案没有到位相比，少数股东可能会选举或保留更多的董事。

交错董事会对目标公司有什么影响？

交错选举董事（通常每年有 1/3 的董事被选举，任期 3 年）可防止竞标者在一次股东大会上选举新的董事名单，从而获得对管理层的直接控制权。

交错董事会（或"分类董事会"）条款本身不会阻止收购，但与或有累积性投票相结合的话，交错选举可能会使公司在处理不想要的投标人时更具灵活性。在 2018 年，标准普尔 500 指数公司中只有 10% 的交错董事会，但这种做法在规模较小的上市公司中更为普遍。[68]

"同意要求"规定如何发挥作用？

许多州的公司法规定，大多数股东可以在不召集会议的情况下，以书面同意的方式采取行动。如果一家公司没有修改其章程以另作规定，则该公司可能会受到竞标者获得多数股权，然后立即修改其章程以消除其他控制障碍的影响。

为了避免这种可能性，除非州法律禁止取消同意程序，否则公司可以通过章程修正案，完全取消书面同意条款，或者在要求所有股东同意后才能在不召开会议的情况下批准行动。如果无法取消同意程序，则公司可以考虑修改其章程或细则，要求那些希望以书面同意采取行动的股东通知董事会，并要求其确定一个记录日期，以确定哪些股东有权签署同意书。这项修订如获通过，亦可让董事有合理的机会准备回应，并在有需要时通过征询委托书的方式反对拟议的行动。此类修正也可能包含同意撤销和同意有效期的规定期限。

特殊类别的股票是什么样的？

直到 1988 年，许多为反对收购而辩护的公司创建了特殊的股票类别，它赋予了管理层更高的投票权。在那年，美国证券交易委员会批准了规则 19c-4，即禁止这种技术的"一股一票规则"。一些交易所——纽约证券交易所(NYSE)和纳斯达克(Nasdaq)等——也有类似的规定。1990年,在商业圆桌会议诉美国证券交易委员会(Business Round Table v. SEC)一案中,美国第二巡回上诉法院推翻了规则19c-4,随后各公司也恢复了这种做法。尽管纽约证券交易所确实有针对多类股票的规则,但其适用范围有限。伯克希尔·哈撒韦公司(Berkshire Hathaway)、福特汽车公司(Ford Motor Company)和《纽约时报》(the New York Times)都具有这样的结构。

有哪些防御性销售?

公司可能会出售"皇冠明珠"(crown jewel)以避免被接管,可能会大幅缩小自身的规模,或者可能会将其股票出售给白护卫或白衣骑士。

什么是"皇冠明珠"防御策略?

"皇冠明珠"防御策略是目标公司出售特别有吸引力的资产,以阻止竞标者进行收购尝试。这样的出售还可以通过产生资本和/或降低成本,为公司提供灵活性和资源来抵御竞标者。另外,如果竞标者对某一特定资产(如子公司)感兴趣,并愿意为其收购整个公司,则该资产也可能对公司非常有价值,并且从长远来看,出售该资产可能是有害的。

如前所述,法院通常会不赞成对竞标过程有停止或阻碍影响的资产或"皇冠明珠"进行销售。

什么是白护卫?

为了保持独立,该公司可能会确定其最佳行动方案是将一大部分股票出售给友好的投资者——一位白护卫,该公司不认为这是一种威胁。更为知名的白护卫是投资工具,如沃伦·巴菲特的伯克希尔合伙人(Berkshire Partners)或高盛(Goldman Sachs)的GS Capital Partners V, L. P.,但白护卫也可以是运营公司。其中明显存在的危险是,白护卫和公司之间的关系可能会变得更糟,那么白护卫可能会决定在晚些时候获得公司的控制权。

为了防止白护卫成为一个敌意竞购者,公司通常使用停滞协议。停滞协议对投资者施加了某些限制,以确保公司股票不会流入恶意竞购者之手。在通常情况下,股票购买协议将限制在特定时期内,除了有问题的股票外,白护卫可能获得的股票百分比。它还限制将少数股权转售给第三方,这通常与公司的优先购买权相结合。与所售股份有关的表决权也可能受到限制。

董事会作出该等安排的决定以及暂停协议的相关规定,将根据商业判断原则进行评估。如果法院认定巩固并非董事的唯一或主要目的,那么这些安排通常得到支持。

什么是白衣骑士?

白衣骑士是目标公司寻求的友好收购方,作为敌对收购方的积极替代。然而,除非友好的收购方支付的金额与敌对的收购方相同或更多,否则这种防御性出售很容易受到法律挑战。

白衣骑士从中会得到什么好处?

白衣骑士可以在正确的交易中赚钱。例如,阿尔弗雷德·陶伯曼(Alfred Taubman)大胆收购苏富比控股(Sotheby's Holdings,Inc.)拍卖行,预估获利 2.75 亿美元。

一个公司是否可以通过收购或同意合并来避免被收购?

可以的。一家公司可以通过收购其他公司或部门来打击不受欢迎的竞标者,因为这些被收购公司或部门对竞标者的吸引力较低。如果交易完成,则公司还可以收购可能会给竞标者带来反垄断问题的资产。在拒绝合并之前,由于政府机构通常愿意考虑竞标者提出的补救措施(即出售有疑问的单位的承诺),所以反垄断法的有效性受到了削弱。

什么是所谓的吃豆人(Pac-Man)防御战略?

当一家公司得知自己是要约收购的对象时,它可以通过对恶意收购方的股票进行要约收购来作出回应。在这种"吃或被吃"的战略中(以 20 世纪 80 年代早期流行的一款电子游戏命名),承担竞购要约的公司因此承认企业合并是可取的,但表示要控制由此产生的实体。它还放弃了可能带来的某些防御,如反垄断和其他涉及合并合法性的监管障碍。

吃豆人防御的缺点是,原始目标公司的股东不会得到任何溢价(原始目标公司实际上可能会给另一家公司的股东溢价),这种代价是很高昂的,而且即使防御成功,也可能会对公司造成损害。在考虑这种辩护的合法性时,法院将采用适用的商业判断规则。

目标公司可能会支付什么样的防御费用?

有两种方式可以使公司摆脱眼前的危险,那就是绿票讹诈和黄金降落伞。然而,两者都有风险。

绿票讹诈作为收购防御战略的潜在风险是什么?

竞购者有时会囤积股票,并威胁发起收购要约,其最终目的是以溢价将这些股票转售给公司,而不是获得对公司的控制权。绿票讹诈是以溢价购买此类股票。

支付绿票讹诈在保护目标公司利益方面基本无效(一旦公司第一次屈服,其他绿票讹诈公司就可能会浮出水面)、具有歧视性(同一类别股票的其他持有人可能不会分享溢价),而且在法律上也有问题(有些股东的诉讼已经取得了不同程度的成功,以收回作为公司资产的绿票讹诈付款)。此外,绿票讹诈在股东中相对不受欢迎。

最后,对于付款人和收款人来说,绿票讹诈支付都很昂贵,不仅保费很高,而且可能要交税。《美国国内税收法》(IRC)第 5881 条规定,对绿票讹诈款项征收 50% 的消费税,该款项应由收款方支付。[69]

什么是黄金、铅和锡降落伞付款?

如果高级管理层、中层管理者和工人在控制权变更期间或之后被解雇,这些昵称就是他们会获得的遣散费的相应绰号。

与反收购有关的州法律

国家法律的哪些规定限制了董事和官员采取防卫措施的责任?

章程选择条款授权公司通过章程或细则条款,消除或减少董事对金钱损失的个人责任。这一规定在收购中尤其重要,因为许多股东对防御型目标公司董事会提起诉讼,要求赔偿其损失。

一些州已经提高了赔偿责任的门槛,要求董事会成员提供不仅仅是简单过失的证据。对于重大过失或轻率行为,一般必须由原告证明其个人责任才成立。

其他保护董事的条款包括扩大对董事会提起的衍生诉讼的赔偿、扩大允许公司提供赔偿以外的利益的条款,以及允许董事根据价格以外的考虑因素(例如,交易对社区和其他公司选区的影响)而决定拒绝要约的条款。

哪些州通过了反收购法?

截至2019年年中,除亚拉巴马州、阿拉斯加州、阿肯色州、加利福尼亚州、蒙大拿州、新罕布什尔州和西弗吉尼亚州外,有43个州通过了反收购法。华盛顿特区,是一些上市公司成立的地方(虽然它不是一个州),但是没有反收购法,等。较为普遍的看法是,实施反收购法的管辖区可能会对公司经营者具有一定的吸引力,但最近的研究表明,管辖区商业治理的灵活性对公司经营者来说显得更为重要。

反收购法一般适用于州内组织的公司。但是,有些州(例如马萨诸塞州)有法规声称,在某些情况下,不在该州注册的公司仍将受到法规条款的约束——如果公司在该州有大量业务(如行政办公室),如果公司的大部分劳动力或资产在该州,如果至少10%的股份为该州居民所有(不包括经纪人或被提名人),或者如果10%的股东居住在该州。

最常见的州反收购法是什么?

州反收购法可以提供一种或多种保护。按照其受欢迎程度的大致顺序,这些法律依此是:禁止冻结;保护尊重其他选区的权利,也称为利益相关者法规或非存货人或非货币因素;制定控制权股份要求;要求公平价格;以及允许使用毒丸。其他类型的法规包括反再就业条款、劳动合同或遣散费要求、现金流出要求、利润回收和董事会交错服务条款的分类委托书等。

冻结条款如何运作？

它至少暂时冻结了交易，规定在该州注册成立的公司收购方必须等待一段时间——从 2 年到 5 年——才能完成与顽固的目标公司的第二步合并，这是根据最初确定的合并绝对多数票进行的。

"其他选区"法规是怎么样的？

在评估任何企业合并时，这给董事们规定了不同的谨慎标准。董事必须审查并考虑要约对公司、股东、受影响社区和其他公司群体的长期影响。

什么是"控制权分享"法规？

这是一项规范"控制权股份收购"的法规，它通常被定义为收购目标公司的足够股份，使收购方能够控制目标公司超过规定百分比的投票权。股份所有权的触发水平通常被定义为一项收购，该收购将使出价人在一定的投票权范围内，其阈值被不同地定义为超过 10%、20%、33.3% 或 50%，而购买的股份超过了这些被定义为控制的水平。多数控制权股份收购法规定，在控制权股份收购中获得的股份，除非股东批准授予收购方股份表决权的决议，否则不得享有表决权。

什么是公平价格法规？

这些法规要求任何被董事会拒绝的竞标者向所有股东支付一个确定的公平价格，除非绝大多数人批准该出价。

毒丸和反绿票讹诈条款是如何起作用的？

毒丸条款授权公司董事会制订股东权利计划。未经此类授权，毒丸可能不会被实施，或者更容易受到监管机构或股东的法律攻击。相反地，反绿票讹诈条款实际上禁止而不是保护另一种流行的反收购措施。除非向所有股东提供相同的溢价，或所有股东都批准，否则禁止以溢价从持有股份少于规定时间的投资者手中回购规定比例的股份。

你能描述一下有关劳动合同的反收购条款吗？

一些州强制收购方履行劳动合同，为因收购而失业的员工提供遣散费。一些州已经通过了套现规定，要求那些收购公司拥有一定比例股份的人以法定的公平价格购买剩余股东的股份。

有哪个州禁止特定的反倾销措施吗？

有。一些州已经颁布了法令，禁止公司在公开招标时给予非常规的加薪，如黄金降落伞或特别奖金。

结　论

参与并购交易的上市公司领导人需要聘请了解上市公司并购相关法规的顾问。他们还需要与股东和其他选民(包括员工、客户和债券持有人)建立积极的关系。如果他们掌握了这两个 Rs(指规则和关系,英文为 Regulations 和 Relations),他们的公司就更有可能避免经济表现不佳等问题。然而,不幸的是,经济问题对于任何一家公司来说都是有可能出现的风险,无论该公司是上市的还是私营的。下一章将讨论当面临破产时,作为上市公司和私营公司的企业分别会发生些什么。

注释

1.(1)在美国证券交易委员会注册的 8 000 家公司的数据,来自该机构 2019 年的预算。参见美国证券交易委员会,2019 财政年度国会预算合理化的年度绩效计划,(2)规定"美国证券交易委员会负责有选择性地审查 8 000 多家,报告公司的信息披露和财务报表,其中约 4 100 家在交易所上市的公司"。来源：Fiscal year 2019 Congressional Budget Justification Annual Performance Plan,p. 3 https://www. sec. gov/files/secfy19congbudgjust. pdf。

2.在过去的二十年里,在证券交易所上市的公司数量减少了一半。1996 年,有 8 000 多家公司在美国证券交易所上市。而 2016 年,这一数字为 4 333。这一趋势是在全球范围内出现的,在此期间,约有 20％至 60％的股票上市失败。参见 Gary D. Halbert,"Number of U. S. Companies Falls by Over 50 Percent",July 31,2018,https://www. valuewalk. com/2018/07/number-of-us-public-companies-fall-50/ Number of US Public Companies Falls By Almost 50％。

3.《美国 1933 年证券法》(US Securities Act of 1933),Section 2(a)1。

4.作者承认 Robert D. Ferris 的专业知识,他提供了这个问题的答案;还有退休了的总经理 R. F. Binder,他回顾了整个章节,并添加了许多与他在通信方面专业知识相关的见解。

5. https://ecfr. io/Title-17/pt17. 3. 230。

6. https://ecfr. io/Title-17/cfr240_main。

7.最近一次修订是在 2016 年,参见 https:// www. americanbar. org/news/abanews/aba-news-archives/2016/12/aba_releases_firstc. html。

8.关于并购诉讼中可能引用的十多项证券法条款的清单,参见 Kaufman,Gildin,and Robbins,LLC,Securities Litigation：Claims and Defenses,2018,https://www. securitieslosses. com/Securities-Arbitration-and-Litigation_PC/Securities-1-Securities-Arbitration-and-Litigation_PC. shtml。

9. 2018 年,原告提起 403 起联邦证券集体诉讼,其中,有 182 起(45％)涉及并购交易,关于违反第 14 条的指控。"Securities Class Action Filings：2018 Year in Review",Cornerstone Research,2019,https://www. cornerstone. com/Publications/Reports/Securities-Class-Action-Filings-2018-

Year-in-Review。

10. https://www.barrons.com/articles/proxy-voting-is-broken-and-needs-to-change-1530924318.

11. 关于已提交的评论，见 https://www.sec.gov/comments/4-725/4-725.htm。

12. "Transfer Agent Overview"，Computershare，2014，https://www.computershare.com/us/Documents/TA_Overview_WhitePaper.pdf.

13. Gerald P. Dwyer,"Stock Prices in the Financial Crisis"，Federal Reserve Bank of Atlanta，September，2009，https://www.frbatlanta.org/cenfis/publications/notesfromthevault/0909.

14. Hailey Ballew，et al.，"Regulatory Asset Thresholds and Acquisition Activity in the Banking Industry"，SSRN，June，20，2017，https://papers.ssrn.com/sol3/papers.cfm?abstract_id=2910440.

15. "Financial Regulation in the U.S.：As the World Turns and as the Pendulum Swings,"Financier Worldwide，September，2018，https://www.financierworldwide.com/financial-regulation-in-the-us-as-the-world-turns-and-the-pendulum-swings/#.W4B1sOhKjIU.

16. Ben Walsh,"Expect More Bank Mergers After Dodd-Frank Rollback"，Barron's，May 26，2018，https://www.barrons.com/articles/expect-more-bank-mergers-after-dodd-frank-rollback-1527292801.

17. 美国劳工部，关于向参与者和受益人通知封闭期的最终规则，2003年1月24日。《职工退休所得保障条例》(ERISA)中第101(i)(3)条规定，在任何情况下，禁售期仅适用于与涉及计划或计划发起人的合并、收购、资产剥离或类似交易有关的一个或多个参与者或受益人，并且仅与成为或不再是计划下的参与者或受益人有关。由于此类合并、收购、剥离或类似交易，如果通知已在合理可行的情况下尽快提交给禁售期适用的参与者和受益人，则30天提前通知的要求应视为已得到满足，https://www.gpo.gov/fdsys/pkg/FR-2003-01-24F/03-1430.pdf。另见截至2018年8月的这条规则，其中部分规定，要求至少提前30天发出通知……在任何情况下均不适用……禁售期仅适用于因涉及计划或计划发起人的合并、收购、剥离或类似交易而成为或不再是计划参与者或受益人的一个或多个参与者或受益人，https://www.law.cornell.edu/cfr/text/29/2520.101-3。

18. In re Caremark Int'l Inc. Derivative Litigation,698 A. 2d 959（Del. Ch. 1996).

19. 参见 In CertiSign Holding，Inc. v. Kulikovsky，C. A. No. 12055-JRS（Del. Ch. June 7，2018)，https://courts.delaware.gov/Opinions/Download.aspx?id=274090。在一篇与此案有关的博客中，律师 Francis Pileggi 评论道："此案涉及几个与索赔和反索赔相关的问题，涉及由相互关联的公司和商业关系组成的复杂网络。法院提供了一张图表，描述了涉及的这12个实体是如何相互关联的。在这份83页的意见书中所描述的指控里，包括违反忠诚的信托责任，纯粹出于个人原因而拒绝合作更正公司记录，以及相关索赔。"

20. In re：The Walt Disney Company Derivative Litigation,，No. 411/2005.

21. Stone v. Ritter,911 A. 2d 362,370 (Del. 2006).

22. Nancy E. Barton，Dennis J. Block，and Stephen A. Radin，The Business Judgment Rule,6th

ed. (New York: Wolters Kluwer Law & Business, 2009).

23. Director Essentials: Strengthening Oversight of M&A, NACD, 2016.

24. Unocal v. Mesa Petroleum Co., 493 A. 2d 946 (Del. 1985): "如果一项防御措施要在商业判断规则的范围内,就构成的威胁而言,它必须是合理的。"

25. Revlon, Inc. v. MacAndrews & Forbes Holdings,., 506 A. 2d 173 (Del. 1986).

26. 这是法院关于 Emerald Partners v. Berlin, 787 A. 2d 85 (Del. 2001) 的观点。法院说,"特拉华州公司的董事有 3 项主要的信托责任:应有的谨慎、忠诚和诚信。这些信托责任并不是间歇性的。因此,特拉华州公司的股东有权依赖他们的董事会,使得他们在任何时间都履行好这三项主要的信托责任。"此外,"为了证明完全公平,董事会必须提交其履行所有信托责任的累积方式的证据。"

27. 有关锁定期的最新评论,参见 Anna T. Pinedo and Meyer Brown, "United States: Market Trends 2017－2018: Lockup Agreements", Mondaq, August 15, 2018, http://www.mondaq.com/unitedstates/x/727702/Shareholders/Market+Trends+201718+LockUp+Agreements。

28. https://www.law.cornell.edu/cfr/text/17/230.145.

29. 参见 Carl F. Barnes, "A Reminder on Break-Up Fees in M&A Transactions", Morse Barnes-Brown Pendleton, February 17, 2015。这篇文章引用了衡平法院(Chancery Court)的说法。该法院称,违约金等于股权价值的 4.4%,接近于传统上可接受范围的上限,但也指出,在一个相对较小的交易背景下,这个"范围"略高于中点并不罕见。文章还指出,法院裁定,尽管 4.3% 的违约金(包括支付投标者的费用)在百分比上有点高,但这是因为交易规模相对较小。

30. Sean J. Griffith and Natalia Reisel, "Dead Hand Proxy Puts and Shareholder Value", The University of Chicago Law Review, Summer, 2017; citing is Sean J. Griffith, "The Omnipresent Specter of Omnicare", 38 J Corp L 753, 754 nn 2, 5 (2013), 参见 https://chicagounbound.uchicago.edu/cgi/viewcontent.cgi?article=6041&context=uclrev.

31. 有关完整列表参见 https://www.sec.gov/divisions/corpfin/ecfrlinks.shtml。

32. 参见 https://www.sec.gov/divisions/corpfin/guidance/cdi-tender-offers-and-schedules.htm。

33. https://www.law.cornell.edu/cfr/text/17/240.13d-101.

34. https://www.law.cornell.edu/cfr/text/17/240.13d-102.

35. https://www.law.cornell.edu/cfr/text/17/240.14d-101

36. https://www.law.cornell.edu/cfr/text/17/240.13e-100.

37. https://www.law.cornell.edu/cfr/text/17/240.14a-101.

38. https://www.law.cornell.edu/cfr/text/17/240.14n-101.

39. 此系列用于替换 14 D-1, 参见 https://www.law.cornell.edu/cfr/text/17/240.14d-100。

40. https://www.law.cornell.edu/cfr/text/17/239.25.

41. https://www.sec.gov/fast-answers/answerstenderhtm.html.

42. "General Electric Company Recommends Shareholders Reject 'Mini-Tender' Offer by Ponos Industries LLC", GE Newsroom, August 24, 2018, http://www.genewsroom.com/press-releases/

general-electric-company-recommends-shareholders-reject-"mini-tender"-offer-ponos. For an example involving TRC Capital, https://investor. lamresearch. com/news-releases/news-release-details/lam-research-corporation-lam-research-recommends-stockholders. For the SEC's warning, https://www. investor. gov/additional-resources/general-resources/glossary/mini-tender-offers.

43. 有关此交易结构的最新资源，请参见 Piotr Korzynski,"Forcing the Offer: Considerations for Deal Certainty and Consent Agreements in Delaware Two-Step Mergers", Baker McKenzie LLP, April 2,2018, https://corpgov. law. harvard. edu/2018/04/02/forcing-the-offer-considerations-for-deal-certainty-and-support-agreements-in-delaware-two-step-mergers/。注：两步法要约收购与两层法要约收购有所不同。在这种出价中，竞标者（通常是敌意的竞标者）为最初的高价设定了最后期限。那些在截止日期后将股票卖给竞标者的人会得到第二个更低的价格，这种滥用的做法已经不再使用。

44. Simon Clark,"How J. D. Power Was Acquired by a Chinese Company Shrouded in Mystery", *Wall Street Journal*, January 31,2018, https://www. wsj. com/articles/how-j-d-power-was-acquired-by-a-chinese-company-shrouded-in-mystery-1517426465.

也可参见 Jonathan Ramsey,"In Chinese purchase of J. D. Power, Backers and Motives Remain a Mystery", Autoblog. com, February 5, 2018, https://www. autoblog. com/2018/02/05/jd-power-mystery-chinese-purchase/。

45. Steven M. Haas and Charles L. Brewer, Hunton & Williams, LLP. "Nonvoting Common Stock: A Legal Overview", Harvard Law School Forum on Corporate Governance and Financial Regulation, November 30, 2017, https://corpgov. law. harvard. edu/2017/11/30/nonvoting-common-stock-a-legal-overview/.

46. Jones Day 标注到：参见 1934 年"交易法"下的规则 14e-1(A)。实际上，使用某些结构特征可以有效地使得要约收购在 10 个美国工作日内基本完成。此外，满足特定条件的不可转换债务证券的任何和所有现金要约收购都可以在短短的 5 个美国工作日内进行。"Sovereign Bond Offerings and Liability Management Exercises—U. S. Perspectives", Jones Day, July 3,2018。

47. https://www. law. cornell. edu/cfr/text/16/801. 30.

48. 对于包含时间因素的合并协议，参见 Agreement and Plan of Merger by and Among Pisces Mido, Inc. Pisces Merger Sub, Inc. , and Ply Gem Holdings, Inc. , January 31, 2018. https://www. sec. gov/Archives/edgar/data/1284807/000114420418005006/tv484510_ex2-1. htm。

49. 在某些情况下，报纸必须是全国性、大都市和/或区域性的才有资格，https://www. law. cornell. edu/cfr/text/17/240. 13e-4#d_1.

50. https://www. law. cornell. edu/cfr/text/17/240. 13d-1#b.

51. https://www. law. cornell. edu/cfr/text/17/240. 13d-1.

52. "Recent SEC Enforcement Actions Target Inadequate Disclosure in M&A Transactions and Shareholder Activist Campaigns", Hunton & Williams, March 2017, https://www. huntonak. com/images/content/2/8/v3/28632/recent-sec-enforcement-actions-target-inadequate-disclosure-marc. pdf.

53. Eleazer Klein and Adriana Schwartz, "Section 13 and Section 16 Enforcement Actions—A

Guide for Staying in Compliance", BNA, June 2, 2017, https://www. bna. com/section-13-section-n73014451906/.

54. https://www. law. cornell. edu/cfr/text/17/240. 14d-6.

55. 节选自 AbbVie Inc. Schedule TO including earnings call material, April26, 2018, http://investors. abbvie. com/static-files/feed01b9-071a-4ceb-99a2-73dca0eccc1e。

56. https://www. law. cornell. edu/cfr/text/17/230. 134.

57. https://www. sec. gov/divisions/corpfin/guidance/securitiesactrules-interps. htm.

58. https://www. sec. gov/corpfin/proxy-rules-schedules-14a-14c-cdi.

59.《交易法》第14a-4(f)条规定,除非证券持有人同时或以前就收到提交给委员会的最终代理陈述,否则不得交付代理卡。此外,由于所述交易的投票也将被描述为出售正在登记的证券,因此在表格 S-4 宣布生效和给证券持有人提供最终的招股说明书之前,不能将代理卡发送出去。SEC Question 126. 04, May 11, 2018, https:// www. sec. gov/corpfin/proxy-rules-schedules-14a-14c-cdi。

60. 2016 年提出的改革方案到 2018 年底仍悬而未决(https://www. sec. gov/news/ pressrelease/2016－225. html)。

61. 参见 James B. Stewart, Den of Thieves (New York: Simon & Schuster, 1991)。该领域的其他书籍包括 Ken Auletta, Greed and Glory on Wall Street: The Fall of the House of Lehman (New York: Warner Books, 1986); Sarah Bartlett, The Money Machine: How KKR Manufactured Power & Profits (New York: Warner Books, 1991); Connie Bruck, The Predator's Ball: The Inside Story of Drexel Burnham and the Rise of the Junk Raiders (New York: Penguin Books, 1989); Michael Lewis, Liar's Poker: Rising through the Wreckage on Wall Street (New York: Penguin Books, 1990); and Michael Lewis, The Money Culture (New York, London: W. W. Norton & Company, 1991)。

62. Merrill Lynch, Pierce, Fenner & Smith, Inc. v. Dabit, 126 S. Ct. 1503, 1513(2006).

63. Gollust v. Mendell, No. 90-659 (June 10, 1991).

64. https://www. law. cornell. edu/cfr/text/17/240. 16b-7.

65. Texas Gulf Sulphur, 401 F. 2d 833 (2d Cir. 1968)(en banc).

66. Carpenter v. United States, 484 U. S. 19 (1987).

67. 参见 Christopher Lavigne 和 Brian Calandra 关于远程泄露的讨论。"Insider Trading Laws and Enforcement", Practical Compliance and Risk Management for the Securities Industry, May-June2016, https://www. shearman. com/-/media/Files/NewsInsights/Publications/2016/06/PCRM _0316_LaVigneCalandra-(2). pdf。

68. Christine LaFollette, et al.. "Top 10 Topics for 2018: Shareholder Activism", Akin Gump, January 10, 2018, https:// www. akingump. com/en/experience/practices/corporate/ag-deal-diary/top-10-topics-for-directors-in-2018-shareholder-activism. html。

69. https://www. law. cornell. edu/uscode/text/26/5881.

第十一章　协商重组、破产和清算

引　言

每一年，协商重组、破产和清算都成为成千上万陷入困境的大小公司和新老公司的最终选择。这其实并不奇怪，因为商业活动本质上便是有风险的，而且作为交易者，如果对于某些类型的风险不能预见和预防的话，就可能会面临财务问题。

但在商界就和在生活中一样，我们的命运既取决于事件本身，也取决于我们对事件的反应。出现财务问题可能并不总是意味着某项生意的结束，也标志着一个新的开始。事实上，没有任何商业活动像一次成功的协商重组或破产那样，能清楚地显示出新东家的力量。通过恰当地规划这些安排，企业所有者或收购者可以帮助企业避免或摆脱破产，从而将其拯救出来，转而就能获得持久的财务生命力。

在交易这个戏剧中，并购要么扮演着积极的角色，要么扮演着消极的角色。一笔错误的并购交易可能会导致一家公司破产，但一笔好的并购交易可以帮助一家公司避免破产，或是毫发无损地摆脱困境。事实上，许多陷入破产的公司已经因为深谙如充分利用《美国破产法》（例如，本章在后面将讨论的《美国破产法》第 363 节内容）的买方从而找到了出路。

本章展示了如何通过实施协商重组或破产来实现公司的复活，特别是如何根据《美国破产法》（一项与公司和个人破产有关的特别法典，以下简称《破产法》）第十一章的规定来对企业进行重组。[1]

读者还会看到一个关于清算时应做和不应做的事项的简短讨论。本章还提供了处理因杠杆交易而导致破产的索赔的指南。以下部分内容将从并购的角度出发，着重讨论一些具体的财务和会计/税务问题，以便企业家们在给一项并购某个破产实体（或其部分）的交易制定协议时考虑采用。这是关于破产的非常重要的一个方面。事实上，如今几乎没有什么独立存在的重组，因为大多数重组都必须遵守《破产法》第十一章第 363 节的规定，以出售给收购方。[2]

总论

什么是所谓的破产？

一般来说，债务人（个人或实体）是指不能及时向债权人偿付债务的人。而从更狭义、更专业的意义上来说，破产是个人或实体根据破产法的申请以获得免责保护的情况。（事实上，一位破产律师声称，破产不再是真正资不抵债或清算的标志。它通常是管理层使用的战略工具。[3] 在任何年份里，大多数破产申请都是由个人提出，而不是实体提出的。）本章主要讨论破产实体的协商重组和破产程序。[4]

什么是所谓的资不抵债？监管和会计当局是如何定义的？

《破产法》将"资不抵债"一词定义为一种财务状况，即在公平估值下，一个公司实体的债务总额大于该实体的所有财产的财务总额。[5]（在此定义下的债务包括"或有负债"。）[6] 这就是资产负债表或会计对资不抵债的定义。《破产法》并未对"公平估值"或"公平价值"进行定义，而是把这个问题交给破产法庭来判断。判例法将实体财产的公平估值定义为"在合理期限内"出售该财产所能实现的现金数额。[7] 所谓的"合理期限"是指一个债权人认为的最优的时间段，即该时间段不会太短，以至于商品的价值因其被迫出售而大大受损；且也不至于太长，以至于因为过久地等待更高价格的出现，或者由于对资金的时间价值和典型的业务需求的考量，而出现债权人的最终债权得不到满足的情况。[8]

《统一可撤销交易法》（UVTA）对资不抵债采用了双重定义的方法。它指出"如果在公平估值情况下，债务人的债务总额大于债务人的资产总额"或者如果债务人"实际没有支付到期的某债务时"，就可以认定该债务人资不抵债。[9] 后一定义有时被称为资不抵债的"股本定义"或"现金流定义"（这与《破产法》和《可撤销交易法》第一章中的资产负债表或会计定义相反）。[10] 大多数州的法律使用资产负债表定义，正如《破产法》所定义的那样，而有一些州（如纽约州）则遵循股本定义[11] 参见表11—1。

表11—1　　　　　　　　　　　　破产的定义

	《破产法》	《统一可撤销交易法》	州级法律	法庭案例
负债大于资产	X	X	X	X
无力偿还到期债务		X	X	X

为什么涉及债务支付的定义被称为股本定义？

如上所述，资不抵债的股本定义是指能够在到期时履行债务的能力，而并非严格意义上的资产对负债的法律定义。后者常常在价值确定方面陷入困境,即资产价值是多少,在什么基础上估值(减价出售、有序清算、持续经营)等,所以股本定义更为简捷,并且侧重于公平。

这里所说的股本并不是指资产负债表上的股本;相反,它指的是破产法院所担当的"衡平法院"确定的股本,它有别于成文法。[12] 在美国法律传统的发源地——英国,有两种法院:衡平法院和法院。法院给予金钱损害赔偿,而衡平法院给予其他的救济,如禁令救济(使某人停止某种行为)。衡平法院往往不太关心法定语言或是法律先例,而更关心基本公平的概念。由于破产法院常常必须制定出"A 必须向 B 支付 X 美元"以外的补救办法,因此它们被认为是衡平法院。

为什么需要知道监管当局是如何定义破产的?

了解有关当局如何定义破产,是很重要的,因为在破产的情况下,高层管理人员、董事和其他当事人的职责都可能会发生变化。此外,某些当局在处理破产公司的事务方面拥有更大的权力,甚至可能在某些情况下会接管这些公司。

逾期付款的行为在什么情况下会越界演变成资不抵债状态?

一般来说,当债权人不再相信某公司实体能在可接受的期限内支付欠款时,那么资不抵债的情况就开始了。如果没有财务困难或不当行为的历史,一笔甚至两笔或三笔逾期债务可能不会引发债权人的反应。然而,反复出现的逾期付款通常会引发债权人的某种反应行为。债权人可发出借款人出现违约的通告。债权人的反应行为将根据所涉及的债务类型而有所不同。

● 如果涉及的债务是银行贷款,信贷员则会指出借款人违反了贷款协议,并要求立即与其会面协调,而会面的人通常都是银行清算部门的人。

● 如果涉及的债务是产品的商业票据,则应收账款部门的人通常会询问缺失的应付款情况。

对于一个不能用当前现金流来满足其当前债务结构的企业实体,有哪些不同的备用选择?

对那些陷入困境的企业实体,有几种备用选择,包括但不限于协商重组(通常与管理转型相结合)、申请破产保护,以及(最不可取的选择)彻底清算。本章就讨论到协商重组和申请破产,这些选择涉及交易结构的关注点,但是彻底清算不涉及这些意义层面的术语,因为清算是一种相当直接的资产出售,且并不需要任何复杂的交易结构。

协商重组

什么是所谓的协商重组？

协商重组是指违约企业实体在法庭之外与债权人谈判付款时间表或计划的过程，这也被称为"债务重组"。这是一个严格的、自愿的过程，且由当事人控制。在进行协商重组时，一个或多个债权人并不会强迫违约企业实体立即还款，而是同意共同创建一个有组织的还款时间表。正式的重组通常涉及多个债权人，还需要成立一个代表债权人的委员会。

协商重组的好处是什么？

与正式申请破产等其他选择相比，协商重组的主要优势包括参与者对企业实体拥有更大的控制权，因此，在问题出现时能更快地解决，以及大幅降低行政成本。也许协商重组最重要的好处就是它的保密性。由于没有公开听证会和公开记录，陷入困境的公司可以维护其公众声誉，但如果其已公开交易未偿证券，则需履行披露义务。

协商重组是如何进行的？

通常，负债沉重或收入下降的企业会暂停向债权人和供应商支付部分款项，并要求与受影响的债权人私下会面。（陷入困境企业实体与无担保债权人举行会议时，通常不会邀请有担保债权人同时参加该会议，而是会选择单独处理与有担保债权人的矛盾。）

在会议上，陷入困境公司会介绍其目前的经营状况和财务状况的详情。此外，它还会分发一份详细说明它打算如何偿还目前和今后财政债务的计划书。该计划书可能包括资本重组行动，有时也会包括一个在新的管理下对业务进行大规模重组的行动。

通常，这种重组被称为转型。在典型的转型中，很多时候会有外部经理的介入。这些外部经理通常会担任临时首席执行长、首席财务长或首席重组长（CRO），来帮助公司恢复其财务健康。而转型经理可以被聘请为顾问、临时雇员或永久雇员。一些高管招聘公司在寻找合格的转型高管或其他临时经理方面特别专业。[13]

资产重组计划的一个重要部分是，同时对有担保债权人和无担保债权人在公司被迫破产清算时所能获得的赔偿进行现实估计。这个数字不应该低得离谱，但与此同时，它应该反映出破产申请本身的现金损失。通常情况下，并不会有什么好听的消息。尽管一般情况和平均水平对实际情况几乎没有影响，但是可能会出现高级贷方得到每1美元中的50美分，而次级贷方只能得到其中几美分的情况，参见表11—2。[14]

表 11—2　以最终复苏情况衡量得出的平均企业债务回收率（1987—2018 年）

项　目	危机年度 2018 年	2017 年	1987—2018 年	违约年度 2018 年	2017 年	1987—2018 年
优先贷款	85.0%	83.3%	80.3%	85.0%	84.3%	80.3%
高级有担保抵押债券	53.8%	68.0%	62.1%	55.0%	65.7%	62.1%
高级无担保抵押债券	38.4%	56.4%	47.7%	35.4%	58.3%	47.7%
次级债券	0.0%	51.2%	28.0%	n. a.	62.8%	28.0%

资料来源：穆迪投资者服务公司 2019 年 2 月 1 日年度违约研究，2019 年 2 月 21 日更新。

显然，在合理范围内，对清算所得的估值越低，债权人就越有动力同意一项协商重组计划。债权人会认为，如果违约企业实体申请破产保护，它们则可能就得不到任何资金，因为或许在这个过程中的管理成本（例如，法律和会计服务的费用）会耗尽他们本可获得的仅剩的一点股本。相比之下，如果这种调整能保障违约企业实体仍然是一家持续经营的企业，那么该企业可能会继续成为债权人未来的业务和利润来源。然而，如果对清算所得的估计过低或者过慢，债权人可能就会希望进行彻底清算，而不是进行协商来解决问题。通常协商重组计划既会描绘出企业被强迫或廉价出售清算的价值，同时也会描绘出企业通过协商重组过程所实现的预期价值。

违约实体可能要求其债权人接受哪些类型的让步？

大多数时候，负债人试图从银行和/或主要放款人那里获得最大的让步，并要求他们部分免除其债务，同时降低利率并要求更多的贷款。债权人最主要的让步似乎是债务重组，比如，接受股票（普通股或优先股）偿还债务，或接受更低的票面利率，以及最重要的——接受债务延期（增加债务偿还期限）。

从实践的角度来看，一个陷入困境的实体必须怎样做才能成功策划一场协商重组？

最重要的是，陷入困境的实体必须要对债权人诚实，并证明自己了解其现金的来源和用途。而该企业实体必须设计一个现实的预算，该预算要与债权人必须做出的让步同步。更重要的是，陷入困境的实体必须控制其应付账款，向债权人证明，它有意愿和方法来减少支出，并使现金支出与现金收入保持一致。公司管理层应该经常与债权人沟通，并建立合作所需要的信任。一定要避免出现不良惊喜！

著名的协商重组案例有哪些？

破产申请是公众熟知的正式事件，与之不同的是，协商重组则属于私人事务，且并不总是会成为新闻。最近的头条新闻涉及高端零售商内曼·马库斯（Neiman Marcus）。据传，该公司将在 2018 年进行债务重组。[15] 如果成功了，则该公司将加入卡所库克（Castle & Cooke）和露华浓（Revlon Inc.）等公司的行列。这两家公司在没有进入正式破产程序的情况下，在债权人的合作下成功进行了重组，从而保持了其公司的独立性。[16]

如果债权人不同意协商重组方案,并且加速贷款或开始强制执行,则会发生什么?

除了找到满足债权人需要的资金外,这家陷入困境的企业实体还有以下三个选择:

(1)它可以根据联邦法律申请破产保护。

(2)它可以根据州法律申请进入资不抵债程序。

(3)它可以自行清算(如果没有人提出所谓的非自愿申请来反对清算,则必须遵守大宗销售法等法律)。

破产

破产保护到底是什么?

在美国,对债务人的保护是在监管破产法的"自动中止"条款法律下完成的。这些法律的主要内容则被认为是美国破产法的一部分,即《美国破产法》第11篇。[17] 自动中止意味着债权人在没有美国破产法院许可的情况下,不能扣押申请人的资产或寻求以其他方式行使其权利。如果法院接受破产申请,则该企业实体在法律上成为"持有资产债务人",并会因此获得一段时间;而在这段时间内,该企业要根据其为自身业务筹措资金的能力,制订拟议的重组计划并向其债权人和法院提交。在制订计划期间,债务人在法院的监督下运作。在满足各种法院报告要求的前提下,该企业可以做出被认为是在"正常业务范围内"的决定。但是像资产出售或新债发行等不寻常交易,必须向所有债权人和所有相关利益方披露,并经法院批准。如果最终提交的重组计划被否决,则该企业实体应该提出其他计划或进行清算,否则它可能丧失提交并获得该计划被通过的可能性的特有权利。

谁可以申请破产,以及他们可以在哪里申请?

根据《美国破产法》,除了银行、保险公司等特定的例外,任何个人、公司、合伙企业或其他实体都可以申请破产或提起破产诉讼。根据《破产法》第101(12)条,这些当事人被称为债务人,或者在《破产法》第11章中,债务人被称为"持有资产债务人",除非并直到债务人被根据《美国受托人计划》第11章中的受托人所取代。[18]

至于申请破产保护的地点,美国有94个联邦破产法庭,每个法庭都有自己的网站。[19] 一般来说,公司必须在其总部、主要资产、公司注册地点或其附属公司所在地区启动破产程序。

破产有多普遍? 一般谁会申请破产?

美国每年有大约100万份新的破产申请,其中大部分是由消费者个人申请的。在美国,过去20年里,每年只有不到4%的破产申请涉及企业;96%或更多的是消费者个人破产(见表11—3)。研究表明,多达15%的个人破产来自商业投资,每年实际破产的企业超过十万家。

表11—3　　　　　　　　　　　　企业破产与消费者破产

年　份	总　　数	企业	消费者	消费者占破产总数的百分比(%)
2007	850 912	28 322	822 590	96.67
2008	1 117 771	43 546	1 074 225	96.10
2009	1 473 675	60 837	1 412 838	95.87
2010	1 593 081	56 282	1 536 799	96.47
2011	1 410 653	47 806	1 362 847	96.61
2012	1 221 091	40 075	1 181 016	96.72
2013	1 071 932	33 212	1 038 720	96.90
2014	936 795	26 983	909 812	97.12
2015	844 495	24 735	819 760	97.07
2016	794 960	24 114	770 846	96.97
2017	789 020	23 157	765 863	97.07
2018	773 418	22 232	751 186	97.13

资料来源:美国法院行政办公室2019年1月29日。

无论如何,资不抵债对一般企业来说都是一种持续性的风险,每年破产企业大约占企业人口的1%。[20]

你能解释一下《破产法》中与企业有关的章节吗?

在美国,破产申请由《美国破产法》管理,这部法律是《美国法典》的一部分。《美国法典》是美国国会制定的近乎一整套涵盖了美国社会生活的法律。《美国破产法》关于破产的部分是第11章,该法典本身包含13章的内容,其中包括接下来要讨论的众所周知的第11章。1978年通过的《破产改革法》增加了这一标题。[21]

现行的《破产法》包含八个操作章节。

● 第一章为总则。

● 第三章描述了案例管理。

● 第五章解释处理债权人、债务人和遗产的规则。

● 第七章包括清算或有序出售债务人的资产,该债务人可能是个人或公司;对于个人而言,需要清算的资产也可能是其名下的公司,如其名下的独资企业。[22]

● 第九章涉及市政债务。

- 第十一章允许公司通过重组（创建一个新的实体）或行政重组（人员和财产转移）进行再组织。由于债务人在法院的监督下保持着对实体资产的控制，所以除非并直到根据第十一章内容指定了受托人，否则债务人被称为"持有资产债务人"。
- 第十二章规定了对家庭式农民的破产救济政策。
- 第十三章提供了一个有固定收入的个人可以偿还全部或部分债务的过程。

除了第十二章以外，没有偶数编号的章节。用于企业破产的章节是第七章和第十一章。债务人可以在其破产期间申请将其状态从一种改为另一种。本章主要讨论的是关于破产的第十一章内容。

执行这些不同类型破产的基本规则是什么？

联邦破产程序规则旨在确保对破产法下的每一个案件和程序进行公正、迅速和低代价的裁定。每年年底，美国最高法院都会将其递交给国会。[23]

联邦破产程序规则由9个集群组成，并获得了集群编号（第一部分为1000，第二部分为2000，依此类推）。

第一部分　案件的开始：与请求救济和命令有关的程序
第二部分　人员及行政；通知；会议；检测；选举；律师和会计师
第三部分　债权人、股权持有人的债权和分配；计划
第四部分　债务人；责任和利益
第五部分　破产法庭和书记员
第六部分　遗产的收集和清算
第七部分　对手诉讼
第八部分　向地方破产法院上诉委员会上诉
第九部分　总则

对相关规则的最新修订有哪些？

2017年12月1日生效的最新修订包括以下内容：

- 经修订的第3002(a)条规则规定，有担保债权人现在须提交一份索偿证明，证明其应该得到的任何清算分配的合理性（尽管未能提交该证明并不会使债权人的留置权无效）；
- 经修订的3012条规则规定，现在确定有担保的债权数额的请求可以通过动议提出，并进一步规定，确定债权优先数额的请求只能在债权提出后或在债权异议中通过动议提出。[24]

当涉及债权人和股权持有者的债权和分配时，难道债权人比股东更有优先权吗？

是的。有一种被称为绝对优先权规则的概念，而该概念也被称为强制优先权，它规定了所谓的优先债权法人，如有担保的贷款人比无担保债权人（如普通股）有优先

权。[25] 该规则的目的,是确保将清算资产公正和公平地分配给所有债权人,因此要求较高级债权人在较低级债权人得到任何追讨之前得到全额偿付。《破产法》的几个章节内容对此进行了针对性处理:

● 《破产法》第506(a)(1)条规定有担保债权的价值等于其留置权的许可金额,余额为无担保债权。[26]

● 《破产法》第510条规定,在破产实体进行的清算分配中,某些债权索赔(其中包括股权持有人可能提出的许多类型的索赔)将总是次于与其地位相等的或优先其地位的索赔,除非该担保债权是普通股,那么该债权的索赔地位可以等同于普通股。[27]

● 第1129(b)(2)条款通过重申优先债权人对初级债权人的优先权,对绝对优先权规则进行编纂。[28]

从本质上说,这些条款把无担保的资本来源(如股东)放在破产索赔线的末端。[29] 但请注意,最近对破产程序规则的修订,要求有担保债权人提交债权证明。[30]

目前破产法的确切状态是什么?

破产法属于一个相当稳定的法律领域,特别是在涉及企业方面的内容上。在第115届国会之前,大多数法案都集中在影响消费者破产的法律改革上。而在目前提出的立法中,控制企业破产的法律将变得不那么友好,但仍将允许企业重组。

如上所述,现行破产法是在1978年的《破产改革法》下颁布的。该法律成立了"美国受托人组织",并将该组织作为司法部的一个组成部分,负责监督破产案件的管理。下列法律对1978年的改革法做出了修订(并非取代):

● 1986年的《破产法官、美国信托人和家庭农民破产法》(该法案为第12章标题11部分增加了一个条款)。

● 1994年的《破产改革法》。这项法律被认为是自1978年《破产法》以来最全面的破产法,其中载有加速破产案件办理和帮助债权人追回破产财产索赔的条款。该法案还创立了一个"国家破产审查委员会",但该委员会于1997年发布了一份报告之后就不复存在了。[31]

● 2005年的《防止破产滥用和消费者保护法案》。这项强硬的法案是1997年国家破产审查委员会为实现该目标而作出的最终报告的产物。

● 2017年的《减税和就业法案》。该法案影响了净经营亏损的结转程序,详见第5章相关解释。[32]

● 截至2018年底,第115届国会(2017年至2018年)有50多项议案在其标题或摘要中提到破产,其中一些可能会延续到第116届国会(2019—2020年)。[33]

第11章中的重组指的是什么?

《破产法》第11章是破产的行政程序。它允许财务陷入困境的实体(例如,无力偿还到期债务的某个企业)进行重组以改善其财务状况。对这种破产程序的设计,是为了便于帮助一个暂时陷入困境但在其他方面经济上仍可行的实体成功重组,因为作为一个持续经营的企业实体,比作为被清算的企业更有价值。如果该实体已失去经济可行性,或者企业所有者负担不起申请破产保护的费用的话[34],那么它将根据《美国破产法》第七章程序或在庭外被清算。

第11章破产方面内容的主要目的是什么?

第11章的主要目的是保障就业状况和挽救美国企业。它保护违约实体免受债权人的伤害,同时使其(通过多种重组)进入健康的财务状态。这有利于债权人的最终利益,因为它提供了一个有序的环境来对破产实体的资产价值进行分配。美国的破产法不同于其他国家的破产法,后者的债权人的索赔权利优先于债务人的经济潜力。在美国以外,企业生死之间的灰色地带要少得多,因此也很少会出现企业凤凰涅槃的故事。

申请第11章破产程序的费用是多少?

对于一个较小的企业组织来说,一般用于基本的破产申请和重组计划援助的最低成本是5万美元;对于较大的企业组织来说,这个数字可以达到数百万美元。破产申请本身就反映了引发破产的复杂情况。在某些进行第11章破产程序的案例中,实际上有数千个独立的债权人对该破产实体拥有债权。

不足为奇的是,对专业援助的需求会随着破产程序的复杂程度的增加而增加。

以下是一些可能需要的专业人士:

- 会计师(提供审计服务);
- 评估师(向法庭提交资产评估);
- 律师(进行备案,帮助起草并向法院提交第11章的重组计划);
- 投资银行家(提供财务建议,寻找可能的融资及/或新资本来源);
- 转型经理,如前所述,他们通常都担任临时首席执行官或首席重组执行官。

其中的许多专业人员专门从事与破产实体打交道的工作。美国破产协会(abiworld.org)拥有超过1.2万名缴纳会费的会员,他们自称是破产专业人士或破产工作从业者。

如果某公司名下有诸多各自处于不同财务状况下的子公司则会怎样呢?这些子公司都必须申请破产吗?

如果母公司及其子公司在同一法院申请破产保护,则它们可能会被该法院集体处理。[35] 在其他情况下,母公司及其子公司可能不在同一法庭上。也就是说,母公司和子公司可能不在同一管辖范围内,在法律上可能无法在同一法院提起申请。对此适用的会计准则包含在 ASC81 条款"合并"部分内容中。被整合的企业集团中各企业实体的破产状况可能影响该企业是否能继续被整合。其中整合因素包括：

- 破产程序的状况；
- 母公司与子公司的关系（如，大股东、优先债权持有人、单一最大债权人）；
- 对破产时长的预期；
- 对在紧急情况下子公司由谁控制的预期。

有关示例情境参见表11－4。

表11－4　应用会计准则更新第810条的一些常见破产合并情境

申请破产的实体	整合的可能结果
只有子公司	母公司使子公司更分散
只有母公司	母公司继续整合子公司
母公司及子公司（不同司法管辖区）	母公司使子公司更分散
母公司和子公司（同一司法管辖区）	母公司继续整合子公司

资料来源：恩斯特和杨（Ernst and Young），破产、清算以及准重组，2018年5月。

在考虑不同情境时，有几个选项是可行的。有时，母公司会启动《破产法》第11章重组申请，而子公司进行日常业务，这样子公司可能至少在一段时间内不受《破产法》第11章规则的限制。在某些情况下，第11章持有资产债务人的许多附属机构长期处于《破产法》第11章规则的管理之外，因而出现有些企业能根据第11章关于持有资产债务人的重组计划的相关规定在第11章的管制范围之外进行重组。这在很大程度上是因为债权人认识到他们可以通过这种方式获得更大的价值。然而，要做到这一点，就需要制定关于处理利益冲突的治理/财务方案。

历史上值得一提的破产案例有哪些？

在1970年以前，大型公司破产的情况是罕见的。1970年，宾夕法尼亚中央铁路运输公司（Penn Central）和1975年W.T格兰特（W. T. Grant）破产时，给整个经济行业带来了冲击。（事实上，许多人将现代公司的治理运动归因于这些事件。公司治理运动的倡导者青睐独立的公司董事会和活跃的股东，因为这两者都可以作为对管理层的制约。）1980年，克莱斯勒（Chrysler）——现在是菲亚特克莱斯勒（Fiat Chrysler）的一部分——在政府的救助下勉强避免了破产。

自20世纪80年代以来，大型公司破产变得越来越普遍。申请破产的公司数量创下了纪录。正如破产网站（bankruptcy.com）所报道的，在过去的半个世纪里，许多家喻户晓的公司的财务状况都出现了问题，这些公司包括：联合商店（Allied Stores）、大陆航空公司（Continental Airlines）、德崇证券（Drexel Burnham Lambert）、东方航空公司（Eastern Airlines）、联邦百货公司（Federated Department Stores）、通用汽车公司

(General Motors)、灰狗公司(Greyhound)、雷曼兄弟(Lehman Brothers)、LTV、R. H. 梅西公司、麦克斯韦通信公司(Maxwell Communication)、奥林匹亚 & 约克公司(Olympia & York)、泛美航空公司(PanAm)以及德士古公司等。近年来,最臭名昭著的破产案例是安然公司(Enron)破产。安然公司在2001年12月根据《破产法》第11章申请了破产保护,该破产事件的影响力超过了当年其他一些备受瞩目的上市公司破产,如伯利恒钢铁公司(Bethlehem Steel)、太平洋天然气电力公司(Pacific Gas and Electric)、信实控股公司(Reliance Holdings)和格雷斯公司(W. R. Grace)。安然公司的破产不仅规模巨大(近660亿美元),而且复杂,共有75个企业实体(母公司和74个子公司)申请破产。该破产影响到众多债权人。(请愿书明确列出了20位主要的无担保债权人。)安然破产后,世界通信公司(WorldCom)在第二年迅速倒闭,这一历史事实使得两家公司永远声名狼藉。

然而,尽管安然(Enron)和世通(World Com)的破产具有毁灭性的影响,却不是历史上最大的破产案。因为该殊荣被2008年9月以资产价值6 390亿美元破产的雷曼兄弟(Lehman Brothers)夺得。表11-5展示了破产历史背景下安然和世通的位置。

表11-5　　美国历史上十大破产案例(按破产前总资产计算)

(1)雷曼兄弟控股(2008年9月15日)6 391亿美元
(2)华盛顿互惠银行(2008年9月26日)3 279亿美元
(3)世界通信公司(WorldCom)(2002年7月21日)1 039亿美元
(4)通用汽车(2009年6月1日)910亿美元
(5)CIT集团(2009年11月1日)804亿美元
(6)安然公司(2001年12月2日)655亿美元
(7)康赛科公司全球投资有限公司(Conseco)(2002年12月18日)614亿美元
(8)能源未来控股公司(Energy Future Holdings)(2014年)409亿美元
(9)全球曼氏金融控股公司(MF Global Holdings)(2009年) 405亿美元
(10)克莱斯勒公司(2009年4月30日)393亿美元

资料来源:https://s3. amazonaws. com/abi-org/Newsroom/Bankruptcy_Statistics/Total-Business-Consumer1980-Present. pdf。

收购者能从安然、世通和雷曼兄弟的破产中学到什么?

从这些破产事件中吸取的教训被记录在事后撰写的报告中,这些报告分别是所谓的鲍尔斯报告(the Powers report)、布里登报告(the Breeden report)和沃卢克斯(the Valukas report)报告。

● 鲍尔斯报告。2002年2月1日,威廉・C. 鲍尔斯(William C. Powers, Jr)向安然董事会提交了安然公司董事会特别调查委员会的调查报告。报告的主要信息是,董事会应该对公司的特殊财务安排(主要是涉及内部人士的资产负债表外安排)实施更强有力的监督。这些未披露的协议掩盖了导致安然公司破产的条件,而这也是导致安然公司破产的原因之一。

● 布里登报告。2003年8月26日,理查德·C. 布里登(Richard C. Breeden)向负责世界通信公司破产的美国地方法院法官提交了《恢复信任:MCI公司未来的公司治理》。布里登曾任美国证券交易委员会(SEC)主席,并且曾担任MCI－世界通信公司的企业监督员,该公司后来被威瑞森无线通信公司(Verizon)收购并合并。该报告包括一份治理章程,其中有78项具体的公司治理建议。该公司必须在摆脱破产之前实施这些建议。

● 沃卢克斯报告。根据审查员安东·R. 沃卢克斯(Anton R. Valukas)提交给破产法庭的一份报告,雷曼兄弟之所以破产,是因为它无法维持债权人和交易对手方对其的信任度,也因为它没有足够的流动资金来偿还当前的债务。沃卢克斯的报告还解释说,除了拥有其他问题外,该公司对房地产的一系列投资也让其拥有大量的流动性很差的资产,而且这些资产的价值不断恶化。[36]

一个企业从第11章破产保护中获得长期复苏的可能性有多大?

根据美国法院行政办公室的数据,2017年美国法院共有7 442份破产申请。联邦法院并没有统计有多少公司从破产法第11章破产保护中重生,但有一位专家认为,公司的规模越大,其东山再起的可能性就越大。[37]而有些从第11章破产保护中获得重生的公司最终又重新申请破产保护。第二次申请第11章破产保护的公司有时被戏称为"第22章"。

假设一个企业实体在许多司法管辖区拥有资产,那么它可以在哪里申请破产?

在美国,根据《美国破产法》第28条第1408部分条款,一个企业实体必须在符合以下条件的地区申请破产:企业注册成立地点、该企业主要营业地点、该企业主要资产所在地或任何其附属公司提出过破产申请的地区。

考虑到美国有多个破产法庭,且更宽泛地说,很多公司的总部所在地就有这些破产法庭,所以可申请破产地点显然有很大的灵活性。

破产案件申请地点的灵活性导致一定数量的"选购"申请破产地点的现象,因为公司会根据破产申请裁决后更有可能获得重组和贷款这一条件,来寻找债务人或债权人青睐的司法管辖区。例如,在美国,纽约南区的"美国破产法院"以促进重组而闻名。有相当大比例的美国最大型的破产案件是在该地区申请的。[38]

第11章破产申请程序中到底会发生什么事?

在申请破产保护时,作为债务人的企业实体在最初拥有申请破产保护计划的专属权利,该专属权利有至少120天和最多不超过18个月的窗口期。[39]保护计划的步骤如下:

(1)债务人与其主要支持者(有担保债权人和法定无担保债权人委员会)制订一项

计划。

(2)破产公司拟备其重整计划,并将重整计划提交法院。

(3)破产公司提交一份披露陈述,该陈述必须得到破产法庭的批准,而且在债权人和股东就该计划展开工作之前,这份陈述就应该具备足够的信息。

(4)法院举行听证会确认该计划,以确定该计划是否满足所有法律要求。

(5)如果该计划得到确认,计划提倡者则将通过分发计划要求的全部付款或证券来执行该计划。

重组计划包括哪些内容?

重组计划要标识出该实体的资产,并说明如何分配这些资产。如果债务涉及受债券条款协议管辖的债券持有人,那么必须要有其中90%的债券持有人批准该计划,即使他们的决定可能会因不公正而在法庭上受到质疑,例如,如果该决定违反了前面提到的绝对优先权规则的话,就会在法庭上受到质疑。[40]

一方面,该计划应将部分资产在短期内分配给破产实体,使其能够继续运营,从而产生收入,并最终产生利润,以偿还债务;另一方面,该计划还必须考虑到对债权人债务的偿还。债务人自然倾向于将公司资产尽可能少地分配给债权人,而债权人则想要尽可能多地将该资产分配给自己。

如前所述,在一段时间内,债务人有提出重整计划的专属权利。如果法院在该期限内接受该计划,其他人就不得提交计划。如果专属权利窗口期限结束,那么债权人就可以提交他们的竞争计划。该专属期一般都不得少于120天,不超过18个月。[41] 在某些不寻常的案件中,有些法官将有担保债权、无担保债权和股权债权的申请期限延长到长达4年之久。客户在类似事件上也有发言权。

近期一个相关的案例就是西尔斯公司(Sears)。2018年9月,西尔斯控股公司的主要投资者ESL投资公司向西尔斯董事会提交了一份计划,敦促公司进行重组以避免破产。随后,在2019年1月14日,西尔斯开始了对公司全球资产的拍卖,并由此确定ESL的实际控股公司(Transform Holdco有限公司)提交的收购西尔斯公司全部或大部分全球资产的要约为最高或最佳报价。西尔斯公司的新主人将在2019年及以后处理索赔并恢复公司业务。索赔诉求必须在2019年9月3日当日或之前提交。[42]

如果出现一个或多个债权人阶层拒绝该整合计划则怎么办?

一项整合计划得到认可的前提之一便是,至少要有一个受损的债权人阶层接受该计划。如果出现下面情况,该整合计划有时候可能会被认可:一个或多个阶层接受整合计划,同时也有一个或多个阶层拒绝该计划,但是拒绝接受该计划的阶层分配到的资产至少与他们在清算中得到的一样多,并且没有比他们更低级的阶层参与分配。

在《破产法》第 11 章规定的重组计划中，股东如何能让一个委员会代表他们的利益？

按照要求，美国受托人可以任命一个股东委员会，也称为股权委员会。[43] 如果没有指定的委员会，而在股东可能与案件有真正利害关系的时候，法院可以命令受托人指定股东委员会。不过许多法院不愿这样做，因为案件管理费用和诉讼费用通常都会因此而增加。

此外，只要公司不是无可救药地陷入破产，股东就可以要求破产法院的法官任命一个股权委员会，该委员会可以将法院的关注范围扩大到债权人之外。这是一种罕见的做法，但它正变得越来越普遍。[44] 这样一个委员会及其顾问的目标将是争取尽可能多的公平。

在重组期间，债务人公司的董事会会发生什么变化吗？

并不存在什么对董事会变更的特殊要求。有时，董事会会保持不变；而有些时候，董事长、首席执行官和/或董事的身份会发生变化，或者董事会结构会发生变化。例如，董事会可能决定合并或拆分董事长和首席执行官的角色，可能决定任命一名首席董事，或者决定替换掉整个董事会。这些方面的问题具体根据实际情况而定，也就是取决于董事会本身、破产法庭和债权人委员会（以及股东委员会，如果有的话）的决定。

破产公司的董事会在选择收购者方面有什么发言权？

重组计划越来越多地被用于向第三方实施拟议的出售计划，因为重组计划提供了一个有序的程序，在这个程序中，收购者可以通过获得法院和利益相关方对收购交易的正式批准来尽力对其债务责任进行限制。

预先包装的破产（或叫预改破产）是根据《破产法》第 1126(b) 条获得授权的一种破产申请，以快速和简单而闻名。[45] 它要求债务人及其各利益方在庭外进行谈判并商订一项充分规划的改组计划。该破产申请方式只需要在占破产公司 66% 以上债务的债权人中得到 51% 以上的支持即可。[46] 预先包装的破产一般只在涉及的缔约方数量很少时才有实用价值。

预先包装的破产是如何构建的？

一般来说，旧的债务被交换为一个套餐计划，而该套餐计划包括新的债务工具——股权，有时也包括现金。例如，杠杆率高的公司可能会说服其债券持有人和其他债权人，将高收益债券换成收益率较低的债券和股票。

如果一家陷入困境的企业实体不想进行庭外协商重组或破产重组，它还有其他选择吗？

有其他选择。在某些情况下，它可以选择州级破产程序作为替代办法。

州级破产程序

什么是州级破产程序?

在这种程序中,陷入困境的企业实体自愿开始将其财产转让给债权人进行清算,从而使其在该州的债务全部清偿。对于想要清算其资产的企业实体来说,这是一个不错的选择,但要注意的是,它可能不得不服从联邦破产法。[47]

州级破产程序的主要优缺点各是什么?

州级破产程序的主要优势在于,它既低价又快捷。其主要缺点是该债务的解除方式对其他州的债权人没有约束力。拥有在其注册州之外的债权人这一点可能成为陷入困境的企业实体的一个主要劣势,因为这些债权人的债权不会被解除。对比之下,在根据联邦法律第七章进行的破产程序中,美国境内的所有索赔都将被解除。

投资机会:有结构地收购陷入困境的公司

在收购一家陷入困境的公司时,收购方可以采用哪些方式来组织收购?

收购方可以部分购买该公司(通过购买破产实体的股份或购买对该破产实体进行融资的基金),也可以完整购买该公司(通过购买该实体的所有资产或股份)。

在某企业实体只是陷入困境但是尚未申请破产的情况下,收购方可以在公开市场上购买该公司的股票。而一旦公司申请破产,收购方则必须通过破产法院对该公司进行收购。

不过,对破产实体的收购不需要以购买股票的方式进行。只要卖方已经做出了适当的努力来销售其公司资产,同时也没有其他可行的拯救计划可以供破产法院考虑,资产出售就可能被批准。按照《破产法》第363条的规定,该交易通常会以购买破产公司资产的形式进行。

第363条规定是什么?

"第363条规定"是《破产法》的一部分。根据第363(f)条,破产受托人或持有资产债务人可在特定条件下出售破产公司资产,但同时要保证其"在这些财产中没有任何利益可得"。[48] 从理论上讲,这意味着对破产公司任何用作抵押品的资产的索取权都将被暂停,而收购方(比如破产公司的新主人)也不会继承任何旧的债务。法院一贯认为,根据《破产法》第363条,出售债务人资产的买方应该"不承担与债务人业务有关的任何继承责任"。[49]

然而,当将破产实体以公司的形式进行销售时,会有一些限制条件。根据第363条,在购买一个公司时(不仅仅是购买其资产),购买方可能仍然要继承该公司的债务。这就是2006年安费诺集团(Amphenol Corp.)诉讼尚德勒公司(Shandler)一案中的发现。破产法院发现,印思尔科(Insilco)子公司PCM在出售股票给安费诺集团之后,仍需接受清算受托人100万美元的优先索偿。[50]

是否有专门购买破产企业实体的基金?

有的。为收购陷入困境的企业实体,市场上已经形成了几种基金,分别称为重组基金、转型基金、秃鹫基金或协商重组基金。无论名称如何,它们的重点都是一样的:以低廉的价格收购陷入财务困境或已经破产的企业实体,然后在这些公司摆脱困境时获利,而这种利润通常是通过控制该公司来实现的。

关于如何收购陷入困境的企业实体的相关指南是可以找得到的。这些指南包括《对陷入困境公司的并购艺术:对陷入困境和资不抵债公司的买入、卖出》(麦格劳-希尔教育,2011),这是麦格劳-希尔"并购艺术"系列书籍中的一本,该系列书籍的第一次出版始于30年前。

关于一家陷入困境的公司的可知信息质量如何?

如果某公司只是处于资不抵债的境地,但还没有正式破产,那么,关于这家公司的可获得信息质量可能是从优秀到糟糕都有,甚至是存在欺诈性。在一个典型的反面例子中可能发生如下情况:一家公司先被报道出业绩良好,之后却显示出业绩不佳的迹象,从而引发了一场调查(通常是内部调查),结果,事实是该公司的问题远比之前报道的更严重。

不过,一旦一家公司度过最糟糕的时期转而进入申请破产程序的话,相关信息质量就会提高。破产中的所有正式财务报告都是在宣誓后完成的,伪造记录和报表会受到刑事处罚。此外,根据法律规定,债务人必须提交关于其财务状况的详细报告,而且这将被作为一个公共记录事项。此外,债务人可能被迫根据2004年《破产法规则》在更详细的检查中作证。[51]

《2004年破产规则》规定,只要利益相关方提出动议,法院可下令对任何企业实体进行审查。[52]此外,它指出,此项审查可以涉及债务人的行为、日常经营、财产、债务和财务状况,或者可以涉及可能影响对债务人财产的管理或对债务人解除债务的权利的任何事项。在某些情况下,如在《破产法》第11章破产程序中,审查也可以与以下事项相关联:任何业务的运营和对该业务延续的祈愿程度,任何已被收购的资产的来源,或者收购债务人为了完善整合计划和某些倡议将要进行收购的财务的来源,以及任何与本案或者与整合计划的基础有关的其他事项。

事实上,有关破产实体的报道信息质量通常是非常好的,以至于在某些情况下,在联邦破产中向债权人发行的证券无须登记就可以交易(这使得某些形式的证券无须登记就可以上市)。

当然,在与陷入困境的实体进行交易时,所有正常交易的必要条件都适用,这些条件包括必须进行彻底的财务、法律、运营和交易尽职调查。但是这个话题已经超出了这本书的范围,所以买方应聘请这方面的专家,并尽可能地掌握这方面的知识。

是否存在一个参与投资的最佳时机?

在破产之前、期间和之后的任何阶段参与交易的成功性都是有可能的,但每个阶段都有利弊。

在破产申报前或申报期间投资通常是不可取的,因为在任何重组计划中,申请破产前的股东在申报后收到的付款比例通常非常低。(放贷、购买贷款或购买债券可能比购买股票更好,因为贷款人和债券持有人的优先权地位要高于股东。)

然而,对一家摆脱破产可能性相对较高的公司来说,申请破产前投资可能就是合理的。

- 首先,如前所述,任何在申请破产前作为股东的人都可以要求成立一个委员会代表。
- 其次,如果一位投资者是公司内部人士,并且对提交给破产法庭的投标具有影响力,那么他在提出收购要约时可能处于更有利的地位。一旦法院作出接受某个投标决定,旁人就很难对这个决定提出疑问。
- 最后,如果投资者是在申请破产保护的基础上进场参与交易的,那么它也可以采用两阶段的策略,即从债券转向股票的策略。曾经,有几位成功的基金经理在一家陷入困境的实体申请破产时购买了该实体的债券,因为他们当时就能预计到自己将来能彻底地获得股权或完成套现。而且,陷入困境的实体在实行重组计划时可能会将有息债券转换成一套新股票或现金。

在申请破产的过程中,从某公司根据《破产法》第 11 章申请救济到其脱离破产后确认重组计划的这段时间内投资者也有多种选择。当重组计划生效时,申请破产的公司通常会以较低的价格出售新股。一旦公司明显度过了破产过程,股价就可能会上涨。

此外,在许多情况下,法院批准的重组计划将包括把旧债券或旧优先股转换为新普通股的条款。购买这些申请破产后股票的最佳时机是在重组计划确定之前。然而,由于害怕面对公司破产带来的头疼问题,许多债权人会想要出售收到的债务清算股权。一些投资者会在公司发行股票时买下这些股票,并联系公司的债权人,询问他们是否愿意出售手中的股票。其他投资人则会等到破产活动完全结束后,看看公司的运营情况以及市场对它的看法,再做决定是否投资。

证券交易委员会会保护破产公司的投资者吗?

一般来说,证券交易委员会(SEC)的作用仅限于审查和拟议重组计划一同提交的披露文件,以确定申请破产公司是否向投资者和债权人告知了他们需要知道的重要信息。

尽管证券交易委员会不会就重组计划的经济条款进行谈判,但它可能会在一些重要的法律问题上选择立场,尤其是当这些法律问题在其他破产案中也会影响公众投资者的权利的时候。例如,如果证券交易委员会认为该公司的管理人员和董事正在利用《破产法》来保护自己免受有关证券欺诈的诉讼,那么该委员会可能会选择介入调查。

有组织地进行收购以将破产带来的风险降到最低

在为私有化交易融资时,债务与股权的比率是多少才是安全的?

正如在第五章中提到的,在结构化交易中,采用1.5∶1(60%)或更低的比率被认为是保守的。[53] 一家公司能走多远,取决于它所属的行业状况和其他因素,而且其中的每种状况都是独特的。读者可以参考一下以下债务融资并购后的破产案例:能源二十一公司(Energy XXI)、夏威夷电信(Hawaiian Telecom)和热带文娱公司(Tropicana Entertainment)。这些公司都是在通过债务融资进行并购后破产的,但在每个案例中,行业和/或时机因素也起到了一定的作用。[54] 尽管这些公司都已经脱离了破产风险,并成为有生存能力的企业,但它们的濒死经历给过度举债带来的风险提供了警示效果。

你能否详细说明公司破产所涉及的不同债务类型和水平?

2019年2月8日,迪特控股公司(Ditech Holding Corporation)与持有其75%以上定期贷款的供款人签订了"重组支持协议"(简称RSA)。该重组支持协议提供了一个对公司债务进行重组的规划,同时该公司继续甄选其他战略性备用方案。该公司表示,根据该重组支持协议,它计划进行资本重组以消除超过8亿美元的公司债务,并以紧急状态获得适当的营运资本设施,从而降低资本结构的杠杆率。正如重组支持协议所预期的那样,该公司将继续考虑广泛采用备用方案,这些方案包括但不限于诸如对公司全部或部分资产进行出售,以及对公司业务模式进行更改。

该公司向美国证券交易委员会提交的文件包括将如何对待不同债权人等细节[55]:

● 定期贷款债权人。根据一项修订和重申的信贷安排协议,定期贷款债权人将按比例获得总计4亿美元的新定期贷款资产,以及获得公司100%的股票,这些股票将由私人持有。

- **第二留置权债权人。** 在破产生效日期后,占本公司债务 9.00% 的第二留置权优先次级实物支付票据的持有人将不会收到任何资产分发。
- **前进贸易债权人。** 经必要的定期贷款人同意,被确定为新迪特公司(New Ditech)后续业务运营不可或缺的供应商们将获得一笔现金分配,现金数额等于其债权的一定百分比,但有一个总上限。
- **现有股权的利益。** 在破产生效日之后,公司现有股权持有者的债权将被消除。

很明显,在这次的破产申请中,有赢家,也有输家,这也是破产程序可能会持续很长时间的原因之一,因为各当事方都在为自己的正当权利争论。

显然,杠杆收购等高杠杆交易可能导致收购后资不抵债的后果。在这种情况下,债权人如何保护自己的利益?

杠杆收购可以有多种形式,如现金合并、股票收购或资产收购。无论杠杆收购的结构如何,根据定义,它将利用目标公司的市场价值(资产价值减去负债)来为收购目标公司融资。因此,这当中会有债权人的参与,因为他们对这些杠杆化和被转移的资产拥有索赔权。

根据杠杆收购企业实体的具体结构方式,这笔交易会对债权人产生相应的影响,除非它的结构方式就是为了避免产生这种影响而构建的。

- **最简化的杠杆收购结构会对债权人产生影响。** 在这种结构中,交易设计师将把所有或部分因收购产生的债务植入目标公司(或其继任者),目标公司也将占有这些资产,并将这些资产作为其债务的抵押品。因此,目标公司被收购前的债权人的债权,将与目标公司的任何新的无担保债务处于同等地位,并且/或将从属于任何新的有担保债务。
- **为了构建一项对债权人没有影响的交易,交易设计者必须采取额外的步骤。** 他们必须将目标公司资产保留在一个独立的公司(通常是原始的目标公司),该公司不承担任何新创建的杠杆收购债务的责任。这种结构中的杠杆收购债务属于一个独立公司,而该独立公司通常是购买目标公司股票的公司(如杠杆收购基金)。对该资产享有债权的债权人并不会处于不利地位,因为用作担保的资产并没有减少,其负债也没有增加。为了说明这一点,本章的最后部分列出了一系列交易图表。该系列图表展示了构建杠杆收购交易的不同方式以及其中会涉及的不同关系体系。其中一个附表展示了安全的方式(见图11-1),另外六个展示了危险的方式(见图11-2至表11-7)。
- **还有一个问题就是如何构建实际融资结构。** 一些融资结构方式可能会产生一些这样那样的问题,而其他融资结构方式却可以帮助预防这些问题。
- **上行流动和交叉流动的做法会对债权人构成危险。** 当子公司为母公司的借款提供抵押品担保时就会构成所谓的"上行流动"。当某子公司为了确保其他姊妹子公司的借款而提供抵押品担保时,就会构成所谓的"交叉流动"。这两种做法都可能削弱一个企业的财务完整性。

● 而相比之下,下行流动对债权人没有特别危险。当母公司为支持子公司的借款而做出担保和承诺时,就会出现所谓的"下行流动"。

之所以上行流动和交叉流动的做法会给债权人带来风险,是因为提供抵押品或担保的企业实体并没有获得合理的等效值,而是这些资产价值将流向其他附属机构。(如后面所要讨论的,在欺诈性转让法的背景下,"合理的等效值"具有技术意义。)

此外,每个子公司通常都会被要求为其母公司的所有优先债务提供担保,但子公司的资产只占全部收购的一小部分。这导致的结果就是每个被单独收购的子公司都无法偿还全部收购债务,如果对其进行单独索赔,则可能会导致该子公司陷入资不抵债。

通过采用恰当的企业构造结构和融资结构保护债权人的债权,有助于防止企业实体所有者因欺诈性转让而被起诉。如果目标公司出现资不抵债的情况,而债权人又因为公司被收购而处于不利地位,那么债权人可以援引《欺诈性转让法》来改善其债权人的地位。(事实上,具有前瞻性的破产受托人、持有资产债务人或法院授权的债权人或债权人委员会是可以根据《美国欺诈性转让和债务法》第 548 条提出上诉的,以提前避免转让交易的出现。)[56]

究竟什么是《欺骗性转让法》? 什么样的交易属性会导致公司违反这些法律?

《欺诈性转让法》起源于英国普通法。该系列法律最初以伊丽莎白女王一世的名字命名,被称为《伊丽莎白法》,现在被载入《美国破产法》(《破产法》第 548 条)和《统一可撤销交易法》。[57] 美国所有州都在统一法或其前身或普通法的基础上采用了《欺诈性转让法》。

根据《美国破产法》和州法律的相关规定,在某些特定情境下对企业财产的转让(例如,被收购公司对其资产给予的留置权,或由该留置权担保的票据)可能被视为欺诈行为,从而使涉事利害关系人有权利阻止转让交易进行或对该交易提起诉讼。

如果债务人转移财产的实际意图是阻碍、拖延或欺骗债权人,那么法院可能判定此为欺诈性行为。另一种情况是,如果收购方在交易中获得了"低于合理等值的价值",并且如果存在以下三个条件之一,法院则可能对其作出存在欺诈性转让行为的判定:

(1)公司在转让时已资不抵债,或因转让而资不抵债。

(2)由于转让,公司的资本少得不合理。

(3)公司造成了或打算造成超出其支付能力的债务。

所谓"低于合理等值的价值"是一个有点模棱两可的术语。它不一定指的是市场价值。相反,只要州"止赎法"(与取消赎回意向通知等有关)在各方面得到了尊重,那么"低于合理等值的价值"可能与止赎财产实际支付的价格都是一样。顺便说一下,"州止赎法"基本上也就是"抵押贷款法"(因为所有止赎法行为基本上都是用于终结抵押贷款协议的）。在美国，抵押法律主要是由州成文法和习惯法管理的。当抵押品是一种流通票据时，它就受《统一商法典》(UCC)第3条的管辖，该条内容涵盖了流通票据方面的规则。[58]对抵押行为的具体法律处理方法取决于持有抵押的实体（抵押人）的身份。因此，如上所述，尽管抵押法是被按照州级和普通法级别法律对待的，但是由联邦政府特许的机构也可能从属于联邦法律。

如果一个公司在被收购后破产，那么根据《欺诈性转让法》，谁会被起诉或被迫放弃资金？

如果任何一方在交易前就知道贷款收益将被支付给目标公司的原始股东，而债务将被强加于目标公司的资产，那么法院可以对该知情方施加以下惩罚：

- 摆脱破产的企业实体可能要承担转让公司的全部代价（也就是公司的购买价格）。
- 目标公司股东可能不得不退还其股票的被收购价格。
- 知情的债权人可能不得不将自己的债权置于其他债权人的债权之后，或者被要求退还所收到的任何贷款。
- 为该交易提供咨询的专业人士可能不得不退还费用，或因明知故犯而被起诉。

假设通过复杂的构建设计后，一笔转让交易表面上看起来像是经过深思熟虑的，难道法院不会从表面上尊重它吗？

不会的。法院远比人们想象得更聪明。他们发明了一种叫做"分步骤交易原则"来识破这些把戏。这一原则是从普通法发展而来的，但现在被载入美国税法中。法院引用这一原则后作出的不同判决之间差别很大，但根据一位税务专家律师的说法，分步骤交易原则的适用性（即包含该步骤的结构的崩溃性）取决于以下四个因素：

（1）交易步骤之间相互依赖的程度。相互依赖的程度越高，这些措施崩溃的可能性就越大。

（2）任何有约束力的承诺的覆盖范围。具有约束力的承诺越少，交易结构就越容易崩溃。

（3）各个交易步骤之间经过的时间。该时间越短，基于结构的可崩溃性越高。

（4）最终结果或当事人的意图。基于结构看起来越像是为特定的结果而设计的，就越有可能崩溃。

除欺诈性转让法之外，还有哪些其他法律能对资不抵债的公司参与交易的当事人进行合法的管制？

即使一项交易没有违反欺诈性转让法，它也可能会被认为违反了普通法下的受托责任，该受托责任从公司法和信托法两方面来考量。

各州的公司法略有不同，但各州的法律都规定人们负有应尽的"负责任义务"和"忠诚义务"。

● 履行应尽的负责任义务意味着以诚实为基础来代表公司股东行事,并合理地参考董事在类似情况下会采用的谨慎程度来办事,以此注意交易可能产生的影响。

● 履行应尽的忠诚义务意味着要避免利益冲突。州法院判定,当董事和高层管理人员挪用公司资产或滥用机会,或利用公司办公室名义来促进、推进或实施对公司实质上完全不公平的交易(该交易一般涉及公司与职员之间,或涉及与公司有关系的交易方)时,他们就违反了忠诚义务。

这些应尽的负责任义务和忠诚义务主要是对股东负有的,董事以受托人的身份代表股东,公司股东一般受到所谓的"商业判断规则"的保护,只要董事的决策是负责任和忠诚地做出的,该规则也就保护了董事的决策。

然而,在资不抵债的情境中,情况就不一样了。董事和高层管理人员要向好几个人员群体履行应尽的负责任义务和忠实义务,而不仅仅是向股东履行该义务。事实上,股东在公司申请破产后的资产分配中地位要次于直接债权人。此外,一些法律专家表示,"商业判断规则"可能不适用于董事会在法庭监督程序之外做出的决定。在任何复杂的交易中,还有一个额外的反转干扰因素,那就是信托法,也被称为"公司信托基金原则"。一般来说,这一原则规定,一旦公司遇到资不抵债的情况,为了债权人的利益,公司的资产应按照托管方式进行管理。根据这一原则,陷入财务困境的公司的董事和管理人员应避免在关联公司之间或同一公司内部将资金和其他资产混在一起,因为不同的债权人集团可能对该资产有不同的索赔权。

根据基本的信托法原则,受托人不能以削弱对任何资产的债权的方式对公司资产进行混合。

为出现亏损的公司提供融资选择

如果一个企业实体已经因为存在大量对其资产有债权的债务而陷入无法偿还债务的风险中的话,它从贷款人那里能借到更多钱的机会有多大?

银行是不愿为资产负债状况不佳的公司承担任何定期债务的。这里所说的负债状况不佳就是指总融资债务与未计利息、税项、折旧和摊销前收益(EBITDA)之比很高的情况。但是如今新水平(或部分)的次级担保债务业务已经出现,这就填补了传统贷款体系留下的空白。对冲基金、不良债务基金或专门的高收益基金在构建这一新的债务时,会在高级贷款人的基础上对借款人的所有资产实行初级留置权,它们偶尔也会对借款人被看作是引导抵押品(无须高级贷方提供预付款担保贷款的资产)的部分资产实行高级留置权。

这种债务形式有许多名称,如 B 级贷款、次级担保贷款、最后参与贷款或第二留置权贷款。不管它叫什么,这种次级担保贷款为那些被现有的高级贷款机构压榨的借款人提供了显著增加的流动性和杠杆工具。

B 级贷款机构是根据这两大标准来判断其贷款的安全性的:借款人资产的超额清算价值或超过优先贷款数额的企业价值。而且,贷款机构对这两种证券包销采用的信用标准完全不同。

● 在基于资产清算价值的衡量方法中,放贷方根据公司资产的清算价值来确保贷款的安全性。这笔贷款是基于资产负债表进行衡量的。(更多关于资产借贷的信息,请参见本章后面的清算部分。)

● 在基于企业价值的衡量法中,放款人根据公司的无形价值来确保贷款的安全性。这里所说的公司无形价值,包括品牌名称、客户关系和专有产品线。这种贷款是基于借贷企业的可持续经营价值或其各种产品线的价值来衡量的。

你能举一个基于企业资产清算价值的 B 级贷款的例子吗?

一家公司的借款基础可以是其破产净清算价值的 80% 到 85%。部分 B 级贷款可以提供破产清算价值的 10% 到 15% 或更多的增量预付款。

部分 B 级债券也可以是主要债券。例如,作为其破产程序的一部分,美国联合航空公司(United Airlines, Inc.)获得了由银行和其他金融机构组成的银团提供的一项新的高级担保循环信贷贷款和定期贷款机制(或退出贷款机制)。该退出贷款机制提供了高达 30 亿美元的总承诺,包括两个单独的贷款级别:

(1)A 级贷款。它包含一个高达 2 亿美元的可循环承诺贷款,该可循环承诺贷款可用于满足 A 级贷款,并可用于满足联合航空公司或其附属担保机构在正常经营过程中发出的备用信用证书申请。

(2)B 级贷款。它包含一个在破产申请时可提供的不超过 24.5 亿美元的定期贷款承诺和不超过 3.5 亿美元的额外定期贷款承诺。

出现亏损的公司的会计/税务问题

收购方能否以资产或股票购买的方式进行收购交易?如果可以这样做的话,那么对于购买亏损公司的收购方来说,哪一种方法是最佳选择?

在选择对任何特定公司的收购方式这件事上,买方都有很大的决定权。所谓最好的收购方式取决于收购方想要的基数。

当收购方采用直接收购目标公司资产的方式,而目标公司因出售或资产交换而需要纳税时,对收购方而言,该被收购资产的基数是其成本,这被称为"成本基数"。

当收购方采用购买股票间接获得目标公司资产的方式时,一般不影响目标公司持有资产的基数。这被称为"结转基数",因为目标公司的一项资产的基数是通过股票所有权的变化进行结转的。

因此,成本基数交易通常被称为"资产收购",而结转基数交易则通常被称为"股票收购"。但是这两个术语都不能反映交易的实际结构。

在收购陷入困境的公司的交易中,亏损和负债是如何计算的呢?

首先,让我们回顾一下第五章中讲过的关于一般税收原则的净经营亏损。如前所述,如果某企业纳税人在某一年内扣除的税额超过其应纳税所得额,那么这个超出部分就成为该纳税人的"净经营亏损"(NOL)。根据《减税与就业法案》修订的《税务条例》(IRC)第172部分条款,从2017年12月31日之后的第一个纳税年度开始,纳税人可以在不确定的时期内使用其净经营亏损抵消后续年度的应税收入(结转或推进)。但是,该条款不允许纳税人抵消前几年的应税收入(移前扣减)。[59] 该条款还对使用净经营亏损额对应纳税收入进行抵消的条件加设了限制;对于2017年12月31日以后的纳税年度,任何一年的应纳税所得额中只有80%可以用净经营亏损额进行抵消减免。

重组所产生的费用可以用于抵税吗?

不可以。重组所产生的费用只能以资本化的方式进行计算,而不能算作公司的支出,因为它们关系到公司的长期价值。在破产产生的相关费用中,唯一可用于抵税的就是解决侵权索赔的费用。

取消债务的税务处理原则是什么?

一般来说,《税务条例》的规则是,当债务被取消时,债务人拥有应纳税收入。然而,该一般性规则的一个例外就是纳税人在清偿债务后仍无偿债能力的情况。(如前所述,在税法中,当企业纳税人的负债超过其资产的公平市场价值时该企业就是破产了。)

如果某项债务清除后,企业仍没有偿还能力的话,那么全部清偿金额将不计入该企业总收入。这是一个非常重要的规则。如果企业资不抵债,而债权人债务的取消又使企业恢复了偿债能力,那么该企业必须报告自己的收入状况。但是,如果公司在债务清除后仍然没有偿还能力的话,则它不必报告任何收入。

然而,这里有一个问题。如果债务的清偿被排除在总收入之外,那么债务清除必须用于减少(按锚铢必较的标准)任何净经营亏损。从本质上说,这不是降低了税收,而是延缓了税收。

但是,如果申请破产公司是小型(S Corporation)公司,则对注销债务的税收待遇更有利。小型公司的股东可以根据税法中确定的收入项目增加公司基数。这些项目包括免税收入、损失和扣减,这就防止了双重征税。当亏损和扣减额通过审核时,股东的基数股份就会减少。然而,当这些项目超过了股东的股票和股东在公司的债务份额时,股东不能承担公司的损失和个人纳税申报单上的扣减。超过股东基数的项目数量将被"暂停",直到股东基数增加到足以允许扣除。债务减免是指纳税人资不抵债时将被排除在总收入之外的不纳税收入。然后,股东可以"通过"这一"收入项目"来增加公司基数。因为没有足够的企业基数来扣除这些损失,所以纳税人可以减去之前被暂停的任何损失。[60]

清算

什么是清算?

清算是出售资产,结束持续经营企业的存在。

什么是部分清算?

部分清算是指在一个更大的企业网络中出售一家企业(如其子公司)的资产。清算所得通常分配给股东。

如果一家公司收购一家资不抵债的公司,则它可以在不招致任何特殊法律风险的情况下清算该公司吗?

如果公司资不抵债,董事则没有特别义务申请破产。

不过,尽管董事们可以自由清算资产,但他们必须为这些资产争取合理的清算价值。事实上,如果一家公司资不抵债,但没有进行破产程序,也没有将自己置于法庭监督之下,那么董事就有更大的责任保护公司资产的价值,并计算其中的被浪费价值(如果有的话)。[61] 幸运的是,在清算中,董事对债权人优先偿付顺序的决定权受到商业判断规则的保护。然而,收购方必须谨慎考虑与收购资不抵债的公司有关的其他债务,因为收购方公司可能会继承其许多债务。

根据美国税法,清算是如何被处理的?

如果一家公司计划采用清算的方式收购另一家公司,并确实对被收购公司进行了清算,那么根据《税务条例》第332条和第337条,该清算交易将被免税。本书第五章对《税务条例》第332条进行了更详细的讨论。

此外,在某些情况下(在部分清算中),虽然股东获得收益需要得到公司层面的充分认可,但是获得收益的股东除了获得某些税收利益外,还可以避免股息税。要符合这样的条件,进行部分清算的公司或附属集团必须满足对至少两项独立业务(当然包括清算的那项)经营至少5年以上的经历。

结 论

协商重组、破产和清算都体现了在任何交易中精心安排结构的重要性,尤其是在与处于财务困境的企业实体进行的交易中更是如此。从长远来看,那些以努力偿还债权人债务并为股东保值为目标收购方,总是可以获得可观的回报。

在新的全球化经济中,这样的回报就更加珍贵,同时也是更加脆弱的。在今天的许多破产案例中,破产公司的资产都分布在一个以上的国家。幸运的是,对美国公司来说,《美国破产法》第15章允许美国法院、外国法院和其他涉及跨境破产案件的当局之间进行合作。跨境破产法包括法律选择规则、管辖权规则和判决执行规则。[62] 如今,我们应该以全球化交易为背景,并且应该同时从陷入困境的公司和健康的公司的角度来进行设想。

资不抵债公司进行重组和协商重组所采用的各种交易结构的示范图表

在图11-1所示的假想交易中,一位风险投资家借给作为收购方的纽科公司(Newco)100万美元的股权,同时银行则向该收购方借出900万美元。收购方拿着由此产生的1 000万美元,从股东手中收购T公司(Target)。T公司已经承担了200万美元的债务,在收购交易完成后,它也仍是纽科的独立子公司,但T公司不为纽科向银行借贷的900万美元提供担保,也不承担其他责任。在这种交易结构下,T公司即使被收购,也会变得资不抵债,该收购交易也不会指向欺诈性转让性质,因为它不会增加被收购公司的债务负担。

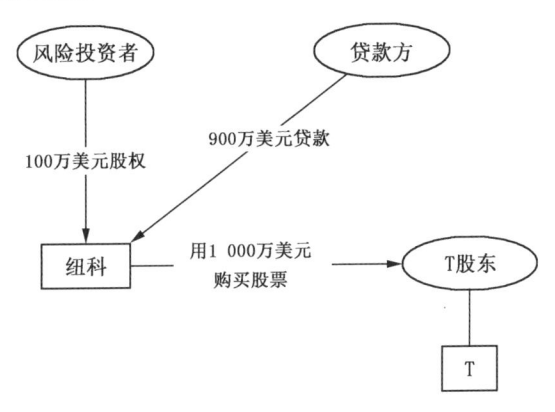

图11-1 不存在欺诈性转让风险的交易结构:纽科公司购买T公司股票

在图11-2中的假想交易中,一名风险投资家通过向纽科公司投资100万美元获得了T公司的股权。T公司还是纽科公司的子公司,并为纽科公司900万美元的债务作担保。如果已经负债200万美元的T公司因这笔交易而失去偿付能力,则这种交易结构方式可能就会转向欺诈性转让性质。

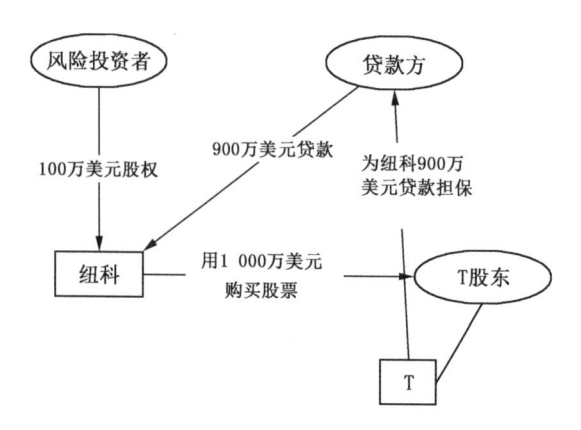

图11-2 通过担保构成欺诈性转让风险的交易结构:T公司向纽科公司做债务担保

在图11-3中的假想交易中,一名风险投资家通过向纽科公司投资100万美元获得了T公司的股权。已经负债200万美元的T公司借了900万美元,并将其重新贷给了纽科公司。如果T公司因该交易而资不抵债,这种交易结构方式可能会转向欺诈性转让性质。

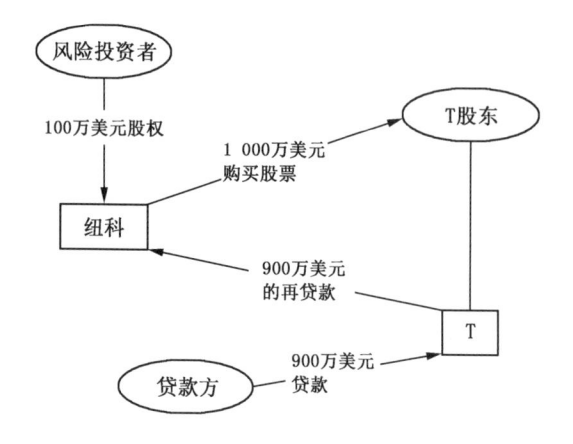

图11-3 通过贷款接收人的转换构成欺诈性转让风险的交易结构:借款方为T公司

在图11-4中的假想交易中,一名风险投资家通过向纽科公司投资100万美元获得了T公司的股权。纽科公司借款900万美元购买T公司的股票,以此与T公司进行完全合并(对T公司进行清算并通过T公司上游流动的方式与纽科合并或通过纽科下游流动的方式与 T 公司合并),并承担 T 的债务。如果新合并的公司由于该交易而失去偿付能力,则这种交易结构方式可能会转向欺诈性转让性质。

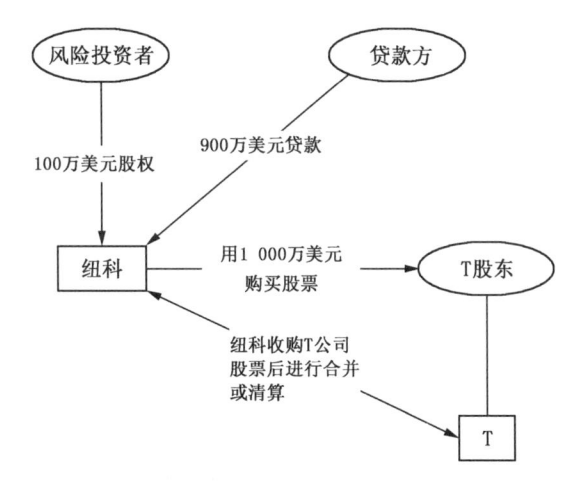

**图 11-4 通过简单合并构成欺诈性转让风险的交易结构:
纽科公司购买 T 公司的股票,然后两家公司合并**

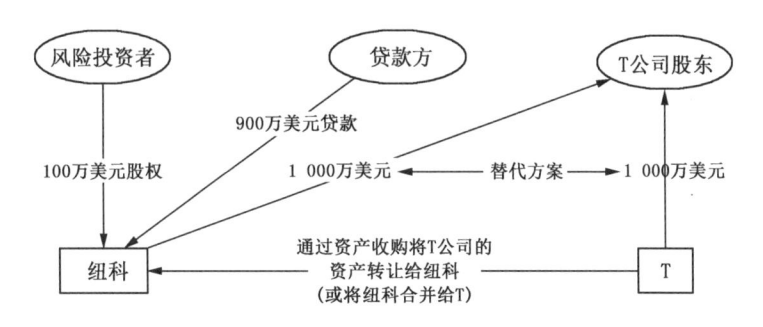

**图 11-5 通过向股东分配构成欺诈性转让风险的交易结构:
纽科公司购买 T 公司的股票/与 T 公司合并,然后向 T 公司股东分配**

在图 11-5 所示的假想交易中,一名风险投资家通过向纽科公司投资 100 万美元获得了 T 公司的股权,纽科公司又借了 900 万美元。然后,纽科公司拿出这 1 000 万美元,做以下两件事之一:(1)以 1 000 万美元收购 T 公司的资产,并承担 T 公司 200 万美元的负债,然后清算,将 1 000 万美元分配给股东;或

(2)与 T 公司合并(合并后新公司或 T 继续存活),并根据合并计划分配 1 000 万美元给 T 公司股东。如果 T 公司债权人在此交易后未能得到分配,那么这种交易结构方式可能会转向欺诈性转让性质。

在图 11-6 所示的假想交易中,一名风险投资家通过向纽科公司投资 100 万美元获得了股权。纽科公司利用这笔钱购买了 T 公司 10% 的股份。与此同时，T 公司又贷款 900 万美元，并将这笔钱用于赎回 T 公司剩余的股份。如果新合并的公司由于该交易而失去偿付能力，那么这种交易结构方式可能会转向欺诈性转让性质。

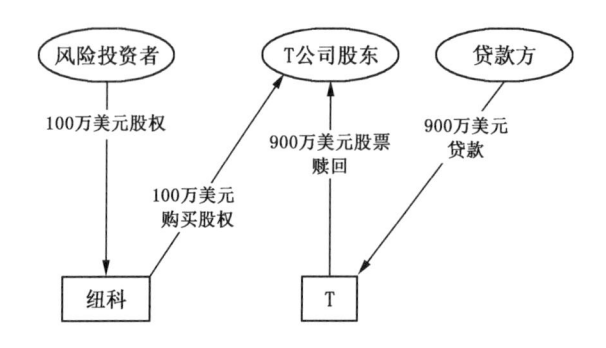

图 11-6　在涉及小额购股和大额贷款的多步交易中存在欺诈性转让风险的交易结构：纽科购买部分 T 公司的股票，T 公司借款赎回其余的股票

在图 11-7 所示的假想交易中，一名风险投资家通过向纽科公司投资 100 万美元获得了股权。而纽科公司将这 100 万美元投资于其全资子公司 S，S 公司又借款 900 万美元，然后与 T 公司合并（反向子公司合并），或者 T 公司合并入 S 公司（正向子公司合并）。根据合并计划，T 公司的股东将获得 1 000 万美元（100 万美元的股权加上 900 万美元的收购债务）。而如果最终合并的公司由于该交易而失去偿付能力，那么这种交易结构方式可能会转向欺诈性转让性质。

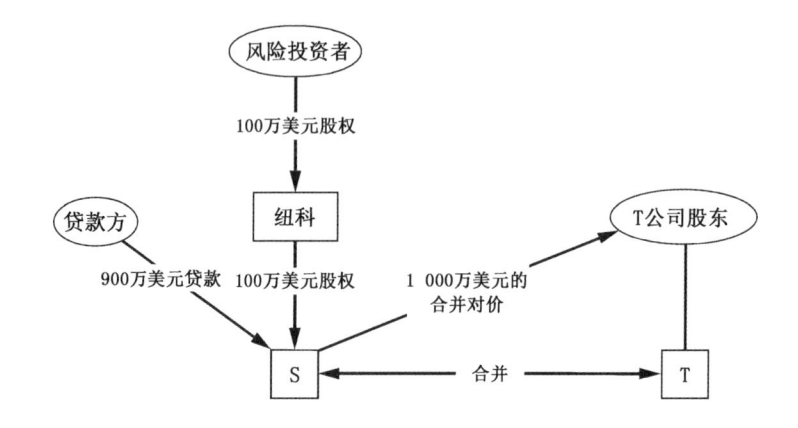

图 11-7　通过将风险转移给子公司而构成欺诈性转让风险的交易结构：纽科公司通过正向或反向地进行子公司合并的方式收购 T 公司

注释

1. 严格来讲,此处的《法典》也就是《美国法典》(USC)第 11 章标题 11。《美国法典》有 54 个标题,每个标题都涉及美国联邦法律的一个特定方面。《美国法典》由《联邦法规法典》(CFR)作为补充。更多细节参见第六章关于"尽职调查"的部分内容。

2. 本章的总体框架基于该系列标题中的早期书籍,如《并购中构建结构的艺术》(The Art of M&A Structuring)和《对陷入困境的企业进行并购的艺术》(The Art of Distressed M&A),参见 Alexandra Reed Lajoux and H. Peter Nesvold, The Art of M&A Structuring: Techniques for Mitigating Financial, Tax, and Legal Risk (New York: McGraw-Hill, 2004); and H. Peter Nesvold, Jeffrey M. Anapolsky, and Alexandra Reed Lajoux, The Art of Distressed M&A: Buying, Selling, and Financing Troubled and Insolvent Companies (New York: McGraw-Hill, 2011)。然而,本章的所有材料都是最新的,可以反映破产法和会计方面的最新发展。本章作者对 Deborah Hicks Midanek Bailey 的指导表示感谢。

3. Jonathan Rosenthal 是 Adelphia 和 Kmart 公司股东委员会顾问,他在转型管理协会网站(turnaround.org)上发布的一篇商业周刊在线报道中是这样说的。参见注释 13 获得更多关于这个周转管理协会的信息。

4. 关于这个主题的较好的文章,参见 Andrea Saavedra and Christopher Hopkins, "The Statutory Definition of 'Insolvent'-Part One," https://business-finance-restructuring.weil.com/valuation/the-statutory-definition-of-insolvent-part-one/。

5. 参见 11 U.S.C. § 101(32)(A), https://www.law.cornell.edu/uscode/text/11/101(本条款的第二部分涉及根据《破产法》第 9 章破产的市政当局)。

6. 根据第 11 章提出的债权被称为付款权,不论该权利是否被简化为判决、清算、未清算、固定、或有条件、到期、未到期、有争议、无争议、法定、股权、有担保或无担保,参见 https://www.law.cornell.edu/uscode/text/11/101。

7. Travellers International AG v. Trans World Airlines, Inc. (In re Trans World Airlines), 134 F.3d 188, 194 (3d Cir. 1998), cert. denied, 523 U.S. 1138 (1998).

8. Ibid. at 195.

9. 参见《统一可撤销交易法》第 2(a) 和 (b)部分内容。该法案是对《统一欺诈性转让法》的修订和重新命名。注:到期债务未能偿还有时被称为"公平的破产"。

10. http://www.uniformlaws.org/shared/docs/Fraudulent%20Transfer/2014_AUVTA_Final%20Act_2016mar8.pdf.

11. 《纽约商业公司法》第 102(a)(8)条将资不抵债定义为"在债务人正常经营过程中无法偿还到期债务",参见 https://newyork.public.law/laws/n.y._business_corporation_law_section_102。

12. 感谢布朗斯坦公司(Brownstein Corp.)的霍华德·布朗斯坦(Howard Brownstein)解释了破产的股权定义。

13. 转型管理协会(Turnaround Management Association)对这些高管来说是一个很好的资源,该协会在全球 49 个分会拥有 9 000 名会员,参见 https://turnaround.org/about-tma。

14. https://www. researchpool. com/download/? report_id=1751185 &show_pdf_data rue.

15. "Neiman Marcus Seeks Debt Restructuring to Avoid Bankruptcy", Retail Touchpoints, October 25, 2018, https://www. retailtouchpoints. com/features/news-briefs/neiman-marcus-seeks-debt-restructuring-to-avoid-bankruptcy.

16. 该书的 2007 年版本还将美国航空公司(American Airlines)、克莱斯勒(Chrysler Corp.)和大宇(Daewoo)进行了列举,但这 3 家公司在 2007 年之后都申请了破产。

17. 如第 5 章所述,《美国法典》是根据美国一般法律和永久性法律的主题加以合并和编纂的。它是由美国众议院法律修订顾问办公室编写的,参见 http://uscode. house. gov/search/criteria. shtml。

18. https://www. justice. gov/ust/bankruptcy-fact-sheets/us-trustees-role-chapter-11-bankruptcy-cases。

19. 关于破产法院和其他重要的破产程序资料,请访问美国破产协会的网站,特别是这个网: https://www. abi. org/membership/bankruptcy-links。关于管辖区域的资料可在《美国法典》第 28 篇 1334 宗"破产案件和程序"中找到,参见 https://www. law. cornell. edu/uscode/text/28/1334。

20. 在美国,每年约有 600 万家实体申报持续经营税,参见 https://www. irs. gov/pub/irs-soi/13CorporateReturnsOneSheet. pdf。此外,包括个人申请在内的破产申请总数不到 6 万件。(如上文所述,企业申报数量约为 4 万,但部分实体业主采用个人破产解决对其企业的债权,因此企业破产申请总数超过 4 万。)

21. 参见《公法 95-598》第一编,第 101 节,1978 年 11 月 6 日,第 2549 号法令。

22. 益百利(Experian)指出,破产法第七章是收入有限的消费者的一种选择(https://www. experian. com/blogs/ask-experian/what-is-chapter-7-bankruptcy/)。另外,正如 Nolo. com 所指出的,小企业主可以选择代表自己的企业或个人根据破产法第七章申请破产保护。但是,如果你是独资经营者,你的商业债务和个人债务将在同一破产法第七章中解决。我们进一步注意到,许多企业主选择只申请个人破产,因为这一做法可以消除个人支付企业债务的责任,参见 https://www. nolo. com/legal-encyclopedia/chapter-7-chapter-13-bankruptcy-small-business-owners. html。

23. 联邦破产程序规则(2017 年 12 月 1 日),http://www. uscourts. gov/sites/default/files/bankruptcy-rules-procedure-dec2017. pdf。

24. "The Year in Bankruptcy", https://www. jonesday. com/the-year-in-bankruptcy-2017-02-02-2018/? utm_source=Mondaq & utm_medium=syndication & utm_campaign=View-Original。

25. 绝对优先权规则规定,债权人比股权持有人有更高的优先权收回其任何投资。或者正如美国最高法院所指出的那样,在未得到受影响债权人同意的情况下,破产法院可能不会批准不遵循普通优先规则的结构性资产清算分配。相关来自美国高级法院的确认信息请参见 Czyzewski v. Jevic Holding Corp., No. 15-649, 2017 U. S. LEXIS 2024, at ＊21 & ＊7 (Mar. 22, 2017), https://www. supremecourt. gov/opinions/16pdf/15-649_k53m. pdf。

26. https://www. law. cornell. edu/uscode/text/11/506。

27. https://www. law. cornell. edu/uscode/text/11/510。

28. https://www.law.cornell.edu/uscode/text/11/1129.

29. 正如 Mark G. Douglas 所述,本部分法规提供了一种机制,它旨在通过规定股权持有人的债权次于债权人的债权的原则,来维护债权人/股东的风险分配模式。简而言之,2017 年 8 月 15 日第二巡回法院重申了"破产法中股东债权从属关系的广泛范围",Jonesday.com,2017 年 7 月/8 月。在雷曼兄弟控股公司的案件中(855 F.3d 459｛2d Cir.2017｝),法院在将该从属条款适用于员工收到的限制性股票时,对该条款的合法性再次进行了确认,https://www.jdsupra.com/legalnews/in-brief-second-circuit-reaffirms-broad-89938/。

30.《美国联邦破产程序规则》第 3002(a)条,参见 http://www.uscourts.gov/sites/default/files/bankruptcy-rules-procedure-dec2017.pdf。该规则现在要求有担保债权人提交索赔证明,以获得对有担保索赔的豁免,参见 Joshua D.Morse,"Beware Secured Creditors:The Newly Amended US Federal Rules of Bankruptcy Procedure Now Require Filing a Proof of Claim",DLAPiper,December21,2017,https://www.dlapiper.com/en/us/insights/publications/2017/12/restructuring-global-insight-december/beware-secured-creditors/。

31. 委员会档案参见 http://govinfo.library.unt.edu/nbrc/。

32. 如前所述,如果一个企业纳税人在某一年的税收扣除总额超过其应税收入总额,这个超出部分就成为该纳税人的净经营亏损(NOL)。根据《减税与就业法案》(TCJA)修订的"税务条例"(IRC)第 172 节,允许纳税人从 2017 年 12 月 31 日之后的第一个纳税年度开始,在不确定的时期内,使用其不确定税项抵消后续年度的应税收入(结转)。根据I税务条例的其他规定,某些不能在某一年使用的税收损失或税收抵免可以结转或转回其他纳税年度。一般来说,税务条例对公司使用净经营损失结转能力的规定也适用于其他项目。为了简单起见,所有这些项目都倾向于与损失结转合并在一起。

33. 参见 Congress.gov,并在该网站上使用搜索词"破产",选择法案标题和法案摘要。

34. 关于正在考虑申请破产保护的小企业所面临的障碍情境,参见 Adviser to Businesses Laments Changes to Bankruptcy Law,*New York Times*,February 29,2012。

35. 这个答案摘自如下资料:Bankruptcies,Liquidations and Quasi-Reorganizations:A Comprehensive Guide,part of the Financial Reporting Developments series,revised May 2018,http://www.ey.com/ul/en/accountinglink/frd-bb1840-bankruptcies——liquidations-and-quasi-reorganizations。

36. 雷曼兄弟公司,债务人,破产立案编号 36.8-13555(JMP),Report of Anton R.Valukas,https://web.stanford.edu/~jbulow/Lehmandocs/VOLUME%201.pdf。

37. 宾夕法尼亚大学法学院的公司法教授 David Skeel 引用了 Brian Tumulty 的话,"History Shows Corporations Can Survive Bankruptcy",May 29,2000,https://abcnews.go.com/Business/story?id=7712263&page=1。

38. 例如,截至 2018 年底,最高人民法院共受理 71 起重大案件,http://www.nysb.uscourts.gov/megaCases。

39. 参见 http://www.uscourts.gov/services-forms/bankruptcy/bankruptcy-basics/chapter-11-bankruptcy-basics。

40. "绝大多数证券持有者已经批准了该计划的这一事实并不能检验该计划是否公平公正",法院在诉洛杉矶木材公司案[案件编号 308 U. S. 106（1939）]中如是判定。Mark J. Roe 在其作品中也援引了这个结论,"The Three Ages of Bankruptcy", *Harvard Business Law Review*, March 7, 2017, http://www. hblr. org/wp-content/uploads/2017/11/ HLB203_ crop. pdf。也可参见 Jason B. Binford et al. , "The Top 10 Cases That Every Bankruptcy Practitioner Should Know (Plus Certain Honorable Mentions)", The Federal Lawyer, February 2010, http://www. fedbar. org/Resources_1/Federal-Lawyer-Magazine/2010/The%20Federal%20Lawyer%20-%20February%202010/The-Top-Ten-Cases-That-Every-Bankruptcy-Practitioner-Should-Know. aspx? FT=. pdf。

41. 参见 http://www. uscourts. gov/services-forms/bankruptcy/bankruptcy-basics/chapter-11-bankruptcy-basics。

42. 关于西尔斯控股公司(Sears Holdings Corporation)的案例（18-23538）信息,参见 https://restructuring. primeclerk. com/sears/。

43. 据一位消息人士透露,这样一个委员会及其顾问的目标是获得尽可能多的股权,参见 Shivani Shah, "For Equity's Sake: The Appointment of Equity Committees in Bankruptcy Cases", Client Lette, March 16, 2018, http://www. nortonrosefulbright. com/knowledge/publications/163866/for-equitys-sake-the-appointment-of-equity-committees-in-bankruptcy-cases。

44. Ibid.

45. 参见 https://www. law. cornell. edu/uscode/text/11/1126。

46. 参见 http://www. uscourts. gov/services-forms/bankruptcy/bankruptcy-basics/chapter-11-bankruptcy-basics。

47. 正如一位学者所说,一般来说,联邦破产法以州法的财产和合同权利为依据,尽管与联邦破产法的反补贴目的有关,参见 Butner v. United States, 440 U. S. 48, 54（1979）. John A. E. Potow, "Fiduciary Duties in Bankruptcy and Insolvency", University of Michigan Scholarship Repository, https://repository. law. umich. edu/cgi/viewcontent. cgi? article=1246&context=law_econ_current。

48. 参见 11 U. S. Code § 363—Use, sale, or lease of property, https:// www. law. cornell. edu/uscode/text/11/363。

49. 在康斯达雷兴企业有限责任公司(Constellation Enterprises LLC)的债务人动议中有引用,案例编号为 16-11213 (CSS),于 2016 年 5 月 5 日提交,参见 http:// bankrupt. com/misc/Constellation_Ent_88_Sale_M. pdf。上诉法院对此案的裁决被驳回,参见 https://www. courtlistener. com/recap/gov. uscourts. ded. 62335/gov. uscourts. ded. 62335. 58. 0. pdf。

50. 安费诺公司(Amphenol Corp.)诉尚德勒(Shandler {In re Insilco Technologies, Inc. })公司案,案件编号为 05-52403 (Bankr. D. Del. ,2006 年 9 月 18 日）。这个案件提醒我们,美国破产法院不能授予破产债务人的非当事人附属公司无留置权的资产所有权,参见"U. S. -Canadian Cross-Border Restructurings: What's New", May, 2007, https://mcmillan. ca/101513。

51. 2004 规则授权法庭,可以下令对任何实体进行检查,但是该检查要与以下事项有相关性:债务人的行为、财产、负债和财务状况,任何可能影响债务人财务管理状况的事项或债务人免去债务的权利,参见 Andrew C. Kassner and Joseph N. Argentina,Jr.,"Fishing in the Waters of Bankruptcy Rule 2004", The Legal Intelligencer, September 16, 2018, https://www.law.com/thelegalintelligencer/2018/09/06/fishing-in-the-waters-of-bankruptcy-rule-2004/?slreturn=20180902175530。

52. 参见 https://www.law.cornell.edu/rules/frbp/rule_2004。

53. 参见 Initial Guidance Under Section 163(j) as Applicable to Taxable Years Beginning After December 31, 2017, Notice 2018-28, https://www.irs.gov/pub/irs-drop/n-18-28.pdf。注释:30 年前,当本书第一版出版时,所谓的杠杆收购(LBOs)的比率更高。高达 90%的交易可能由债务融资,留下负债累累的资产负债表。在很多情况下,结果是资不抵债。

54. 要获取更多关于这些示例的信息,参见 George Schultze, "Chapter 11 Is Not the End of the Game", Forbes, September 10, 2018, https://www.forbes.com/sites/georgeschultze/2018/09/10/chapter-11-is-not-the-end-of-the-game/#417560212eb4。

55. 新闻稿可以在这里找到:http://ditechholding.com。The SEC filing can be found here: https://www.sec.gov/Archives/edgar/data/1040719/000119312519032940/d705469d8k.htm。

56. 参见 https://www.law.cornell.edu/uscode/text/11/548。

57. 正如美国律师协会所指出的,"统一法律委员会"最近通过了《统一可撤销交易法》(UVTA),该法案将被作为《统一欺诈性转让法》(UFTA)的继承者。《统一欺诈性转让法》本身是对其前身《统一欺诈性转移法》(UFCA)的更新版。对《统一欺诈性转移法》的更新是为了使其与 1978 年的《破产改革法》相统一,参见 https://www.americanbar.org/publications/probate_property_magazine_2012/2015/july_august_2015/2015_aba_rpte_pp_v29_3_article_foster_boughman_uniform_voidable_transactions_act.html。

58.《统一商法典》(UCC)是由全国统一州法律委员会议(NCCUSL)(也称为统一法律委员会)发展和维护的,这是一个非营利性组织。更多关于《统一商法典》的信息,见第五章。

59. "Net Operating Losses (NOLs) After the Tax Cuts and Jobs Act: Understanding the Limitation on Future Use and Carryback of NOLs", RSM, updated March 29, 2018, https://rsmus.com/what-we-do/services/tax/washington-national-tax/net-operating-losses-after-the-tax-cuts-and-jobs-act.html。

60. 这是美国最高法院在 Gitlitz 等人诉 Commissioner of Internal Revenue(2001)案中的裁决,案件编号为 531 U.S. 206 (2001)5。该案件始于 1991 年,当时科罗拉多州的 PDW&A, Inc 是一家破产的小型公司,David Gitlitz 和 Philip Winn 是股东,根据税务条例第 108 条,该公司减除了总计收入中超过 200 万美元的债务清偿。因为此减免数额,股东 David Gitlitz 和 Philip Winn 在 S 型公司的股权基数得到了增长。由于股权基数的增加,David Gitlitz 和 Philip Winn 申请了额外的公司损失数额和债务减免数额。法院认为,如果某 S 型公司的债务清偿金额不包括在总收入内,那么税务条例允许纳税人增加他们的小型公司股票基数。

61. N. Y. Credit Men's Adjustment Bureau v. Weiss, 305 N. Y. 1 at 7.

62. https://corporatefinanceinstitute.com/resources/knowledge/other/us-bankruptcy-code。

第十二章 全球交易:构建成功之路

引 言

现如今,商业买卖双方在全球经济中的运作相较于以往任何时候都要多。根据汤森路透(Thomson Reuters)的数据统计,2018年跨境并购活动的总额达1.6万亿美元,较2017年增长了32%。这是自2007年(本书第四版出版之日)以来,跨国并购最为强劲的前9个月的百分比。跨境并购在2018年的并购活动中占比38.9%,再次创下自2007年以来最强劲的前9个月百分比,当时跨境并购的量额占总交易的44%。[1]

全球网络空间固有的无数机遇和风险(包括网络风险)[2],使任何企业几乎不可能在这个经济和技术相统一的领域之外开展业务。尽管出现了"新民族主义"和全球贸易战,但在2008—2009年金融危机后的十年里,可以看到全球贸易的稳步增长。[3] 现如今,美国公司每年的海外出口额超过1.5万亿美元,表明其对全球市场的信心[4],相比之下,其进口额增量更多(超过2万亿美元),这显示出美国对全球供应商的持续依赖性。此外,各企业正在从事越来越多种类的国际合并、收购和其他投资活动——其中很大一部分为全球贸易的繁荣做出了贡献。[5]

在每年约4万亿美元的并购支出中[6],超过40%的资金(1.7万亿美元)被用于收购美国的公司。[7] 然而,美国在交易促成方面并没有达到垄断。最近公开的规模最大的许多交易都是不涉及美国公司的跨境交易,包括武田制药有限责任公司(Takeda Pharmaceutical Co. Ltd.)和夏尔股份有限公司(Shire PLC)(日本/爱尔兰),这两家公司于2019年1月以622亿美元的价格完成交易。[8]

这些买方和卖方是在一个流动性越来越强的金融环境中进行交易的。在全球范围内,证券交易所已经向外国发行人开放上市,提供24小时交易,以满足全球性的实时买卖事项。世界交易所联合会(World Federation of Exchanges)目前包括200家市场基础设施供应商,列出了4.5万家股票价值达82.5万亿美元的公司。[9] 与此同时,随着越来越多的公司使用多种语言打印公司年报,这使得其国际语言障碍也正在逐渐减少。

让我们来看一个关于术语的简要说明。我们所说的"外国",是指公司所在国以外的地方。因此,对于一家在法国注册的公司来说,一家英国的收购方将属于外国公司,即使它们位于同一个地区。我们并不是用这个词语来表示一个多州国家内的跨州界交易。由于《美国国内税收法》(IRC)以各种方式使用"外国"一词,因此我们将在每次使用时对其进行定义。

本章分为非征税和征税两个部分。它将每一个领域里与在美国的海外投资(入境交易)有关的问题,以及与美国在海外投资(境外交易)有关的问题都进行了区分,其中包括对公司收购其他具有国际组成部分的美国公司有用的信息,以及对希望通过国际技术和来源为其国内或国外活动融资的美国公司有用的信息。

非税入境:关于外国在美投资的问题

美国对外资所有权的限制
美国法律对外国人可以参加的商业协会形式有什么限制吗?

一般来说,美国法律对外国人可以用来创建或经营企业或自己的商业利益的商业协会的形式没有限制。外国人决定使用的商业协会的类型通常取决于企业的特殊需要,以及联邦和州法律——特别是税法——对该企业的影响,这可能是使用一种特定结构的动机和使用另一种结构的抑制因素。任何外国人士在决定最有利的商业协会形式以实现其特定的目标之前最好先咨询当地的法律顾问,了解所有相关税收、商业、证券和法律的影响。

组建新公司的各方必须是美国公民和公司所在州的居民吗?

不一定。对于那些习惯于在某些外国制度下注册的人来说,美国公司组建方式的简单化和快捷性可能会让他们感到惊讶。在州公司法没有明确要求的情况下,这些当事人被称为公司创办人(不是股东的同义词),只是用来组织公司的法律工具。他们不必是根据其法律组建公司的国家的公民或居民,例如,特拉华州公司法第101(a)条规定如下:

> 任何个人、合作企业、协会或公司,单独或共同与他人,且不考虑其住所或者注册州,可以成立或者组织一家公司向国务院公司司提交公司注册证书,该证书应根据本编第103节签署、确认和提交。[10]

如果拥有和经营一家根据美国某一个州的法律成立的公司的每个人都是非美国

公民,那么该公司就不被视为外国公司吗?

不是的。根据任何州的法律成立的公司仅仅只是该州的公司。但是,该公司的商业活动可能会受到限制,因为它的所有者不是美国公民,而且它的所有者可能会因为他们的外国公民身份而不得不支付额外的税款(参见本章后面的"国际税收和披露注意事项")。

什么类型的联邦限制适用于外资对美国企业的所有权?

对外国人士拥有美国企业的事项并不存在全面的限制。然而,在特定行业或特定情况下,某些联邦法会限制外资所有权。下文将列出用于控制特定行业或情况下的外国投资和活动的联邦法规名称,列出顺序为其被法律最初通过的年份时间顺序:

● 1872 年的《通用采矿法》(The General Mining Law)以及 1958 年的《矿产土地租赁法》(the Mineral Lands Leasing Act)要求任何拥有矿场的人都必须是美国公民。此类别可包括非美国人拥有的美国法人实体,但必须披露该信息。《矿产土地租赁法》要求,任何向内政部长申请联邦租约以开发美国某些自然资源的公司,必须披露持有其 10% 以上股份的股东的身份和公民身份。在这种情况下,只有在美国人能够从这些外国股东的母国政府获得互惠许可证或租约的情况下,才会被授予租赁权。[11]

● 1919 年的《边缘法案》(The Edge Act)限制了外资对联邦储备委员会(Federal Reserve Board)特许经营的那些从事国际银行和金融业务的公司的所有权。[12]

● 1920 年的《商船法》(The Merchant Marine Act)包括更为著名的《琼斯法案》(Jones Act)。该法案将船舶的注册和许可证限制于由美国公民控制或在美国组织并由美国公民控制的公司,合伙企业或协会从商务部长那里拥有、特许拥有或租赁的船舶。[13]

● 1934 年的《通信法》(The Communications Act)禁止外国人、外国政府、某些由外国利益集团控制的美国公司以及在美国境外组织的公司拥有广播或公共运营商许可证。[14]

● 1950 年的《国防生产法》(The Defense Production Act)中的第 721 条授权美国总统暂停或禁止某些被视为威胁国家安全的交易。1988 年的《埃克森—弗洛里奥法案》(Exxon-Florio Act)和 2018 年的《外国投资风险审查现代化法案》(Foreign Investment Risk Review Modernization Act)加强了这一部分内容。

● 1953 年的《外大陆架土地法》(The Outer Continental Shelf Lands Act)规定,开发能源资源的离岸租约只能由美国公民、国民和永久居民或其商业协会持有。但是,由于内政部认为在美国成立的任何公司都是适合授予租赁权的实体,因此外国可以通过在美国设立一家子公司来拥有租赁权。[15]

● 1958 年的《联邦航空法》(The Federal Aviation Act)禁止任何外国航空承运商

或控制此类实体的个人"以任何方式"获得实质上从事航空业务的任何美国实体或企业的"控制权"。[16]

除上述美国法规外，还采取了额外的行政部门措施，以监测或控制在美国的外国投资和涉及美国的贸易活动。

1975年，根据行政命令成立了美国外国投资委员会（CFIUS）。该委员会的任务是审查外国政府在美国的投资。根据美国外国投资委员会的判断，这些投资可能会影响美国的国家利益。然而，该委员会无权阻止或修改外国政府的投资。如前面所述，根据《国防生产法》和随后修订该法案的法律，这项权力属于美国总统。

对于外国人拥有或控制的美国企业，联邦政府有什么特殊要求吗？

有，除了税收要求（在本章后面讨论）外，主要是一些披露要求。首先，一般适用于收购的披露要求，如《哈特-斯科特-罗迪诺法案》（Hart Scott-Rodino Act）（见第二章）和《威廉姆斯法案》（Williams Act）（见第十章）的要求，既适用于美国投资者，也适用于外国投资者。其次，下列联邦法律对外国投资者规定了具体的披露要求，或对外国投资者有其他要求：

● 1976年的《国际投资和服务贸易调查法》（The International Investment and Trade in Services Survey Act）[17]要求，如果1名或多名外国人士以超过100万美元的价格收购了该企业10%或10%以上有表决权的权益，则美国商业企业必须在45天内向商务部报告。根据这一法律，如果企业的年销售额、资产或净收入超过某个临界值，则还需要定期进行报告。[18]除了外国投资者的报告要求外，该法案还要求任何协助或干预外国人士获得至少10%的有表决权的权益的美国公民或与外国人士合资创建美国企业的美国公民进行报告。

● 1978年的《农业外国投资披露法》（The Agricultural Foreign Investment Disclosure Act of 1978）[19]要求，外国人士或实体在收购或转让美国农业、牧场或林地的任何权益（留置权或担保权益除外）后，需在此之后的90天内提交报告。[20]

● 1980年的《外国不动产投资税法》（The Foreign Investment in Real Property Tax Act of 1980）授予财政部部长权限，并要求在美国不动产权益中持有直接投资的外国人士需要申报，但其申报需满足一定的价值门槛。[21]

最后，许多一般商业法律是普遍适用于任何收购美国公司或在美国市场上市的人士的。当然，这些法律包括21世纪轰动一时的美国法律，具体如下：

在安然（Enron）和世通（WorldCom）破产后，2002年的《萨班斯-奥克斯利法案》（Sarbanes-Oxley Act）规定了更为严格的金融控制。例如，第404条要求公司评估其内部控制的力度，并要求审计师按照详细的标准进行同样的评估。

2010年通过的《多德-弗兰克法案》（Dodd-Frank Act），是为了防止2008—2009

年的全球金融危机重演,以及出于其他广泛的社会目的。它要求联邦机构为其管辖范围内的公司制定约400项新的规则,其中不仅包括许多影响银行资本结构和披露要求的规则,还包括强制执行影响各种上市公司披露规则的条款——例如,要求公司披露其产品是否含有争端矿物的规定。[22]（欧盟于2017年通过了一项类似的法律,将于2021年1月1日生效。）[23]

外国投资者在收购美国商业利益时是否必须关注具体的州法律和美国联邦法律？

一般来说,国家不限制外国投资,但对银行和保险等特定行业除外。大多数州都通过了反收购法(参见第十章),但这些法律同样适用于美国收购者和外国收购者。有些国家会限制某些类型的财产的土地所有权,以及外国投资者对自然资源的开采或开发。希望在美国获得商业利益的外国人士应寻求法律顾问,以确保目标企业所在州以及联邦法律不存在任何特殊限制。

上述任何限制条款是否适用于外国人士持有债务而不是股权的美国企业？

不是的。在美国,持股比例是衡量外国投资者对美国公司控制程度的唯一手段,而债务持有量则不在考虑之列。但是要注意的是,正如第五章所讨论的那样,债务和股权之间的区别并不总是明确的。

联邦或州法律是否限制美国公司为外国子公司债务提供担保的能力？

联邦政府对美国公司担保外债的能力没有限制。州政府对公司债务担保能力的任何限制都将在该州的公司法中做出规定,但这种限制相对较少。如果州法律确实存在限制,则无论代表谁提供担保,这些限制都适用。

根据美国法律,美国公司将其资产质押给外国贷款人的能力是否有法律限制？

公司从国家公司条例中获得、使用和处置资产的权力,并不依赖于交易其他各方的身份。例如,《特拉华州普通公司法》第122条授权任何特拉华州的公司"购买、接收、赠予、赠送、设计、遗赠或其他方式、租赁或以其他方式获得、拥有、持有、改进、雇用、使用和以其他方式处理位于任何地点的不动产、个人财产或其中的任何权益,以及出售、转让、租赁、交换、转让或以其他方式处置、抵押或质押其所有或任何财产、资产或其中的任何权益,无论其位于何处"。[24] 美国联邦法律对美国个人或实体的资产抵押没有任何限制。

美国是否对美国企业可以向外国投资者支付的美元金额有任何限制？

根据美国现行法律,对于美国或外国投资者可以从美国撤出的资金数额是没有限制的。事实上,正是由于美国和许多其他国家缺乏这样的限制,才导致一个在全球金融市场拥有运营中心的大型外汇市场的发展,本章之后将对此进行讨论。

收购机构所在国实施的限制

大多数国家是否有影响其公民在其他国家进行收购的法律？

许多工业化国家对本国公民收购的外国公司实施某些国内法和/或其他对外投资法。收购方必须了解这些国内外的投资法律可能会如何影响其投资。

贸易政策就是一个值得关注的领域。虽然目标公司所在国可能希望增加出口，但母公司所在国可能希望限制进口。除了普遍的国家贸易政策问题外，还可能存在进出口许可证要求以及其他贸易壁垒，如配额和关税等。当各国拥有许多贸易伙伴时，如美国和中国，它们的贸易战会对整个全球供应链产生广泛影响。

非税出境：涉及美国境外资产的收购

在地理上局限于美国的收购，与完全或部分国际化的收购之间的主要区别是什么？

美国为交易撮合者提供的优势之一是，它是一个大而同质的领域，运行在相同的基本会计、法律和文化原则之上。来自华盛顿州的买方在佛罗里达州进行收购，或亚利桑那州的一家公司向佛蒙特州的一家公司出售产品，它们通过大量共享的知识、共同的观念和共同的商业实践来进行谈判。

但当买方的交易涉及跨境时，情况就并非如此，即使其进行的交易只有一部分是国际性的。因此，买方可能试图在某一特定司法管辖区内寻找某一特定交易结构的外国等价物，却发现不存在这种等价物。例如，在某一特定国家里，一家公司的买方可能会假定该公司可以向贷款人提供认股权证，以作为其融资方案的一部分。然而，认股权证可能不是对该国公司强制执行的合同义务。因此，买方将不得不寻找其他手段，以使其贷款人享有与认股权证所体现的相同或类似的经济和法律权利。

在美国，一个管理团队和董事会可能会出于战略原因对一笔交易做出决策，然后才会召集会计师和律师。然而，他们将计划中的交易建立在大量的法律、税收和会计基础上，他们已经知道并认为这是理所当然的。当在国际舞台上进行交易时，管理人员需要了解目标公司及其所在国家信息的含义和可靠的背景知识。

国际交易往往迫使买方或卖方学习完全不同的跨境词汇——即使是使用同一种语言，相同的概念也可能会用不同的词语来表达——例如，英国的营业额和薪酬与美国的收入和报酬。

同样地，美国的反垄断概念在欧洲也有不同的含义。长期以来，美国反垄断法的主要目的是维持经济效率，而欧盟的反垄断法有多个目标，包括公平、欧洲一体化和通过保护竞争对手来鼓励竞争。[25] 在欧洲和日本，强大的交叉持股使"股东权利"和"投资者行动主义"这两个术语几乎无法翻译。

在税收和监管方面,在一些国家,收购者可能会发现卖方将政府作为沉默的合作伙伴。在某些情况下,许多外国保留审查和修改国内卖方及外国买方之间合同的权利,是为了保护本国公民不受更为老练的外国商人的越权行为的危害,而在某些其他情况下,则是为了确保交易促进经济发展或其他政府政策。

此外,尽管有人试图采用趋同的态度,但全球各地的会计准则却各不相同。目前,大多数发达经济体在欧洲使用某些版本的国际财务报告准则,但中国、日本和美国除外,这些国家都有自己的标准。[26]

在收购实体的合并方面,《财务报告准则》(FRS)的合并原则在某些方面与美国一般公认会计原则不同,这些差异可能会导致公司结构发生变化,导致一些公司解散实体,或并未依据美国一般公认会计原则进行合并的实体。[27] 被排除在合并财务报表之外的,将被合并为与母公司相同日期的首次采用者。公司还必须考虑被投资方的潜在数据差距,以遵守国际财务报告准则(IFRS)的信息和披露要求。

最后,一家美国公司在海外收购时将会遇到一个新的文化和伦理框架。潜在的跨境投资者必须考虑到政府形式、法律制度、语言和经济方式的差异,并普遍理解这些差异。此外,一个国家的身份是其历史、宗教和社会背景的产物,所有这些产物都在该国商业文化的发展中发挥了作用。

在收购非美国企业或拥有大量外国资产的美国企业时,美国公司应该了解哪些主要问题?

需要重点关注的一些重点领域如下:

● 给予雇员的权利差异;

● 与融资有关的法律和信仰——例如,伊斯兰教法下的伊斯兰原则,即收取或支付利息是错误的;

● 使用外国资产支持贷款人融资的能力;

● 对收购本身和收购后业务的监管要求和限制;

● 对于在一国边境内经营的企业的所有权要求;

● 需要通知和/或批准购买股票或资产和/或双方之间的任何其他合同安排,如知识产权许可。

影响美国收购外国公司/资产的美国和外国法律

在美国境外做生意的形式会受到很多限制吗？

一般来说，我们会拥有与在美国境内相同的方式，即通过设立在外国的分支机构或部门、子公司或合伙企业等方式，但是根据当地法律，可能需要在外国组建公司或合伙企业。合资企业是另一种常见的商业联合形式。事实上，在一些国家，如大多数非市场经济国家，它是外国人唯一可以利用的投资工具。

美国反垄断法目前对美国海外收购持何种立场？

除非外国实体制造或分销的产品进入商业流通领域，或者在美国境内造成直接的反竞争效应，否则，美国反垄断法将不适用于该实体此后的收购或经营。无论制造或分销实体是外商独资企业还是美国公司的外国子公司，皆是如此。但是，如果该产品确实进入商业流通领域或者在美国造成了反竞争效应，那么美国反垄断法的适用方式将与外国实体位于美国的方式相同，尽管执行起来非常困难。即使美国法院可能发现在海外的行为于美国国内造成反竞争效应，美国法院的管辖权通常也不会延伸到另一个主权国家的边界内。美国司法部（DOJ）和联邦贸易委员会（FTC）已经发布了处理此类国际反垄断问题的指导方针。

美国司法部和联邦贸易委员会关于国际反垄断的联合指导方针，对美国收购外国实体有什么规定？

2017 年 1 月发布的《国际执法与国际合作准则》(the International Guidelines for International Enforcement and Cooperation)[28] 总体上遵循美国司法部和联邦贸易委员会定期发布的国内并购指南——其新版本为 2010 年版。[29] 与这些国内准则一致，国际准则表示，在作出调查和执法决定时，这些机构关注的焦点是所指控的反竞争行为与美国之间是否存在"充分的联系"。在这种情况下，联邦反垄断法可以适用，而这些机构将试图"纠正对美国商业和消费者的损害或威胁伤害"。该指南包括可能引发美国联邦反垄断调查的各种情况的说明性示例。最后两种情况涉及合并，具体如下所示：

- 情况 1：1 号公司和 2 号公司各生产产品 X 和产品 Y。1 号公司和 2 号公司签订了合并协议。拟议中的合并符合美国《高铁法案》规定的预合并通知门槛，以及其他几个司法管辖区的预合并通知门槛。1 号公司和 2 号公司通知审查合并的美国机构以及审查外国当局，该合并将在多个司法管辖区得到通知或审查。预先通知、协商和合并前备案的时间安排，是为了便利审查当局在各自调查的关键决策阶段进行沟通与合作。

● 情况 2:在对[上文]概述的合并进行调查后,美国机构发现,合并可能会大大减少美国市场对产品 X 的竞争,因此,合并将违反《克莱顿法》第 7 条。美国机构认为,这些竞争问题可能可以通过剥离 1 号公司与产品 X 相关的资产来解决。Alpha 国家、Beta 国家和 Gamma 国家还发现,合并将损害其市场对产品 X 的竞争,Gamma 国家还担心产品 Y 在 Gamma 国家市场的竞争有所减少。

还有哪些美国法律会影响海外收购?

进行海外收购的美国公司尤其关注以下法律[30]:

1917 年的《与敌贸易法》(The Trading with the Enemy Act)禁止美国人与任何个人、合伙企业或其他个人团体之间进行未经许可的贸易。这些个人、合伙企业或其他个人团体(1)居住在与美国交战的任何国家的领土内,或(2)在与美国交战的任何国家的领土内从事商业活动。与那些根据敌国法律而成立的公司进行的未经许可的贸易也是被禁止的,与任何决心与美国处于战争状态的国家的盟友进行的未经许可的贸易也是被禁止的。

1976 年的《国际投资和服务贸易调查法》(The International Investment and Trade in Services Survey Act)要求在海外投资的美国公司向商务部提交某些报告。如果美国人(包括美国公司)在外国企业中拥有超过 10% 的所有权权益,并且该企业拥有大量资产、销售额或税后收入,则必须提交报告。此外,还有一项正在推行的提案,如果该提案被采纳,那么一家向无关联的外国人士出售服务或向其购买服务(包括法律服务和会计服务)的美国公司也会被要求提交报告。

1977 年的《美国反海外腐败法》(The US Foreign Corrupt Practices Act,FCPA)要求所有美国公司"设计并维持一套内部会计控制系统,足以提供合理的保证",以确保其簿记将遵守一般公认会计准则。它还规定,任何公司"利用邮件或洲际贸易的任何手段或工具,腐败地促进[付款]都是非法的……尤其是当知道或有理由知道"这笔款项将用于影响外国官员,以协助公司获得或保留业务的时候。美国母公司将对外国子公司未能遵守的这些要求负责。自《反海外腐败法》颁布以来的 40 年里,司法部和证券交易委员会根据这项法律加强了执法行动。[31]

1979 年颁布的《出口管理法》(The Export Administration Act)有反抵制条款。只要相关公司从事洲际或对外贸易活动,该法案就授予总统颁布条例的权利,以防止从事洲际或外国贸易的美国公司及其子公司采取任何行动,造成对另一个与美国保持友好关系的国家的联合抵制。

除国家证券委员会颁布的法律之外,还有哪些监管国际股权投资的规定?

股权参与监管的中心组织,是国际证券委员会组织(the International Organization of Securities Commissions，IOSCO)，目前总部设立在西班牙马德里，由全球 115 个司法管辖区的 220 个监管机构组成。尽管各国的股票市场规则差别很大，但国际证券委员会组织的存在本身就指向了一个价值观的核心。此外，随着什么构成"安全"的定义成为焦点，该集团及个别成员可能会变得更加重要。通过国际证券委员会组织，证券委员会正在更频繁地合作。

欧盟的合并条例是什么样的呢？

每个成员国都有自己的综合性合并法律，但这些法律将被任何打算提交给欧盟的指令所取代。例如，欧洲的欧盟委员会（我们在这里将其称为"欧盟委员会"）实施了一项新的法规。[32] 10 年后，欧盟委员会发表了一份白皮书，建议对该法进行改进[33]，随后又发布了关于竞争政策规定的年度报告。

2018 年 10 月，欧洲议会收到了一项关于竞争政策决议的动议，敦促议会更广泛地看待竞争，"这种方式不以狭隘的、以价格为中心的消费者福利为重点，而是考虑到社会和环境效率的必要性，鼓励横向协调，以改善供应链的环境和社会可持续性；指出在相关市场中，此类协议产生的效率必须足以超过它们在相同或不相关的地理市场上产生的反竞争影响。"[34]

在全球范围内，针对基于非公开信息的内幕交易的法律有多普遍？

大多数司法管辖区都宣布要禁止这种做法，至少在原则上是这样。这在一定程度上因为它们是国际证券委员会组织的成员，并签署了国际证券委员会组织（IOSCO）1998 年出版并于 2017 年更新的《证券监管目标和原则》中所列的核心原则。[35] 此外，国际证券委员会组织的大多数成员都签署了一项多边执法合作谅解备忘录。[36] 还请注意，世界银行和国际货币基金组织使用国际证券委员会组织的核心原则来评估各国的金融风险。[37]

世界各国反贿赂立法的总体状况如何？

在美国，最广为人知的法律就是 1988 年的《反海外腐败法》(Foreign Corrupt Practices Act)，在 30 多年后仍在继续发展。[38] 截至 2018 年，这一政策仍然有效，且已纳入时任副司法部部长罗德·罗森斯坦（Rod Rosenstein）领导下的司法部编制的《2018 年司法手册》(2018 Justice Manual)。[39] 在放松监管方面，新的《司法手册》将 2018 年 5 月的一项政策纳入其中，该政策旨在避免跨国案件中的大量惩罚。如果一个国家已经在惩罚一种行为，其他国家就没有必要对同样的行为再进行惩罚。[40]

此外，联合王国的反贿赂法在适用范围和司法管辖权方面都有着较大的广泛性。[41] 2019 年，英国将上线高级管理人员和认证制度，而这将会加重金融业人士的监管负担。[42] 在这一制度下，如果在较低的组织级别中发生贿赂等非法行为，高级管理人员则将会被追究责任。

有关隐私的法例又如何呢？全球这一领域的重大发展有哪些？

如第六章所述，2018年5月25日生效的《欧盟通用数据保护条例》(the European Union's General Data Protection Regulation)影响广泛。除了某些例外情况，该法要求在欧盟(European Union, EU)内任何在世界各地拥有250名或以上雇员的组织在收集任何数据时都必须发出肯定的选择加入和使用通知。类似的法律，如2018年的《加利福尼亚消费者隐私法案》(the California Consumer Privacy Act)将于2020年1月1日生效。

外汇

简单来说，什么是外汇市场？

外汇市场是一个自由的、不受管制的市场，它在全球金融中心之外运作，能够进行货币和汇率信息的交换。[43]

什么是外汇管制法律，它如何影响收购后的操作？

外汇管制法律限制一国本币可兑换成外币的数额。这些法律的实施可以完全限制，也可以部分限制外国投资者将任何资金从目标国转移到外国投资者母国（遣返）的能力，或者，如果外国投资者可能撤回资金，则可以用本国货币获取利润。

发达国家目前的外汇政策有哪些趋势？

一般来说，各国希望货币市场不受政府干预。在美国，2015年《贸易便利化和贸易执法法》(the Trade Facilitation and Trade Enforcement Act)（以下简称《2015年法案》）要求财政部部长每半年提供一次关于美国主要贸易伙伴宏观经济和外汇汇率政策的报告。《2015年法案》的第701条要求财政部对每一个主要贸易伙伴的汇率和政策进行分析——"(1)与美国的双边贸易有显著顺差，(2)物资账户盈余（定义为超过GDP 3%的盈余），以及(3)对外汇市场进行持续的单方面干预"。2018年10月，美国发现没有一个贸易伙伴符合这三个条件，因为没有一个国家在操纵本国货币。然而，有6个伙伴显示出双边和账户盈余，其中包括双边盈余最大的中国。[44]

在外国做生意是否会因为美国母公司与外国子公司或联属公司之间的货币差异而存在任何风险？

是会存在风险的，汇率波动给投资者带来两种风险：第一，存在纯粹的经济风险：(1)不断恶化的汇率将要求美国母公司为外币计价的债务支付更多的款项（比批准债务时最初预期的更多），或(2)外币价值的相对增加将导致美国债权人获得较少的偿还金额，以履行对他们的美元计价债务。第二，存在会计风险，即资产负债表（必须以资产负债表日的现行汇率表示以美元计价的资产和负债的价值)在从当地货币换算成美元的过程中会贬值。

在报告财务业绩时，选择货币的规则是什么？

根据 ASC 830，公司必须使用实体企业的功能性货币的报告结果。该法律规定，外国实体的资产、负债和经营活动应使用该实体的功能性货币计量。一个实体的功能性货币是指实体运营所处的主要经济环境的货币。通常情况下，这是一个实体主要生产和消费现金的环境现状。ASC 830 解释了如何衡量和报告货币价值，以及如何和何时可能需要进行调整（例如，当公司改变其功能性货币时）。[45]

如果税务机关认为一种货币具有通货膨胀性，则它可能会提出特殊的报告规则。例如，美国当局就是这样对阿根廷做的。[46]

美国企业业主如何减轻汇率波动所固有的风险？

为了减轻汇率波动带来的经济损失风险，出现了两种形式的套期保值合约：远期购买合约和远期销售合约——它们在本质上是"看跌期权"和"看涨期权"，两者都是可能存在风险的衍生工具或"掉期"。远期购买合约，是用来保护有义务在未来某个日期以外币偿还一定金额的美国债务人的合同。当外币相对美元升值时，债务人将不得不花费更多的美元来获得必要的外币，以偿还债务。远期购买合约锁定债务人在订立远期购买合同时确定的固定价格的必要时间内获得所需货币的价格。而实际上，这是对外币的"看涨期权"。

同样地，担心汇率上升可能导致其以外币计价的应收账款价值缩水的美国债权人，可能会通过远期销售合约来对冲此类损失。在这种情况下，债权人签订合同，以在签订远期合同时确定的固定汇率，将在未来某个日期收到的外币兑换成美元。这是一个看跌期权的等价物。

除了这些货币互换外，所有者还可以使用货币期权。在国外和国内的许多证券交易所都可以选择以固定价格购买各种货币。货币期权以特定的固定价格（执行价格）在交易所上市，根据期权期限的长短，通常为 30 天、60 天或 90 天。套期保值方支付溢价，以获得在期权终止日期之前的任何时间以相关执行价购买期权货币的能力。如果一单位外币的实际价格超过执行价格，套期保值方则可以行使其选择权，以较低的单位价格收取货币。如果在期权期限内，实际价格从未超过该货币的执行价格，则套期保值方将失去为期权支付的溢价，但并不需要完成实际货币的交割（或支付）。

这一特征是远期合约和期权之间的区别因素，因为远期合约规定人们有义务在未来商定的日期进行货币的实物交割。套期保值者对一定数量外币的需求的确定程度，加上任何给定时间远期合同和期权之间每单位外币的固定价格的差额，将决定使用哪种形式的对冲技术。

除了通过掉期或期权进行货币对冲外，美国公司还可以考虑将生产和/或履行转移到货币贬值的国家。上述安排增加了海外投资的成本，所以交易者应就此类对冲方法的税务和财务报告结果去咨询法律专家和会计专家。

其他全球现状

除了外汇，交易撮合者还必须掌握哪些全球现状？

可以将这些需要掌握的现状分类为遣返、绩效要求、当地内容法规、劳工要求和技术转让限制。

在完成外国收购后，投资者是否可以不受限制地将其在外国的商业利益的利润或投资资本汇回国内？

一般来说，大多数发展中国家和新兴工业化国家都有某种形式的遣返限制，其他一些实施外汇管制的国家也对遣返进行了监管。

遣返限制或要求通常与外汇管制的目的相同，即在一国获得或保留外币、监测外国投资，以及监管潜在的逃税行为。许多管制遣返的国家还为投资者提供税收优惠，让他们将利润再投资。

遣返限制通常伴随着某种形式的额外限制或报告要求，例如，(1)对外国资本进行登记，并对此类资本从东道国撤出进行相应的限制；(2)通知在东道国投资的外国资本的金额。有关2017年美国税法的特殊问题（如视为遣返），请参阅本章后面的"国际税收和披露考虑"部分内容。

绩效要求包括什么？

绩效要求包括一方面设定最低出口水平，另一方面设定最高进口水平（如配额）。出口层面的要求，旨在允许外国人员通过投资于一个特定的当地企业来促进外币流入，但前提是其制成品的最低百分比将出口，而不是在当地分销。各国还可以实施进口限制，通常表现为当地生产的、可进口的商品成本的最高百分比，以鼓励使用当地产品和行业。

地方内容法规是如何运作的？

当地内容法规规定了用于制造的国内原材料或零部件的最低水平、可制造产品类型的限制，以及在国内和世界市场上销售产品的限制。这种限制往往与政府补贴或税收减税等经济激励措施挂钩，如果不是通过法规强加的，则可以与东道国进行谈判。各个国家将本地含量要求和特定行业联系起来，以确保本地公司不会受到外国业务的影响。

与失业有关的国家通常会要求外国公司雇用一定比例的当地劳动力从事非技术和管理工作。如果投资者不同意这样的要求,则可能会导致东道国政府拒绝对收购本身的必要批准。

对技术转让的限制通常采取限制特许权使用费或利润汇款、技术援助和技术转让付款的形式,特别是在相关实体之间。这些规定在发展中国家和新兴工业化国家最为常见,尽管在任何希望促进某一特定的高技术国内产业的国家中也存在这些规定。技术援助和特许权使用费支付经常会受到限制,因为它们可能被用来规避股息汇款规定,特别是对外国母公司。

员工权利有哪些？这些对全球并购有何影响？

第一,收购方应确定员工是否有权批准拟议中的收购。例如,当管理层考虑重大变革或计划时,大多数欧洲工人都有权获得信息和咨询。这项权利源于国家工业部门的集体谈判协议,这些协议规定了最低标准,并与雇员代表或工会签订了具体的公司协议。

第二,收购方应熟悉员工在企业治理方面的权利。例如,欧洲人在各种形式的所谓共同决策方面已经有数十年的经验,这些形式要么是由法律强制实施的,要么是通过集体谈判赢得的。工人参与管理可能包括知情权、强制性磋商权,甚至在决策过程中拥有否决权。

最广为人知的共同决策的例子是在德国发生的,在那里,员工的参与被融入商业生活中。

● 拥有 5 名或 5 名以上雇员的所有公司都有权成立一个企业职工委员会(Betriebsrat),一旦成立,它就有权批准或拒绝拟议的计划,例如,合并后的裁员。德国公司也有一个管理委员会,叫做 Vorstand。[47]

● 在德国,拥有 500 名或 500 名以上员工的公司必须设立一个监事会(Aufsichtsrat),至少选举 1/3 的董事会成员(或者在拥有 2 000 名员工的公司中至少有一半的成员)。

在荷兰,任何中等规模或更大规模的公司在实施任何影响投资、解雇和养老金的决定之前,都必须与其工会协商。如果劳资议会的意见不获遵从,则它也有权在法庭上对公司的决定提出疑问。[48]

第三,收购方应了解特定国家提供的员工福利的性质,并在评估潜在收购的优点时考虑此类福利的成本。例如,在某些条件下,大多数欧洲工人有权拒绝被不公平地解雇。在大多数欧洲国家,员工有权获得裁员补偿——也就是说,即使他可能不再有工作,也可以继续支付。此外,欧盟的失业补偿权通常比美国的更为丰厚。除了这些法定权利外,雇员还可以利用通常的违约补救措施——其中可能包括损害赔偿和具体表现——迫使雇主遵守双方要求的书面合同。该合同概述了雇用条款,包括工资标准、工作时间、养老金、假期等方面。最后,在一些欧洲国家或地区,不公平或"滥用职权"的解雇是可以起诉的,使受影响的员工有权向解雇他们的公司索赔损害赔偿。

对外交易融资

一旦确定了要对外国企业进行收购,收购方如何为其获得融资?

在大多数情况下,国际收购的融资方式与纯国内交易中使用的方法不会有太大区别。各种类型的从标准的商业银行债务到次级债务(初级/高级/夹层),再到由各种资产担保的债务,都可以在国际范围内使用。这种债务融资可以从公共来源和私人来源获得。在全球交易中,通过出售和发行新证券进行股权融资也是可能的。收购方使用的任何融资来源都将涉及全球层面。

在考虑一项国际交易时,潜在的收购人可能会发现有必要调用多种不同的货币,并在多个国际司法管辖区内开展业务。收购方必须了解本国政府、目标国政府、投资者和贷款人所在国家以及银行和证券交易所可能所在国家实施的法规,将如何影响此类金融交易。其关注的关键领域包括完善贷款人的担保权益和全球贸易协定的过程。

关于国外贷款人担保权益的完善方面会涉及哪些问题?

如第四章所述,以资产作为担保物,并通过请求法律机关确认留置权来完善对资产的留置权。但是,有些资产不容易受到留置权或类似留置权的影响。这样的一些例子包括机动车辆、某些商标使用意向和位于洪灾区的不动产。[49] 美国实体的某些非美国子公司和持有非美国子公司股权和/或债务以外没有实质性资产的美国子公司也普遍存在不完美的情况。根据《美国国内税收法》第956条,如果这些实体为支持美国实体的债务提供担保或保证,或者如果任何此类实体65%以上的股权被质押作为美国实体债务的抵押品,则可能会产生实质性的税收后果。

全球贸易协定的相关性如何?

此外,某些跨国家或区域机构的规则,如联合国、欧盟或美洲国家组织,或诸如《北美自由贸易协定》(the North American Free Trade Agreement)[50] 等协定均可适用。尽管最近几年来,世界开始朝国家主权和多边协议的方向发展,但世界上仍有大约15个主要的区域贸易协定是通过世界贸易组织(World Trade Organization)来主持的。[51]

跨国收购者有哪些特殊的公共融资来源?

许多国家都为那些希望进军海外市场的企业制订了贷款计划。尽管这些项目大多侧重于出口,但它们并不局限于这一领域。在美国,海外私人投资公司(Overseas Private Investment Corp., OPIC)每年向在海外开展业务的公司——包括小公司——提供数亿美元的贷款和贷款担保。在某些情况下,借款人将他们的资金投资于外国公司。[52]

假设卖方要求以与收购机构的经营货币不同的货币进行支付,收购方如何能够做到这一点呢?

任何希望获得外币的收购者都可以通过外汇市场获得外币。这是世界上交易最为活跃的市场,平均每天交易超过5万亿美元的货币——股票交易水平的25倍。[53]

外汇交易在"场外"进行,即通过机构使用电子平台和电话线进行交易。这种情况发生在证券交易所之外,除了期货和期权合约,它们只占外汇活动的很小一部分(约3%)。[54]

美元参与了大多数货币兑换交易,因为美元是世界储备货币,占所有外汇交易的90%,占中央银行所有外汇储备的64%。[55]

但兑换货币并不总是必要的。事实上,一个巨大的国际银行市场已经发展成为货币兑换的替代品。这种制度的一个例子是欧洲美元市场,即在外国领土上将美元存入或转存到一个大的资金池中,而不将资金转换成本国货币。这类交易是通过账面分录来进行记录的,但美元没有实际出口到外国。存入美元的实体可以是美国银行机构的外国分行,也可以是独立的外国银行,这两种银行都被称为欧洲银行。欧洲银行可以为收购或营运资本提供短期、中期或长期贷款,并参与各种银行间拆借活动。欧洲银行的存款也适用于日元、英镑和许多其他有需求的货币的离岸存款。前缀Euro表示外部状态——示例术语见表12-1。(同样,欧洲债券也称为外部债券,是以不同于债券发行市场所用货币发行的债券。)

表12-1　　　　　　　　　　欧洲货币示例

欧洲美元——存放在美国以外国家的美元
欧洲欧元——存放在美国以外国家的美元
欧洲英镑——存放在英国以外国家的英镑
欧洲日元——存放在日本境外银行的日元
欧洲人民币——存放在中国境外银行的人民币

注:本文中的前缀"欧元"是指管辖国以外的国家。

由于不同货币的离岸银行业务还尚未受到任何司法管辖区的严格监管(例如,欧洲银行与国内银行不受相同的准备金要求的约束),因此,离岸银行能够将更高比例的银行资金承诺用于公司贷款和其他贷款。

在欧洲货币市场借款的利率是如何计算的?

一般来说,欧洲货币市场的利率与伦敦银行同业拆借利率(the London Interbank

Offered Rate,LIBOR)挂钩[56],除亚洲货币单位外,与新加坡银行同业拆借利率(the Singapore Interbank Offered Rate,SIBOR)挂钩。[57] 银行同业拆借利率是指某一特定的货币的离岸存款对以该货币向另一家离岸银行贷款的资金收取的利率。这一利率在国际金融中的使用方式与在美国的最优惠利率的使用方式相同,也就是说,作为一个参考利率,从中可以计算出特定贷款的个人利率。伦敦银行同业拆借利率、新加坡银行同业拆借利率和其他银行同业拆借利率都在世界许多金融报纸上有所列出。

当一家银行(无论是在岸机构还是离岸机构)没有足够的资金来满足收购者的贷款需求时,会出现什么情况?

这就是国际银团贷款市场的功能,对于必须保持较高资本准备金与借入资金比率的在岸银行,或者对于不想自己承担大额国际贷款全部风险的银行来说,这一功能尤其有用。

国际银团贷款如何运作?

国际银团贷款背后的原则通常与纯粹的国内银团贷款相同,但还要考虑不同的货币、利率和汇率、税收和其他政府监管计划、超国家货币管制等。最近一段时间,银团已经开始探索使用区块链技术来实现集团贷款。[58]

银团贷款,也被称为财团贷款,是在相同条件下多家银行与单一客户签订的贷款协议。[59] 银团贷款是一种有效的融资工具,起价约 5 000 万美元,或用于合并多家银行的双边限额。银行以公平的市场利率帮助安排银团贷款,并将其交给第三方银行。交易执行后,他们还可以作为借款人的"代理银行"办理行政事务。

银行可以为机密交易承销银团贷款,并自行承担风险。作为一种选择,银团贷款可以在"尽其最大努力"的基础上向任何感兴趣的银行提供,而不需要承销。

在一个国际银团中,一组贷款人将通过销售参与网络和其他协议来汇集其资金,直到获得所需的借款金额。借款人和银团之间只有一项贷款协议,双方根据交易的特殊需要进行谈判。资金既可以来自在岸货币市场,也可以来自离岸货币市场。

通常,根据国际银团贷款协议借入的资金至少包括五项对借款人的收费:(1)利息,可与国际参考利率(如伦敦银行同业拆借利率、新加坡银行同业拆借利率)挂钩,外加利差;(2)管理费,支付给牵头银行以用于安排和管理银团;(3)承诺费,基于贷款的未提取部分,以补偿银行或有负债;(4)代理费,通常支付给牵头银行以用于协商贷款并代表银团其他成员担任代理;(5)与贷款有关的任何费用,包括法律和会计费用、差旅费等。

一种非常典型的情况是,一家美国公司希望为收购另一家拥有重要海外业务的美国公司提供融资。在这种情况下,牵头银行通常是主要的国内贷款机构,它可以利用银团贷款的方式,引进熟悉目标公司海外业务集中国家的商业和经济环境的外国贷款机构。这种银团将降低美国银行的风险，否则这些银行可能不愿向海外贷款，但需要解决各种债权问题，包括获得收购资金的资产优先权。

银行是唯一可以参与国际贷款银团的机构吗？

不是的。国际银团可能包括愿意为企业收购或再融资承担贷款风险的大型投资者。这些实体包括商业银行、投资银行和政府支持的投资池，以及对冲基金、私募股权基金、共同基金、养老基金和捐赠基金、保险公司和金融公司。某一特定实体是否可以参加银团贷款，可能会受潜在参与者居住地国家现行的国家法规管辖。[60] 在某些情况下，银团贷款的参与者是双重持有者，同时拥有贷款人和股东这两个身份。[61]

银团贷款人通常会向借款人提出哪些类型的要求？

虽然从历史上看国际贷款往往是无担保的，但如今，国际银团中的贷款人所要求的契诺和陈述，通常与美国国内银团的要求没有太大不同。如今，越来越多的外国贷款人将其企业固定资产、存货和应收账款作为国际银团贷款的担保。大多数银团贷款协议至少包括一项负面抵押条款（借款人承诺不对未来的任何资产进行抵押）和一项同等权益条款。该条款规定，与任何其他同类债权人相比，贷款协议还可能包含金融条款和其他对借款人的限制，这些限制通常出现在国内贷款中。

传统贷款是唯一可以联合的融资方式吗？

不是的。贷款人可能还希望利用银团来分散由离岸货币存款或国际商业票据计划支持的大额信用证或担保的风险。

收购人的国际并购活动能否可以通过发行私人或公共债务证券来融资？

可以。公司可以发行私人债务证券或公共债务证券，以服务于那些希望获得长期固定利率债务工具的投资者。

离岸货币市场以多种货币为单个公司债券发行提供了资金，促进了对世界各地公司的投资。最具说服力的例子是欧洲债券市场，它一直以惊人的速度在扩张。在过去的 25 年里，新发行的欧洲债券的数量在急剧上升。

欧洲债券可以用任何货币计价，但在离岸发行，通常结构上是在使用货币的国家或发行人居住的国家的管辖范围以外进行销售。例如，在美国，未注册的债务证券可由美国发行人在海外发行，但在 90 天的"海外休息期"结束之前不得向任何美国人或美国境内任何地方出售或要约出售。美国证券交易委员会对美国发行人提出某些要求，旨在确保在剩余海外时间内不会进行此类出售，包括对债券本身设置限制性图例。

离岸债券通常以无记名形式发行。许多债券发行国可能会规定，债券发行国征收的预扣税中不包括其支付的利息。它们可能是私人交易或公开交易，经常出现在从伦敦到东京的主要金融中心的证券交易所。同样地，利用承销商和贷款机构组成的国际财团，将有助于发行离岸公司债券。

还有哪些其他类型的债务融资?

这份名单很长,归功于两个因素:借款人和贷款人对更大流动性的需求。这两种需求导致一系列国际可转让票据的发展,其效用取决于借款人的需求和偿还能力。

可转让中期或长期固定利率票据(fixed-rate notes, FRN)是一种无记名票据,证明票据发行人有义务在票据到期时支付规定的本金金额,并以固定利率定期支付利息。这种类型的钞票可能比传统的钞票更方便,后者通常要求本金在票据有效期内进行摊销,而不是推迟至到期日才付款。固定利率票据的销售通过认购协议完成。该协议规定,在满足各种条件或发行人作出某些陈述和保证的情况下,投资者可以购买一张或多张价值一定金额的票据。条款和条件显示在票据的背面。

假设一个收购者遇到了一群跨国投资者,他们都想用自己的货币而不是离岸基金来贷款并得到偿还呢?

本票中最近的一个创新是中期票据(the medium-term note, MTN)。在中期票据中,出票人通过一个或多个代理商提供票据计划,这些代理商在尽其最大努力的基础上将票据放入佣金。初始持票人可以协商他们各自票据的条款,以适应持票人在货币、支付结构或利率方面的具体还款要求。因此,使用中期票据程序,制造商可能会有一系列未偿票据,每一种票据都有不同的货币、利率计算或期限。这种票据计划允许发行人通过满足投资者的特殊需求来吸引更多的投资者,其成本通常低于可比的承销商承销发行的费用。

收购方如何才能获得用于偿还其对投资者的债务所需要的不同货币?

收购方可以通过一家收费的外汇经纪公司,或通过使用掉期交易的方式,将因为收购目标公司而产生的货币进行转换。

掉期交易,是一种远期合约类型的衍生工具,可以用来转换货币或利率,也可以用于将这两者结合起来。货币互换协议是要求双方在特定的时间间隔内向对方提供一定数量的货币的合同。例如,交易一方可能同意用欧洲美元向另一方支付等值的日元。

在这种情况下,交易双方会协商一个掉期利率协议。借款方会与一个有能力提供多种货币的第三方合作,而该第三方可能是借款方自己的子公司。根据该掉期利率协议,交易双方同意,在特定的时间内以期望的利率向对方支付一定数额的利息。这里说到的货币交换方可能就是一家银行或一家大公司,它可以通过自己的子公司使用各种货币。而假设该公司持有必须按固定利率支付的已发行但未偿付欧洲债券,在这种情况下,就可能有必要签订一个掉期利率协议。该协议规定,参与交易的双方同意在特定的时间内以商定的利率向对方支付一定数额的利息。

一般来说,掉期协议的期限应较短,以防止利率或货币汇率的大幅波动而影响掉期交易的经济效益,同时该协议还应该包含可以定期延展的条款,以方便交易双方在相同或重新谈判的汇率条件下继续达成协议。从法律角度来看，掉期协议不过是一种国际合同，它是受交易双方所选择管辖国家的合同法管理的。掉期交易很复杂，有些人可能还会说，这种交易方式的风险很大，但随着国际货币市场的发展，掉期交易在构建跨国交易中变得越来越重要。据估计，外汇掉期和远期交易每年的成交额超过10万亿美元，这相当于，或超过了资产负债表上的负债。[62]

另一种融资技巧是债务转换为股权，或债务与股权互换。那么这种技巧是如何操作的？它又在什么时候适用呢？

如第四章所述，就公司债务而言，当贷款方同意接受股权，而不是用现金来偿还出借的贷款时，就出现了所谓的"债转股"。从本质上说，这种做法就是债权人以其对公司的贷款换取公司资本的股份。最近的一个例子就是中国工商银行（Industrial and Commercial Bank of China, Ltd.）决定向部分借款人抛出救生索。[63]

从主权（国家）债务层面来讲，当债权人将其对一国的贷款交换为对该国某一公司的投资时，即发生"债务—股权互换"。[64]

外国资产担保权益

收购者能否获得外国公司资产的担保权益，从而为收购提供资金？

可以的。在今天，美国以外的大多数国家都有着与美国相同或类似的概念，即关于作为借贷抵押品的资产担保权益的概念。

但是，关于可担保的资产类型、完成交易的方法、需要通知的类型（如果有的话）以及通知对象等这些方面的事项各有不同。因此，交易者必须聘请当地律师来完成这些事务。

国际化杠杆收购

杠杆收购的概念能否在国际背景下应用？

可以。杠杆收购已经成为包括英国、法国和德国在内的几个欧洲国家接受的收购结构。然而，自2008年全球金融危机以来，监管机构对杠杆的担忧有所增加。《欧盟的资本要求条例》（CRR）第458条规定，出现以下情况时，适用该监管规则的授权当局必须向欧洲银行管理局作出通报：如果欧洲银行管理局确定某宏观审慎的强度发生了变化；或者如果该管理局发现某金融系统中存在系统风险，并且认为该风险可能会对某一特定国家的金融体系和实体经济造成严重的负面影响,而只有通过更严格的国家措施才能更好地解决这一问题。2018年,在首次实施这一监管措施时,法国当局呼吁要将这一措施应用于大型非金融企业。[65] 具体来说,当局希望对满足以下条件的机构设置一个限制:

- 杠杆比率(其定义为总金融债务减去未偿流动资产后与总股本的比例)高于100%。
- 利息覆盖比率[其定义为息税前收益(EBIT)与利息支出的比率]低于3%(即利息支出超过息税前收益的1/3)。

作为后备方案,投资当局建议将风险敞口限制在合格资本的5%以内。为了确保重点关注大公司,法国当局建议只考虑价值等于或超过3亿欧元的风险敞口。

对此,"欧洲银行管理局"在答复时表示,法国提出的规则是健全的,可以被其他成员方所采纳。不过,它也建议法国当局将该范围扩大到所有企业公司都能参与的程度,而不仅仅局限于那些在法国的单位。[66]

如果撇开不平等的杠杆限制规定,那么欧洲采用的结构与美国使用的结构不会有太大的差异,但由于相关国家的公司法和商法不同,其中也有某些例外。融资通常包括一个三方结构,该结构包括:(1)传统贷款机构的优先债务,这些债务可能有担保,也可能没有担保;(2)中间层融资,包括次级债务或固定利率较高的可转换债务;以及(3)经理和其他投资者的直接股权投资。在很大程度上,欧盟国家的适用法律有足够的非限制性来允许创造性地构建杠杆收购。

除了已经讨论过的担保利益的完善问题外,寻求担保的高级贷款人还可能面临其他问题吗?

如果外国母公司的股份被抵押给某外国贷款机构,在没有法国政府事先批准的情况下,贷款机构可能无法取消这些股份的赎回权。但实际上,这种潜在风险并没有成为投资者们接受这种外国股票担保的障碍。

关于国际税务和披露方面的考虑

这一部分内容涵盖了以下两个方面的内容:影响外国国民和公司在美国进行的各种收购和处置活动(入境收购),以及美国国民和公司进行的外国收购和处置活动(出境收购)的基本税收和披露问题。虽然本章将笼统地讨论许多国家的税法,但这里讨论的主要焦点将是美国的税法,因为它们适用于跨国交易关系。本部分内容又分为以下三个部分:

（1）对适用于入境和出境收购的一般税收和披露规则的讨论；

（2）关于有意愿收购美国企业的外国人应考虑的美国税收规定的一般性讨论；

（3）关于有意愿从美国卖方手中收购外国企业的收购者应考虑的美国税收规定的一般性讨论。

本节将不讨论持有美国证券投资或美国房产的外国投资者在美国的税收后果，除非这些资产与收购某经营中的企业直接相关。在此，作者假定读者已经较为熟悉美国联邦所得税的基本原则，这些原则适用于在国内背景下的收购交易（参见第五章）。

注：本部分内容的目的并不是给读者提供现行税收规则的具体内容。要想了解这方面内容，读者应该参考一些专业的税务指南，比如马修·本德（Matthew Bender）或其他法律出版商出版的那些书籍。

对参与国际收购的收购者来说，特别适用的基本税收注意事项是什么？

一般而言，无论交易涉及的是对内收购还是对外收购，有关各交易方的税收待遇的基本规则都包含并超过了适用于国内情况的基本规则的范围。换句话说，国际交易很少不受国内规则的约束。由于这些规则的存在，国际背景下的税收筹划将不可避免地变得更加复杂。

在参与一项涉及国际化元素的交易中，买方或者卖方最应该牢记于心的事项，就是在规划交易的每一阶段都必须考虑到所有相关国家的税收规则，以及这些国家税收制度重叠和相互作用的方式。

某单个交易的部分或全部过程受到 3 到 4 个不同的税收制度管理，这样的现象是很常见的，这可能既带来了机会，又带来了陷阱。因为税法本身的差异性，也因为各国之间存在那些在许多不同情况下适用的所得税条约，所以交易者可以对交易进行结构调整，使交易产生的总体税收成本与在单一国家进行交易相比更低。但是从另一方面来讲，由于各国征税管辖权经常重叠，如果没有进行仔细规划的话，最终总的税收成本可能比只涉及一个国家还要高。

在关注一笔交易的美国税收方面的注意事项时，必须牢记几项原则：第一，美国会根据参与交易的个人或公司是属于"美国人"还是属于"外国人"而对其实施不同的税收政策，因此，应在规划过程的早期就确定参与交易的每一方和企业实体的国籍属性分类。

第二，一般来说，美国会对世界各地的美国公民、长住居民以及在美国成立的公司征收一个整体性的收入所得税。[67] 一般来说，外国居民和美国公民一样需要纳税。外籍居民必须在"美国纳税申报单"上申报其所有的利息、股息、工资或其他服务报酬、来自租赁财产或特许权使用费的收入，以及来自美国境内或境外的其他类型收入。相比之下，非居民的外国人和外国公司不需要向美国征税，除非他们的收入来源于美国。

非居民的外国人通常只对美国来源的收入缴纳美国所得税。在某些特定的情况下,其外国收入也需要向美国纳税。因此,在确定了一个交易方是否为一个"美国人"之后,还必须对其每一项的收入进行分析,以确定其收入来源是来自美国还是来自美国以外;也就是说,无论一项收入的来源是美国国内还是在美国之外,都需要对其进行确认。而且,不同类型的收入有不同的征税方式。

第三,对某些来源于美国国内的被动收入,作为外国人一般要按一定的百分比扣缴所得税。对这一规定的主要例外就是,对于参与了美国贸易、常设机构事业的外国人,在对其征收与这些事业紧密相关的收入税的时候。在这种情况下,外国人将为这种贸易或商业收入支付净收入税,这与美国人对其总收入进行税务支付的方式基本相同。

此外,对于美国的非贸易或商业收入,税收将取决于此类收入的确切类别(如股息、利息或特许权使用费)。因此,对于美国来源的收入,有关当局不得不在相当具体的基础上根据该收入的性质作出征税判断。

正如我们将看到的,在进行任何对内或对外收购时,我们还必须要对许多其他重要的美国国际税收问题加以理解和考虑。

所得税条约

所得税条约在收购过程中的作用是什么?

所得税条约在组织国际交易方面发挥着重要作用,该作用一般是尽量减少可能征收的总税收费用。美国目前至少与 59 个国家签订了该条约。[68] 当一项税收条约适用于一项特定交易时,在关注特定国家的法律之前,根据该条约对交易进行审查通常是有益的。因为很多时候,该税收条约就成为适用于"该交易的税法"。与条约相关的税收筹划步骤包括:分析交易实体链的备选结构,选择税收管辖区,定义收入来源和类别。其中的每一个阶段,税收条约可用于避免双重征税,甚至在某些情况下可用于避免三重征税。

大多数税收条约规定要减少或取消对某些投资组合收入的预扣税,这些投资组合收入方式有利息、股息、特许权使用费等,对该条约的履行是由该收入的来源国(所谓的来源国)执行的,并且该税收条约禁止来源国对居住在其他国家的企业的营业收入进行征税,除非该企业在来源国有一个常设机构。

此外,大多数税收条约规定,一国居民从某来源国获得的资本所得,在该税收条约下的另一个缔结国家将免税。

长期以来,收购方能够利用这些税收规则,通过将其交易活动安排在与美国有税收协定的国家内,来消除其交易活动的税收风险。但如今,大多数美国税收条约的《利益限制》(LOB)条款部分对条约购买行为进行了有效的限制,该条款主要着眼于判断企业最终所有者的居住国。

什么是所谓的所得税条约？

所得税条约或所得税公约,是指两个或两个以上主权国家(有时扩展到其附属领土)为减少对其中一国居民在另一个缔约国的收入所得的双重征税而缔结的国际协定。在美国,所得税条约由行政部门(通常由国务卿)签署,经过美国参议院批准即可生效(除非出现被重新修订的情况)。

根据美国宪法,条约是美国的最高法律,与任何联邦法规同等重要。如果某条约的条款与联邦法令相冲突,则以两者中最新采用的条款为准。然而,判例法规定,国会在推翻某项税收条约时必须明确说明其意图,以便稍后颁布的法规能够有效优胜于该被推翻条约。[69]

除了在减少双重征税方面的作用外,所得税条约还通过采用"主管当局"机制,提供了一种解决两个税务管辖区之间争议的方法——特别是在这些管辖区声称有权对在其中一个或两个国家产生的收入进行征税的时候。税收条约可有助于防止逃税,例如,允许缔约国税务当局之间交换税务资料的做法就有益于此。有时,所得税条约被用来推动一国或两国的外交或经济政策,例如,当其中一国承诺允许对另一国优先产业的资本投资享受税收减免时。

纳税实体能否通过在条约国设立子公司来利用特定的税收条约？

税收条约通常适用于各缔约国家的居民,同时也可以被该缔约国的居民所引用。虽然对"居民"的定义是因条约而异的,但这个定义通常包括个人、公司、合伙企业、不动产和信托。

在大多数情况下,在条约管辖权内成立的公司就会被视为该管辖权内的居民。一般来说,在条约国设立常驻公司的其他国家的投资者,可以利用该条约国的税收协定,使他们的投资获得相应的"福利"。然而,近年来,这种所谓的"条约购买"行为受到了越来越多的审查,美国财政部和国会也对其施加了限制。相关部门所采取的具体行动包括:(1)终止与"避税天堂"管辖区的现有条约;(2)对现有条约进行重新谈判;(3)批准并通过含有"福利限制"规定的新条约;(4)修改美国税法,只允许条约国的真正居民享有条约福利;(5)变更对境外收入的处理,如变更对实行"企业税收倒置"的企业所得收入的处理。

什么是企业税收倒置？美国税法目前是如何对待这一行为的？

企业税收倒置是指一个来自高税收国家的公司收购一个低税收国家的公司,并宣布该低税收国家为其总部的做法。在美国,从 2015 年美国财政部的规定到 2017 年新税法的出台,一系列税收改革取消了这种激励。[70]

对企业实体的分类

美国是如何对根据外国法律形成的实体进行分类的？

美国国税局已经发布了实体分类指南。以下是对该指南的总结。[71]

第一步，确定该实体是属于国内企业实体还是国外企业实体。如果一个企业实体是在美国，或者是根据美国任何一州的法律、以任何类型的实体的形式创建或组织的，则该企业实体属于美国国内实体。[72] 一个同时在美国和外国司法管辖区内创建或组织的企业实体属于美国国内实体。不属于国内企业实体的则为外国企业实体。

第二步，确定企业实体的类型。如果一个实体是根据联邦或某州的"公司法规"以公司的形式成立的，或被美国财政部认定为此类别的外国实体，那么该实体被视为公司实体。[73] 这些实体被自动归类为公司，并且没有资格选择它们的分类。但是所有其他类别的商业实体都有资格选择它们的分类。如果某实体没有对其分类进行选择，则将被默认分类，这种分类取决于该实体所有者的总数量；而对于外国实体，这种分类则取决于其所有者是承担有限责任还是无限责任。

对于那些未列入美国财政部名单的外国企业实体，要根据美国法律对其进行适当分类，有时候可能是一项艰巨的任务，因为有一些在外国存在的企业实体形式，在美国并没有相对应的企业实体类别。

适用于外国实体的美国分类原则规定，作为出发点，本地法律（即外国法律）将决定该实体与其成员之间的法律关系，以及该实体、成员与公众之间的法律关系。在这些法律关系被确定之后，美国税收原则将以各种方式对实体进行分类。一般认为，美国国税局（IRS）对外国实体采用的分类原则与其对美国境内实体采用的分类原则并不相同。因此，在先入为主地猜测外国实体在美国的税收待遇将与其在本国的待遇相似之前，必须要谨慎行事才行。此外，投资者还应考虑是否存在某项税收条约可以禁止美国出于联邦税收目的而对该实体进行重新分类，一般该税收条约中会有一项具体的相关定义。

在这种对实体进行分类的目的下，所谓外国人的定义是什么？

所谓"美国人"可以是美国公民或居民、国内公司、国内合伙企业或国内信托或房地产。一个"外国人"是指不符合该"美国人"定义的人员。根据这个定义，居住在美国的"外国居民"可以是"美国人"。税收条约可能会针对这一点提出不同的规则。

什么是所谓的美国（或国内）公司？

根据美国的原则，所有根据美国或任何州（包括哥伦比亚特区）法律成立的公司组织，就联邦税收目的而言都会被视为美国国内公司。出于某些目的的考虑，根据关岛、美属萨摩亚、北马里亚纳群岛或维尔京群岛法律组织的公司将不被视为外国公司。

什么是所谓的双重居民身份公司？

就美国而言，在美国注册成立的某公司就是美国公司。然而，如果 X 国采用不同的标准来确定该同一个公司是否为纳税居民,则该公司可能同时会被 X 国视为 X 国公司。特别是在某些国家,如果公司是在该国内被管理和控制,就会被视为该国内公司。因此,在这些司法管辖区之一被管理和控制的美国公司也可以是其他相关国家的居民。这样的公司被称为双重居民身份公司。

如果是为了税收目的,一个外国公司是否可以被视为美国国内公司?

可以的。《国内税务法规》(IRC)第 269B 条规定,如果一家国内公司和一家外国公司是"绑定实体",那么其中该外国公司将被视为国内公司。[74] "绑定实体"一词系指两个或两个以上实体组成的任何团体实体,如果其中每个实体的实际受益所有权的 50% 以上包含被绑定价值,则满足"绑定实体"的定义。

更重要的是,在一些情况下,可以通过选举决议将一个外国公司当作一个国内公司来对待。这样的一种情况就是根据美国《国内税务法规》第 1504(d)条进行选举决议,有关当局可以将一个美国母公司位于毗邻国家(加拿大或墨西哥)的某些子公司视为有资格纳入母公司合并申报表的美国国内公司。[75] 而另一种情况就是根据《1980 年外国投资不动产税法》(FIRPTA)进行选举决议。该法案规定,持有美国不动产权益的外国公司可以被选举为美国国内公司。最后一种情况是,根据《美国税法》第 7874 条的"反倒置条款",如果符合某些要求,外国母公司则将被视为美国公司。

入境收购中的税务方面应注意事项

入境收购是指非美国人收购美国企业的行为。这种收购可能涉及通过金融机构的贷款融资,这些金融机构可能是在收购方自己的国家或第三国家的居民,或者可能是一个美国金融机构,也有可能是与美国或外国股权合伙人组成的合资企业。在债务融资收购中,来自美国企业的收入可能会被用于支付收购债务。收购方肯定是希望在未来的某一时刻,在当前被收购价格基础上产生利润后,可以对该被收购实体或其部分进行处置。出于这些和其他一些原因,在收购和处置过程的每个阶段,都应该对美国税务方面的注意事项进行考量。

本"入境税务部分"内容解释了持有美国不动产权益的外国公司如何被视为国内公司。

FIRPTA

什么是 FIRPTA?

《1980 年外国投资不动产税法》的修订版,也被称为《FIRPTA 法案》。该法案旨在堵住一些被认为实际存在的漏洞,因为这些所谓漏洞使外国投资者能够拥有和处置美国的房地产，而无须因房地产升值或来自该房地产的现金流向美国缴税。自1985年以来，《FIRPTA法案》的权威性已经超越了所有的所得税条约。不过，值得注意的是，美国国税局近年来对执行《FIRPTA法案》的方法进行了修改。

《FIRPTA法案》适用于对"美国不动产权益"（USRPIs）的处置。一项"美国不动产权益"通常包括：(1)对位于美国或美属维尔京群岛的房地产的权益，或(2)在美国国内公司的任何权益（仅作为债权人而享有的权益除外），除非可以确定该公司从未是"美国不动产控股公司"（USRPHC）。

如果一家美国企业的"美国不动产权益"的公允市场价值，超过了其全球房地产资产加上它的任何其他贸易或商业资产的50%，那么它就是"美国不动产控股公司"。因此，如果被处置的资产显然不属于"美国不动产权益"，而且也不是拥有"美国不动产权益"的某些中转实体的权益，那么该资产的卖方和买方都不用考虑《FIRPTA法案》的相关规定。《FIRPTA法案》条例提供了详细的关于"美国不动产权益"定义的规则。由于许多美国公司拥有大量的房地产，因此通常很难在早期规划阶段就断定一个给定的目标公司不是"美国不动产控股公司"。

关于FIRPTA的一般性规则是什么？它们是如何被执行的？

《FIRPTA法案》规定，非居民外国人个人或外国公司因处置"美国不动产权益"而获得收益或遭受损失的话，该收益或损失都将被视为与此类人员在美国的贸易或业务有效相关。因此，其收益将按适用于美国公民和居民或国内企业（视情况而定）的常规税率征税。与其他被动型投资不同的是，根据《FIRPTA法案》进行的交易中被确认的收益应在美国所得税申报表上报告。

《FIRPTA法案》是通过一个扣缴系统来执行的。《国内税务法规》大致作出了如下规定："美国不动产权益"的受让人被要求扣留外国转让方处置该不动产权益所得金额的15%，并将这部分资金支付给美国国税局。处理房地产的合伙企业和信托公司必须扣缴"可分配给外国合伙人或外国受益人"的金额的37%。关于扣缴规则有几个例外，但那些内容超出了本书讨论的范围，在此不做赘述。

《FIRPTA法案》适用于持有房地产的合伙企业的利益处置，以及外国人持有的合伙企业对其"美国不动产权益"的处置。此外，《FIRPTA法案》也适用于外国公司在向其股东分配"美国不动产权益"和对外国公司的出资额的分配。而且，必要时，《FIRPTA法案》条款可以推翻《国内税务法规》很多规则中所不承认的待遇，以确保《FIRPTA法案》下需纳税的收益不会因重组和免税清算等交易而减少。

谁应该关注《FIRPTA法案》？

虽然在不涉及房地产控股公司里或在涉及直接收购房地产资产的并购交易中，FIRPTA条款似乎不太重要，但其应用范围非常深远。首先，正如前面提到的，"美国不动产控股公司"的定义非常宽泛,甚至可以包括拥有大型工厂的制造公司。外国收购者在评估一项潜在的收购交易时应该将未来根据《FIRPTA 法案》会产生的税收结果考虑在内。如果公司是"美国不动产控股公司",且收款人受《FIRPTA 法案》约束的话,那么作为受让支付人,来自国内和国外的收购方都有义务对为股票支付的对价扣留预扣税。不履行扣留责任的行为则可能导致民事和刑事处罚。另外,外国转让者(卖方)会被要求提交美国报税表,报告他的销售收益。在某些情况下,从 5% 或以上的股东手中购买公开交易股票的买家还将被要求预扣 FIRPTA 税。最后,如果某公司是"美国不动产控股公司",而且它考虑通过公开发行股票的方式来为收购债务的一部分再融资的话,那么该公司的某些外国持有者(5% 或以上)将会获得美国对其持有资产的处置征税。

因此,在任何股票收购中,应考虑被收购实体拥有的美国不动产相对于其他资产的价值以及卖方的税务状况。如果卖方能提供的不是外国人的证明,就不需要扣缴税务。此外,如果一家国内公司向受让人提供一份宣誓书,说明它在某一测试期间不是或从未是"美国不动产控股公司",则无须扣缴税务。

出境收购中的注意事项

本节将概述美国对美国人的海外收购活动征税的最显著特征。正如本章前面所解释的,美国主张对其公民、居民和公司的全球收入拥有征税管辖权。一般来说,美国只对其纳税人收到或累计的收入征税。在美国境内,除了提交合并申报表的集团或小型公司外,美国纳税人从所控公司获得的收入不需要向其美国所有者征税,除非这些收入实际上是分配给了公司所有者。正如我们接下来会看到的那样,上述规则在国际背景下的例外情况、在美国税法中是如此繁多和复杂,以至于一般规则根本不适用。由于长期以来对通过资产和收入脱籍的方式来逃避美国税收的担忧,目前,美国试图对美国人在国外子公司产生的收入征税,或至少将其纳入统计,但它依据的是一套广泛的零散规则。

毋庸置疑的是,在任何涉及收购外国企业的交易中,税务规划师的注意力必须集中在以下方面:委托人进行贸易、持有资产和委托公司股东所属国家的税务法。在大多数工业化国家的所得税税率大大超过美国的时候,这一点就更加正确了。实际上,通过对税收条约和美国外国税收抵免体系的善加利用,可能有很大机会减少外国税收的影响。然而,这些机制在本质上是不完善的,因此,必须对美国纳税人的国际活动的税收规则给予很大的关注,才能将美国个人从事各种跨国业务的总体税收成本最小化。

对出境收购的规划

在计划境外收购时,买方应向卖方征求哪些信息,以尽量减少国外和国内的税收责任?

如今,待售公司通常会采用拍卖程序来获得一个最高卖价,但是拍卖中的买方不该忽视该交易对卖方造成的税收后果。为了获得相对于其他竞标者的竞争优势,买方应努力使自己的税收利益最大化,而同时确保不会导致卖方的税收成本超过其预期。或者说,买方也可以在不牺牲自身的目标利益的情况下以一种能降低卖方税收成本的方式来构建报价。考虑到这些目标,买方应该向卖方征求以下信息:

● 一个关于被收购公司的精确的组织结构图。该图应描述控股公司(假设目标公司是一个集团公司的母公司)和国内各层次公司(如果有的话)以及外国公司或实体(该集团)的持股情况。

● 预计收购日期的美国和外国税基,即该控股公司预计在各种国内和外国公司会存在的税基。

● 在可行的范围内,对目标公司集团和卖方的整体所得税状况进行描述。

● 对于收购中涉及的所有外国公司:

——为了外国和美国的所得税目的应纳税年度;

——该公司在收购日的实际和预计的应税期间的收益和利润;

——在购买日或之前的每一纳税期间已缴纳或应计的应抵扣的外国所得税;

——在卖方拥有公司之前所积累的收益、利润和可抵扣的外国税款;

——用于确定以后出售每个公司的税收后果的所有其他必要的信息(外汇损益、税务会计选举、分配、外国税收抵免的使用等);

——各外国公司在收购日的预估账面的净值,或形式资产负债表;

——公司间应收款和应付账款的清单(如果有的话)。

为什么需要一个目标公司的组织结构图呢?

一张组织结构图将描述集团的确切所有权,并将告知收购方在集团或其若干成员的收购过程和随后处置过程中有影响力的不同税务管辖区(和所得税条约)有哪些。

该组织结构图还将提供有关外国子公司是否属于或将属于买方"掌控的外国公司"(CFC)的信息。"掌控的外国公司"的存在可能会使美国股东承受严重的美国税收后果。

最近的(2017)美国税法对外国税收有什么规定?

2017年的《减税和就业法案》(TCJA)加强了之前法律的某些特征,比如可能在企业基数之上增加法案第338条的"选举决议"条例(已经在第五章讨论过)。[76]

然而,该新法案还对来自外国的收入的税收政策作了几项改变。法案的新规则提高了对留在美国境外的外国收入的税收比例,同时降低了对流回美国经济生产的收入的税收比例。总的来说,这些新规则变化是为了抑制国外生产行为和(或)鼓励国内生产活动。[77]

- 提前计算递延收入。新税法第 965 条规定,在截至 2018 年 1 月 1 日的上一个纳税年度中,"受控制的外国"[78] 公司或美国股东至少占 10％的外国公司的"F 子部分"[79] 收入比例要被增加。[80] "F 子部分"是 1962 年颁布的税法的一部分,它使用一种延迟机制对外国收入征税。根据《国内税务法规》的规定,对外国公司的收入征税将被推迟至该收入作为股息或由外国公司以其他方式返还给其美国股东。[81] 但同时,这一新的税法条款规定对美国公司的外国子公司的"未征税的外国收益"征收过渡税,因为它默认这部分收益将流回美国国内。[82] (如想了解更多有关受控外国公司的信息,请参阅上一个问题。)

- 对某些来自国外的股息实行免税政策。根据新的《国内税务法规》第 245A 条,一个美国公司从符合条件的外国公司获得的符合条件的股息(即如美国公司的海外子公司的收益)将有资格获得对相当于其海外收益全部股息额的税收豁免。从本质上来说,这是用豁免税收的方式免除了美国公司需要返还给美国的利润部分金额。[83]

- 降低来自外国经营的无形收入的税收比例。新的《国内税务法规》第 250 条对国内公司从"国外获得的无形收入"(FDII)采取了较低的税率政策。[84] 这一条款旨在鼓励智力资本出口,与其同时,被强化的还有一项新的"全球无形低税收入"(GILTI)条款。这两项规定共同创造了一个世界范围内的无形收入最低税率的环境。[85]

- 基础侵蚀和防止滥用(BEAT)。这个更新的《国内税务法规》第 59A 条是为了防止公司向外国附属公司超额支付税款时出现其税基受到侵蚀的现象。

外国税收抵免

什么是外国税收抵免?

整个税收系统的一个共同原则就是,应该减少因为一个以上的司法管辖区同时对同一收入进行征税而对人们造成的负担。体现这一原则的一个例子便是"外国税收抵免"政策。该政策只在以下四种情况下有效[86]:

- 该税款必须由外国或美国属地施加。
- 该税款必须是已经缴纳的(而不仅仅是欠税)。
- 该税款必须是实际支付的金额,而其金额计算必须减去任何退款。
- 该税款必须是所得税(而不是其他种类的税)。

结　论

本章重点强调了在进行入境收购和出境收购交易时可能会遇到的主要问题中的一部分。当然,正如其他所有的交易事务一样,买卖双方都应该咨询有资质的专业顾问。这些专业顾问人员包括会计师和审计师,以及熟悉适用法律的法律顾问,同时还应包括外国或相关国家的特别顾问。所幸的是,正如本书尾注所示,世界领先的会计师和律师事务所提供了层出不穷的资源。但愿在本书所希望构建的一个持久的框架基础之上,这些专业顾问人员能为世界各地的交易者们提供更多鲜活的信息。

附录 12A

符合重组测试标准：来自美国国税局的例子

以下示例说明了《国内税务法规》第 368 条及第(b)(1)段的规则，即如何判定某交易是否符合法定合并或整合的定义。[87] 按这种方式分类是很重要的，否则该交易可能会被视为纯粹的收购行为，任何与其相关的收益都可能会被征税。[88] 除另有说明外，在每个例子中，R、V、Y 和 Z 都是一家 C 公司。X 是国内有限责任公司。

示例：根据外国法律进行的交易。

(i) 事实：Z 和 Y 是根据 Q 国法律来组织的实体，就联邦所得税而言，它们被归类为公司。Z 和 Y 结合。根据 Q 国法规，以下事件同时发生：Z 的所有资产和负债成为 Y 的资产和负债，Z 的独立合法存在因各种原因终止。

(ii) 分析。该交易符合该《国内税务法规》第 368 条及第(b)1)(ii)段的要求，因为该交易是根据 Q 国的法规进行的，并且下列事件在交易的有效时间内同时发生：作为合并实体且作为出让方，Z 的所有资产和负债将成为合并实体 Y 的资产和负债，Z 成为受让方 Y 的唯一成员单位，同时，出于各种原因，Z 终止了它独立的合法存在。因此，该交易是符合第 368(a)(1)(A)条规定的法定合并或整合交易。

示例：利用母公司股份的外国法合并。

(i) 事实：Z 和 V 是根据 Q 国法律组织起来的实体，就联邦所得税而言，它们被归类为公司。Z 和 V 合并。根据 Q 国法规，以下事件是同时发生的：Z 和 V 的所有资产和负债成为 R 的资产和负债，R 是在交易中创建的一个实体，R 在交易完成后，就立即由 Y 完全拥有，Z 和 V 的独立法律存在出于各种原因而终止。在交易中，Z 和 V 股东分别将 Z 和 V 的股票交换为 Y 的股票。

(ii) 分析。对于 Z 和 V 来说，该交易符合该《国内税务法规》第 368 条及第(b)(1)(ii)段的要求，因为该交易是根据 Q 国法律进行的，且以下事件在交易生效时发生：Z 和 V 分别都是出让方的结合实体单元，Z 和 V 的所有资产和负债都成为 R 的资产和负债，R 是受让人的唯一成员单位，在上述所有转让交易中，Z 和 V 的独立法律存在出于各种原因而终止。由于 Y 在交易完成后立即控制了 R，因此 Z 股东和 V 股东将被视为已经收到了实际掌控 R 公司的 Y 公司股份，即根据《国内税务法规》第 368(a)(2)(D)条，R 公司属于受让人单位的合并实体。因此，该交易是合法的合并交易，即 Z 和 V 按法定程序合并为受 Y 控制的 R 公司，而且是根据《国内税务法规》第 368(a)(1)(A)条规定，出于第 368(a)(2)(D)条目的而进行的重组交易。

注释

1. http://dmi.thomsonreuters.com/Content/Files/4Q2018_MNA_Financial_Advisory_Review.pdf.

2. 在当今互联互通的世界,几乎任何人都可以创办一家全球企业,而同时几乎任何外国黑客都可以阻止这样一家企业发展。为了更广泛的研究,参见 Paul Dreyer, et al., "Estimating the Global Cost of Cyber Risk: Methodology and Examples", RAND Corporation, 2018. https://www.rand.org/pubs/research_reports/RR2299.html。

3. "Strong Trade Growth in 2018 Rests on Policy Choices", World Trade Organization, 2018, https://www.wto.org/english/news_e/pres18_e/pr820_e.htm.

4. 名为"U.S. Trade in Goods with World, Seasonally Adjusted"的图表显示,2017 年美国出口超过 1.5 万亿美元,截至 2018 年 8 月,每月出口超过 1.26 亿美元, https://www.census.gov/foreign-trade/balance。

5. 名为"U.S. Trade in Goods with World Seasonally Adjusted"的图表显示,2017 年美国出口超过 1.5 万亿美元,进口超过 2.3 万亿美元。截至 2018 年 8 月,这两个数字分别为 1.1 万亿美元和 1.7 万亿美元,这表明 2018 年的进出口总额也将很有可比性,参见 https://www.census.gov/foreign-trade/balance/c0004.html。

6. http://dmi.thomsonreuters.com/Content/Files/4Q2018_MNA_Financial_Advisory_Review.pdf.

7. 同上。

8. Lisa Du, "How Takeda's $62 Billion Shire Deal Reshapes Pharma World", Reuters, January 7, 2019, https://www.bloomberg.com/news/articles/2019-01-07/how-takeda-s-62-billion-shire-deal-reshapes-the-pharma-world.

9. https://www.world-exchanges.org/.

10. http://delcode.delaware.gov/title8/c001/sc01/index.shtml.

11. "Mining Law: 2019", from International Comparative Legal Guides, https://legcounsel.house.gov/Comps/Mineral%20Leasing%20Act.pdfs. 注释:这部法律不能与 2018 年的《矿产租赁法》混淆,后者限制石油出口到外国。

12. Code of Federal Regulations, https://www.gpo.gov/fdsys/pkg/CFR-2018-title12-vol2/xml/CFR-2018-title12-vol2-part211.xml.

13. 关于《商船法》的指导,参见"Jones Act", Legal Information Institute at Cornell University, https://www.law.cornell.edu/wex/jones_act。

14. 关于最近澄清,参见 https://www.fcc.gov/document/fcc-clarifies-policy-foreign-investment-broadcast-licensees-0。

15. Adam Vann. "Offshore Oil and Gas Development: Legal Framework", Congressional

Research Service，April 2018，https：//fas. org/sgp/crs/misc/RL33404. pdf.

16. 参见"任何外国航空承运人或控制外国航空承运人的人，以任何方式取得从事任何航空活动阶段的美国公民的控制权的行为，均属非法"，https：//www. gpo. gov/fdsys/pkg/STATUTE-72/pdf/STATUTE-72-Pg731. pdf。

17. 现行调查要求参见 https：//www. federalregister. gov/documents/2018/02/02/2018-02065/international-services-surveys-be-120-benchmark-survey-of-transactions-in-selected-services-and。

18. 例如，目前，如果美国子公司拥有多数股权（50%或以上），且总资产、销售收入或总营业收入或净收入（亏损）超过3亿美元，则需要出具 BE-12A 报告；当美国附属公司(i)拥有多数股权，且总资产、销售收入或总营业收入或净收入（亏损）大于6 000万美元，但这些项目中没有一项大于3亿美元时，则须持有 BE-12B；或(ii)总资产、销售收入或营业总收入或净利润（亏损）大于6 000万美元（正或负）的少数人控股（至少占10%，但不超过50%）；如果美国子公司拥有多数或少数股权，且总资产、销售收入或总营业收入或净收入（亏损）均不超过6 000万美元，则需要 BE-12C http：//www. klgates. com/the-be-12-is-due-may-31-03-08-2018。

19. http：//www. klgates. com/acquisition-and-dispositions-of-us-agricultural-land-by-foreign-investors-federal-and-state-legislative-restrictions-limitations-and-disclosure-requirements-09-12-2018/。

20. Marissa M. Bacci. Acquisition and Disposition of U. S. Agricultural Land by Foreign Investors：Federal and State Legislative Restrictions，Limitations，and Disclosure Requirements. *Journal of Agricultural Law*，2018-09-12. http：//www. klgates. com/acquisition-and-dispositions-of-us-agricultural-land-by-foreign-investors-federal-and-state-legislative-restrictions-limitations-and-disclosure-requirements-09-12-2018.

21. https：//www. irs. gov/irm/part4/irm_04-061-012#idm 140064496021072 and https：//www. irs. gov/individuals/ international-taxpayers/firpta-withholding.

22.《多德-弗兰克法案》(Dodd-Frank Act)将冲突矿物定义为钶钽铁矿（钶钽）、锡石、黄金、黑钨矿及其衍生物，或任何其他矿物或其衍生物。这些矿物或衍生物被国务卿确定为刚果民主共和国或毗邻国家冲突的资金来源，参见 Pub. L. No. 111-203，§ 1502(e)(4)。钶钽铁矿、锡石和黑钨矿分别是钽、锡和钨的加工矿石。如需查阅最近的披露结果报告，参见 "Conflict Minerals：Company Reports on Mineral Sources in 2017 Are Similar to Prior Years and New Data on Sexual Violence Are Available"，Government Accountability Office，2018，https：//www. gao. gov/assets/700/692851. pdf。

23. http：//ec. europa. eu/trade/policy/in-focus/conflict-minerals-regulation/regulation-explained.

24. https：//codes. findlaw. com/de/title-8-corporations/de-code-sect-8-122. html.

25. D. Daniel Sokol. Troubled Waters Between U. S. and European Antitrust. *Michigan Law Review*，2017，115(6). https：//repository. law. umich. edu/cgi/viewcontentcgi? article=1654&context =mlr.

26. "IFRS and US GAAP：Similarities and Differences"，PwC，2018，https：//www. pwc. com/

us/en/cfodirect/assets/pdf/accounting-guides/pwc-ifrs-us-gaap-similarities-and-differences.pdf.

27. 同上。

28. "International Guidelines for International Enforcement and Cooperation", US Department of Justice and Federal Trade Commission, 2017, https://www.justice.gov/atr/international guidelines/download.

29. "Horizontal Merger Guidelines", Department of Justice and Federal Trade Commission, 2010, https://www.justice.gov/atr/file/810276/download.

30. 关于深入探讨"国际反托拉斯法",参见"International Guidelines for International Enforcement and Cooperation", op. cit, note 28, https://www.justice.gov/atr/internationalguidelines/download。

31. "DOJ and SEC Enforcement Actions per Year", Foreign Corrupt Practices Act Clearinghouse, Stanford Law School, with Sullivan & Cromwell, LLP, http://fcpa.stanford.edu/statistics-analytics.html.

32. Council Regulation (EC) No 139/2004 of January 20, 2004, on the control of concentrations between undertakings (the ECMerger Regulation). https://eur-lex.europa.eu/legal-content/EN/TXT/PDF/?uri=CELEX:32004R0139&from=EN.

33. http://ec.europa.eu/competition/mergers/legislation/regulations.html.

34. European Parliament, Committee on Economic and Monetary Affairs, Motion for a European Parliament Resolution, Draft Report on the Annual Report on Competition Policy [2018/2102 (INI)], http://www.europarl.europa.eu/sides/getDoc.do?type=COMPARL&reference=PE-628.570&format=PDF&language=EN&secondRef=01.

35. https://www.iosco.org/library/pubdocs/pdf/IOSCOPD561.pdf.

36. OICU-OSCO Fact Sheet, October 2018, https://www.iosco.org/about/pdf/IOSCO-Fact-Sheet.pdf.

37. "DOJ and SEC Enforcement Actions per Year", op. cit., note 31, http://fcpa.stanford.edu/statistics-analytics.html.

38. 关于当前《海外反腐败法》(FCPA)对并购影响的概述,参见 FCPA M&A: Identifying and Mitigating Anti-Corruption Risk in Cross-Border Transactions, https://www.gibsondunn.com/wp-content/uploads/2018/05/WebcastSlides-FCPA-and-Other-Risks-in-MandA-10-May-2018.pdf。请注意,美国司法部副司法部长萨利·耶茨(Sally Yates)在 2015 年推出的一项名为"企业不法行为的个人责任"(Individual Accountability for Corporate)的政策,令遵守《反海外腐败法》的情况变得复杂。然而,2018 年 11 月 29 日,美国司法部长罗德·罗森斯坦在美国会议研究所第 35 届《反海外腐败法》国际会议上发表演讲时宣布了对该政策的修改,https://www.justice.gov/opa/speech/deputy-attorney-general-rod-j-rosenstein-delivers-remarks-american-conference-institute-0。

39. Katya Jestin, et al., "What's in a Name? That Which We Now Call the Justice Manual Has a Familiar, But Distinctive, Scent", Compliance and Enforcement blog, New York University School of

Law，October 2018，https：//www. justice. gov/opa/pr/department-justice-announces-rollout-updated-united-states-attorneys-manual。

40. Rod Rosenstein，"Policy on Coordination of Corporate Resolution Penalties"，US Department of Justice，May 9，2018，https：//www. justice. gov/opa/speech/file/1061186/download。

41. https：//www. acc. com/legalresources/quickcounsel/UKBAFCPA. cfm。

42. 参见 Terry Allen，"Strengthening the Link Between Seniority and Accountability：The Senior Managers and Certification Regime"，Bank of England Quarterly，Q3，https：//www. bankofengland. co. uk/-/media/boe/files/quarterly-bulletin/2018/senior-managers-certification-regime. pdf? la＝en&hash＝B8F1B89D09E5C1339BD92AAB3E3ADB7103F7197C。这与美国司法部部长耶茨的备忘录类似，但该备忘录在2018年被修改了，参见注释38。

43. 如需一个简明的指南，参见 Francisco Javier Fernandez，"The Foreign Currency Market：What It Is and How It Works"，Banco Bilbao Vizcaya Argentaria，S. A. （BBVA），May 21，2017，https：//www. bbva. com/en/foreign-currency-market-work/。

44. 中国、日本、韩国、印度、德国和瑞士是被确定的6个国家，https：//home. treasury. gov/system/files/206/2018-10-17-%28Fall-2018-FX%20Report%29. pdf。

45. https：//www. iasplus. com/en-us/standards/fasb/broad-transactions/asc830。

46. "United States Tax Alert：Key Tax Considerations Related to the Argentine Economy Being Classified as Highly Inflationary Under ASC 830"，Deloitte，August 13，2018，https：//www2. deloitte. com/content/dam/Deloitte/global/Documents/Tax/dttl-tax-alert-united-states-13-august-2018. pdf.

47. 一篇文章指出，德国几乎所有企业都有雇员代码终端/参与系统，参见"Germany：Taxation of Cross-Border Mergers and Acquisitions"，KPMG，April 1，2018，https：//home. kpmg. com/xx/en/home/insights/2018/04/germany-taxation-of-cross-border-mergers-and-acquisitions. html。

48. https：//business. gov. nl/regulation/works-council-staff-representation。

49. 这个答案是从 Scott Forchheimer 和 Jennifer Kent 的如下作品中借鉴的："Cross-Border Financial Report"，Latham and Watkins，October 2018，https：//www. lw. com/thoughtLeadership/cross-border-financing-report-2018-us。

50. 截至2018年底，该协议正在进行审查，但仍有效，https：//ustr. gov/trade-agreements/free-trade-agreements/north-american-free-trade-agreement-nafta。

51. https：//www. wto. org/english/res_e/publications_e/world_trade_report18_e. pdf。

52. https：//www. opic. gov/。

53. 全国证券交易商自动报价系统协会（NASDAQ），https：//www. nasdaq. com/forex/education/iishome. aspx#beginning-1。

54. 全国证券交易商自动报价系统协会（NASDAQ），https：//www. nasdaq. com/forex/education/iishome. aspx#beginning-1。

55. 主要交易货币如下（按符号、国家和货币顺序列出）：

USD：美国/美元

EURO：欧元区/欧元

JPY：日本/日元

GBP：英国/英镑

CAD：加拿大/加拿大美元

CHF：瑞士/法郎

AUD：澳大利亚/澳大利亚美元

最常进行互换交易的货币组合如下：

EUR/USD：欧元区/美国

USD/JPY：美国/日本

GBP/USD：英国/美国

USD/CHF：美国/瑞士

USD/CAD：美国/加拿大

AUD/USD：澳大利亚/美国

56. 根据美国保险监督专员协会的说法，"伦敦银行间同业拆借利率"（LIBOR）是指欧元市场上银行相互拆借的短期利率，参见 https://www.naic.org/capital_markets_archive/buzz_180522.pdf.

57. "Singapore Proposes Changes to Key Financial Benchmark：Sibor", Reuters, December 4, 2017, https://www.reuters.com/article/singapore-moneymarkets-sibor/singapore-proposes,-changes-to-key-financial-benchmark-sibor-idUSL8N1O415N.

58. "Financial Institutions Move Closer to Realizing a Blockchain Solution for Syndicated Loans", Ipro, PR Newswire, March 30, 2017, https://www.prnewswire.com/news-releases/financial-institutions-move-closer-to-realizing-a-blockchain-solution-for-syndicated-loans-300431763.html.

59. 这个答案是从银团贷款提供商"瑞士信贷"（Credit Suisse）的主要网站上借鉴而来的，https://www.credit-suisse.com/ch/en/unternehmen/unternehmen-unternehmer/kmugrossunternehmen/finanzierung/corporate-finance/structured-finance.html。

60. "Form of Entity" chapter in Guide to Going Global, DLA Piper, 2018, https://www.dlapiperintelligence.com/goingglobal/corporate.

61. 一项对银团贷款的研究发现，有17家机构持有保险公司的双重股权，105家机构持有金融公司的双重股权，47家机构持有对冲基金和私募股权基金的双重股权，215家机构持有共同基金的双重股权，还有23家机构持有其他非银行机构的双重股权，参见 *Journal of Financial Economics*, vol.111, no.1, pp.45－69。提交给美国证券交易委员会的版本，参见 https://www.sec.gov/divisions/riskfin/seminar/weisbach100412.pdf。

62. Bank of International Settlements Annual Report, 2017-2018, p.10, https://www.bis.org/about/areport/areport2018.pdf.

63. "China Rescue Loops in Top State Bank to Aid Private Firms", Bloomberg, October 18, 2018, https://www.bloomberg.com/news/articles/2018-10-18/icbc-offers-debt-swaps-to-private-

sector-firms-as-defaults-jump.

64. http://lexicon.ft.com/Term?term=debt-for-equity-swap.

65. 欧洲议会和理事会2013年6月26日关于信贷机构和投资公司的审慎要求和修订条例(欧盟)第648/2012号条例(欧盟)第575/2013号条例(欧盟)。

66. "EBA认为,如果可以将提议的措施作为一种备选方案应用于所有互联网公司的话,则它将更加有效,而这些所谓的互联网公司包括那些处于相互控制和/或经济依赖关系的其他实体,以及那些因为构成单一风险而被相互连接的实体。无论客户坐落在哪里,作为母公司实体的客户的违约行为都可能导致所有其他连接客户的违约,因为它们确实构成了单一风险。按照拟议措施的意图,如果母公司不是法国的居民,银行对海湾合作委员会(GCC)的风险敞口就不会被限制在合格资本的5%(尽管该单一风险与居住在法国的母公司所构成的相同)。"这是欧洲银行管理局根据第458条规定采取措施的意见,(EI),No. 575/2013. https://www.eba.europa.eu/documents/10180/2137845/EBA+Opinion+on+measures+in+accordance+with+Article+458+%28EBA-Op-2018-02%29.pdf。

67. "Alien Taxation: Certa in Essential Concepts", Internal Revenue Service, https://www.irs.gov/individuals/international-taxpayers/alien-taxation-certain-essential-concepts, accessed November 6, 2018.

68. 关于税收条约清单(截至2015年10月),参见 https://www.irs.gov/pub/irs-utl/Tax_Treaty_Table_3.pdf。

69. 关于"在与现行美国税法的关系背景下"对该问题的讨论,参见 Reuven S. Avi-Yonah and Brett Wells, "The Beat and Treaty Overrides: A Brief Response to Rosenbloom and Shaheen", University of Michigan Law Scholarship Repository, August 16, 2018, https://repository.law.umich.edu/cgi/viewcontent.cgi?article=1268&context=law_econ_current。

70. David Morgan, "U.S. Tax Cuts Prompt Rethink by Some 'Inverted' Companies", Reuters, August 3, 2018, https://www.reuters.com/article/us-usa-tax-inversions/u-s-tax-cuts-prompt-rethink-by-some-inverted-companies-idUSKBN1KO2HH.

71. "Overview of Entity Classification Regulations", Internal Revenue Service, most recently. 更多详情,参见 https://www.irs.gov/pub/int_practice_units/ore_c_19_02_01.pdf。

72. Treas. Reg. 301.7701-5(a).

73. Treas. Reg. 301.7701-2(b)(8).

74. https://www.law.cornell.edu/uscode/text/26/269B.

75. https://www.law.cornell.edu/uscode/text/26/1504.

76. "Benefits of a Section 338 Election to a US Buyer of CFC Stock", McDermott, Will, and Emory, November 15, 2018, https://www.lexology.com/library/detail.aspx?g=0bf36582-867d-41e5-bed0-c5436086c64f.

77. Jerred Blanchard, "The Tax Cuts and Jobs Act: Insights and Planning Tips from Corporate/Business Portions of New Tax Law", Baker & McKenzie, LLP, Lexis Practice Advisor Journal,

Spring 2018，https://www.lexisnexis.com/lexis-practice-advisor/the-journal/b/lpa/archive/2018/02/28/the-tax-cuts-and-jobs-act-insights-and-planning-tips-from-corporate-business-portions-of-new-tax-law.aspx. See also Jane G. Gravelle and Donald J. Marples，"Issues in International Corporate Taxation：The 2017 Revision，" May 1，2018，（P.L.115-97），https://fas.org/sgp/crs/misc/R45186.pdf.

78. 控股外国公司（CFC）是指美国股东拥有超过50%投票权或超过10%股权的外国公司。

79. "F子部分"收入的定义包括保险收入和境外基地公司收入。境外基地公司收入包括境外个人控股公司收入（如股息、利息、租金、特许权使用费）、境外基地公司销售收入、境外基地公司服务收入。1962年颁布的"F子部分"法案，旨在确保美国当局能够对海外收入征税。

80. 该增长是由于：(1)1986年之后控股外国公司中递延境外收入的比例增大（该结论是在不考虑分配的前提下，且以截至2017年11月2日这段时期为背景作出的），或(2)截至2017年12月31日确定的此类收入的增长，引自Blanchard，op.Cit，参见注释77。

81. 美国国家税务局，参见https://www.irs.gov/pub/int_practice_units/DPLCUV_2_01.PDF。这篇在新税法出台前写的论述有一个警示性的陈述，该陈述时至今日仍是正确的。因此，"F子部分"并不是要对控股外国公司征税。相反，它的相关规定只适用于符合以下条件的美国人——直接或间接拥有由美国股东控制的外国公司10%或以上表决权股票的美国人。F子部分的规定极其复杂，它包含大量的一般规则、特殊规则、定义、例外、排除和限制。一种可以进行国外经营的实体是外国公司。利用外国公司进行海外经营的一个主要税收优势是所得税的延迟：一般来说，美国对外国公司收入的税收延迟到该收入以股息形式分配或由外国公司以其他方式汇回其美国股东手中之后。

82. https://tax.thomsonreuters.com/news/irs-issues-guidance-on-tax-acts-deemed-repatriation-rules/.

83. Kyle Pomerleau. "A Hybrid Approach：The Treatment of Foreign Profits under the Tax Cuts and Jobs Act"，https://taxfoundation.org/treatment-foreign-profits-tax-cuts-jobs-act/.

84. 境内企业可按其境内机构投资者的37.5%抵免，因此其境内机构投资者的实际税率为13.125%。从2026年开始及以后的纳税年度，可抵扣的"国外获得的无形收入"纳税比例下降至21.875%，这导致"国外获得的无形收入"的有效税率为16.406%，引自Blanchard，op.Cit，参见注释77。

85. 引自Pomerleau，op.cit.，参见注释83。

86. "What Foreign Taxes Qualify for the Foreign Tax Credit?"，Internal Revenue Service，https://www.irs.gov/individuals/international-taxpayers/what-foreign-taxes-qualify-for-the-foreign-tax-credit，accessed November 6，2018.

87. https://www.law.cornell.edu/cfr/text/26/1.368-2.

88. 如相关法规所述，"如果对某资产转让的目的是获得现金流，并且存在短期票据证明承让人有延期付款义务，那么该转让交易是一种出售行为，而不属于交换交易，对于这种交易的获利或亏损，法律不予认可"，参见https://www.law.cornell.edu/cfr/text/26/1.368-2。

附件　具有里程碑意义的并购法律案件

此部分内容可用微信扫描上面二维码阅读